Sebastian Brather
Archäologie der westlichen Slawen

Ergänzungsbände zum Reallexikon der Germanischen Altertumskunde

Herausgegeben von

Heinrich Beck, Dieter Geuenich,
Heiko Steuer

Band 30

Walter de Gruyter · Berlin · New York
2001

Archäologie
der westlichen Slawen

Siedlung, Wirtschaft und Gesellschaft
im früh- und hochmittelalterlichen Ostmitteleuropa

von Sebastian Brather

Walter de Gruyter · Berlin · New York
2001

∞ Gedruckt auf säurefreiem Papier,
das die US-ANSI-Norm über Haltbarkeit erfüllt.

Die Deutsche Bibliothek — CIP-Einheitsaufnahme

Reallexikon der germanischen Altertumskunde / von Johannes
Hoops. Hrsg. von Heinrich Beck … – Berlin ; New York : de Gruyter
   Bis Bd. 4 der 1. Aufl. hrsg. von Johannes Hoops
   Ergänzungsbände / hrsg. von Heinrich Beck …
Brather, Sebastian:
Archäologie der westlichen Slawen : Siedlung, Wirtschaft und Gesell-
schaft im früh- und hochmittelalterlichen Ostmitteleuropa / von
Sebastian Brather. – Berlin ; New York : de Gruyter, 2001
   (Reallexikon der germanischen Altertumskunde : Ergänzungs-
   bände ; Bd. 30)
   ISBN 3-11-017061-2

Printed in Germany
Einbandentwurf: Christopher Schneider, Berlin
Druck und buchbinderische Verarbeitung: Hubert & Co., Göttingen

Vorwort

Vorliegender Band will eine Zusammenfassung der bisherigen archäologischen Forschungen zur Geschichte des frühen und hohen Mittelalters in Ostmitteleuropa bieten. Ein solcher Versuch ist bisher kaum unternommen worden; die meisten der existierenden Übersichten, auch jene von Archäologen verfaßten, folgen einer überwiegend historischen Orientierung. Dies widerspiegelt sich bereits deutlich in den jeweiligen Gliederungen, die primär der Ereignisgeschichte nachgehen. Ergebnisse der Archäologie dienen dann vor allem zur Illustration der politischen Geschichte. Im Zentrum archäologischen Interesses stehen jedoch, aufgrund der spezifischen Aussagekraft archäologischer Quellen, vor allem strukturgeschichtliche Entwicklungen. Dazu gehören sozial-, wirtschafts- und kulturgeschichtliche Fragestellungen, d. h. nicht zuletzt die einstigen Lebensbedingungen und -umstände.

Deshalb scheint es lohnend, die bisherigen Ergebnisse der Archäologie unmittelbar darzustellen und zusammenhängend zu erörtern. Diese Ergebnisse beziehen sich vor allem auf die Bereiche Siedlung, Wirtschaft und Gesellschaft, denen jeweils ein Hauptkapitel gewidmet ist. Dieser Darstellung wurden je ein Abschnitt zur Geschichte der „slawischen Altertumskunde" und zu den besonderen Problemen archäologischer Forschung zum frühen und hohen Mittelalter im östlichen Mitteleuropa vorangestellt. Beides schien mir zum Verständnis der heutigen Forschungssituation und ihrer Voraussetzungen unerläßlich. Diesen Einführungen folgt schließlich ein kurzer Überblick zur politischen Geschichte Ostmitteleuropas vom 7. bis 13. Jahrhundert, um den historischen Rahmen abzustecken. Eine ausführliche, thematisch gegliederte Bibliographie am Schluß soll Interessierten den Zugang zur Fachliteratur ermöglichen.

Ein Überblick wie der hiermit vorgelegte kann gewiß nicht erschöpfend ausfallen, sondern muß sich auf wichtige, problemorientierte Aspekte beschränken. Ich habe mich bemüht, die jeweilige Quellenlage der Archäologie und damit zusammenhängende Interpretationsprobleme offenzulegen. Dabei kam es mir darauf an, die großen Linien durch zahlreiche Detailbelege zu unterstreichen. Eingefügte Seitenblicke auf die Verhältnisse in den Nachbarregionen sollen dazu beitragen, einerseits die Besonderheiten Ostmitteleuropas zu verdeutlichen und andererseits der latenten Gefahr der Verabsolutierung zu entgehen. Darüber hinaus waren jene gravierenden Veränderungen zu berücksichtigen, die sich in den letzten zehn Jahren durch dendrochronologische Datierungen und neue Forschungsansätze ergeben haben, wodurch bisherige Vorstellungen mitunter entscheidend revidiert werden müssen.

Daß ein Band über die westlichen Slawen als „Ergänzungsband zum Reallexikon der Germanischen Altertumskunde" erscheint, mag auf den ersten Blick überraschen. Zwei Gründe waren dafür entscheidend. Einerseits bildet die Altertumskunde Mittel- und Nordeuropas den Gegenstand des „Hoops", denn eine Beschränkung auf die Geschichte bestimmter („ethnischer") Gruppen wird der historischen Entwicklung angesichts vielfältiger Verflechtungen nicht gerecht. Andererseits erhält die Archäologie der westlichen Slawen in den Stichworten des Reallexikons jedoch nicht ausreichend Gewicht, weshalb eine zusammenfassende Darstellung als willkommene Ergänzung erscheint.

Hervorgegangen ist dieses Buch aus meiner Tätigkeit in Lehre und Forschung an der Humboldt-Universität in Berlin und der Universität Freiburg i. Br. Viele Anregungen gehen auf die aufgeschlossene Atmosphäre im Freiburger Sonderforschungsbereich 541 „Identitäten und Alteritäten" zurück. Zu danken habe ich vielen Kollegen, die mir besonders bei Spezialproblemen behilflich waren, sowie Hans-Stephan Brather, Johanna Brather, Uwe Fiedler, Brigitte Lohrke und Heiko Steuer für die kritische Lektüre von Teilen bzw. des gesamten Manuskripts. Ein Dank geht darüber hinaus an die Berliner und Freiburger Studierenden, die mit ihren manchmal überraschenden Fragen den Blick zu schärfen halfen. Schließlich danke ich den Herausgebern, insbesondere Heiko Steuer, für die Aufnahme meiner Studie in die Reihe der Ergänzungsbände des Reallexikons der Germanischen Altertumskunde.

Freiburg i. Br., im Dezember 2000   Sebastian Brather

Inhaltsverzeichnis

Vorwort V

Einleitung 1

I. Geschichte der „slawischen Altertumskunde" – Slawenbilder 9

1. Die Anfänge einer „vaterländischen Altertumskunde" 9
2. Das „imperiale Zeitalter" 14
3. Zwischen den beiden Weltkriegen 19
4. „Slawische Archäologie" nach 1945 22

II. Methoden und Aussagemöglichkeiten der Archäologie 31

5. Archäologische und schriftliche Quellen 33
6. Ausgrabungen 35
7. Datierung von Funden und Befunden 39
8. Ethnische Interpretation 44

III. Historischer Rahmen 51

9. Herkunft und Einwanderung der Westslawen 51
10. Merowinger- und Karolingerzeit 62
11. Westslawische Reichsbildungen 66
    Das „Großmährische Reich" 68
    Die Přemysliden in Böhmen 71
    Die Piasten in Großpolen 75
    Herrschaftsbildungen bei den „Elbslawen" 80
12. Ostsiedlung des 12./13. Jahrhunderts 84

IV. Siedlung 89

13. Naturräumliche Voraussetzungen 90
14. Siedlungsgebiete und Kulturräume 92
15. Haus, Hof und Dorf 98
    Hausbau 98
    Hof und Gehöft 109
    Weiler und Dorf 113
16. Burgwälle und Befestigungen 119
    Entstehung 121
    Funktion 125
    Lage 127
    Grundriß 129
    Wallkonstruktion 132
17. Siedlungen „frühstädtischen" Charakters 140
    Seehandelsplätze 142
    „Burgstädte" 148
18. Hoch- und spätmittelalterliche Städte 154

V. Wirtschaft 163

19. Landwirtschaft und Ernährung 164
    Ackerbau 166
    Viehwirtschaft 176
    Jagd und Fischfang 182
    Ernährung und Speisen 185
20. Hauswerk und Handwerk 186
    Töpferei und Keramik 188
    Textilherstellung 201
    Leder und Pelze 205
    Holzbearbeitung 206
    Geweih- und Knochenverarbeitung 207
    Eisengewinnung und -verarbeitung 210
    Bunt- und Edelmetallverarbeitung 212
    Glasverarbeitung 217
    Bernsteinverarbeitung 218
    Pechgewinnung 218
    Salzgewinnung 220
    Mühlsteinproduktion 220

21. Austausch und Handel 222
    Gewichtsgeldwirtschaft auf Silberbasis 223
    Weitere Äquivalentformen 237
    „Handelsgüter" und „Fremdgüter" 240
    Orte des Austauschs 245
    Transportmittel und Verkehrswege 247

VI. Gesellschaft 255

22. Bestattung und Grab 256
    Bestattungsform und Grabbau 256
    Ausstattung im Grab 266
23. Bevölkerung 267
24. Kleidung und Schmuck 271
    Kleidung 272
    Schmuck 279
25. Waffen, Reiterausrüstungen und Kriegführung 290
    Schutzwaffen 297
    Reiterausrüstungen 300
    Entwicklung der Bewaffnung 306
    Krieg und Kriegführung 308
26. Sozialstruktur 310
    Gruppen und „Institutionen" 311
    Rang und Sachkultur 315
27. Religion und Mythologie 318
    Vorchristliche bzw. pagane religiöse Vorstellungen 320
    Magie und Mythologie 331
    Christianisierung 335

Schlußbetrachtung 355

Zitierte Quellen 365

Literatur 371

1. Überblicke 372
    Handbücher, Nachschlagewerke und allgemeine Darstellungen ... 372
    Corpora und regionale Übersichten, Kulturräume 375

2. Geschichte der „slawischen Altertumskunde" 377
3. Methoden und Aussagemöglichkeiten der Archäologie 379
4. Historischer Rahmen 380
   Einwanderung und Herkunft 380
   Politische Strukturen und Reichsbildungen 382
   Ostsiedlung 385
5. Siedlung 386
   Naturräumliche Voraussetzungen und Kulturlandschaft 386
   Haus, Hof und Dorf 386
   Burgwälle und Befestigungen 388
   Siedlungen „frühstädtischen" Charakters 390
   Hoch- und spätmittelalterliche Städte 391
6. Wirtschaft 392
   Landwirtschaft 392
   Häusliche Produktion und Handwerk 395
   Keramik 397
   Gewichtsgeld- und Münzgeldwirtschaft, Äquivalentformen 398
   „Handelsgüter" und „Importfunde" 400
   Transportmittel und Verkehrswege 401
7. Gesellschaft 402
   Bestattungen und Gräber 402
   Bevölkerung 404
   Kleidung und Schmuck 405
   Waffen und Reiterausrüstungen 406
   Sozialstruktur 407
   Religion und Mythologie 408
   Christliche Einflüsse und Christianisierung 410

Ortsregister 413

Einleitung

Zusammen mit Kelten und Germanen gehören die Slawen[1] im breiten Bewußtsein zu den „alteuropäischen Völkern". Alle drei Großgruppen – die Skythen wären hier noch dazuzuzählen – erschienen zuerst als Barbaren an der nördlichen Peripherie der antiken Welt. Allerdings zu recht verschiedenen Zeiten: Die Kelten waren den Griechen seit dem 5. Jahrhundert v. Chr. ein fester Begriff für die nordwestliche Barbarenwelt, im Gegensatz zu den Skythen im Nordosten. Nachdem die Mitte zwischen Kelten und Skythen eine Zeitlang als „keltoskythisch" betrachtet wurde, galt den Römern seit Cäsar der gesamte Raum rechts des Rheins als germanisch. Die Byzantiner schließlich kamen seit der Zeit um 500 mit Plündererscharen aus dem Norden in Berührung, die seitdem als Slawen bezeichnet wurden. Der moderne nationalistische Streit um die jeweiligen „Urheimaten" von Kelten, Germanen und Slawen erscheint in wissenschaftlicher Hinsicht gegenstandslos, wenn man sich das unterschiedliche zeitliche Auftreten vor Augen hält. Alle „Völker" sind historisch geworden, so daß einer endlosen Rückverfolgung in die Vergangenheit enge Grenzen gesetzt sind. Ihre Existenz kann erst dann vorausgesetzt werden, wenn sie den Zeitgenossen auch bewußt war.

Problematisch ist eine unterschiedliche Verwendung der antiken Völkernamen. Die griechischen, römischen und byzantinischen Ethnographen – von Herodot über Tacitus bis hin zu Jordanes – benutzten diese Namen vor allem als geographische Kategorien, mit denen sie die barbarische, d. h. nicht-griechische bzw. nicht-römische Welt in ihrem Verständnis und mit ihren Vorstellungen zu ordnen suchten. Die früh- und hochmittelalterlichen Chronisten gingen ebenso vor. Damit liegt – bis zum Einsetzen der eigenen chronika-

---

[1] Zur Schreibweise: Verbreitete Begriffe und Namen wie *Slawen* oder *Wolga* werden im folgenden in der üblichen, nicht in der wissenschaftlichen Form wiedergegeben (also nicht *Slaven* und *Volga*). Bei weniger gebräuchlichen Namen wie *Sāmāniden* oder *ᶜAbbāsiden* wird dagegen die wissenschaftliche Transliteration verwendet; ebenso werden russisch- und bulgarischsprachige Titel in der Bibliographie transliteriert. Bekannte Städte bzw. Flüsse wie Prag, Krakau, Weichsel und Moldau werden in der deutschen Namensform angegeben; im Ortsregister wird auf die heutige landessprachliche Schreibung verwiesen.

lischen Überlieferung bei Cosmas von Prag (für Böhmen) und dem Gallus
Anonymus (für Polen) eingangs des 12. Jahrhunderts – eine Außenansicht
vor, ohne daß wir wissen, wie sich die so bezeichneten Bevölkerungen selbst
sahen und nannten. Namenskontinuität verdeckt darüber hinaus häufig entscheidende soziale Wandlungsprozesse. Unabhängig davon benutzen die
modernen Wissenschaften diese Namen in einem jeweils spezifischen Sinn:
Die Geschichtswissenschaft orientiert sich an den Begriffen der Schriftquellen, die Archäologie an Traditionen der Sachkultur, und die Linguistik an
Sprachbeziehungen. Daß damit sehr verschiedene Dinge und Bereiche erfaßt
werden, liegt auf der Hand, wird aber dennoch oft nicht ausreichend beach-
tet.

Der Begriff der westlichen Slawen – oder „Westslawen", wie sie häufig
verkürzt genannt werden – ist in erster Linie ein Konstrukt der Sprachwissenschaft. Die slawischen Sprachen werden aufgrund von historisch-phonolo-
gischen und historisch-morphologischen Regelmäßigkeiten (d. h. von Merkmalen der kontrastiven Phonologie) meist in ost-, süd- und westslawisch
gegliedert. Diese Dreiteilung umfaßt: 1. russisch, weißrussisch und ukrainisch
im Osten; 2. makedonisch, bulgarisch, slowenisch und serbokroatisch im
Süden; sowie 3. slowakisch, tschechisch, polnisch und sorbisch (zusätzlich
das „ausgestorbene" Polabische oder Elbslawische) im Westen. Zieht man andere grammatische Bereiche der slawischen Sprachen und kulturgeschichtliche Aspekte wie die Schrift als Kriterien heran, läßt sich auch eine Vierteilung
begründen, indem die Südslawen weiter aufgegliedert werden (Abb. 1). Allerdings beruht diese Drei- bzw. Vierteilung auf der Sprachentwicklung des 19.
und 20. Jahrhunderts. Sie kann deshalb nicht einfach in das hohe Mittelalter
zurückprojiziert werden.

An dieser Graphik wird deutlich, daß auch andere, nichtsprachliche Gliederungskriterien möglich und plausibel sind. Berücksichtigt man historische
und kulturelle Entwicklungen, so lassen sich ebenfalls deutliche Unterschiede
innerhalb der „slawischen Welt" ausmachen. Dazu gehören u. a. die Zugehörigkeit zur römisch-katholischen oder zur orthodoxen Kirche und damit
zusammenhängend die Verwendung der lateinischen oder der kyrillischen
Schrift. Dem lagen während des Mittelalters unterschiedliche Beziehungen
und Kontakte – zum Westen oder zu Byzanz – zugrunde. Die einzelnen slawischen Reichsbildungen vollzogen sich darüber hinaus in unterschiedlichen
politischen Konstellationen, wobei Nachbarschaft und Auseinandersetzungen
mit Römern bzw. Byzantinern, Germanen bzw. Deutschen, Bulgaren und
Awaren sowie schließlich den Ungarn eine wichtige Rolle spielten. Diese historischen Prozesse beeinflußten auch die sprachliche Differenzierung, ohne
daß eine direkte Abhängigkeit konstatiert werden könnte. Viele politische

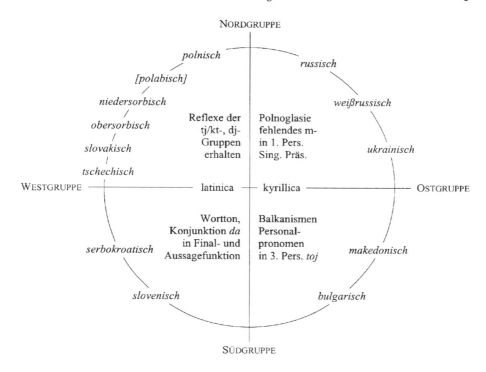

NORDGRUPPE

polnisch

russisch

[polabisch]

niedersorbisch

weißrussisch

obersorbisch

| Reflexe der tj/kt-, dj- Gruppen erhalten | Polnoglasie fehlendes m- in 1. Pers. Sing. Präs. |

slovakisch

ukrainisch

tschechisch

WESTGRUPPE — latinica — kyrillica — OSTGRUPPE

| Wortton, Konjunktion *da* in Final- und Aussagefunktion | Balkanismen Personal- pronomen in 3. Pers. *toj* |

makedonisch

serbokroatisch

slovenisch

bulgarisch

SÜDGRUPPE

Abb. 1. Eine mögliche Gliederung der modernen slawischen Sprachen aufgrund linguistischer und kulturgeschichtlicher Kriterien (verändert nach Mareš aus Norbert Franz, Einführung in das Studium der slawischen Philologie. Geschichte, Inhalte, Methoden [Darmstadt 1994] 101)

Grenzen wurden erst mit der Entstehung moderner Verwaltungsstaaten in der Neuzeit auch zu relativ deutlichen Sprachgrenzen. Zuvor ist mit einem sprachlichen Kontinuum zu rechnen, innerhalb dessen sich jedermann auch über große Entfernungen verständigen konnte. Vergleicht man jedoch die Sprachzustände an der westlichen mit denen an der östlichen Peripherie des slawischen Siedlungsraumes oder die im Norden mit jenen im Süden, zeigen sich erhebliche Unterschiede, die bis zur Unmöglichkeit der Verständigung reichen können. Hier wirkt sich nicht nur die beschränkte Reichweite der Kommunikation aus, sondern auch der Einfluß benachbarter Sprachräume mit Regionen der Zweisprachigkeit.

„Die Slawen" werden je nach Blickwinkel unterschiedlich beschrieben. Die Linguistik folgt wie erwähnt sprachlichen Charakteristika, die Geschichtswissenschaft legt historische Entwicklungen zugrunde, und die Archäologie berücksichtigt die Sachkultur. Auf diese Weise ergeben sich verschiedene, auf unterschiedlichen Ebenen angesiedelte Begriffe, die aber mit denselben Namen bzw. Bezeichnungen versehen sind. Diese disziplinspezifischen Begriffe decken sich nicht, weil sie jeweils ganz unterschiedliche Bereiche umschreiben. Bei der historischen Analyse müssen sie auseinandergehalten werden, um nicht Zirkelschlüssen zu erliegen.

Wenn im folgenden von den westlichen Slawen die Rede ist, muß also die zugrundeliegende Abgrenzung erläutert und begründet werden. Sie ist vor allem eine geographische und eine zeitliche – den Gegenstand bilden die archäologischen Hinterlassenschaften (oder, wie man in Anlehnung an die Doppelbedeutung des Wortes Geschichte sowohl für die Vergangenheit selbst als auch ihre Erforschung formulieren könnte, die Archäologie) des frühen und hohen Mittelalters im östlichen Mitteleuropa. Mitunter auch als Zentraleuropa bezeichnet, ist damit etwa der Raum zwischen Elbe und Saale im Westen sowie Weichsel und Bug im Osten gemeint. Die nördliche Begrenzung stellt die Ostseeküste dar, und im Süden bildet die Donau eine Grenze. Die Nachbarschaft des fränkischen Reiches bedeutete seit dem 8. Jahrhundert eine recht klare Abgrenzung im Westen und Süden. Die Trennung von den Ostslawen erfolgt – mit wechselnden historischen, linguistischen und archäologischen Argumenten – aus der Retrospektive und deshalb eher schematisch; für das frühe Mittelalter sind wegen der nur dünnen schriftlichen Überlieferung dort keine genauen Abgrenzungen möglich.

In sprachlicher Hinsicht scheint dieser ostmitteleuropäische Raum bis ins hohe Mittelalter hinein recht einheitlich gewesen zu sein, ohne daß scharfe Sprachgrenzen existiert hätten. Doch historische und kulturelle Entwicklungen zeigen von Beginn an deutliche Differenzierungen innerhalb Ostmitteleuropas. Eine „ursprüngliche" Einheit slawischsprechender Bevölkerungsgruppen oder auch nur der westlichen Slawen ist daher eine romantische Fiktion. Aus historischer und kulturgeschichtlicher Perspektive können die westlichen Slawen dennoch sinnvoll zusammengefaßt werden – nämlich als die nach Westen und zur lateinischen Kirche hin orientierten Slawen. Die spezifischen kulturellen, wirtschaftlichen und sozialen Entwicklungen stellten aber keinen ostmitteleuropäischen „Sonderweg" dar, der diesen Raum vom übrigen Europa grundlegend unterschieden hätte. Im frühen und hohen Mittelalter bildeten sich Strukturen heraus, die die historische Entwicklung bis heute beeinflußt haben.

Ein differenziertes Bild der Vergangenheit im frühen und hohen Mittelalter zu zeichnen, gelingt der archäologischen Forschung nicht allein. Erst die Kooperation mit verschiedenen, historisch orientierten Disziplinen – Geschichtswissenschaft, physische Anthropologie, historische Geographie und

Siedlungsgeographie, Namenkunde (Onomastik), Ethnologie usw. – ermöglicht es, die archäologischen Funde und Befunde als historische Quellen „zum Sprechen zu bringen". Für sich genommen, blieben sie nur Relikte. Es genügt daher nicht, nur kunstgeschichtliche Zimelien auszustellen und gewissermaßen „für sich" sprechen zu lassen. Bodenfunde bedürfen zwingend der Einordnung in historische Zusammenhänge.

Für das frühe und hohe Mittelalter im östlichen Mitteleuropa stellen die archäologischen Funde die bei weitem umfangreichste Quellengattung dar.[2] Ihre Analyse ist deshalb Grundlage und Ausgangspunkt für den Versuch, die einstige Lebenswirklichkeit zu rekonstruieren. Im folgenden sollen nicht nur wesentliche, bislang vorliegende Forschungsergebnisse der Archäologie zusammengefaßt, sondern darüber hinaus auf der Basis eigener Untersuchungen strukturelle Bedingungen und Entwicklungen in kultureller, wirtschaftlicher und sozialer Hinsicht dargestellt werden. Die Abfolge der Argumentation, wie sie auf den folgenden Seiten ausführlich dargestellt wird, sei hier kurz skizziert.

I. Eine „slawische Altertumskunde" entstand im Gefolge der Romantik, wobei wesentliche Anstöße auf Herder zurückgehen. Ebenso wie im übrigen Europa prägten nationale Motive die Beschäftigung mit der Vergangenheit. In Ostmitteleuropa erlangte die Hinwendung zu den eigenen Ursprüngen besondere politische Brisanz. Denn eine „eigene", weit zurückreichende Geschichte implizierte im Verständnis des 19. Jahrhunderts die Forderung nach einem eigenen Staat. Den besaßen Polen, Tschechen und Slowaken jedoch nicht (mehr), und die Regierungen Preußens, Österreich-Ungarns und Rußlands suchten entsprechende „separatistische" Bestrebungen mit allen Mitteln zu unterbinden. Aus dieser Konstellation werden viele der mit nationalistischer Verve geführten Auseinandersetzungen um die Interpretation und „ethnische" Zuordnung archäologischer Funde verständlich. Bis heute spielen solche Motive mitunter noch eine Rolle – sowohl in wissenschaftlichen als auch in öffentlichen Diskussionen. Dies ist allerdings kein auf die *slawische Archäologie* beschränktes Phänomen, sondern weltweit zu beobachten, denn Geschichte vermag nationale Identität zu „stiften".

II. Für das Verständnis archäologischer Argumentation scheint es mir wichtig, auf einige method(olog)ische Aspekte in einem zweiten Kapitel besonders einzugehen. Dazu gehören zunächst Datierungsmethoden, denn die zeitliche Einordnung der Funde und Befunde ist eine elementare Vorausset-

---

[2] Die genaue Lage im Text erwähnter Fundorte kann aus dem Ortsregister entnommen werden, das die moderne Verwaltungszugehörigkeit der Fundstellen enthält.

zung für historische Interpretationen. Naturwissenschaftliche Verfahren haben in jüngster Zeit ergeben, daß manche, bislang festgefügte chronologische Vorstellungen zur slawischen Frühgeschichte revidiert werden müssen. Wenn auch bestimmte Modellvorstellungen zu einem nicht ganz zutreffenden Bild beigetragen haben mögen, so liegt eine wesentliche Ursache doch in den archäologischen Datierungsverfahren. Typologie und Kombinationsstatistik erlauben angesichts der regional sehr unterschiedlichen Quellenlage im früh- und hochmittelalterlichen Ostmitteleuropa nur annähernde, kaum unter einem Jahrhundert liegende relative Datierungsansätze.

Des weiteren sei auf die unterschiedliche Aussagekraft schriftlicher und archäologischer Quellen hingewiesen, die einander weniger ergänzen als vielmehr unterschiedliche Gesichtspunkte und Bereiche beschreiben. Ausgrabungen früh- und hochmittelalterlicher Siedlungen, Befestigungen und Nekropolen erfordern angesichts ihres Umfangs einen erheblichen Aufwand, der nur selten zu leisten ist. Dementsprechend sind die Erkenntnisse der Archäologie nicht endgültig, und sie werden durch ständige Neufunde bestätigt oder revidiert. Kunsthistorisch-stilistische Datierungen müssen durch die Jahrringdatierung korrigiert werden.

Und schließlich ist es – im Hinblick auf Titel und Gegenstand dieses Buches – unabdingbar, auf die sogenannte „ethnische Interpretation" einzugehen. Damit ist gemeint, inwieweit archäologische Funde mit den aus schriftlichen Quellen bekannten „Stämmen" und „Völkern" in Verbindung zu bringen sind. Das 19. Jahrhundert verstand diese „Völker" als nach innen homogene und nach außen scharf abgrenzbare Einheiten, die seit Urzeiten im Kern quasi unverändert bestanden hätten. Moderne Konzepte „ethnischer Identität" stellen demgegenüber die *Vorstellung* der Gruppenmitglieder von einer gemeinsamen Kultur und von einer gemeinsamen Abstammung in den Mittelpunkt. Max Weber bezeichnete dies als „Gemeinsamkeitsglauben". Die Archäologie faßt dagegen kulturelle Traditionen, die auf einer anderen Ebene angesiedelt sind, auch wenn sie in Teilen zur Konstruktion von Identitäten benutzt worden sind. Eine Bezeichnung wie „slawische Archäologie" ist deshalb – ebenso wie eine „germanische Altertumskunde" oder die noch immer so beliebten Ausstellungstitel wie „Die Alamannen", „Die Franken" oder „Die Goten" – eigentlich ein „Sündenfall", denn damit verfängt man sich ohne Not wieder in den Fallstricken ethnischer Interpretationen.

III. Die archäologischen Ergebnisse selbst bedürfen der Einordnung in einen historischen Rahmen. Dabei seien die wesentlichen historischen Entwicklungen in einem weiteren Kapitel kurz skizziert, beginnend mit der Frage nach Herkunft und Einwanderung der Slawen in das östliche Mitteleuropa. Daran schließt sich die knappe Beschreibung der Verhältnisse des 8. und 9.

Jahrhunderts an, eines Zeitraums, der aus westeuropäischer Perspektive auch als ausgehende Merowinger- und Karolingerzeit bezeichnet werden kann. Überregionale Herrschaftsbildungen vollzogen sich seit dem 9. Jahrhundert, waren aber nicht immer von Dauer. Politische Strukturen des Přemysliden- und des Piastenreichs bestanden bis in die Neuzeit. Gravierende Veränderungen brachte die hochmittelalterliche Ostsiedlung mit sich, die zugleich das Ende der hier betrachteten Entwicklungen markiert.

IV. Die drei „archäologischen" Kapitel und damit Hauptabschnitte gelten „Siedlung", „Wirtschaft" und „Gesellschaft". Um diese drei Stichworte seien die Aussagemöglichkeiten und Erkenntnisse der Archäologie gruppiert. Dabei steht der überregionale Vergleich im Mittelpunkt, um einerseits die Grundzüge der Entwicklungen und andererseits deren regionale Unterschiede erkennen zu können. Wechselseitige Abhängigkeiten und äußere Einflüsse sollen dabei berücksichtigt werden. Eine solche Gliederung reißt wie jede Systematik Zusammengehöriges und Zusammenhängendes auseinander; daraus ergeben sich Wiederholungen und Verweise. Dennoch überwiegt der methodische Gewinn, wenn dadurch grundlegende Zusammenhänge deutlicher beschrieben und mehr Klarheit erreicht werden können. Am Schluß seien deshalb die Hauptzüge der Entwicklung kurz zusammengefaßt.

Eine entscheidende Voraussetzung für die Siedlungsformen sind die naturräumlichen Bedingungen. Im Anschluß an deren kurze Erörterung ist danach zu fragen, inwieweit sich Kulturräume und Siedlungsgebiete deckten oder aber relativ unabhängige Elemente darstellten. Offene ländliche Siedlungen und Burgwälle bilden die charakteristischen Siedlungsformen, die auf Bauweise und Struktur hin analysiert werden. Des weiteren gab es „frühstädtische" Siedlungen, zu denen karolingerzeitliche Seehandelsplätze entlang der südlichen Ostseeküste und burgstädtische Siedlungskomplexe gezählt werden. Im hohen Mittelalter entstanden schließlich jene rechtlich verfaßten Städte, die bereits auf Entwicklungen des späten Mittelalters und der frühen Neuzeit verweisen, die hier nicht mehr behandelt werden.

V. Wie alle mittelalterlichen Gesellschaften Europas waren auch diejenigen im östlichen Mitteleuropa agrarisch strukturiert. Ackerbau und Viehzucht bildeten die entscheidenden Lebensgrundlagen, die meist wenig mehr als das Überleben sichern konnten. Daneben gab es eine breite Palette handwerklicher Produkte, die oft von einer bäuerlichen Bevölkerung nebenher erzeugt bzw. hergestellt wurden und nicht immer spezialisierte Handwerker voraussetzten. Der Fernhandel diente zunächst nur der Beschaffung von Luxuswaren einer mehr oder weniger umfangreichen Oberschicht, bevor er seit dem 10. Jahrhundert größere Bedeutung gewann. Eine Vielzahl von Silberfunden verweist auf eine Gewichtsgeldwirtschaft, die auf Silber als Äquivalent baute.

Seit dem 12. Jahrhundert setzten sich dann allmählich Marktverkehr und Münzgeldwirtschaft auf breiterer Basis durch.

VI. Den gesellschaftlichen Verhältnissen ist mit archäologischen Quellen und Methoden nur indirekt beizukommen, weil sie sich in der Sachkultur allenfalls indirekt niederschlagen. Bestattungsformen und Grabbauten reflektieren Vorstellungen der Lebenden, die diese sich von der Rolle der Toten und dem jenseitigen Leben machten. Anhand der Ausstattung der Toten lassen sich, sofern denn Grabfunde in ausreichender Zahl vorliegen, Kleidung und zugehöriger Schmuck in wesentlichen Teilen rekonstruieren. Männergräber können darüber hinaus Waffen und Reiterausrüstungen enthalten, so daß auch Rückschlüsse auf diesen „kriegerischen" Bereich möglich sind. Sozialstrukturen im Sinne gesellschaftlicher Stratifizierungen können anhand schriftlicher und archäologischer Quellen teilweise erschlossen werden; während Schriftquellen eher rechtliche Bedingungen schildern, bezeugen archäologische Funde vor allem Rangabstufungen. In den Bereich „Gesellschaft" gehören schließlich auch Religion und Mythologie, denen in jüngster Zeit wieder verstärkt Aufmerksamkeit zuteil wird. Die schriftliche Überlieferung ist dabei durch die christliche Perspektive verzerrt, und auch die Archäologie besitzt über ihre Quellen nur einen mittelbaren Zugang zur einstigen Vorstellungswelt.

In einem knappen Ausblick seien wesentliche Entwicklungslinien während des frühen und hohen Mittelalters im östlichen Mitteleuropa noch einmal hervorgehoben. Den Abschluß des Bandes bildet eine gut 650 Titel umfassende, thematisch gegliederte und durchnumerierte Bibliographie. Sie soll Interessierten anhand ausgewählter Arbeiten weiteren Einblick in die besprochenen Verhältnisse und Entwicklungen sowie den Zugang zu Spezialproblemen ermöglichen.[3]

---

[3]   Im Text bzw. den Fußnoten wird auf die relevanten Titel neben dem Autorennamen mit der jeweiligen Nr. verwiesen (z. B. Herrmann [Nr. 22] 55).

I. Geschichte der „slawischen Altertumskunde" – Slawenbilder

1. Die Anfänge einer „vaterländischen Altertumskunde"

Die ur- und frühgeschichtliche Archäologie verdankt ihre Entstehung als Wissenschaftsdisziplin dem 19. Jahrhundert. Sie entstand im Gefolge der Romantik, nachdem im aufklärerischen 18. Jahrhundert die Bodenfunde allgemeine Anerkennung als historische Zeugnisse gefunden hatten, d. h. nicht mehr als vor allem kuriose Absonderlichkeiten galten. Im folgenden beschränke ich mich auf die für die Archäologie des frühen und hohen Mittelalters – die Frühgeschichte – relevanten Entwicklungen. Eine umfassende Geschichte der urgeschichtlichen Archäologie ist hier nicht beabsichtigt.

In romantischer Verklärung erblickte Herder (1744–1803) in den Slawen ein friedliches, Ackerbau treibendes Volk: „Allenthalben ließen sie sich nieder, um das von anderen Völkern verlassene Land zu besitzen, es als Kolonisten, Hirten oder Ackerleute zu bauen und zu nutzen; mithin war nach allen vorhergegangenen Verheerungen, Durch- und Auszügen ihre geräuschlose, fleißige Gegenwart den Ländern ersprießlich. Sie liebten die Landwirtschaft, einen Vorrat von Herden und Getreide, auch mancherlei häusliche Künste, und eröffneten allenthalben mit den Erzeugnissen ihres Landes und Fleißes einen nützlichen Handel." Des weiteren waren sie „mildtätig, bis zur Verschwendung gastfrei, Liebhaber der ländlichen Freiheit". Weil sich Slawen „nie um die Oberherrschaft der Welt bewarben, keine kriegssüchtige erbliche Fürsten unter sich hatten", wurden sie vom „Deutschen Stamme" überfallen und „in ganzen Provinzen ... ausgerottet oder zu Leibeigenen gemacht".

Im Sinne Rousseaus wurden hier die dem Naturzustand noch nahestehenden Slawen den zivilisierten, entfremdeten und fast schon dekadenten Westeuropäern gegenübergestellt. Doch anders als Rousseau sah Herder das Ideal nicht in einer Rückkehr zum primitiven Naturzustand, sondern im gesellschaftlichen Fortschritt. Hoffnungsvoll endete Herder daher mit der Vision: „so werdet auch ihr so tief versunkene, einst fleißige und glückliche Völker, endlich einmal von eurem langen, trägen Schlaf ermuntert, von euren Sklavenketten befreit, eure schönen Gegenden vom adriatischen Meer bis zum karpatischen Gebürge, vom Don bis zur Mulda [Moldau] als Eigentum nutzen und eure alten Feste des ruhigen Fleißes und Handels auf ihnen feiern dörfen."[1] Zwar sah auch Herder in den Deutschen entscheidende Gestalter Europas, doch warnte er eindringlich vor nationaler Selbstüberschätzung. Griechen, Römer und Germanen hätten in der Geschichte ihre Rolle erfüllt und befänden sich im Niedergangsstadium, so daß die Zukunft den Slawen zufalle.

Der Blick richtete sich seit der Romantik „natürlich" auf die *eigene* Vergangenheit, d. h. die Geschichte des eigenen Volkes. Deshalb war es eine zwangsläufige Erscheinung, daß man von Beginn an danach fragte, welchem Volk denn die Bodenfunde zuzuschreiben sind. Während man im westlichen Mitteleuropa um „Germanisches", „Römisches" und „Keltisches" stritt, lautete die Frage im östlichen Mitteleuropa: „germanisch oder slawisch?" Eines der zentralen Anliegen des Breslauer Archivars und Altertumskundlers Johann Gustav Gottlieb Büsching (1783–1829) war es, „wenn auch nicht die einzelnen Stämme, [so] doch die Hauptstämme, Deutsche und Slaven, in den Altertümern voneinander zu sondern", wenngleich ihm das noch nicht gelang: „So ist z. B. für Schlesien noch ganz dunkel, ob die hier gefundenen Altertümer der früheren Deutschen oder der späteren Slavischen Zeit zugehören".[2]

Die Frage der ethnischen Interpretation bewegte auch andere Antiquare u. a. in Görlitz, Breslau oder Leipzig. In deren Blickfeld lag immer die Unterscheidung zwischen germanischen und slawischen Altertümern (Grabfunden). Gustav Friedrich Klemm (1802–1867), königlicher Bibliothekar in Dresden und dort auch Leiter der Porzellan- und Gefäßsammlung, bemerkte in seinem *Handbuch*: „Wenn meine in der Einleitung aufgestellte Ansicht über den Unterschied germanischer und slavischer Alterthümer entweder vollkommene Bestättigung oder vollständige Widerlegung gefunden haben wird, … würde die Entdeckung und Untersuchung der alten Grabhügel auch in historischer Hinsicht bedeutsamer werden und von Seiten derer, welchen derartige Studien und Bestrebungen bis jetzt nicht wichtig genug schienen, eher Anerkennung erwerben."[3] Einen literarischen Niederschlag haben diese Diskussionen der Jahrhundertmitte in Theodor Fontanes zwischen 1863 und 1877 entstandenem Roman *Vor dem Sturm* (1878) gefunden.

---

1   Johann Gottfried Herder, Ideen zur Philosophie der Geschichte der Menschheit (Riga, Leipzig 1784–1791). In: ders., Werke in zehn Bänden 6, hrsg. Martin Bollacher (Frankfurt/M. 1989) 697–699.

2   Johann Gustav Gottlieb Büsching, Abriss der deutschen Alterthums-Kunde. Zur Grundlage von Vorlesungen bestimmt (Weimar 1824) 10 f.

3   Gustav Friedrich Klemm, Handbuch der germanischen Alterthumskunde (Dresden [1835] 1836) 101 Anm. 4.

Aus dieser vaterländischen Haltung heraus tauchten – auch dies ein europäisches Phänomen – plötzlich vermeintlich überaus alte Handschriften auf, die die Anfänge vor allem kleiner Nationen weit zurückverlegten. Erst später stellte sich heraus, daß es sich dabei durchweg um Fälschungen handelte – wie die „altschechischen" Königinhofer (Rukopis Královédvorský) und Grünberger (Rukopis Zelenohorský) Handschriften, die der Schriftsteller Václav Hanka (1791–1861) 1817/1818 nicht ganz allein produziert hatte.[4] Dennoch beschäftigten sie die nationalen Gemüter bis weit über die Mitte des 19. Jahrhunderts hinaus. Dazu zählen auch archäologische Fälschungen wie die 1855/56 „entdeckten" Runensteine von Mikorzyn, der „Bock" von Lednica aus den 1860er Jahren oder die sog. „Prillwitzer Idole" – einige Dutzend gegossener slawischer Götterfiguren mit Runeninschriften (!), die zwei Neubrandenburger Goldschmiede wohl 1767/68 hergestellt hatten –, über die noch Rudolf Virchow (1821–1902) Ende des 19. Jahrhunderts urteilen mußte.

Die Vorstellung eines „Volksgeistes" als nahezu unwandelbarem Kern der modernen Nationen geht auf Herder und stärker noch auf Hegel (1770–1831) zurück. Sie wurde zur prägenden Vorstellung für die „vaterländische Altertumskunde" und die daraus erwachsenden, sich professionalisierenden Disziplinen. Die Sprache galt als zentrales Merkmal der Völker, insbesondere nach der Entdeckung der Verwandtschaft indogermanischer Sprachen um 1800. Daraus erklärt sich die überall zunächst stark philologische Ausrichtung der Altertumskunde (wie z. B. bei den Brüdern Grimm), und deshalb konnte die Vorstellung einer Einheit der slawisch(sprechend)en, aber national aufgesplitterten Völker aufkommen (und sich bis zu slawophilen Auffassungen steigern). Solche panslawischen Bestrebungen verfolgten die nationale Emanzipation der „kleinen Völker", mußten aber an den politischen Realitäten des 19. Jahrhunderts scheitern. Auch in Deutschland begründete man angesichts der nicht vorhandenen staatlichen Einheit das Altertum romantisch-sprachwissenschaftlich. Wie bei den Westslawen konnte das Altertum, in dem die germanischen bzw. slawischen Völker noch jeweils eine Einheit gebildet zu haben schienen, als Folie politischer Gegenwartshoffnungen dienen. Anders in Rußland: Dort vermochte sich aufgrund der politischen Situation im Zarenreich kein großes Interesse für die „slawische Archäologie" zu entwickeln.

Als Begründer einer „slawischen Altertumskunde" gelten Josef Dobrovský (1753–1829), katholischer Geistlicher und einer der führenden böhmischen

---

[4] Dies hatte allerdings bereits Dobrovský erkannt: Joseph Dobrovský, Literarischer Betrug. Archiv f. Geographie, Historie, Staats- und Kriegskunst (Wien) 15, 1824, Nr. 46, 260.

Aufklärer, und der nur kurzzeitig in Prag lehrende Pavel Jozef Šafárik (1795–1861) (tschech. Šafařík). Von Dobrovský, der in engem Austausch mit dem Mitbegründer der Oberlausitzischen Gesellschaft der Wissenschaften in Görlitz, Karl Gottlob von Anton (1751–1818)[5], stand, stammt die erste Beschreibung slawischer archäologischer Funde[6]. Šafárik, gebürtiger Slowake und längere Zeit Gymnasialrektor im damals südungarischen, heute serbischen Novi Sad (Neusatz), publizierte eine erste umfassend angelegte Übersicht über slawische Altertümer[7] und korrespondierte mit dem erwähnten Gustav Klemm, der nahezu gleichzeitig ein ähnliches Handbuch für die germanische Altertumskunde herausgab.

Die „vaterländische Altertumskunde" blieb zunächst eine Sache von Außenseitern. Private Sammlungen, die zuweilen – z. B. durch einige polnische Aristokraten – der Öffentlichkeit zugänglich gemacht wurden, bildeten die Anfänge vieler Museen. Eine Vielzahl von Geschichts- und Altertums-Vereinen entstand, auch archäologische Gesellschaften wurden ins Leben gerufen (1840–1846 Szamotuły, 1857 Posen). In Österreich-Ungarn gründete man bereits im frühen 19. Jahrhundert Nationalmuseen (1807 Pest, 1818/1823 Prag), während dies in Deutschland erst 1852 mit den beiden lange um ihr Überleben kämpfenden Museen von Mainz (*Römisch-Germanisches Zentralmuseum*) und Nürnberg (*Germanisches Nationalmuseum*) zustande kam. In Warschau entstand erst am Ende des Jahrhunderts aus der Sammlung Erazm Majewskis (1858–1922) ein Museum, das 1921 in Staatsbesitz überging.

In den 1830er Jahren grub man die ersten frühmittelalterlichen Gräberfelder aus. Dabei wurden zeitgleich sowohl slawische Gräber im ostmitteleuropäischen Raum (1834 Kopidlno in Nordost-Böhmen, 1835 Prag-Panenská, 1846 Rebešovice in Mähren) als auch merowingerzeitliche Bestattungen in Südwestdeutschland (1837 Fridolfing, 1843 Nordendorf, 1845 Oberflacht) „untersucht". Während man in Norddeutschland und in Dänemark die relative Abfolge von Stein-, Bronze- und Eisenzeit in den 1830er Jahren erkannt (und damit das sog. Dreiperiodensystem aufgestellt) hatte, blieb dieser metho-

---

5   Karl Gottlob von Anton, Erste Linien eines Versuches über der alten Slawen Ursprung, Sitten, Gebräuche, Meinungen und Kenntnisse 1–2 (Leipzig 1783, 1789; ND Bautzen 1976, ²1987).

6   Joseph Dobrovský, Ueber die Begräbnißart der alten Slawen überhaupt, und der Böhmen insbesondere. Eine Abhandlung, veranlaßt durch die bey Hořin im Jahr 1784, auf einer ehemaligen heydnischen Grabstätte ausgegrabenen irdenen Geschirre. Abhandl. d. kgl. Ges. d. Wiss. (Prag 1786).

7   Pavel Jozef Šafařík, Slovanské starožitnosti (Praha 1837); Paul Joseph Schafariks Slawische Alterthümer 1–2, dt. Mosig von Aehrenfeld, hrsg. Heinrich Wuttke (Leipzig 1843/1844).

dische Fortschritt im übrigen Mitteleuopa bis gegen Ende des 19. Jahrhunderts weitgehend aus. Ursache dafür war z. T. das schwerer zu überschauende Fundmaterial, aber vor allem das Problem der „ethnischen Zuordnung" der Funde. Weil man die „besseren", ansehnlicheren Funde stets für die eigenen Vorfahren in Anspruch nahm und diesen keinen geringeren Entwicklungsstand als den Nachbarn zubilligen wollte, kam man mit der postulierten Abfolge nicht zurecht. Der Stettiner Gymnasialprofessor Ludwig Giesebrecht (1792–1873) beispielsweise bestand darauf, daß die alten Germanen selbstverständlich nicht nur die Bronze, sondern auch das Eisen kannten.[8] Gegen die „Reservierung" der „besseren" Funde für die alten Germanen wandten sich verständlicherweise vor allem polnische Archäologen.[9] Auch die Schriftquellen legte man sich entsprechend zurecht und zitierte nur die „passenden" Stellen, so wenn aufgrund der taciteischen *Germania* zwar die „Freiheit" der Germanen betont wurde, aber keine Rede von deren „unzivilisierter" Lebensweise war.

An den Universitäten konnte sich die Prähistorie erst seit der Jahrhundertwende allmählich etablieren. Der erste Professor für slawische Altertumskunde war zwar schon 1849 der panslawisch orientierte Slowake Jan Kollár (1793–1852) in Wien, dessen baldiger Tod den Lehrstuhl aber wieder verwaisen ließ. In Prag wurde Jan Erazim Vocel (1802–1871) im Jahre 1850 Professor für böhmische Altertumskunde und Kunstgeschichte, nachdem er 1843 das Konzept einer nationalen tschechischen Archäologie entworfen hatte. Slawistische Universitätsprofessuren wie die Franz (František) Miklosichs (1812–1891) in Wien seit 1849 (während sie in Deutschland erst seit den 1870er Jahren eingerichtet wurden), blieben weitgehend philologisch ausgerichtet. Dies war bei der Germanistik, die bis zur Einrichtung des 1871 so benannten Lehrstuhls in Straßburg zutreffender als „deutsche Philologie" firmierte, nicht anders.[10]

---

8   Ludwig Giesebrecht, Über die neueste Deutung der norddeutschen Grabalterthümer. Balt. Stud. 5, 1838, 2, 45–49.
9   Józef Łepkowski (1826–1894), Sztuka u Słowian, szczególne w przedchrześcijańskiej Polsce i Litwie. Bibl. Warszawska 1862, H. 3, 131 f.
10 Vgl. Jacob Grimm, Über den namen der germanisten [1846]. In: ders., Kleinere Schriften 7. Rezensionen und vermischte Aufsätze 4, hrsg. Eduard Ippel (Berlin 1884, ND Hildesheim, Zürich, New York 1991) 568 f., der unter dem Begriff „Germanistik" alle an der Erforschung des „Deutschthums" beteiligten Wissenschaften (bezüglich Geschichte, Recht und Sprache) verstanden wissen wollte.

2. Das „imperiale Zeitalter"

Hegel meinte bereits im frühen 19. Jahrhundert, es sei „der substantielle Zweck" eines Volkes, „ein Staat zu sein und als solcher sich zu erhalten". Ein „Volk ohne Staatsbildung" wie das seit 1795 dreigeteilte Polen, aber retrospektiv auch die Elbslawen hätten daher „eigentlich keine Geschichte", seien geschichtslos. Daher „bleibt diese ganze Masse aus unserer Betrachtung ausgeschlossen, weil sie bisher nicht als ein selbständiges Moment in der Reihe der Gestaltungen der Vernunft in der Welt aufgetreten ist".[11] Ebenso verfuhr Ranke (1795–1886) als „Historiograph des preußischen Staates", indem er die romanisch-germanische Staatenwelt in den Mittelpunkt rückte.[12] Die Slawen gehörten seiner Meinung nach zur „Außenwelt". Dagegen wandte Joachim Lelewel (1786–1861) für Polen ein, daß die unterdrückte Freiheit des Volkes für den Niedergang des polnischen Staates verantwortlich sei.[13]

Die Autorität Hegels und Rankes, aber auch die Zeitumstände trugen dazu bei, daß die Vorstellung slawischer Rückständigkeit, ja „Primitivität" im deutschen Sprachraum weite Verbreitung fand. Besonders die letzte Teilung Polens 1795 durch Preußen, Österreich und Rußland schien dies in vielerlei Hinsicht zu bestätigen. Die Auffassung „slawischer Primitivität" verbreitete sich vor allem seit den 1860er Jahren, als im östlichen Preußen eine verstärkte Germanisierungspolitik gegenüber der polnischen Bevölkerung betrieben wurde und in Russisch-Polen der Aufstand von 1863 blutig niedergeschlagen worden war. Dabei ließ sich an verschiedene, gleich zu behandelnde Vorläufer anknüpfen. Daraus entstand der verbreitete, langlebige Topos der vor allem fischenden, viehzüchtenden und jagenden Slawen, die nur wenig Ackerbau betrieben. In Polen und Böhmen stießen diese Vorstellungen verständlicherweise auf ein geteiltes Echo.[14]

Wenn die Germanen auch gegenüber der antiken Zivilisation zurückgeblieben waren, so sollten sie doch den Slawen überlegen sein. „Der nachmalige Übergang vieler slavischer Länder zu deutscher Art und Sitte ist wahrlich

---

[11]   Georg Friedrich Wilhelm Hegel, Vorlesungen über die Philosophie der Geschichte. Werke [Theorie-Werkausgabe] 12, hrsg. Eva Moldenhauer/Karl Markus Michel (Frankfurt/M. 1970) 422.

[12]   Leopold von Ranke, Geschichten der romanischen und germanischen Völker von 1494 bis 1535 (Leipzig, Berlin 1824) (= Sämtliche Werke 33/34 [Leipzig ²1874]).

[13]   Joachim Lelewel, Geschichte Polens (Leipzig 1847).

[14]   Vgl. u. a. František Palacký (1798–1876), Dějiny národu českého v Čechách a na Moravě 1–5 (Praha 1848–1876, ³1876–1877); dt.: Geschichte von Böhmen. Größtentheils nach Urkunden und Handschriften 1–11 (Prag 1836–1867).

nichts gewesen als die notwendige Folge des culturhistorischen Übergewichts, das immer der Gebildete über den Ungebildeten erlangt." Die weitgehende Vernichtung slawischer Kultur sei selbstverschuldet und fortschrittlich gewesen, denn „der Slawe" hätte es nahezu nicht verstanden, „die einfachsten, offen daliegenden Hilfsquellen seines Landes ... auszubeuten", sondern „nur die Bestellung der Felder durch die Hacke" gekannt, meinte Moritz Wilhelm Heffter (1792–1873), ein brandenburgischer Lehrer und Mitarbeiter an der großangelegten Urkundenedition des *Codex Diplomaticus Brandenburgensis*.[15] Auf diese Weise hätte erst die mittelalterliche Ostsiedlung die Slawen „zivilisiert". Erst durch die deutschen „Kulturträger" hätten die Slawen „die Vernichtung ihrer Asiatischen Sitten durch das Christentum" und „Kultur und die Annehmlichkeiten des Luxus" erfahren.[16]

Die „primitiven" Slawen bedurften also der „Kolonisation", um Anschluß an die zivilisierten Kulturvölker des Südens und Westens zu finden.[17] Bis heute muß die Kolonisierung als ideologisch aufgeladener Begriff gelten. Im Dreiklang mit der vermeintlich ausschließlich friedlichen, bäuerlichen Ostsiedlung (so die deutsche Mediävistik des mittleren 20. Jahrhunderts) und der angeblich rein auf die Errichtung feudaler Verhältnisse ausgerichteten Ostexpansion (so die marxistische Interpretation) dient er bis heute der Beschreibung jener Vorgänge. Mit all diesen Ansätzen werden jeweils aber nur bestimmte Facetten vielschichtiger Vorgänge von Landesausbau und Herrschaftsbildung erfaßt.

Das Schlagwort vom vermeintlichen „deutschen Drang nach Osten" prägte der Publizist Julian Klaczko (1825–1906) im Jahre 1849,[18] d. h. unter dem unmittelbaren Eindruck der auch nationale Ziele verfolgenden Revolutionen von 1848. Die Polendiskussion in der Frankfurter Paulskirche, an deren Rande Marx und Engels publizistisch eine scharf antislawische Position bezogen, hatte die Hoffnungen der „kleinen Völker" auf nationale Selbständigkeit nicht erfüllen können. In Deutschland und Polen sah man den „Drang nach Osten" weithin als einen historisch regelhaften Vorgang. Deutscherseits

---

[15] Moritz Wilhelm Heffter, Der Weltkampf der Deutschen und Slawen seit dem Ende des 5. Jahrhunderts nach christlicher Zeitrechnung, nach seinem Ursprunge, Verlaufe und nach seinen Folgen dargestellt (Hamburg, Gotha 1847) 418, 458–462, 467 f.

[16] Johann Friedrich Reitemeier, Geschichte der preußischen Staaten vor und nach ihrer Vereinigung in eine Monarchie 1 (Frankfurt/O. 1801–1805) X, 473, 476.

[17] Erstmals Ernst Boll (1817–1868), Mecklenburgs deutsche Kolonisation. Jahrb. Verein meklenburg. Gesch. u. Alterthumskunde 13, 1848, 57–112.

[18] Julian Klaczko, Die deutschen Hegemonen. Offenes Sendschreiben an Herrn Georg Gervinus (Berlin 1849).

diente er vor allem der Rechtfertigung territorialer Hegemonie in Richtung Osten[19], polnischerseits erkannte man darin eine ständige Bedrohung. Eine Steigerung lag zugleich in der These, die Ostsiedlung nur als eine erneute In-besitznahme alten germanischen – und damit eigentlich deutschen – Bodens anzusehen.[20] Gustav Freytags (1816–1895) 1859 erstmals erschienene *Bilder aus der deutschen Vergangenheit* stellten deshalb fest, „daß das ganze Gebiet ostwärts der Elbe nur wiedergewonnenes Land ist".[21] Schon Ludwig Giese-brecht hatte eine Art „Urgermanentheorie" vertreten: „Die Mehrzahl der Be-völkerung zwischen Elbe und Oder bestand aus Germanen. Diese liutizischen Sachsen waren um die Mitte des elften Jahrhunderts freie Leute und im Besitz des Waffen- und Kriegsrechtes, sie beteten den Wodan, Thor und die Frigg an".[22]

Aus der „vaterländischen Altertumskunde" des frühen und mittleren 19. Jahrhunderts war in ganz Europa immer mehr eine national(istisch)e Archäo-logie geworden. Man konnte sich ihrer nicht nur zur nationalen Identitäts-stiftung nach innen, sondern im letzten Drittel des 19. Jahrhunderts zuneh-mend auch zur Begründung außenpolitischer Ziele bedienen. Die nationale Emphase führte nahezu zwangsläufig zu einer Überbetonung von Auto-chthonie-Vorstellungen. Den Boden dafür hatte vor allem Gustaf Kossinna (1858–1931) seit 1895 bereitet, indem er die Vorgeschichte zu einer „hervorra-gend nationalen Wissenschaft" erklärte. Besonders heftig wurden nach 1863 die archäologischen Debatten zwischen deutschen und polnischen Archäolo-gen, weil es hier auch um tagespolitische Auseinandersetzungen ging. Die Forschung hat es besonders belastet, daß die früh- und hochmittelalterlichen Slawen überwiegend nur im Gegensatz zu den Germanen gesehen wurden. Nur diesen Vergleich zu ziehen und ständig „Kulturhöhen" zu bewerten, ver-stellte den Blick auf ergiebigere Probleme.

Zu den umstrittensten (Schein-)Problemen gehörten die mit viel Verve und

---

[19]   So auch beim Präsidenten der *Monumenta Germaniae Historica* Georg Waitz (1813–1886), Preußen und die erste Theilung Polens. Hist. Zeitschr. 3, 1860, 1–15, und dessen Nachfolger Wilhelm Wattenbach (1819–1897), Die Germanisierung der östlichen Grenz-marken des Deutschen Reiches. Hist. Zeitschr. 9, 1863, 386–417.

[20]   Gustav Höfken (1811–1889), Deutsche Auswanderung und Kolonisation im Hinblick auf Ungarn (Wien 1850), sprach von der „Wiederverdeutschung des Ostens".

[21]   Gustav Freytag, Bilder aus der deutschen Vergangenheit 2. Vom Mittelalter zur Neuzeit (Leipzig [1924]) 197.

[22]   Ludwig Giesebrecht, Wendische Geschichten aus den Jahren 780 bis 1182, 1–3 (Berlin 1843) hier Bd. 1, 37. Ludwig Giesebrecht war wohl der Onkel des bedeutenden Mediä-visten Wilhelm (von) Giesebrecht (1814–1889).

nationalistischer Zielrichtung betriebenen Urheimatsdiskussionen. Unter der Prämisse, daß sich die Geschichte der modernen Nationen und ihrer Vorfahren anhand kultureller Kontinuitäten immer weiter zurückverfolgen lasse, ließ sich trefflich nach der „Urheimat" von Kelten, Germanen, Slawen usw. fahnden. Polnischen Archäologen galt häufig die jungbronzezeitliche Lausitzer Kultur, die ihre Hauptverbreitung zwischen Elbe und Bug besaß, als „urslawisch".[23] In Böhmen und Mähren hielt man mitunter die früheisenzeitliche Hallstatt-Kultur für slawisch,[24] schloß sich aber auch der Lausitzer Theorie an.[25] Deutsche Prähistoriker, allen voran Kossinna, reklamierten ganz Mitteleuropa einschließlich des Weichselgebiets als „urgermanischen" Siedlungsraum und sahen deshalb die Slawen weit aus dem Osten kommen.[26]

Im letzten Drittel des 19. Jahrhunderts wurden ungeachtet des ins Nationalistische abgleitenden politischen Klimas entscheidende methodische Grundlagen für die frühgeschichtliche Archäologie gelegt. Eine positivistisch ausgerichtete Arbeitsweise trug ihre Früchte. Die bis dahin vorliegenden Materialien wurden geordnet, Typenreihen erstellt und zeitliche Abfolgen (chronologische Schemata) erarbeitet, die ihren Niederschlag in umfassenden Synthesen[27] und Lexika fanden. Das späte 19. Jahrhundert war eine Zeit der großen Überblicke für einzelne Perioden, zumal die methodischen Grundlagen – auch mit der endgültigen Anerkennung des Dreiperiodensystems – gelegt worden waren.

Georg Christian Friedrich Lisch (1801–1883), großherzoglich-mecklenburgischer Antiquar und Leiter der Altertümersammlung in Schwerin, erkannte 1847 – nachdem er bereits 1832 zwischen germanischen (Grabhügeln) und slawischen Gräbern („Wendenkirchhöfe") in Mecklenburg zu unterscheiden versucht hatte –, daß Keramikgefäße mit Wellenbandverzierung den Slawen

---

[23] Am eindrücklichsten Józef Kostrzewski, Zagadnienie ciągłości zaludnienia ziem polskich w pradziejach (Poznań 1961), dt. Zur Frage der Siedlungsstetigkeit in der Urgeschichte Polens von der Mitte des II. Jahrtausends v. u. Z. bis zum frühen Mittelalter (Wrocław, Warszawa, Kraków 1965); Konrad Jażdżewski, Atlas do pradziejów Słowian (Łódź 1948/1949).

[24] Heinrich Wankel (1821–1897), Beitrag zur Geschichte der Slawen in Europa (Olmütz 1885) 9.

[25] Lubor Niederle, O kolébce národa slovanského (Praha 1899); ders., Rukovět' slovanske archeologie (Praha 1931); Jaroslav Pič, Die Urnengräber Böhmens (Leipzig 1907).

[26] So schon der Germanist Karl Müllenhoff (1818–1884), Deutsche Altertumskunde 1–5 (Berlin 1870–1900) bes. Bd. 2, 1887, 77–103.

[27] Lubor Niederle, Slovanské starožitnosti 1–4 (Praha 1902–1924); ders., Život starých Slovanů 1–5 (Praha 1911–1925); für den deutschsprachigen Raum: Robert Beltz (1854–1942), Die vorgeschichtlichen Altertümer des Großherzogtums Mecklenburg-Schwerin. Die wendische Zeit (Schwerin 1910).

zugeschrieben werden müßten.[28] In Böhmen gelangten 1853 Moriz Lüßner (1813–1891) und 1858/59 Ludvík Šnajdr (1839–1913) zum gleichen Ergebnis. Diese Erkenntnis geriet allerdings weitgehend in Vergessenheit, wohl weil sich Jan Erazim Vocel, der die tschechische Archäologie entscheidend prägte, nicht für Keramik interessierte. Erst Rudolf Virchow schaffte 1869 mit seiner anerkannten Unterscheidung zwischen der eisenzeitlichen Lausitzer und der frühmittelalterlichen „Burgwallkeramik" den Durchbruch.[29] Damit waren nicht nur die meisten Burgwallanlagen als frühmittelalterlich eingestuft, sondern auch der entscheidende Schritt zu klareren chronologischen Konzepten getan.

Der spätere Direktor des Kopenhagener Nationalmuseums Sophus Müller (1846–1934) entdeckte 1877 als erster die ursprüngliche Trageweise der seitdem als „typisch slawisch" geltenden „Schläfenringe".[30] Schon der Mecklenburger Lisch hatte diese Schmuckform 1863 für slawisch gehalten, sie aber noch – aufgrund der mitunter beachtlichen Größe der hochmittelalterlichen Exemplare und unzureichender Beobachtungen von Gräbern – als Armbänder interpretiert.[31] Darüber hinaus wurde man sich in den Grundzügen auch anhand des archäologischen Materials darüber klar, daß in der Spätantike größere Teile der germanischen Bevölkerung nach Süden abgewandert waren und das östliche Mitteleuropa daraufhin „slawisiert" wurde.

Die Professionalisierung der Prähistorie war damit soweit fortgeschritten, daß sie sich, wenn auch gegen anfängliche Widerstände, an den Universitäten etablieren konnte. In Deutschland wurde Gustaf Kossinna 1902 in Berlin „außerordentlicher" Professor „für Deutsche Archäologie", wie er selbst seine Stellung taufte. In Österreich-Ungarn gab es bereits in den 1890er Jahren prähistorische Dozenturen (Lubor Niederle [1865–1944] 1891 in Prag, Moritz Hoernes [1852–1917] 1892 in Wien, József Hampel [1849–1919] 1890 in Budapest), die bald zu Professuren erweitert und 1905 auch im zu Österreich gehörenden Teil Polens eingerichtet wurden (Włodzimierz Demetrykiewicz

---

28   Georg Christian Friedrich Lisch, Die Graburnen der Wendenkirchhöfe. Jahrb. Verein meklenburg. Gesch. u. Alterthumskunde 12, 1847, 421–441, hier 435–438.

29   Rudolf Virchow, Die Pfahlbauten im nördlichen Deutschland. Zeitschr. Ethnol. 1, 1869, 401–416, hier 411 f.; ders., Über Gräberfelder und Burgwälle der Nieder-Lausitz und die überoderischen Gebiete. Ebd., 4, 1872, Verhandl. (226)-(238); ders., Der Spreewald und die Lausitz. Ebd., 12, 1880, 222–236, hier 228.

30   Sophus Müller, Über slawische Schläfenringe. Schlesiens Vorzeit 3, 1881, 189–197, mit dem Abdruck eines Briefs von 1877.

31   Georg Christian Friedrich Lisch, Begräbnisplatz von Bartelsdorf bei Rostock. Jahrb. Verein meklenburg. Gesch. u. Alterthumskunde 29, 1864, 177–182, hier 180.

[1859–1937] in Krakau, Karol Hadaczek [1873–1914] in Lemberg). Vereine und Gesellschaften, Kongresse, Zeitschriften und museale Ausstellungen wirkten nun auch in eine breitere Öffentlichkeit. Im russischen Teil Polens bestanden allerdings kaum Möglichkeiten, archäologische Forschung zu betreiben und die Ergebnisse zu popularisieren.

3. Zwischen den beiden Weltkriegen

Mit dem Frieden von Versailles hatte sich die politische Landkarte Mitteleuropas erheblich verändert. Deutschland hatte den 1914 begonnenen Krieg verloren und mußte im Westen wie im Osten Gebiete an die Nachbarn abtreten. Polen und die Tschechoslowakei wurden selbständige Staaten – Polen erstmals wieder seit 125 Jahren, die Tschechoslowakei als einer der Nachfolgestaaten Österreich-Ungarns. Diese aufgrund der massiven Kriegspropaganda weithin unerwarteten Veränderungen verlangten nach tieferen Erklärungen und förderten damit die Suche nach ideologisierten Begründungen. Die auf Druck der Sieger entstandene politische Situation suchte man je nach Blickwinkel auch mit prähistorischen „Argumenten" entweder zu bekämpfen (Deutschland) oder zu rechtfertigen (Polen). Ohne die politische Situation nach 1918 ist auch die Entwicklung der prähistorischen Archäologie nicht zu verstehen.

Gustaf Kossinna glaubte im Frühjahr 1919, das Ergebnis der Versailler Verhandlungen beeinflussen zu können, indem er auf den Charakter des Weichsellandes als „uralten Heimatboden der Germanen" in einer eigens dazu entstandenen Propagandaschrift hinwies.[32] In der Folgezeit entspann sich zwischen deutschen und polnischen Archäologen ein erbittert geführter, politisch geradezu abstrus anmutender Streit um prähistorische „Ansprüche" in Mitteleuropa. Die Hauptkontrahenten waren Bolko Freiherr von Richthofen (1899–1983) und Józef Kostrzewski (1885–1969), der bei Kossinna in Berlin promoviert worden war und dort auch dessen „Methode" schätzen gelernt hatte. Nicht nur in den Augen dieser Archäologen, sondern weiterer Kreise ließen sich aus vermeintlichen Kontinuitäten zwischen antiken Völkerschaften und modernen Nationen weitreichende Territorial- und Hegemonieansprüche ableiten und für tagespolitische Zwecke einspannen.

Im östlichen Mitteleuropa standen die beiden neu entstandenen Staaten

---

derweil vor der administrativen Aufgabe, eigenstaatliche Strukturen aufzu-
bauen. Dazu gehörte u. a. auch die Etablierung der prähistorischen Archäologie an den Universitäten und der Aufbau einer Bodendenkmalpflege. In Polen
wurden bestehende Professuren an den Universitäten neu besetzt – 1919/1921
in Kraków mit Włodzimierz Demetrykewicz und 1921 in Lwów mit Leon
Kozłowski (1892–1944), dem späteren polnischen Ministerpräsidenten (1934/
1935). Neue Lehrstühle entstanden 1919 in Poznań (Józef Kostrzewski) und
1920 in Warschau (Erazm Majewski und Włodzimierz Antoniewicz [1893–
1973]). Die Bodendenkmalpflege wurde 1928 gesetzlich geregelt, nachdem bereits 1920/1922 eine zentrale staatliche Denkmalpflege (*Państwowe grono
konserwatorów zabytków przedhistorycznych*) mit acht regionalen Außenstellen eingerichtet worden war (Warszawa [2x], Kielce, Lublin, Kraków,
Lwów, Poznań, Wilna). Fachzeitschriften wurden fortgeführt (*Światowit*)
bzw. neu gegründet (1919 *Przegląd archeologiczny*, 1920 *Wiadomości archeologiczne*).

Die Tschechoslowakei sah sich vor vergleichbare Aufgaben, wenn auch in
deutlich geringerem Umfang, gestellt. In Prag gründete Lubor Niederle 1919/
1920 das *Staatliche Archäologische Institut* (*Státní Archeologický Ústav*). Weitere Professuren wurden 1931 in Brno (Emanuel Šimek [1883–1963]) und 1929
in Bratislava (Jan Eisner [1885–1967]) eingerichtet. An der deutschen Universität Prag – die Prager Universität war 1882 in eine tschechische und eine
deutsche geteilt worden – war darüber hinaus der Österreicher Leonhard
Franz 1929–1939 Professor für Vorgeschichte. Unter den Zeitschriften zählten
die *Památky archeologické* (ab 1922) und die *Sudeta* (ab 1925) zu den wichtigsten; sie waren auf einen tschechischen bzw. deutschen Leserkreis ausgerichtet.

In den 1920er und auch den 1930er Jahren erschienen in Deutschland nicht
wenige Arbeiten zur Archäologie der Slawen. Dabei handelte es sich fast
durchweg um wichtige zusammenfassende Materialbearbeitungen[33] oder groß-

---

33 Christoph Albrecht, Beitrag zur Kenntnis der slawischen Keramik auf Grund der Burg-
    wallforschung im mittleren Saalegebiet. Mannus-Bibl. 33 (Leipzig 1923); ders., Die Slawen
    in Thüringen. Ein Beitrag zur Festlegung der westlichen slawischen Kulturgrenze des frü-
    hen Mittelalters. Jahresschr. f. d. Vorgesch. d. sächs.-thüring. Länder 7, 1925/2, 1–72;
    Zantoch. Eine Burg im deutschen Osten 1, hrsg. Albert Brackmann/Wilhelm Unverzagt.
    Deutschland und der Osten 1 (Leipzig 1936); Heinz A. Knorr, Die slawische Keramik
    zwischen Elbe und Oder. Einteilung und Zeitansetzung auf Grund der Münzgefäße. Mit
    einem kurzen Abriß der frühmittelalterlichen Keramik. Mannus-Bücherei 58 (Leipzig
    1937); Werner Hülle, Westausbreitung und Wehranlagen der Slawen in Mitteldeutschland.
    Mannus-Bücherei 68 (Leipzig 1940).

angelegte Forschungsprojekte wie die von Carl Schuchhardt (1859–1943) initiierte Erfassung der ostdeutschen vor- und frühgeschichtlichen Wall- und Wehranlagen. Es wurde allerdings auch in diesen wissenschaftlichen Studien zunehmend üblich, in einem Résumé mit deutlichen Worten auf die „offensichtliche Primitivität" slawischer Sachkultur hinzuweisen und daraus weitreichende, vermeintlich kulturgeschichtliche bzw. historische Schlüsse zu ziehen. Der fehlende Zusammenhang zu den wissenschaftlichen Ergebnissen wurde dabei ausgeblendet. Dies gilt in noch viel stärkerem Maße für die „Deutsche Ostforschung", die sich „Volkstumsfragen" im „deutschen (!) Osten" widmete.

Im Dritten Reich erfuhr die deutsche Vorgeschichtsforschung einen raschen und deutlichen institutionellen Ausbau, auch wenn viele Institutsgründungen und Professuren zunächst nur Umbenennungen und Erweiterungen bereits bestehender Seminare oder Lehrapparate waren. Die Prähistorie konnte, durchaus im Selbstverständnis einer Mehrheit der deutschen Archäologen, dem neuen Regime und dessen politischen Zielen dienen. Viele Argumentationsstränge des 19. Jahrhunderts wurden fortgeführt und zuweilen maßlos übersteigert, insbesondere hinsichtlich der „Primitivität" der Slawen und der damit zusammenhängenden „deutschen Aufgabe" als „Kulturträger", ohne daß Einzelheiten heute noch von Interesse wären.[34] Lediglich die Betonung „rassischer Werte" erreichte ungeahnte „Blüten", wozu die Weichen bereits seit den 1920er Jahren – u. a. mit der von ernsthaften Wissenschaftlern herausgegebenen Zeitschrift *Volk und Rasse* – gestellt worden waren.

Eine Renaissance erlebten in den 1930er Jahren „normannistische" Auffassungen. Seit der Mitte des 18. Jahrhunderts, als dieses Thema Diskussionsgegenstand in der Petersburger Akademie der Wissenschaften gewesen war, stritt man um die Rolle der Wikinger oder Waräger bei der Entstehung der Kiever Rus' und damit des russischen Staates. „Normannisten" vornehmlich aus dem Westen behaupteten, die Kiever Staatsentstehung ginge allein auf die Initiative der Waräger zurück. „Antinormannisten", meist russischer Herkunft, stellten dagegen die Rolle der wirtschaftlichen Voraussetzungen im ostslawischen Siedlungsraum heraus. Nach heutiger Auffassung spielte beides eine Rolle – sowohl die skandinavischen Gefolgschaften des 9. Jahrhunderts als auch die einheimische Bevölkerung waren unabdingbare Voraussetzungen. Anders sieht es bei den Westslawen aus. Hier lassen sich weder historische

---

34 Als typisches Beispiel für zahlreiche ähnliche Arbeiten sei verwiesen auf Ernst Petersen, Der ostelbische Raum als germanisches Kraftfeld im Lichte der Bodenfunde des 6. bis 8. Jahrhunderts (Leipzig 1939).

noch archäologische Argumente für eine auch nur beschränkte Rolle von Skandinaviern für die Herrschaftsbildungen erkennen. Dennoch wurde in Deutschland auch Polen diese Selbständigkeit bestritten, vielmehr Mieszko zum Wikingerfürsten befördert.[35]

Die deutsche Besetzung Böhmens, Mährens und Polens im Jahre 1939 hatte gravierende Folgen auch für die archäologische Forschung. Alle Institutionen erhielten, soweit sie nicht geschlossen wurden, deutsche Direktoren, so daß eine eigenständige Forschung nicht mehr möglich war. Eine besonders unrühmliche Rolle spielte das *Institut für Deutsche Ostarbeit*, das 1940 in Krakau unter der wissenschaftlichen Gesamtleitung des Prähistorikers Werner Radig (1903–1985) aus der Taufe gehoben wurde. Zu den Hauptaufgaben der *Sektion Vorgeschichte* sollte es nach den Worten des Generalgouverneurs Hans Frank (1900–1946) gehören, „die Epoche der germanischen Besiedlung des Weichsellandes eingehender zu erforschen, als dies bisher unter der polnischen Herrschaft möglich war".[36] Ivan Borkovskýs (1897–1976) 1940 in Prag erschienenes Buch über die frühslawische Keramik vom Prager Typ[37] mußte (ungeachtet methodischer Mängel) wieder aus dem Buchhandel verschwinden, weil sein Inhalt nicht den Ansprüchen und Vorstellungen der Machthaber hinsichtlich der slawischen Geschichte entsprach.

4. „Slawische Archäologie" nach 1945

Nach dem zweiten Weltkrieg erlangte die Slawenforschung im östlichen Europa besonderes Schwergewicht und genoß breite politische und finanzielle Förderung. Dies lag aus zwei Gründen nahe. Einerseits handelte es sich hier (mit Ausnahme von Rumänien[38], Ungarn und der DDR) um slawisch sprechende Völker, denen an der Kenntnis der eigenen Geschichte gelegen war. Anderer-

---

35 Albert Brackmann, Die Wikinger und die Anfänge Polens. Eine Auseinandersetzung mit den neuesten Forschungsergebnissen. Abhandl. Preuß. Akad. Wiss., phil.-hist. Kl. 1942/6 (Berlin 1942).

36 Rudi Goguel, Über die Mitwirkung deutscher Wissenschaftler am Okkupationsregime in Polen im zweiten Weltkrieg, untersucht an drei Insitutionen der deutschen Ostforschung, phil. Diss. Humboldt-Univ. (Berlin 1964) Anhang, 112. Dazu diente auch die Ausstellung „Germanenerbe im Weichselraum", die 1941 in Krakau gezeigt wurde.

37 Borkovský [Nr. 432]. Vgl. dazu die Reaktion bei Lothar F. Zotz/Bolko v. Richthofen, Ist Böhmen-Mähren die Urheimat der Tschechen? (Leipzig 1940).

38 Vgl. Florin Curta, The changing image of the Early Slaves in the Rumanian historiography and archaeological literature. A critical survey. Südostforschungen 53, 1994, 225–310.

seits verlangte die maßlose Überbewertung „altgermanischer Kulturhöhe" seit
der zweiten Hälfte des 19. Jahrhunderts nach einer angemessenen Untersuchung und Darstellung der slawischen Frühgeschichte. Mit der Durchsetzung
der Vorherrschaft kommunistischer Parteien kam der Marxismus-Leninismus
als ideologische Rahmenbedingung hinzu. Trotz der engen politischen Bindungen der Staaten des Warschauer Vertrages kam es nicht zu einer Wiederbe-
lebung panslawistischer Vorstellungen.

Zu den wesentlichen Institutionen, die Forschung überhaupt und damit
auch archäologische Forschungen betrieben, wurden in allen sozialistischen
Ländern die Akademien der Wissenschaften. Diese Akademien gingen auf ältere Traditionen zurück, wurden aber zentralistisch neu strukturiert. Bereits
ab 1946 richtete man nach sowjetischem Vorbild *Institute für die Geschichte
der materiellen Kultur* ein, unter deren Dach prähistorische Forschung zusammen mit ihren Nachbardisziplinen (Ethnologie, Anthropologie, klassische
und vorderasiatische Archäologie, Ägyptologie) betrieben wurde. Zum hauptsächlichen Forschungsschwerpunkt avancierte schnell die Archäologie des
„frühen" Mittelalters und damit der Slawen. Auch der Geschichte der Slawen
bzw. Osteuropas wurde besondere Aufmerksamkeit zuteil.

In Polen begannen 1946 die Vorbereitungen auf die Tausendjahrfeier des
Piastenstaates 1966.[39] Der Staat stellte bedeutende Mittel (für den *Kierownict-
wo badań nad początkami państwa Polskiego*) zur Verfügung, so daß mehr als
200 Mitarbeiter eingestellt und großangelegte Ausgrabungen (Poznań, Gniezno, Szczecin, Wolin, Kraków, Ostrów Lednicki, Gdańsk, Opole) unternommen werden konnten.[40] Daraus ging 1953 das *Instytut Historii Kultury Materialnej Polskiej Akademii Nauk* (IHKM PAN) hervor, als dessen Direktor
1954–1989 Witold Hensel fungierte. Diese großen Vorhaben wurden mit Blick
auf die Milleniumsfeiern 1966 initiiert. Es lag nicht nur im rein wissenschaftlichen, sondern auch im politischen Interesse des Staates, die Anfänge der piastischen Herrschaftsbildung zu untersuchen. Auf diese Weise ließ sich vermei-
den, daß die Taufe Mieszkos von 966 allzusehr der traditionell sehr starken
und einflußreichen katholischen Kirche Polens zugute kam. Die Ergebnisse
dieser archäologischen Forschungen wurden in einem eigens eingerichteten
Museum in Gniezno (*Muzeum początków państwa Polskiego*) ausgestellt.

Die tschechische und die slowakische Akademie der Wissenschaften besaßen ebenfalls je ein archäologisches Institut (*Archeologický ústav*) – in Prag

---

[39] Witold Hensel, Potrzeba przygotowania wielkiej roznicy (Poznań 1946).
[40] Kartierung wichtiger Ausgrabungen zwischen 1948 und 1962 bei Hensel [Nr. 19] 11 Abb. 1.

und Nitra. Jaroslav Böhm (1901–1962) und Jan Eisner (1885–1967), seit den 1960er Jahren Josef Poulík (1910–1998) in Brno und Bohuslav Chropovský in Bratislava standen an der Spitze der archäologischen Slawenforschung. Von besonderer Bedeutung waren, neben den Untersuchungen auf der Prager Burg und anderen Burgwällen (Vlastislav, Bilína, Libice, Levý Hradec, Stará Kouřim) oder den sog. „slawisch-awarischen" Gräberfeldern in der Slowakei (Devínska Nová Ves, Želovce), die umfangreichen Ausgrabungen im östlichen Mähren und der südwestlichen Slowakei. Die imposanten Ergebnisse der Ausgrabungen in Mikulčice, Staré Město, Břeclav-Pohansko, Nitra und Du-cové zeigte man in einer europaweiten Wanderausstellung: Brno 1963, Nitra 1964, Prag 1964, Athen 1965, Wien 1966, Mainz 1966, Wrocław 1966, Stockholm 1967, Berlin (West) 1967/68, Berlin (Ost) 1968, sowie verändert in Leningrad 1971, Moskau 1972, Kiev 1972 sowie Sofia 1978/79 und London 1982. Diese Ausgrabungen kamen gerade recht, um den 1100. Jahrestag des Beginns der „kyrillo-methodianischen Mission" auch kulturhistorisch beleuchten zu können. Aus der Reichsbildung des 9. Jahrhunderts wurden so unversehens die „Anfänge der tschechoslowakischen Staatlichkeit" – so der Titel eines 1986 erschienenen Buches.[41]

Im östlichen Deutschland wurde Wilhelm Unverzagt (1892–1971) im Februar 1946 mit dem Aufbau eines *Instituts zur Erforschung der materiellen Kultur der Altslawen* beauftragt. Dies dürfte sowohl auf forschungspolitische Überlegungen Unverzagts als auch auf Anregungen der sowjetischen Besatzungsmacht zurückgehen. Im Juni 1947 wurde eine *Kommission für Vor- und Frühgeschichte* bei der Berliner Akademie der Wissenschaften eingerichtet, der man im April 1952 die gleichnamige Sektion bei der *Klasse für Philosophie, Geschichte, Staats-, Rechts- und Wirtschaftswissenschaften* zur Seite stellte. Die Kommission wurde im Oktober 1953 in ein Institut gleichen Namens überführt. Wichtige Ausgrabungen des Akademieinstituts betrafen die slawischen Burgwälle von Lebus, Behren-Lübchin, Teterow, Tornow, Vorberg, Berlin-Köpenick und Arkona, des weiteren den Seehandelsplatz von Ralswiek oder auch Magdeburg und die Pfalz Tilleda. Doch erst 1965 richtete man im Gefolge des Warschauer Slawenkongresses am Berliner Akademie-Institut eine Arbeitsgruppe zur Geschichte und Kultur der Slawen ein, die ein Handbuch über „Die Slawen in Deutschland" erarbeitete.[42]

Die endgültige Ausrichtung nach sowjetischem Vorbild erfolgte durch die

---

[41] [Nr. 206].
[42] In erster Auflage 1970; vgl. die Neubearbeitung [Nr. 48].

Zusammenfassung zahlreicher kleinerer Institute zu (vor allem naturwissenschaftlichen) Großforschungseinrichtungen. In der DDR vollzog diese Entwicklung die „Akademiereform" von 1969, durch die große „Zentralinstitute" mit Zuständigkeit für umfassendere Forschungsfelder geschaffen wurden. So entstand aus verschiedenen Instituten sowie kleineren Arbeitsgruppen und Kommissionen das *Zentralinstitut für Alte Geschichte und Archäologie* mit seinen vier Bereichen für Ur- und Frühgeschichte, für Orientforschung, für alte Geschichte und für griechisch-römische Kulturgeschichte. Zum Direktor des Zentralinstituts wurde Joachim Herrmann berufen.

Trotz der Zentralisierungsbemühungen unterhielten diese Akademie-Institute mehrere Zweigstellen – um regionale Schwerpunkte zu setzen, oder in der Nähe wichtiger Grabungen. So besaß das Warschauer Institut Filialen in Wrocław, Poznań, Kraków und Łódź sowie eine Reihe kleiner Außenstellen an bedeutenden Grabungsorten (Kalisz, Sandomierz, Igołomia, Szczecin, Wolin, Kołobrzeg). Das Prager Institut unterhielt Außenstellen in Most und Plzeň sowie die Abteilung in Brno, der eine Außenstelle in Opava sowie „Expeditionen" in Dolní Věstonice und Mikulčice angegliedert waren. Neben dem Hauptsitz in Nitra existierte noch eine Zweigstelle des Archäologischen Instituts der Slowakischen Akademie in Košice. Die beiden kleinen Außenstellen der Berliner Akademie in Magdeburg und Lebus wurden in den 1960er bzw. 1970er Jahren aufgelöst.

Neben den mit mit großem personellen und technischen Apparat ausgestatteten Akademieinstituten bildeten Denkmalämter und Museen das zweite Standbein archäologischer Forschung. In Polen gilt das für die großen archäologischen Museen (Warszawa, Gdańsk, Kraków, Poznań, Wrocław, Łódź) einerseits und das mit viel Personal und Zweigstellen ausgestattete Denkmalpflegeunternehmen PKZ (*Pracownie Konserwacji Zabytków*) andererseits. Auch die polnischen Universitäten (Warszawa, Kraków, Poznań, Wrocław, Łódź, Toruń, Lublin) spielten durch eigene Ausgrabungen und Publikationsreihen bzw. Zeitschriften eine wichtige Rolle. In der Tschechoslowakei existierten drei große Museen mit prähistorischen Abteilungen in Prag (*Narodní Museum*), Brno (*Moravské Museum*) und Bratislava (*Slovenské Narodné Múzeum*) sowie prähistorische Universitätsinstitute in denselben Städten. In der DDR gab es auch nach der Zerschlagung der Länder 1952 fünf archäologische Landesmuseen (Schwerin, Potsdam, Dresden, Halle, Weimar), die zugleich als Landesdenkmalämter fungierten. Die Universitäten spielten für die archäologische Forschung in der DDR im Unterschied zu den Nachbarländern eine nur marginale Rolle.

Neben der archäologischen Forschung in den ostmitteleuropäischen Ländern widmete man sich auch im ehemals slawischen Nordosten der (alten)

Bundesrepublik – im Hannoverschen Wendland und im östlichen Holstein – der slawischen Frühgeschichte. In den 1970er und 1980er Jahren fanden Geländeforschungen als Projekt „Ländliche Siedlung, Burg und Stadt vom 9. bis 15. Jahrhundert in der Kontaktzone zwischen Skandinaviern, Slawen und Deutschen" im Rahmen des Sonderforschungsbereichs 17 („Skandinavien- und Ostseeraumforschung") der *Deutschen Forschungsgemeinschaft* statt. Die Ausgrabungen umfaßten die Siedlungskammer in Bosau am Plöner See, die Burgwälle von Scharstorf und Starigard/Oldenburg sowie die Stadt Lübeck. Sie setzten in methodischer Hinsicht Maßstäbe sowohl für die Grabungstechnik als auch die Auswertung der Befunde und Funde.

Einen internationalen Rahmen erhielt die archäologische Forschung zur slawischen Frühgeschichte relativ spät. Erst im September 1965 wurde die *Union Internationale d'Archéologie Slave* (UIAS) in Warschau gegründet. Der formelle Gründungsakt erfolgte auf dem ersten Kongreß dieser Organisation, doch hatte es eine längere Vorbereitungsphase gegeben. Seit den späten 1950er Jahren hatten im Rahmen eines „slawischen Seminars" *Internationale Symposien für Slawische Archäologie* stattgefunden (Tab. 1). Wesentliche Aufgabe der Union war die Abhaltung der *Internationalen Kongresse für Slawische Archäologie* in fünfjährigem Turnus (Tab. 2). Der jeweils weitgesteckte Rahmen und die große Teilnehmerzahl machten diese Kongresse vor allem zu Foren, auf denen neue Forschungsergebnisse präsentiert wurden, weniger zu Diskussionskreisen. Latent bestand die Gefahr einseitiger (ethnisch orientierter) Betrachtung, wenn sich archäologische Forschungen zur Frühgeschichte nur auf die Slawen bezogen und Beziehungen zur außerslawischen „Welt" nur am Rande berücksichtigt wurden. Damit traten die Risiken einer Verselbständigung zutage. Dem konnte durch die Wahl einiger Archäologen aus den westlich angrenzenden Ländern in das Exekutivkomitee bzw. den Exekutivrat nur sehr begrenzt begegnet werden.

In etwas mehr als vier Jahrzehnten wurde eine Vielzahl großangelegter Grabungen mit teilweise – auch in personeller Hinsicht – immensem Aufwand unternommen. Der Einsatz naturwissenschaftlicher Methoden zur Datierung, Umweltrekonstruktion und Wirtschaftsgeschichte brachte einen erheblichen Zuwachs an Aussagemöglichkeiten. Zahlreiche Publikationen wurden vorgelegt, doch eine unüberschaubare Menge an Fundmaterial gerade aus den Großgrabungen wie Mikulčice liegt bis heute in großen Teilen unbearbeitet in den Magazinen. Hier sind noch einige Rückstände aufzuholen, bis manche bereits in halbpopulärer Form veröffentlichte These überprüft werden kann. So werden zur Zeit erst die Voraussetzungen dafür geschaffen, das nach Hunderttausenden zählende Keramikmaterial und andere Fundgruppen von Mikulčice überhaupt bearbeiten zu können.

Tab. 1. Die *Internationalen Symposien für Slawische Archäologie*. Die Zählung ist Anfang der 1970er Jahre aufgegeben worden und ein genauer Überblick nur schwer zu erhalten, weil zugleich weitere Kongresse zu verwandten Themen außerhalb der UIAS abgehalten wurden. Zu manchen der Symposien erschienen Tagungsbände [Nr. 24; 45]

Nr.	Jahr	Tagungsort	Kurzthema
1.	1957	Kraków (PL)	Gründung der Symposien für slawische Archäologie und Planung für eine UIAS
2.	1958	Moskva (SU)	(Slawische Frühgeschichte)
3.	1960	Brno u. a. (ČSSR)	Stadtentwicklung und Großmähren
4.	1963	Budapest (H)	Donau- und Balkanslawen
5.	1970	Sofia (BG)	Slawen und Mittelmeerwelt im 6. bis 10. Jahrhundert
6.	1973	Prilep (YU)	Einwanderung und Konsolidierung der Südslawen
	1977	Rila (BG)	Slawen und Nomaden
	1978	Kiev (SU)	Ethnogenese der Slawen
	1983	Nové Vozokany (ČSSR)	Mitteleuropäische Slawen und andere Ethnien im 6.–10. Jahrhundert
	1986	Prilep (YU)	Vorchristliche Religion der Slawen
	1990	Pskov (SU)	Slawische Archäologie 1990
	1995	Warszawa (PL)	Slawische Archäologie 1965–1995. Bilanz und Perspektiven

Tab. 2. Die *Internationalen Kongresse für Slawische Archäologie*. Einige Plenarreferate bemühten sich um großräumige und thematisch übergreifende Überblicke. Die große Mehrzahl der Vorträge hatte jedoch neuere Detailforschungen zum Gegenstand. Der Novgoroder Kongreß litt unter der hohen Zahl abgesagter Beiträge und der weitgehenden Beschränkung des Teilnehmerkreises auf Rußland. Zu den Kongreßberichten vgl. das Literaturverzeichnis [Nr. 64]

Jahr	Tagungsort	Präsident	Generalsekretär
1965	Warszawa	Witold Hensel (PL)	
1970	Berlin	Karl-Heinz Otto (DDR)	Joachim Herrmann (DDR)
1975	Bratislava	Josef Poulík (ČSSR)	Bohuslav Chropovský (ČSSR)
1980	Sofia	Dimităr S. Angelov (BG)	Bohuslav Chropovský (ČSSR)
1985	Kiev	Boris Aleksandrovič Rybakov (SU)	Bohuslav Chropovský (ČSSR)
1990	Skopje/Prilep – ausgefallen –	Boško Babić (YU)	Bohuslav Chropovský (ČSSR/ČSR)
1996	Novgorod	Valentin Lavrent'evič Janin (RUS)	Bohuslav Chropovský (SK), Nachfolger Alexander Ruttkay (SK)

Die Ausgrabungen konzentrierten sich auf bestimmte Schwerpunkte. Dazu gehören: 1. die zahlreichen, auffällig in der Landschaft liegenden Burgwälle, bei denen meist Wallschnitte angelegt, aber kaum ausreichender Einblick in die Struktur der Innenbebauung gewonnen wurde; 2. Untersuchungen zu den Anfängen städtischer Entwicklung an früh- und hochmittelalterlichen Zentralorten, die meist befestigte Anlagen darstellen; 3. Nekropolen, bei denen zwischen älteren, kleineren Brandgräberfeldern und jüngeren, mitunter sehr umfangreichen „Reihengräberfeldern" zu unterscheiden ist. Diese Friedhöfe sind lediglich in Mähren und der Slowakei in größerer Zahl vollständig er-graben worden, und Aussagen über Populationsgrößen und Sozialstrukturen, abgesehen von der überregional nur schlecht zu vergleichenden Beigabensitte, sind daher erst in Ansätzen möglich.

Trotz der international vereinten Slawenforschung vermochte sich die Ar-chäologie des Mittelalters nicht von ihrer nationalstaatlichen Orientierung zu lösen. Die Milleniumsfeierlichkeiten in Polen 1966, die 1100-Jahr-Feiern der ostkirchlichen Mission in Mähren 1963 oder auch die 1000-Jahr-Feier der Taufe Rußlands 1988 waren jeweils nationale Veranstaltungen von erheblicher politischer Bedeutung – obwohl oder weil damit an die Christianisierung die-ser Gebiete im frühen Mittelalter erinnert wurde. Trotz der sich daraus erge-benden innenpolitischen Brisanz wollten oder konnten die Staats- und Partei-führungen offensichtlich nicht auf diese Gelegenheiten nationaler Identitäts-stiftung verzichten. In der DDR ließ sich kein vergleichbarer Anlaß finden, und es bestanden auch keine Voraussetzungen für derartige Versuche, wes-halb nur nebenbei an den Slawenaufstand von 983 erinnert wurde.

Ein wesentlicher Antrieb der Forschungen zum slawischen Frühmittelalter war es, ein neues Bild der Vergangenheit zu entwerfen. Dazu gab es – nach den leidvollen Erfahrungen der letzten 150 Jahre und der schließlich maßlo-sen Übertreibung „altgermanischer Kulturhöhe" – auch allen Grund. Daraus resultierte latent eine Tendenz, den Slawen Ostmitteleuropas eine grundsätz-lich der westeuropäischen ebenbürtige gesellschaftliche Entwicklung zuzubil-ligen. Daraus wiederum erwuchs das Bestreben nach möglichst frühen Zeit-ansätzen. Dabei konnte man an chronologische Vorstellungen der 1930er Jah-re anknüpfen, als deutsche Forscher aus entgegengesetztem Antrieb ebenfalls einige Materialien und Burgwälle in Schlesien überaus früh ansetzten. Damals sollte dadurch der prägende germanische Einfluß belegt werden, nun dienten Frühdatierungen (z. B. J. Żaks Datierung der Hakensporen ab dem 5. Jahr-hundert) der Postulierung einer Entwicklung hin zur Feudalgesellschaft wie im Frankenreich.

Nicht geringe Kräfte wurden darauf verwandt, die ideologischen Vorgaben des Marxismus-Leninismus anhand des archäologischen Fundmaterials zu unterstreichen. End- und fruchtlose Diskussionen drehten sich um die Frage der Periodisierung der Urgeschichte, die Gliederung der „vorkapitalistischen Klassengesellschaften", das Auftreten der „militärischen Demokratie", die Kennzeichen des „Feudalismus" usw. Eine den eigenen Ansprüchen marxisti-scher Analyse genügende Untersuchung – z. B. sozialer und wirtschaftlicher

Strukturen der früh- und hochmittelalterlichen Gesellschaften, denen vor allem mit archäologischen Methoden beizukommen wäre – wurde dagegen nicht unternommen oder scheiterte an methodischen Unzulänglichkeiten. Auch Versuche, überholte Paradigmata wie das der Kossinnaschen „ethnischen Deutung" durch modernere methodische Zugänge zu ersetzen, schlugen fehl. Zu oft und zu schnell wurde vom Fundmaterial auf (ideologisch vorgegebene) Gesellschaftsstrukturen geschlossen.

Seit 1990 haben sich gravierende Veränderungen ergeben. Die bisherige Finanzierung, insbesondere die der großen Akademie-Institute ist in Frage gestellt worden. In der (ehemaligen) DDR wurde die Akademie gänzlich aufgelöst, während die Wissenschaftsakademien in Warschau, Prag und Bratislava/Nitra weiterbestehen und weiterhin Zentren der Forschung bleiben. Ideologische Schranken sind weggefallen, so daß von einer jüngeren Wissenschaftlergeneration neue Forschungskonzepte und veränderte Vorstellungen über die historische Entwicklung entwickelt und vertreten werden können. Die Verschiebung des Forschungsinteresses bedingt zugleich eine wieder stärkere Einbindung in die internationale Forschung. Nun in großem Umfang mögliche Jahrringdatierungen bedeuten einen enormen methodischen Fortschritt. „Auf zu neuen Ufern" mag deshalb eine naheliegende Perspektive für die Archäologie des frühen und hohen Mittelalters im östlichen Mitteleuropa sein.

II. Methoden und Aussagemöglichkeiten der Archäologie

Die Archäologie des frühen und hohen Mittelalters besitzt, nicht nur für den hier interessierenden Raum, keine spezifischen Methoden. Prospektionen, Ausgrabungen und Auswertungen des Fundmaterials und der Befunde erfolgen mit Hilfe der üblichen archäologischen Methoden.[1] Die frühgeschichtliche Archäologie sieht sich allerdings eigenen method(olog)ischen Problemen gegenüber. Im Unterschied zur Prähistorie „berichten" archäologische *und* schriftliche Quellen über historische Entwicklungen. Beide Quellengruppen müssen berücksichtigt werden, um ein umfassenderes Bild der Vergangenheit gewinnen zu können. Doch bleibt hierbei zu beachten, daß diese Quellen jeweils spezifische Aspekte betreffen und deshalb nur selten direkt miteinander in Beziehung zu setzen sind. Sie erhellen jeweils bestimmte Bereiche einstiger Lebenswirklichkeit.

Eine „slawische Archäologie" als eigene Disziplin gibt es nicht und kann es nicht geben. Genauso wenig hätte heute eine „germanische Altertumskunde" oder eine „keltische Archäologie" einen Sinn. Damit werden lediglich Kulturräume beschrieben, d. h. größere Regionen mit bestimmten gemeinsamen kulturellen Merkmalen. „Kelten", „Germanen" und „Slawen" sind Sammelbezeichnungen antiker Beobachter von außen, während es kaum ein Gemeinschaftsbewußtsein dieser drei Großgruppen gab. „Slawische Archäologie" bezeichnet daher – hier eingeschränkt auf den *west*slawischen Siedlungsraum zwischen Elbe/Saale und Weichsel/Bug sowie zwischen Ostsee und Donau – den Versuch, die Geschichte dieses Raumes mangels anderer Quellen vor allem aufgrund archäologischer Quellen für die Zeit zwischen dem 6. und 13. Jahrhundert zu schreiben. In dieser Zeit vollzogen sich in Ostmitteleuropa, auch in den Augen der Zeitgenossen, spezifische Entwicklungen, die eine eigene Behandlung rechtfertigen. Ein Zurückverfolgen in ältere Zeiten als die Spätantike hat keinen Sinn, da zuvor niemand „die Slawen" kannte und die „Völkerwanderung" zu erheblichen Veränderungen geführt hat.

---

[1]   Fehring [Nr. 147].

Im folgenden seien nur einige spezielle method(olog)ische Probleme der frühgeschichtlichen Archäologie erläutert und nicht das gesamte Methoden-Repertoire der Archäologie aufgeführt. Zu diesen speziellen Problemen zählen vor allem das Zusammenspiel archäologischer und historischer Quellen, der enorme Aufwand und Umfang von Grabungen, die Datierung archäologischer Befunde mit Hilfe von Münzen und der Jahrringchronologie sowie die „ethnische Interpretation" archäologischen Materials. Auf Detailprobleme sei in den folgenden Kapiteln im jeweiligen Zusammenhang hingewiesen.

Zuvor sei noch ein Blick auf die Quellenlage der Archäologie geworfen. Mehrere zehntausend Fundplätze des frühen und hohen Mittelalters sind im östlichen Mitteleuropa bislang bekanntgeworden, die allerdings nur einen kleinen Bruchteil der einstmals vorhandenen Siedlungen, Gräber und Burg-wälle darstellen. Die Repräsentativität dieser Fundstellen fällt regional sehr unterschiedlich aus. Dies beruht zum einen darauf, daß archäologische Funde nur bei Bodeneingriffen zutage kommen. Gebiete mit intensiver Bautätigkeit und ausgedehnter Landwirtschaft, d. h. die heutigen Siedlungsgebiete weisen daher die meisten Fundpunkte auf. Dort sind allerdings auch die meisten Befunde bereits zerstört, denn im frühen Mittelalter nutzte man dieselben siedlungsgünstigen und ertragreichen Böden. Nur in der Neuzeit wieder aufgegebene Flächen wie Wiesen und Wälder oder durch Erosions-Sedimente wie Auelehme sekundär überdeckte Bereiche können noch unentdeckte und unzerstörte Befunde bergen. Ebenso unbeobachtet können eine Reihe technischer Anlagen wie Eisenschmelzöfen oder Teergewinnungsgruben geblieben sein, die sich wegen der Feuergefahr oder aufgrund der Rohstoffvorkommen abseits der Siedlungen befanden.

Zum anderen beeinflussen unterschiedliche Traditionen der Forschung das aktuelle Fundbild. Archäologische Landesaufnahmen, d. h. die systematische Erfassung aller Fundpunkte einer Region, sind aufgrund des enormen Aufwands nur selten durchgeführt worden. Dazu müssen nicht nur sämtliche vorliegenden Nachrichten über archäologische Funde ausgewertet, sondern auch gründliche und langwierige Geländebegehungen durchgeführt werden. Aber auch eine Landesaufnahme kann die archäologischen Fundstellen nicht vollständig erfassen, jedoch einen flächendeckenden Überblick liefern. Eine intensive Bodendenkmalpflege vermag gleichfalls repräsentative Stichproben zu ergeben, doch bleibt die Intensität regional sehr unterschiedlich. Expeditionsartige Untersuchungen, wie sie vor allem in Polen unternommen wurden, müssen sich zwangsläufig an die sichtbaren Objekte halten, so daß nur im unmittelbaren Umfeld von Burgwällen – als den am leichtesten zu bemerkenden Geländedenkmälern – gelegene Siedlungen erfaßt werden. Das Verhältnis von Burgwällen und Siedlungen mag als ein ungefährer Anhaltspunkt dafür dienen, wie zuverlässig die archäologischen Quellen erfaßt sind: Die Zahl der Siedlungen, die anders als die Burgwälle im Gelände kaum auffallen, muß für ein auch nur annähernd realistisches Bild die Zahl der Burgwälle in jedem Fall um ein Mehrfaches übertreffen, stellten doch die Befestigungen in den meisten Fällen Zentren der Besiedlung dar, die ohne ausreichendes Umland nicht hätten existieren können.

Nicht nur die Intensität, sondern auch die Forschungsansätze waren regional sehr verschieden. Dies betrifft die Art und Weise der Publikation, aber auch die Beschreibung und Interpretation sowie die zeitliche Einordnung des Fundmaterials selbst. Regional verschiedene Materialklassifizierungen und Chronologieschemata machen, über die historisch differenzierte Entwicklung hinaus, überregionale Vergleiche zu einem aufwendigen Unterfangen, so daß nur wenige großräumige Materialbearbeitungen vorliegen. Nicht immer lassen sich dabei gesicherte Erkenntnisse und plausible Hypothesen voneinander trennen.

Aus all diesen, in der Geschichte der archäologischen Forschung liegenden Gründen muß in der Darstellung häufig auf stets dieselben Befunde und Grabungsplätze zurückgegriffen werden. Denn nur eine begrenzte Zahl von Befunden stammt aus Grabungen, die 1. umfangreich genug angelegt waren, um repräsentative Ergebnisse zu erzielen, und deren Ergebnisse 2. ebenso umfassend veröffentlicht worden sind. Nur auf dieser Grundlage läßt sich verläßlich und nachvollziehbar argumentieren. Lediglich das Vorkommen bestimmter Fundgattungen kann – mit bestimmten Einschränkungen – auch anhand von Zufallsfunden kartiert und erörtert werden.

5. Archäologische und schriftliche Quellen

Für das Mittelalter stehen sowohl schriftliche als auch archäologische Quellen zur Verfügung. In den meisten Fällen geben sie zu ganz unterschiedlichen Aspekten der Vergangenheit Auskunft. Beide Quellengruppen sind daher historische Zeugnisse, wenn sie auch – mit Hilfe einer quellenadäquaten Interpretation – einen unterschiedlichen Zugang zur einstigen Realität ermöglichen. Ihre Verknüpfung vermag daher nur selten der gegenseitigen „Kontrolle" zu dienen; sie bereitet vielmehr häufig erhebliche Probleme.

Diese Probleme entstehen aus der unterschiedlichen Charakteristik schriftlicher und archäologischer Zeugnisse. Schriftliche Quellen – seien es Chroniken, Annalen und andere Geschichts*schreibung* („Tradition"), seien es Urkunden, Rechtssetzungen, Korrespondenzen und Akten („Überreste") – berichten vor allem über politische Ereignisse und Prozesse, handelnde Personen und deren Entscheidungen, auffällige Besonderheiten verschiedenster Art, rechtliche Kategorisierungen und Regelungen, Vorstellungen und Wahrnehmungen der Zeitgenossen usw. Archäologische Quellen beleuchten eine andere Seite einstiger Realität. Durch die Ausgrabung von Siedlungen, Burgwällen und Gräberfeldern sind einstiger Alltag und Lebenswirklichkeit direkter (wenn auch nicht unmittelbar) zugänglich; die Archäologie kann über Zeitabschnitte und Regionen ohne Schriftquellen berichten und dürre Quellenbegriffe (*urbs, castrum, civitas, oppidum*) in ihrem tatsächlichen Aussehen zumindest teilweise rekonstruieren.

Diese Gegenüberstellung zweier, im weiteren Sinne historischer Quellengruppen darf allerdings nur idealtypisch verstanden werden. Aus schriftlichen Quellen, dies haben vor allem neuere sozial- und wirtschaftsgeschichtliche Forschungen, aber auch die Alltags- und Kulturgeschichtsschreibung gezeigt, lassen sich tiefe strukturelle Einblicke gewinnen. Und archäologische Funde und Befunde können mitunter mit historischen Ereignissen in Verbindung gebracht werden. Beide Quellengruppen „sprechen" nicht unmittelbar zu uns, sind also keine „objektiven" Quellen, sondern bedürfen erst sorgfältiger Analyse, bevor aus ihnen historische Erkenntnis zu ziehen ist.

Die Charakteristik archäologischer Quellen läßt sich wie folgt zusammenfassen: 1. Archäologische Quellen sind (in methodologischer Hinsicht) als stumme Zeugen der Vergangenheit nur durch Vergleich und Analogie „zum Sprechen" zu bringen. Nur regelhafte Erscheinungen, die sich vergleichen lassen, können auf diese Weise begründet interpretiert werden. Ausnahmen von der Regel, historische Einzelfälle oder Individualitäten entziehen sich dem Analogieschluß und deshalb zugleich (von wenigen Sonderfällen abgesehen) prinzipiell der verläßlichen Einordnung durch die Archäologie. 2. Sozial-, wirtschafts- und kulturgeschichtliche – und d. h. strukturelle – Entwicklungen sind die entscheidenden, die Lebenswirklichkeit einstiger Gesellschaften prägenden Prozesse. Die Grundzüge dieser Prozesse lassen sich anhand der archäologisch faßbaren Befunde und Verbreitungsbilder ermitteln. Nur wenn die Archäologie diesen Versuch unternimmt, entgeht sie einer Beschränkung auf eine reine „Inventargeschichte" oder der Erschöpfung als antiquarische Altertumskunde und bleibt eine eminent historische Wissenschaft.

Daher stehen im Zentrum des archäologischen Interesses heute vor allem strukturgeschichtliche Prozesse der *longue durée*. Die Verknüpfung der längerfristigen, archäologisch greifbaren Entwicklungen mit historisch zu rekonstruierenden, rasch wechselnden politischen Verhältnissen geht im allgemeinen fehl. Nur zusammen ergeben strukturelle und ereignisgeschichtliche Aspekte ein eingehenderes Bild der Vergangenheit, ohne allerdings das Ideal einer *histoire totale* zu erreichen. Die Diskrepanz in den zu gewinnenden

Aussagen erweist sich dann nicht als Nachteil, sondern als Chance. Allerdings muß dies eine Synthese aus den Aussagen beider Quellengruppen und nicht nur eine jeweils ergänzende Illustration sein. Bleibt man sich der unterschiedlichen Aussagekraft der verschiedenen Quellengattungen bewußt, können durch ihre Kombination durchaus strukturelle Ursachen für politische Entwicklungen und umgekehrt die Rolle von Ereignissen für strukturelle Wandlungen ermittelt werden. Damit sei nicht ein vermeintlich statischer Zustand dieser Gesellschaften behauptet, sondern deren strukturell vergleichbare Dynamik in den Mittelpunkt gerückt. Deshalb wird im folgenden einer systematischen Gliederung der Vorzug gegeben und erst innerhalb derselben chronologisch differenziert.[2]

Ein besonderes Problem stellt die Identifizierung einzelner Orte dar, die in frühmittelalterlichen Schriftquellen genannt sind, heute aber nicht mehr bestehen und deshalb anhand des Namens nicht mehr aufzufinden sind. Dabei handelt es sich um Herrschaftsmittelpunkte wie die *Wogastisburg*, in deren Nähe der „Slawenkönig" Samo 631 ein fränkisches Heer besiegte, oder die *civitas Dragaviti*, vor der sich der Wilzenfürst und andere Große 789 Karl dem Großen unterwarfen. Hierzu zählen weiterhin Kultorte wie das berühmte *Rethra* der Lutizen, schließlich aber auch die Seehandelsplätze *Reric* und *Truso* oder das sagenhafte *Vineta*. Die überlieferten Angaben zu Lage und Aussehen dieser Orte sind – da man deren Lage seinerzeit ja genau kannte – stets recht vage und allgemein gehalten, so daß sie (heute) auf viele Fundstätten zutreffen. Spätere Interpolationen, mit denen man in der Neuzeit diese vergessenen Orte zu lokalisieren versuchte, verdunkeln das Bild zusätzlich. Eine genaue Lokalisierung gelingt daher nur dann, wenn detailliertere geographische Angaben der Quellen auf einen begrenzten Raum verweisen, in dem nach aktuellem Kenntnisstand und bei vorsichtiger methodischer Abwägung nur ein einziger Platz in Betracht kommt. Neue archäologische Entdeckungen mögen eine solche Identifizierung aber schon bald widerlegen.

6. Ausgrabungen

Ausgrabungen früh- und hochmittelalterlicher Siedlungen, Gräberfelder und Burgwälle bringen spezifische Anforderungen mit sich. Dazu gehört zunächst der erforderliche finanzielle, personelle und technische Aufwand. Frühstäd-

---

2 Anders z. B. Leciejewicz [Nr. 28].

tische Siedlungen und Burgwälle sowie die dazugehörigen Nekropolen besitzen eine erhebliche Flächenausdehnung von mehreren Hektar. Meist werden nur gefährdete und/oder besonders vielversprechende Teile ausgegraben wie Wallschnitte, Torsituationen, Werkstätten und Brückensituationen. Dies liegt zum einen an den beschränkten Ressourcen, die für Ausgrabungen zur Verfügung stehen. Aus denkmalpflegerischer Sicht sollten außerdem grundsätzlich nur gefährdete Objekte oder Teile derselben durch eine Ausgrabung erschlossen und dadurch zugleich zerstört werden; das Hauptziel ist ja die Erhaltung der Denkmale (Abb. 2–3). Andererseits ist eine komplette Ausgrabung häufig auch nicht sinnvoll, weil viele Forschungsprobleme und Fragestellungen durch geschickt ausgewählte Stichproben – und d. h. mit erheblich weniger Aufwand – genauso überzeugend zu lösen sind. Oder es ist – bei bis heute kontinuierlich besiedelten Plätzen (Szczecin, Gdańsk, Poznań, Gniezno, Praha, Brandenburg, Wrocław, Kraków, Nitra, Bratislava) mit ihren überaus komplizierten stratigraphischen Verhältnissen – auch völlig unmöglich, alles auszugraben. Dies verhindert schon die spätere, mittelalterliche und neuzeitliche bis moderne Überbauung. Die auf diese Weise ermöglichten Einblicke betreffen daher immer nur Ausschnitte, so daß darauf beruhende Rekonstruktionen stets mehr oder weniger wahrscheinliche Hochrechnungen darstellen. Für eine Gesamtbeurteilung innerer Strukturen dieser Siedlungen, ihrer Bedeutung und Entwicklung bedarf es aber umfassender Grabungen auf großen Flächen.

Nur aufgrund umfassender Grabungen kann zwischen zufälligen Beobachtungen und strukturellen Erkenntnissen getrennt werden. Bislang sind jedoch nur sehr wenige kleine ländliche Siedlungen und/oder zugehörige Gräberfelder vollständig ausgegraben worden. Strukturellen Einblicken sind damit durchaus Grenzen gesetzt, die allerdings zunächst im jeweiligen Stand der Forschung und nicht in der Methode selbst begründet sind. Darüber hinaus bedarf es umfangreicher naturwissenschaftlicher Begleituntersuchungen zur Rekonstruktion der einstigen Lebenswelt. Pollenanalysen und Studien zu den pflanzlichen Großresten, archäozoologische Untersuchungen der Tierknochen und Fischreste, aber auch die Erfassung kleinster archäologischer Funde wie Perlen oder Hacksilber setzen eine entsprechend feinmaschige Probenentnahme während der Ausgrabung voraus. Ohne sie ist eine moderne Grabung nicht mehr denkbar.

Die aufgrund der Ergebnisse einer Ausgrabung gewonnenen Erkenntnisse sollten nicht vorschnell generalisiert werden. Stets sind lokale Besonderheiten in Rechnung zu stellen – Umweltverhältnisse, Siedlungsstrukturen, kulturelle Beziehungen, Rohstoffvorkommen und spezifische historische Entwicklungen. Daran knüpft sich die Frage nach der Repräsentativität der Fundstellen

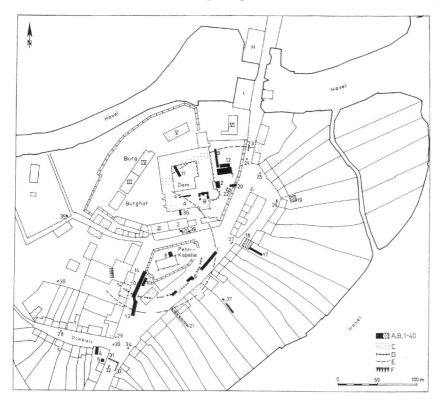

Abb. 2. Brandenburg/Havel. Lage der zahlreichen Grabungsschnitte (A, B, 1–40) innerhalb des Burgwallgeländes um den mittelalterlichen Dom, mit denen jedoch nur ein geringer Bruchteil der besiedelten Fläche archäologisch untersucht ist. Der ungefähre Verlauf des Walls kann aus Bodensetzungen (C) erschlossen werden. D, E, F bezeichnen den Wallverlauf verschiedener Befestigungen. G Hevellerstraße; H Mühle; I Burgmühle; I-VI Kurien (nach Klaus Grebe, Die Brandenburg vor 1000 Jahren [Potsdam 1991] 20 Abb. 6)

überhaupt – inwieweit wird das Fundbild durch moderne wirtschaftliche Aktivitäten oder die Intensität der Forschung beeinflußt bzw. bestimmt? Erst im Anschluß an diese methodischen Überlegungen können vorsichtige Verallgemeinerungen über den jeweiligen Grabungsplatz hinaus getroffen werden. Erst eine ausreichend große Zahl umfassender archäologischer Untersuchungen kann diese Zufälligkeiten ausschließen und zu einem eine ganze Region beschreibenden historischen Bild gelangen.

Ein besonderes Phänomen der Archäologie des Mittelalters stellt der massenhafte Fundanfall dar. Ähnlich wie bei Ausgrabungen antiker Städte kom-

38

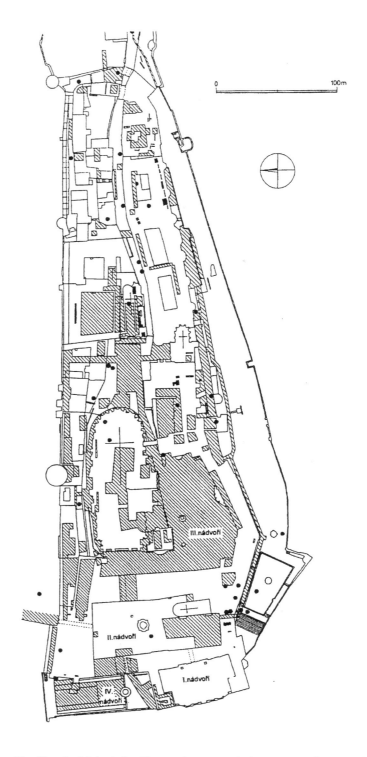

Abb. 3. Prag-Hradšin. Archäologische Untersuchungen zwischen 1870 und 1995. Die Flächenschraffur gibt das Ausmaß der Bodeneingriffe an; Punkte kennzeichnen in der Fläche nicht darzustellende Einblicke (nach Frühmittelalterliche Machtzentren [Nr. 294] 162 Abb. 2)

men so viele Funde zutage, daß neue „Verfahren" zur Bewältigung der Materialmengen entwickelt werden müssen. Aus den langjährigen Ausgrabungen in Mikulčice liegen Zigtausende, wenn nicht Hunderttausende von Keramikscherben vor, die noch immer nicht zusammenfassend bearbeitet sind. Computer und Statistik sind die Hilfsmittel, mit denen solchen „Massenfunden" zu Leibe gerückt wird. Im Zentrum der Auswertungen kann dann nicht mehr der einzelne Typ stehen, der in der Masse des Materials untergeht; nur noch ganze Materialgruppen insgesamt sind Gegenstand der Analyse. Mitunter muß man sich auf repräsentative Stichproben beschränken, weil die Mittel zur Gesamtbearbeitung fehlen. Andererseits ist letztere dann nicht mehr sinnvoll und damit vor einer breiteren Öffentlichkeit nicht mehr zu rechtfertigen, wenn sich die Ergebnisse nur noch in der zweiten oder dritten Stelle hinter dem Komma unterscheiden würden. Doch man kennt das Ergebnis nicht vorweg, so daß der Verzicht auf bestimmte Untersuchungen problematisch bleibt.

7. Datierung von Funden und Befunden

Die möglichst exakte Datierung archäologischer Funde und Befunde ist Voraussetzung jeder historischen Interpretation. Nur wenn die Zeitstellung gesichert ist, lassen sich begründete Schlüsse hinsichtlich kultureller Beziehungen und historischer Entwicklungen ziehen. Ohne verläßliche Datierung können gleichzeitige Phänomene nicht erkannt und damit ihre gegenseitigen Beeinflussungen und Abhängigkeiten nicht erschlossen werden. Ebenso unmöglich wäre es, zeitliche Veränderungen zu beschreiben, wenn die archäologischen Befunde nicht in eine zweifelsfreie zeitliche Abfolge gebracht werden können.

Typenreihen und Kombinationsstatistiken setzen innerhalb kontinuierlicher stilistischer Veränderungen scharfe Grenzen und konstruieren aufeinanderfolgende „Stufen". Diese Vereinfachung ist methodisch zu vertreten, denn anders ließe sich das Material nicht handhaben. Zugleich folgt aber daraus, daß diese Stufen nicht zu eng gewählt werden dürfen, um noch tatsächliche Unterschiede und nicht nur fiktive, aus einer längeren Entwicklung willkürlich herausgetrennte Abschnitte ohne reale Differenzen zu beschreiben. Grundsätzlich sollten die derart definierten Stufen nicht kürzer als etwa die Lebenszeit einer Generation ausfallen, d. h. nicht unter 25–30 Jahren liegen. Kulturelle Entwicklungen besitzen zwar ihre eigene, von Generationswechseln nicht unmittelbar abhängige Dynamik – doch läßt sich nur schwer entscheiden, ob z. B. Grabbeigaben den Zeitpunkt der Beerdigung angeben oder bereits ein(ige) Jahrzehnt(e) zuvor mit dem Erwachsenwerden erworben wurden. Der Generationsrhythmus ist daher so etwas wie eine „Faustregel", aber keine exakt zu begründende Marge. Für das früh- und hochmittelalerliche Ostmitteleuropa ist dies eine – sieht man von bestimmten Regionen zu bestimmten Zeiten ab (wie etwa Mähren im 9. Jahrhundert) – nicht erreichbare Feinheit der Datierung. Das Material ist in den meisten Fällen nur nach Jahrhunderten zu gliedern.

Die meisten Datierungen früh- und hochmittelalterlicher Materialien beruhen im ostmitteleuropäischen Raum auf der Keramik. Dies liegt einerseits am massenhaften Vorkommen von Gefäßscherben, die für jeden Fundort eine ungefähre zeitliche Einordnung zulassen. Andererseits liegen für große Gebiete wegen der verbreiteten Brandbestattung keine auswertbaren Grabfunde vor, die über Beigabenkombinationen eine genauere chronologische Fixierung erlaubten. Erst mit dem Aufkommen der Körperbestattung – regional unterschiedlich zwischen dem 8. und 11. Jahrhundert – bieten sich bessere Ansatzpunkte zur Datierung der Gräber. Diese Chronologien bleiben jedoch regional beschränkt und erlauben keine großräumige Verknüpfung. Sie liegen z. B. für die Slowakei, Mähren und Böhmen – bei allen regionalen Unterschieden auch dort – für das 9. und 10. Jahrhundert vor, als nördlich der Mittelgebirge die Toten noch verbrannt wurden. Nachdem man auch dort im Flachland zur Körperbestattung übergegangen war, unterband im Süden die Christianisierung bereits reiche Beigaben. Zudem sind auch die Typen an Schmuck usw. aufgrund unterschiedlicher kultureller Beziehungen zu den Nachbarräumen nicht leicht überregional miteinander zu vergleichen, wenn es um Zeitansätze und Verbreitung der Einzelformen geht.

Auf die Keramik gehen fast alle archäologischen Phasengliederungen zurück. Diese Unterteilungen beruhen auf der erwähnten methodischen Vereinfachung, unterschiedliche Keramiktypen hätten einander rasch und komplett abgelöst. Fest steht aber, daß unterschiedliche Herstellungsverfahren und Stilformen oft jahrhundertelang gleichzeitig und nebeneinander bestanden. Lediglich die Zeit um 1000 scheint einen stärkeren Einschnitt zu bedeuten. Zu berücksichtigen sind darüber hinaus regionale Unterschiede, die nicht immer auch als chronologische Differenzen angesehen werden dürfen. Deshalb sind Keramikdatierungen allenfalls tendenzielle Einordnungen. Sie erlauben keine detaillierten Einblicke in Siedlungsentwicklungen, weil die tatsächliche Gleichzeitigkeit und Abfolge von Siedlungen auf diese Weise nicht festzustellen ist.

Besondere Bedeutung für die frühgeschichtliche Archäologie besitzt die Münzdatierung (Abb. 4). Seit dem 9. Jahrhundert kommen Silbermünzen in Ostmitteleuropa vor. Sie finden sich in Siedlungsschichten und Schatzfunden,

Tab. 3. Schema der archäologischen Phasengliederungen im früh- und hochmittelalterlichen Ostmitteleuropa. Die Zweiteilung in alt- und jungslawisch geht auf Robert Beltz (1893) zurück, die Dreiteilung nahmen Alfred Götze (1901) und Carl Schuchhardt (1919) vor[3]

ungefährer Zeitansatz	Böhmen und Mähren	Elbslawen und Polen		allgemein
11. und 12. Jahrhundert	jüngere Burgwallzeit	spätslawisch	jungslawisch	Staatszeit
9. und 10. Jahrhundert	mittlere Burgwallzeit	mittelslawisch	alt-	
7. und 8. Jahrhundert	ältere Burgwallzeit	früh-	slawisch	Stammeszeit
6. Jahrhundert	Vor-Burgwallzeit	slawisch		

gelegentlich auch in (christlichen?) Gräbern. Insbesondere die arabischen bzw. islamischen Münzen erweisen sich als wichtige Datierungshilfsmittel, weil ihre Münzlegenden – im Unterschied zu denen westeuropäischer Münzen – das genaue Prägejahr enthalten. Dieses Prägejahr liefert zunächst nur einen *terminus post quem*, die Münze kann nur nach diesem Zeitpunkt in die

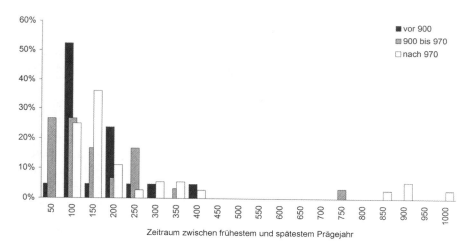

Abb. 4. Spanne zwischen ältester und jüngster Münze („Bildungsalter") in den frühmittelalterlichen Schatzfunden Ostmitteleuropas (87 Funde), gegliedert nach groben Zeitabschnitten. Die Intensivierung des Handels im 10. Jahrhundert bewirkte einen rascheren Münzumlauf und damit zugleich ein geringeres ‚Bildungsalter' der Schatzfunde. Die erneute Zunahme dieser Spanne ab Ende des 10. Jahrhunderts beruht lediglich auf der ungenauen Datierung der europäischen Prägungen; tatsächlich nahm das ‚Bildungsalter' weiter ab (nach Brather [Nr. 459] 120 Abb. 15,2)

---

3   Vgl. Brather [Nr. 434] 6 Tab. 1, mit weiterführenden Angaben.

Erde gelangt sein. Es bedarf sorgfältiger methodischer Abwägung, um die „Umlaufzeit" der Münzen einzugrenzen.

Funde einzelner Münzen in Siedlungsschichten sind als Datierungshilfsmittel überaus unzuverlässig. Zwischen Prägejahr und Schichtablagerung (die sich u. U. durch archäologische Funde oder durch Jahrringdaten ermitteln läßt) klafft häufig eine Lücke von ein bis zwei Jahrhunderten. Ursache ist der sehr lange Umlauf arabischer Dirham schon im Nahen Osten. Bei Schatzfunden wird man durch einzelne „überalterte" Münzen weniger in die Irre geführt. Doch die verbreitete Datierung unmittelbar anhand der Schlußmünze, d. h. der jüngsten Prägung des Fundes, übersieht, daß damit nur der frühestmögliche Niederlegungszeitpunkt erfaßt wird. Insbesondere der ungeklärte Prägungszeitraum der deutschen hochmittelalterlichen Prägungen verzerrt hier das Bild, sind doch beispielsweise die bekannten Otto-Adelheid-Pfennige über 50 Jahre lang (zwischen etwa 990 und 1040) geprägt worden. Alle Funde, in denen diese Pfennige als jüngste Münzen vorkommen, noch ins 10. Jahrhundert zu setzen, muß fehlgehen. Die alleinige Datierung mit Hilfe von Münzen führt also in der Mehrzahl der Fälle zu einem zu frühen Ansatz. Um wieviel zu früh, dürfte im Einzelfall sehr verschieden sein.

Unter den naturwissenschaftlichen Datierungsverfahren spielt die Dendrochronologie für das Mittelalter die wichtigste Rolle (Abb. 5). Durch das Auszählen der Jahrringe ermöglicht sie die jahrgenaue Einordnung von Hölzern aus archäologischem Zusammenhang. Es bedarf aber einer ganzen Reihe datierbarer Hölzer, um eine Siedlung oder Befestigung verläßlich einordnen zu können. Bei Einzelproben besteht immer die Gefahr, Zufälligkeiten wie Ausbesserungen oder wiederverwendeten Hölzern aufzusitzen. Voraussetzung für die Dendrochronologie sind fast immer Feuchtbedingungen, die die Erhaltung von Holz im Boden ermöglichten. Seltener lassen sich die Jahrringe auch an größeren Holzkohlebrocken, d. h. verkohlten Balken und Brettern bestimmen. Deshalb konnten bis jetzt auch nur Burgwälle in Niederungslage dendrochronologisch eingeordnet werden; für hochgelegene Anlagen wie die großen Höhenburgen Mecklenburgs fehlen bislang einfach die Hölzer, die im trockenen Boden längst verrottet sind.

Was bedeuten aber jahrgenaue Datierungen jeweils? Die Verknüpfung dieser „exakten" Datierungen mit historischen Daten, d. h. ihre historische Einordnung bereitet erhebliche methodische Probleme. Sie läßt sich jedenfalls nur schwer absichern, stehen doch meist nur einige Ausschnitte des Gesamtbefunds für eine Beurteilung zur Verfügung. Einzelne Bauphasen mögen lediglich Ausbesserungen des Walls gewesen und nicht mit der Errichtung bzw. dem Umbau der Gesamtanlage zu verbinden sein. Bei großen Serien verringert sich jedoch die Gefahr der Fehleinschätzung. Sekundär verbaute und

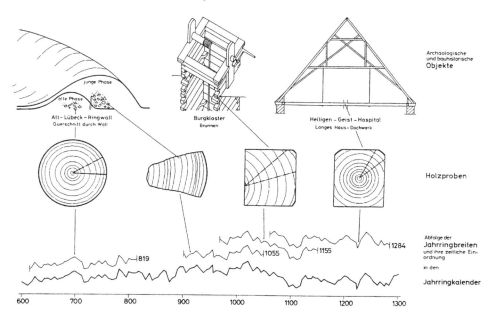

Abb. 5. Dendrochronologie am Beispiel Alt Lübeck und Lübeck. Man geht von rezenten Bäumen mit bekanntem Fälldatum aus. Durch Überlappung mit Hölzern aus historischen Bauten und archäologischen Befunden läßt sich die Standardkurve „nach rückwärts" verlängern (nach D. Eckstein/S. Wrobel aus Fehring [Nr. 147] 45 Abb. 7)

in jüngere Schichten umgelagerte Hölzer mögen mitunter ein zu hohes Alter vortäuschen. Und schließlich geht nicht jedes zeitliche Zusammentreffen von Jahrringdatum und historischem Ereignis auch auf einen kausalen Zusammenhang zurück. Der ereignisgeschichtliche Hintergrund wird deshalb meist im dunkeln bleiben, so daß vor allem die strukturellen Voraussetzungen und Bedingungen historischer Prozesse herausgestellt zu werden verdienen.

Physikalisch-chemische Datierungsmethoden besitzen für die Archäologie des Mittelalters kaum Bedeutung. Sie sind zwar methodisch anwendbar, doch bleibt ihre Aussagekraft gering. Die ^{14}C-Methode oder Radiokarbondatierung liefert – gerade für die hier interessierenden Jahrhunderte des Mittelalters – mit ein bis zwei Jahrhunderten derart große Datierungsspannen, daß gegenüber archäologischen Zeitbestimmungen nichts gewonnen ist. Zu einer historischen Einordnung archäologischer Befunde tragen diese Verfahren nicht bei. Sie können jedoch in Fällen, in denen mangels archäologischer Funde keine weitere Möglichkeit einer auch nur ungefähren Datierung bleibt, einen wichtigen Anhaltspunkt liefern. So lassen sich zumindest Zuordnungen zu Prä-

historie oder Spätantike, Früh- oder Spätmittelalter treffen, was z. B. für iso-
lierte Funde von Einbäumen, Holzfiguren (^{14}C-Methode), Aschegruben und
Herdstellen (Thermolumineszenz-Datierung) o. ä. hilfreich ist.

Interessante Aufschlüsse zur relativen Chronologie liefern Stratigraphien,
die sich besonders bei Burgwällen beobachten lassen. Ständige Erneuerungen
der Wälle, aber auch der stete Neubau von Häusern auf der Innenfläche (Berlin-Spandau, Dorf Mecklenburg, Starigard/Oldenburg) haben zur Akkumulation mächtiger Schichtpakete geführt. Daraus lassen sich feingestufte relative
Chronologien konstruieren, doch ist hierbei methodische Vorsicht geboten.
Die ständigen Bodeneingriffe haben massiv zur Umlagerung von Material
beigetragen, so daß ein erheblicher Teil der Funde aus diesen Schichtpaketen
nur in sekundärer Fundlage angetroffen wird. Zur Datierung einzelner Schichten lassen sich deshalb nur die jeweils jüngsten Funde heranziehen.

8. Ethnische Interpretation

Eine archäologische Forschung, die sich an vermeintlich „ethnisch" bestimmten Grenzen orientiert, birgt erhebliche Probleme in sich. Die Besonderheiten
historischer und kultureller Entwicklungen in Ostmitteleuropa lassen sich
nur im Vergleich mit den Nachbarräumen erkennen, denn allein in der Innen-
ansicht werden Spezifika nicht deutlich. Die Unterschiede zwischen den
Westslawen und ihren Nachbarn, aber auch die binnenslawischen Differenzierungen waren nichts weniger als ethnisch bestimmt. Sie resultierten vielmehr aus unterschiedlichen historischen Entwicklungen und verschiedenen
kulturellen Wechselbeziehungen. Darüber hinaus hat es nie ein allgemein
westslawisches Gemeinschaftsbewußtsein gegeben. Ethnische Identitäten waren in der Frühzeit eine Sache von Oberschichten, d. h. des Adels und des
Klerus. Vor allem für diese Eliten spielte es eine zentrale Rolle, zu welcher
ethnisch-politischen Gruppierung sie gehörten bzw. gerechnet wurden.

Das, von Modifikationen abgesehen, bis heute gebräuchliche archäologische Kulturkonzept wurde im wesentlichen durch Gustaf Kossinna (1858–
1931) und Vere Gordon Childe (1892–1957) formuliert.[4] Beide gelten aufgrund dieser Bemühungen um ein theoretisches Fundament als „Klassiker"
der prähistorischen Forschung. Beide waren ebenso wie die Begründer der

---

[4]   Gustaf Kossinna, Die deutsche Vorgeschichte, eine hervorragend nationale Wissenschaft
      (Würzburg ²1914); Vere Gordon Childe, The Danube in prehistory (Oxford 1929).

ethnologischen Kulturkreislehre in den 1890er Jahren „Museumsmänner" im Sinne von Antiquaren – und keine Feldforscher, d. h. keine Ausgräber. Kossinnas Grundatz, der vor allem ein „Glaubenssatz" und keine begründbare Methode war, lautete: „Scharf umgrenzte archäologische Kulturprovinzen decken sich zu allen Zeiten mit ganz bestimmten Völkern oder Völkerstämmen".[5] Übereinstimmungen im archäologischen Kulturgut seien stets Beleg für ethnische Zusammenhänge, deren retrospektive Rückschreibung „historische Rechte" auf Territorien zulasse. Kulturelle Ausstrahlungen in südlicher Richtung hingen stets mit (germanischen) Wanderungen ganzer Stämme oder Stammesgruppen zusammen, während es sich in umgekehrter Richtung lediglich um kulturelle Beeinflussungen handele, usf. Den von Kossinna angeblich „gründlich durchdachten" und „vielfach erprobten" Methoden, die damit uneingeschränkte Gültigkeit beanspruchten, lag ein unausgesprochen additiver, atomistischer Kulturbegriff zugrunde. Einzelelemente wie Fibelformen oder Waffentypen usw. wurden aufgehäuft und einzeln oder in der Kombination als „typisch" für eine Kultur erklärt. Kossinna verwendete bevorzugt den Begriff der „Kultur*gruppe*", wenn er auf den ethnischen Hintergrund seiner Interpretationen aufmerksam machen wollte.

Seit den 1920er Jahren wurde daraufhin der Begriff „Kultur" in der archäologischen Literatur auf breiter Front verwendet und als Synonym für Völker verstanden. Childe bemühte sich, dem von Kossinna übernommenen atomistischen Kulturbegriff innere Struktur und Stringenz zu verleihen, indem er die Kombination von Belegen möglichst verschiedener Lebensbereiche als Kriterium der Geschlossenheit einführte. Zwar sah Childe mitunter die Identifizierung dieser „Kulturen" mit „Völkern" oder „Rassen", wie sie Kossinna vortrug, als Problem, doch vermochte auch er sich nicht aus diesem Interpretationsrahmen zu befreien. Sein Versuch zur Rettung des Kulturkonzepts offenbart die Verknüpfung mit dem nationalen Diskurs und dessen romantischem Hintergrund. Diese einseitige Fixierung auf „Kulturen" als „Völker", verbunden mit einer deutlichen Wendung zum Diffusionismus (nach dem Beispiel der ahistorischen Ethnologie), bedeutete gleichzeitig eine Abkehr von den urgeschichtlichen Perioden und damit von der historischen Perspektive. Statt dessen konzentrierte man sich darauf, Übereinstimmungen und Neuerungen der Sachkultur durch Beeinflussung, durch „Diffusion" und Akkulturation zwischen Nachbarn zu erklären.

Die Zusammenfassung regionaler Formenkreise zu „archäologischen Kul-

---

5 Kossinna [Nr. 157] 3.

turen" ist im Gegensatz zu den verbreiteten Auffassungen Kossinnas und
Childes eine wissenschaftliche Konstruktion. Diese Kategorisierung dient
lediglich als deskriptiver Ordnungsbegriff, mit dessen Hilfe das Fundmaterial
aufbereitet wird. Dadurch werden regionale „Einheiten" mit Hilfe einer Merk-
malskumulation aus einem räumlichen Kontinuum ausgestanzt – genauso,
wie chronologische Stufengliederungen zeitliche Schnitte vornehmen. Deshalb sollte man schon „aus heuristischen Gründen ... ‚die reale Existenz von
Kulturen' in Abrede stellen".[6] „Kulturen" sind jedoch vor allem chronologisch bestimmt, wenngleich sie sich auch räumlich abgrenzen lassen. Entscheidend ist die zeitliche Dimension, so daß vor allem die Veränderung bzw.
Entwicklung sowie fließende Übergänge betont und damit die Vorstellung
eines geschlossenen Systems unwahrscheinlich werden. Die gebräuchlichen
differenzierten Stufengliederungen und veränderlichen Verbreitungsbilder
verdeutlichen, daß damit ein ständiger kultureller Wandel beschrieben und
nicht stabile Einheiten erfaßt werden. Die Kartierung „archäologischer Kulturen" suggeriert eine geschlossene Verbreitung und verdeckt die Dynamik kultureller (und sozialer) Entwicklungen. Aus dieser Einsicht folgt, „daß archäologische Kulturen nicht ‚vorgefunden', sondern geschaffen werden und oft
mehr über ‚innere geistig-kulturelle Zusammenhänge' ihrer Bearbeiter als
über eine wie auch immer geartete einstige Realität aussagen".[7] „Archäologische Kulturen" sind keine historischen Gemeinschaften in Zeit und Raum.

Auch „Rasse" und „Sprache" stellen wissenschaftliche Konstrukte dar, die
ebenfalls über Merkmalsbündel definiert werden und in ihrer Abgrenzung
von der jeweiligen Merkmalsauswahl abhängig sind. Auch sie besitzen keine
innere Geschlossenheit bzw. Homogenität, sondern werden durch fließende
Übergänge charakterisiert. Seit dem letzten Drittel des 19. Jahrhunderts gewann in den beteiligten Disziplinen jedoch jene Vorstellung die Oberhand,
„Volk" und „Sprache", „Kultur" und „Rasse" stünden für geschlossene Totali-
täten, seien jeweils scharf umgrenzt und fielen im Regelfall zusammen.
Ethnosoziologische Studien der letzten Jahrzehnte haben diese Auffassung als
grundlegenden ethnozentrischen Irrtum erkannt. So meinen Ethnologen heute, „daß es gerade das, was der Ethnographie den Namen gegeben hat,
eigentlich nicht gibt, nämlich ‚Völker'" – im Sinne konstanter homogener
Großgruppen.[8] Deshalb gilt, „daß Archäologen und andere Sozialwissen-

---

6   Lüning [Nr. 158] 169.
7   Wotzka [Nr. 163] 41.
8   Mühlmann [Nr. 160] 52.

schaftler Paradigmen entwickelt haben dürften, ‚etwas zu erklären, was sie
selbst erst geschaffen hatten' ".[9]

„Ethnische Gruppen" werden durch den Glauben an Gemeinsamkeiten
zusammengehalten (Max Weber). „Die" Westlawen waren deshalb ebenso
wenig wie „die" Slawen insgesamt oder auch „die" Germanen und „die" Kelten ein Ethnos. Kollektive Identitäten definieren sich über den Glauben an
gemeinsame Herkunft und gemeinsame Geschichte, an gemeinsame Sitten
und Bräuche, an die gemeinsam gesprochene Sprache, an das nur hier gelten-
de Recht, an die hiesigen religiösen Vorstellungen und an die gemeinsame
Abstammung. Die „ethnischen" Merkmale erscheinen damit nicht mehr als
objektiv vorgegeben, sondern als von den Gruppenmitgliedern bewußt ausge-
wählt. Sie dienen der Markierung und Aufrechterhaltung sozialer Grenzen.
Die ethnische Identität besitzt daher keine dauerhafte oder unveränderliche
Substanz, sondern kann in entscheidenden Situationen – Krisenmomenten,
Schwellenzuständen oder Übergangsphasen – sogar rasch wechseln. Ethni-
sche Identitäten lassen sich daher als offene dynamische Systeme begreifen.
Sie können sich kaum an scharfen Grenzen in der (gesamten) Sachkultur zei-
gen, zumal auch letztere nur diffuse Übergänge zeigt.

Die für die Identität historischer Gesellschaften wichtigen Merkmale lassen
sich nur dann im archäologischen Material ausmachen, wenn sie sich – auf
welche Art auch immer – einerseits im Sachgut niederschlagen und andererseits aus historischer Überlieferung bekannt sind. Das Fundmaterial selbst
vermag dazu keinerlei Auskunft zu geben. „Archäologische Kulturen" versu-
chen in einem umfassenderen Sinn Kulturräume zu beschreiben. Sie liegen
aus methodologischer Sicht auf einer anderen Ebene als die „ethnische Identität", indem sie strukturelle Zusammenhänge beschreiben und dabei wissenschaftliche Konstruktionen darstellen.

Wenn auch die Archäologie des Mittelalters weitgehend auf den Begriff der
„Kultur" im Sinne regionaler Gruppierungen verzichtet und hauptsächlich
die prähistorische Forschung damit arbeitet, sind ihr diese Vorstellungen dennoch nicht fremd, um kulturell zusammengehörige Räume zu beschreiben.
J. Herrmann beschritt diesen Weg bei der Rekonstruktion der slawischen Einwanderung in die Gebiete westlich von Oder und Neiße.[10] Die dazu benutzte
Kombination von Keramikformen, Haus- und Burgentypen sowie Bestat-

---

[9] Jones [Nr. 156] 139.
[10] Herrmann [Nr. 21] 39–77; ders. [Nr. 174]; ders. [Nr. 175]; Die Slawen in Deutschland
     [Nr. 48] 28 Abb. 8.

tungssitten stellt eine Addition von Einzelelementen dar, ohne daß sich ein zwingender innerer Zusammenhang dieser Elemente erkennen ließe. Im nächsten Schritt werden „archäologisch-kulturelle Gebiete" postuliert, die den bekannten „Kulturen" entsprechen. Dabei offenbart schon die Bezeichnung dieser Gruppen (Sukow-Szeligi-, Feldberg-Gołancz-, Tornow-Gostyń-, Rüssener und Prager Gruppe), daß als wesentliches Kriterium Keramikstile dienen – d. h. ein isoliertes Element der Sachkultur. Bei genauerem Hinsehen stellen sich aber diese Differenzierungen als voneinander unabhängige Regionalentwicklungen heraus, die sich erst einige Zeit nach der Einwanderung durch unterschiedlichste Einflüsse ergaben (Kap. III), also im Verlauf des Frühmittelalters entstandene kulturelle Binnendifferenzierungen Ostmitteleuropas beschreiben.

Auch alle Bemühungen, „Stammesgebiete" innerhalb der frühmittelalterlichen Siedlungsräume zu identifizieren, scheiterten bislang an methodischen Problemen.[11] Politisch-ethnische Gruppierungen, die sich rasch verändern können, lassen sich nicht eindeutig mit großräumigen Keramikstilen, Grabsitten, Hausformen und Burgentypen, die sämtlich strukturelle Erscheinungen sind, verbinden. Darin liegt das grundlegende heuristische Dilemma aller Versuche, von der Sachkultur zur Gesellschaftsstruktur zu gelangen. Das Modell der „sozialökonomischen Gebiete" bzw. „archäologisch-kulturellen Gebiete" im Sinne J. Herrmanns ging zwar in der Zielvorstellung über das Konzept der „archäologischen Kultur" hinaus, blieb aber methodisch in demselben traditionellen Interpretationsrahmen befangen.

Aufgrund der Spezifik ihrer Quellen besitzt die Archäologie ein eigenes historisches Arbeitsfeld. Ihr Methodenrepertoire muß auf jene Aussagemöglichkeiten ausgerichtet werden, die diesen Quellen und deren Aussagemöglichkeiten adäquat sind. Die „ethnische Deutung" ist nur eine unter vielen Möglichkeiten, die Verbreitung von Sachkulturelementen zu interpretieren. Kartierungen von Funden und Befunden bilden ehemalige Kommunikationsbeziehungen ab und erfassen daher Wirtschafts- und Verkehrsräume, Heiratskreise, Kulturräume und Werkstattkreise, Sepulkralgebiete und Technikbereiche. Grabausstattungen und mitunter Hortfunde sowie Kultstätten geben (begrenzten) Aufschluß über Sozialstrukturen und religiöse Vorstellungswelten, Siedlungsbefunde dienen der Analyse des alltäglichen Lebens. Räumliche und zeitliche Entwicklungen lassen sich auf diese Weise oft detailliert beschreiben, ohne daß sie direkt mit politischen Prozessen in Verbindung ge-

---

11 Vgl. den Versuch von Turek [Nr. 100].

bracht werden könnten. Diese strukturgeschichtlichen Bedingungen waren dessen ungeachtet die Grundlagen politischer Entwicklungen.

Daß „ethnische Identitäten" von Relevanz für die Zeitgenossen waren und auch heute häufig noch sind, ist auch angesichts aktueller politischer Entwicklungen nicht zu bestreiten. Sie fungierten durch den Glauben an eine gemeinsame Kultur und an eine gemeinsame Abstammung als wichtige „Bindemittel" sozialer Gruppen wie z. B. der frühmittelalterlichen „Traditionskerne" und waren deshalb nichts weniger als irrelevant. Dieser „Gemeinsamkeitsglauben" ermöglichte es sozialen Gruppen, durch die Abgrenzung nach außen eine halbwegs stabile Identität nach innen zu erlangen. Die Führungsgruppen innerhalb der frühmittelalterlichen Verbände boten sich als „Kern", d. h. Bezugspunkt einer solchen Identität an, allerdings nur, wenn sie politische und damit materielle Erfolge vorweisen konnten. Nur dann rechtfertigten sie ihre Position, anderenfalls verloren sie sie. Dann übernahm entweder eine andere Gruppe die Führungsposition, was die „Identität" des Verbandes vielleicht kaum tangierte – oder aber der Verband löste sich auf, seine Mitglieder wechselten ihre „Identität", indem sie sich anderen Gruppierungen anschlossen. Namenkontinuitäten dürfen nicht mit ethnischen Kontinuitäten verwechselt werden.

Dennoch spielten ethnische Identitäten im Alltag der meisten Menschen höchstens eine zweitrangige Rolle und gewannen besondere Relevanz nur in bestimmten, als offen bzw. unsicher oder krisenhaft empfundenen Situationen. Da „Ethnizität" aufgrund ihres flexiblen, gruppenspezifischen Charakters an beinahe jedem Sachgut haften kann – oder eben nicht –, bereitet ihre auch nur vage Identifizierung im archäologischen Material erhebliche, bislang ungelöste methodische Probleme. Dabei bleibt zu beachten, daß – sollten sich „ethnische Identitäten" materiell niedergeschlagen haben – die dazu benutzten Elemente nur eine sehr kleine Auswahl umfaßten, die angesichts der zahlreichen gemeinsamen Merkmale größerer Kulturräume unbedeutend bleibt. Deshalb wird es den archäologischen Quellen und der historischen Entwicklung eher gerecht, wenn die prähistorische Forschung auf die problematische „ethnische Interpretation" verzichtet. Damit gibt sie überhaupt nicht ihren Anspruch auf, eine historische Wissenschaft zu sein, sondern besinnt sich durch einen strukturgeschichtlichen Ansatz auf eine ihren Quellen adäquate historische Fragestellung.

Wenn im folgenden daher von den Westslawen bzw. den westslawischen Siedlungsgebieten die Rede ist, so sei damit keine „ethnische Interpretation" gemeint, sondern lediglich ein größerer Raum kulturellen Austauschs beschrieben. In dieser Hinsicht läßt sich das östliche Mitteleuropa trotz aller deutlich erkennbaren, inneren Differenzierung als zusammenhängender Kul-

turraum beschreiben, der durch verschiedenste Kontakte mit den Nachbargebieten – vor allem ostfränkisch-deutsches Reich, Skandinavien, Ostslawen
bzw. Kiever Rus', Awaren bzw. Ungarn – verbunden war. Die sprachliche
Differenzierung, die mit dem modernen philologischen Begriff „Westslawen"
zunächst gemeint ist, vollzog sich erst mit der Herausbildung großräumiger
politischer Herrschaftsbereiche, d. h. mit einiger Verspätung gegenüber der
Herausbildung dieses Kulturraums. Ethnische Homogenität im nationalstaatlichen Sinne des 19. und 20. Jahrhunderts gab es weder auf der Ebene regionaler Herrschaft noch innerhalb der frühmittelalterlichen Reichsbildungen
noch bei den westlichen Slawen insgesamt.

III. Historischer Rahmen

9. Herkunft und Einwanderung der Westslawen

Unter Kaiser Justinian (527–565) gerieten Slawen in das Blickfeld der Byzantiner. Zahlreiche Versuche als slawisch bezeichneter Gruppen, von Norden her den Donau-Limes zu durchbrechen und auf der Balkanhalbinsel zu plündern, zogen die Aufmerksamkeit der byzantinischen Beobachter auf sich; Justinian ließ die Befestigungen entlang der Donau massiv ausbauen. Diese aus den Gebieten zwischen Karpaten, unterer Donau und Schwarzem Meer kommenden Slawen waren es, mit denen man es zu tun hatte und die deshalb das Slawenbild der byzantinischen Quellen prägten (Abb. 6). Prokopios von Kaisareia (*De bello Gothico*), Jordanes (*De origine actibusque Getarum*) und Theophylaktos Simokates (Οἰκουμενικὴ ἰστορία) berichteten über die Ereignisse, doch über das nördliche Hinterland wußten sie fast nichts. Ihre Erwähnungen von Venetern (*Venethi*), Sklavinen (Σκλαβηνοί) und Anten (῎Ανται) sind in ihrer Bedeutung umstritten. Es dürfte sich bei allen Begriffen weniger um ethnische als vielmehr um politische oder geographische Bezeichnungen handeln. Von außen wurden slawisch sprechende Gruppen als „die Slawen" zusammengefaßt.

Es erscheint am wahrscheinlichsten, daß nur der Terminus Sklavinen eine Selbstbezeichnung der frühen Slawen darstellt. Der Veneter- und Anten-Name scheint dagegen auf germanische und awarische Fremdbenennungen zurückzugehen. Anders ließe sich nicht erklären, daß es Veneter auch im eisenzeitlichen Italien gab. Unwahrscheinlich ist, daß die *Venedi* bei Plinius (*Historia naturalis*) und die *Veneti* des Tacitus (*Germania* 46) sowie die Οὐενέδαι (*Ouenedai*) bei Ptolemaios (*Geographia* III,5,7–9) etwas mit den mittelalterlichen Slawen zu tun haben. Hier liegen offensichtlich sekundäre, auf Jordanes' Überlieferung beruhende Namensübertragungen und keine direkten Beziehungen vor.

Neben der zunächst gebräuchlichen Langform des Slawennamens – griech. Σκλαβηνοί (*Sklabenoi*) oder Σκλαυηνοί (*Sklavinoi*) und lat. *Sclaveni* – kam etwas später auch eine kürzere Form – Σκλάβοι (*Sklaboi*) und *Sclavi* – in Gebrauch. Darauf geht wohl auch die arabische Bezeichnung aṣ-Ṣaqāliba zurück. Aus der seit dem 8. Jahrhundert überwiegend verwendeten griechischen

Kurzbezeichnung entstand im romanisch-germanischen Sprachbereich zwischen dem 9. und dem 11. Jahrhundert der Begriff „Sklave". Dieser Bedeutungswandel kam zustande, weil im frühen Mittelalter häufig slawische Kriegsgefangene auf den Sklavenmärkten verkauft wurden.

Der Sammelname „Slawen" ist aus dem slawischen Bereich selbst erst seit dem 10. Jahrhundert als Selbstbezeichnung tradiert. Die ursprüngliche Form dürfte nach weithin einhelliger Meinung der Slawisten *slov-ěne gelautet haben.[1] Über die Etymologie und Semantik dieses Begriffs herrscht jedoch Uneinigkeit. Möglicherweise handelt es sich um eine patronymische Bildung für die „Leute des Slov". Weniger wahrscheinlich ist, daß *slov- (slovo – Wort) bereits ursprünglich als Bezeichnung aller derjenigen verstanden wurde, die die eigene Sprache sprechen. Ein gemeinsame Identität war damit jedoch nicht verbunden – sie existierte nur als panslawistische Wunschvorstellung des 19. Jahrhunderts.

Woher „die Slawen" kamen, ist eine bis heute nicht endgültig beantwortete Frage. Als am Beginn des 19. Jahrhunderts die Verwandtschaft der indoeuropäischen Sprachen ins allgemeine Bewußtsein rückte, konnte man sich „Völker" nur als homogene Einheiten vorstellen. Demzufolge mußte es ein „Urvolk" gegeben haben, das die gemeinsame indoeuropäische „Ursprache" gesprochen und eine „Urheimat" besessen hatte. Aus diesem sollten sich dann einzelne Teilvölker gelöst und jeweils eine eigene „Urheimat" eingenommen haben. Größere Übereinstimmungen zwischen slawischen und baltischen Sprachen wurden bis hin zu einer „balto-slawischen Gemeinschaft" interpretiert.

Der „nationale Geist" des 19. Jahrhunderts bewirkte in der Folgezeit eine Politisierung der wissenschaftlichen Diskussion. Um die „Urheimat" der Slawen entspannen sich langwierige und nationalistisch gefärbte Debatten, die bis zur Mitte des 20. Jahrhunderts und gelegentlich auch darüber hinaus andauerten. Seit den 1860er Jahren wurden sie zunehmend mit Territorial- und Hegemonieansprüchen verknüpft. Historiographie, Linguistik und Archäologie bemühten sich, dies je nach Blickwinkel in der einen oder der anderen Richtung wissenschaftlich zu untermauern. Traurige Berühmtheit erlangte der in den 1920er und 1930er Jahren zwischen Bolko Freiherr von Richthofen und Józef Kostrzewski geführte Streit, ob der Raum zwischen Oder und Weichsel „urgermanisches" oder „urslawisches" Land sei.

---

[1] Das -k- wurde eingeschoben, da man im Griechischen und Lateinischen die Anlautung sl-nicht kannte.

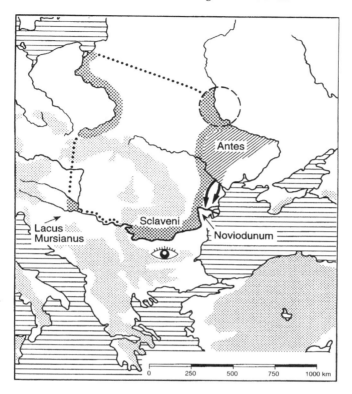

Abb. 6. Die mutmaßlichen Herkunftsgebiete der Slawen nach Jordanes (*Getica* 34–35, a. 551). Markiert ist der Blickwinkel des Jordanes (Auge). Deutlich wird der geographische Blickwinkel des Jordanes, der den Raum nördlich der unteren Donau – zwischen Weichsel und Dnepr – zu erfassen und zu ordnen suchte. Wirkliche Kenntnis besaß er aber offensichtlich nur für die Gebiete direkt nördlich der Donau. Gestrichelter Kreis – versuchsweise Lokalisierung der von den Ostgoten um 370 unterworfenen *Venethi*; dunkles Raster – Ausbreitung der *Sclaveni* nach Jordanes; gepunktete Linie – Extrapolation der Jordanes-Angaben; Schrägschraffur – Anten; helles Raster – Höhen über 500 m (nach Schramm [Nr. 185] 171 Karte 1)

Übersehen wurde dabei, daß jede Disziplin – sei es Historiographie, Linguistik oder Archäologie – eigene, spezifische Quellen und damit auch spezifische Aussagemöglichkeiten besitzt. Die Geschichtswissenschaft verfolgt mit Hilfe schriftlicher Quellen historische Prozesse und Ereignisse, die historische Sprachwissenschaft untersucht sprachliche Zusammenhänge und Entwicklungen, und die Archäologie vermag sozial-, wirtschafts- und kulturgeschichtliche Bedingungen und Veränderungen aufzuhellen. Alle drei Disziplinen haben aber große methodische Schwierigkeiten, mit Hilfe ihrer Quellen der Ethnogenese näherzukommen. Überlieferte Namen können, müssen von den Zeitgenossen aber nicht „ethnisch" gemeint gewesen sein; sie können je nach Kontext auch soziale Gruppen und geographische Regionen bezeichnet haben. Und sprachliche sowie kulturelle Entwicklungen machen nicht an bewußt aufgebauten und politisch instrumentalisierten „ethnischen Grenzen" halt. Die Nichtbeachtung dieser unterschiedlichen Quellenzugänge hat zahllose Scheinbeweise und Zirkelschlüsse hervorgebracht, die die wissenschaftliche Diskussion nicht selten in Sackgassen manövrierten.

Die zwanghafte Suche nach der slawischen „Urheimat" folgt offensichtlich einer falsch gestellten Frage. Wie alle anderen ethnischen Gruppierungen auch sind die Slawen das Ergebnis historischer Entwicklungen. Erst als sie im Licht der byzantinischen Quellen auftauchen, werden die Slawen als historische Größe greifbar – ebenso wie die Germanen erst durch Cäsar als politische und geographische Einheit rechts des Rheins aufgefaßt wurden, oder die Kelten erst seit ihren Einfällen in Oberitalien eingangs des 4. vorchristlichen Jahrhunderts als großes „Volk" in das Bewußtsein der Zeitgenossen traten. Auch „die Slawen" wurden als Großgruppe erst zu jenem Zeitpunkt relevant, zu dem sie von außen so gesehen wurden und sich in der Folge auch als solche selbst betrachteten. Die Vielzahl von Gruppierungen der Barbaren nordöstlich der Reichsgrenzen faßte man in Byzanz als „die Slawen" auf, die nun an die Stelle der bereits den Griechen gegenüberstehenden Skythen getreten waren.

Die Herausbildung der slawischen Sprache (die Topogenese) dürfte sich etwa zwischen mittlerer Weichsel bzw. Bug und mittlerem Dnepr vollzogen haben. Aus diesem Raum erklären sich auch verschiedene kulturelle Traditionen, die auf die osteuropäischen Steppen und Waldsteppen verweisen. Die Völkerwanderungszeit brachte besonders nördlich des Schwarzen Meeres sehr rasche und tiefgreifende Veränderungen mit sich. Der „Hunnensturm" wirbelte zahlreiche „Ethnien" durcheinander, bewirkte die Neuformierung politischer Verbände und setzte diese Gruppen nach Süden und Südwesten in Bewegung. Als Ursache slawischer Wanderungen kann daher nicht eine „Überbevölkerung" angenommen werden; diese ist vielmehr ein der antiken Ethnographie entstammender Topos – eine Vorstellung, die man immer als eine entscheidende Ursache von Barbarenwanderungen annahm. Neu entstehende Großverbände – wie die der Goten oder auch der Slawen – waren fragil und „polyethnisch", d. h. aus Leuten und Gruppen ganz unterschiedlicher Herkunft zusammengesetzt, die nicht durch gemeinsame Kultur oder gemeinsame Sprache, sondern durch verschiedene „Traditionskerne" mit dem Glauben an eine gemeinsame Abstammung und dem Glauben an eine gemeinsame Kultur zusammengehalten wurden. Diese Ethnogenesen führten, sofern sie Erfolg hatten, zu den historisch bekannten (z. B. gotischen und slawischen) „Völkern". Die Ethnogenesen der Slawen (d. h. slawischer *gentes*) sind daher vor allem eine Entwicklung des frühen Mittelalters. Ein einheitliches („proto-")slawisches „Urvolk" hat es so wenig gegeben wie die „Urgermanen"; diese sind lediglich romantische Fiktionen.

Daher fand auch keine Einwanderung kompletter „Stämme" oder gar „Stammesverbände" statt. Im Unterschied zu den politischen Strukturen bei den Germanen besaßen slawische „Völker" anscheinend keine benennbaren Heerkönige, die als feste integrative „Traditionskerne" hätten dienen können. Erst mit der Konsolidierung der sozialen Strukturen im Anschluß an die Bevölkerungsverschiebungen konnten sich (neue) ethnische Identitäten bilden. Ethnogenesen liefen in den neu erschlossenen Siedlungsräumen, im Gefolge der „Landnahme" ab und bezogen ganz verschiedene Gruppen ein. Deshalb sind auch nicht allein Wanderungen für die „Slawisierung" Osteuropas verantwortlich zu machen, sondern auch die Assimilation von Menschen verschiedener „ethnischer" Herkunft − seien es Leute, die sich den Wanderungen anschlossen, seien es auch nach der Vökerwanderung ansässig gebliebene Gruppen. Dafür spricht, daß die große Mehrzahl der aus dem frühen Mittelalter bekannten ethnischen Bezeichnungen Neubildungen in den neuen Siedlungsgebieten darstellt, gehen sie doch auf Gewässer- oder Naturnamen zurück. Das slawische „Modell" der Ethnogenese erwies sich als enorm erfolgreich (W. Pohl), weil es nach dem Zusammenbruch des römischen Imperiums und der Abwanderung größerer Gruppen neuen sozialen und wirtschaftlichen Entwicklungen Raum bot − ohne daß allerdings die tatsächlichen Vorgänge greifbar wären.

Die Awaren haben die slawische „Expansion" gewiß beeinflußt, aber nicht gesteuert. Die slawische Ausdehnungsbewegung geht auf die Zeit vor dem Einbruch der Awaren zurück, wurde aber durch die Errichtung der awarischen Herrschaft in Pannonien nach dem „Abzug" der Langobarden 567/568 mit einer völlig neuen Situation konfrontiert. Das awarische Khaganat suchte sich (wie auch die Bulgaren an der unteren Donau) zur Absicherung seiner Herrschaft mit abhängigen Gruppierungen zu umgeben. In der Folgezeit finden sich slawische Heereskontingente als Fußkämpfer in awarischen Diensten, die von der Peripherie des awarischen Machtbereichs stammten und beispielsweise 626 vor Konstantinopel kämpften.

Nicht nur historisch, auch archäologisch lassen sich die Slawen erst in der Zeit um 500 fassen. Als früheste sicher slawische Hinterlassenschaften gelten die zur Prag-Korčak-Gruppe zusammengefaßten Funde und Befunde (Abb. 7). Diese „Kulturgruppe" erstreckte sich zunächst in einem Raum zwischen Bug und mittlerem Dnepr. Sie wird durch drei Kriterien definiert: 1. einfache schmucklose, handgefertigte Gefäße, 2. halb in den Boden eingetiefte Grubenhäuser und 3. Brandbestattungen. Kazimierz Godłowski (1934–1995) hat diese Merkmale als das „slawische Kulturmodell" bezeichnet, doch sollte nicht übersehen werden, daß diese deutliche Einfachheit der Sachkultur nicht „ethnisch" spezifisch sein kann. Die Suche nach „kaiserzeitlichen Wurzeln" der frühen Slawen ist irrelevant, solange damit mehr als nur kulturelle Traditionen aufgedeckt werden sollen. Die Slawen kamen nicht „aus dem Nichts", doch als Slawen werden sie erst im frühen Mittelalter faßbar.

Vergleichbare archäologische Befunde stammen aus den Karpaten und dem unteren Donauraum, aus der Slowakei und Mähren, aus Kleinpolen, Böhmen und dem mittleren Elbegebiet. Dieses Vorkommen reflektiert offensichtlich die slawische „Expansion" in westlicher Richtung. Damit faßt die Archäologie aber nicht die slawische Einwanderung selbst, sondern die Etablierung von Siedlungsstrukturen. Der Bau von Häusern und die Bestattung der Toten belegen bereits dauerhafte Ansiedlungen. An diesem Beispiel zeigt sich die prinzipielle Schwierigkeit, anhand archäologischer Quellen einen raschen und dynamischen historischen Prozeß selbst zu fassen; sichtbar werden offensichtlich erst dessen Ergebnisse und Folgen.

Die Verbreitung der Grubenhäuser[2] und der Urnengräber[3] erstreckt sich interessanterweise entlang der südlichen und südwestlichen „Peripherie" des slawischen Siedlungsraumes – zwischen dem byzantinischen Kulturraum südlich der Donau und den von den Sudeten bis zu den Karpaten reichenden Höhenzügen. Nördlich der Mittelgebirge finden sich dagegen ebenerdige Bauten[4] und oberflächennahe Leichenbrandschüttungen, beides archäologisch nicht leicht nachzuweisen. Nachdem auch regionale Differenzierungen bei den Gefäßproportionen und Keramikstilen sowie hinsichtlich des Burgenbaus erkannt worden waren, schloß man daraus auf unterschiedliche Einwanderergruppen und Einwanderungsrichtungen[5]. Diesem Modell lag die Vorstellung großer, homogener Wandererverbände zugrunde, die als geschlossene Gruppen auch den Raum zwischen Oder und Elbe erreicht hätten.[6] Das mehrfache

---

2 Kartierung: Zeman [Nr. 188] 116 Karte 2; Donat [Nr. 267] Karte 4–9; Herrmann [Nr. 174], Abb. 12; Baran [Nr. 164] 46 Abb. 11; Šalkovský [Nr. 283] 208 Abb. 3.
3 Kartierung: Herrmann [Nr. 174] Abb. 12; Zeman [Nr. 188] 116 Karte 1; Zoll-Adamikowa [Nr. 548] Bd. II, Abb. 56; dies. [Nr. 552] 66 Abb. 1.
4 Kartierung: Donat [Nr. 267] Karte 2–3.
5 Herrmann [Nr. 21] 39–77; Die Slawen in Deutschland [Nr. 48] 28 Abb. 8.
6 Die Slawen in Deutschland [Nr. 48] 28 Abb. 8.

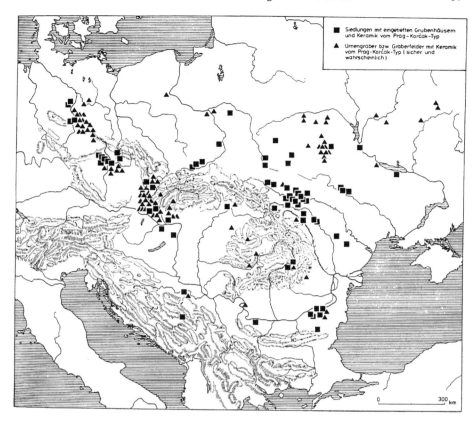

Abb. 7. Verbreitung der frühslawischen Brandgräber mit Urnen des Prager Typs und der frühslawischen Grubenhäuser im östlichen Europa. Beide kulturellen Merkmale erstrecken sich hauptsächlich auf den Mittelgebirgsraum im Süden und sparen das ostmitteleuropäische Flachland weitgehend aus. In der Ukraine – zwischen Bug und Dnepr – erstrecken sich Grubenhäuser und Urnengräber dagegen im Flachland (nach Herrmann [Nr. 174] Abb. 3)

Vorkommen ethnischer Bezeichnungen wie die der Abodriten, Serben/Sorben und Kroaten, einerseits im mittel- und andererseits im südosteuropäischen Raum, beruht nicht auf der Aufspaltung großer „Stammesverbände". Es belegt lediglich den Rückgriff auf die gleichen Namentraditionen, wenn die Quellen nicht überstrapaziert werden sollen; meist stammen die entsprechenden Erwähnungen erst aus dem 9. und 10. Jahrhundert.

Nun haben sich nicht nur die Vorstellungen über den Ablauf von Ethnogeneseprozessen gewandelt, auch die archäologische Einordnung des Fundmaterials erscheint in neuem Licht. So kennzeichnen z. B. nicht verschiedene, sondern identische Traditionen Hausbau und Bestattungssitten. Häuser wurden überall als Blockbauten errichtet, für die die ausgedehnten ost(mittel)-europäischen Nadelwälder die benötigten geraden Stämme lieferten – im Süden und Osten aus klimatischen Gründen und aufgrund der Bodenverhältnisse als Grubenhäuser eingetieft; im Norden und Westen erforderten Klima und Boden dagegen eine ebenerdige Bauweise. Die Toten wurden grundsätzlich verbrannt, nur anschließend wurde mit ihnen unterschiedlich umgegangen: im südöstlichen Bereich gab es Urnengräber, im Nordwesten bevorzugte man Brandgruben- bzw. Brandschüttungsgräber in Oberflächennähe. Zwar unterscheidet sich der zwischen Elbe und Weichsel verbreitete, unverzierte Sukow-Dziedzice-Typ vom Prag-Korčak-Typ durch eher bauchige Proportionen, doch sind dies – bei unterschiedlichen Datierungsschwerpunkten – eher tendenzielle als scharfe Abgrenzungen. Bei anderen Formen wie der Feldberger oder der Tornower Keramik hat sich die Datierung in die Einwanderungszeit als irrig erwiesen; beide Formen gehören erst in die Karolingerzeit bzw. das 9. und 10. Jahrhundert und reflektieren erheblich spätere regionale Stilentwicklungen. Auch der Burgenbau geht nicht auf die Einwanderungszeit zurück, sondern hängt mit sozialen Differenzierungsprozessen seit dem 8. Jahrhundert zusammen.

Die slawische Einwanderung selbst scheint sich damit dem Zugriff der Archäologie zu entziehen – obwohl die rasche Ausbreitung eines Kulturphänomens zu beobachten ist. Faßbar sind heute regionale Differenzierungen in unterschiedlichsten Lebensbereichen, die erst nach der Einwanderung entstanden und auf vielfältige Ursachen zurückgehen. Deshalb erstrecken sich diese Differenzierungen auch auf ganz unterschiedliche Räume, je nachdem, welche mutmaßlichen wirtschaftlichen, sozialen und/oder kulturellen Faktoren unterschiedliche Entwicklungen förderten oder prägten. Grundsätzlich entbehrt daher die Kumulation von Einzelelementen wie Keramikstilen, Burgenbau, Hausformen und Grabsitten zu einer ethnisch interpretierten archäologischen Gruppe oder Kultur der sicheren methodischen Basis, wenn dabei die differenzierten Hintergründe vernachlässigt werden. Dafür spricht auch, daß sich die Differenzierungen der Einzelelemente gerade nicht an ethnische Grenzen halten, wie sie mit größeren Unsicherheiten aus der schriftlichen Überlieferung erschlossen werden können, sondern jeweils darüber hinausgreifen. Es gibt daher keine scharf abgegrenzten Kulturräume innerhalb Ostmitteleuropas. Sämtliche bisherigen Versuche, verschiedene (ethnische) Einwanderergruppen zu identifizieren, müssen damit für die Frühzeit westslawischer Besiedlung wohl als gescheitert angesehen werden. Statt dessen gewinnt die Forschung Einblicke in aufschlußreiche sozial- und wirtschaftsgeschichtliche Zusammenhänge, die größere Kulturräume kennzeichnen:

Siedlung und Umwelt, Wirtschaft und Kommunikation, Bestattung und Vorstellungswelt.

Nicht nur die Richtung, sondern auch der genaue Zeitpunkt der „Slawisierung" Ostmitteleuropas ist schwer zu bestimmen. Sowohl die Gräber als auch die Siedlungen enthalten nur selten Funde, die sich chronologisch gut einordnen lassen: Grabbeigaben fehlen entweder oder sind, ebenso wie Siedlungsfunde, „langlebige" und damit nicht exakt einzugrenzende Stücke. Die frühesten Jahrringdaten aus dem Raum westlich der Oder stammen aus der Zeit um 700 und bieten damit einen *terminus ante quem* für das „Eintreffen" der Slawen. In diesen Rahmen passen der in die Zeit um 700 bzw. in das frühe 8. Jahrhundert (?) gehörende Fibelfund von Prützke im Havelland und einige in Mecklenburg-Vorpommern entdeckte skandinavische Schmuckstücke der zweiten Hälfte des 7. Jahrhunderts. Einen *terminus post quem* bietet das „Abbrechen" der vorangehenden germanischen Besiedlung (frühes 6. Jahrhundert?). Dieser stellt aber einen nur indirekten und durch wenige Funde bestimmten Anhaltspunkt dar.

Funde byzantinischer Goldsolidi[7], geprägt unter Anastasios I. (491–518), Justin I. (518–527) und Justinian I. (527–565), sind nicht leicht zu bewerten, weil sie unter den archäologischen Funden dieser Zeit bislang zu isoliert dastehen. Sie werden einerseits den frühen Slawen zugeschrieben (zu deren Datierung sie kaum beitragen können), andererseits noch mit der späten germanischen Besiedlung in Verbindung gebracht. Wer waren also eigentlich die Empfänger dieser byzantinischen Goldmünzen? Es kann sich angesichts derart weitreichender und wertvoller Kontakte kaum um nur ein paar versprengte Gruppen, sondern doch wohl um eine dichtere Bevölkerung gehandelt haben. Vielleicht bestanden keine direkten Beziehungen nach Südosteuropa, denn ein möglicher Zusammenhang zu den zeitgleichen Goldbrakteaten im germanischen Norden deutet an, daß die Solidi auch über Skandinavien in die Gebiete südlich der Ostsee gelangt sein könnten.

Angesichts dieser Gegenüberstellung von „Germanen" und „Slawen" ist auf deren idealtypischen Charakter nochmals hinzuweisen. Gemeint sind unterschiedliche kulturelle Traditionen, die im östlichen Europa einander ablösten. Richtet man den Blick auf die Bevölkerungen dieses Raumes, so ist statt des oder besser neben dem kulturellen „Bruch" eine Siedlungskontinuität in nicht geringem Umfang zu konstatieren. Was sich vor allem änderte, waren

---

7 Kartierung: Godłowski [Nr. 171] 104 Karte 5; Leube [Nr. 177] 62 Abb. 49; Curta [Nr. 167] 389 Abb. 3, 418 f. Abb. 8–9, für den südosteuropäischen Raum.

die sozialen Strukturen und die ethnischen Identitäten. In den Augen der Zeitgenossen waren es nicht mehr „germanische" Bewohner, die östlich der Elbe und nördlich der Mittelgebirge siedelten, sondern nun „slawische" Bevölkerungen. Zuwanderung *und* Assimilation waren jene historischen Vorgänge, die zu dieser grundlegenden Veränderung führten.

Die Schriftquellen helfen kaum weiter, liefern sie doch wenig exakte Daten. Dem sog. Fredegar (*Chronicon* IV,68) verdanken wir die erste Erwähnung von Slawen östlich des fränkischen Machtbereichs (und auch die ersten Namen einzelner slawischer *gentes*). Fredegar berichtet ebensowenig wie andere Quellen seiner Zeit von einer slawischen Zuwanderung; diese These ist erst eine moderne Rekonstruktion. Fredegar setzt – wie die früheren byzantinischen Beobachter an der unteren Donau – die Anwesenheit von Slawen jenseits der fränkischen Reichsgrenze bereits voraus, von wo aus diese mehrfach nach Thüringen einfielen und plünderten. Damit ist für 631/632 die Anwesenheit von Sorben in Mitteldeutschland sicher belegt. Für die nördlicheren Gebiete im Einzugsbereich der Ostsee ist verschiedentlich der byzantinische Geschichtsschreiber Theophylaktos Simokates († nach 628) als Zeuge dafür herangezogen worden, daß im Küstenbereich schon vor 600 Slawen siedelten. Theophylaktos beschreibt den Auftritt dreier Slawen vor dem byzantinischen Kaiser Maurikios im Jahre 592 (*Oikoumeniké istoria* VI,2). Die Griechen hatten die Gesandten im Verdacht, ein antibyzantinisches Bündnis mit dem Awarenkhan ausgehandelt zu haben. Die Slawen rechtfertigten sich, indem sie ein solches Bündnis abstritten und dafür vermeintlich plausible Gründe anführten. Sie hätten dem Awarenkhan die Verweigerung des geforderten militärischen Aufgebots überbracht, weil sie viel zu weit entfernt wohnten – sie hätten immerhin 15 Monate für die Reise benötigt, denn sie kämen vom „äußersten Ende des westlichen Ozeans". Wenn damit auch die südliche Ostseeküste gemeint gewesen sein dürfte, haben die Verhörten offenbar zu einem Topos gegriffen, um jeglichen byzantinischen Argwohn zu entkräften. Dafür sprechen ihre weiteren, märchenhaften Erklärungen, daß nämlich Eisen in ihrer Heimat unbekannt sei und sie auch „vom Krieg noch nichts gehört hätten". Diese „Schwejkiade"[8] läßt sich kaum als stichhaltiger Beleg für das Eintreffen von Slawen an der südlichen Ostseeküste schon im 6. Jahrhundert ansehen.

Demnach scheint es zur Zeit am wahrscheinlichsten, daß die „Slawisierung" Mittel- und Ostdeutschlands hauptsächlich im 7. Jahrhundert erfolgte.

---

8 Pohl [Nr. 35] 115.

An Elbe und Saale ist mit dem Beginn slawischer Siedlung um 600 oder gleich eingangs des 7. Jahrhunderts zu rechnen; je weiter man nach Norden kommt, desto später ist dieser Vorgang anzusetzen. Die mecklenburgische und pommersche Küste wurde wahrscheinlich in der zweiten Jahrhunderthälfte erreicht, Ostholstein als nordwestlichste Region möglicherweise erst nach 700. Für Mähren und Böhmen kommt vor allem die zweite Hälfte des 6. Jahrhunderts in Betracht, für das östliche Polen wohl schon die erste Hälfte. Schlesien ist möglicherweise erst im 7. Jahrhundert erreicht worden. Das „wie" der Einwanderung – eine oder mehrere „Wellen", rasch oder eher langsam, Umfang der Zuwanderung bzw. der Assimilation – kann aus den archäologischen Quellen (noch) kaum erschlossen werden.

Die einwandernden Slawen fanden höchstwahrscheinlich kein siedlungsleeres Gebiet vor; eine „Siedlungslücke" von einem Jahrhundert oder mehr ist daher unwahrscheinlich. Auch nach den großen „Völkerwanderungen" waren Bevölkerungsteile ansässig geblieben; allerdings zeigt der archäologische Befund einen starken Rückgang der Besiedlungsdichte. Germanisch-slawische Kontakte im Sinne der Begegnung von Gruppen unterschiedlicher kultureller Traditionen sind im ostmitteleuropäischen Raum daher vorauszusetzen. Darauf weist auch die Übernahme älterer, „vorslawischer" Gewässernamen, insbesondere der Namen kleiner Flüsse, hin. Für große Ströme wie die Elbe ist ein Austausch mit den germanischen Nachbarn wahrscheinlich, was aber für die Dosse oder die Uecker im brandenburgischen Raum nicht angenommen werden kann. Ob die Namen dieser kleinen Wasserläufe germanischen oder noch älteren („alteuropäischen") Ursprungs sind, vermag die Sprachwissenschaft nicht zu sagen.

Der Archäologie ist es jedoch bisher nicht gelungen, derartige Kontakte zweifelsfrei zu belegen. Einzelne Lesefunde wie z. B. völkerwanderungszeitliche Fibeln auf slawischen Siedlungsplätzen (Biskupin, Bonikowo) sind unzuverlässig, weil der Zusammenhang der Funde nicht zu beweisen ist. Zwar liegen „Mischbefunde" aus Březno und Dessau-Mosigkau vor, doch bleiben hier auch Beziehungen zu den westlichen Nachbarn denkbar. Der spektakulär erscheinende Befund eines slawischen Brunnens in Berlin-Marzahn, der direkt in einen germanischen Vorgänger hineingebaut worden war, hat sich als überaus problematisch erwiesen – zwischen beiden liegen entweder mindestens 400 Jahre Differenz oder aber beide gehören erst in das 8. Jahrhundert. Die Besiedlung derselben Räume durch Germanen und Slawen muß nicht auf ein direktes Zusammentreffen verweisen, sondern kann auch auf gleichartige, wirtschaftlich bestimmte Anforderungen an die Geomorphologie zurückgehen. Dendrochronologische Datierungen von Brunnen kaiserzeitlich-germanischer Siedlungen liegen jetzt bis in das mittlere 5. Jahr-

hundert vor, germanische Grabfunde gehören noch in die Zeit um 500 – die
frühesten Jahrringdaten frühmittelalterlich-slawischer Siedlungen betreffen
die Zeit um 700 und suggerieren damit noch immer eine „Lücke".

Das Hauptproblem dürfte aber das wenig charakteristische Material sein –
sowohl bei den „späten" Germanen als auch den „frühen" Slawen, das sich
zudem nur schlecht datieren läßt. Wie ein tatsächlicher „Kontaktbefund" aussehen müßte, ist bislang nicht methodisch erörtert worden. Die rasche Assimilation („Slawisierung") vorhandener Bevölkerungen mag verhindert haben,
daß entsprechende Befunde überhaupt erkannt werden. Uncharakteristische
Keramikformen wie handgemachte unverzierte Töpfe, die sowohl die Germanen des 6. Jahrhunderts als auch die Slawen des 7. Jahrhunderts herstellten,
sind für sich genommen kaum einzuordnen. Pollenanalytische Untersuchungen machen, auch wenn sie unabhängig datiert werden müssen und eine kontinuierliche Sedimentation vorauszusetzen ist, häufig eine Besiedlungskonti-
nuität wahrscheinlich.[9]

10. Merowinger- und Karolingerzeit

Die awarische Oberhoheit auch über die Slawen – hier an der nordwestlichen
Peripherie des Awarenreichs – erwies sich bereits im frühen 7. Jahrhundert als
drückende Herrschaft. Die Unzufriedenheit der dortigen Slawen entlud sich
in einem Aufstand. Der sog. Fredegar ist die einzige Quelle dieser Ereignisse,
die wir deshalb nur aus einer Perspektive kennen. Der aus Sens (oder Soignies?) stammende, aus romanisch (oder fränkisch?) geprägtem Milieu kom-
mende Fernhändler (?) Samo gelangte vielleicht als Kaufmann, vielleicht auch
als abenteuernder Unterhändler zu den Slawen. Bei Fredegar IV,48 heißt es:
*homo nomen Samo, natione Francos de pago Senonago, plures secum negu-
ciantes adcivit exercendum negucium in Sclavos coinomento Winedos perrexit*
(Ein Mann namens Samo, ein Franke aus der Gegend von Sens [oder Soignies
oder sogar dem Saalegau?], scharte einige Männer, die mit ihm gemeinsam
Handel trieben, um sich und zog zu den Slawen, die auch Wenden heißen,
um [mit ihnen] Geschäfte zu machen). Er machte sich 623/624 (oder 626 ?)
die entstandene Situation zunutze. Als sich die Awaren, zusammen mit Per-
sern und von (süd-)slawischen Gruppen unterstützt, zur Eroberung von Byzanz anschickten, gelang ihm die Abschüttelung der Oberhoheit. Nach ersten

---

[9] Kartierung: Die Slawen in Deutschland [Nr. 48] 29 Abb. 9.

Erfolgen wählten ihn „die Slawen" zum „König", wie Fredegar konstatiert, d. h. einflußreiche Gruppen wohl in Böhmen/Mähren (?) einigten sich auf ihn als „Anführer". Die Lösung von awarischer Oberhoheit bedeutete gleichzeitig eine Anlehnung an die Franken. In der Folgezeit bestand Samo mehrere Kriege gegen die Awaren und konnte sich 631 sogar gegen den Merowingerkönig Dagobert I. (629–639) behaupten. Nach diesem Sieg bei der *Wogastisburg* fiel einer der sorbischen Fürsten, *Dervan*, mit seinen Leuten von den Franken ab und schloß sich Samo an.

Samos Herrschaft bei den Slawen währte 35 Jahre, wie Fredegar berichtet. Nach Samos Tod etwa 658/659 fiel sein Reich auseinander. Für das südöstliche Mähren und die Slowakei läßt sich, auch anhand der archäologischen Funde, eine erneute awarische Dominanz erkennen. Die genaue Lage des einstigen Herrschaftsgebietes Samos ist – aufgrund der spärlichen Quellenangaben – bis heute unklar und deshalb umstritten. Sicher scheint nur die ungefähre Lage in Mähren und/oder Böhmen. Rein hypothetisch sind bislang auch alle Versuche geblieben, die *Wogastisburg* zu lokalisieren[10] – bis hin zum jüngsten Vorschlag Rubín bei Podbořany. Auf jeden Fall ist das „Reich des Samo" die erste Herrschaftsbildung bei den Westslawen, von der wir Kenntnis haben. Man könnte darin den ersten Versuch einer politischen (Neu-) Ordnung nach den Zuwanderungen des 6. Jahrhunderts erblicken.

Über anderthalb Jahrhunderte enthalten die fränkischen Quellen keinen detaillierten Hinweis auf die östlich des Reiches siedelnden Slawen. Erst gegen Ende des 8. Jahrhunderts gerieten Slawen wieder in das Blickfeld fränkischer Annalistik und Chronistik. Als Karl der Große (768–814) daran ging, die Lage an Elbe und Donau zu „ordnen", wurde das Interesse auch wieder auf die benachbarten Slawen gelenkt (Abb. 8). Hintergrund sind die Auseinandersetzungen mit Awaren und Slawen, die das Ende des 8. Jahrhunderts in diesen zwei verschiedenen Regionen an der Ostgrenze des Karolingerreichs prägten. Karl spielte dabei in den Augen der Zeitgenossen eine derart beeindruckende Rolle, daß sein Name in den slawischen Sprachen zum Wort (*korolъ, kralъ*) für den König schlechthin wurde.[11] Der erste Beleg dafür (*korol*) findet sich in der *Vita Methodii* um 900, so daß wohl erst die idealisierende Erinnerung an Karl diese Begriffsentwicklung ausgelöst hat.

Zunächst noch einmal nach Böhmen. 805, nach der Niederwerfung der Awarenaufstände, setzte Karl der Große ein Heer gegen die *Behaimi* in

---

10 Kartierung der bisherigen Vorschläge: Lutovský/Profantová [Nr. 219] 77 Abb. 20.
11 Dieses Wort gelangte selbst ins Türkische (*kral*) als Begriff für einen christlichen Herrscher.

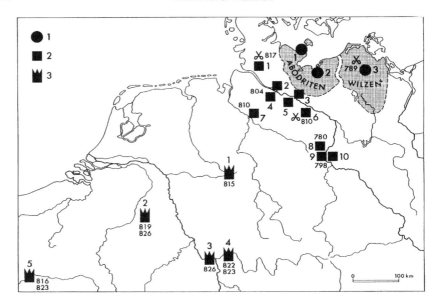

Abb. 8. Historisch überlieferte persönliche Kontakte zwischen Fürsten der Abodriten bzw. Wilzen und fränkischen Königen (Karl d. Gr., Ludwig dem Frommen) zwischen 780 und 840. *1 Slawische Burgen:* 1 Starigard/Oldenburg; 2 Mecklenburg; 3 Vorwerk bei Demmin (wohl nicht die *civitas Dragowiti*). – *2 Fränkische Burgen und frühe Städte:* 1 Esesfelth; 2 Hamburg; 3 Delbende; 4 Hollenstedt (jetzt dendrochronologisch erst an das Ende des 9. Jahrhunderts datiert); 5 Bardowick; 6 Höhbeck; 7 Verden; 8 Wolmirstedt; 9/10 Magdeburg beiderseits der Elbe. – *3 Karolingische Pfalzen:* 1 Paderborn; 2 Aachen; 3 Ingelheim; 4 Frankfurt; 5 Compiègne (verändert nach Gabriel [Nr. 497] 58 Abb. 1)

Marsch, ohne allerdings in wochenlangen Streifzügen etwas auszurichten. Abgesandte der *Behaimi* waren auf den Reichsversammlungen von Paderborn 815, Frankfurt 822 und Diedenhofen 831 anwesend. Daraus scheint sich ein nicht näher zu bestimmendes Abhängigkeitsverhältnis zum ostfränkischen Reich zu ergeben. Ludwig der Deutsche (840–876) konnte sich 840 die Durchquerung Böhmens nur mit vielen Geschenken erkaufen. Kurz darauf, am 13. Januar 845, ließen sich 14 böhmische *duces* mit ihrem Gefolge bei einem Aufenthalt in Regensburg taufen. Sie unterstellten sich damit symbolisch dem (Ost-)Frankenreich, doch hielt dies – wohl ebenso wie die Taufe – nicht lange an. Schon im nächsten Jahr wurde einem fränkischen Heer auf dem Rückwege aus Mähren der Durchzug verweigert, und 849 einem anderen fränkischen Heer gar eine schwere Niederlage beigebracht. Erst 856/857 konnte der Herrschaftsanspruch im Gebiet des *Viztrach* wieder durchgesetzt und erst 869 die Wiederaufnahme der Tributzahlungen erzwungen werden.

An der unteren Elbe führten die sog. Sachsenkriege Karls in den Jahrzehnten vor 800 erst nach mehr als dreißig Jahren zur Unterwerfung der Sachsen. Mit der Eingliederung des sächsischen Siedlungsgebiets in das Frankenreich rückte die östliche Reichsgrenze Ende des 8. Jahrhunderts endgültig bis an die untere und mittlere Elbe. Nördlich davon bildete der *limes Saxonicus* die Grenze. Abodriten und Wilzen wurden damit direkte Nachbarn der Franken und rasch in die Auseinandersetzungen hineingezogen. Wechselnde Bündnisse zwischen Franken, Sachsen, Dänen und Slawen kennzeichneten die Ereignisse. Eine angeblich „alte Feindschaft" zwischen Abodriten und Wilzen, die sich jedoch erst aus der erwähnten Konstellation des späten 8. Jahrhunderts ergeben hatte, diente Karl 789 als Vorwand für einen Heerzug (Einhard, *Vita Karoli*, cap. 12). Unterstützt von Abodriten und Sorben, zog der König selbst mit einem großen Aufgebot in wilzisches Gebiet – der durch vornehme Herkunft, Autorität und Alter hervorragende wilzische *rex* Dragovit unterwarf sich mit seinem Sohn und anderen Kleinkönigen und Großen (*reguli ac primores*).

Das Auftreten slawischer Fürsten auf Reichsversammlungen beleuchtet das fränkisch-slawische Verhältnis. Im Jahre 822 waren den Reichsannalen zufolge in Frankfurt versammelt: *conventu omnium orientalium Sclavorum, id est Abodritorum, Soraborum, Wilzorum, Beheimorum, Marvanorum, Praedenecetorum, et in Pannonia residentium Abarum legationes*. Für die Zeit zwischen 815 und 826 ist eine ganze Reihe derartiger Auftritte slawischer Fürsten überliefert. Deutlich lassen sich Elemente fränkischer Herrschaftsrepräsentation und -demonstration erkennen: Der König tauschte mit den Großen Geschenke und schloß Freundschaftsbündnisse, er forderte die Stellung von Geiseln, setzte Fürsten ein und schlichtete Streit zwischen verschiedenen Parteien (bei Abodriten und Wilzen), er übernahm (wenn auch nicht bei den Elbslawen) Taufpatenschaften. Diese mitunter engen Beziehungen beeinflußten die politische Entwicklung bei den Slawen. Fürsten konnten sich an diesem Vorbild orientieren, ihre Position durch die königliche Einsetzung verbessern und dadurch sogar eine Vorrangstellung erreichen.

Derartige Einflüsse lassen sich vor allem bei Wilzen und Abodriten erkennen. In die inneren politischen Strukturen beider „Stammesverbände" griff der (ost-)fränkische König recht häufig ein, vordergründig meist zur Schlichtung von Streitigkeiten rivalisierender Fürsten(-söhne). 844 schließlich teilte Ludwig der Deutsche den Abodritenverband, der bisher unter einem Samtherrscher stand, in vier Teile auf. Danach wird die Überlieferung zu Wilzen und Abodriten immer spärlicher – aufgrund innerer Probleme der Slawen einerseits und des karolingischen Imperiums andererseits. Die östlich der Saale siedelnden Sorben wurden in der zweiten Hälfte des 9. Jahrhunderts wieder in tributäre Abhängigkeit gezwungen (so wie sie es zu Zeiten Karls d. Gr. waren), ohne daß man in deren innere Strukturen eingriff. Auf diese Weise diente der *limes Sorabicus* als beruhigtes Vorfeld des ostfränkischen Reichs.

Slawische Bevölkerungen gab es nicht nur jenseits der östlichen Reichsgrenze, sondern auch innerhalb des Karolingerreichs. Diese slawischen Siedlungen gingen z. T. auf eine selbständige Einwanderung, z. T. auf gezielte fränkische An- bzw. Umsiedlung zurück. Dichte, geschlossene slawische Besiedlung befand sich im Raum westlich der Saale in Thüringen, im Main-Regnitz-Gebiet und westlich der mittleren Elbe im heutigen Sachsen-Anhalt, aber auch in Österreich (der bayerischen Ostgrenze im frühen Mittelalter) beiderseits der Donau. Deren politische Eingliederung in das Frankenreich verhinderte weitgehend einen eigenständigen Burgenbau. In rechtlicher Hinsicht lassen sich keine Benachteiligungen von Slawen erkennen, mitunter jedoch eine Sonderstellung mit eigenem Recht oder auch ein regional begrenztes Festhalten am „heidnischen" Glauben.

11. Westslawische Reichsbildungen

Im 9. und 10. Jahrhundert kam es zu großräumigen Herrschaftsbildungen bei den Westslawen. Dadurch wurde aus fränkischer Sicht eine Unterscheidung „der" Slawen notwendig, womit zuvor alle jenseits der östlichen Reichsgrenze siedelnden Gruppen bezeichnet worden waren. Deshalb läßt sich ein Zurücktreten des allgemeinen Begriffs „Slawen" beobachten. An seine Stelle traten nun Einzelnamen wie die der Mährer, Böhmen und Polen. Als „Slawen" galten weiterhin jene Völkerschaften an der Peripherie der Oikumene, mit denen man es nicht unmittelbar zu tun hatte, und jene ohne ausgeprägte politische Spitze – d. h. vor allem die Elbslawen. Die Bewohner Polens wurden überhaupt nur selten als „slawisch" apostrophiert, denn bei einer Lage inmitten anderer Slawen besaß eine solche Bezeichnung kaum unterscheidende Erklärungskraft. In der zweiten Hälfte des 12. Jahrhunderts, als der Raum bis zur Oder dem deutschen Reich einverleibt worden war, verstand man als „Slawen" nur noch Pommern und Rügenslawen.

Diese westslawischen Herrschaftsbildungen widerspiegeln unterschiedliche regionale und zeitliche Entwicklungen in Ostmitteleuropa. Zu den treibenden Kräften gehörten auch die Verflechtungen mit den Nachbarräumen. Politische, wirtschaftliche und kulturelle Verbindungen bestanden zum sich verfestigenden ostfränkisch-deutschen Reich im Westen und Südwesten, den entstehenden skandinavischen Reichen im Norden, der aufstrebenden Kiever Rus' im Osten sowie im Südosten zu den ursprünglich nomadisierenden

Awaren und Ungarn. Beide „Nomadenreiche" prägten vor allem die Entwicklung in der Slowakei – die Awaren im 7. und 8. Jahrhundert, die Ungarn seit dem 10. Jahrhundert und auch noch im hohen Mittelalter.

Die slawischen Herrschaftsbildungen waren, ebenso wie die anderen früh- und hochmittelalterlichen Reiche in Europa, noch keine Flächenstaaten, wie sie sich erst seit der frühen Neuzeit entwickelten. Sie beruhten stärker auf abgestuften personalen Bindungen als auf territorialer Zugehörigkeit, weshalb sie von der verfassungsgeschichtlichen Forschung des 19. Jahrhunderts gern als „Personenverbandsstaaten" bezeichnet wurden. Man muß sich allerdings des vereinfachenden, überzeichnenden Charakters solcher polarisierender Gegenüberstellungen bewußt sein, um nicht ein unzutreffendes Bild zu gewinnen.

Die Reichsbildungen bei den westlichen Slawen kennzeichnete eine enge Verbindung mit der Christianisierung. Die Übernahme des christlichen Glaubens durch die Oberschichten erleichterte und förderte die Einbindung in den west- und mitteleuropäischen Kulturraum. Wesentlich war jedoch, daß die slawischen „Fürsten" das Christentum als ideologisches „Bindemittel" ihrer Herrschaft, d. h. als herrschaftsstabilisierendes Instrument einsetzen konnten. Nicht zu überschätzen ist auch, daß mit den christlichen Priestern zugleich Schriftlichkeit und damit elementare Voraussetzungen für eine administrative Erfassung einer großräumigeren Herrschaft Einzug hielten.

Diese politischen Entwicklungen waren es, die allmählich auch sprachliche Differenzierungen bewirkten, nicht umgekehrt. Wenn es zweifellos auch schon im frühen Mittelalter „Dialektgruppen" gegeben hatte, so setzte doch erst um die Jahrtausendwende eine stärkere Auseinanderentwicklung ein, die zu den modernen slawischen Sprachen führte. Die „Ausgliederung" übergreifenderer politischer Herrschaft führte zugleich zur Abgrenzung von Kommunikationsräumen und verstärkte dadurch kulturelle Differenzierungen, die wiederum die Reichweite von Herrschaftsbildungen beeinflussen konnten.

Im Bewußtsein der Zeitgenossen gehörten die westlichen Slawen um die Jahrtausendwende zum Reich. Das auf etwa 998/1000 datierte (Münchner) Evangeliar Ottos III. zeigt die Huldigung der personalisierten Provinzen *Roma*, *Gallia*, *Germania* und *Sclavinia* (Bayer. Staatsbibl. München, clm 4453, fol. 23ᵛ) vor dem Kaiser; eine nur leicht veränderte Darstellung findet sich mit den Provinzen *Italia*, *Gallia*, *Germania* und *Sclavinia* in der sogenannten Bamberger Apokalypse (Bamberg Staatsbibl. 140, fol. 59ᵛ). Das Widmungsbild (fol. 15ᵛ) des Aachener Liuthar-Evangeliars (um 1000) präsentiert wahrscheinlich die Könige (!) von Polen und Ungarn zu Füßen Kaiser Ottos III.

Das „Großmährische Reich"

Die Niederlage der Awaren gegen die Heere Karls d. Gr. öffnete den Raum
für neue großräumige Herrschaftsbildungen jenseits der Ostgrenzen des
Karolingerreichs. Nachrichten über ein altmährisches „Reich" tauchen zunächst in ostfränkischen Quellen auf, einheimische Quellen (*Vita Constantini*,
Vita Methodii) stammen aus der zweiten Hälfte des 9. Jahrhunderts. Der
Name „Altmähren" bzw. „Großmähren" findet sich bei Konstantin VII. Por-
phyrogennetos (913–959), *De administrando imperio* (13: μεγάλη Μοραβία),
im Hinblick auf dessen Lage außerhalb der byzantinischen Reichsgrenzen.
Die Bezeichnung „*Groß*mähren" mag vor allem für das weitreichende Herrschaftsgebiet Svatopluks zutreffen, hat sich aber als generelle Bezeichnung
dieser Herrschaft auch in der wissenschaftlichen Literatur durchgesetzt
(Abb. 9).

Die Anfänge dieser Reichsbildung bleiben völlig unklar. „Alte" Stammesnamen sind auffälligerweise – mit Ausnahme der *Golasici* – für diesen Raum
nicht überliefert. Ältere, diesem Zustand vorausgehende Strukturen lassen
sich deshalb nicht erkennen. Die in dieser Hinsicht unzureichende Überlieferung und die Schwierigkeiten, einzelne Orte zu identifizieren, erschweren die
Abgrenzung des Herrschaftsbereichs. Mitunter wird deshalb auch eine Lokalisierung Großmährens in Pannonien (der Name wäre dann von der in Serbien fließenden Morava abzuleiten) erwogen (Eggers), doch wirft diese Lokalisierung mehr Fragen auf als sie beantwortet. Deshalb erscheint die Lage
Großmährens im heutigen mährischen und slowakischen Raum als sehr
wahrscheinlich.

Mojmír I. (830–846), der erste uns bekannte Fürst in Mähren, drang zwischen etwa 833 und 836 nach Osten vor und vertrieb den in Nitra residieren-
den Pribina. Dessen dortige Eigenkirche hatte 828/830 der Salzburger Erzbischof Adalram (821–836) geweiht, noch bevor Pribina (nach 830) in Traismauer getauft wurde. Aber auch in Mähren gab es spätestens unter Mojmír
eine salzburgisch-bayerische Mission. Diese „Duldung" der Missionierungs-
bemühungen dürfte – neben den inneren strukturellen Problemen des Karolingerreichs – (ost-)fränkische Eingriffe in Mähren noch verhindert haben.
Über Mojmírs Herrschaftspraxis und die Ausdehnung seiner Herrschaft läßt
sich Klarheit kaum gewinnen.

Nach Mojmírs Tod sah sich König Ludwig der Deutsche zum Eingreifen
veranlaßt, um die Verhältnisse zu „ordnen". Er setzte Mojmírs Neffen Rastislav (846–870) als Herrscher ein, konnte aber aufgrund innerfränkischer und
äußerer Probleme erst 862 durch Gefangensetzung Rastislavs in *Dovina*
(Devín) eine formelle Tributherrschaft durchsetzen. Das zeitliche Zusammen-

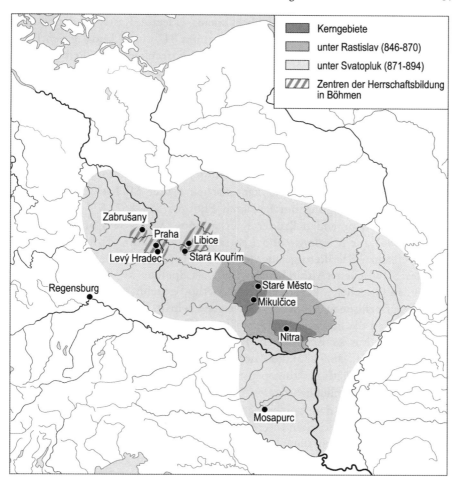

Abb. 9. Mutmaßliche Ausdehnung Alt- bzw. Großmährens im 9. Jahrhundert. Der „Kern-
bereich" dürfte sich unter Rastislav auf Mähren und die angrenzende Slowakei beschränkt
haben. Ein eigentliches „Großmähren" gab es nur unter Svatopluk im letzten Viertel des 9.
Jahrhunderts. Zur selben Zeit begannen sich in Böhmen die späteren Herrschaftszentren her-
auszubilden. In Mosapurc am Balaton residierten um die Mitte des 9. Jahrhunderts zunächst
der aus Nitra vertriebene Pribina und dann dessen Sohn Kocel (verändert nach Handbuch der
historischen Stätten. Böhmen und Mähren, hrsg. Joachim Bahlke/Winfried Eberhard/Miloslav
Polívka [Stuttgart 1998] XXV)

treffen böhmischer Angriffe auf ostfränkische Heere mit den ostfränkisch-
mährischen Konflikten legt eine politische Abhängigkeit böhmischer Fürsten
von Mähren nahe. Rastislav orientierte sich angesichts der Auseinandersetzungen mit den Franken seitdem an Byzanz, um sich im Osten seiner Herr-

schaft Luft zu verschaffen. Darüber hinaus ersetzte Rastislav den nun in *Mosapurc* (Zalavár) am Balaton (Plattensee) um 847 durch Ludwig den Deutschen mit einer neuen Herrschaft ausgestatteten, frankentreuen Pribina durch dessen Sohn Kocel (861–874).

Auch in der Kirchenorganisation erfolgte eine Neuorientierung. Gegen die bayerische Mission bemühte sich Rastislav um den Aufbau einer eigenen, mährischen Kirchenorganisation und bat Papst Nikolaus I. (858–867) um die Entsendung geeigneter Priester. Der Papst lehnte mit Rücksicht auf die politische Situation und die von Kremsmünster, Salzburg und Innichen betriebene Mission ab (vgl. *Conversio Bagoariorum et Carantanorum*). Daraufhin wandte sich Rastislav an den byzantinischen Kaiser Michael III. (842–867), auf dessen Ermächtigung hin Patriarch Photios (858–867, 877–886) die aus Thessaloniki stammenden Brüder Konstantinos (826/7–869) und Methodios (ca. 815–885) zur Missions- und Lehrtätigkeit entsandte. Trotz Spannungen mit bayerischen Klerikern gelang der Aufbau einer unabhängigen Kirche, die sich des Slawischen (Altkirchenslawisch) als Sprache der Liturgie bediente. Die beiden Griechen – kurz Kyrill und Method genannt – hatten dazu auf der Basis des griechischen Alphabets eine eigene Schrift, die *Glagolica* entwickelt; sie übertrugen die liturgischen Texte (Evangeliar, Psalter, Credo, Gebete) und verfaßten ein kurzes Rechtsbuch. In Rom erreichten beide 867 vom neuen Papst Hadrian II. (867–872) die Anerkennung der slawischen Liturgiesprache. Der Ernennung Methods zum päpstlichen Legaten für Mähren und Pannonien (868) folgte schließlich dessen Ernennung zum Erzbischof von Sirmium (870). Rom stimmte damit einer eigenen Kirchenprovinz zu.

Dieser den ostfränkischen Interessen zuwiderlaufenden Entwicklung konnte König Ludwig nicht tatenlos zusehen. Rastislav wurde mit Hilfe seines Neffen Svatopluk gefangengenommen, in Regensburg geblendet und in ein Kloster gesteckt. Erzbischof Method konnte erst 873 nach Intervention Papst Johannes' VIII. (872–882) die Klosterhaft verlassen. Svatopluk (870–894) gewann als Nachfolger seines Onkels Rastislav jedoch rasch eine unabhängige Position, die von Ludwig 874 in Forchheim „offiziell" bestätigt wurde. Papst Johannes erkannte 880 in seiner Bulle *Industriae tuae* Lehrprogramm und Missionsprogramm Methods an und wertete Svatopluk und dessen Herrschaft dadurch auf, daß er ihn dem Schutz Petri unterstellte. Die Konflikte zwischen Anhängern des lateinischen und des slawischen Ritus' verschärften sich mit der Weihe des Franken Wiching zum Bischof von Nitra (879–893). Method konnte sich gegen seinen Suffragan nicht durchsetzen und resignierte 884, Svatopluk verwies dann 893 sogar Schüler und Anhänger Methods des Landes, die nach Bulgarien auswichen. Damit scheiterte der Versuch einer eigenen Kirchenorganisation.

Als erfolgreich erwies sich dagegen Svatopluks expansive Politik. Neben Mähren dürften zu seinem Machtbereich die Slowakei, Westungarn, der obere Weichselraum, Schlesien und die Sorben sowie Böhmen gehört haben. Die formelle Belehnung mit Ostpannonien erlangte Svatopluk 884 von Kaiser Karl III., und die böhmische Oberherrschaft gewährte ihm 890 König Arnulf (887–899). Arnulfs Sohn Zwentibold erhielt sogar Svatopluks Namen. Aber bereits 892/893 stürzte Arnulf mit ungarischer Hilfe Svatopluk. Das Herrschaftsgebiet, in dem sich Mojmír II. (894–902/7) gegen seinen Bruder Svatopluk II. durchsetzte, wurde rasch auf den eigentlichen mährisch-slowakischen Kernraum reduziert. Durch ständige ungarische Angriffe geschwächt, ging das Großmährische Reich mit der Niederlage von Bratislava 906/7 endgültig unter.

Aus dem 10. Jahrhundert fehlen alle weiteren Nachrichten. Ungeachtet der dadurch völlig unbekannten politischen Entwicklung belegen die archäologischen Funde eine ungebrochene Besiedlung. Der slowakische Raum dürfte seitdem zum ungarischen Machtbereich gehört haben, Mähren dagegen von Böhmen abhängig geworden sein. Nach der Jahrtausendwende wurde Mähren von den Prager Herzögen erobert (um 1017), nachdem es zuvor kurze Zeit zu Polen unter Bolesław Chrobry (992–1025) gehört hatte. Seit dem frühen 11. Jahrhundert gehörte Mähren damit zu Böhmen, konnte sich jedoch stets eine unklare Sonderstellung bewahren – zwischen Abhängigkeit und dem Streben nach Selbständigkeit.

Die Přemysliden in Böhmen

„Tschechen" und „Böhmen" konkurrieren als Namen für die Bewohner des Landes und das Land selbst. „Tschechisch" ist (eher) auf die Sprache bezogen und als Eigenbezeichnung seit dem 10. Jahrhundert belegt. „Böhmen" geht etymologisch auf die keltischen Boier zurück und dient im Deutschen vor allem zur Bezeichnung des Landes, ist also ein primär politischer Begriff. Die geographische Geschlossenheit Böhmens – eines von Mittelgebirgen umrahmten Beckens – hat wesentlich dazu beigetragen, daß nach der přemyslidischen Herrschaftsbildung die politische Einheit dieses Raums nie gefährdet war – ganz im Unterschied zu den Nachbarräumen (Mähren, Polen, Elbslawen).

Diese Einheit kam im 10. Jahrhundert zustande. Zuvor ist in den Metzer Annalen für 805 von den *universi principes diversarum gentium* die Rede, und auch die 14 böhmischen *duces*, die 844 nach Regensburg gekommen waren und dort am 13. 1. 845 getauft wurden, verweisen auf kleinräumige Herrschaften. Diese Nennungen lassen ebensowenig wie weitere Erwähnungen von *duces* (872 Světislav, Vitislav, Herimann, Spytimír, Mojslav, Goriwej) die politischen Strukturen erkennen. Deshalb kann aus der Zahl dieser *duces* grundsätzlich nicht auf die Zahl von „Kleinstämmen" oder ähnlichen „Einheiten" geschlossen werden. Namentlich bekannt sind aus dem 11. Jahrhundert einige Gruppierungen wie die Lučanen um Žatec, die Zličanen um Kouřim, die Chorwaten im nordöstlichen Böhmen, die Lemucer um Bílina, die Litoměřicer, die Děčanen um Děčín, die Pšovanen um Mělník, die Tschechen in Mittelböhmen und die Doudleben im Süden.

Ende des 9. Jahrhunderts bot wiederum ein „Machtvakuum" die Gelegenheit zu großräumigerer Herrschaftsbildung. Der Zusammenbruch des Großmährischen Reichs nach dem Tode Svatopluks im Osten und die inneren Probleme des ostfränkischen Reiches unter Ludwig dem Kind (900–911) und König Arnulf (911–918) im Westen machten deren Herrschaftsansprüche eine Zeitlang gegenstandslos. Diese Situation ermöglichte den Söhnen des ersten historisch greifbaren Přemysliden Bořivoj I. († 895), der um 870 in Mähren getauft worden war (und dessen Gemahlin Ludmilla ebenfalls Christin gewesen sein soll), die Konsolidierung des Fürstentums. Spytihněv (895–905/915) und Vratislav (905/15–921) leisteten 895 Herzog Arnulf von Kärnten, dem späteren König, die *commendatio*. Ende des 9. Jahrhunderts verlegten die Přemysliden ihren „Sitz" von Levý Hradec (nördlich von Prag) nach Prag (Abb. 10).

Nach kurzer Regierung (921–929/935) wurde Wenzel (Václav), der Sohn Vratislavs und der Drahomíra, einer hevellischen Fürstentochter, von seinem Bruder Boleslav I. (929/935–967/972) in Stará Boleslav ermordet, anschließend innerhalb weniger Jahre heiliggesprochen, und schließlich überführte man seine Reliquien in den Veitsdom (Südapsis der damaligen Veitsrotunde). Ende des 10. Jahrunderts war Wenzel bereits ein europaweit renommierter Heiliger, der im hohen Mittelalter zum Kristallisationskern eines böhmischen Landesbewußtseins wurde. Unter Boleslav erlangten die Přemysliden endgültig eine unbestrittene Herrschaft in Böhmen – in Anlehnung an das Reich, nachdem sich Boleslav 950 gegenüber Otto I. verpflichtet hatte, „dem König ein treuer und nützlicher Diener zu sein". Der přemyslidische Machtbereich wurde vor allem nach Norden (bis nach Schlesien und Kleinpolen) erweitert, dynastische Heiraten wurden nach Polen und Sachsen geschlossen sowie um 955 auch die ersten eigenen Münzen geprägt. Boleslav II. (967/972–999) erreichte trotz Konflikten mit dem Reich 973/976 die Errichtung des der Erzdiözese Mainz unterstellten Bistums Prag, das mit der Politisierung des Wenzelskults im 11. Jahrhundert (und seiner Stilisierung zum Landespatron) eine überaus dominante Stellung in Böhmen erlangte. Die Bistumsgründung wurde von ersten Klostergründungen begleitet.

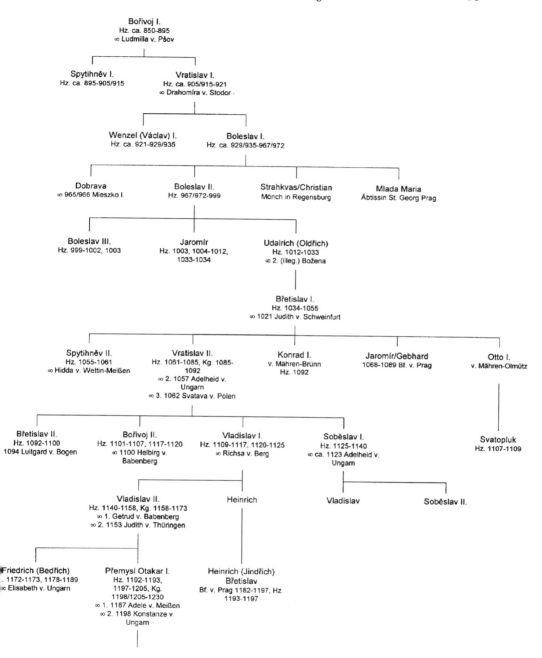

Abb. 10. Genealogie der wichtigsten Přemysliden

Die Ermordung der wichtigsten Slavnikiden 995 schaltete eine mögliche Konkurrenz aus, ohne daß diese im ostböhmischen Libice residierende und eigene Münzen prägende Familie bereits eine fürstliche, d. h. ebenbürtige Stellung erlangt hatte. Diese Charakterisierung geht erst auf Cosmas von Prag zurück, der damit die Herkunft des Hl. Adalbert (Vojtěch), 983–989 zweiter Bischof von Prag und 997 als Märtyrer bei den Pruzzen umgekommen, erhöhen wollte. Der Prager Fürst war laut Cosmas auch Adalberts Fürst, Adalbert als Slavnikide also abhängig von den Přemysliden. Dennoch besaßen die Slavnikiden wohl weitreichende Ambitionen, wie die Bindungen an die Ottonen und an Polen nahelegen.

Seit dem 11. Jahrhundert zeigte sich eine zunehmende Abgrenzung Böhmens gegenüber Polen – aus machtpolitischen Gründen (wechselseitige Ansprüche auf Schlesien, Mähren oder im elbslawischen Raum). Bolesław Chrobry von Polen nutzte 1003 die innere Schwäche und eroberte – nach der Mark Lausitz – Böhmen und Mähren. Im Jahr darauf wurde Bolesław von König Heinrich aus Böhmen vertrieben, doch konnte die polnische Kontrolle über Mähren bis etwa 1029 und über die Slowakei bis um 1018 aufrechterhalten werden. Umgekehrt versetzten die innenpolitischen Probleme Polens nach Bolesławs Tod Břetislav I. (1034–1055) in die Lage, Krakau und viele weitere Orte bis nach Gnesen zu plündern, von wo er 1039 die Reliquien des hl. Adalbert nach Prag entführte. Nach dem Tod Břetislavs führten anhaltende Rivalitäten unter den Přemysliden zu jahrzehntelangen Nachfolgestreitigkeiten, die dennoch die Konsolidierung der Herrschaft nicht dauerhaft beeinträchtigten. Seit dem 11. Jahrhundert gewann die sich herausbildende Adelsschicht festere Konturen und größeren politischen Einfluß, den die Herzöge als Mitspracherecht anerkannten.

Die Einrichtung von Burgbezirken und Dienstsiedlungen diente als Basis přemyslidischer Herrschaft und beschleunigte deren Territorialisierung.[12] Mit der Erneuerung des mährischen Bistums Olmütz (Olomouc), am Weg nach Krakau gelegen, in der zweiten Hälfte des 11. Jahrhunderts gelang die Festigung einer weitgehend von den Přemysliden abhängigen Kirchenorganisation. Durch zahlreiche Klostergründungen zwischen 1050 und 1150 fand die Klosterreformbewegung auch in Böhmen Eingang (Benediktiner und Zisterzienser). Nachdem bereits Vratislav II. (I.) (1061–1092) 1085 und Vladislav II. (I.) (1140–1173) 1158 zu Königen erhoben worden waren, erlangten die Přemysliden 1198/1212 durch König Philipp von Schwaben (1198–1208) und

---

12 Kartierung: Třeštík/Krzemienská [Nr. 616].

König Friedrich II. (1211–1250) die erbliche Königswürde. Bereits 1114 war
mit Vladislav I. (1109–1117, 1121–1125) ein Böhmenherzog Mundschenk des
Reichs geworden, wodurch die seit dem 11. Jahrhundert vom Reich lehns-
abhängigen Přemysliden zu Reichsfürsten aufstiegen (mit der Goldenen Bulle
des böhmischen Königs und deutschen Kaisers Karl IV. von 1356 wurde der
König von Böhmen einer der sieben Kurfürsten).

Die Piasten in Großpolen

Polen rückte, aufgrund seiner Lage jenseits der Elbslawen und damit weit jenseits der östlichen Reichsgrenze entlang von Elbe und Saale, erst relativ spät
in den Blickwinkel ostfränkischer Überlieferung. Deshalb bleibt auch die
Vorgeschichte der piastischen Herrschaftsbildung unklar. Ihr lagen Eroberungen der Polanen (um Posen und Gnesen) zugrunde, von denen sich der allgemein dominierende, aber erst seit dem 11. Jahrhundert belegte Name Polen
(*Polonia*) ableitet. Anders als in Böhmen konnte sich wegen der politischen
Zersplitterung seit dem 11. Jahrhundert keine Bezeichnung für das Land bilden; statt dessen ist stets von der *gens Polonorum* oder dem *regnum Poloniae*
– dem Volk oder der Herrschaft die Rede. Weitere Gruppierungen sind im 9.
bzw. 10. Jahrhundert mit den Goplanen um Kruszwica, den Wislanen an der
oberen Weichsel, den Lędzice westlich der mittleren Weichsel, den Mazo-
wiern nordöstlich der mittleren Weichsel, den Wolinern und Pomoranen südlich der Ostsee, den Slenzanen, Dadosesanen, Opolanen und Golensici in
Schlesien zu fassen.

Eine ältere Herrschaftsbildung im Gebiet der Wislanen um Krakau während des letzten Drittels des 9. Jahrhunderts und eine dortige Christianisierung von Großmähren aus ist verschiedentlich aus der *Vita Methodii* erschlossen worden, doch reichen diese Belege dafür nicht aus. Ebenso fraglich
ist die Verlegung der Anfänge einer übergreifenden piastischen Herrschaft
schon in das 9. Jahrhundert. Dafür läßt sich nur eine legendenhafte Genealogie beibringen, während u. a. die Jahrringdaten archäologisch untersuchter,
zentraler Burgwälle auf das 10. Jahrhundert verweisen. Erst mit Mieszko I.
(ca. 960–992) erscheint erstmals ein historisch gesicherter Fürst (Abb. 11).
Mieszko heiratete 965/966 mit Dubravka die Tochter des Böhmenherzogs
Boleslav und ließ sich – unter dem Einfluß seiner Frau – ein Jahr später taufen
(auf Ostrów Lednicki oder in Regensburg?). Die Christianisierung Polens
übernahmen zunächst böhmische Missionare, die jedoch bald durch Kleriker
anderer Herkunft aus dem Reich verdrängt wurden. Zentrum der Missionierung war das 968 (zugleich mit dem neuen Erzbistum Magdeburg) gegrün-

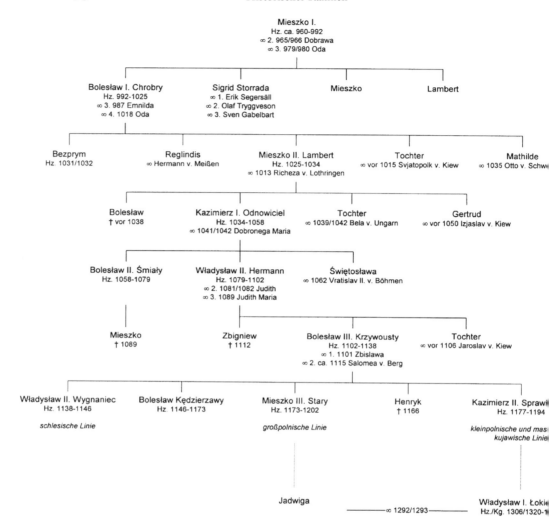

Abb. 11. Genealogie der wichtigsten Piasten

dete, wohl direkt dem Papst unterstellte Bistum Posen. Dadurch – und durch die Unterstellung des Landes unter den Schutz des hl. Petrus im – in der Forschung umstrittenen – *Dagome iudex* von 992 bereitete Mieszko den Weg für eine eigenständige polnische Kirchenprovinz.

Mieszko betrieb eine expansive Politik zunächst vor allem in nordwestlicher und nordöstlicher Richtung. Masowien wurde in lockerer Abhängigkeit gehalten, große Teile Pommerns erobert und sogar – nach einer Verständigung mit Otto III. (983–1002) – bei Lebus die mittlere Oder überschritten. Die Inbesitznahme Schlesiens und Kleinpolens gelang vollständig erst seinem Sohn. Zu Otto III. pflegte der Polenherzog gute Beziehungen; er schenkte dem sechsjährigen König im Rahmen fürstlichen Gabentauschs gar ein Kamel, wie Thietmar von Merseburg (IV,9) berichtet.

Bolesław I. Chrobry (der Tapfere) (992–1025) führte die Politik seines Vaters fort, suchte seine Position durch dynastische Verbindungen mit dem sächsischen Hochadel zu festigen und erreichte zeitweise eine dominierende Stellung östlich des Reichs (Abb. 12). Schlesien und Krakau wurden erobert, zeitweise sogar Böhmen, Mähren und die nicht-ungarischen Teile der Slowakei sowie im Norden die Lausitz und Hinterpommern besetzt. Die westlichen Eroberungen konnten aber aufgrund der Gegenmaßnahmen König Heinrichs II. (1002–1024) nicht gehalten werden. Sogar Kiev wurde 1018 erobert. Zuvor jedoch hatte Bolesław dem aus Prag geflohenen Bischof Adalbert, einem persönlichen Freund Ottos III., von der Burg Danzig aus die Missionsfahrt zu den Pruzzen ermöglicht, wo Adalbert (poln. Wojciech) 997 den Märtyrertod fand. Bolesław ließ die Gebeine nach Gnesen überführen, was Otto III. im Jahre 1000 zu einer Wallfahrt dorthin veranlaßte. Bei dieser Gelegenheit erwarb der Kaiser von Bolesław eine Armreliquie des hl. Adalbert und überreichte im Gegenzug dem Herzog eine Kopie der Heiligen Lanze; möglicherweise erhob er Bolesław dabei zum König. Zugleich wurde durch Papst Silvester II. (999–1003) gegen den Widerstand des Magdeburger Metropoliten ein eigenes Erzbistum in Gnesen (mit den Suffraganen Kolberg, Breslau, Krakau) eingerichtet. Posen kam wegen des Widerstands des dortigen Bischofs, der selbst den Vorrang beanspruchte, erst 1012 hinzu. Auf Bolesław dürfte auch die Durchsetzung der Kastellaneiverfassung – nach dem Vorbild in den sächsisch-deutschen Marken – zurückgehen.

Nach Bolesławs Tod, der sich noch 1024 in Gnesen mit Zustimmung Papst Johannes' XIX. (1024–1032) zum König hatte krönen lassen, und der Regierung seines Sohnes Mieszko II. Lambert (1025–1034) traten die strukturellen Probleme des piastischen Reiches zutage. Ein verheerender Kriegszug des Böhmenherzogs Břetislav führte nicht nur zu schwerwiegenden Zerstörungen, sondern auch zum Verlust der aus Gnesen nach Prag entführten Adalberts-Reliquien. Ein Bauernaufstand 1037/1038 und eine anschließende „heidnische Reaktion" mit der Zerstörung von Kirchen führten unter Kazimierz I. Odnowiciel (dem Erneuerer) (1034–1058) zur Verlegung der Residenz nach Krakau, das damit seit der Mitte des 11. Jahrhunderts zur neuen „Hauptstadt" avancierte. Der dortige Bischof Stanisław erfuhr – nachdem er 1079 auf Veranlassung Bolesławs II. Śmiały (des Kühnen) (1058–1079) hingerichtet

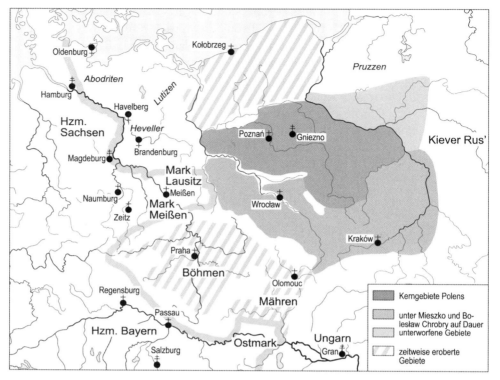

Abb. 12. Ostmitteleuropa um 1000. Dargestellt ist vor allem die Expansion der frühen Piasten, die Pommern sowie Böhmen und Mähren zeitweise beherrschten und sogar Kiev eroberten (verändert nach Großer Hist. Weltatlas, hrsg. Bayer. Schulbuchverlag, II [München ²1979] 19c [R. Wenskus])

worden war – nach seiner Kanonisierung 1257 in Konkurrenz zum hl. Adalbert den Aufstieg zum Landespatron Polens.

Bolesław Śmiały verfolgte nach außen eine antikaiserliche, papstfreundliche Politik, die ihm 1076 die Königskrönung durch den Gnesener Erzbischof einbrachte. Innenpolitisch vermochte sich Bolesław immer weniger durchzusetzen, und nach seinem Sturz konnte sich auch der Bruder Władysław I. Hermann (1079–1102) nicht gegen die erstarkten Großen behaupten. Erst Bolesław III. Krzywousty (Schiefmund) (1102–1138) gelang es wieder, eine machtvolle Herrschaft durchzusetzen. Schlesien und Pommern wurden zurückerobert, womit der polnische Machtbereich erneut bis an die Oder ausgedehnt wurde. Im Gefolge der Missionsreisen Ottos von Bamberg (1124/1125 und 1128) nach Pommern wurde ein neues Bistum in Usedom (vor 1140)

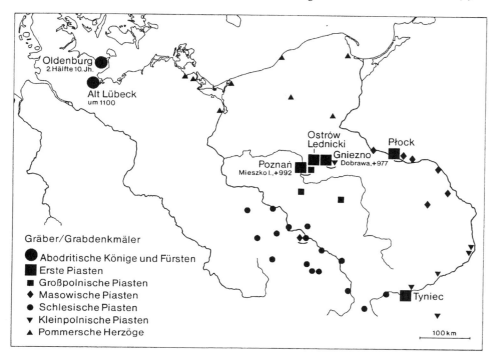

Abb. 13. Dynastische Bestattungen des 10. und 11. Jahrhunderts im westslawischen Gebiet zwischen Elbe und Weichsel. Dargestellt sind die piastischen und die abodritischen Gräber (nach Müller-Wille [Nr. 531] 11 Abb. 7)

– später nach Wollin und schließlich nach Kammin (1176/1188) verlegt – gegründet. Zuvor waren bereits die Diözesen Płock (1075) und Włocławek in Kujawien (1124) sowie Lebus an der Oder (1124) eingerichtet worden.

Nach Bolesławs Tod zerfiel das Reich während der Regierung Władysławs II. Wyganiec (des Vertriebenen) (1138–1146) in verschiedene Teilfürstentümer, da das zentralistische Königtum nicht gegen den Adel bestehen konnte (Abb. 13). Die Einigungsbemühungen der jeweiligen „Senioren", d. h. des jeweils ältesten der regierenden Brüder in Krakau, scheiterten endgültig unter Mieszko III. Stary (1173–1202). Die nur lose miteinander verbundenen Partikularherrschaften in Schlesien, Großpolen, Masowien, Kleinpolen und Kujawien vermochte erst Władysław I. Łokietek (Ellenlang) (1306–1333) nach mehr als hundertfünfzig Jahren wieder zu einigen (König 1320).

Herrschaftsbildungen bei den „Elbslawen"

Mit dem 10. Jahrhundert veränderte sich die Situation auch für „die" Elbslawen[13], die keine Einheit bildeten, sondern aus einer größeren Anzahl von
„Stämmen" bestanden. Ein übergreifendes Gemeinschaftsgefühl läßt sich,
auch wenn bis zum 12. Jahrhundert nur Fremdaussagen vorliegen, ausschließen – die zersplitterten politischen Verhältnisse verhinderten dies. Die Verfestigung großräumiger politischer Strukturen in Böhmen, Polen und Dänemark sowie die Nachbarschaft des ostfränkisch-deutschen Reichs ließ die
Elbslawen in eine „Mittellage" geraten, in der die politischen Interessen dieser
Nachbarn aufeinandertrafen. Im 12. Jahrhundert wurde praktisch nur noch
diese Bevölkerung als „slawisch" bezeichnet – für die übrigen wurden spezifische Benennungen wie Polen und Böhmen verwandt.

Eine Vielzahl von elbslawischen „Stammesnamen" wird bis ins hohe Mittelalter überliefert. Was sich hinter diesen Namen verbirgt, bleibt häufig recht
unklar. Auf jeden Fall waren es keine festgefügten, homogenen und scharf
umrissenen Gruppierungen, wie man vor allem im 19. Jahrhundert annahm.
Die Vielzahl und rasche Veränderungen der Bezeichnungen weisen darauf
hin, daß diese Gruppierungen recht mobil und in ihrer Zusammensetzung
und Abgrenzung relativ flexibel waren. Einerseits handelte es sich um handelnde politische Verbände, mit denen sich das ostfränkisch-deutsche Reich
konfrontiert sah und die es über Vereinbarungen mit dem „Fürsten" bzw.
einer Spitzengruppe an sich zu binden trachtete. Andererseits verwendeten
die fränkischen Quellen „ethnische" Bezeichnungen, die man von slawischen
Gewährsleuten gehört hatte, auch in einem geographischen Sinne – um gewissermaßen „Ordnung" in den aus westlicher Sicht so unübersichtlichen, da anders strukturierten Raum zu bringen. Die Vermengung dieser ethnisch-politischen und der geographischen Bedeutungsebene macht es heute so schwer,
Einzelheiten der Ereignisgeschichte anhand der Schriftquellen aufzulösen.

Im Winter 928/929 eroberte König Heinrich I. (919–936) zunächst die
Brandenburg und unterwarf die Heveller, zog gegen die Daleminzer und ließ
dort die Burg Meißen anlegen. Nach einem Böhmenfeldzug im selben Jahr
und der Unterwerfung Herzog Wenzels I. wurde bei Lenzen ein Aufstand
von Wilzen (?) niedergeschlagen, wurden 931 Abodriten und 932 Milzener
besiegt. Damit war der gesamte elbslawische Raum tributabhängig und unter

---

13 Der wissenschaftliche Begriff „Elbslawen", der nicht auf mittelalterliche Quellen zurück-
    geht, stammt von Pavel Jozef Šafárik.

eine lockere Oberhoheit gezwungen worden. Mehrere Aufstände gefährdeten das Erreichte, bis mit Hilfe des seit 929 als Geisel gefangengehaltenen Hevellers Tugumir die Brandenburg 940 wieder in die Hand König Ottos I. (936–973) geriet.

Der Sicherung der Herrschaft dienten vor allem zwei Vorhaben. Zum einen wurden die Burgward- und ab 936/937 die Markenorganisation (Billungermark, Nordmark, Mark Lausitz, Mark Merseburg, Mark Zeitz, Mark Meißen) eingeführt. Teilweise übernahm man vorhandene Burgwälle, z. T. wurden neue Burgen errichtet. Zum anderen trieb man die Christianisierung voran und errichtete neue Bistümer – 948 im holsteinischen Oldenburg (1160 verlegt nach Lübeck), im selben Jahr (?) Brandenburg und Havelberg sowie 968 in Meißen, Merseburg und Zeitz (1029 verlegt nach Naumburg). Oldenburg wurde der Erzdiözese Hamburg-Bremen, die übrigen Bistümer wurden 968 dem neuen Erzbistum Magdeburg unterstellt.

Nach der Niederschlagung eines abodritisch geführten Aufstandes der nördlichen Elbslawen im Jahre 955 (in der Schlacht an der Raxa), der kurz nach dem Sieg über die Ungarn auf dem Lechfeld bei Augsburg erfolgte, schien die Lage beruhigt. Um so mehr überraschten die plötzlichen slawischen Überfälle auf Havelberg und Brandenburg Mitte 983, die wohl von langer Hand vorbereitet waren. Die ostsächsische Mission und die politische Herrschaft hatten erheblichen Unmut angestaut, der sich jetzt – ausgelöst durch den „Hochmut des Markgrafen" (Thietmar von Merseburg III,17) – entlud. Eine für die Slawen günstige Situation war zudem durch die Niederlage König Ottos II. beim süditalienischen Cotrone 982 und durch den Tod des Kaisers Ende 983 entstanden.

Innerhalb kurzer Zeit brach die deutsche Herrschaft östlich der Elbe zusammen, wozu neben dem Lutizenaufstand von 983, der mit den erwähnten Überfällen auf die Bistumssitze begonnen hatte, der Abodritenaufstand von 990 wesentlich beitrug. Alle Versuche der Rückgewinnung – u. a. mit Unterstützung des polnischen Herzogs Mieszko, der sich mit ostfränkisch-deutscher Hilfe gegen ein böhmisch-lutizisches Bündnis zur Wehr setzen mußte – scheiterten. Lediglich der südliche Bereich zwischen Saale und Neiße – die Marken Zeitz, Merseburg, Meißen und Lausitz – ging nicht verloren. Die hier siedelnden Daleminzer, Milzener und Lusizi blieben dauerhaft in das Reich einbezogen, wobei der hohe Adel nichtsorbischer Herkunft war. Die sog. Witsassen, d. h. Personen mit Schöffenfunktion am Gericht des Meißner Burggrafen, sind erst für das 14. Jahrhundert belegt, und eine zuweilen vermutete Zurückführung auf ältere slawische Institutionen ist deshalb fraglich.

Für eigenständige Herrschaftsbildungen blieb somit nur der Bereich zwischen unterer Elbe und unterer Oder übrig – in den Siedlungsräumen der abodritischen und der hevellischen „Stämme". Bei den Abodriten läßt sich seit der zweiten Hälfte des 10. Jahrhunderts bis in die 1130er Jahre eine ununterbrochene „dynastische" Herrscherfolge feststellen. Deren Verhältnis zu den aus dem 9. Jahrhundert bekannten Abodritenfürsten bleibt unklar. Stoignĕv († 955 an der Raxa), dessen Bruder Nakon (955–965/967), Nakons Sohn Mstivoj (965/967–995?) und Enkel Mstislav (995?-1018), Uto (1018–1028), Ratibor (1028–1043), Utos Sohn Gottschalk (1043–1066), dessen Söhne Budivoj (1066–1072/1075) und Heinrich (um 1090/1093–1127) lösten einander in der Herrschaft ab. Nakon galt schon dem jüdisch-arabischen Reisenden Ibrāhīm ibn Yaᶜqūb in den 960er Jahren[14] als einer der mächtigsten slawischen Fürsten, und dessen Enkel Mstislav soll Otto II. auf dessen Italienzug 982 mit 1000 Reitern begleitet haben (die Zahl ist gewiß übertrieben).

Gottschalk, der sich lange Zeit in Dänemark aufgehalten hatte, unterwarf mit Hilfe seines Schwiegervaters, des Dänenkönigs Sven Estridson (1047–1076), und des mit Sven verschwägerten sächsischen Herzogs Bernhard II. (1013–1059) 1057 auch die Kessiner und Zirzipanen. Gegen die einheimischen Priester suchte Gottschalk das Christentum durchzusetzen – u. a. mit der Erlaubnis zur Gründung der Bistümer in Mecklenburg und Ratzeburg –, bezahlte diesen Versuch aber im „heidnischen" Aufstand von 1066 mit dem Leben. Ihm folgte während fast 25 Jahren der heidnische Wagrier Kruto. Seinen Höhepunkt erlebte das Abodritenreich um 1100 unter Heinrich von Alt Lübeck, dessen Macht zeitweise wohl auch die Brandenburg einschloß. Heinrich machte Alt Lübeck zu seiner „Residenz" und prägte eigene Münzen, mußte aber angesichts der Kräfteverteilung auf eine offensive Durchsetzung des Christentums verzichten. Die Vergeblichkeit aller Bemühungen, die heterogenen Verhältnisse innerhalb des Abodritenreichs zu überwinden, machte der Zerfall nach Heinrichs Tod 1127 offenbar.

Auch bei den Hevellern lassen sich Ansätze einer großräumigeren Herrschaftsbildung feststellen. Um 905 heiratete die hevellische Fürstentochter Drahomíra den böhmischen Herzog Vratislav; beider Sohn war der hl. Wenzel. Diese Heirat deutet ebenso wie das 929 mit der Brandenburg eroberte Gebiet auf eine ansehnliche Herrschaft hin. Nach der Auslieferung der Brandenburg 940 durch Tugumir blieb dieser wichtige Ort bis 983 in deutscher Hand. Erst im 11. Jahrhundert war wieder eine eigenständige Herrschaft möglich, ohne daß Einzelheiten erkennbar sind. Für 1127 ist ein *comes* Meinfried überliefert, dessen Rolle unklar bleibt. Der letzte Hevellerfürst Pribis-

---

[14] Ibrāhīm ist wohl mit Ibrāhīm ibn Aḥmad aṭ-Ṭurṭūšī identisch und stammte aus Tortosa. Seine Reise wird jetzt eher um 965/966 als um 973 angesetzt.

lav-Heinrich war Christ und vermachte die Zauche südlich der Havel dem Sohn Markgraf Albrechts des Bären zum Taufgeschenk. Vor seinem Tod 1150 übertrug Pribislav seine Herrschaft testamentarisch Albrecht dem Bären. Während der anschließenden Auseinandersetzungen stand die Brandenburg wohl für kurze Zeit unter der Herrschaft des polnischen Teilfürsten (?) Jaxa von Köpenick (1152/1153–1157), bevor sie zum Mittelpunkt der entstehenden Mark Brandenburg wurde.

Eine Sonderentwicklung vollzog sich in einem begrenzten Raum zwischen Recknitz und unterer Oder. Im wohl bewußten Gegensatz zu der Entwicklung der Nachbarregionen kam eine „heidnische Gegenbewegung" zum Tragen, die „alte Werte" gegen eine fürstliche Herrschaft und gegen das Christentum propagierte. Unter einem neuen, „erfundenen" Ethnonym – dem der „Lutizen" (belegt erstmals 991 *Ann. Hildesheimenses*) – wurden ältere Elemente der Glaubensvorstellungen institutionalisiert und das Heiligtum Rethra als Identitätskern herausgestellt. Als „Lutizenbund" ist dieser relativ lockere Zusammenschluß bekanntgeworden. Unterhalb des neuentwickelten Gemeinschaftsbewußtseins existierten ältere Stammesbindungen weiter, ohne daß von den Wilzen des 9. Jahrhunderts eine direkte Kontinuitätslinie zu den Lutizen des 11. Jahrhunderts gezogen werden könnte.

Nachdem sich die Lutizen Ende des 10. Jahrhunderts in der Gefahr befunden hatten, zwischen den Verbündeten Otto III. und Mieszko zerrieben zu werden, wendete sich 1002 das Blatt. König Heinrich II. (1002–1024) schloß ein Bündnis mit den Lutizen, um Bolesław Chrobrys expansiver Politik begegnen und ihn aus der Lausitz sowie dem Milzenerland wieder vertreiben zu können. Heinrich scheiterte allerdings damit, auch wegen der allenfalls halbherzigen Unterstützung seitens der Lutizen und des sächsischen Adels. Angesichts der inneren Krise des Piastenstaates um 1033 konnte König Konrad II. (1024–1035) zunächst Polen und dann auch die Lutizen wieder unter die formelle Oberhoheit des Reichs bringen.

In dieser Situation zerfiel der Lutizenbund. 1057 brach ein „Bruderkrieg" zwischen Kessinern und Zirzipanen auf der einen und Tollensern und Redariern auf der anderen Seite aus. Nach dem Aufstand gegen den Abodritenfürsten Gottschalk 1066 drang Bischof Burchard von Halberstadt (1059–1088) 1067/1068 mit einem Heer bis nach Rethra vor, raubte (ein oder) das heilige Pferd und ritt mit diesem (wohl nicht den ganzen Weg) zurück nach Halberstadt (Annales Augustani). Nach einem weiteren Plünderungszug König Heinrichs IV. (1056–1106) von 1069 verschwand der Lutizenbund aus der Überlieferung – seinen Bindungskräften fehlte die historische Basis und ein zukunftsfähiger Entwurf, so daß sich andere Entwicklungen als stärker erwiesen.

Auch bei den Ranen oder Rügenslawen gewannen die „heidnischen" Priester seit dem 10. Jahrhundert eine wichtige politische Rolle. Das Ansehen des Oberpriesters galt als größer als das des *rex*. Die „Tempelburg" Arkona war Hauptheiligtum und politisches Zentrum in einem. Hier wurden im hohen Mittelalter das Orakel befragt, Versammlungen abgehalten und der Tempelschatz aufbewahrt. Die Inselsituation mit ihrer topographischen Einengung mag zu dieser Besonderheit beigetragen haben. 1168 wurde Rügen endgültig von den Dänen erobert, eine Kirchenorganisation geschaffen und dem Erzbistum Lund unterstellt.

Insgesamt gelang im Raum zwischen Elbe und Oder keine auf Dauer erfolgreiche Herrschaftsbildung. Die Ursache dessen lag wohl vor allem in der politischen Situation Mitteleuropas. Die politisch dominierenden Nachbarn – ostfränkisch-deutsches Reich und piastisches Polen, weniger das přemyslidische Böhmen – suchten die Entwicklung im jeweils eigenen Interesse zu beeinflussen. Im Vergleich mit allen ihren Nachbarn gerieten die Elbslawen hinsichtlich politischer Zentralisierung und Herrschaftsbildung sowie hinsichtlich der Christianisierung immer mehr ins Hintertreffen. Die sich aus der „Mittellage" ergebenden Auseinandersetzungen ließen eine kontinuierliche, ungestörte politische und soziale Entwicklung kaum zu. Statt dessen bot sich nur ein letztlich rückwärtsgewandter Weg – *gegen* die machtpolitischen Ambitionen der Nachbarn und gegen das Christentum als deren Religion. So blieben – mit Ausnahme Mecklenburgs und Pommerns – auch nicht die einheimischen Eliten an der Spitze der Macht.[15] Weltlicher hoher Adel und Klerus rekrutierten sich auf längere Sicht vor allem aus der sächsischen Oberschicht.

12. Ostsiedlung des 12./13. Jahrhunderts

Kein anderer Abschnitt der mittelalterlichen Geschichte Ostmitteleuropas ist im 19. und 20. Jahrhundert mit derart starken nationalen Ressentiments aufgeladen worden wie die (deutsche) Ostsiedlung. Der vermeintliche „deutsche Drang nach Osten" diente als ideologisches Schlagwort – in Deutschland zur Begründung territorialer Ansprüche, in Polen und auch Böhmen/Mähren zu deren Zurückweisung. Die Realität des Hochmittelalters sah anders aus und

---

[15] Der pommersche Fürst nannte sich im 13. Jahrhundert in seinen Urkunden häufig *dux S(c)lavorum*, womit die Zugehörigkeit zum Reich beschrieben werden sollte.

hatte mit einem deutsch-slawischen Gegensatz – im „ethnischen" (oder besser nationalen) Sinne des 19. Jahrhunderts – kaum etwas zu tun.

Allerdings läßt sich für Böhmen bereits im 12. Jahrhundert erkennen, daß der sprachliche Unterschied manchen Zeitgenossen bewußt war. In der Dalimil-Chronik des frühen 14. Jahrhunderts rückte die Sprach- und ethnische Gemeinschaft zu einem Zentralbegriff auf. Deutsch-tschechische Auseinandersetzungen in den spätmittelalterlichen Städten Böhmens beruhten auf inneren sozialen Spannungen innerhalb der Bürgerschaft, nicht auf einer problematischen Nachbarschaft.

Für die Slawen zwischen Elbe und Oder bedeutete die mit der Ostsiedlung parallel verlaufende Herrschaftsbildung das Ende politischer Eigenständigkeit. Hier bildeten sich im 13. Jahrhundert sog. „Neustämme" (Brandenburger, Mecklenburger, Pommern), die aus slawischen und deutschen Bevölkerungsteilen zusammenwuchsen. Ähnliche Prozesse vollzogen sich auch in Teilen des heutigen Polen – z. B. in Pommern oder dem Ordensstaat; hier grenzten sich diese Gruppen von der alteingesessenen Bevölkerung bewußt ab. In Böhmen kam es durch die baldige Angleichung des Rechts der Neu- und der Altsiedler nicht dazu, sondern zu einer jahrhundertelangen unproblematischen Koexistenz.

Nach dem ersten Kreuzzug ins Heilige Land kurz vor 1100 forderten die Bischöfe des Erzbistums Magdeburg einen Krieg gegen die heidnischen Slawen jenseits der Elbe. Dahinter standen nicht nur religiöse, sondern auch handfeste materielle Interessen der Kirche. Im Jahre 1147 kam, parallel zum zweiten Kreuzzug, der sog. Wendenkreuzzug zustande, zu dem auch Bernhard von Clairvaux (1091–1153) aufrief. Die Angriffe zielten ins Gebiet der Lutizen und in das der Abodriten. Der „Erfolg" gewaltsamer Christianisierung blieb begrenzt; man beklagte die Zerstörungen jener Gebiete, die man eigentlich in Besitz zu nehmen gedachte.

Die jeweiligen Landesherren spielten bei der Ostsiedlung eine aktive Rolle. Sie warben um Siedler und gewährten ihnen vorteilhafte Bedingungen. Zu den Förderern einer vor allem bäuerlichen Zuwanderung aus dem Westen zählten deutsche Fürsten – neben Heinrich dem Löwen (1142–1180) die Schauenburger in Holstein (Adolf II. [1130–1164]), die Askanier in Brandenburg (vor allem Albrecht der Bär [1134–1170]) und die Wettiner in Meißen – ebenso wie slawische Landesherren – die Fürsten von Mecklenburg, die Herzöge von Pommern, von Schlesien (vor allem Heinrich I. von Breslau [1201–1238]), von Polen und von Böhmen (vor allem Ottokar II. [1253–1278]) sowie die Markgrafen von Mähren. Des weiteren gehörten hohe Geistliche wie die Erzbischöfe von Magdeburg (vor allem Wichmann [1152/1154–1192]) und die Bischöfe von Breslau und von Olmütz zu den Initiatoren des

Landesausbaus. Große Bedeutung erlangte darüber hinaus der Deutsche Orden, dem 1225/1226 Konrad I. von Mazowien (1199–1247) das Kulmer Land
für den Fall übereignete, daß dieser die heidnischen Pruzzen zur Räson brin-
ge. „Kolonisiert" wurden neben den bereits (slawisch) besiedelten Gebieten
auch zuvor weitgehend unerschlossene Landstriche wie das Vogt- und Plei-
ßenland sowie das Erzgebirge.

Eine besondere Rolle kam den Zisterziensern zu, die seit der Mitte des 12.
Jahrhunderts von den Landesherren mit dem bäuerlich-ländlichen Landesausbau in bestimmten Regionen betraut wurden. Ihre Rolle ist von der deutschen Forschung des 19. Jahrhunderts bisweilen fast mythisch überhöht und
deshalb in jüngerer Zeit erheblich relativiert worden. Die Zisterzienserklöster
besaßen keine „Sonderrolle", sondern betrieben den Landesausbau gleich benachbarten, großen weltlichen Grundherren. Deshalb läßt sich auch keine
einheitliche zisterziensische „Siedlungspolitik" erkennen. Vielmehr war die
Wirtschaftsweise der einzelnen Zisterzen von Spiritualität bzw. Missions-
aufgaben, Wirtschaft (Ackerbau) sowie natur- und kulturgeographischen Gegebenheiten abhängig. In dieser Art des Landesausbaus lag die eigentliche
Leistung der Zisterzienser, während andere Orden wie der der Prämonstratenser vor allem geistliche Aufgaben erfüllten.

Die Ostsiedlung erstreckte sich über einen Zeitraum von fast zweihundert
Jahren. Sie begann im mittleren 12. Jahrhundert entlang der Elbe (in Holstein
und Meißen), erfaßte vor allem im 13. Jahrhundert Mecklenburg, Pommern,
die Mark Brandenburg, Böhmen, Schlesien und Polen; sie erreichte das
Ordensland hauptsächlich im frühen 14. Jahrhundert. Ihr Hintergrund, der
diese enormen, von den Zeitgenossen allerdings oft nicht entsprechend wahr-
genommenen Veränderungen erst ermöglichte, war ein europaweiter wirtschaftlicher Entwicklungsschub während des hohen Mittelalters. Manche der
Ausweitungen des Siedlungsraumes wurden im Spätmittelalter wieder zu-
rückgenommen. Gegenüber der älteren Auffassung, Wüstungen und rückläu-
fige Agrarkonjunktur widerspiegelten eine spätmittelalterliche „Krise", wird
zunehmend die unzureichende Erklärungskraft des Krisenbegriffs deutlich.
Die Auflassung zahlreicher Siedlungen bedeutete nicht in gleicher Weise einen
Rückgang der Bevölkerung, sondern vor allem einen Prozeß der Bevöl-
kerungskonzentration in größeren Siedlungen. Denn wenn auch viele Siedlungen aufgegeben wurden, so blieben doch die meisten Fluren weiterhin
genutzt. Im 14. Jahrhundert bedeuteten verschiedene Pestepidemien einen
demographischen Einschnitt.

Mit der Ostsiedlung waren tiefgreifende Veränderungen der wirtschaftlichen Strukturen verbunden. Auf dem Lande brachte sie die Einführung des
schweren Pfluges und in Verbindung damit die Anlage von großen, langge-

streckten Gewannfluren mit sich. Neue Bewirtschaftungsformen erhöhten die
Erträge erheblich. Auch die Dörfer selbst wurden als große Planformen (Stra-
ßen- und Angerdörfer) neu angelegt, die aus den Dorfformen der Altsiedel-
gebiete allmählich entwickelt worden waren. Die ausgeprägtesten Planformen
finden sich östlich der Oder, denn man brauchte Zeit und Erfahrung, um die
geeignetsten Formen zu entwickeln. Die Anlage dieser Planformen konnte
aber nur dort betrieben werden, wo die topographischen Bedingungen dies
zuließen. In ungünstigen Lagen wurden bis in die Neuzeit hinein weiterhin
Blockfluren und kleine Dörfer oder Weiler genutzt.

Die zweite wichtige Veränderung war die Entstehung deutschrechtlicher
Städte. Dabei wurde einerseits an bestehende zentralörtliche Strukturen angeknüpft, andererseits wurden neue Städte „auf der grünen Wiese" gegründet.
Die Verleihung von Stadtrechten, zu denen vor allem das Lübische Recht entlang der Ostseeküste, das Magdeburger Recht im Binnenland sowie andere
regional begrenzte Rechtskreise (Nürnberger, Brünner und Iglauer Recht)
gehörten, war eine Neuerung des hohen Mittelalters. Das städtische Bürgertum war – auch in Polen und Böhmen – zunächst überwiegend deutscher
Herkunft. Dennoch ist der ausdrückliche Ausschluß von Einheimischen nur
im Gründungsprivileg Herzog Bolesławs V. Wstydliwy (des Schamhaften)
(1243–1279) von Krakau und Sandomierz für die Stadt Krakau von 1257 enthalten.

Schließlich führte die Ostsiedlung auch zu einem Aufschwung des Berg-
baus – vor allem in Böhmen und Mähren (Deutsch Brod/Havlíčkův Brod,
Iglau/Jihlava, Kuttenberg/Kutná Horá, Mährisch Neustadt/Uničov, Mies/
Stříbro) sowie in Schlesien (Beuthen/Bytom, Goldberg/Złotoryja, Hirsch-
berg/Jelenia Góra, Sagan/Żagań). Voraussetzung war das Vorhandensein entsprechender Erzvorkommen. Silber-, Eisen- und Bleierze wurden hauptsächlich gefördert.

Insgesamt bedeutete die Ostsiedlung einerseits einen Landesausbau, d. h.
die extensive Erweiterung des Siedlungsraumes, und andererseits eine Binnenkolonisation, d. h. die Verdichtung der Besiedlung. Dies war beileibe kein
Phänomen, das hauptsächlich Deutsche im östlichen Mitteleuropa betrieben.
Die Ostsiedlung erfaßte auch Österreich und Ungarn – bis hin nach Siebenbürgen, und auch innerhalb des Altsiedelgebiets wurden im 12./13. Jahrhundert Binnenkolonisation und Landesausbau betrieben.

IV. Siedlung

Siedlungen aller Art werden zu jeder Zeit vor allem durch drei Faktoren geprägt: Umweltbedingungen, Wirtschaftsstruktur und soziale Differenzierung. Diese Faktoren wirken nicht isoliert voneinander, sondern hängen in unterschiedlicher Weise voneinander ab. Naturräumliche Gegebenheiten wie feuchte Niederungen, schwere Böden oder steile Gebirgslagen setzen der Wirtschaft bestimmte Grenzen, was Auswirkungen auf die Entwicklung sozialer Strukturen haben kann. Ackerbau und Viehzucht können zur Auslaugung der Böden und zur Auflichtung weiter Flächen führen, ein umfänglicher Holzverbrauch (Befestigungsbau) kann ganze Wälder beseitigen. Doch innerhalb dieser natürlichen Rahmenbedingungen sind Gesellschaften zu überaus flexiblen (kulturellen) Reaktionen und Anpassungen fähig, so daß Klima, Relief, Boden, Wasser, Vegetation, Fauna usw. nur mittelbaren Einfluß auf Siedlung und Wirtschaft ausüben.

Die Siedlungsformen können im früh- und hochmittelalterlichen Ostmitteleuropa idealtypisch mit drei Begriffen kurz umrissen werden: Dorf, Burg und Stadt. Kleine, agrarisch strukturierte Siedlungen lassen sich als weilerartige Dörfer beschreiben, doch mag es auch einzelne Höfe gegeben haben. Befestigungen und Burgwälle unterscheiden sich in der wirtschaftlichen Struktur davon nicht oder kaum, jedoch durch ihre massive Abgrenzung nach außen. Frühe städtische Strukturen entwickelten sich zunächst an der südlichen Ostseeküste, bevor in einem zweiten Entwicklungsschub günstig gelegene Burgwälle ähnliche Funktionen an sich zogen. Städte im rechtlichen Sinne entstanden im Zuge der mittelalterlichen Ostsiedlung seit dem 12./13. Jahrhundert. Zwischen diesen drei grundlegenden Siedlungstypen lassen sich allerdings zahlreiche Übergangsformen feststellen, und darüber hinaus wandelten sich diese Strukturen im Laufe des Mittelalters erheblich. Im folgenden seien zunächst die naturräumlichen Voraussetzungen erläutert, bevor auf die Siedlungsformen selbst eingegangen wird.

13. Naturräumliche Voraussetzungen

Die Siedlungsgebiete der Westslawen, der hier zu betrachtende Raum, sind
kulturell und auch politisch bestimmt. Diese Gebiete erstreckten sich ungefähr zwischen Elbe/Saale im Westen und Weichsel/Bug im Osten. Im Norden
bildete die Ostsee die Grenze westslawischer Besiedlung, im Süden war die
Donau eine weniger scharfe Begrenzung. Dieser in sich rasch politisch und
kulturell differenzierte Raum stellte keine naturräumliche Einheit dar. Die
unterschiedlichen topographischen Voraussetzungen konnten die soziale bzw.
politische Entwicklung beeinflussen, so daß z. B. Böhmen als naturräumlich
abgeschlossene Region auch politisch stets geeint blieb.

Auf den ersten Blick läßt sich eine Zweiteilung des Naturraums erkennen.
Den nördlichen Teil bildet das mitteleuropäische Tiefland, das durch die
nordeuropäischen Vereisungen geprägt ist. Dieses Tiefland wird im Westen
durch die Nordsee und im Süden durch die Mittelgebirge begrenzt. Im Osten
geht es in die osteuropäischen Ebenen über, so daß dort klimatische statt
geomorphologischer Verhältnisse zur Abgrenzung dienen. Aufgrund seiner
eiszeitlichen Entstehung ist dieses Flachland in sich gegliedert. Wellige Hö-
henzüge als Überreste der einstigen Eisrandlagen (Baltischer und Südlicher
Landrücken) liegen jeweils nördlich der früheren Urstromtäler, die heute
Niederungsgebiete und Flußläufe bilden (Thorn-Eberswalder, Warschau-Ber-
liner, Glogau-Baruther und Breslau-Magdeburger Urstromtal). Beiderseits
des Baltischen Landrückens, des Überrestes des letzten Stadiums der Weich-
seleiszeit, befindet sich ein seenreiches ehemaliges Grundmoränengebiet
(Mecklenburgische, Pommersche und Großpolnische Seenplatte).

Im südlichen Teil – von Thüringen und Sachsen über Böhmen und Mähren
bis zur Slowakei und Kleinpolen – dominieren Mittelgebirge. Nördlich von
Erzgebirge, Sudeten und Beskiden sind dies Höhen bis 500 m wie z. B. im
kleinpolnischen und Lubliner Hochland oder in Sachsen. Im böhmischen
Becken und Mähren liegen große Bereiche über 500 m Höhe. Böhmen bildet
ein naturräumlich abgegrenztes Gebiet zwischen Erzgebirge, Sudeten (Rie-
sengebirge), Böhmerwald und der böhmisch-mährischen Höhe. Große Teile
der Slowakei blieben aufgrund der zahlreichen Berge, die in der Tatra über
2000 m erreichen, im frühen Mittelalter unbesiedelt. Erschlossen waren vor
allem die nördlich der Donau gelegenen Niederungen an March (Morava),
Waag (Váh) und Gran.

Die geologischen Voraussetzungen prägten im Zusammenwirken mit Klima und Vegetation die Bodenverhältnisse. Auf den mineralreichen, aber nicht
zu schweren Geschiebelehmen der Moränen entwickelten sich überwiegend
braune, gelegentlich rostfarbene Waldböden (Parabraunerden und Podsole),

die regional sehr unterschiedlich – schwach, mäßig oder auch stark – ge-
bleicht (ausgewaschen) sind. Einen nicht unbeträchtlichen Einfluß hatte dabei
das Alter der Moränen. Fruchtbare Ackerböden bildeten sich auf den jungen
weichseleiszeitlichen Ablagerungen, während die Verwitterung der letzten
Warmzeit zu einer Entkalkung der saaleeiszeitlichen Geschiebelehme führte.
Organische Naßböden im Gefolge von Flachmoorbildungen, aber auch mine-
ralische Naßböden kommen in den Niederungsgebieten, insbesondere den
Flußauen und Luchlandschaften vor. Am Nordrand der Mittelgebirge – vom
Harzvorland über die Magdeburger Börde im Westen bis nach Schlesien und
dem Beskidenvorland im Osten – finden sich Schwarzerden auf eiszeitlichen
Lößanwehungen, ebenso im nördlichen Böhmen und in Teilen Mährens. In
den Mittelgebirgsregionen spielt das Relief eine wichtige Rolle bei der Boden-
bildung; dort bestimmen Braunerden das Bild, die in höheren Lagen von
Podsolen abgelöst werden.

Das Klima im östlichen Mitteleuropa nimmt von Westen nach Osten und
Süden an Kontinentalität zu. Macht sich im Nordwesten noch Meereseinfluß
bemerkbar, indem die Witterung milder und feuchter bleibt, so sinken die
Winter- und steigen die Sommertemperaturen nach Osten zu. Die mittleren
Temperaturen liegen im Januar an der Elbe knapp unter dem Gefrierpunkt,
an der Weichsel sowie in Böhmen und Mähren aber wenigstens zwei Grad
tiefer. Im Juli erreicht die Quecksilbersäule im Elberaum 17–18°C und in
Großpolen, Teilen Böhmens und Mährens um 19°C. Die Niederschläge betragen im Durchschnitt nur 500 bis 600 mm im Jahr. Sie fallen in Küstennähe
und den Mittelgebirgsregionen etwas reichlicher, während Gebiete in Anhalt,
Großpolen und Masowien sowie das Prager Becken weniger als 500 mm Regen erhalten. Die südwestliche Slowakei hat aufgrund ihrer Nachbarschaft
zum Donaubecken Anschluß an das pannonische Klima mit kalten Wintern
und heißen Sommern.

Gegenüber diesen modernen Temperatur- und Niederschlagswerten sah
das Klima im frühen und hohen Mittelalter phasenweise anders aus, auch
wenn genaue, überregionale Daten nur schwer zu ermitteln sind. Vom Klima
hängt es ab, welche Flächen noch oder schon nicht mehr besiedelt, d. h. landwirtschaftlich genutzt werden können. Allerdings ist dies eine nur mittelbare
Abhängigkeit, denn klimatische Veränderungen können durch flexible kulturelle Reaktionen der Gesellschaften in erheblichem Umfang abgefedert werden. Ein Grad Temperaturdifferenz scheint zwar zunächst wenig zu bedeuten, doch viel entscheidender als dieser kaum bemerkbare Unterschied ist die
Verlängerung bzw. Verkürzung der Wachstums- und Reifezeiten für Getreide.
Insgesamt scheint es – bei starken regionalen Unterschieden, zumal zwischen
Flachland und Mittelgebirge – zur Karolingerzeit mildere, feuchtere Winter

und trockenere, wärmere Sommer als zuvor und danach gegeben zu haben.
Im Hochmittelalter kam es wahrscheinlich erneut zu einem „Klimaopti-
mum", das vermutlich im östlichen Europa früher als im Westen und Norden
einsetzte und den seinerzeitigen Siedlungsausbau förderte.

Boden, Klima und die damit zusammenhängenden Wasserverhältnisse bilden die entscheidenden Voraussetzungen für die natürliche, „potentielle" Vegetation – also die Pflanzengesellschaften, die ohne den Einfluß des Menschen
an den verschiedenen Standorten gewachsen wären (Abb. 14). Dies ist eine
vereinfachende Rekonstruktion, denn zum einen nehmen Pflanzen nicht immer ihre potentiellen, d. h. die ihren Wachstumsanforderungen am besten entsprechenden Areale ein, und zum anderen war die Landschaft im frühen Mittelalter schon seit Jahrtausenden eine Kulturlandschaft, d. h. durch die Eingriffe des Menschen verändert und geprägt.

Auf den sandigen Moränenböden wuchsen vor allem Kiefern neben Trau-
beneichen, auf den lehmigen Böden Laubmischwälder aus Buchen, Stiel-
eichen, Linden und seltener Birken, aber auch Espen, Eiben, Wildobst. In
Küstennähe konnten sich aufgrund des milderen Klimas in stärkerem Maße
Buchenmischwälder entwickeln. Die Niederungen und Flußläufe dürften Er-
len- und Erlenmischwälder gesäumt haben, hinzu kam stellenweise Flach-
moorvegetation. In den Mittelgebirgen wuchsen montane Mischwälder aus
Buchen, Tannen und mitunter Fichten, wobei in den niederen Lagen Laub-
bäume, in den höheren Lagen dagegen Nadelbäume dominierten. Man muß
sich allerdings von der Vorstellung lösen, ganz Mitteleuropa sei ursprünglich
dicht bewaldet gewesen. Offenlandschaften unterschiedlichster Art wechselten mit mehr oder weniger dichten Waldgebieten ab, wofür vor allem kulturelle Einflüsse, aber auch natürliche Faktoren verantwortlich waren. Wiesen
sind fast ausschließlich auf anthropogene Einflüsse zurückzuführen, ebenso
die heutzutage häufigen Hainbuchen- und Kiefernwälder.

14. Siedlungsgebiete und Kulturräume

Seit dem Beginn bäuerlicher Lebensweise suchte man Siedlungen in einer
„Saumlage" zwischen trockenerem und feuchterem Gelände anzulegen. Dafür
waren verschiedene Faktoren ausschlaggebend: Gewässernähe zur Wasserver-
sorgung – aber auch Schutz vor Überschwemmung, Zugang zu trockeneren
Ackerflächen und feuchteren Weideplätzen (d. h. auch Ackerbau *und* Viehhaltung), Verbindung nach außen auf dem Wasserwege usw. Daraus ergibt
sich meist eine Lage an leichten Hängen, die den Übergang zwischen (trockenen) Höhen und (feuchten) Niederungen markieren. Zu beachten bleibt, daß

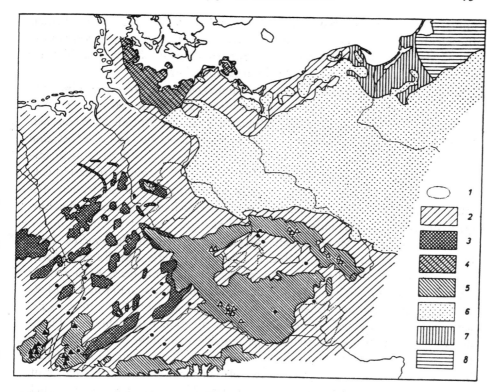

Abb. 14. Waldvegetation im Mitteleuropa des ersten Jahrtausends. 1 Trockengebiete mit etwa 500 mm Niederschlag, mit Eichenmischwäldern und wenig Rotbuche; 2 Rotbuchen-Mischwälder der tieferen Lagen, teilweise mit sehr viel Eiche, Kiefer lokal vorherrschend (●); 3 niedrige Mittelgebirge mit Rotbuchen, meist ohne Nadelhölzer; 4 Moränengebiete mit Rotbuche, wenig Kiefer (▲ subalpiner Buchenwald); 5 Bergwälder mit Buchen, mit Tannen und/oder Fichten (△); 6 Sandböden mit Kiefern, z. T. mit Eiche und anderen Laubhölzern; 7 hainbuchenreiche Laubmischwälder; 8 hainbuchenreiche Wälder mit Fichte (nach H. Ellenberg aus Lange [Nr. 383] 143 Karte 1)

sich die Wasserverhältnisse seit dem frühen Mittelalter mitunter gravierend verändert haben können, so daß von heutigen Lagebedingungen nicht direkt auf die einstigen Verhältnisse zu schließen ist. Viele Seen des pleistozän geprägten Flachlands sind seither vermoort oder verlandet, Flüsse haben ihren Lauf oft stark verändert. Insbesondere die Niederungen erfuhren durch Auelehmablagerungen (abgetragener Ackerboden) und durch Mühlenstaue tiefgreifende Veränderungen der Topographie und des Wasserstands.

Siedlungsgebiete und unbesiedelte Räume („Ödlandzonen") setzen sich großräumig voneinander ab. Nur die mit den zur Verfügung stehenden Mitteln (Haken/Pflug, Getreidesorten, Viehbestand) nutzbaren Flächen konnten besiedelt werden; schwere Böden und wasserferne Standorte wurden gemieden. Nicht alle Siedlungsräume dürften bislang erkannt sein, werden doch archäologische Funde nur bei Bodeneingriffen zutage gefördert – und mitunter noch immer übersehen oder den zuständigen Denkmalämtern nicht gemeldet, wodurch sie einer wissenschaftlichen Auswertung verloren gehen.

Innerhalb der Siedlungsräume ist eine Aufgliederung in kleine Siedlungskammern oder -gefilde wahrscheinlich. Deren gegenseitige Abgrenzung scheitert bislang an methodischen Problemen der Archäologie. Die große Mehrzahl der Siedlungen kann nur anhand des archäologischen Materials und nicht auf naturwissenschaftlichem Wege datiert werden. Dadurch ergeben sich Spielräume von mindestens einem, oft zwei Jahrhunderten, so daß tatsächlich gleichzeitig bestehende Siedlungen nicht ausgemacht werden können. Hinzu kommt, daß aus wirtschaftlichen Gründen Siedlungen häufig – etwa im Generationenabstand – um einige hundert Meter verlegt wurden, d. h. sehr mobil waren; auch klimatische Veränderungen zwangen dazu. Dies ist bei den erwähnten unscharfen Datierungen aber nicht zu fassen. Die hohe Fundzahl macht – zumindest in Räumen intensiver archäologischer Denkmalpflege – daher einerseits die Differenzierung zwischen benachbarten Siedlungskammern unmöglich und suggeriert andererseits eine hohe, ehemals nicht vorhandene Siedlungsdichte.[1]

Die durch den sogenannten Bayerischen Geographen in der Mitte (?) des 9. Jahrhunderts für fast den gesamten slawischen Raum östlich des Reiches (*ad septentrionalem plagam Danubii*) aufgelisteten *civitates* dürften z. T. solchen Siedlungskammern entsprechen. Die für unterschiedliche Regionen sehr verschiedenen Zahlen (Abodriten 53, Wilzen 95, Heveller 8 *civitates*, Sorben „viele") verraten einen unterschiedlichen Kenntnisstand des Schreibers – und/ oder unterschiedliche Bedeutungsebenen, so daß die Suche nach direkten Entsprechungen im archäologischen Befund als müßig erscheint. Unabhängig davon ist die Aussagekraft des Bayerischen Geographen umstritten. *Civitas* bezeichnete im 9. Jahrhundert nur Bischofs- und alte Römerstädte, wurde aber nicht für den Raum zwischen Rhein und Elbe verwandt. Offensichtlich steht dahinter noch der antike Sprachgebrauch, der die Stadt als Mittelpunkt des zugehörigen Gebietes ansah. Diese Bedeutung dürfte für die *Descriptio civitatum et regionum* ausschlaggebend gewesen sein.

---

1   Vgl. Kartenbeilage zu: Die Slawen in Deutschland [Nr. 48] im Maßstab 1:750.000.

Es ist auch im Auge zu behalten, daß der Bayerische Geograph eine Momentaufnahme politischer Zustände liefert, der archäologische Befund aber eher strukturelle Aussagekraft besitzt. Auch die Annahme, jede dieser Siedlungskammern habe einen Burgwall als Zentralort besessen, generalisiert zu stark. Ungeklärt bleibt dann, wie die Siedlungskammern vor Beginn des Burgenbaus im 8./9. Jahrhundert strukturiert waren und wie die „Organisation" bei zunehmender Ausdehnung einzelner Herrschaftsbereiche aussah, die zur Aufgabe vieler Burgwälle führte.

Siedlungskammern waren nicht einfach nur Lichtungen inmitten eines schier undurchdringlichen Waldes. Zum offenen Land gehörten neben der Siedlung selbst die Wirtschaftsflächen – Acker, Brache und Weide. Diese gingen nicht abrupt, sondern allmählich in den Wald über, denn dieser wurde ebenfalls wirtschaftlich genutzt – als Waldweide für die Schweine, zum Sammeln von allerlei Nahrung (Pilze, Beeren, Honig usw.), zur Holzgewinnung und auch zur Jagd. Die siedlungsnahen Wälder wurden dadurch aufgelichtet und bildeten einen Teil der Kulturlandschaft. Umgekehrt konnte die Auflassung von Äckern, dauerte sie lang genug, zur allmählichen Ausbildung eines Sekundärwaldes führen; die Bäume „eroberten" sich diese Bereiche zurück. Erst die Neuzeit kennt die scharfe Trennung von „Wald" und „Nicht-Wald", dem „Offenland".

Die häufige Verlagerung der Siedlungen, deren Gründe bislang nicht ermittelt sind, trug allerdings kaum zur Erweiterung der offenen, gerodeten Flächen bei, denn die landwirtschaftlich genutzten Flächen blieben weitgehend dieselben. Eine „Erschöpfung" und Auslaugung des Ackerbodens scheint die Siedlungsverlagerung deshalb nicht verursacht zu haben. Dieses aus vielen Einzelbeobachtungen gewonnene Bild läßt sich bislang allerdings nicht am Beispiel einer Kleinregion veranschaulichen, weil dazu die methodischen Voraussetzungen fehlen. Denn weder lassen sich einzelne Siedlungsphasen ausreichend genau datieren noch die zugehörigen Wirtschaftsflächen ermitteln, da diese nur oberirdische Spuren hinterließen, die meist längst beseitigt sind. Deshalb ist die Forschung vor allem auf indirekte Hinweise der Botanik und Zoologie sowie Analogieschlüsse angewiesen. Der Anbau jeder Getreideart stellt ebenso spezifische Anforderungen an Boden, Wasser und Ackerumfang wie die Haltung verschiedener Haustiere Wasser, eine bestimmte Futter-Vegetation und wiederum ausreichend große Flächen voraussetzt. Aus den Analysen von Pollen, pflanzlichen Großresten und Tierknochen läßt sich so ein ungefähres Bild der erforderlichen Nutzflächen und von deren Umfang gewinnen.

Für den westslawischen Raum kennen wir seit dem 7./8. Jahrhundert eine ganze Reihe „ethnischer" Bezeichnungen (Abb. 15). Diese werden gern auf die archäologischen Fundkarten projiziert, um auf diese Weise die Siedlungsgebiete einzelner „Stämme" zu ermitteln.[2] Dies ist jedoch ein methodisch problematisches Unterfangen. Denn bei den meisten dieser Namen bleibt unklar, ob damit tatsächlich Identitäten bestimmter Gruppen gemeint sind – oder ob es sich um gewissermaßen geographische Benennungen von außen handelt, mit denen die Beobachter „Ordnung" in den ihnen unübersichtlich und fremd erscheinenden Raum zu bringen suchten. Die beachtliche Flexibilität politischer Gruppierungen dürfte außerdem verhindert haben, daß sich „Stämme" im Siedlungsbild erkennen lassen. Darüber hinaus sind heute so viele Fundpunkte bekannt, daß deren Kartierung eher eine zusammenhängende Siedlungslandschaft als einzelne Siedlungskammern zu erkennen gibt.[3]

Verschiedene „Kulturräume", die im ostmitteleuropäischen Raum durchaus – wenn auch von der jeweiligen Merkmalsauswahl abhängig – erkennbar sind, kennzeichnen strukturelle Gemeinsamkeiten größerer Gebiete. Sie reflektieren verschiedene Siedlungsbedingungen, äußere Einflüsse und regionale Differenzierungen. Dabei zeigen sich vor allem Unterschiede zwischen Flachland und Mittelgebirgsraum, d. h. zwischen einem nördlichen und einem südlichen Bereich, oder noch anders gewendet zwischen zwei unterschiedlichen Orientierungen – zum wikingisch geprägten Ostseeraum oder zum an spätantik-byzantinische Traditionen anknüpfenden Donauraum. Diese Zweiteilung beschreibt allerdings nur Tendenzen und keinerlei scharfe Abgrenzungen. Unterschiedliche kulturelle Traditionen und Beziehungen dürfen nicht mit verschiedenen Herrschaftsräumen verwechselt werden.

Ebenso unscharf wie die Binnendifferenzierung erscheint die westliche Siedlungsgrenze der Slawen. Sie erstreckte sich etwa vom östlichen Holstein über das Hannoversche Wendland, den Raum westlich der Saale und das Regnitz-Gebiet bis zur Donau. Zu deren Rekonstruktion im Detail werden slawische Ortsnamen und archäologische Funde herangezogen, wobei beide Quellengattungen deutlich divergierende „Grenzziehungen" ergeben. Deshalb ist von einer breiteren Übergangszone zwischen unterschiedlichen Kulturräumen und nicht einer abrupten „ethnischen" Trennungslinie auszugehen. Bezeichnungen des 9. Jahrhunderts wie *limes Saxonicus*, *limes Sorabicus* usw. kennzeichnen solche Grenzzonen, die mit einem anderen Wort auch „Mark" genannt wurden.

Im Osten „grenzten" die westslawischen Siedlungsgebiete an die der Ostslawen, im Nordosten an die der Pruzzen. Letztere, zur baltischen Sprach-

---

[2]   Vgl. Turek [Nr. 100]; Herrmann [Nr. 21].
[3]   Kartierung: Herrmann [Nr. 80] 10 Abb. 2; ders. [Nr. 174] Abb. 1; Leciejewicz [Nr. 28] Karte nach S. 64.

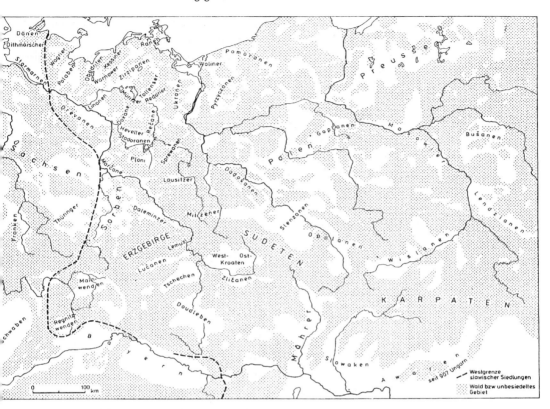

Abb. 15. Siedlungsgebiete und unbesiedelte bzw. bewaldete Regionen in Ostmitteleuropa um 1000. Die Kartierung widerspiegelt den archäologischen Forschungsstand der siebziger Jahre. Daß die Gliederung der Siedlungsgefilde westlich der Oder erheblich feiner als im Osten erscheint, ist lediglich ein Effekt des Forschungsstandes und der Kartierung. Auch ist die schriftliche Überlieferung für den Raum zwischen Elbe und Oder erheblich dichter als weiter östlich. Die „Westgrenze slawischer Siedlung" ergibt sich aus den Bodenfunden und den Ortsnamen (nach Herrmann [Nr. 174] Abb. 1)

gruppe gehörend, siedelten östlich der unteren Weichsel, die eine relativ klare „natürliche Grenze" bildete. Die Differenzierung zwischen westlichen und östlichen Slawen ist primär sprachlich begründet. Die unterschiedliche politisch-staatliche Entwicklung seit dem 10. Jahrhundert ließ das piastische Polen und die Kiever Rus' bzw. die späteren russischen Fürstentümer unmittelbare Nachbarn werden. Dadurch verstärkten sich die gegenseitigen Abgrenzungen, die zuvor in der Sachkultur allenfalls tendenziell zu erkennen sind. Die ausgedehnten osteuropäischen Wälder, Steppen und Sumpfgebiete bedingten eine lockere Besiedlung und weite praktisch unbesiedelte Regionen, die ebenfalls als Grenzräume interpretiert werden können.

Binnenkolonisation und Landesausbau führten zur Verdichtung (nach innen) und Erweiterung der Siedlungsgebiete (nach außen). Dies läßt sich trotz aller Datierungsprobleme anhand der deutlichen Zunahme der Fundstellen ablesen; auch Pollenanalysen weisen darauf hin. Damit ging – insbesondere im Vergleich von frühem und hohem Mittelalter – eine deutliche Bevölkerungszunahme einher, ohne daß sich diese genauer quantifizieren ließe. Der grundsätzlichen Tendenz stehen Interpretationsprobleme im Detail gegenüber, weil sich die Beziehungen einzelner Siedlungen zueinander noch kaum bestimmen lassen. Diese Entwicklungen waren bei aller regionalen Differenziertheit von großräumigeren Herrschaftsbildungen und zunehmender wirtschaftlicher Differenzierung begleitet.

15. Haus, Hof und Dorf

Hausbau

Wie man Häuser baut, hängt vor allem von den klimatischen, geomorphologischen und hydrologischen Verhältnissen ab. Dazu kommen historisch gewachsene, kulturelle Traditionen. Von einer „ethnischen" Differenzierung des Hausbaus kann keine Rede sein, wie die archäologischen Befunde zeigen. Erkennbare Differenzen sind weder mit unterschiedlichen „Stammesverbänden" noch mit verschiedenen „Wanderungen" zu verbinden. Die deutlichen Unterschiede zwischen West- und Osteuropa beruhen vor allem auf dem Klima als entscheidendem Faktor. Des weiteren spielen die Höhenlage und der Grundwasserstand eine wichtige Rolle, vor allem bei Differenzierungen zwischen Mittelgebirgsraum und Flachland.

Die Häuser im slawischen Siedlungsraum waren zunächst Blockbauten. Die osteuropäischen Nadelwälder lieferten die dazu erforderlichen gerade gewachsenen Stämme, die waagerecht übereinander gelegt wurden. Da dies wohl nicht ausreichte, den kalten Wintern der osteuropäischen Ebenen mit ihren Wäldern und Waldsteppen zu trotzen, grub man die Häuser zusätzlich in die Erde ein. In Rußland, aber auch in der Ukraine und sogar im Karpatenraum wurden noch im hohen Mittelalter (und sogar noch in der Neuzeit) solche Grubenhäuser errichtet[4], um sich vor Wind und Wetter zu schützen,

---

4   Kartierung: Donat [Nr. 267] Karte 7, für das hohe Mittelalter.

boten sie doch eine ideale Anpassung an das stark kontinental geprägte Klima (Abb. 16).

Diese „Grubenhäuser" waren mindestens einen Meter in die Erde eingetieft, wobei die festen Böden (Löß und Braunerden) zugleich stabile Grubenwände bildeten. Die Verbreitung der Grubenhäuser erstreckt sich vom Dnepr-Raum bis an die mittlere Elbe. Daraus ist verschiedentlich auf die Einwanderungsrichtung der frühen Slawen geschlossen worden, doch bei genauerer Betrachtung erscheinen vorrangig naturräumliche Bedingungen als ausschlaggebend. Grubenhäuser kommen nämlich in den Lößgebieten und fast nicht im Flachland, sondern meist in den höheren Lagen vor: auf dem Balkan, im nordöstlichen Karpatenvorland und in den Karpaten, in der Slowakei, Mähren und Böhmen.[5]

Die Grubenhäuser waren meist etwa quadratisch und besaßen eine recht geringe und über lange Zeit konstante Größe von durchschnittlich 12–16 m² Grundfläche. Der Wandaufbau konnte in die Grube oder auf deren Rand gesetzt werden, die Wandkonstruktion konnte unter- (Bohlen) und oberirdisch (Stämme) unterschiedlich ausfallen. Das Dach saß – zumindest bei den nur einen halben bis einen Meter eingetieften Bauten – wohl nicht direkt auf dem Grubenrand auf – dann wäre, so eine Argumentation, der Raum angesichts der geringen Eintiefung und der beschränkten Grundfläche nicht mehr zu nutzen gewesen. Grubenhäuser größerer Eintiefung kamen auch ohne freistehende Wandkonstruktionen aus. Häufig finden sich Spuren von zwei, vier, sechs oder acht Pfosten, die offensichtlich das Dach trugen und sekundär die Hauswände abstützten, die dann aus Bohlen bestanden haben dürften. Aufgrund der Pfosten handelt es sich bei den Grubenhäusern nicht um „reine" Blockbauten. Zwei dieser Pfosten – an den Schmalseiten – dienten als Firststützen. Grubenhäuser ohne Pfosten, im selben Gebiet verbreitet (beide Konstruktionen kommen auch bei den Ostslawen vor), fingen die Dachlast allein mit der stabilen Blockbaukonstruktion ab. Diese Konstruktion setzte sich rasch durch und bestimmte in mittelslawischer Zeit das Bild der Grubenhäuser.

In einer Ecke der Grubenhäuser befand sich fast immer ein überkuppelter Ofen aus Steinen oder Lehm (Wolhynien) bzw. ein offener Herd. Die Unterscheidung zwischen Ofen und Herd fällt anhand der Befunde oft nicht leicht, doch scheinen Öfen eher bei den Ostslawen verbreitet zu sein und Herde vor

---

5   Kartierung: Zeman [Nr. 188] 116 Karte 2; Donat [Nr. 267] Karte 4–9; Herrmann [Nr. 174] Abb. 12; Baran [Nr. 164] 46 Abb. 11; Šalkovský [Nr. 283] 208 Abb. 3.

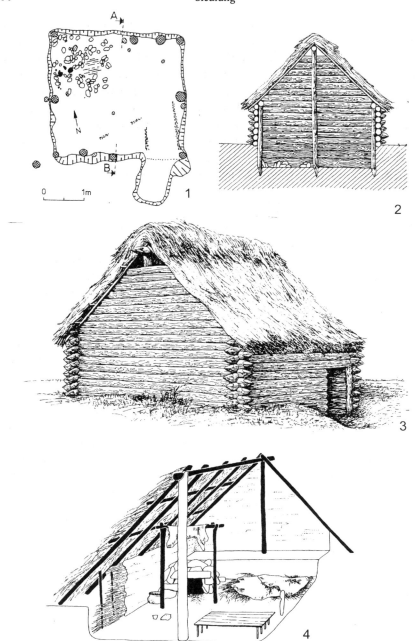

Abb. 16. Grundriß und Rekonstruktion des Grubenhauses 1 von Dessau-Mosigkau (1–3). Das quadratische Haus besaß einen Herd im Nordwesten und eine Eingangsrampe im Süd-osten. In anderen Fällen wie z. B. in Roztoky (4) werden Grubenhäuser auch ohne senkrechte Wände rekonstruiert, denn zumindest bei größerer Eintiefung der Hausgrube bleibt genügend Raum, wenn das Dach direkt auf der Erdoberfläche gelagert war. Unklar ist auch, ob der Ein-gang überdacht war, ebenso die gesamte Dachkonstruktion (nach Die Slawen in Deutschland [Nr. 48] 179 Abb. 80; Gojda [Nr. 18] 85 Abb. 59)

allem in Mähren, Böhmen und dem Elberaum vorzukommen.[6] Öfen, die die Wärme besser speichern und damit effektiver als Herde sind, wurden im Flachland hauptsächlich im hohen Mittelalter errichtet. An die Stelle der steinernen Öfen traten zunehmend Lehmöfen. Wegen dieser Wärmequelle gelten die Grubenhäuser als Wohngebäude, doch müssen sich wegen ihrer geringen Größe beträchtliche Teile des Alltags außerhalb dieser Bauten abgespielt haben. Von diesen „slawischen" Grubenhäusern unterscheiden sich die westmitteleuropäischen in Form und Funktion: sie waren rechteckig und dienten als Nebengebäude.[7]

Auffälligerweise nimmt die Tiefe der Hausgruben nach Westen immer mehr ab[8] und lag dort meist unter einem halben Meter (Abb. 17). In Dessau-Mosigkau an der mittleren Elbe ließ sich beobachten, daß die Eintiefung der Grubenhäuser in den jüngeren Phasen der Siedlung des 7. Jahrhunderts immer mehr zurückging und schließlich nur noch 10–20 cm betrug. Darin dürfte sich eine Anpassung an die naturräumlichen Bedingungen der neuen Siedlungsräume in Ostmitteleuropa zeigen. Die milderen Winter Mitteleuropas erforderten keine allzu großen Eintiefungen, und die sandigen Sedimente des mitteleuropäischen Flachlands, dessen hohe Grundwasserstände und die höhere Luft- und Bodenfeuchtigkeit ließen sie auch gar nicht mehr zu. Die Grubenhäuser im Flachland – bis hin nach Bosau in Ostholstein –, die meist ins 8. und 9. Jahrhundert gehören, belegen identische kulturelle Traditionen. Bald fanden die „Ankömmlinge" zu abweichenden, dem neuen Siedlungsraum angemessenen Bauformen. Es gibt keine klare Trennung zwischen Gruben- und ebenerdigen Häusern, sondern fließende Übergänge. Doch auch für den Süden ist nicht endgültig klar, ob nicht ebenerdige Bauten neben den Grubenhäusern bislang nur übersehen wurden, die Zweiteilung der Hauslandschaften nicht letztlich eine Fiktion ist. Die großräumigen Unterschiede im Hausbau bei den Slawen stellen offensichtlich eine flexible Anpassung an die naturräumlichen Gegebenheiten der jeweiligen Siedlungsräume dar. Die Eintiefung der Häuser, die unter den naturräumlichen Bedingungen Osteuropas ein Vorteil war, erwies sich in Mitteleuropa als Nachteil und wurde deshalb aufgegeben.

Nördlich dieser eigentlichen „Grubenhauszone" – zwischen Elbe/Saale im Westen und Weichsel/Bug im Osten – wurden seit dem 9./10. Jahrhundert

---

[6] Die Kartierungen von Baran ([Nr. 164] 46 Abb. 11) und Donat ([Nr. 267] Karte 9) widersprechen sich hierbei.
[7] Kartierung: Donat [Nr. 267] Karte 4.
[8] Kartierung: Donat [Nr. 267] Karte 8.

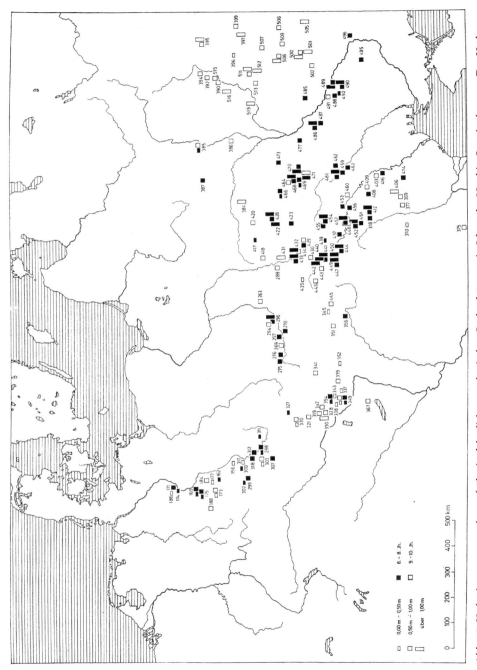

Abb. 17. Verbreitung ausgegrabener frühmittelalterlicher quadratischer Grubenhäuser mit Ofen oder Herd in Ostmitteleuropa. Das Vorkommen beschränkt sich weitgehend auf die höheren Lagen im Süden und Südwesten des westslawischen Siedlungsraumes, während der ostslawische Raum eine flächendeckende Verbreitung aufweist. In letzter Zeit sind einige Grubenhaussiedlungen auch im nördlichen Flachland entdeckt worden. In der Darstellung ist darüber hinaus die jeweilige Tiefe der Hausgruben berücksichtigt und in drei Stufen = bis 0,5 m

nur ebenerdige Häuser gebaut (Abb. 18). Diese können im archäologischen Befund viel schwerer als die Grubenhäuser ausgemacht werden, weil sie nur geringe Spuren im Boden hinterlassen haben. Die Siedlungspläne zeigen meist nur ein Gewirr von Gruben verschiedenster Form. Weil die Bauten direkt auf der Erdoberfläche errichtet und – im Unterschied z. B. zu den zeitgleichen Häusern Mittel- und Westeuropas – kaum Pfosten verwendet wurden, zeichnen sie sich allenfalls als flache, muldenförmige Gruben unregelmäßiger Größe und Form ab (Berlin-Marzahn, Berlin-Mahlsdorf, Neubrandenburg-Fritscheshof, Dziedzice, Szeligi). Ihre Identifizierung setzt deshalb die weitgehende Erhaltung der mittelalterlichen Geländeoberfläche voraus. Diese Spuren sind oft der Bodenerosion bzw. Beackerung zum Opfer gefallen, so daß nur ein bruchstückhaftes Bild zu gewinnen ist. Auch die Größe dieser Bauten kann, ebenso wie die Beschaffenheit der Fußböden (Lehm, Reisig, Matten, Dielen), fast immer nur annähernd bestimmt oder muß sogar geschätzt werden. Ausnahmen bilden nur über lange Zeiträume bewohnte Orte, d. h. meist Burgen, in denen wegen des beschränkten Platzes die Häuser an immer derselben Stelle neu errichtet wurden. Das Verbreitungsbild ist daher durch die Erhaltungsbedingungen (und Grabungsaktivitäten) verzerrt.

Auch die ebenerdigen Häuser waren wohl Blockbauten (Danzig, Oppeln, Stettin, Parchim, Zehdenick, Vipperow, Neubrandenburg-Fischerinsel).[9] Sie bestimmten das Bild des Hausbaus im Flachland, wenn die große Mehrzahl der Holz-Befunde auch erst aus dem 11. und 12. Jahrhundert stammt. Lediglich in Ujście, vielleicht auch in Dornburg und Popęszyce liegen direkte ältere Nachweise aus ländlichen Siedlungen vor. Weitere Anhaltspunkte wie flache ovale Verfärbungen, Unterlegsteine (Ralswiek), Herdstellen und Aschegruben bieten indirekte Belege für den Blockbau. Auch im Bereich der frühslawischen Grubenhäuser ging man seit dem 9./10. Jahrhundert verstärkt zu ebenerdigen Blockhäusern über, die seit dem hohen Mittelalter im gesamten westslawischen Raum dominierten. Dieser Übergang vollzog sich zunächst an herausgehobenen Orten, seit der Jahrtausendwende auch in den bäuerlichen Siedlungen. Die Blockbauten waren meist eher rechteckig als quadratisch und vielleicht etwas größer als die Grubenhäuser, erreichten aber kaum über 25 m² Grundfläche. Auch sie besaßen nur einen Raum, d. h. keine Zwischenwände. Die Fußböden bestanden, soweit sich dies feststellen läßt, aus Sand oder gestampftem Lehm, mitunter durch Zweige oder mattenartige Geflechte verstärkt, oder auch aus hölzernen Dielen (Tornow, Leuthen-Wintdorf). Die

---

9   Kartierung: Donat [Nr. 267] Karte 2–3.

Einrichtung mit Herd glich der der eingetieften Bauten. Die Art der Dachein-
deckung ist auch bei diesen Bauten unbekannt; sie dürfte aus Stroh oder Rohr
bestanden haben.

Neben Grubenhäusern und ebenerdigen Blockbauten gab es – regional beschränkt – auch andere Bauformen. Dazu gehören vor allem Flechtwandhäuser, wie sie Helmold von Bosau (II,109) beschrieb. Sie kommen vor allem
südlich der Ostseeküste im 10. und 11. Jahrhundert vor (Starigard/Olden-
burg, Dorf Mecklenburg, Groß Raden, Brandenburg/Havel, Santok, Stettin,
Danzig, Breslau, Sądowel, Brzeziny-Rudczyzna, Mikulčice?). Ihre Wände
bestehen aus Rutengeflecht, das von Pfählen oder Kanthölzern gehalten und
mit Lehm verputzt wurde. Dadurch unterscheiden sie sich grundlegend von
Fachwerkbauten. Mitunter scheinen Flechtwandhäuser nur als rasch errichtete, provisorische Bauten gedient zu haben. In Groß Raden allerdings bestand
die gesamte ältere Siedlung aus solchen Häusern. Die Entdeckung von Flecht-
wandbauten gelingt vor allem unter Feuchtbedingungen, denn diese Häuser
hinterlassen nur geringe Spuren im Boden. Ihre Errichtung mag mitunter
auch durch einen Mangel an Bauholz bedingt gewesen sein, denn sie erfordern im Vergleich zu Blockbauten erheblich weniger Stammholz. Um die Stabilität zu gewährleisten, müssen diese Häuser unter dem Dach durch ein
Rahmenwerk zusammengehalten worden sein.

Pfostenbauten gab es bei den Slawen fast nicht, sofern man den vorliegenden Grabungsbefunden trauen darf. Die vermeintlich frühslawischen Befunde
von Tornow in der Niederlausitz oder auch Zgniłka (Polen) beruhen auf
Fehlinterpretationen;[10] andere Befunde bleiben zweifelhaft, weil sie entweder
nicht ausreichend datiert sind oder keine eindeutigen Grundrisse ergeben.
Einerseits liegen bei der Dorfsiedlung von Tornow Verwechslungen mit
kaiserzeitlichen Befunden vor, andererseits scheinen Pfostenbauten innerhalb
der kleinen Ringwälle ins späte 9. und ins 10. Jahrhundert zu gehören und
damit möglicherweise (und nur in Teilen) im Zusammenhang mit der ottonischen Eroberung der Lausitz im Zusammenhang zu stehen. Weitere Ausnahmen betreffen die frühmittelalterlichen Seehandelsplätze an der südlichen
Ostseeküste (Ralswiek, Wollin) mit ihren z. T. skandinavischen Bewohnern,

---

10 Die von Herrmann [Nr. 301a] 76 Abb. 38, 87 Abb. 46, 93 Abb. 48, 96 Abb. 50 [vgl. Die
    Slawen in Deutschland (Nr. 48), 183 Abb. 83] für Tornow rekonstruierten Pfostenbauten
    der slawischen Zeit sind problematisch, wie sich an der überaus unregelmäßigen Form
    und der enormen Größe (mit Spannweiten von 8 m) unschwer erkennen läßt. Die hierfür
    herangezogenen Pfosten gehören vermutlich zu einer älteren kaiserzeitlichen Siedlung am
    selben Platz.

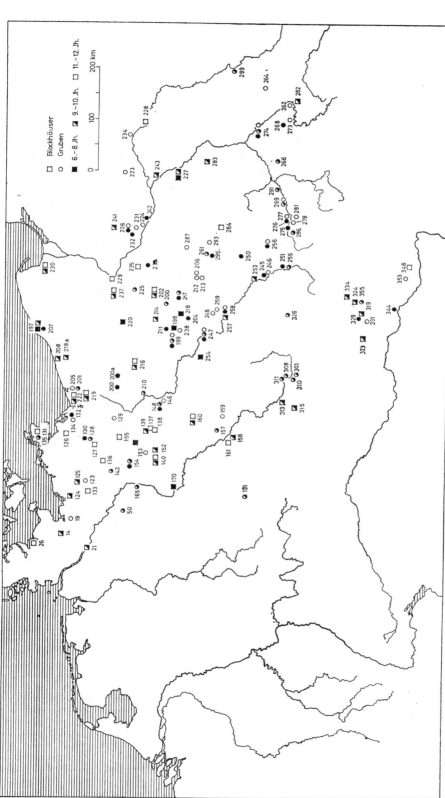

Abb. 18. Verbreitung ausgegrabener ebenerdiger Häuser des frühen und hohen Mittelalters in Ostmitteleuropa. Berücksichtigt sind auch unregelmäßige Grubenverfärbungen, die oft als Überreste ebenerdiger Bauten zu interpretieren sind. Das Vorkommen erstreckt sich auf den nördlichen Flachlandbereich und spart die Mittelgebirge fast vollständig aus (nach Donat [Nr. 267] Karte 3)

exzeptionelle Höfe wie Břeclav-Pohansko und Bauten innerhalb von Zentralorten seit dem 9. Jahrhundert (Břeclav-Pohansko, Mikulčice, Stará Kouřim,
Starigard/Oldenburg, Levý Hradec, Lubomia, Stradów). Dabei konnten verschiedene Bauweisen miteinander kombiniert werden, wenn z. B. in Wollin
Bohlen waagerecht zwischen einer doppelten Pfostenreihe aufgeschichtet
wurden. Nordeuropäischen Ursprungs sind auch Stab- und Pfostenbohlen-
bauten, deren Wände aus senkrecht in Rahmen gehaltenen Bohlen bestehen.
Derartige Häuser fanden sich vor allem in Wollin, aber auch in Dorf Mecklenburg und in Groß Strömkendorf (hier interessanterweise zusammen mit
Grubenhäusern). Auch der Kultbau von Groß Raden ist (unabhängig von der
umstrittenen Überdachung) im Grunde ein Stabbau.

Zu den besonderen Bauten zählen große und mehrräumige Gebäude, die
100 m² und mehr an Grundfläche erreichen konnten (Abb. 19–20). Sie finden
sich nur in herausgehobenen Siedlungen und dienten offensichtlich speziellen
Zwecken. Ihre Bindung an „Fürstensitze" verweist auf die Funktion als herrschaftliche Repräsentationsbauten (Starigard/Oldenburg, Levý Hradec, Břeclav-Pohansko, Stará Kouřim, Mikulčice), die ihre Vorbilder von den westlichen Nachbarn bezogen. Dafür sprechen sowohl die Gebäudeform und die
Aufteilung in mehrere Räume als auch die Bauweise: Pfostenbauten und
Steinfundamente (als Unterbau für Blockbauten) finden sich nur hier. Große
Feuerstellen wie in Starigard/Oldenburg lassen ahnen, welche Versammlungen und Bewirtungen hier stattgefunden haben mögen. Sie boten einer Elite
den Rahmen, soziale Beziehungen zu knüpfen und zu bekräftigen.

Zu den seltenen, nach Bauweise und Funktion exzeptionellen Bauwerken
gehören aber auch die „Tempel", die nur von den Slawen zwischen unterer
Elbe und unterer Oder errichtet wurden – wiederum unter Aufnahme und
eigenständiger Verarbeitung westlicher Einflüsse. Diese Tempel (Groß Raden,
Parchim, Ralswiek, Starigard/Oldenburg, Berlin-Spandau) sind nicht leicht
von „Versammlungshallen" zu unterscheiden, da Hinweise auf „Kultpraktiken" innerhalb oder neben diesen Bauten oft nicht eindeutig sind. Außerdem
ist durch die Viten des Pommern-Missionars Otto von Bamberg (Herbord
II,32; Ebo III,1) bekannt, daß beide – Tempel und Hallen – wie z. B. in Stettin
nebeneinander standen und funktional aufeinander bezogen waren. Versammlungen und religiöse Feste gehörten zusammen, waren aber wohl strikt an
unterschiedliche Gebäude gebunden. Denn zum Tempel selbst hatten nur die
Priester Zutritt, so daß die Feste nur in deren Nachbarschaft stattfinden
konnten.

Steinfundamente kamen erst mit wirklich ortsfesten, d. h. nicht mehr peri-
odisch verlegten Siedlungen auf. Sie finden sich daher in ländlichen Siedlungen des nördlichen Flachlands erst seit dem 12. Jahrhundert. In Mähren und

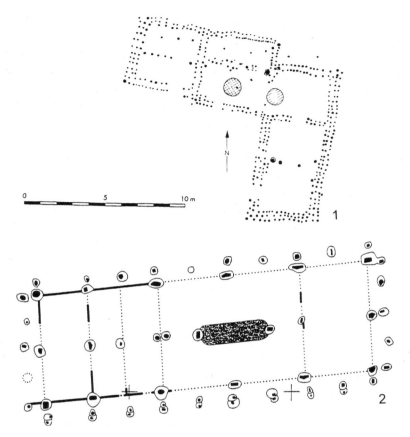

Abb. 19. Großbauten in slawischen Burgwällen. 1 Levý Hradec mit Wänden aus doppelten bzw. dreifachen Pfostenreihen (9./10. Jahrhundert); 2 Starigard/Oldenburg mit Pfostenpaaren, von denen der äußere Pfosten als Schrägstütze diente (erste Hälfte des 9. Jahrhunderts) (nach Donat [Nr. 267] 30 Abb. 10,1; Gabriel in [Nr. 311a] 159 Abb. 6,1)

Böhmen lassen sich seit dem 9. Jahrhundert Steinfundamente feststellen, die allerdings auf herausragende Bauten beschränkt blieben (Mikulčice, Staré Město, Prag?). Abzusehen ist hier von dem Sonderfall der frühen Kirchenbauten, die wohl komplett aus Stein samt Mörtel und von fremden Bauhandwerkern errichtet wurden. Ebenso verhält es sich mit den Palastbauten der frühen Piasten der Zeit um 1000 (Ostrów Lednicki, Giecz, Płock). Bei allen anderen der hier interessierenden Fundamente handelt es sich wahrscheinlich um Steinunterlagen für Blockbauten, d. h. nicht um Fundamente im eigentlichen Sinne, denn diese dienten als Unterlagen für Ständerbauten. Ständer-

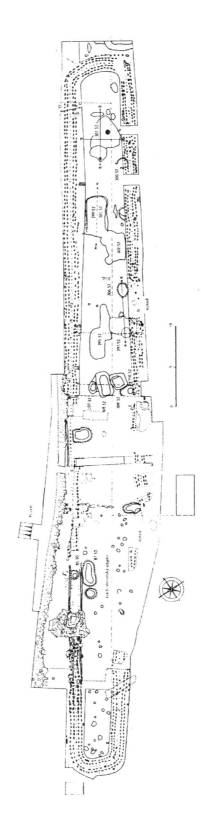

Abb. 20. Stará Kouřim, Hallenbau des 9./10. Jahrhunderts. Der insgesamt 89 m lange Bau wurde von massiven Wänden umgeben, die aus einer mittleren, senkrecht stehenden Pfostenreihe und seitwärts angelehnten, doppelten Schrägstützen bestanden. Entlang der Nordostseite verlief der Wall, so daß die beiden Zugänge im Südosten liegen mußten (nach Miloš Šolle, Stará Kouřim. A projevy velkomoravské hmotné kultury v Čechách. Monumenta Arch. 15 [Praha 1966] 110 Abb. 26)

bauten stellen in den Gebieten östlich des Rheins hochmittelalterliche Weiterentwicklungen von Pfostenbauten dar, die im westslawischen Raum jedoch
nur sporadisch vorkommen. Elementare Voraussetzung für Blockbauten aus
Steinunterlagen waren entsprechende Steinvorkommen in der nahen Umgebung – Bruchsteine im Mittelgebirgsraum oder auch Feldsteine im Flachland.
Deshalb beeinflußten auch die naturräumlichen Bedingungen die Verbreitung
dieser Bauweise.

Keller sind bisher, trotz einiger gegenteiliger Ansichten, nicht sicher nachgewiesen. Aus den bislang untersuchten Siedlungen aller Zeitstellungen sind
zwar zahlreiche Gruben unterschiedlicher Funktion bekannt, die aber einzelnen Häusern nicht sicher zugeordnet werden können. Deshalb bleibt offen,
ob Gruben auch innerhalb von Häusern angelegt wurden. Große „Kellerräu-
me" im eigentlichen Sinne gab es allerdings nicht; sie entstanden erst im hohen bzw. späten Mittelalter.

Hof und Gehöft

Nebengebäude sind aus ländlichen slawischen Siedlungen bislang, wenn man
einmal von einigen überdachten Werkplätzen absieht, kaum bekanntgeworden. Diese frühmittelalterlichen Siedlungen scheinen demnach fast ausschließlich aus Wohngebäuden bestanden zu haben, die aufgrund ihrer gleichen „Ausstattung" einen egalitären Eindruck machen und dicht beieinander
standen. Allerdings könnten mehrere gleiche Gebäude zu einer „Wirt-
schaftseinheit" (einer bäuerlichen Familie) gehört haben, so daß die Differenzierung in der Zahl der Häuser hätte liegen können. Scheunen, Ställe und
Zäune zur Abgrenzung einzelner „Grundstücke" fehlen ganz, wenn man die
vorliegenden Befunde überschaut; mitunter beobachtete, flache und schmale
Gräben innerhalb von Siedlungen dienten wohl eher der Entwässerung und
nicht einer Abgrenzung. Daß man das Großvieh deshalb im Freien hielt,
wäre ein Schluß *e silentio* und deshalb gewagt, zumal das nach Osten zunehmend kontinentalere Klima (und dessen kalte Winter) eher dagegen zu
sprechen scheint. Getreide und andere Vorräte wurden wohl hauptsächlich
in Gruben gelagert. Art und Weise der Futteraufbewahrung – trotz aller
Bemühungen konnte man das Vieh sicher nicht allein auf der Weide durch
den Winter bringen – sind bislang weitgehend unklar. Dies alles könnte darauf hindeuten, daß es bei den Westslawen erst spät zur Ausbildung von Gehöften kam (im Sinne einer Gruppe von Gebäuden unterschiedlicher Bauweise und Funktion, die nur zusammen eine bäuerliche Wirtschaft bilden),
bei den Elbslawen vielleicht erst im Zuge der Ostsiedlung im 12. Jahrhun-

dert[11] – doch letztlich werden die Befunde bei einer so weitgehenden, negativen Interpretation sehr strapaziert. Ebenso verhält es sich mit der damit verknüpften These, daß es eine „private" Verfügung über Grund und Boden, wie sie das westliche Mitteleuropa seit dem frühen Mittelalter kennzeichnete, noch nicht gegeben habe. Denn es bleibt offen, ob sich derartige „rechtliche" Strukturen im archäologischen Befund widerspiegeln. Soziale Differenzierungen zeichnen sich nach jetziger Kenntnis nicht in den bäuerlichen Siedlungen, sondern nur in den Burgwällen ab.

Allerdings ist die Situation nicht ganz einfach zu beurteilen. Wir können nicht sicher sein, daß alle Bauten bei den Ausgrabungen erfaßt wurden (Abb. 21). Erstens entziehen sich ebenerdige Bauten leicht dem archäologischen Nachweis und können reine Grubenhaussiedlungen vorgaukeln – eine Erfahrung, die für den nordwesteuropäischen Raum bereits gemacht wurde. Zweitens ist wohl keine Siedlung wirklich komplett ausgegraben worden, weil Teile bereits zerstört waren oder die Mittel dafür nicht ausreichten. Außerdem sind die archäologischen Datierungen nicht so genau, daß tatsächlich gleichzeitige Häuser ermittelt werden könnten. Überschneidungen von Häusern ermöglichen zwar – wenn sie denn auftreten – die Festlegung einer relativen Abfolge, doch der zeitliche Abstand bleibt auch dabei unklar. Das enge Nebeneinander von Bauten kann auch ein Effekt eines längeren Nacheinanders sein. Insbesondere Grubenhaussiedlungen bevorzugen eine Verlegung neben den bisherigen Siedlungsplatz, da Überschneidungen die Standfestigkeit der eingetieften Wände erheblich beeinträchtigen (Dessau-Mosigkau, Březno). Alle für eine spezielle Siedlung postulierten „Phasen" sind mehr oder weniger wahrscheinliche Konstruktionen, die das Siedlungsgeschehen überschaubarer machen sollen, der einstigen Realität aber nur bedingt nahekommen. Ständig waren Häuser im Bau, und ständig verfielen alte Gebäude aufgrund der verfaulenden, verrottenden und morschen Hölzer.

Einige wenige Gehöfte sind dennoch nachgewiesen. In Mähren und der südwestlichen Slowakei sind schon für das 9. Jahrhundert sogenannte „Herrenhöfe" identifiziert worden (Břeclav-Pohansko, Ducové bei Trnava, Hradsko bei Mšeno, Nitrianska Blatnica). Diese größeren und befestigten Anlagen – in Břeclav-Pohansko von etwa 90 m mal 90 m mit eigener Kirche (Abb. 22) – nehmen mit ihren rechteckigen Einfriedungen wohl auf letztlich antike Traditionen Bezug (*villae*), wenn sich die Suche nach direkten Ableitungen nicht

---

11 Die Aufgliederungen der Häuser früh- bzw. hochmittelalterlicher Siedlungen auf einzelne Gehöfte (Die Slawen in Deutschland [Nr. 48] 159, Abb. 64; 165 Abb. 69) bleibt rein hypothetisch und ist aus dem Befund heraus durch nichts zu begründen.

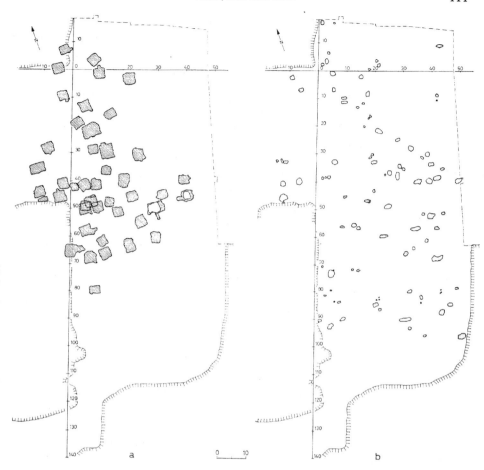

Abb. 21. Dessau-Mosigkau. Gesamtplan der Grubenhäuser (links) und der unregelmäßigen Gruben (rechts) innerhalb der Siedlung des 7. Jahrhunderts. Die große Zahl der Gruben weist darauf hin, daß neben den Grubenhäusern im äußeren Bereich auch ebenerdige Bauten der Siedlung gestanden haben könnten, das Bild einer reinen Grubenhaussiedlung also täuscht (nach Donat [Nr. 267] 49 Abb. 14)

als zu sehr vereinfachend erweist. Dabei ist umstritten, ob die (un)mittelbaren Vorbilder im fränkischen oder im byzantinischen Bereich zu suchen sind. Zäune begrenzten jeweils das Areal eines herausgehobenen Wohnsitzes, der aus mehreren größeren Gebäuden bestand. Der Binnenstruktur zufolge und wohl auch hinsichtlich der Funktion vergleichbare Anlagen fanden sich im 10. Jahrhundert in Böhmen (Stará Kouřim, Libice, Prag) und gegen Ende des 10. Jahrhunderts im Herrschaftsbereich der frühen Piasten (Ostrów Lednicki,

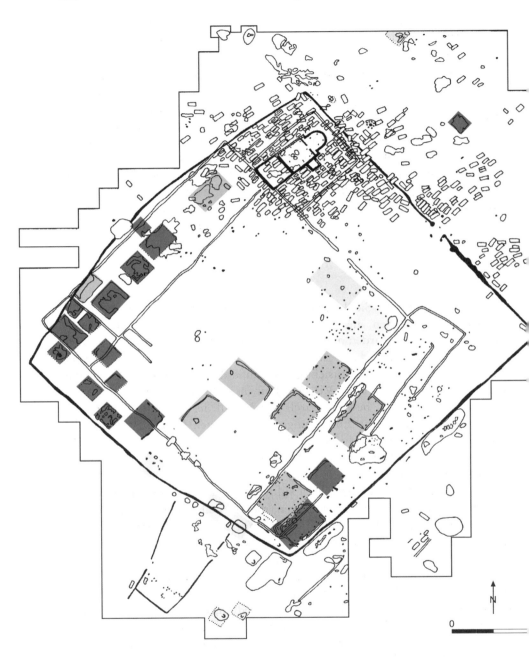

Abb. 22. Břeclav-Pohansko. Grundriß des „Herrenhofs" des 9. Jahrhunderts. Grau unterlegt
sind die zu rekonstruierenden Häuser des 8. (?) Jahrhunderts (hell), der ersten (mittel) und
zweiten Hälfte (dunkel) des 9. Jahrhunderts sowie (sehr hell) die zeitlich nicht genauer ein-
zuordnenden Bauten. Die Nekropole erstreckt sich auch außerhalb der Umzäunung, die von
einigen Gräbern geschnitten wird (verändert nach Berichte über den II. Internationalen Kongreß [Nr. 64] Bd. 3, 300 Abb. 1; Welt der Slawen [Nr. 60] 48)

Giecz, Kruszwica, Przemyśl, Płock). Diese Herrschaftsmittelpunkte befanden sich allerdings bereits innerhalb von Burgwällen und verweisen damit auf eine andere Entwicklungslinie.

Allen diesen elitären Plätzen war eine besondere Sozialstruktur eigen, die sie von gewöhnlichen ländlichen Siedlungen deutlich unterschied. Sie besaßen stets einen Kirchenbau mit zugehöriger Nekropole, die überdurchschnittlich viele, ungewöhnlich „reich" ausgestattete Bestattungen aufwiesen. Die Übernahme des christlichen Glaubens besaß für dauerhafte und stabile Herrschaftsbildungen erhebliche Bedeutung. Dies war den „Eliten" offensichtlich bewußt, denn sie bemühten sich aktiv um die Einführung des Christentums in ihrem jeweiligen Machtbereich. Die Siedlungsform des „Herrenhofs" setzte sich auf längere Sicht jedoch nicht durch. Statt dessen entwickelten sich Burgwälle zu den entscheidenden Herrschaftsmittelpunkten.

Weiler und Dorf

Für die Ermittlung der Siedlungsformen insgesamt gelten dieselben methodischen Einschränkungen, die schon hinsichtlich der Gehöfte geltend gemacht wurden: Siedlungen wurden nicht vollständig ausgegraben und nicht alle Bauten auch erfaßt. Weder Hausbestand noch Siedlungsgrundriß scheinen daher ausreichend belegt. Zu berücksichtigen ist außerdem die hohe Mobilität der Siedlungen (Prokop, *De bellis* VII,14.24) bis ins hohe Mittelalter. Die häufige Verlegung – u. a. wohl bewirkt durch den Verfall der aus Holz errichteten Häuser – über nur kurze Entfernungen vermag auch über die tatsächliche Größe der Siedlungen hinwegzutäuschen. Platzkonstanz von Gebäuden läßt sich dagegen innerhalb von Burgwällen beobachten, wo der stark eingeschränkte Raum dazu zwang.

Den vorliegenden Anhaltspunkten zufolge handelte es sich wohl um locker gegliederte, weilerartige Kleinsiedlungen, die allenfalls wenige Familien umfaßten (Abb. 23–24). Die Anordnung der Bauten folgte topographischen Erfordernissen. Hochrechnungen auf die Bevölkerungszahl sind angesichts der fragmentarischen Befunde problematisch; sie liefern nicht mehr als Anhaltspunkte. Im Mittel dürften kaum mehr als 40 bis 50 Personen – bzw. höchstens drei bis vier Familien – in den bäuerlichen Siedlungen gelebt haben. Diese Größe ergibt sich nicht nur aus den Siedlungsbefunden, sondern auch anhand der Gräberfelder (Espenfeld, Sanzkow, Usadel, Žalany, Želenice, Dziekanowice, Vel'ky Grob) – soweit diese annähernd vollständig erfaßt und einigermaßen genau datiert werden können. Angenommen wird dabei auch, daß zu jeder Siedlung genau ein Friedhof gehört habe. Diese Siedlungen lassen

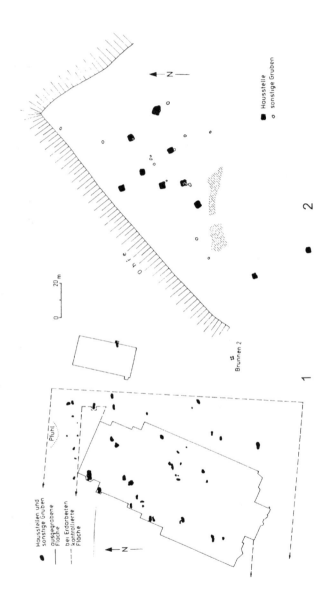

Abb. 23. Siedlungsgrundrisse dörflicher Siedlungen. 1 Berlin-Marzahn mit ebenerdigen Bauten (8. Jahrhundert); 2 Březno mit Grubenhäusern (6./7. Jahrhundert). Beide Siedlungen scheinen eine lockere, „ungeregelt" wirkende Struktur besessen zu haben – doch ist unklar, ob hier tatsächlich alle Siedlungsbefunde erfaßt werden konnten (nach Herrmann [Nr. 174] Abb. 4,a; 5,a)

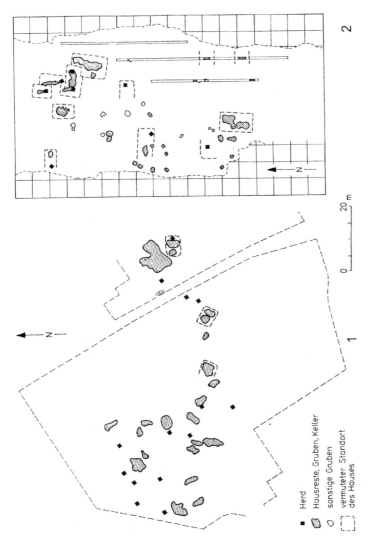

Abb. 24. Siedlungsgrundrisse dörflicher Siedlungen mit ebenerdigen Blockbauten. 1 Berlin-Mahlsdorf, jüngere Phase (9./10. Jahrhundert); 2 Neubrandenburg-Fritscheshof, jüngste Phase (11./12. Jahrhundert). Die Strichlinie markiert die Grabungsgrenze. Die innere Gliederung der Siedlungen wird nicht klar erkennbar, weil die oberflächennahen Strukturen nur unvollständig erhalten sind (nach Die Slawen in Deutschland [Nr. 48] 159 Abb. 64,c; 165 Abb. 69,b)

sich als kleine Dörfer ansehen, waren sie doch mehr als nur unverbunden nebeneinander bestehende Familienbetriebe. Sie unterschieden sich aber grundlegend von den großen hochmittelalterlichen Dörfern, wie sie mancherorts noch heute anzutreffen sind.

Neben weilerartigen Kleinsiedlungen sind auch Einzelhöfe anzunehmen, die sich aufgrund ihrer geringen Flächenausdehnung z. T. dem Zugriff der Archäologie entziehen oder aufgrund einer nur kleinen Grabungsfläche nicht als solche erkannt werden konnten, sondern als Teil einer größeren Siedlung angesehen wurden. Insbesondere bei Grubenhaussiedlungen dürften mehrere Wohngebäude zu einem Hof und damit einer Familie gehört haben (Dessau-Mosigkau, Roztoky, Březno), so daß die Kleinheit der einzelnen Häuser durch ihre Zahl aufgewogen wurde. Außerdem ist es möglich, daß benachbarte Häuser nicht – wie meistens stillschweigend angenommen – eine Phase eines Weilers repräsentieren, sondern die zeitliche Entwicklung (Phasen) eines Einzelhofes reflektieren; die prinzipiellen Datierungsprobleme erschweren hierbei die Entscheidung über die wahrscheinlichere Interpretation. Darüber hinaus müssen auch die Bestattungsplätze nicht unbedingt eine geschlossene Siedlung repräsentieren. Sie könnten von einzeln gelegenen Höfen gemeinsam genutzt worden sein, wie es für das merowingerzeitliche Mitteleuropa bekannt ist. Vermutlich war die Zahl der Einzelhöfe weit größer als bislang angenommen. Folgt man dieser These, dann erscheint das räumliche Nebeneinander der Häuser stärker als rasches zeitliches Nacheinander – das Bild der Siedlung wäre dynamischer.

Grabfunde liefern bislang keine zusätzlichen Informationen zur Struktur der bäuerlichen Siedlung. Dies betrifft insbesondere jene Regionen und Zeiträume, in denen die Brandbestattung geübt wurde. Die meisten der Brandgräber sind nicht entdeckt worden. Die wenigen ausgegrabenen Gräberfelder umfassen nur einige Dutzend Bestattungen und deuten damit ebenfalls auf kleine Siedlungen hin. Die Körpergräberfelder sind mit 100 bis 200 Gräbern meist umfangreicher. Tausend und mehr Bestattungen finden sich nur bei frühstädtischen Siedlungen. Für die Ermittlung der Siedlungsgröße müßten die einzelnen Gräber etwa in eine Generationenfolge gebracht werden können. Der Archäologie ist es anhand der Beigabenausstattung aber kaum möglich, Spannweiten von weniger als einem Jahrhundert anzugeben. Deshalb müssen *alle* auf der Hochrechnung von Grabfunden beruhenden Annahmen über Siedlungsgrößen überaus vage bleiben. Eine Vielzahl einflußnehmender Faktoren ist zu berücksichtigen, wodurch die Unsicherheit der Berechnung und die Spannweite der Bevölkerungsgröße wachsen.

Die Weiler waren um vieles kleiner als die großen Planformen der Ostsiedlung (Straßen- und Angerdörfer) mit ihren ein bis zwei Dutzend oder noch mehr Gehöften. Diese großen Dorfformen entstanden erst im hohen Mittelalter. Sie waren Weiterentwicklungen der bis dahin existierenden locke-ren Haufendörfer im Altsiedelland. Der Übergang zu großen Dörfern, die sogenannte „Verdorfung", war ein ganz Europa seit dem 12. Jahrhundert er-fassender Vorgang, der grundlegende Veränderungen in Siedlungsform und Wirtschaftsweise bedeutete. Die sogenannten Rundlinge, lange Zeit als aus slawischer Zeit stammend interpretiert, gehören ebenfalls erst ins 12. Jahrhun-dert. Ihre Bewohner waren zwar meist Slawen, doch gehören diese Dörfer in den Rahmen neuentwickelter Agrarstrukturen.

Durch die Ostsiedlung wurden im 12./13. Jahrhundert die Agrarstrukturen tiefgreifend verändert. An die Stelle der bisherigen Kleinsiedlungen und Blockfluren traten große lineare Planformen und Gewann- bzw. Groß-gewannfluren.[12] Dies trifft sowohl für die alten Siedlungsgebiete als auch die Räume des Landesausbaus zu. Kleine Siedlungsformen hielten sich oder ent-standen dort, wo ungünstige naturräumliche Bedingungen den Ausbau zu Planformen verhinderten. So prägten Gassendörfer und verwandte Dorf-formen sowie Blockfluren noch in der Neuzeit u. a. den Nutheraum im mitt-leren Brandenburg, die Insel Rügen oder das südwestliche Mecklenburg. „Ethnische" Faktoren spielten für die Entwicklung der Siedlungsstrukturen allenfalls eine marginale Rolle; entscheidend waren die wirtschaftlichen Erfor-dernisse.

Die meisten dieser hoch- bzw. spätmittelalterlichen Dorfgründungen ha-ben bis zum heutigen Tag Bestand. Jene Veränderungen, die in den letzten Jahrhunderten eintraten, veränderten die anfänglichen Strukturen mitunter gravierend. Und nur selten werden heute – wie z. B. in den brandenburgisch-sächsischen Braunkohlentagebaugebieten – Dörfer komplett aufgelassen und damit der archäologischen Forschung zugänglich. Daher versprechen Aus-grabungen von Wüstungen, d. h. im späten Mittelalter bzw. der frühen Neu-zeit aufgegebener Dörfer, interessante und weiterführende Aufschlüsse. Der Wüstungsbegriff darf dabei nicht nur auf die namentlich überlieferten Orte eingeschränkt werden, denn dann bildete der Zufall der Überlieferung das Kriterium. Vielmehr ist für siedlungsgeschichtliche Fragestellungen jede auf-gegebene Siedlung dieses Zeitraums, in dem sich die Ortskonstanz endgültig durchgesetzt hatte, als Wüstung anzusehen.

Wüstungsgrabungen sind nur selten unternommen worden, erfordern sie doch angesichts der Größe der einstigen Dörfer einen beträchtlichen Auf-wand (Abb. 25). Insbesondere in Mähren, aber auch in Böhmen und der Slo-

---

12 Kartierung: Krenzlin [Nr. 245] für die ehemalige preußische Provinz Brandenburg.

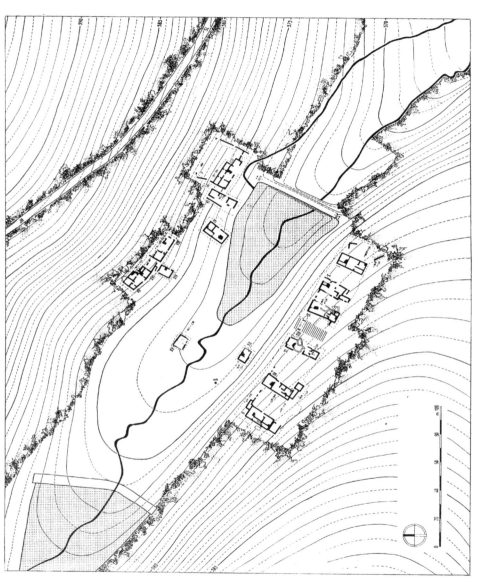

Abb. 25. Pfaffenschlag. Planmäßiger Dorfgrundriß der Wüstung im südlichen Mähren. Die einzelnen Höfe wurden reihenförmig beiderseits eines Bachlaufs angelegt, der mit Hilfe eines aufgeschütteten Dammes aufgestaut wurde (Raster) (nach Vladimír Nekuda, Pfaffenschlag. Zaniklá středověká ves u Slavonic. Příspěvek k dějinám středověké vesnice [Brno 1975]

wakei (Mstěnice, Pfaffenschlag, Konůvky, Bystřec, Svídna, Záblacany bei Mohelnice, Narvice, Chlaba, Krigov, Vilémov, Vznětín), in Niederösterreich (Gang, Hard) sowie in Brandenburg (Krummensee [Krummes Fenn], Göritz bei Rädel) und Thüringen (Emsen bei Buttstädt, Altenrömhild) wurde eine ganze Reihe spätmittelalterlicher Wüstungen untersucht, die Aufschluß über die Struktur dieser Dörfer liefern. Deutlich zu erkennen ist die regelmäßige Aufreihung der Bauernhöfe – entlang eines Bachs wie beim Reihen- bzw. Wegedorf Pfaffenschlag oder beiderseits eines Weges wie beim Straßendorf Mstěnice und dem Gassendorf Svídna in Mittelböhmen. Mstěnice besaß außerdem einen befestigten Herrenhof direkt am Dorfrand. Dies ist ein deutlicher Beleg dafür, daß sich neben den agrarwirtschaftlichen Strukturen auch die Herrschaftsverhältnisse wesentlich veränderten; Landesausbau und Herrschaftsbildung waren untrennbar miteinander verbunden.

Die Rekonstruktion der spätmittelalterlichen Strukturveränderungen gelingt nur mit Hilfe eines interdisziplinären Ansatzes. Nur in der Verbindung von Onomastik, Siedlungsgeographie, historisch-genetischer Siedlungsforschung, Historiographie und Kunstgeschichte erscheint es möglich, die Unzulänglichkeiten einzelner Quellengattungen auszugleichen. Vor beträchtlichen methodischen Problemen steht nach wie vor die Archäologie. Solange keine Jahrringdaten vorliegen, sind die chronologischen Hinweise der Archäologie viel zu ungenau, um z. B. zwischen ausgebauter slawischer Kleinsiedlung und Dorfneugründung im Rahmen des hochmittelalterlichen Landesausbaus zu unterscheiden. Und es bleibt problematisch, allein anhand der Keramik auf die am Landesausbau Beteiligten zu schließen.

16. Burgwälle und Befestigungen

Burgwälle gelten geradezu als Charakteristikum des frühen und hohen Mittelalters im östlichen Mitteleuropa. Aus dem westslawischen Raum sind ungefähr 3000 dieser Wallanlagen bekannt: schätzungsweise 2000 im heutigen Polen[13], fast 700 in Deutschland[14] (Abb. 26), etwa 200 in Mähren und der Slowakei[15] sowie rund 120 in Böhmen[16]. Sie sind jedoch kein „ethnisches" Kennzeichen, denn sie kommen nur dort vor, wo sich selbständige slawische

---

13 Kartierung: Mapa grodzisk w Polsce [Nr. 306].
14 Kartierung: Starigard/Oldenburg [Nr. 311a] 55 Abb. 2.
15 Kartierung: Staňa [Nr. 311] Taf. 1.
16 Kartierung: Sláma [Nr. 308] 62 Karte 1.

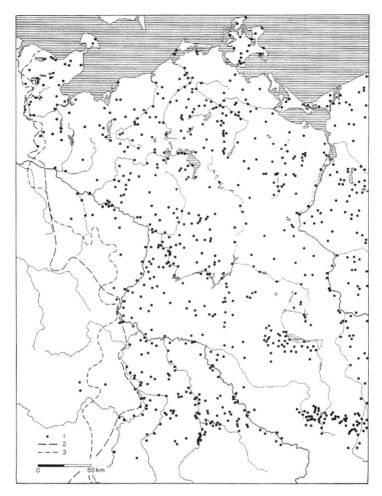

Abb. 26. Verbreitung früh- und hochmittelalterlicher Burgen zwischen Elbe und Oder. Bei
weitem nicht alle Anlagen bestanden gleichzeitig, so daß das Kartenbild eine zu hohe Burgen-
dichte suggeriert. 1 Burg; 2 Westgrenze des gehäuften Vorkommens slawischer Ortsnamen;
3 Westgrenze des gehäuften Vorkommens slawischer Funde (nach Starigard/Oldenburg
[Nr. 311a] 55 Abb. 2)

Gesellschaften entwickeln konnten. Burgwälle fehlen daher trotz slawischer
Besiedlung in Thüringen, im Main-Regnitz-Gebiet und in Niederösterreich
(mit Ausnahme der Wallanlage von Gars-Thunau), denn hier siedelten Slawen
innerhalb des fränkischen Reichs und waren in die dortigen politischen Struk-

turen eingebunden. Die früh- und hochmittelalterlichen Burgwälle verdanken daher ihre Entstehung bestimmten Gesellschaftsstrukturen.

In der archäologischen Forschung haben die Burgwälle von Beginn an besondere Aufmerksamkeit gefunden. Dazu hat ihre teils beeindruckende Lage und Größe, aber auch ihre leichte Auffindbarkeit wesentlich beigetragen. Bis heute wurden gewöhnliche ländliche Siedlungen weitaus seltener Gegenstand von Untersuchungen. Doch auch von den Burgwällen wurde aufgrund des nötigen Aufwandes nur eine sehr kleine Anzahl – und auch diese fast immer nur teilweise – ausgegraben. Deshalb ist eine genauere zeitliche Einordnung der meisten Wälle innerhalb des frühen und hohen Mittelalters kaum möglich – und mitunter nicht einmal klar, ob es sich um eine mittelalterliche oder vorgeschichtliche (meist jüngerbronzezeitliche) Anlage handelt.

Alle diese Burgwälle liegen inmitten offener Siedlungslandschaften und erfüllten somit zentralörtliche Funktionen innerhalb von Siedlungskammern. Dies erklärt das weitgehende Fehlen von „Grenzburgen", die der Verteidigung eines Territoriums hätten dienen können. Erst im Rahmen der Reichsbildungen des 10./11. Jahrhunderts lassen sich auch „strategische" Gesichtspunkte für die Anlage von Burgwällen erkennen. Die frühmittelalterlichen Burgwälle waren deshalb keine militärischen Anlagen im modernen Sinne. Sie boten dennoch Zufluchtsmöglichkeiten angesichts der ständigen Auseinandersetzungen zwischen den „Eliten", und sie dienten wohl zugleich der Demonstration und Repräsentation von Herrschaft. Burgwälle stellen daher Befunde von erheblicher sozialgeschichtlicher Aussagekraft dar.

Das Wortfeld Stadt – Burg – Schloß fällt in den slawischen Sprachen etwas anders als im germanisch-romanischen Sprachraum aus. Ursache dafür sind die unterschiedlichen mittelalterlichen Strukturen im westlichen und östlichen Mitteleuropa. *Grod, gorod* konnte zunächst sowohl eine Stadt als auch eine Burg bezeichnen, weil sich Burgen im hohen Mittelalter nicht selten zu Städten entwickelten; erst im hohen Mittelalter verengte sich die Bedeutung von *g(o)rod* in den westslawischen Sprachen auf die Burgen. *Zamok* ist der Begriff für (spätmittelalterliche) Burg und (neuzeitliches) Schloß, so daß insgesamt bei der Übersetzung slawischer Termini ins Deutsche oder eine andere germanische oder romanische Sprache besondere Sorgfalt angebracht ist, um nicht Verwechslungen zu erliegen.

Entstehung

Burgwälle scheint es bei den Westslawen seit dem 8. Jahrhundert gegeben zu haben. Alle Hinweise – Funktion innerhalb des Siedlungsgefüges, Bauformen,

Datierungsanhaltspunkte – schließen einen Zusammenhang zur Einwanderung weitgehend aus. Es bedurfte zunächst der Herausbildung bestimmter Siedlungs- und Sozialstrukturen, bevor Burgwälle entstanden. Zur Konsolidierung der Verhältnisse brauchte es erst eines gewissen Zeitraumes im Anschluß an die Einwanderung. Ob beispielsweise die *Wogastisburg* des „Slawenkönigs" Samo, vor der 631 ein fränkisches Heer geschlagen wurde, ein Burgwall in diesem Sinne war, ist umstritten. Sie könnte auch eine Art „Wagenburg" bzw. ein offenes Lager (wie der „Ring" der Awaren) gewesen sein, zumal sie offensichtlich nicht im Zentrum des Machtbereichs Samos lag. Ihre Befestigung, wie immer sie ausgesehen haben mag, könnte in der entstandenen Konfliktsituation durchaus in sehr kurzer Zeit errichtet worden sein. Vielleicht wurde auch eine ältere Anlage genutzt.

Der Beginn des Burgenbaus war regional durchaus verschieden; er korrespondierte mit anderen (wirtschaftlichen, sozialen und politischen) Differenzierungen. So lassen sich für den mährischen und slowakischen Raum Burgwälle bereits für das 8. Jahrhundert annehmen. Auch im abodritischen und wilzischen Raum (Ostholstein und Mecklenburg) gab es wohl seit der zweiten Hälfte des 8. Jahrhunderts Burgwälle, wie sich den Quellen (vor allem den *Annales regni Francorum*) über die fränkisch-sächsisch-dänisch-slawischen Auseinandersetzungen dieser Zeit – etwa um die *civitas Dragaviti* – entnehmen läßt. In Böhmen ist wohl ebenfalls für das 8. Jahrhundert mit den ersten Burgwällen zu rechnen; so wird Hradsko bei Mělník mitunter für das 805 erwähnte *Canburg* gehalten, als sich hier ein Heer Karls d. Gr. und böhmische Slawen bekämpften (*Annales regni Francorum* ad a. 805). Die zeitliche Ansetzung dieser frühen Burgwälle gelingt zur Zeit noch eher aus historischen Erwägungen als aus den archäologischen Befunden, die bislang nur wenig ausreichend präzise chronologische Hinweise geliefert haben. Erste Jahrringdaten liegen für das 8. Jahrhundert bereits vor (Ostholstein, Hannoversches Wendland, Mecklenburg).

Jahrringdaten verlegen den Beginn des Burgenbaus in der Niederlausitz in das späte 9. Jahrhundert und deuten an, daß vergleichbare kleine Niederungsburgen generell erst in das 9./10. Jahrhundert und damit in dieselbe Zeit wie die sächsischen Ringwälle gehören (Abb. 27). Neue Dendrodaten zeigen, daß auch einige der wichtigen piastischen Anlagen wie Posen, Ostrów Lednicki, Giecz, Kruszwica und Gnesen nicht vor dem 10. Jahrhundert entstanden. Die Anfänge des Piastenreichs besaßen demzufolge wohl keine jahrhundertlangen Vorläufer, sondern sind das Ergebnis einer raschen und dynamischen Entwicklung. Auch die Geschichte anderer wichtiger Großburgen war neueren Jahrringdaten zufolge offenbar erheblich kürzer, als aufgrund der zahlreichen stratigraphischen „Phasen" bislang angenommen wurde. In Berlin-Spandau

b. 27. Tornow. Rekonstruktion des Burg-Siedlungs-Komplexes. Im Unterschied zu älteren Vorstellun-
i der 1960er Jahre lassen sich keine Pfostenbauten verläßlich der ersten Phase des späten 9. Jahrhunderts
ordnen, die daher vermutlich durch Blockbauten gekennzeichnet war (nach Henning [Nr. 150] 127
Abb. 7)

und Brandenburg/Havel stammt bislang kaum ein Bauholz aus der Zeit vor
dem Ende des 9. Jahrhunderts; die zahlreichen Umbauten bzw. Erneuerungen
gehören ins 10. bis 12. Jahrhundert. Diese „Spätdatierungen" betreffen allerdings nur die Burgwälle, während ländliche Siedlungen schon seit dem 7./8.
Jahrhundert bestanden. Nur die Differenzierung im Siedlungsbild scheint regional erst spät eingesetzt zu haben.

Burgwälle entstanden nicht selten am Ort einer älteren, unbefestigten Sied-
lung. Sie waren dann keine Neugründung, sondern ein Ausbau einer bestehenden Siedlung. Dies zeigen stratigraphische Befunde (Brandenburg/Havel,
Sukow, Neu Nieköhr/Walkendorf, Berlin-Spandau, Mikulčice?, Staré Město,
Groß Raden, Wollin). Auch diese Befunde belegen, daß der Burgenbau nicht
sofort nach der Einwanderung einsetzte. Dies heißt aber auch, daß nicht das
Zusammentreffen verschiedener homogener Einwanderergruppen oder deren
„Überschichtung" zum Burgenbau führte. Vielmehr waren soziale Entwicklungen in den neuen Siedlungsgebieten ausschlaggebend. Es läßt sich nur
schwer entscheiden, ob in diesen Fällen die Vorgängersiedlung befestigt wurde
oder ob die Anlage der Befestigung zugleich die Aufgabe der vorausgehenden
Siedlung (u. U. auch mit einem zeitlichen Hiatus) bedeutete. Letztlich kann
diese Frage erst mit Hilfe dendrochronologischer Analysen entschieden werden.

Über die Gründe, die zum Burgenbau bei den Slawen führten, besteht
keine Klarheit. Die Ursachen dürften grundsätzlich regional und zeitlich
durchaus unterschiedlich gewesen sein. Eine pauschale Zuweisung verdeckt
die differenzierte Entwicklung, und es bereitet erhebliche methodische Probleme, aus den archäologischen Befunden die (Haupt-)Funktion einer Wallanlage zu erschließen. Bei den mährischen Anlagen wie z. B. Mikulčice und
Staré Město dürfte ebenso wie bei den přemyslidischen (Prag, Stará Kouřim,
Libice, Levý Hradec)[17] und piastischen Burgwällen (Posen, Gnesen, Kruszwica) kein Zweifel daran bestehen, daß es sich um herrschaftlich strukturierte
Anlagen handelt. Sie waren offensichtlich Ausdruck einer sozialen Hierarchi-
sierung. Gleiches trifft für die sogenannten „Stammesburgen" zwischen Elbe
und Oder zu, die als politische Mittelpunkte größerer Herrschaftsgebiete fungierten (Starigard/Oldenburg, Dorf Mecklenburg, Brandenburg/Havel, Alt
Lübeck, Berlin-Köpenick, Berlin-Spandau, Drense).
Waren diese Burgen seit dem 9. bzw. 10. Jahrhundert Sitz eines „Fürsten",
so ist damit die Frage nach den Ursprüngen noch nicht beantwortet. Zwei
grundsätzliche Positionen stehen sich gegenüber. Einerseits werden die Ursachen für den Burgenbau generell in der Entwicklung herrschaftlicher Strukturen gesehen. Vertretern dieser Auffassung, die vor allem im (mittleren)
20. Jahrhundert Konjunktur hatte, gelten im Extremfall alle Burgen als „Her-
renburgen".[18] Andererseits wird anhand der beachtlichen Größe und der – soweit ausgegraben – dichteren Innenbesiedlung bestimmter Anlagen (Feldberg,
Klučov) für eine ursprüngliche Nutzung als „Volks-" bzw. „Fluchtburgen" ar-
gumentiert. Erst später wären zumindest diese Burgwälle von „Adligen" gewissermaßen usurpiert worden, während sie zuvor der gesamten „Gemeinschaft"
als Zufluchtsort gedient hätten. Diese Ansicht kann ihre aus dem 19. Jahrhundert stammenden romantisch-liberalen Wurzeln nicht verleugnen. Eine überwiegend „genossenschaftliche" Entstehung dieser Anlagen erscheint jedoch
unwahrscheinlich. Die Errichtung einer solch umfänglichen Anlage, auch
wenn sie noch nicht so massiv wie hochmittelalterliche Burgwälle befestigt
war, setzt die Bündelung von materiellen und personellen Ressourcen, d. h.
eine zentrale Leitung voraus. Und daß die Karolinger im Kampf gegen die
heidnischen Sachsen ähnliche Großburgen bauen ließen, verweist vielleicht auf
eine zeittypische Bauform. Anregungen mögen auch von und über die
Grenzhandelsorte des Karolingerreichs vermittelt worden sein.
Neben sozialen Ursachen dürften auch äußere Faktoren zum Burgenbau

---

17 Kartierung: Sláma [Nr. 230] 73 Abb. 27; 83 Abb. 30.
18 Preidel [Nr. 38] Bd. I, 48–75; Bd. III, 116.

beigetragen haben. So haben wohl die fränkisch-slawischen Konflikte entlang
der unteren Elbe durch den damit verbundenen äußeren „Druck" mit zum
Burgenbau bei Abodriten und Wilzen geführt (Starigard/Oldenburg, Alt
Lübeck, Bosau), ohne daß eine „alte Feindschaft" schon aus der Einwanderungszeit[19] eine Rolle gespielt hätte. Abodriten und Wilzen gerieten deshalb
aneinander, weil sie als Verbündete der Franken bzw. Sachsen auf verschiedenen Seiten in die Verwicklungen des späten 8. Jahrhunderts hineingezogen
wurden. In der Niederlausitz deutet nach momentaner Kenntnis die rasche
Errichtung gleichartiger kleiner Ringwälle im letzten Drittel des 9. Jahrhunderts auf Zusammenhänge mit der ottonischen „Ostpolitik" hin. Der Burgenbau könnte auch hier eine Reaktion auf die bedrohlichen politischen und militärischen Ereignisse gewesen sein. Die mährischen Großburgen reflektieren
mit ihrer Agglomeration von Herrenhöfen und Eigenkirchen wohl westliche
und südöstliche Vorbilder. Ihre besondere Struktur hängt wahrscheinlich
auch mit der christlichen Mission aus dem fränkischen Westen und zeitweilig
dem byzantinischen Südosten zusammen, die intensivere Kontakte über das
Bekehrungsziel hinaus zur Folge hatte.

Funktion

Seit dem 9. Jahrhundert erfüllten die Burgwälle im westslawischen Raum
offensichtlich herrschaftliche Funktionen. Sie waren jene Zentren, die zum
Ausgangspunkt großräumigerer Herrschaftsbildungen wurden. Die damit
einhergehende Machtkonzentration zeigt sich im Ausbau dieser „Fürstenburgen" (der Begriff „Stammesburgen" ist eher irreführend) einerseits und der
gleichzeitigen Aufgabe kleinerer Burgwälle andererseits. Entsprechende „Zen-
tralisierungen" können in Böhmen und Großpolen, aber auch im elbslawischen Raum (bei Hevellern – Brandenburg/Havel, Abodriten – Starigard/
Oldenburg, Alt Lübeck, Dorf Mecklenburg) seit dem 10. Jahrhundert festgestellt werden. Im Ergebnis gab es im hohen Mittelalter erheblich weniger
Burgwälle als vor der Jahrtausendwende, wenn der Forschungsstand auch
noch keine genauen Angaben zuläßt.

„Hierarchien" der hochmittelalterlichen Wälle lassen sich mit archäologischen Mitteln kaum erfassen, denn Umfang, Größe und Ausstattung eines
Burgwalls stehen in keinem unmittelbaren Zusammenhang zu seiner Funktion. Dennoch ist davon auszugehen, daß Přemysliden und Piasten ihre groß-

---

19 Herrmann [Nr. 21] 173; Die Slawen in Deutschland [Nr. 48] 201.

räumige Herrschaft gewissermaßen durch Vertraute und Beauftragte („Statt-
halter") in den abhängigen Burgwällen abzusichern trachteten. Dies wird im
allgemeinen als „Kastellaneiverfassung" bezeichnet. Der Begriff stammt erst
aus dem 12. Jahrhundert, das System ist aber älter und zeigt auffällige Parallel-
len zum ottonischen Burgwardsystem. Diese „Burgbezirksverfassung" war
ein wesentliches Element der Herrschaftssicherung. Die zentralen Burgwälle
innerhalb dieser umfassenden Herrschaftsbereiche besaßen je nach Region
seit dem 9. bzw. 10. Jahrhundert stets einen Kirchenbau, war doch das Christentum auch im westslawischen Raum zu einem wichtigen „Bindemittel" der
Herrschaft geworden. Auch die slawischen Fürsten hatten die politische und
administrative Bedeutung der Kirche erkannt.

Die Burgwälle stellten nicht nur politische, sondern auch wirtschaftliche
und wohl auch kultische Zentralorte dar. Der wirtschaftliche Aspekt – die
„Konzentration" von Handwerkern und Fernhandel – dürfte ein sekundäres
Merkmal sein. Den „Fürsten" war es durch ihre politische Macht zunehmend
möglich, auch wirtschaftliche Potentiale an sich zu binden. Dies wirkte sich
wiederum als Stärkung der Herrschaft aus. Ein klarer Beleg dafür sind die sogenannten Dienstsiedlungen des hohen Mittelalters im Machtbereich von
Přemysliden und Piasten, aber auch der Arpaden in Ungarn. Die auf diese
Weise mögliche „Dezentralisierung" wirtschaftlicher Funktionen machte eine
wirtschaftliche Konzentration unmittelbar an der Burg nicht notwendig. Hier
stößt die Archäologie an Grenzen, denn der Aufwand für die Ausgrabung
ganzer Siedlungskammern ist kaum zu rechtfertigen, und soziale Abhängig-
keitsbeziehungen sind durch archäologische Quellen nicht direkt zu belegen.

Die wirtschaftlichen Funktionen verlagerten sich in die „Vorburgen" oder
„Suburbien", ein in diesem Zusammenhang allerdings schillernder Begriff.
Einerseits bezeichnen sie jede in unmittelbarer Nähe eines Burgwalls gelegene
Siedlung, andererseits die größeren, auch befestigten Siedlungskomplexe an
großen „Fürstenburgen". Umwallungen von Vorburgen lassen sich für Mähren und Böhmen schon im 9. Jahrhundert beobachten, für den nördlicheren
Raum wohl erst im 10. Jahrhundert. Für die kleinen Burgen, die sich in wirtschaftlicher Hinsicht vom agrarischen Umfeld – vielleicht von der Eisenproduktion abgesehen – praktisch nicht unterschieden, überschätzt eine Kennzeichnung als „frühstädtische" Siedlung die Verhältnisse (Tornow, Vorberg)
bei weitem. Nur dort, wo die Burg Mittelpunkt einer großräumigeren Herrschaft war oder blieb, bot sie einen Ansatzpunkt zur Stadtentstehung (Prag,
Posen, Gnesen).

Neben diesen für den westslawischen Raum charakteristischen Burgwällen
gab es auch besondere, abweichende Befestigungen. Dazu zählen sogenannte
„Herrenhöfe", wie sie bislang in Břeclav-Pohansko, Ducové, Hradsko bei

Mšeno und Staré Město-Na Špitálkách entdeckt wurden. Dabei handelt es sich um umzäunte Höfe des 9. Jahrhunderts mit Eigenkirche und dazugehörigem Friedhof, deren Anlageschema sowohl auf Vorbilder aus dem fränkischen Reich als auch dem byzantinischen Raum zurückgehen könnte. In Břeclav-Pohansko steht bislang nicht endgültig fest, welcher Zusammenhang zwischen „Hof" und großem Wall besteht: Der Wall entstand später als der Hof, wie Überschneidungen von Körpergräbern belegen. Hätte die übrige Innenfläche der Befestigung Raum für weitere derartige Höfe bieten sollen, wäre Břeclav-Pohansko zu größeren Agglomerationen wie Mikulčice zu rechnen. Es ist unklar, ob es sich bei den genannten Höfen um wirkliche Ausnahmen handelt oder ob ähnliche – anders strukturierte, aber in der Funktion vergleichbare – „Höfe" dem einen oder anderen Burgwall vorausgingen.

Eine Besonderheit stellen neben den „Herrenhöfen" die durch schriftliche Überlieferung bezeugten Kultburgen dar. Sie waren das Ergebnis einer politisch-religiösen Sonderentwicklung in jenem Raum, in dem im 10./11. Jahrhundert der Lutizenbund eine Rolle spielte. Auch diese Burgwälle waren politische Zentren eines größeren Raums (Arkona, Rethra), doch spielten hier religiöse Aspekte eine wichtigere Rolle. Der Widerstand gegen die ostfränkisch-deutsche Eroberung entlud sich in einer antichristlichen Bewegung, zu deren zentralen Stützen Priesterschaft und Tempelkult geworden waren. Herrschaft und Politik waren deshalb vorrangig religiös motiviert, auch wenn sie damit machtpolitische Ziele verfolgten. Diese „reaktionäre" Entwicklung vermochte auf Dauer keine historische Alternative zu bieten und fand daher bereits gegen Ende des 11. Jahrhunderts ihr Ende.

Lage

Burgwälle errichtete man – nicht anders als beispielsweise auch im späten Mittelalter – entweder auf Höhen, die das umgebende Gelände überragen, oder in den Niederungen, wenn eine geeignete Höhe fehlte. Deshalb geht die unterschiedliche Häufigkeit von Höhen- und Niederungsburgen nicht auf etwaige unterschiedliche historische und kulturelle Traditionen, sondern auf die jeweiligen topographischen Gegebenheiten zurück, wie Untersuchungen für Böhmen und den mecklenburgisch-pommerschen Raum gezeigt haben.[20] Es lassen sich weder für bestimmte Regionen noch für einzelne Zeitabschnitte

---

20 Vaňá [Nr. 315]; Brather [Nr. 291].

Bevorzugungen der einen oder anderen Lage erkennen, es sei denn, man war
durch die Topographie bzw. das Platzbedürfnis dazu gezwungen.

Einfacher zu befestigen und darum bevorzugt waren Höhenlagen. Die notwendigen Befestigungen fielen weit weniger aufwendig aus, wenn natürliche
Bedingungen wie Hänge, Steilkanten, Spornlage usw. ausgenutzt werden
konnten. Dies trifft in gleicher Weise für Inselsiedlungen zu, denen das Wasser einen natürlichen Schutz bot. Niederungsburgen ohne eine solche natürliche Schutzlage durch Gewässer oder Sumpf erforderten einen größeren Bauaufwand. Allerdings darf nicht unterschätzt werden, daß für den Zugang zu
den durch umgebende Gewässer geschützt liegenden Burgen anspruchsvolle
Brückenbauten errichtet werden mußten (Ostrów Lednicki, Sukow, Unter-
Uecker-See bei Prenzlau, Behren-Lübchin, Teterow, Groß Raden, Plön). Diese Brücken überwanden z. T. mehrere hundert Meter lange Abschnitte und
Wassertiefen bis zu mehr als zehn Metern – eine noch heute beeindruckende
konstruktive Leistung.

Gerade diesen Bau einer Niederungsburg beschrieb Ibrāhīm ibn Yaᶜqūb in
den 960er Jahren aus eigener Anschauung, als er wohl von Magdeburg zur
Burg Mecklenburg unterwegs war: „Sie [die Slawen – S. B.] gehen zu Wiesen,
reich an Wasser und Gestrüpp, stecken dort einen runden oder viereckigen
Platz ab nach Form und Umfang der Burg, wie sie sie beabsichtigen, graben
ringsherum und schütten die ausgehobene Erde auf, wobei sie mit Planken
und Pfählen nach Art der Bastionen befestigt wird, bis die Mauer die beabsichtigte Höhe erreicht. Auch wird für die Burg ein Tor abgemessen, an
welcher Seite man will, und man geht auf einer hölzernen Brücke aus und
ein".[21]

Die Beschreibung einer weiteren Burg findet sich bei Saxo Grammaticus
(XIV), der den Feldzug König Waldemars I. von Dänemark gegen die Zirzi-
paner im Jahre 1171 schildert. Die Dänen belagerten „eine Stadt, umgeben
von einem schiffbaren Landsee. Dieser Ort war fester durch das Wasser, als
durch die Kunst, und hatte einen Wall nur an der Seite, welche die Brücke
berührte, die sich von hier nach dem festen Lande hinüberzog."[22] Dies ent-
spricht recht genau dem archäologischen Befund der Ausgrabungen in Behren-Lübchin, die deshalb als die 1171 zerstörte Anlage in Anspruch genommen wurde. Allerdings ist dies ein Baudetail, das zwar gegen den „Rivalen"

---

[21] Zitiert nach Herrmann [Nr. 22²] 112.
[22] Zitiert nach Georg Christian Friedrich Lisch, Der Burgwall von Teterow und die Stiftung
      des Klosters Dargun. Jahrbb. Verein Meklenburg. Gesch. u. Alterthumskunde 26, 1861,
      181–195, hier 190, unter Weglassung der Sperrungen und lateinischen Zitate des Textes.

Teterow spricht, andere Befestigungen in der Nähe aber auch nicht ausschließt. Im Jahre 1990 unternommene dendrochronologische Untersuchungen haben jetzt aber gezeigt, daß die ältere Behren-Lübchiner Anlage bereits im späten 10. Jahrhundert errichtet und wohl etwa hundert Jahre vor dem von Saxo geschilderten Ereignis bereits von einer jüngeren, etwas veränderten Burg abgelöst worden war. Eine Identifizierung ist deshalb nicht möglich; das Beispiel Behren-Lübchin zeigt vielmehr deutlich die Schwierigkeiten, die eine Lokalisierung solcher Orte im archäologischen Befund mit sich bringt.

Grundriß

Der Grundriß eines Walls hing vor allem von den topographischen Bedingungen am Ort ab (Abb. 28). Formale Klassifikationen bleiben deshalb ohne historische Aussagekraft; zu fragen ist vielmehr nach Funktionen und Strukturen. Höhenburgen nutzten die „natürliche" Schutzlage aus. Mächtige Wälle baute man dort nur an den leicht zugänglichen Stellen, sonst kam man mit Palisaden oder ähnlichem aus (Sternberger Burg). Abschnittswälle finden sich nur bei Burgen in Spornlage (Szeligi, Libušín, Prag, Kozarovice), wozu auch Niederungsburgen zählen können (Phöben). Niederungsburgen legte man ebenfalls nach Möglichkeit auf Inseln oder an einer durch Wasser oder Sumpf in ähnlicher Weise geschützten Stelle an (Brandenburg/Havel, Ostrów Lednicki, Posen, Libice). Bei allen diesen Anlagen bestimmte das Gelände nicht nur den äußeren Umriß, sondern auch den Umfang und damit die Größe der Anlage.

Einfluß auf die äußere Gestalt konnten auch ältere Anlagen („Vorgängerbauten") besitzen. So nutzten manche slawischen Burgwälle verfallene, jungbronze- und eisenzeitliche Anlagen, die lediglich „erneuert" wurden (Potsdam-Sacrow „Römerschanze", Mangelsdorf, Hohenseeden, Lebus, Češov na Jičínsku). Nur mit Hilfe einiger Wallschnitte läßt sich klären, welche Wälle prähistorisch und welche frühmittelalterlich sind. Mehrteilige Anlagen scheinen überwiegend Burgen darzustellen, die im Lauf der Zeit erweitert wurden (Neubrandenburg „Ravensburg", Plöwen, Rothemühl, Gnesen, Levý Hradec, Stará Kouřim, Starigard/Oldenburg?). Dabei dürften meist dem Wall unmittelbar benachbarte Siedlungen (Suburbien) in die Befestigung einbezogen worden sein. Der umgekehrte Fall – Einbau eines kleinen Burgwalls in einen größeren – kommt dagegen, soweit sich das bislang abschätzen läßt, kaum vor (Zabrušany). Differenzierte Burg-Siedlungs-Komplexe entstanden also durch Erweiterung, nicht durch Binnendifferenzierung.

Besaßen die großen „Fürstenburgen" seit dem 10. Jahrhundert eine Fläche

von zumindest einigen Hektar (Bílina, Stará Boleslav, Prag, Libušín?, Kou-
řim-Sv. Jiří), so waren sie dennoch kleiner als verschiedene Anlagen des 9.
Jahrhunderts. Gegenüber diesen ist eine auffällige Reduktion der umwallten
Fläche zu beobachten. Karolingerzeitliche „Großburgen" finden sich in Böhmen (Tismice b. Český Brod, Libice, Zabrušany, Prachovské skály, Budeč)
sowie zwischen Elbe und Oder (Feldberg, Zislow, Wildberg, Rothemühl,
Tribsees, Groß Görnow). Auch im Norden des ostfränkischen Reichs, an
Lippe und Ruhr entstanden im 8./9. Jahrhundert Großburgen[23], so daß damit
vielleicht eine zeittypische Form beschrieben wird. Unklar ist allerdings noch
immer, weshalb eigentlich derart umfängliche Befestigungen errichtet wurden
– oder mit anderen Worten deren innere Struktur und Funktion. Stellten sie
dicht bebaute „Zentralsiedlungen" eines größeren Raumes dar? Oder waren
es lediglich reine „Fluchtburgen" bzw. nur kurzzeitig bewohnte Anlagen?
Dienten sie vorrangig „militärischen" Zwecken? Ein Sonderfall unter diesen
Großburgen waren die mährischen Siedlungsagglomerationen, die bei den
Westslawen und in ganz Mitteleuropa sonst nicht ihresgleichen haben. Die
Agglomeration von „Adelssitzen" verweist eher auf mediterrane Traditionen,
war doch der fränkische Adel seit der späteren Merowingerzeit „landgeses-
sen", d. h. in den Dörfern ansässig. In Mähren existierten im 10./11. Jahrhun-
dert ebenfalls nur noch mittelgroße Burgwälle (Spytihněvgrad b. Staré Město,
Hodonín, Břeclav).
    Die Größe bzw. der Umfang der Anlagen hing aber auch vom Gelände ab.
Es mußte entsprechender Platz vorhanden sein, um ausgedehntere Befestigungen errichten zu können. Daher überrascht es nicht, daß sich die meisten
Großburgen in weitgehend ebenem Niederungsgelände befinden. Nur selten
boten Höhen eine vergleichbar umfangreiche Fläche; zumindest konnte der
zur Verfügung stehende Platz generell nicht erweitert werden. Dadurch sind
auch benachbarte (Vorburg-)Siedlungen kaum möglich, so daß sich die Platz-
beschränkung rasch zugleich als funktionelle Einschränkung erweisen konnte.
    Einen besonderen Typ stellen kleine, kreisrunde bis leicht ovale Ringwälle
von lediglich 20–30 m Innendurchmesser dar. Sie gehören vor allem in die
Zeit von der zweiten Hälfte des 9. bis ins 11. Jahrhundert. Ihre geometrische
Form ist der Lage in ebenem Gelände angepaßt. Die Anregungen zu dieser
Bauform gingen möglicherweise von den sächsischen Ringwällen[24] aus, die

---

23 Kartierung: Brachmann [Nr. 289] Karte 4 (Beilage).
24 Deren Apostrophierung als „Heinrichsburgen", d. h. unter König Heinrich I. gegen die
    Ungarn errichtete Befestigungen, hat sich längst als irrig herausgestellt. Zu verschieden
    sind die jeweiligen Zeitpunkte der Errichtung, und eine einheitliche Planung läßt sich
    nicht erkennen; Kartierung: Brachmann [Nr. 289] Karte 4 (Beilage).

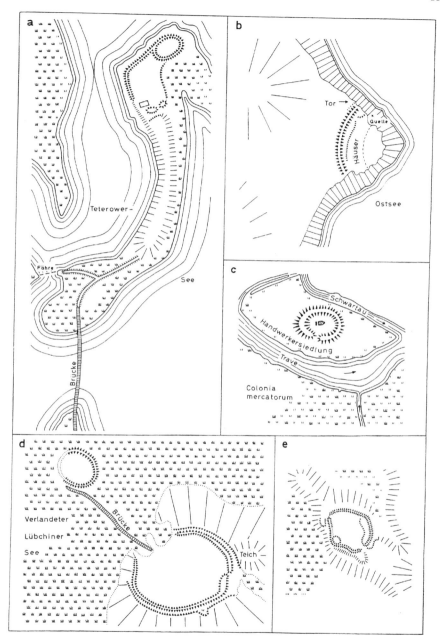

Abb. 28. Grundrisse einiger Burgwälle westlich der Oder. a Teterow im Teterower See (11.–12. Jahrhundert); b Arkona auf Rügen (9.–12. Jahrhundert); c Alt Lübeck am Zusammenfluß von Trave und Schwartau (9.–12. Jahrhundert); d Behren-Lübchin im Lübchiner See (11.–12. Jahrhundert); e Liepen (9. Jahrhundert). Unabhängig von allgemeinen Bauprinzipien beeinflußte die topographische Situation die Grundrißgestalt der Burgwälle erheblich. – M. ca. 1:13 000 (nach Herrmann [Nr. 302] 209 Abb. 2)

seit dem späten 8. Jahrhundert aufkamen und auch noch im hohen Mittelalter errichtet wurden, und verbreiteten sich als zeittypische Variante im Flachland bis nach Schlesien und Masowien. Mehr als hundert dieser kleinen Ringwälle sind für den westslawischen Raum heute bekannt. Gehäuft kommen sie in der Niederlausitz vor, wo sie eine geschlossene „Burgenlandschaft" bilden.[25]

Über die Innenbebauung liegen bisher nur begrenzte Einblicke vor, da kaum eine Wallanlage komplett untersucht werden konnte. Insbesondere für die Großburgen des 8./9. Jahrhunderts reichen die bisherigen Grabungen für ein abschließendes Urteil nicht aus. Eine „kasemattenartige" regelhafte Innenbebauung findet in den Befunden keine ausreichende Stütze. Diese Interpretation geht auf die Grabungen Gerhard Bersus im schlesischen Strzegom (Striegau) und dessen wohl nicht ganz zutreffenden Vergleich mit byzantinischen Anlagen zurück, der dennoch auf die Anlagen von Kliestow (W. Unverzagt) sowie Feldberg und Zislow (J. Herrmann) übertragen wurde. In kleineren Burgwällen findet sich wegen des beschränkten Platzes oft eine dichte Innenbebauung, die sich häufig auch an die Wallinnenseite anlehnt. Meist wurde hier allerdings die gesamte Innenfläche ausgenutzt.

Wallkonstruktion

Alle früh- und hochmittelalterlichen Befestigungen besaßen sogenannte Holz-Erde-Mauern, deren Errichtung auch Ibrāhīm ibn Yaᶜqūb beschrieb. Diese Wälle waren außen mit einem meist flacheren Sohlgraben kombiniert, der sowohl fortifikatorischen Zwecken diente als auch das Füllmaterial für den Wall lieferte. In Hanglagen und auf Höhen waren es trockene Gräben, in Niederungen sumpfige oder mit Wasser gefüllte Annäherungshindernisse. Gelegentlich wurde das Erdreich zusätzlich an der Wallinnenseite gewonnen, was dann auch dort einen, allerdings flacheren „Graben" hinterließ (Stará Kouřim, Libice, Hohennauen?, Kliestow?, Starigard/Oldenburg, Sternberger Burg, Arkona, Potsdam-Sacrow „Römerschanze"). Gelegentlich werden über diesen Reihen unregelmäßiger Vertiefungen Häuser entlang der Wallinnenseite rekonstruiert, doch ist dies häufig keine zwingende Schlußfolgerung. Zu sehr ist eine solche Interpretation militärischen Vorstellungen verhaftet, während diese Burgen doch Mittelpunktsfunktionen besaßen.

Die kreuzweise („rostartige") Verlegung kaum bearbeiteter Hölzer in unregelmäßigem Abstand stellt die einfachste und deshalb nahezu überall verbrei-

---

25 Kartierung: Henning [Nr. 299] 10 Abb. 1.

tete Möglichkeit dar, einem Erdwall durch eingezogene Hölzer Stabilität zu verleihen (Abb. 29). Rostkonstruktionen kommen daher nicht nur in der Lausitz und dem mittleren Brandenburg vor, wie gelegentlich vermutet wurde (Abb. 30). Es gibt sie ebenso in Mecklenburg und Polen, dem sächsischen Siedlungsraum, im fränkischen Reich usw.[26] Je dichter die Holzpackungen angelegt wurden, desto mehr Holz wurde benötigt. Die Kastenkonstruktion läßt sich nicht nur als Gegensatz zur Rostbauweise, sondern auch als deren konstruktive Weiterentwicklung – bei erheblich höherem Aufwand – verstehen. Statt mehr oder weniger regellos Hölzer aufzuschichten, wurden nun regelrechte Holzkästen gezimmert. Die Kästen konnten in mehreren Reihen hintereinander angeordnet sein und nahmen die Erdfüllung auf; sie konnten an Vorder- und Rückfront mit Anschüttungen versehen sein. Technisch gesehen stellen Rostkonstruktionen ein Innengerüst dar, Kastenkonstruktionen bilden eine äußere Hülle. Die Abgrenzung zwischen beiden Bauweisen erscheint diffus, unterscheidet beide Bauweisen doch vor allem der Abstand, in dem die Hölzer liegen. Innere Ankerbalken können die äußeren Kästen zusammenhalten (Starigard/Oldenburg, Scharstorf, Berlin-Spandau, Dorf Mecklenburg, Schönfeld) und lassen sich als „Übergangsform" zwischen beiden Konstruktionstypen verstehen. Daraus erklären sich manche Schwierigkeiten der Befundinterpretation. Denn das Vergehen des Holzes im Boden erschwert es, Details der Konstruktion zu erkennen. Auch das Verbreitungsbild macht deutlich, daß sich beide Formen nicht ausschließen. In Polen wurden häufig Asthaken so eingebaut, daß sie dem Holzrost zusätzlichen Halt verschafften (Gnesen, Posen), doch läßt sich allein daraus keine speziell „piastische Bauweise" ableiten.

An die Kastenkonstruktionen sind die sogenannten Plankenwände anzuschließen. Dabei wurden die Bretter für die Kästen senkrecht (aufrecht stehend) statt waagerecht (liegend) verbaut und von senkrechten Pfosten oder waagerechten Ankerbalken gehalten. Im Schnitt erscheinen beide Bauweisen dreiteilig, denn an der Vorder- und Rückfront wurden jeweils Böschungen angeschüttet. Die Plankenwände kommen ebenfalls im nordöstlichen Deutschland vor (Behren-Lübchin, Starigard/Oldenburg, Brandenburg/Havel, Berlin-Köpenick). Ihre Verbindung mit westlichen, sächsischen Parallelen (wie auf dem Höhbeck oder in Hamburg) oder der skandinavischen Stabbauweise und die damit verbundene Erklärung als zeittypisch erscheint plausibler als eine Herleitung aus dem ostslawischen Raum. Den Plankenwänden ähneln Palisa-

---

[26] Kartierung: Herrmann [Nr. 174] Abb. 12.

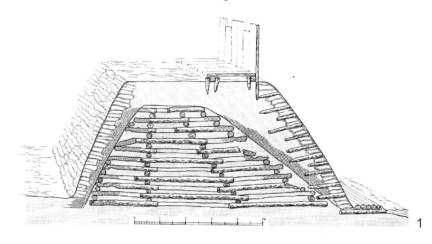

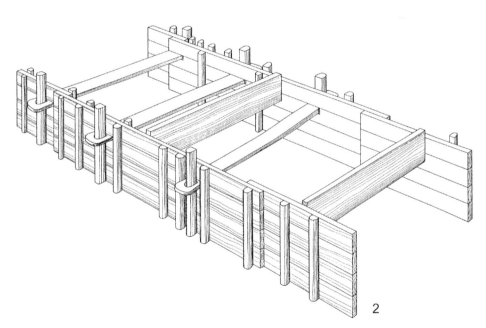

Abb. 29. Wallkonstruktionen. 1 Rekonstruktion der Phase 4 des Burgwalls von Berlin-Spandau (9./10. Jahrhundert?) mit Rostkonstruktion (einer älteren Phase) und Rasensodenaufschichtung sowie Wehrgang; 2 Schema der unregelmäßigen Kastenkonstruktion im Wallkern der Großburg von Starigard/Oldenburg (9./10. Jahrhundert) (nach Adriaan v. Müller/Klara v. Müller-Muči, Die Ausgrabungen auf dem Burgwall in Berlin-Spandau. Archäologisch-historische Forschungen in Spandau 1 = Berl. Beitr. Vor- u. Frühgesch. NF 3 [Berlin 1983] 39 Abb. 13; Starigard/Oldenburg [Nr. 311a] 110 Abb. 5)

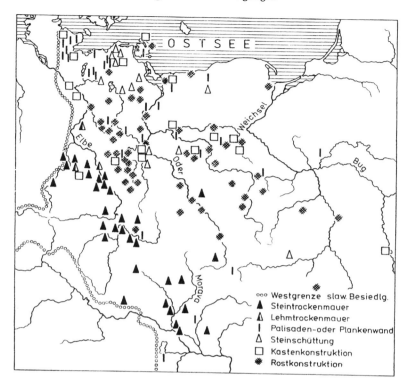

Abb. 30. Verbreitung bestimmter Wallkonstruktionstypen in Ostmitteleuropa. Regionalvarianten gibt es vor allem im Nordwesten des slawischen Siedlungsraums, wo Plankenwände
und Feldsteinschüttungen errichtet wurden. Überregional verbreitet waren rostartige Holzeinbauten, als deren technische Weiterentwicklung und zugleich aufwendigere Variante die
gezimmerten Kastenkonstruktionen anzusehen sind. Die Steintrockenmauern im Mittelgebirgsraum waren ebenso wie die Feldsteinschüttungen im Flachland an entsprechende Vorkommen gebunden. Trockenmauern wurden in Mähren im 9. Jahrhundert, in Böhmen und im
   Elbe-Saale-Raum vor allem im 10. Jahrhundert gebaut (nach Herrmann [Nr. 174] Abb. 12)

den, die eine eher seltene Variante leichter Befestigungen darstellen. Sie legte
man an Hängen, hinter Gräben oder in Insellage an, um ihren Schutz zu ver-
stärken (Behren-Lübchin, Sternberger Burg, Hradsko bei Mšeno, Santok, Biskupin, Gnesen, Łęczyca, Staré Město, Klučov, Brno-Lišeň „Staré Zámky").
Meist wurden nur bestimmte Teile der Befestigung mit Palisaden versehen.
Eine Ausnahme bildet auch in dieser Hinsicht der „Herrenhof" von Břeclav-
Pohansko, der im 9. Jahrhundert nur mit einem Palisadenzaun versehen war.
Dessen eigentlicher Zweck dürfte denn auch weniger in der Verteidigung als
vielmehr in einer Demonstration von Prestige und Macht gelegen haben.

Im Elbe-Saale-Raum (Landsberg, Schraplau, Köllmichen, Ostro, Zehren, Brohna), in Böhmen (Budeč, Prag, Tetín, Levý Hradec), Mähren (Mikulčice, Staré Město) und der Slowakei (Mužla-Čenkov, Zvolen-Priekopa) sowie im südlichen Polen (Strzegom, Niemcza, Naszacowice, Kamieniec)[27] wurden die Wälle meist nicht nur aus Holz und Erde, sondern auch mit Hilfe von Steinen errichtet. Voraussetzung war ein plattiges Gestein, das zu Mauern aufgeschichtet werden konnte. Deshalb sind derartige, ohne Mörtel errichtete Trockenmauern an den Mittelgebirgsraum gebunden. Trockenmauern wurden vor allem an der Wallaußenseite gebaut, auch um die Brandgefahr für die Holzeinbauten des Walls zu reduzieren. Häufig erhielt der Wall aber eine Trockenmauer auch an der Innenseite, so daß er aus zwei Schalen bestand, die miteinander durch Balken verbunden waren. Der Zwischenraum wurde mit Erde und/oder Steinen aufgefüllt. Steinerne Mauern an der Wallvorderseite stellen wegen dieser Abhängigkeit von Materialvorkommen keine „přemyslidische Bauweise" dar. Nach Mähren wurde die Trockenmauer-Schalenbauweise im 9. Jahrhundert wohl aus dem Donauraum vermittelt; auch die slawische Burg von Gars-Thunau in Niederösterreich besaß eine Trockenmauer. Aus Mähren und Böhmen wiederum bezogen Schlesien und Kleinpolen im 9. bzw. 10. Jahrhundert die Anregungen, Steinkonstruktionen in den Wällen zu verwenden.

Für das Elbe-Saale-Gebiet dürften Vorbilder im ostfränkisch-sächsischen Raum zu suchen sein, denn die baulichen Parallelen zu dortigen Burgen sind kaum zu übersehen. Dies betrifft insbesondere die Zeit der Ottonen, denn eine grundsätzlich karolingerzeitliche Datierung der Burgen an Elbe und Saale läßt sich nicht aufrechterhalten. Ab 928/929 wurden das slawische Gebiet zwischen Elbe/Saale und Oder unter Heinrich I. erobert, wenig später die Markenorganisation eingeführt (936/937) und Bistümer (948/968) gegründet. Mit diesen Ereignissen dürften auch die Niederlausitzer Steinpackungen (bzw. Trockenmauern?) (Duben, Möllendorf, Neuzelle, Polanowice, Raddusch, Repten, Gubin, Stargard Gubiński, Tornow, Zahsow, Freesdorf „Borchelt", Gilów) – direkt oder indirekt – in Verbindung zu bringen sein, denn sie gehören den Jahrringdaten zufolge offenbar erst in das fortgeschrittene 10. Jahrhundert. Lehmtrockenmauern (Cösitz, Fichtenberg, Berlin-Spandau, Genthin-Altenplathow?) und die aus dem sächsischen Raum angeregten Sodenaufschichtungen (Alt Lübeck, Köpenick, Dorf Mecklenburg) folgten dem gleichen Bauprinzip – nur mit anderen Mitteln. Sie stellen daher Adaptionen der Trockenmauerbauweise dar.

---

27   Kartierung: Wachowski [Nr. 102] 106 Abb. 61.

Weitere Varianten sind Steinpackungen an der Wallaußen- und selten an der Wallinnenseite (Liepen, Feldberg, Demmin-Vorwerk, Berlin-Spandau, Strzegom, Źlinice, Posen, Kalisz, Gwieździn). Sie verdeutlichen das flexible Bemühen um zusätzlichen Schutz der recht empfindlichen Holzerde „mauer" unter Verwendung des am Ort jeweils zur Verfügung stehenden Materials (Abb. 31). Mitunter kommen auch Flechtwerkwände vor, die die Holz-Erde-Mauer im Innern zusammenhielten (Kouřim, Vlastislav, Pobedim, Mikulčice). Das Prinzip ähnelt dem der Kastenkonstruktionen und zielte auf eine zusätzliche Festigung des Erdwalls.

All diese Konstruktionsprinzipien wurden häufig situationsbedingt abgewandelt, so daß es eine Reihe von schwer oder gar nicht zuzuordnenden Übergangsformen gibt. Viele Burgwälle, insbesondere die meisten oder sogar alle *großen* Burgwälle besaßen in verschiedenen Abschnitten auch unterschiedliche Wallkonstruktionen. Dies lag an unterschiedlichen fortifikatorischen Anforderungen in unterschiedlichen Bereichen, am jeweils zur Verfügung stehenden Material und am Zeitpunkt der Errichtung des einen oder anderen Wallabschnitts. Im einzelnen sind diese Faktoren nicht leicht zu unterscheiden, weshalb z. B. aus unterschiedlich errichteten Wallabschnitten nicht sofort auf eine Mehrphasigkeit der Anlage zu schließen ist. Beim Burgenbau läßt sich eine beachtliche Flexibilität erkennen, die den zeitgenössischen Erfordernissen gerecht zu werden suchte. Eine grundsätzliche Herleitung der Bauprinzipien aus dem osteuropäischen Herkunftsraum erscheint somit fraglich.

Auch bei den Toren, die den Zugang ins Innere der Wallanlagen ermöglichten, gibt es zahlreiche Varianten. Sie sind jedoch nur selten ausgegraben worden, weil ihre Lage nicht leicht „vorherzusagen" ist. Neben einfachen Tunneltoren (Tornow, Lubomia, Groß Lübbenau, Repten, Presenchen, Raddusch, Schönfeld), die durch den Wall hindurchführten, existierten kompliziertere Bauten. Belegt sind seitlich versetzte Zugänge (Klučov, Libušin), zusätzliche „Bastionen" (Vlastislav), mehrfache Durchlässe (Stará Kouřim, Levý Hradec), ohne daß sich klare zeitliche Unterschiede erkennen ließen. Allerdings scheinen die Tunneltore tendenziell zu komplizierteren Anlagen wie Tortürmen (?) ausgebaut worden zu sein (Berlin-Spandau, Groß Raden, Arkona, Behren-Lübchin, Schönfeld, Pobedim, Stará Kouřim), die aufgrund massiver Pfostensetzungen zwar vermutet, bisher aber nicht zweifelsfrei nachgewiesen werden können. Für Arkona erwähnt Saxo Grammaticus (XIV,39), daß die Dänen 1168 einen Turm über dem Tor in Brand steckten. Die Rekonstruktion bereitet im Detail große methodische Probleme, da sich meist nur die untersten Teile im Boden abzeichnen. Dies gilt ebenso für alle Wallaufbauten, über deren tatsächliches Aussehen nur spekuliert werden kann. Lediglich in Behren-

Lübchin hat sich eine umgestürzte Stabbohlenwand als Teil des Wehrgangs erhalten.

Der Bauaufwand für die frühmittelalterlichen Burgwälle erscheint enorm. Schätzungen gehen je nach Anlage von einigen tausend bis zu Zehntausenden von Arbeitstagen aus. Da aber nicht abzusehen ist, wieviele Menschen und aus welchem Raum zum Bau herangezogen wurden, wie der Bau selbst organisiert war und aus welchen Entfernungen das Baumaterial herangeschafft werden mußte, lassen sich weder die tatsächliche Bauzeit noch die sozialen Umstände eines solchen Baus verläßlich einschätzen. Dennoch dürften die meisten Wälle, auch die großen Anlagen, innerhalb von höchstens einigen Jahren errichtet worden sein. Mit der zunehmenden Größe der Anlagen, z. B. der „Fürstenburgen", und deren massiver werdenden Befestigungen stieg der Bauaufwand weiter. Der riesige Holzbedarf konnte nur aus einem größeren Gebiet gedeckt werden und muß fast einen „Kahlschlag" in der näheren Umgebung zur Folge gehabt haben.[28] Die häufigeren Erneuerungen der Wälle im Abstand nur weniger Jahre sind angesichts der gewaltigen Menge verbauten Holzes wohl nur vorstellbar, wenn eine gewisse Holzwirtschaft betrieben wurde. Nur dann dürfte es möglich gewesen sein, innerhalb der näheren Umgebung genügend massive Stämme zur Verfügung zu haben; denn man konnte auch nicht beliebig weit ausweichen, wenn man nicht den Nachbarn und deren Holzbedarf in die Quere kommen wollte. In sozialer Hinsicht müssen diese Bauten zugleich eine imponierende Organisationsleistung gewesen sein, insbesondere die frühen Burgen des 8./9. Jahrhunderts.

Wallschnitte decken meist komplizierte Stratigraphien auf, die auf zahlreiche Erneuerungen der Wälle hinweisen. Anhand der Jahrringdaten wird deutlich, daß oft nur wenige Jahre zwischen einzelnen Bau- oder Reparaturphasen liegen. Daraus werden verschiedene „Phasen" der Befestigung rekonstruiert, was den Eindruck besonders umfangreicher Anstrengungen verstärkt. Allerdings wird es sich vielfach nur um örtlich begrenzte Ausbesserungen und nicht um eine komplette Erneuerung des Walls gehandelt haben. Dafür sprechen auch die großen Schwierigkeiten, verschiedene Wallschnitte miteinander zu parallelisieren. Aufgrund dessen sind auch Rekonstruktionen, so sehr sie einen notwendigen Gesamteindruck verschaffen und fragliche Interpretationen offenlegen, problematisch. Sie stellen im Detail unzuverlässige Hochrechnungen auf der Grundlage punktueller Einblicke dar, deren Repräsentativität für die Gesamtanlage schwer abzuschätzen ist.

---

28 Die ostslawische Bezeichnung *Kreml* für wichtige Burgen bedeutet so viel wie „Wald, wo die besten Stämme wachsen".

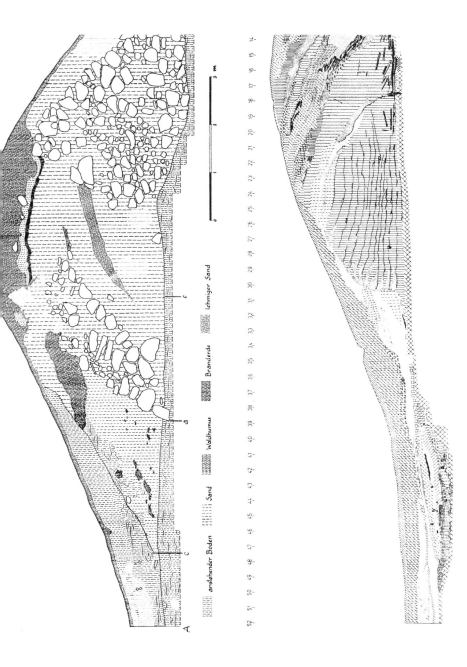

Abb. 31. Wallschnitte. 1 Liepen mit massiven Steinschüttungen an Wallvorder- und -rücktront; 2 Dort Mecklenburg mit Resten der Holzkonstruktion im Innern der Wallschüttung und den (rechts) angrenzenden Siedlungsschichten im Innern des Walls (nach Bodendenkmalpfl. Mecklenburg. Jahrb. 1960, Abb. 97; Peter Donat, Die Mecklenburg. Eine Hauptburg der Obodriten. Akad. Wiss. DDR. Schr. Ur- u. Frühgesch. 37 [Berlin 1984] Beilage)

Im 10. und 11. Jahrhundert wurden in den zuvor eroberten östlichen Gebieten des Reichs – vor allem an Elbe, Saale und Mulde – Burgwarde eingerichtet. Diese Burgwarde, 961 erstmals erwähnt, bildeten eine Art „Verwaltungsbezirke" mit einer Befestigung (*civitas*) als Mittelpunkt.[29] Zu ihnen gehörten Magdeburg, Belzig, Barby, Calbe, Haldensleben, Unseburg, Wanzleben, Möckern, Walternienburg u. a. Strukturell gingen sie auf fränkisch-deutsche *und* slawische Wurzeln zurück, bedeuteten aber zugleich tiefgreifende politische Veränderungen. Im Süden, d. h. zwischen Saale und Elbe bestanden diese Burgbezirke im hohen Mittelalter fort, während sie östlich und nördlich der mittleren Elbe durch die Slawenaufstände des späten 10. Jahrhunderts beseitigt wurden. Wenngleich dort im heute brandenburgischen Gebiet diese „Besatzungsherrschaft" archäologisch noch kaum zu fassen ist, könnte z. B. Burg 5 von Berlin-Spandau damit in Verbindung zu bringen sein, für die der Ausgräber eine Motte vermutet. Diese durch einen künstlich aufgeschütteten Hügel gekennzeichnete Burgenform war um 1000 in Frankreich entwickelt worden; eine Datierung der Spandauer Anlage noch in das 10. Jahrhundert (vor den Slawenaufstand von 983) wäre somit ein überaus früher Beleg, noch dazu weit östlich des Rheins.

Sonst ist über die Bauweise dieser Burgwarde nichts näheres bekannt – übernahm man bestehende Burgwälle unverändert oder errichtete man charakteristische neue Anlagen bzw. Bauten? Einzig die Meißner Burg, unter König Heinrich I. gegen die Daleminzer errichtet, sowie etwa zeitgleiche Anlagen in Zehren und Gehren geben einige Hinweise. Sie unterscheiden sich sowohl in der Wohnbebauung mit ihren Blockhäusern sowie den Wallkonstruktionen (Rostkonstruktion) nicht grundlegend von den benachbarten slawischen Burgwällen.

17. Siedlungen „frühstädtischen" Charakters

Das Attribut „frühstädtisch" hat sich zur Bezeichnung jener Siedlungen eingebürgert, die ihrer wirtschaftlichen Struktur nach zwischen Dörfern einerseits und Städten andererseits einzuordnen sind. Mit anderen Worten: Frühstädtische Siedlungen stehen – unter evolutionistischem Blickwinkel – am Beginn einer idealtypischen städtischen Entwicklung. Diese „Zwischenstellung" bzw. ihr Charakter als „Übergangsformen" macht im Einzelfall eine Abgren-

---

[29] Kartierung: Billig [Nr. 287] Beilage 1.

zung schwierig. Die Kriterien der Zuordnung sind denn auch eher negativ definiert: nicht rein agrarisch wirtschaftend, aber auch nicht alle städtischen Funktionen bzw. nur Teilaspekte späterer städtischer Siedlung umfassend. Als „frühstädtisch" gelten deshalb alle Entwicklungen auf dem Wege zur mittelalterlichen Stadt. Allerdings wird diese Sicht der städtischen Entwicklung nicht ganz gerecht, wenn sie gewissermaßen von ihrem Endpunkt aus betrachtet wird.

Damit sind die Charakteristika einer Stadt angesprochen, zu denen vor allem gedrängte Bauweise, nichtagrarische Prägung, zentralörtliche Funktionen und Funktionskumulation (wirtschaftlich, politisch, religiös), sozial und beruflich differenzierte Bevölkerung, Warenaustausch usw. gehören. Stadtmauer und Stadtrecht galten insbesondere der rechtshistorischen Forschung des 19. und frühen 20. Jahrhunderts als entscheidende Kriterien, doch wurden dadurch zu viele offensichtlich städtische Siedlungen des frühen und hohen Mittelalters unberechtigterweise ausgeklammert. Außerdem ist das Stadtrecht ein auf Europa beschränktes Kriterium. Entscheidend ist vielmehr ein Bündel sozial- und wirtschaftsgeschichtlicher Kriterien, aufgrund derer „frühstädtischen" Siedlungen zentralörtliche Funktionen zugeschrieben werden können.

Diesen Kriterien läßt sich auch mit Hilfe der Archäologie nachgehen, deren Quellen vor allem strukturgeschichtlich relevant sind. Anhand der Funde und Befunde kann man der Arbeitsteilung näherkommen und damit wirtschaftliche Differenzierungen erkennen. Der Beleg von Handwerk allein reicht aber für die Interpretation einer Siedlung als „frühstädtisch" nicht aus, zumal Eisenverarbeitung, Teererzeugung und Gebrauchsgeräteherstellung auch in dörflichen Siedlungen zur Eigenversorgung betrieben wurden. Weitere Merkmale müssen hinzukommen, um von einer Produktion über den eigenen Bedarf hinaus und für den Austausch sprechen zu können. Allerdings stellt es ein nicht leicht aufzulösendes methodisches Problem dar, aus den quantitativen archäologischen Befunden qualitative Schlüsse hinsichtlich Eigenversorgung versus handwerkliche Produktion zu ziehen. Frühstädtische Siedlungen blieben dessen ungeachtet sehr vom agrarischen Umland abhängig und in dieses eingebunden. Dies trifft in gleicher Weise auf alle Städte zu, denn nur durch die Funktionsdifferenzierung zwischen Stadt und Land konnten beide ihre wirtschaftlichen Entwicklungsmöglichkeiten nutzen. Städte blieben auf die Versorgung mit Korn und Vieh angewiesen, das Land benötigte im Austausch dafür gewerbliche Produkte.

Unter den frühstädtischen Siedlungen lassen sich im westslawischen Raum zwei Typen feststellen. Dies sind einerseits die sogenannten Seehandelsplätze entlang der südlichen Ostseeküste und andererseits die „Burgstädte" des Binnenlands. Beide unterscheiden sich in der geographischen Situation, womit nicht die Lage am Meer bzw. im Binnenland, sondern die periphere oder zentrale Lage in Bezug zu den Siedlungsräumen gemeint ist. Sie unterscheiden sich auch im Zeitraum ihres Bestehens. Die Seehandelsplätze gehören weitgehend in die Karolingerzeit, die „Burgstädte" entstanden je nach Region seit dem 9., 10. oder 11. Jahrhundert. Mit diesen beiden Charakteristika sind zugleich unterschiedliche wirtschaftliche Funktionen verbunden.

Seehandelsplätze

Die frühesten nichtagrarisch geprägten Siedlungen im westslawischen Siedlungsraum sind die sogenannten Seehandelsplätze. Sie entstanden seit der zweiten Hälfte des 8. Jahrhunderts mit den aufkommenden Fernverbindungen über die Ostsee. Damit gehören sie in ein den ganzen Ostseeraum umspannendes Netz solcher *emporia*, *ports of trade* oder *colonies*, wie sie für die frühe Wikingerzeit (9.–10. Jahrhundert) charakteristisch waren. An diesen Plätzen kamen „Kaufleute" „aus allen Gegenden" zusammen, wie Rimbert für Haithabu berichtete (*Vita Anskarii* 24: *ubi ex omni parte conventus fiebat negotiatorum*).

Jahrringdaten der 720er und 740er Jahre liegen aus Groß Strömkendorf und Menzlin vor; ob sie den Beginn der Handelssiedlungen selbst oder mögliche überwiegend agrarische Vorgängersiedlungen betreffen, ist noch nicht gänzlich klar. Denn diese Daten erscheinen im Vergleich recht früh, entwikkelten sich doch Haithabu (Südsiedlung) und Birka als die beiden großen „Umschlagplätze" des nordeuropäischen Fernhandels erst seit der Mitte des 8. Jahrhunderts. Auch in Jütland (Ribe) und in Schonen (Åhus) sind frühe Plätze entdeckt worden, so daß sich eine „Anlaufphase" bereits in der ersten Hälfte des 8. Jahrhunderts abzeichnet. Nach ersten tastenden Berührungen bedurfte es wohl noch einiger Zeit, bis die Voraussetzungen für intensivere Verbindungen über das Meer hinweg geschaffen waren.

An der südlichen Ostseeküste existierten um 800 Seehandelsplätze in Groß Strömkendorf, Rostock-Dierkow, Ralswiek, Menzlin, Wollin und Bardy-Świelubie. Weiter im Osten gab es noch einen weiteren bei Janów Pomorski, allerdings schon in pruzzischem Siedlungsgebiet. Der eine oder andere derartige Platz dürfte noch unentdeckt sein. Deshalb mag die Identifizierung der beiden aus schriftlicher Überlieferung bekannten *emporia* Reric und Truso mit Groß Strömkendorf bzw. Janów Pomorski zwar einige Wahrscheinlichkeit besitzen, mit archäologischen Mitteln läßt sie sich dennoch nicht beweisen. Reric wurde 808 vom Dänenkönig Göttrik „zerstört", der die dort ansässigen „Kaufleute" in das in seinem Machtbereich gelegene Haithabu verbrachte (*Annales Regni Francorum* ad a. 808). Von Haithabu nach Truso war der Angelsachse Wulfstan im 9. Jahrhundert sieben Tage unterwegs; er segelte entlang der westslawischen Küste (Orosiuschronik König Alfreds).

Die Lage an der Meeresküste war zugleich eine Lage an der äußersten Peripherie des westslawischen Siedlungsraums. Die Seehandelsplätze dienten daher dem ostseeweiten „Fernhandel" als Etappenorte. Sie stellten besondere Siedlungen dar, deren Einbindung in das slawische Hinterland bislang nicht geklärt ist. Strukturell blieben sie ihrer Umgebung fremd und skandinavisch geprägt. Gemeinsam ist allen Plätzen eine Lage in Meeresnähe, doch wurde stets ein etwas zurückgezogener, geschützter Ort landeinwärts gesucht, die unmittelbare Küste also gemieden. Die Bewohner wollten offensichtlich von unliebsamen Überraschungen verschont bleiben. Die deutliche räumliche Absetzung von Burgwällen bzw. der Verzicht auf eigene Befestigungen belegt zugleich die Distanz zu einheimischen slawischen Herrschaftsmittelpunkten.

Da Grabungen bislang nur kleinere Ausschnitte freilegen konnten (abgesehen von den umfangreicheren Grabungen in Ralswiek und Groß Strömkendorf), sind die inneren Strukturen dieser mehrere Hektar großen Siedlungen noch nicht zu beurteilen. Die vorliegenden Anhaltspunkte reichen wohl noch nicht aus, „Hofverbände" als typisch anzusehen. Zwar gab es mehr oder weniger regelmäßig angeordnete Bauten (reihenförmig angeordnete Grubenhäuser in Groß Strömkendorf), doch deren gegenseitige Zuordnung bleibt offen. Regelrechte „Hafenanlagen" scheint es, sofern sie nicht (wie möglicherweise in Groß Strömkendorf) durch Erosion beseitigt worden sind, noch nicht gegeben zu haben. Sie waren angesichts der Kielboote, die leicht aufs flache Ufer gezogen werden konnten, nicht unbedingt erforderlich. In Ralswiek wurden kleine „Einfahrten" entdeckt, in denen die Boote auf das Ufer gezogen werden konnten (Abb. 32). Wahrscheinlich ermöglichten derartige Molen und Stege, wie sie auch in Birka oder Haithabu und inzwischen auch in Wollin beobachtet wurden, ein leichteres Be- und Entladen der Boote.

Nachgewiesen sind jeweils bestimmte, stets wiederkehrende handwerkliche Produktionszweige: Bronzeguß für die Schmuckherstellung, Geweihverarbeitung für die Kammproduktion, Glasperlenfertigung aus Mosaiksteinen, Bernsteinperlenproduktion aus den baltischen Vorkommen usw. An Ort und Stelle wurden also nicht nur Produkte ausgetauscht, sondern für einen nicht geringen Bedarf auch selbst produziert. Hausbau und Bestattungssitten innerhalb der Seehandelsplätze belegen unterschiedliche kulturelle Traditionen und damit, auch wenn sie im einzelnen nicht immer klar auseinanderzuhalten sind, die Anwesenheit von Personen verschiedener Herkunft – Skandinaviern, Slawen und Westeuropäern (Franken, Sachsen, Friesen). Daß es sich dabei nicht nur um eine saisonale, sondern eine dauerhafte Besiedlung handelte, ist

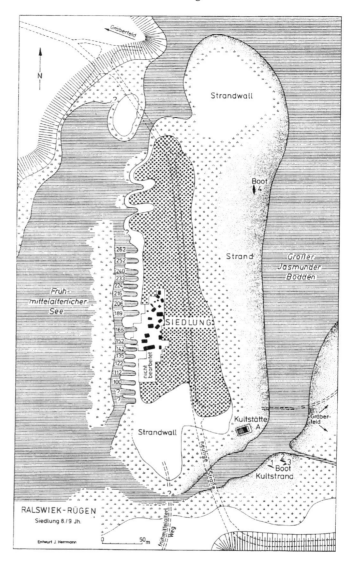

Abb. 32. Ralswiek. Topographie des Seehandelsplatzes. Zur Siedlung gehörten Schiffslande-
plätze im Westen, ein mutmaßlicher „Kultbau" im Südosten, in dessen Nähe auch mehrere
Bootswracks gefunden wurden, und im Osten ein Gräberfeld mit mehr als 400 Hügeln (nach
Die Slawen in Deutschland [Nr. 48] 242 Abb. 120)

allein anhand der Gräber von Skandinaviern und Skandinavierinnen (Menzlin, Ralswiek, Groß Strömkendorf, Świelubie) nicht zu belegen. Der Seehandel selbst dürfte auf das Sommerhalbjahr mit seinen günstigeren Wetterbedingungen beschränkt gewesen sein, und in dieser Zeit belebten sich die *emporia*. Interessanterweise ließen sich die Wikinger in Menzlin zwar nach einheimischer Sitte verbrennen und mit großen steinernen Schiffssetzungen bestatten, ihre sterblichen Überreste aber in Urnen der slawischen Feldberger Ware beisetzen. Hier zeigen sich aufschlußreiche kulturelle Austauschprozesse. Die Gebrauchskeramik bestand, von wenigen Resten westeuropäischer Produktion (Badorfer Ware, Tatinger Kannen) abgesehen, fast ausschließlich aus der üblichen slawischen Ware. Reste unverzierter Gefäße skandinavischer Provenienz dürften bisher allerdings unerkannt geblieben sein.

Aus der Zahl der Gräber bzw. der Größe der Nekropolen lassen sich Anhaltspunkte zur Bevölkerungsgröße der zugehörigen Siedlung gewinnen. In den „Schwarzen Bergen" von Ralswiek finden sich mehr als 400 Grabhügel, zu Menzlin gehörten schätzungsweise 800 bis 850 Gräber, zu Świelubie über 100 Grabhügel mit jeweils mehreren Bestattungen und weitere Flachgräber, in Wollin existieren mehrere umfangreiche Friedhöfe mit insgesamt einigen tausend Gräbern (u. a. auf dem Mühlenberg), und in Groß Strömkendorf deuten die jüngsten Grabungen auf wohl etwa 200 Bestattungen hin. Berücksichtigt man die jeweilige ungefähre Zeitdauer der Besiedlung, scheinen in Menzlin, Ralswiek, Świelubie und Groß Strömkendorf etwa 100 bis 150 Menschen gleichzeitig gelebt zu haben. In Wollin lag im 10./11. Jahrhundert die Bevölkerungszahl um einiges höher und überschritt möglicherweise 1000; noch höhere Zahlen bleiben spekulativ und überschätzen wohl die damaligen Möglichkeiten. Zum Vergleich sei Haithabu an der Schlei angeführt, dessen verschiedene Nekropolen insgesamt ungefähr 12000 Gräber umfaßten und eine Bevölkerung von etwa 1000 Menschen im mittleren 10. Jahrhundert erschließen lassen. In Birka, auf einer Insel im Mälarsee gelegen, dürften kaum weniger Menschen gelebt haben, wie mehr als 2500 Grabhügel und zahlreiche oberirdisch nicht sichtbare Kammer- und Kistengräber belegen.

Nach einer „Blütezeit" im 9. Jahrhundert gingen diese Küstensiedlungen spätestens im 10. Jahrhundert wieder ein. Vergleichbare Entwicklungen lassen sich in Skandinavien feststellen, so daß neben Veränderungen des Wasserspiegels strukturelle Veränderungen im Ostseeverkehr, aber auch erfolgreiche großräumige Herrschaftsbildungen als tiefere Ursachen anzunehmen sind. Die Seehandelsplätze südlich der Ostsee endeten in einer Sackgasse; sie blieben ohne Kontinuität zum mittelalterlichen Städtewesen. Wenn auch diese Plätze aufgegeben wurden, so gingen deren Funktionen an andere Orte über, weshalb in struktureller Hinsicht von einer Verlagerung zu sprechen ist. Auch

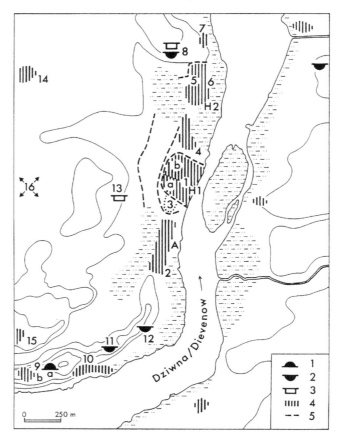

Abb. 33. Wollin. Topographie des Seehandelsplatzes. Neben dem eigentlichen Handelsplatz
mit Hafen und Umwallung des 10. Jahrhunderts liegen umfangreiche Gräberfelder und weitere Siedlungen aufgereiht entlang der Dziwna (Dievenow). 1 Grabhügel; 2 Brandgräber; 3 Körpergräber; 4 Siedlung; 5 Befestigung. – A Anlegestelle (Wiek); H 1 Hafen in der Stadt;
H 2 Hafen am „Silberberg"; 1 älteste Siedlung; 2 Fischervorstadt; 3 „Tempel" des 12. Jahrhunderts; 4 Gartenvorstadt; 5 Markt des 12. Jahrhunderts; 6 Handwerkersiedlung „Silberberg";
7 Siedlung; 8 Gräberfeld „Mühlenberg"; 9a Siedlung; 9b Grabhügelfeld und „Vulkanstopf" am
„Galgenberg"; 10 Siedlung; 11–12 Brandgräberfelder; 13 Körpergräberfeld des 12. Jahrhunderts; 14–15 Siedlungen; 16 Acker (nach Ber. RGK 69, 1988 [1989] 697 Abb. 4)

die skandinavischen Plätze wie Haithabu und Birka wurden im 11. Jahrhundert verlegt, so daß ein grundlegender Strukturwandel sichtbar wird.

Allerdings gab es wohl eine Ausnahme. Wollin wurde, anders als die übrigen *emporia* bei den Westslawen, aber genau wie Haithabu oder Birka im 10.
Jahrhundert mit einem Wall versehen. Und wie diese beiden skandinavischen

Plätze überstand Wollin die Mitte des 10. Jahrhunderts und erlebte um das Jahr 1000 seine wirtschaftliche Blüte (Abb. 33). Das Wollin dieser Zeit war jenes *Jumne*, das Adam von Bremen (II,22) etwas übertreibend als „die größte von allen Städten" Europas mit einem „griechischen Feuer" (Leuchtfeuer?), aber auch als „multiethnische" Siedlung und als Warenumschlagplatz beschrieb: „in ihr wohnen Slawen und andere Stämme, Griechen und Barbaren. Auch die Fremden aus Sachsen haben gleiches Niederlassungsrecht erhalten, wenn sie auch während ihres Aufenthalts ihr Christentum dort nicht öffentlich bekennen dürfen. Denn noch sind alle in heidnischem Irrglauben befangen; abgesehen davon wird man allerdings kaum ein Volk finden, das in Lebensart und Gastfreiheit ehrenhafter und freundlicher ist. Die Stadt ist angefüllt mit Waren aller Völker des Nordens, nichts Begehrenswertes oder Seltenes fehlt". Seine besondere Stellung wird Wollin ähnlich wie Birka und Haithabu einer zentralen („strategischen") Lage verdankt haben: als überragender Mittelpunkt der gesamten südlichen Ostseeküste mit einem weiten, durch die Oder und deren Nebenflüsse erschlossenen Hinterland. Im 11. Jahrhundert begann der Niedergang Wollins als Handelsort – gleichzeitig mit demjenigen Haithabus und Birkas. Dazu dürften einerseits die exzeptionelle „Verfassung" Wollins ohne politische Mittelpunktsfunktion, die wie bei den beiden skandinavischen Handelsplätzen nicht mehr in die Zeit paßte, und andererseits die Einengung des Hinterlandes durch den in Großpolen entstehenden Piastenstaat geführt haben.

Mit Wollin ist die bekannte Vineta-Sage verbunden. *Jumne* oder *Julin* lautet der Name des heutigen Wollin bei Adam von Bremen, ebenso oder *Jomsburg* bei Saxo Grammticus. Helmold von Bosau, der sich auf Adam stützte, schrieb meist *Jumneta*. Weil ihm eine zeitgenössische „Stadt" dieses Namens nicht bekannt war, hielt Helmold sie für bereits untergegangen, wenngleich ihre Reste – so seine toposartige Annahme – noch sichtbar seien. Bereits in spätmittelalterlichen Abschriften Helmolds findet sich die falsche Lesung *Vinneta* statt *Jumneta*, die zum Namen der Sage wurde. In Humanismus und Renaissance verbanden sich mit Vineta einige Elemente des antiken Mythos von Atlantis (Platon), jener großen Insel im Ozean, größer als Libyen und Asien, deren Bewohner die Welt mit Ausnahme Athens beherrscht haben sollen und die von einem Erdbeben verschlungen worden sei. Deshalb suchte man Vineta auf dem Grund der Ostsee, wo es bereits Sebastian Münster in seiner *Cosmographia* 1544 bei Koserow vor Usedom vermutete.

„Burgstädte"

Einen zweiten Ansatz in Richtung städtischer Entwicklungen stellen die sogenannten „Burgstädte" dar. Ihre Bedeutung lag nicht im Fernhandel, an dem
sie zunächst kaum teilhatten – allenfalls, um Luxusgüter zu erhalten. Diese
„Burgstädte" stellten mehrkernige Siedlungen dar. Sie bestanden meist aus einem Burgwall mit zugehöriger Vorburg (Suburbium) und einer offenen Siedlung. Für diese funktional mehrteiligen Siedlungen erscheint daher die Bezeichnung „herrschaftlich-frühstädtischer Siedlungskomplex" als zutreffend,
wobei nicht alle Bereiche gleichermaßen befestigt sein mußten. Innerhalb dieser Siedlungskomplexe lassen sich herrschaftliches Zentrum und abhängige
nichtagrarische Suburbien („Handwerkersiedlung") oft nicht scharf voneinander trennen. Beide konnten auch unmittelbar benachbart und gemeinsam in
der (inneren) Befestigung gelegen sein.

Diese besondere Struktur ergab sich wahrscheinlich aus den spezifischen,
durch Burgherrschaften geprägten Herrschaftsverhältnissen dieses Raumes.
Vor allem an politisch zentralen Orten, den „Fürstensitzen", lassen sich entsprechende Entwicklungen feststellen. An den großen Burgwällen wurde die
handwerkliche Produktion konzentriert, die für den Bedarf einer Elite produzierte. Seit dem 11. Jahrhundert berichteten schriftliche Nachrichten von spezialisierten Handwerkern als fürstlichen Dienstleuten, und eine Reihe von
Ortsnamen mit Berufsbezeichnungen verweist auf „Dienstsiedlungen" – beides in den Machtbereichen von Piasten (Großpolen), Přemysliden (Böhmen)[30] und auch der Arpaden (Ungarn). Diese unmittelbare Einbindung der
Handwerker in die herrschaftliche Organisation und die auffällige Parallelität
von Siedlungsentwicklung und Herrschaftsbildung deuten an, daß die „Burgstädte" ihre Entstehung herrschaftlicher Initiative verdankten. Bei diesen
Burgstädten handelte es sich daher in erster Linie nicht um Marktorte, sondern um „Konsumentenzentren". Burgstädte und Dienstsiedlungen sind somit kein direkter Hinweis auf entwickelte Strukturen wirtschaftlichen Austauschs. So dürften auch diese Siedlungen nicht nur gewerblich strukturiert,
sondern auch landwirtschaftlich orientiert gewesen sein. In Anlage und
Struktur ähneln diese Plätze den *vicus*- und *villa*-Märkten im westlichen
Europa, die eine vergleichbare Rolle im Rahmen der Grundherrschaften
spielten. Dagegen blieben die *civitas*-Märkte an Traditionen des antiken
Städtewesens gebunden und finden sich daher östlich des Rheins nicht.

---

30 Kartierung: Třeštík/Krzemieńska [Nr. 616]; vereinfacht Herrmann [Nr. 22²] 145 Abb. 46.

Die Anfänge dieser Entwicklung begannen in Ostmitteleuropa regional unterschiedlich, doch stets ist der Zusammenhang zu größeren Herrschaftsbildungen nicht zu übersehen. In Mähren und der angrenzenden südwestlichen Slowakei entstanden bereits vor der Mitte des 9. Jahrhunderts große Siedlungsagglomerationen, die sich jeweils aus mehreren, z. T. befestigten Siedlungsbereichen („Burg"- und „Vorburg"-Bereiche) zusammensetzten. In Mikulčice (Abb. 34) und Staré Město deuten Häufungen von Kirchenfundamenten, die als adlige Eigenkirchen interpretiert werden, und zugehörige Nekropolen mit reich ausgestatteten Gräbern auf einander unmittelbar benachbarte Herrenhöfe hin. Obwohl Schätzungen der Bevölkerungszahlen schwierig sind, ist wohl von 1000 oder mehr Bewohnern auszugehen. Wurden an diesen beiden Orten die Höfe von einer Befestigung zusammengefaßt, so existierten in Nitra mehrere Burgwälle in unmittelbarer Nachbarschaft nebeneinander (Nitra-Hrad, Martinský vrch, Lupka, Zobor). Diese Ballung von Herrschaftssitzen in (früh-)städtischem Milieu scheint byzantinische Vorbilder aufgenommen zu haben, denn Vergleichbares findet sich im Westen nicht. Zu diesen Höfen kamen agrarisch-handwerklich strukturierte Siedlungsbereiche.

Ende des 9. Jahrhunderts begannen Prag und Stará Kouřim eine vergleichbare Entwicklung zu nehmen; Prag wurde rasch zum Hauptort der přemyslidischen Fürsten. Unterhalb der Burg mit den Kirchen St. Marien, St. Georg und St. Veit – nur dort ließ es die topographische Situation zu – entstanden in der Folgezeit mehrere Siedlungen. Einige Kilometer moldauaufwärts errichtete man im 10. Jahrhundert den Burgwall Vyšehrad (St. Martin), der Ende des 11. Jahrhunderts zum Sitz der Přemysliden wurde; nur noch der Bischof residierte auf dem Hradšin. Das Terrain zwischen den beiden Burgen wurde im hohen Mittelalter dichter besiedelt (Abb. 35). Im Verlauf des 10. Jahrhunderts entwickelten sich auch Libice, Stará Boleslav, Žatec und Plzeň zu regionalen Mittelpunkten. Um die Jahrtausendwende und danach stieg die Zahl der burgstädtischen regionalen „Vororte" mit der Festigung der přemyslidischen Herrschaft an. Sie entwickelten sich zunehmend zu regionalen Herrschaftsmittelpunkten, die auf Prag als die „Hauptstadt" Böhmens orientiert waren.

In Polen bildeten die Burgstädte von Posen und Gnesen die wirtschaftliche Basis des in der zweiten Hälfte des 10. Jahrhunderts (unter Mieszko I.) entstehenden Piastenreichs. Die Anfänge dieser Burgwälle reichen nicht so weit zurück, wie früher – aufgrund der Piasten-Legende – angenommen wurde. Jahrringdatierungen belegen die Existenz dieser Befestigungen erst für das 10. Jahrhundert und zeigen auch für Großpolen die Verknüpfung von Herrschaft und Burgstadt. Im hohen Mittelalter verdichtete sich, u. a. mit dem Ausbau der Kastellaneiverfassung, das Netz dieser Burgstädte: Breslau, Stet-

Abb. 34. Mikulčice. Siedlungsagglomeration des 9. Jahrhunderts. Eingezeichnet sind die Ausgrabungsflä(
der 1950er bis 1990er Jahre, die entdeckten Kirchengrundrisse I-XII und die Hausreste in der westlichen
burg, die Wälle der Haupt- und Vorburg sowie die mutmaßlichen frühmittelalterlichen Wasserläufe. Die Pu
linie markiert einen deutlichen Geländeabbruch innerhalb des Siedlungsareals. Kirchenbauten und dami
„Adelshöfe" konzentrieren sich in der Hauptburg (Valy), während handwerkliche Tätigkeiten vor allem ir
Vorburg (předhradi) untergebracht waren (verändert nach Großmähren [Nr. 206] 20 Abb. 8, 61 Abb. 22; Sl
sche Keramik [Nr. 451] Bd. 2, 222 f. Abb. 5,a-c, 226 Abb. 7)

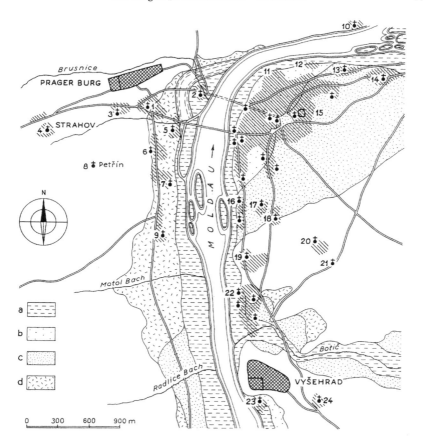

Abb. 35. Prag. Siedlungsagglomeration im hohen Mittelalter vor der „Gründung" der Klein-
seite (Malá straná) 1257. Der Burgberg („Hradšin") bot nur wenig Platz, so daß sich die zugehörigen Siedlungen (schraffiert) nur unterhalb in Moldaunähe bis hin zum „Vyšehrad" entwickeln konnten. a, b Flußablagerungen (Terrasse IVc); c Terrasse Iva (Maninská-Terrasse);
d Böschungen. – 1 Suburbium mit St. Wenzel und St. Martin; 2 Rybáře mit St. Petri; 3 Obora
mit St. Johannes; 4 Strahov mit St. Marien; 5 Trávnik mit Johanniterkloster; 6 Nebovidy mit
St. Laurentius; 7 Újezd mit St. Johannes; 8 Petřín mit St. Laurentius; 9 St. Philipp und Jacobi;
10 Rubna mit St. Clemens; 11 späteres Cyriakenkloster; 12 späteres Agnes-Kloster; 13 Újezd
mit St. Clemens; 14 *Vicus Teutonicorum* am Poříčí mit St. Petri; 15 Altstadt mit zahlreichen
Kirchen; 16 St. Petri na Struze und St. Adalbert; 17 Opatovice mit St. Michael; 18 St. Lazarus;
19 Zderaz mit St. Wenzel; 20 Rybník mit St. Stephan (heute St. Longinus); 21 St. Johannes am
Schlachtfeld; 22 Suburbium mit St. Cosmas und Damian, St. Johannes, St. Nikolaus, St. Andreas; 23 St. Michael; 24 St. Pankratius (nach Zeitschr. Arch. Mittelalter 18/19, 1990/91, 39
Abb. 2)

tin, Danzig, Sandomierz, Kruszwica, Glogau, Oppeln (Abb. 36), Płock, Lebus, Kolberg, Krakau u. a. entwickelten sich zu politischen und wirtschaftlichen Zentren.

Zwischen Elbe und Oder, wo auf Dauer keine größere Herrschaftsbildung erfolgreich war, lassen sich dennoch gleichartige Entwicklungen an den Hauptorten erkennen. Dies betrifft die Brandenburg/Havel bei den Hevellern, Starigard/Oldenburg und dessen funktionelle Nachfolgerin Alt Lübeck oder auch Dorf Mecklenburg bei Wagriern bzw. Abodriten. Vergleichbare Befunde stammen auch aus Berlin-Spandau, wenngleich die schriftliche Überlieferung diesen Ort erst 1197 erwähnt. Die Anfänge dieser Entwicklungen lagen bei den Elbslawen bereits im 10. Jahrhundert, doch besaßen den archäologischen Befunden und den schriftlichen Überlieferungen zufolge diese Orte vor allem im hohen Mittelalter einen vergleichbaren „burgstädtischen" Charakter. Meißen an der Elbe gehört nicht zu diesen slawischen Burgstädten, sondern stellt als Gründung König Heinrichs I. von 929 einen vorgeschobenen Stützpunkt des Reichs dar, von wo „er die seiner Herrschaft unterworfenen Milzener (Oberlausitz) zur Tributzahlung" zwang (Thietmar von Merseburg I,16).

Wurden anfänglich auch geringe Hinweise auf nichtagrarische Tätigkeiten als Belege „frühstädtischer" Entwicklung angesehen, so ist die Archäologie mit ihren Interpretationen heute vorsichtiger und zurückhaltender geworden. Nicht jeder Burgwall kann schon deshalb als Kristallisationskern städtischer Lebensweise angesehen werden, weil sich Überreste von Eisen- und Knochenverarbeitung oder Teerproduktion finden. All dies überschritt nicht die Befriedigung des Eigenbedarfs einer ländlichen Bevölkerung. Für qualitätvollere Funde wie Schmuck ist darüber hinaus die Produktion am Ort erst zu belegen und nicht nur zu postulieren. So müssen kleine Anlagen wie die von Tornow und Vorberg in der Niederlausitz ebenso wie eine ganze Reihe solch kleiner Ringwälle als Vertreter „burgstädtischer" im Sinne frühstädtischer Strukturen ausscheiden, auch wenn ihr „herrschaftlicher" Charakter nicht in Zweifel zu ziehen ist.

Es besteht kein Zweifel daran, daß an bzw. innerhalb der meisten Burgen Handwerk betrieben wurde. Doch erst, wenn diese Produktion nicht nur den Eigenbedarf der Burgbesatzung erfüllte, sondern darüber hinaus mit dem Umland ausgetauscht wurde, läßt sich von frühstädtischem Charakter, d. h. einer Funktionsdifferenzierung zwischen Zentrum und Peripherie sprechen. Daß sich dies nicht unmittelbar aus dem archäologischen Befund selbst ergibt, erscheint evident. Nur spezielle Handwerkszweige wie Bunt- und Edelmetallverarbeitung (zur Schmuckherstellung), Glasverarbeitung oder Kammherstellung dienten von vornherein zur Versorgung einer Region. Dies trifft

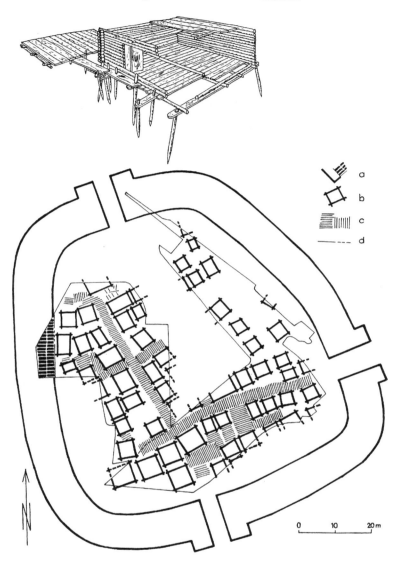

Abb. 36. Oppeln-Ostrówek. Struktur der Innenbebauung des 12. Jahrhunderts innerhalb der Ausgrabungsschnitte. An der Stelle des hochmittelalterlichen Burgwalls wurde im späten Mittelalter eine steinerne Burg errichtet, deren Baureste den Umfang der Ausgrabungen beschränkten. a Wall; b Blockhaus; c Weg; d Ausgrabungsgrenze. Oben Teilrekonstruktion eines Hauses, ermöglicht durch die guten Erhaltungsbedingungen im Feuchtbodenmilieu (nach Leciejewicz [Nr. 28] 277 Abb. 149)

gewiß häufig auch für die Eisenproduktion, manche Töpferei oder auch Geweihverarbeitung zu, doch bedarf es weiterer, indirekter Hinweise und nicht nur des Beleges einer umfänglicheren Produktion. Dazu zählen vor allem Feinwaagen und Gewichte sowie Münzen, die den Austausch von Gütern mit Hilfe des Gewichtsäquivalents Silber belegen. In Mähren, Böhmen und Polen gingen entscheidende Impulse für frühstädtische Entwicklungen von den sogenannten Dienstsiedlungen des hohen Mittelalters aus, während an Elbe und Ostsee möglicherweise überregionale Handelsbeziehungen eine größere Rolle spielten. Unterschiede in der Sozialstruktur beeinflußten also die wirtschaftliche Entwicklung, doch nichtsdestotrotz läßt sich eine allgemeine „Blütezeit" der Burgstädte im hohen Mittelalter erkennen.

Kaufmannssiedlungen lassen sich im hochmittelalterlichen westslawischen Raum zuerst für Prag (Ibrāhīm ibn Yaᶜqūb) in der zweiten Hälfte des 10. und für Alt Lübeck (Helmold von Bosau I,48) seit dem Ende des 11. Jahrhunderts erkennen. Auch die ersten, aus Prestigegründen erfolgten Münzprägungen in Böhmen und Polen, aber auch bei den Elbslawen (Alt Lübeck, Brandenburg/Havel, Berlin-Köpenick?) bilden keine hinreichende Grundlage, daraus einen intensiveren Marktverkehr zu erschließen. Die starke herrschaftliche Prägung der Stadtbildung scheint die Entwicklung von Märkten eher behindert zu haben, die für die Westslawen erstmals in der ersten Hälfte des 12. Jahrhunderts erwähnt wurden (Brandenburg/Havel, Stettin). Anders als im Westen wurden Märkte daher im allgemeinen nicht zum Ausgangspunkt städtischer Entwicklung. In dieses Bild können die beiden an Marktorte erinnernden hochmittelalterlichen Siedlungsbefunde von Parchim und Kastorf, beide im heutigen Mecklenburg, (noch) nicht eingeordnet werden. Sie scheinen diesem burgstädtischen Modell zu widersprechen, weil es sich nach jetziger Kenntnis um „Märkte" abseits herrschaftlicher Mittelpunkte zu handeln scheint. Deshalb vereinfacht das genannte Modell die Entwicklung wohl zu sehr; zumindest mit einigen Ansätzen zur Marktbildung muß gerechnet werden.

18. Hoch- und spätmittelalterliche Städte

„Rechtsstädte" bzw. kommunale Städte, d. h. Städte mit eigener Verfassung und eigenem Recht – in Abgrenzung zum flachen Land – entstanden grundsätzlich erst mit dem hohen Mittelalter. Nach Ostmitteleuropa gelangten sie durch die Ostsiedlung seit der zweiten Hälfte des 12. Jahrhunderts, denn hier verliefen Landesausbau und Ausbildung städtischer Verfassungen parallel. Frühere Auffassungen, die neuen Stadtrechte hätten an ältere einheimische Rechtsformen – die sogenannten „Lokalrechtsstädte" – anknüpfen können,

haben sich als Fiktion erwiesen. Bis dahin gab es kein eigenes städtisches
Recht; die in den Quellen verwandten Begriffe wie *ius Polonicum* und *ius
Bohemicum* oder auch *ius Slavicale* beschrieben lediglich die Abgrenzung der
bestehenden Verhältnisse zum neu eingeführten *ius Teutonicum*. Das Fehlen
rechtlicher Verfassung und das Vorhandensein städtischer Siedlungsformen
verweisen auf die besondere Struktur der hochmittelalterlichen „Burgstädte".
Diese Strukturen wurden – auch bei funktionaler Kontinuität – im 12. und
13. Jahrhundert entscheidend verändert, aber nicht neu geschaffen.

Zwei wesentliche Stadtrechtskreise bildeten sich heraus: 1. das Lübecker
oder Lübische Recht in Mecklenburg und Pommern sowie mit einigen wenigen Vertretern um Elbing; und 2. das Magdeburger Recht im gesamten Binnenland (Brandenburg/Havel, Sachsen, Lausitz, Schlesien, Polen, nördliches
Böhmen und nördliches Mähren, Ordensland). Hinzu kamen regionale
Rechtskreise wie das Nürnberger Recht im südwestlichen Böhmen (u. a. Prag
und Eger als eigene Rechtsvororte), das von Wien abhängige Brünner Recht
in Mähren und das Iglauer Recht in böhmischen und mährischen Bergbau-
städten, sowie einige regional begrenzte rechtliche Sonderformen in Schlesien.

Mit der Ausbreitung der Rechtsstadt als neuem Siedlungstyp ist auch ein
interessanter etymologischer Befund verknüpft. Das Wort **grod*, das bis dahin „Burg" und „Stadt" bezeichnete, weil beides in Form der „Burgstadt" ja
unmittelbar verknüpft war, wurde als Begriff auf die Burg eingeengt. Die dadurch entstandene Lücke füllte dann **město* aus, das eigentlich nur „Stätte"
oder „Stelle" bedeutete. Nicht anders war die Situation im germanisch- bzw.
deutschsprachigen Raum, in dem bis ins 12. Jahrhundert hinein „Burg" übli-
cherweise eine Stadt bezeichnete. In Rußland, wo es auch im späten Mittelalter keine Rechtsstädte gab, heißen Städte dagegen noch heute *goroda*. Dort
kam es allerdings zur Übernahme der slawischen Begriffe ins Skandinavische:
gardr von *gorod* für die Stadt, *varta* von *vorota* für das Stadttor, *torg* von
targovlja für den Markt. Das Gebiet der Kiever Rus' war für die Waräger
Gardarike – das Burgenland.

Neben die bestehenden burgstädtischen Siedlungen traten Kaufmannssiedlungen als Ausgangspunkte der Stadtwerdung. Sie sind u. a. für Brandenburg/
Havel (Parduin), Breslau (Ołbin) und Alt Lübeck überliefert. Nikolaipatro-
zinien verweisen häufig auf derartige frühe Siedlungskerne, die auf die An-
siedlung von Kaufleuten zurückgehen. Nikolaikirchen gelten daher geradezu
als „typische" Kaufmannskirchen.[31] Sie entstanden überwiegend im 12. und

---

31 Blaschke [Nr. 338].

13. Jahrhundert und sind im Raum südlich der Ostsee zwischen Elbe und Weichsel weit verbreitet.

Die Ostsiedlung brachte nicht nur die rechtliche Verfassung der Städte, sondern auch zahlreiche neue Stadtgründungen mit sich. Beides bewirkte einen starken Schub für die städtische Entwicklung, eine Verdichtung des Städtenetzes. Die Grundlage dafür bildeten die vorhandenen Siedlungsstrukturen, so daß an bestehende „burgstädtische" Zentralorte angeknüpft wurde. Dies gilt nicht nur für Regionen mit einer Kontinuität der politischen Herrschaft wie in Böhmen und Polen, sondern auch für die zwischen Elbe und Oder neu entstehenden Landesherrschaften (Askanier, Erzbistum Magdeburg, Wettiner, Mecklenburg, Pommern). Dieses Anknüpfen lag einerseits im unmittelbaren Interesse der Landesherren, um ihre Herrschaft zu festigen und auszubauen, und andererseits gab es keine andere Möglichkeit, als von den bestehenden Verhältnissen auszugehen.

Durch eine *locatio civitatis* wurden (früh-)städtische Siedlungen ausgebaut. Dazu zählen westlich der Oder beispielsweise Leipzig, Brandenburg/Havel (Alt- und Neustadt), Dresden, Lübeck (Abb. 37), Spandau, Potsdam, Prenzlau, Schwerin. Waren es hier die deutschen Landesherren, so ergriffen in Mecklenburg, Böhmen, Polen und Pommern die slawischen Fürsten bzw. Könige die Initiative. So entstanden in Breslau, Krakau (Abb. 38), Posen, Stettin, Danzig, Kolberg, Stargard (Szczeciński), Wollin, Prag, Brünn im 13. Jahrhundert planmäßig angelegte Städte – oder besser neue Städte in Erweiterung und räumlicher Nachbarschaft bestehender frühstädtischer Strukturen. Mitunter wurden Name und/oder Funktion der älteren „Stadt" fortgeführt, der Platz selbst jedoch um wenige Kilometer verlegt: von Alt Lübeck nach Lübeck, von Budzistowo (Altstadt) nach Kolberg, vom Burgwall zur Altstadt Spandau. Das unmittelbare Nebeneinander von älterer Burg und planmäßiger Stadtanlage läßt sich oft noch heute deutlich im Siedlungsbild erkennen: Brandenburg/Havel, Posen (Abb. 39), Breslau jeweils mit ihrer Verbindung von Dominsel (ehemalige Burg) und Stadt; Rostock, Stettin, Danzig, Krakau, Oppeln, Stargard (Szczeciński).

Daneben wurden aber auch neue Städte an Orten gegründet, wo bisher überhaupt keine oder keine städtische Siedlung existierten (Abb. 40). Diese „Gründungsstädte" entstanden jedoch nicht nur durch einen einmaligen Gründungsakt, sondern bedurften zur Stadtwerdung eines längeren Entwicklungsprozesses. Die Stadtgründungen „auf der grünen Wiese" (*a novo, ex nihilo*) bzw. „aus wilder Wurzel" (*cruda radice*) häufen sich im mecklenburgischen-pommerschen und im brandenburgischen Raum westlich der Oder (Neubrandenburg, Greifswald, Rostock?, Wismar, Berlin-Cölln, Frankfurt/ Oder, Friedland, Anklam, Stralsund). Dies dürfte vor allem mit den hier we-

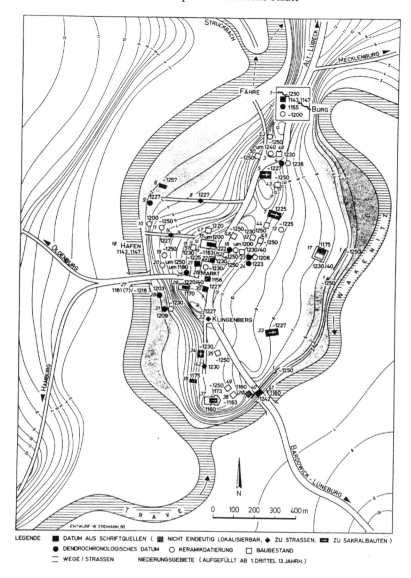

Abb. 37. Lübeck. Besiedlung auf dem Stadthügel zwischen Trave und Wakenitz zwischen 1143 und 1250. Kartiert ist die aufgrund schriftlicher und archäologischer Quellen ermittelte Bebauung in bezug auf die heutigen Höhenverhältnisse. Straßenverläufe sind nur bei direktem Beleg aufgenommen. Im Norden des Stadthügels die Burg, im Süden der Dom (nach Lübecker Schr. Arch. u. Kulturgesch. 6, 1982, Abb. 11)

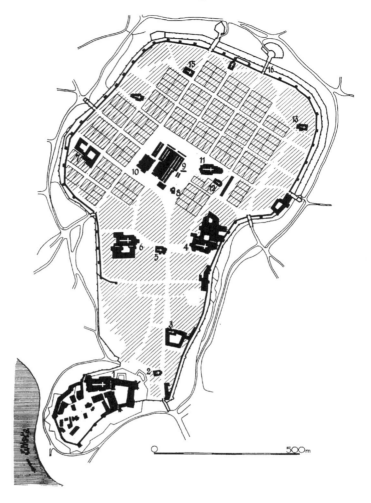

Abb. 38. Krakau. Wawel im Süden am Weichselufer, nördlich davon die Siedlung Okół und anschließend die planmäßige Stadtanlage von 1257 mit dem zentralen Marktplatz. 1 Wawel mit Burg und Kathedrale; 2 St. Ägidien; 3 St. Andreas; 4 Dominikanerkloster; 5 Allerheiligen; 6 Franziskanerkloster; 7 Collegium Maius; 8 St. Adalbert; 9 Tuchhallen; 10 Rathaus; 11 St. Marien; 12 St. Barbara; 13 Heiligkreuzkirche; 14 St. Stephan; 15 Augustinerkloster (St. Markus); 16 Florianstor (nach Gutkind [Nr. 345] 34 Abb. 17)

nig zahlreichen frühstädtischen Siedlungen und politischen Zentren, d. h. mit weniger entwickelten wirtschaftlichen Strukturen und einer geringeren Bevölkerungsdichte zu erklären sein. In Pommern, (Groß-)Polen und Böhmen waren tatsächliche *Neu*gründungen seltener, doch gehören beispielsweise War-

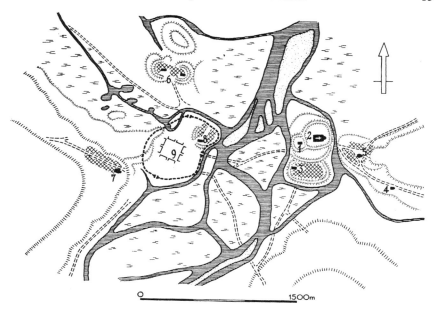

Abb. 39. Posen. Burgwall („Dominsel") des 10. und planmäßige Stadtanlage des 13. Jahrhunderts an der Warta (Warthe). 1 Burgwall mit St. Marien; 2 Suburbium mit dem Dom St. Peter und Paul; 3 Zagórze mit St. Nikolaus und Befestigungen des 12. Jahrhunderts; 4 Śródka mit St. Margarethen (Markt?); 5 Sitz der Tempelritter; 6 Georgsberg mit St. Georg und St. Adalbert; 7 *Locus St. Gothardi*; 8 St. Martin; 9 Marktplatz von 1253 (nach Gutkind [Nr. 345] 23 Abb. 8)

schau, Budweis (České Budějovice), Jičín und Iglau (Jihlava), Klattau (Klatový), Leutschau (Levoča), Mährisch Trübau (Moravská Třebová) dazu. In den Jahrzehnten um 1300 wurden schließlich zahlreiche kleinere Städte gegründet.

Die Stadtbevölkerungen setzten sich in den Gebieten der Ostsiedlung aus Slawen und Deutschen zusammen. Ihr jeweiliger Anteil ist oft schwer zu bestimmen; die schriftlichen Quellen sind zu lückenhaft, um zu greifbaren Ergebnissen zu gelangen. Deshalb werden von der Archäologie mitunter neue, gleichsam „objektive" Erkenntnisse durch Stadtkerngrabungen erwartet. Doch diesen Erwartungen kann sie nicht gerecht werden, weil das Fundmaterial durch kulturelle Traditionen und nicht von subjektiven ethnischen Zugehörigkeiten bestimmt wird. „Slawisches" Material, d. h. vor allem Keramik, das innerhalb einer mittelalterlichen Stadt zutage kommt, mag auf eine ältere Siedlung am Ort, slawische Bevölkerungsteile oder Marktverkehr mit dem Umland hinweisen. Die Realität sieht aber komplizierter aus: deutsche Bürger werden auch die noch bis weit ins 13. (westlich der Oder) bzw. 14.

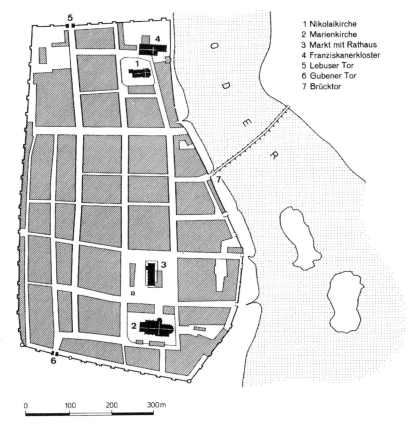

1 Nikolaikirche
2 Marienkirche
3 Markt mit Rathaus
4 Franziskanerkloster
5 Lebuser Tor
6 Gubener Tor
7 Brücktor

Abb. 40. Frankfurt/Oder. Grundriß der planmäßigen Stadtanlage des 13. Jahrhunderts. 1 St. Nikolai; 2 St. Marien; 3 Markt und Rathaus; 4 Franziskanerkloster; 5 Lebuser Tor; 6 Gubener Tor; 7 Brücktor (nach Schich [Nr. 353] 227 Abb. 3)

Jahrhundert einheimische „slawische" Ware benutzt haben, Slawen dürften auch an der härter gebrannten „deutschen" Irdenware Interesse gehabt haben. Das Beispiel Kolberg zeigt, daß sich die Keramikanteile auch benachbarter Grundstücke gravierend unterschieden, hieraus also nicht zwingend die Herkunft der Stadtbevölkerung zu ermitteln ist. Auch bei Siedlungs*befunden* ist es im Einzelfall sehr schwer zu beurteilen, ob Siedlungskontinuität oder Unterbrechung vorliegen. Die Archäologie sollte sich daher neben den kulturgeschichtlichen auf die wirtschaftlichen und sozialen Veränderungen des 13. Jahrhunderts konzentrieren – Phasen der Stadtentstehung, Verlagerungen und Grundrißveränderungen, wirtschaftliche Einbindung und Verhältnis zum Umland usw.

Offensichtlich haben aber ethnische Gegensätze auch keine entscheidende Rolle gespielt. Wenn slawische Bevölkerungsteile z. B. in den spätmittelalterlichen Städten westlich der Oder erwähnt werden, handelt es sich, soweit erkennbar, um spezielle Gruppen. Diese besaßen einen besonderen rechtlichen Status, wie er in den Kietzsiedlungen im askanischen Raum deutlich zutage tritt. Wir haben es dort mit sozialen Differenzierungen zu tun, die durch ihre rechtliche Abgrenzung zum Erhalt „slawischer" Bevölkerungsteile innerhalb städtischer Siedlungen führten.

Die Welle der Stadtgründungen des 13. und 14. Jahrhunderts veränderte die Siedlungslandschaften Europas wesentlich. Auch in Ostmitteleuropa lösten urbane Siedlungen überall die Burgen als Zentralorte ab. Bis heute prägen die mittelalterlichen Straßenzüge, Stadtmauern, Kirchen und Bürgerhäuser das Bild der Städte. Die wirtschaftliche Entwicklung förderten die städtischen Märkte, das spezialisierte Handwerk und Gewerbe, die steigende Nachfrage durch eine umfangreiche Stadtbevölkerung, der Warenaustausch mit dem agrarischen Umland und anderen Regionen. Ihr besonderes Recht ermöglichte den Städten eine (durchaus unterschiedliche) Eigenständigkeit innerhalb der Gesellschaft.

V. Wirtschaft

Unter Wirtschaft fassen wir alle produzierenden Tätigkeiten zusammen. Sie stellen jene Güter zur Verfügung, die eine Gesellschaft für ihren Fortbestand direkt und indirekt benötigt. Dazu gehört an erster Stelle die Landwirtschaft, d. h. im wesentlichen Ackerbau und Viehhaltung, die das physische Überleben sichern sollen. Hinzu kommt zweitens das Handwerk zur Erzeugung von Gütern, Geräten und Werkzeugen, die bei einer zunehmend arbeitsteiligen Produktion und differenzierteren sozialen Strukturen benötigt werden. Und drittens muß der Tauschhandel Berücksichtigung finden, durch den die nicht im engeren oder weiteren Umkreis verfügbaren Dinge erworben werden: einerseits Luxuswaren für den Bedarf einer begrenzten sozialen Elite, die über große Entfernungen bezogen werden können, und andererseits Gebrauchsgüter sowie Rohstoffe.

Die frühmittelalterliche Wirtschaft darf nicht mit modernen Maßstäben gemessen werden. Ihr Hauptziel bestand in der Sicherung des Überlebens. Mit Hilfe der geringen Überschüsse, die auch nicht ständig und kontinuierlich erwirtschaftet werden konnten, war es möglich, wichtige Güter im Austausch auch über größere Entfernungen zu erhalten. Über den Fernhandel konnten darüber hinaus prestigeträchtige Produkte von weither bezogen werden, doch dürften wesentliche Teile auch durch Gabentausch und Plünderung erworben worden sein. Eine direkt auf den Markt zielende Produktion, wie sie für das frühneuzeitliche Europa typisch werden sollte, gab es im frühen und hohen Mittelalter noch kaum. Die „Massenproduktion" von Kämmen und Bronzeschmuck in den *emporia*, die wahrscheinlich von Wanderhandwerkern betrieben wurde, mag die ersten Anfänge markieren, doch sollte sie in ihrem Umfang nicht überschätzt werden.

Die Nachweise differenzierter haus- und handwerklicher Produktion und weitreichende Fernbeziehungen dürfen auch nicht darüber hinwegtäuschen, daß diese im gesamten mittelalterlichen Europa im Vergleich zur Landwirtschaft nur eine bescheidene Nebenrolle spielten. Die weitaus meisten Menschen waren mit der Sicherung des Überlebens beschäftigt, wenngleich dies keine gleichmäßige, das ganze Jahr ausfüllende Tätigkeit darstellte. Doch sind uns Feste und Feiern sowie andere, das Jahr gliedernde Ereignisse und Abwechslungen im archäologischen Befund praktisch nicht überliefert. Auch fällt es nicht leicht zu beurteilen, welche „handwerklichen" Tätigkeiten von einer bäuerlichen Bevölkerung nebenher betrieben wurden und welche tatsächlich bereits in den Händen von „Spezialisten" lagen, die damit ihren Lebensunterhalt oder zumindest einen wesentlichen Teil desselben bestritten.

19. Landwirtschaft und Ernährung

Alle mittelalterlichen Gesellschaften Europas waren primär agrarisch geprägt. Die allermeisten Menschen lebten auf dem Lande und ernährten sich von der Landwirtschaft. Nur unter günstigen Bedingungen reichten die Erträge zu mehr als zum bloßen Überleben. Schlechtes Wetter wie Regen und Sturm, verhagelte Ernten, anhaltende Trockenperioden, mangelnde Weidemöglichkeiten für das Vieh, Ungezieferplagen konnten rasch zu ernsthaften Überlebensrisiken werden. Anthropologische Untersuchungen an Skelettresten lassen deshalb nicht selten deutliche Mangelerscheinungen und Wachstumsstörungen sowie damit verbundene Krankheitsbilder erkennen. Sie zeigen, daß Umfang und Qualität der Nahrung für viele Menschen mitunter gerade noch ausreichten. Dagegen fällt es erheblich schwerer, auch den Hungertod am Skelettmaterial nachzuweisen.

Eine grundlegend extensive Wirtschaftsweise kennzeichnete die früh- und hochmittelalterliche Landwirtschaft Ostmitteleuropas. Sie bildete, ebenso wie in den Nachbarräumen, die Basis der slawischen bäuerlichen Gesellschaften. Die Auswahl der genutzten Kulturpflanzen und Haustiere war vor allem landschaftlich, aber auch historisch und durch kulturelle Traditionen bedingt; „ethnische" Traditionen spielten hierbei erkennbar keine Rolle.

Die relevanten Quellen stellen vor allem drei Wissenschaften zur Verfügung: die Archäologie – Siedlungen, Bauten und Geräte, die (Archäo-)Botanik – pflanzliche Großreste und Pollen, und die (Archäo-)Zoologie – Tierknochen. Ein zureichendes Bild kann deshalb nur aufgrund von umfänglichen und sorgfältigen Grabungen gewonnen werden, bei denen die gesamte Breite des Materials geborgen wird. Dieser Aufwand ist nur bei modernen Forschungsgrabungen getrieben worden; viele ältere Untersuchungen und Notgrabungen verzichte(te)n auf Probenentnahmen und naturwissenschaftliche Analysen. Liegt schon aus diesem Grund nur ein lückenhaftes Material vor, so beeinträchtigen und reduzieren außerdem unterschiedliche Erhaltungsbedingungen im Boden die Quellen weiter. Hölzerne Geräte, Pollen, Großreste und Knochen erhalten sich nur in bestimmten chemischen Milieus; eiserne Geräte sind, von wenigen Verlustfunden abgesehen, überwiegend in

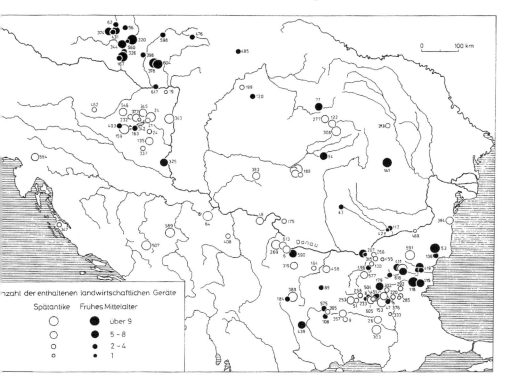

b. 41. Verbreitung spätantiker (3. bis 6. Jahrhundert) und frühmittelalterlicher Horte (7. bis 10. Jahrhun-
t) mit eisernen landwirtschaftlichen Geräten in Südosteuropa. Die Deponierungen erstrecken sich in
dwestlicher Richtung nur bis nach Mähren. Darüber hinaus bleibt der ostmitteleuropäische Raum aus-
part. Möglicherweise handelt es sich daher um Beeinflussungen aus dem byzantinisch geprägten Raum
(nach Henning [Nr. 374] 47 Abb. 18)

Hort-[1] (Abb. 41) und Grabfunden[2] Mährens und damit nur in einer selekti-
ven Auswahl überliefert. Sie wurden sonst zu neuen Geräten umgearbeitet.
Schließlich muß das Erdmaterial auf der Grabung gesiebt und geschlämmt
werden, um kleine Belege wie Fischknochen überhaupt zu erfassen.

Zur Landwirtschaft gehörten und gehören Ackerbau und Viehzucht. Inzwischen liegt eine Fülle archäobotanischer und archäozoologischer Analysen
vor, die detaillierte Einblicke in die landwirtschaftliche Produktion gestatten.

---

1   Bartošková [Nr. 458].
2   Sichelbeigabe: Henning [Nr. 374] 44 Abb. 14.

Oft wird für den slawischen Raum von einem Übergewicht des Pflanzenanbaus seit dem frühen Mittelalter ausgegangen. Dafür schienen auch botanische Untersuchungen zu sprechen, die sich auf das Verhältnis von Getreide (*Cerealia*) und Weidezeigern (vor allem Spitzwegerich [*Plantago lanceolata*]) stützten. Inzwischen hat sich – im Vergleich mit archäozoologischen Befunden – herausgestellt, daß der Plantago-Anteil weniger vom Anteil der Viehwirtschaft als vielmehr von den vorrangig gehaltenen Tierarten abhängt. Weidegänger wie Rinder bringen einen hohen Weidezeigeranteil mit sich; Schweinehaltung hat einen geringen Plantago-Anteil zur Folge.[3] Es bedarf daher einer ganzen Reihe von Indizien, um ein Übergewicht von Ackerbau oder Viehhaltung erschließen zu können. Mit zunehmender Bevölkerungsdichte, dem steigenden Umfang der Äcker und einer Vergrößerung der Siedlungen verschob sich das Verhältnis allmählich zugunsten des Ackerbaus, der im hohen Mittelalter dominierte. Das Fehlen von Ställen und von Sensen zur Heumahd deutet an, daß schon im frühen Mittelalter der Ackerbau in Ostmitteleuropa überwog.

Ackerbau

Das Pflügen gehörte zu den wichtigsten ackerbaulichen Tätigkeiten. Es diente nicht nur zum Anlegen einer Saatfurche, sondern auch zur Beseitigung des Ackerunkrauts (d. h. der unbeabsichtigt wachsenden Ackerpflanzen) und dem Aufschluß des Bodens. Die typische frühmittelalterliche Pflugform war (wie schon in den vorangegangenen Zeiten) der einfache hölzerne Haken (Arl oder Ard bzw. *ralo* oder *radło*), wie er z. B. aus Dabergotz, Wiesenau und Kamień Pomorski bekanntgeworden ist (Abb. 42).[4] Meist waren die Haken zweiteilig aufgebaut, um das sich schnell abnützende Schar auswechseln zu können. Aus Holz gefertigte, „ruder-" oder „pfeilförmige" Stielschare liegen vor allem aus dem Raum zwischen Elbe und Weichsel vor (Raddusch, Röpersdorf, Wiesenau, Repten) (Abb. 43); selten sind eiserne Exemplare (Tornow). Eiserne tüllenförmige Schare traten dort erst im hohen Mittelalter auf, sind aber in der südwestlichen Slowakei und in Mähren schon seit dem 8./9. Jahrhundert belegt, wo sie häufig aus sogenannten Gerätehorten[5] stam-

---

3 Benecke [Nr. 361] 189 f.
4 Kartierung: Herrmann [Nr. 80] 18 Abb. 7.
5 Kartierung: Henning [Nr. 374] 47 Abb. 18; Bartošková [Nr. 458] 114 Übersicht 3; Curta [Nr. 463] 216 Abb. 1, 238 Abb. 12. Gerätehorte fehlen in den nördlich anschließenden Gebieten: Gringmuth-Dallmer [Nr. 371] 288 Abb. 5.

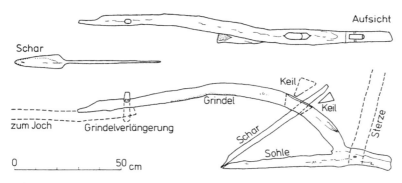

Abb. 42. Hölzerner Haken von Dabergotz. Vereinfachte Darstellung mit den wichtigsten Bezeichnungen der Einzelteile (nach Die Slawen in Deutschland [Nr. 48] 72 Abb. 19)

men (Abb. 44). Mit derartigen Haken, meist von Ochsen gezogen, lassen sich
nur flache Furchen ziehen, indem der Boden aufgeritzt wird.

Eiserne, (linksseitig) asymmetrische Schare bewirken, daß beim Pflügen der
Boden (nach rechts) umgeworfen wird; die durch Niederschläge verlagerten
Nährstoffe gelangen so wieder in einen Bereich, in dem sie von den Pflanzen
aufgenommen werden können. Mährische und slowakische Funde des 9. Jahrhunderts zeigen einen entsprechenden Fortschritt, der (wie im westlichen
Europa) an spätantik-byzantinisch-mediterrane Traditionen anknüpfte[6]. Zugleich existierten dort auch Vorschneidemesser (Seche)[7], die den Boden vor
dem Schar „aufschneiden" – eine Notwendigkeit angesichts der dortigen
schweren Lößböden. Erst mit dem Spätmittelalter und der Ostsiedlung kam
auch der schwere (Wende-)Pflug auf, der die Schollen wirklich umbricht und
tiefe Furchen pflügt. Dennoch hielt sich der Haken bis in die Neuzeit, wenn
ungünstige naturräumliche Bedingungen den Einsatz schwerer Pflüge unmöglich machten[8] (Abb. 45).

Wenn auch die frühmittelalterlichen Flurformen archäologisch bislang
nicht erfaßt werden konnten, lassen sie sich doch ungefähr aus der Pflugform
und den gelegentlich erhaltenen Pflugspuren (Brandenburg/Havel, Praha-
Klárov, Mikulčice, Lübeck, Krummensee) erschließen. Da der Haken den Bo-

---

6   Vgl. Kartierungen bei Henning [Nr. 374]: Winzermesser, Pflüge, Sensen, Sicheln.
7   Henning [Nr. 374] 53 Abb. 21.
8   Bei Ostslawen, Finnen und Balten wurde für das Aufbrechen der besonders harten und
    steinigen Böden der Waldzone die Zoche (*socha*), ein zweizinkiger Haken, entwickelt
    (Kartierung: Herrmann [Nr. 467] 23 Abb. 18).

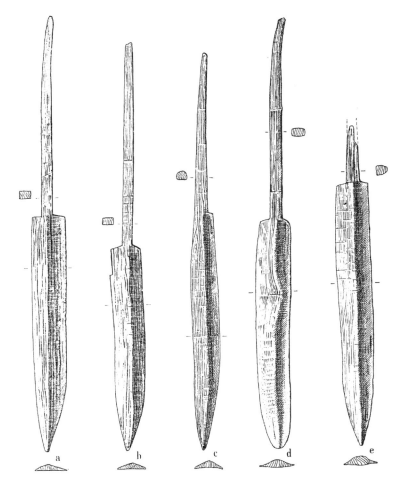

Abb. 43. Hölzerne Stielschare von Röpersdorf. Sie sind die am schnellsten verschleißenden Teile des hölzernen Hakens. – M. 1:9 (nach Bodendenkmalpfl. Mecklenburg. Jahrb. 1980 [1981] 234 Abb. 1)

den nur ritzte, wurden die besten Ergebnisse bei kreuzweisem Pflügen erzielt. So bildeten etwa so lang wie breite, d. h. ungefähr quadratische Fluren beste Voraussetzungen – wie sie archäologisch aus dem nördlichen Mitteleuropa für die Eisenzeit nachgewiesen (sogenannte „celtic fields") und für die gesamte europäische Frühgeschichte vorauszusetzen sind. Der Übergang zu langen, streifenförmigen Fluren vollzog sich mit den schweren Pflügen zunächst in den römischen Provinzen, bei den Slawen erst im späten Mittelalter.

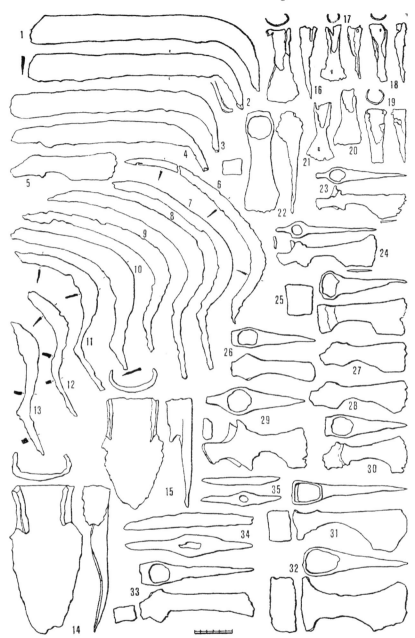

Abb. 44. Gerätehort (I) von Mikulčice, okr. Hodonin. Dieses Depot umfaßt Sensen, Sicheln, Pflugschare, Äxte – also wertvolle landwirtschaftliche Geräte aus Eisen, die man deshalb verbarg. – M. 1:6 (nach Bartoškova [Nr. 458] 27 Abb. 9)

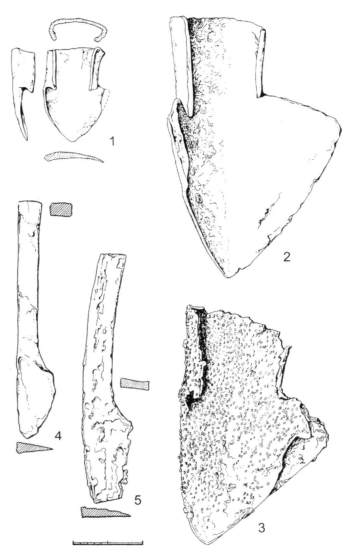

Abb. 45. Eiserne Pflugbestandteile des frühen Mittelalters. 1 symmetrische Pflugschar aus Gajary (8./9. Jahrhundert); 2–3 asymmetrische Pflugschare aus Semonice (spätmittelalterlich); 4–5 Vorschneidemesser (Seche) aus Nejdek-Pohansko (9. Jahrhundert) und Gajary (8./9. Jahrhundert). – M. 1:5 (nach Beranová [Nr. 364] 11 Abb. 4,1.4.5; 13 Abb. 5,1.2)

Aus der anfänglich rein extensiven Bewirtschaftung entwickelte sich etwa seit dem 9. Jahrhundert eine „wilde" Feld-Gras-Wirtschaft mit mehrjährigen Brachen: Nach mehrjähriger Nutzung des Bodens als Acker (durchaus mit Fruchtwechsel[9]) lag dieser ebenfalls mehrere Jahre brach und diente als Weide, bis er erneut beackert wurde. Dies setzte ein großes Flächenangebot und also eine verhältnismäßig geringe Bevölkerungsdichte voraus. Die Erschöpfung des Bodens erzwang die Erschließung neuer Wirtschaftsflächen. Mit dem Übergang zur spätslawischen Zeit läßt sich eine Tendenz zur Verkürzung der Brachen beobachten, wofür sowohl gestiegene Produktivität als auch höhere Bevölkerungszahlen als Ursachen angenommen werden. Eine eigentliche Mehrfelderwirtschaft (Spezialfall Dreifelderwirtschaft) kam erst im Spätmittelalter auf, setzte aber gute Böden und ausgedehnte Flächen voraus; ihre Einführung scheiterte regional (wie z. B. auf Rügen) an der ungünstigen Geomorphologie.

Brandrodung war ein Mittel, um *neue* Ackerflächen zu gewinnen. Innerhalb der Feld-Gras-Wirtschaft war dies nicht mehr erforderlich, erstreckten sich doch die Bracheperioden nicht über so lange Zeiträume, daß anschließend eine erneute Rodung erforderlich gewesen wäre. Anders in Osteuropa – dort wurden bei ungünstigeren Umweltbedingungen und ausgedehnten nutzbaren Flächen bis ins Spätmittelalter und mitunter darüber hinaus Binnenkolonisation und Wechselbrandwirtschaft betrieben. Dabei wird in zehn- bis fünfzehnjährigem Rhythmus der Wald aufs neue gerodet, nachdem auf eine kurze Ackernutzungsphase ein lange Brachzeit gefolgt ist. Rodung war weder im Zuge frühmittelalterlichen Landesausbaus noch im Rahmen der hochmittelalterlichen Ostsiedlung die Beseitigung von dichtem „Urwald", sondern meistens das Fällen derjenigen Bäume, die eine intensive Waldweide noch übriggelassen hatte.

Roggen (*Secale cereale*), Saatweizen (*Triticum aestivum*) und Hafer[10] (*Avena spec.*) bildeten, gefolgt von Gerste (*Hordeum vulgare*) und Hirse (*Panicum miliaceum*), die Hauptgetreidearten im slawischen Siedlungsraum[11]; dieser unterscheidet sich, abgesehen von der Rispenhirse, damit nicht grundsätzlich vom westlichen Europa, wenngleich dort noch die Gerste vorherrschte.[12] Da-

---

9 Modellhaft für Tornow rekonstruiert, wenn auch mit nicht unerheblichen methodischen Schwierigkeiten.
10 Auch in Südosteuropa erst frühmittelalterlich.
11 Ibrāhīm ibn Yaʿqūb zählt für das 10. Jahrhundert Hirse und Weizen zu den hauptsächlichen Getreidesorten bei den Slawen.
12 Inzwischen zu ergänzende Kartierungen der verschiedenen botanischen Großrestfunde: Lange [Nr. 383] Karten 7–39.

bei lassen sich deutliche Verschiebungen der jeweiligen Anteile beobachten. In der zweiten Hälfte des 1. Jahrtausends ging europaweit der bislang dominierende Anbau der Spelzweizenarten (Emmer [*Triticum dicoccum*], Dinkel [*Triticum cf. spelta*], Zwergweizen) und der Gerste deutlich zurück. Roggen und Saatweizen (als gutes Brotgetreide) – und im Osten auch Hirse in geringem Umfang – nahmen stark zu. Die Dominanz des Roggens im hoch- und spätmittelalterlichen Europa – zunächst im Südosten und Osten, etwas später auch im Westen und in Skandinavien – hängt mit dessen Anspruchslosigkeit zusammen: Zunächst nur als „Ungras" und Beigetreide mitgeschleppt, erkannte man seine geringen Anforderungen an Boden und Klima, die auch auf bescheidenen Böden noch sichere Erträge zulassen. Möglicherweise hat auch die Verkürzung der Brachzeiten – im Rahmen einer geregelten Feld-Gras-Wirtschaft – und die dadurch bewirkte Auslaugung des Bodens den Anbau anspruchsvollerer Arten reduziert. Der Anbau von Roggen mit seinen stabilen Erträgen bedeutete zugleich eine Intensivierung des Ackerbaus. Dennoch brachte die Ernte kaum mehr als das Doppelte bis Dreifache der Aussaatmenge ein.

Tab. 4. Prozentuale Anteile der Getreidearten im früh- und hochmittelalterlichen Ostmitteleuropa aufgrund botanischer Großrestanalysen. Den gemittelten und deshalb nur als Näherungswerte zu verstehenden Zahlen liegen Untersuchungen an etwa 60 Fundorten zugrunde. Sehr deutlich wird der starke Anstieg des Roggens und die Zunahme der Hirse, während die Weizenarten – mit Ausnahme des Saatweizens – an Bedeutung verlieren (nach Lange [Nr. 383] 78 Tab. 9; 84 Tab. 12)

		Elbe-Oder-Raum		Böhmen/Mähren		Polen		Mitteleuropa
		1.-6. Jh.	7.-10. Jh.	1.-6. Jh.	7.-10. Jh.	1.-6. Jh.	7.-10. Jh.	11.-12. Jh.
Hafer	*Avena sativa*	11,1	3,3	27,2	9,8	9,7	12,7	9,3
Gerste	*Hordeum vulgare*	40,6	16,7	18,2	17,0	19,3	21,0	15,6
Roggen	*Secale cereale*	3,7	33,3	-	22,0	19,3	18,6	20,3
Saatweizen	*Triticum aestivum*	11,1	6,7	18,2	26,8	14,5	17,4	17,2
Emmer	*Triticum dicoccum*	14,8	-	9,1	2,5	9,7	2,3	4,1
Einkorn	*Triticum monococcum*	3,7	3,3	9,1	2,5	1,6	-	1,0
Spelzweizen	*Triticum spelta*	-	3,3	-	-	9,7	2,3	2,6
Gelbhirse	*Setaria glauca*	-	-	-	2,5	1,6	4,6	6,7
Kolbenhirse	*Setaria italica*	-	-	9,1	-	-	-	-
Grauhirse	*Setaria viridis*	-	-	-	-	-	0,6	4,7
Rispenhirse	*Panicum miliaceum*	14,8	20,0	9,1	17,0	14,5	18,4	18,6

Roggen und Rispenhirse verlangen ein gut vorbereitetes Saatbett, Saatweizen einen grobschollig umgebrochenen Boden. Durch die nun verstärkt
angebauten Getreidesorten mußten sich also auch die Anbaumethoden än-
dern. Mit dem Vordringen des Roggens setzte sich auch der Winteranbau
durch, wodurch höhere Erträge ermöglicht wurden. Wintergetreide – im
Herbst gesät – keimt noch vor dem ersten Schnee und wird dann durch den
Schnee vor strengem Frost geschützt; nach der Schneeschmelze wachsen die
Pflanzen gleich weiter. Die Herbstaussaat belegen Beimengungen von Un-
kräutern wie der Roggentrespe (*Bromus secalinus*) und Kornrade (*Agrostem-
ma githago*), die besonders im Herbst keimen. Die Frühjahrsbestellung erfor-
derte leistungsfähiges Zugvieh gleich nach dem Ende des Winters; sie setzte
daher eine ausreichende Winterfütterung der Ochsen voraus.

Inwieweit die Felder nach dem Pflügen und der Aussaat bearbeitet wurden, läßt sich kaum feststellen. Leichte Hacken mit schmalem Blatt dürfen als
ackerbauliche Universalgeräte gelten (und waren nicht auf den Gartenbau beschränkt).[13] „Pflanzstöcke" lassen sich aufgrund ihrer einfachen, anspruchs-
losen Form wohl nicht verläßlich identifizieren[14], sind aber durchaus wahrscheinlich. Eggen waren – wie der Fund des 10. Jahrhunderts aus Groß Raden
belegt – gebräuchlich, erhielten aber erst seit dem späten Mittelalter eiserne
Zinken.[15] Das Eggen bewirkte das Bedecken der Saat, die Zerkleinerung der
großen Erdbrocken und die Einebnung der Äcker, was die Ernte erleichterte.
Eine Düngung der Äcker kann nicht nachgewiesen werden und ist, wie die
häufige Verlegung der Siedlungen zeigt, auch unwahrscheinlich. Unkräuter
(der „Blumenreichtum der Äcker") zeigen in ihrer jeweiligen Zusammensetzung nicht nur die Vielfalt der unbeabsichtigt mitgesäten Arten, sondern zugleich auch die Qualität des beackerten Bodens an.

Die Getreideernte erfolgte mit der Sichel, deren geschwungene und ausba-
lancierte Form mit abgesetztem Griff antiken Vorbildern glich und sich erst
mit dem Spätmittelalter zu gleichmäßiger gebogenen und längeren Formen
veränderte. Der Schnitt mit der Sichel erfolgte dicht unter den Ähren, wie
sich anhand bildlicher Darstellungen und der beigemengten hochwüchsigen
Unkrautarten zeigen läßt. Damit blieb der Verlust an Getreide im Vergleich
zur Sensenmahd geringer, doch die Ernte nahm mehr Zeit in Anspruch. Sensen zur Heumahd (auf einer ebenen, gleichmäßig gewachsenen Wiese) finden

---

13 Kartierung: Henning [Nr. 374] 82 Abb. 38.
14 Als Pflanzstöcke angesehene Geräte aus mittelslawischen Zusammenhängen in: Die Slawen in Deutschland [Nr. 48] Taf. 9,b.
15 Eiserne Eggenzinken aus Semonice (um 1300).

sich, abgesehen vom frühmittelalterlichen Mähren[16], in Ostmitteleuropa erst im späten Mittelalter; die Kurzstielsense zur Futterernte, im Westen seit dem 9. Jahrhundert bekannt, trat hier seit dem 13. Jahrhundert auf.

Das Getreide wurde in einfachen Gruben, die keiner besonderen Herrichtung oder Auskleidung bedurften, gespeichert. Diese kegel- oder birnenförmigen, d. h. mit einer engeren Mündung versehenen Gruben lassen sich im Einzelfall nicht leicht identifizieren, da sie sekundär als Abfallgruben Verwendung fanden. Die verengte Mündung dürfte allerdings meist auf den Erddruck zurückgehen und nicht die beabsichtigte Grubenform darstellen. Derartige Gruben setzten trockene Böden voraus und wurden flach oder mit einem kleinen zeltartigen Aufbau abgedeckt. Besondere Größe und Tiefe konnten sie nur bei entsprechender Festigkeit des Bodens erreichen, d. h. vor allem in den Lößgebieten der Mittelgebirgszone. Mitunter wurde das Korn wohl in sogenannten Darren (Tonwannen) „geröstet", d. h. getrocknet.[17] Das „Rösten" bezweckte die bessere Haltbarkeit und nicht ein gelegentlich vermutetes Entspelzen des Getreides. Letzteres war für die Lagerung nicht erforderlich.

Das Korn wurde vor allem mit Hilfe handbetriebener Drehmühlen[18] gemahlen. Diese Mühlen bestanden aus einem Träger- und einem auf diesem rotierenden Läuferstein, zwischen denen die Körner zerrieben wurden. Das Mehl wurde anschließend schriftlichen Nachrichten zufolge gesiebt (Siebe sind bislang nicht entdeckt worden), bevor daraus Brot gebacken wurde. Hirse wurde in hölzernen, nur selten erhaltenen Stampfen (Dorf Mecklenburg, Groß Raden, Oppeln) zerkleinert, um daraus einen Brei zu kochen.

Getreide bildete nur einen Teil der benötigten und deshalb angebauten Pflanzen; es lieferte notwendige Kohlehydrate. Zu den, vielleicht auch im Fruchtwechsel mit Getreide angebauten Hülsenfrüchten zählen Erbsen (*Pisum sativum*), Linsen (*Lens culinaris*) und Ackerbohne (*Vicia faba*) – sie enthalten wichtige Eiweiße; hinzukommt die gelegentlich nachgewiesene Gurke. Hanf (*Cannabis sativa*) und Flachs (*Linum usitatissimum*) waren weitere Nutzpflanzen, die überwiegend der Textilproduktion und nicht der Ernährung dienten (aus Leinsamen wurde allerdings durch Pressen auch Öl bzw. Fett ge-

---

16 Kartierung: Henning [Nr. 374] 89 Abb. 43.
17 Verkohlte Getreidereste, wie sie bei Ausgrabungen gelegentlich zutage kommen, gehen auf „Unfälle" zurück.
18 Kartierung: Die Slawen in Deutschland [Nr. 48] 67 Abb. 16. Bei den Ostslawen benutzte man weiterhin die Reibmühle, bei der der Läuferstein hin und her geschoben wird.

wonnen). Die Weiterverarbeitung der Fasern läßt sich anhand der (selten entdeckten) hölzernen Flachsbrechen (Danzig, Gnesen, Ujście) und Hecheln erschließen. Der raschwachsende Hanf liefert gröbere Fasern als Flachs. Ackerbohne – interessanterweise nicht selten Sau- und Pferdebohne genannt – und Hirse ließen sich auch als Vieh-, vor allem Pferdefutter verwenden. Nicht zum Getreide zählt der Buchweizen (*Fagopyrum esculentum*), ein weißrosa blühendes Knöterichgewächs; aus ihm (seinen bucheckerähnlichen Früchten) können Mehl, Grütze und Viehfutter hergestellt werden.

Obst wird häufig in schriftlichen Quellen genannt[19], läßt sich aber archäologisch bzw. archäobotanisch nicht allzu häufig nachweisen. Apfel (*Malus sylvestris*), Birne (*Pyrus communis*), Sauerkirsche (*Prunus cerasus*), Pfirsich (*Prunus persica*) und Pflaume (*Prunus insititia*) dürften angebaut worden sein, doch insbesondere die drei erstgenannten Obstsorten wie auch Schlehen (*Prunus spinosa*) wurden wohl häufig auch gesammelt. Wild- und Kulturformen lassen sich auch nicht so leicht auseinanderhalten. Hacken, Schaufeln und Spaten mit eisernem Beschlag[20] dürften auf kleinen Äckern sowie im Obst- und Gartenbau Verwendung gefunden haben. Hier zog man auch Kümmel (*Carum carvi*), Möhre (*Daucas carota*), Sellerie (*Apium graveolens*) und sogar Dill (*Anethum graveolens*), wie die unverkohlten Pflanzenreste aus dem frühmittelalterlichen Burggraben von Starigard/Oldenburg zeigen.

Der Weinanbau war eng mit dem Christentum verbunden, da der Wein zum Abendmahl benötigt wurde. So finden sich die frühesten Belege in der südwestlichen Slowakei und im Mähren des 9. Jahrhunderts – sowohl archäobotanische Nachweise (die sich allerdings nicht sehr deutlich von den Wildformen der Rebe unterscheiden) als auch Funde von Winzermessern[21]. In Mittelböhmen und Großpolen fallen die ersten Nachweise in das 10. Jahrhundert, in Pommern in das 12. Jahrhundert und im übrigen (elbslawischen) Gebiet erst in das späte Mittelalter. Die zeitliche Kongruenz mit der formalen Einführung des Christentums scheint evident.

Nicht nur einige Obstsorten, sondern auch zahlreiche Beerenarten sowie Hagebutte (*Rosa sp.*), Holunder (*Sambucus nigra*) und Weißdorn (*Crataegus spp.*) wurden gesammelt. Aus den Wäldern versorgte man sich auch mit Haselnüssen (*Corylus avellana*), Bucheckern (*Fagus silvatica*), Pilzen oder auch mit Eicheln, Gras und Laub zu Futterzwecken – doch sind dies eher plausible Vermutungen als archäologisch nachweisbare Tatsachen. Auch Honig wird zu

---

19 Ibrāhīm ibn Yaʿqūb nennt Apfel, Birne und Pfirsich als angebaute Obstsorten.
20 Kartierung: Henning [Nr. 374] 74 Abb. 32.
21 Kartierung: Henning [Nr. 374] 95 Abb. 46.

den im Wald gesammelten Nahrungsmitteln gezählt haben (Ibrāhīm ibn
Yaʿqūb), auch wenn weder Met noch Klotzbeuten (Bienenstöcke aus einem
Baumstamm) bislang archäologisch belegt sind; man benötigte Honig als Süß-
stoff und in christianisierten Gegenden das Wachs für Kerzen. Westlich der
Saale und um Meißen wurden im 9. bzw. 10. Jahrhundert einige Abgaben in
Form von Honig, Met und Wachs geleistet. In der Meißner Burg soll Thietmar von Merseburg (VII,23) zufolge um 1015 soviel Met vorrätig gewesen
sein, daß damit angesichts des Wassermangels der Burgbrand gelöscht werden
konnte. Bestimmte Messerformen, die den Winzer- bzw. Rebmessern ähneln,
ohne jedoch einen Fortsatz an der Außenseite der Krümmung zu besitzen,
dürften zum Abschlagen kleiner Äste – also wohl zum Sammeln von Laub-
futter – gedient haben. Als Sammelfrüchte sind wahrscheinlich Heilpflanzen
wie Wilde Malve (*Malva silvestris*) und Bilsenkraut (*Hyoscyamus niger*) anzusehen.

Unterschiede zwischen verschiedenen Siedlungen hinsichtlich der angebauten und verzehrten Pflanzenarten lassen sich bislang allenfalls in Ansätzen
erkennen. Das Probennetz ist dafür noch viel zu weitmaschig geknüpft, und
darüber hinaus sind die stichprobenartigen, aufwendigen Analysen zwar für
den jeweiligen Fundplatz über die Zeiten hinweg repräsentativ, aber nur
schwer überregional vergleichbar. Des weiteren beeinflussen die Erhaltungsbedingungen im Boden das Bild entscheidend. Allerdings läßt sich jetzt schon
sagen, daß Siedlungen mit weitreichenden Fernverbindungen – Seehandelsplätze und zentrale Burgen – auch Zugang zu einer größeren Auswahl und
damit auch zu seltenen Pflanzen besaßen.

Viehwirtschaft

Unter den Haustieren dominierte seit dem frühen Mittelalter das Schwein
(*Sus scrofa f. domestica*), und zwar im ganzen mittleren Europa nördlich der
Alpen und sogar darüber hinaus (Abb. 46). Der Anteil des Schweins an den
Haustierknochen liegt zwischen unterer Elbe und unterer Weichsel über
50 %, während er südlich davon meist geringer ausfällt. Voraussetzung der
Schweinehaltung waren Mischwälder, in die das Borstenvieh zur Eichelmast
getrieben wurde. Rinder (*Bos primigenius f. taurus*) erfordern größere wald-
freie Gebiete zur Weide. In der Karolingerzeit nahm der Schweineanteil – parallel zu einem allgemeinen Bevölkerungsanstieg – stark zu, um nach der Jahrtausendwende wieder zugunsten des Rindes zurückzugehen. Die Ursachen
dieser verstärkten Schweinehaltung im frühen Mittelalter lassen sich bislang
nur vermuten. Möglicherweise haben der verstärkte Roggenanbau und die da-

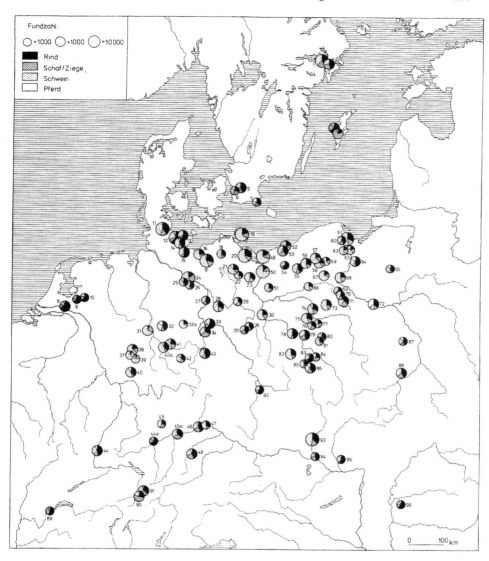

Abb. 46. Anteile der wichtigsten Haussäugerarten in frühmittelalterlichen Siedlungen Ostmittel-europas. Berücksichtigt sind nur archäologische Befunde mit mindestens 200 Knochenfunden; Pfer-de wurden nur bei einem Anteil von mehr als fünf Prozent dargestellt. Überall wurden dieselben Arten gehalten; graduelle Unterschiede lassen deren jeweilige Anteile erkennen (nach Benecke [Nr. 361] 198 Abb. 128)

mit verbundene Zunahme des Winteranbaus den Anteil der Brache verringert und damit die zur Verfügung stehenden Weideflächen verkleinert. So standen einer ausgedehnten Rinderhaltung nicht genügend Weideflächen zur Verfügung. Umgekehrt könnte die verstärkte Schweinemast eine Auflichtung der Wälder im Hochmittelalter bewirkt und die Rückkehr zur Rinderhaltung gefördert haben. Unabhängig davon wird die Schweinehaltung durch ihre geringen Ansprüche und den raschen Umsatz in Fleisch sehr erleichtert.

An dritter Stelle folgten Schafe (*Ovis ammon f. aries*) und Ziegen (*Capra aegragus f. hircus*). Ihr Anteil am gesamten Haustierbestand schwankte zwischen 10 und 20 %. Besonders viele Ziegen gab es an Havel und Spree, wohl aufgrund der dortigen geomorphologischen Voraussetzungen. Einerseits mögen umfangreiche feuchte Niederungen und größere Waldgebiete die Viehzucht erschwert haben, andererseits ermöglichten sie der Bevölkerung zugleich, erhebliche Teile des Fleischbedarfs durch die Jagd in diesen Gebieten zu decken.

In nichtagrarischen Siedlungen lag der Schweineanteil am höchsten, etwas niedriger in Dörfern, und am geringsten fiel er in Burgen aus. Proportional dazu verhielten sich auch die Geflügelanteile, die Spitzenwerte wiederum an Havel und Spree erreichten.

Tab. 5. Prozentuale Anteile der Haussäugerarten in den einzelnen Fundhorizonten von Starigard/Oldenburg. Der relativ hohe Anteil an jung geschlachteten Schweinen in den Horizonten 3 und 4 weist darauf hin, daß es sich – wie auch bei Schaf bzw. Ziege – z. T. um von außen eingeführte Tiere handelt. Sonst hätte man den eigenen Bestand gefährdet. Die deutlich erkennbaren Veränderungen vom frühen zum hohen Mittelalter sind geradezu ein Paradebeispiel für die allgemeine Entwicklung der Zeit (nach Prummel [Nr. 388] 28 Tab. 4)

Horizont Zeit		1 8. Jh.	2 9. Jh.	3 10. Jh.	4 11. Jh.	5 12. Jh.	6 13. Jh.
Schwein	*Sus scrofa f. domestiva*	42,9	43,1	50,5	53,7	42,0	43,5
Rind	*Bos primigenius f. taurus*	47,4	42,3	34,4	25,5	37,3	41,1
Schaf/Ziege	*Ovis ammon f. aries/* *Capra aegragus f. hircus*	9,6	14,0	14,3	19,3	18,9	11,7
Pferd	*Equus ferus f. caballus*	0,1	0,3	0,3	1,0	1,5	1,7
Hund	*Canis lupus f. familiaris*	0,1	0,3	0,4	0,2	0,2	1,6
Katze	*Felis silvestris f. catus*	-	0,1	0,0	0,2	0,1	0,5

Die Anteile einzelner Haustierarten werden anhand der Knochen bestimmt, und die hier angegebenen Anteile beruhen auf solchen Statistiken. Dabei können die Anteile auf die Zahl der gefundenen Knochen selbst, die anhand der einzelnen Knochen zu ermittelnde Mindestindividuenzahl (MIZ) oder das

Gewicht der ausgegrabenen Knochen bezogen werden. Bei Heranziehung der MIZ werden gegenüber der Knochenanzahl die selteneren Arten bevorzugt und daher das Gesamtbild etwas verschoben. Von den Knochenzahlen unterscheiden sich die jeweiligen Fleischmengen mitunter ganz erheblich. Ein Rind liefert viel mehr Fleisch als ein Schwein, und ein Schwein wiederum mehr als ein Schaf oder eine Ziege. Deshalb ist die Zahl der gehaltenen Tiere nur ein Anhaltspunkt, der durch weitere Überlegungen ergänzt werden muß.

Das Größenwachstum der jeweils gehaltenen Haustiere hing von der Fütterung, in starkem Maße jedoch von den Umweltverhältnissen ab; es zeigt deshalb stärkere regionale Unterschiede. Für alle Arten gilt, daß die domestizierten Formen erheblich kleiner als die Wildformen und ebenfalls erheblich kleiner als die heutigen Haustierrassen waren. Das Vorhandensein größerer Rinder im weiteren Ostseeküstenraum[22], verglichen mit dem Binnenland, hing mehr mit den besseren Weidebedingungen als mit kulturellen Differenzen zusammen. Gleiches läßt sich für die sich regional noch erheblich stärker unterscheidenden Schweine feststellen. Hier beeinflußten lokale Futterbedingungen der Waldweide den Wuchs in viel größerem Maße als großräumige klimatische Faktoren; außerdem muß mit Einkreuzungen von Wildschweinen gerechnet werden. Schafe waren im Binnenland kleiner und breitwüchsiger als im Nordwesten; dies deutet auf unterschiedliche „Rassen" hin. Auch bei den Pferden existierten im Durchschnitt größere Tiere südlich der Ostsee – in Mecklenburg; sie waren in Pommern, Kujawien und Kleinpolen von kleinerem Wuchs.

Unterschiedliche Haustiere dienten auch unterschiedlichen Zwecken. Rinder hielt man als Zugtiere und als Fleisch- und Milchlieferanten. Eine Bevorzugung der Milchgewinnung läßt sich erschließen, wenn relativ viele weibliche Tiere vorliegen und wenn Jungtiere geschlachtet wurden. Dennoch war die Milchleistung der Kühe nur gering. Die Nutzung der Zugkraft ergibt sich aus recht vielen männlichen Tieren, dem anhand der Knochen u. U. erkennbaren Vorhandensein von Ochsen (Kastration) sowie Abnutzungsspuren an Hornzapfen und Überlastungsspuren an den Beckenknochen. Darüber hinaus wurde aus Rinderhäuten Leder gewonnen, vor allem für Riemen, Gürtel und Schuhsohlen.

Fleisch und Fett waren die Ziele der Schweinehaltung; vielleicht ist auch Schweinsleder hergestellt worden. Ländliche Siedlungen besaßen als Selbstversorger gleich viele Eber und Sauen. Nichtagrarische Siedlungen scheinen

---

22 Ebenso in Großmähren, wofür Einflüsse bzw. Traditionen aus dem Donauraum zu vermuten sind.

seit jungslawischer Zeit zumindest z. T. beliefert worden zu sein, wenn das
Überwiegen von Ebern auf diese Weise richtig interpretiert ist. Auch eine
hohe Zahl geschlachteter Jungtiere (wie in Starigard/Oldenburg), die die Existenz des örtlichen Bestandes bedroht hätte, deutet auf Belieferung von außerhalb. Ob es sich bei dieser „Belieferung" um Abgabenverhältnisse handelte, läßt sich kaum entscheiden. Anders als im Westen, der stärker römischen
Traditionen verhaftet war, sind in Ostmitteleuropa die Schweine erst als
adulte Tiere geschlachtet worden; offenbar kamen sie mindestens einmal zur
Zucht. In Mikulčice könnte ein auffälliger Geschlechtsdimorphismus bei den
Schweinen darauf hindeuten, daß nur in geringem Umfang kastriert wurde.

Aus Schafen und Ziegen wurden Fleisch, Milch und Wolle gewonnen.
Noch nicht ganz erwachsene Tiere, wie sie häufig in nichtagrarischen Siedlungen vorkommen, belegen den hauptsächlichen Fleischkonsum. Auf dem Lande weist der höhere Anteil adulter Exemplare auf eine stärkere Rolle der
Milch- und Wollnutzung hin. Die Wolle wurde gerupft und/oder geschoren,
doch sind die vorliegenden Scherenfunde nicht sicher als Schafscheren anzusprechen, wenn sie auch durchaus dafür benutzt worden sein können.[23] Auch
Ziegenleder war ein wichtiges Produkt, dessen beabsichtigte Herstellung indirekt aus einem hohen Anteil männlicher Tiere zu erschließen ist. Es diente
vor allem für Schuhoberteile (Groß Raden, Berlin-Köpenick, Vipperow, Berlin-Spandau, Brandenburg/Havel).

Pferde (*Equus ferus f. caballus*) nutzte man als Reit- und Zugtiere; sie gehören daher nicht in einen alltäglichen Kontext. Für den Pflug kamen sie
noch nicht in Betracht, denn neben ihrer im Vergleich zum Ochsen größeren
Leistungsfähigkeit sind Pferde auch in der Haltung erheblich anspruchsvoller.
Kummetgeschirre, seit dem hohen Mittelalter (Danzig) belegt (und aus dem
osteuropäischen nomadischen Umfeld oder eher dem europäischen Westen
übernommen?), dienten allenfalls dem Ziehen leichter Wagen und Eggen. In
Skandinavien belegen Krummsielbeschläge eine andere Form der Pferde-
schirrung seit dem 10. Jahrhundert[24], die aber ebenfalls nur für Transport-
zwecke geeignet war. Hufeisen wurden aufgrund der nicht befestigten Wege
und der nur leichten Beanspruchung der Tiere nicht benötigt und fehlen daher (weitgehend), obwohl ein feucht-kaltes Klima die Hufe angreift. Pferde-
fleisch scheint (mit Ausnahme der osteuropäischen Waldsteppen) kaum ver-
zehrt worden zu sein. Lediglich in Kleinpolen findet sich denn auch ein relativ hoher Pferdeanteil.

---

[23] Vgl. Beranová [Nr. 396].
[24] Kartierung: Herrmann [Nr. 467] 20 Abb. 11.

Seit der Karolingerzeit gab es auch bei den Westslawen Reiterkrieger, die sowohl nach Ausweis der Grabfunde als auch der Schriftquellen hohes Sozialprestige genossen. Im Unterschied zu den Thüringern der Merowingerzeit und den Awaren des 7./8. Jahrhunderts gab es bei den Slawen keine Pferdebestattungen[25], so daß sich kaum Aufschluß über die Statur der Reitpferde gewinnen läßt. In den Gräbern finden sich nur – mitunter äußerst qualitätvolle – Reiterausrüstungen. Die Vorbilder und Anstöße für die „Aufstellung" von Reiterkriegern dürften recht verschieden gewesen sein: sie reichten von den ursprünglich nomadisierenden Awaren in Pannonien über die Heere Karls des Großen und die sächsischen Reiter[26] bis hin zu den in der ersten Hälfte des 10. Jahrhunderts gefürchteten Ungarn. – Esel wurden allenfalls vereinzelt als Lasttiere genutzt.

Mehrere Geflügelarten, allen voran Hühner (*Gallus gallus f. domestica*) und Gänse (*Anser anser f. domestica*), lieferten Fleisch und vor allem Eier. Für die besondere Wertschätzung der Eier spricht, daß in vielen slawischen Siedlungen etwa dreimal so viele Hennen wie Hähne vorkommen. Hätte man es nur auf das Fleisch abgesehen, wäre ein ausgeglichenes Geschlechterverhältnis zu erwarten. Der Anteil des Geflügels war meist ebenso gering wie der der gejagten Tiere; im Durchschnitt lag er bei 2–3 %, wenn er auch vom frühen zum hohen Mittelalter allmählich zunahm, aber auch dann kaum mehr als 5 % betrug. Bei diesen geringen Anteilen ist zu berücksichtigen, daß die dünnen Geflügelknochen im Boden leichter als die Skelette großer Tiere vergehen und bei Ausgrabungen auch eher übersehen werden.

Aus dem gesamten slawischen Siedlungsraum sind keinerlei Ställe für Großvieh (Rinder und Pferde) bekanntgeworden.[27] Dies bildet einen deutlichen Kontrast zum westmitteleuropäischen Binnenland und dem Nordseeküstengebiet, in dem etliche Wohnstallhäuser entdeckt wurden. Dort lebten Menschen und Tiere zumindest zeitweise unter einem Dach; beengter Platz läßt sich dafür nicht anführen, so daß diese Häuser auch mit anderen Methoden der Viehhaltung kombiniert gewesen sein müssen. Bei den westlichen Slawen hielt man nicht nur die Schweine, sondern offenbar auch die Rinder im Freien. Dies bedeutete wohl einen geringeren Bedarf an Winterfutter, aber auch, daß weniger Tiere über die kalte Jahreszeit kamen. Auch den Ortsnamen lassen sich kaum verläßliche Hinweise auf Ställe im frühen bzw. hohen

---

25 Kartierung: Benecke [Nr. 361] 223 Abb. 143.
26 So bei den Abodriten 955 in der Schlacht an der Recknitz: Widukind von Corvey III,55.
27 Drei kaum zu bewertende, jungslawische Befunde bei Herrmann [Nr. 21] 92 (Berlin-Kaulsdorf, Priort, Zehdenick).

Mittelalter entnehmen, denn der Zeitpunkt der Namenbildung oder -gebung kann nicht sicher bestimmt werden.

Die Knochen der verzehrten Haustiere dienten als Rohstoff zur Geräteherstellung. Aus Schienbeinen (*Tibia*) und Mittelfußknochen (*Metatarsus*) von Schafen und Ziegen entstanden Pfrieme – ahlenartige Geräte. Die spitzen Wadenbeine (*Fibia*) der Schweine wurden zu Nadeln verarbeitet. Mittelfußknochen von Rindern und Pferden konnten als „Schlittknochen", d. h. als Kufen verwendet werden, wie eine häufig stark abgeschliffene Seite und Durchbohrungen nahelegen. Denkbar ist allerdings auch eine Verwendung zum Glätten von Leder, Eisen und dergleichen. Darüber hinaus konnte man Sehnen und Gedärme u. a. für Bogensehnen nutzen. Schließlich dürften von den Haustieren auch Felle gewonnen und Federn verwendet worden sein.

Hunde (*Canis lupus f. familiaris*) und Katzen (*Felis silvestris f. catus*) werden nicht sehr häufig unter den Tierknochen in Siedlungen entdeckt und scheinen nicht – oder nur selten – gegessen worden zu sein. Sie dienten als Nutztiere – Hunde zum Schutz vor „wilden Tieren" aus den umgebenden Wäldern und vielleicht auch als Zugtiere (Hundekarren?), Katzen zur Schädlingsbekämpfung. Nicht zu vernachlässigen ist auch der soziale Aspekt der Haltung dieser beiden Haustierarten, die längst zu ständigen Begleitern der Menschen geworden waren. Ihre bloße Anwesenheit wurde geschätzt.

Jagd und Fischfang

Wenn auch der größte Teil des Fleischbedarfs durch Haustiere gedeckt wurde, finden sich doch in fast allen Siedlungen kleine Anteile von Wildtieren. Die vor allem im frühen Mittelalter noch ausgedehnten Wälder beherbergten eine beachtliche Zahl an Wild, das erst in der frühen Neuzeit stark dezimiert und z. T. ausgerottet worden ist (Wolf, Bär, Luchs, Wildkatze, Baummarder, Dachs, Fischotter, Biber, Elch, Auerochse, Rebhuhn, Auerhuhn). Deshalb ermöglichen die Wildtierknochen aus den Siedlungen auch einen Einblick in die frühmittelalterliche Wildfauna und deren Lebensräume. Gefangen und erlegt wurden die Tiere mit „Waffen" (Speer, Pfeil und Bogen), wie entsprechende Verletzungen an den Knochen anzeigen, sowie mit Netzen und Fallen. Nur unter günstigen Erhaltungsbedingungen läßt sich dies durch archäologische Funde auch belegen.[28]

---

[28] Hölzerne Tretfallen des 10. Jahrhunderts sind bei Rägelin in der Prignitz entdeckt worden (Archäologie in Deutschland 1998, H. 4, 44).

Die Jagd ergänzte die Palette des verzehrten Fleischs, mag z. T. aber auch bezweckt haben, das Wild von den Äckern und den Haustieren fernzuhalten. Meist lag der Anteil des Wildes an den geschlachteten Tieren bei höchstens 5 % (Abb. 47). Gelegentlich werden beträchtlich höhere Werte von bis zu 50 % erreicht, wofür es wohl zwei wesentliche Ursachen gab. Erstens konnten regional besondere naturräumliche Bedingungen wie z. B. im Spree-Havel-Raum oder Kujawien (Waldreichtum) die landwirtschaftlichen Möglichkeiten beschränken – aber zugleich ein großes Angebot und Jagdwild bereithalten und deshalb die Bevölkerung veranlassen, sich mehr fleischliche Nahrung durch Jagd zu verschaffen. Dasselbe Phänomen läßt sich im ostslawischen Waldsteppengürtel beobachten. Unterschiedliche Einwanderergruppen stehen nicht hinter diesen wirtschaftlichen Besonderheiten, denn die Zuwanderung war nicht in derart geschlossenen Verbänden erfolgt, daß sich daraus eine einseitige wirtschaftliche Orientierung ergeben hätte. Zweitens scheinen gelegentlich herausgehobene, elitäre Siedlungen einen hohen Wildanteil zu besitzen (Danzig, Zehren, Meißen). Dort scheint ein besonderes Sozialgefüge den Hintergrund darzustellen, wie es sich im Bereich der frühen Reichsbildungen der Westslawen abzeichnet (Mähren, Böhmen, Großpolen). Dies liegt dann umso näher, wenn sich unter den Wildtierknochen vor allem Hochwild (Hirsch [*Cervus elaphus*], Elch [*Alces alces*], Ur [*Bos primigenius*]) findet. Darüber hinaus stellte man auch dem Wildgeflügel (Auerhuhn [*Tetrao urogallus*], Stockente [*Anas platyrhynchos*] und Schwan [*Cygnus cygnus*]) nach.

In anderen Siedlungen deuten Überreste von Marder (*Martes martes*), Eichhörnchen (*Sciurus vulgaris*), Biber (*Castor fiber*), Dachs (*Meles meles*), Fischotter (*Lutra lutra*) und Iltis (*Mustela putorius*) auf die Pelztierjagd. Falls den Tieren jedoch schon an Ort und Stelle der Balg abgezogen wurde, gelangten die Knochen nicht in die Siedlung, und die Pelzjagd erscheint weit unterrepräsentiert. Überliefert ist die Pelzjagd vor allem für die Ostslawen. Für die Kammherstellung benötigte Geweihstangen vom Rothirsch fielen bei der Jagd allenfalls als Nebenprodukt an; meist verwendete man dafür Abwurfstangen, die nicht erst vom Schädel des getöteten Tieres abgesägt werden mußten. Das Vorkommen von Habicht (*Accipiter gentilis*) und Sperber (*Accipiter nisus*) einerseits und Hasen (*Lepus europaeus*) andererseits könnte darauf hindeuten, daß in Oldenburg in mittelslawischer Zeit auch die Beizjagd betrieben wurde. Einen zeitgenössischen ikonographischen Beleg stellt ein Beschlag aus Staré Město dar.

Neben der Jagd konnte auch der Fischfang das Fleischangebot bereichern. Daß allerdings „die" Slawen zu großen Teilen „Fischerbevölkerungen" gewesen seien, die in den spätmittelalterlichen Kietzen fortlebten, geht an der Rea-

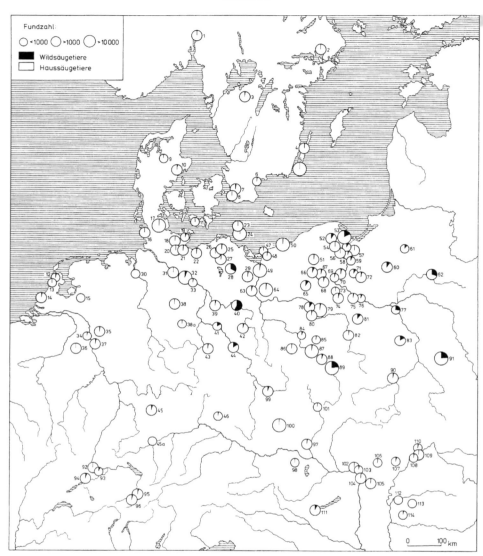

Abb. 47. Verhältnis von Haus- und Wildtierknochen aus hochmittelalterlichen Siedlungen Ostmitteleuropas. Berücksichtigt sind nur archäologische Befunde mit mindestens 200 Knochenfunden. Auffällig sind die gelegentlich regional sehr hohen Wildtieranteile (nach Benecke [Nr. 364] 194 Abb. 123

lität vorbei und ist ein (aus dem 19. Jahrhundert stammender) Topos. Alle
eßbaren Arten an Süßwasserfischen wurden gefangen (Plötze, Blei, Hecht,
Barsche), wobei geangelt und gespeert oder auch mit Reusen oder Netzen ge-

Tab. 6. Prozentuale Anteile von Wild- und Haustieren in den einzelnen Fundhorizonten von Starigard/Oldenburg. Zu erkennen sind die nur marginale Bedeutung der Jagd und die deutliche Zunahme des Hausgeflügels. Die gefangenen Fische sind unterrepräsentiert, da die kleinen Gräten und Schuppen nur bei sorgfältiger Probenentnahme registriert werden können, die hier nur für den Horizont des 10. Jahrhunderts vorgenommen wurde (nach Prummel [Nr. 388] 28 Tab. 4)

Horizont	1	2	3	4	5	6
Zeit	8. Jh.	9. Jh.	10. Jh.	11. Jh.	12. Jh.	13. Jh.
Haussäuger	98,2	97,2	95,3	93,6	94,7	94,2
Hausgeflügel	0,4	0,6	1,6	3,7	4,1	3,3
Wildsäuger	1,1	2,1	2,0	2,0	0,8	1,8
Wildgeflügel	0,2	0,2	1,0	0,7	0,4	0,8
Fische	-	-	0,1	-	-	-

fischt wurde (Groß Raden, Feldberg, Behren-Lübchin, Wollin, Mikulčice). Der genaue Nachweis der Fischarten fällt schwer, da sich die kleinen Gräten und Schuppen meist nicht erhalten haben; so sind denn auch vor allem große Arten wie der Hecht (*Esox lucius*) häufig belegt. An der Ostseeküste läßt sich seit dem 9. Jahrhundert der Heringsfang nachweisen. Ein besonderer Bedarf an Fisch entwickelte sich mit der Christianisierung und den damit verbundenen Fastenvorschriften. Helmold von Bosau (II,108) berichtet davon, daß jeden November bei Arkona „eine große Menge von Händlern wegen des Fischfangs" zusammenkam. Fremden stand „der Zugang frei, sofern sie vor dem Gott des Landes ihren gebührenden Zins" entrichtet hatten. Vermutlich machte man den Fisch durch Salzen und Dörren haltbar.

Ernährung und Speisen

Hier stößt die Archäologie an die Grenzen ihrer Aussagekraft. Auf welche Weise die Nahrung zubereitet wurde, läßt sich durch die Bodenfunde nur in Ansätzen erschließen. Hirse wurde zerstampft und zu Brei gekocht. Aus Roggen- und Weizenmehl wurden in offenen Tonwannen (von meist etwa 70 x 90 cm Größe) und in überkuppelten Backöfen Brot gebacken.[29] Dies gilt für den gesamten slawischen Siedlungsraum, ohne daß sich grundlegende landschaftliche Unterschiede zeigten. Differenzierungen ergaben sich mitun-

---

[29] Eine gelegentlich vermutete Nutzung der Tonwannen zur Getreidelagerung ist unwahrscheinlich.

ter aufgrund regional unterschiedlicher Böden und den darauf gedeihenden Getreidearten. Nördlich der Mittelgebirge war der anspruchslosere Roggen die bevorzugte Brotgetreideart, weiter südlich bis hin zum Mittelmeer der Weizen.

Fleisch, Fisch und Gemüse dürften gekocht und gebraten worden sein. Dazu dienten die in jedem Haus vorhandenen Feuerstellen in Form von Herden oder Öfen. Schmauchspuren an und verkohlte Essensreste in Gefäßen zeigen an, daß diese als Kochgefäße dienten. Zum Würzen wird man verschiedenste Kräuter – Dost (*Origanum vulgare*), Kümmel (*Carum carvi*), Sellerie (*Apium graveolens*), Dill (*Anethum graveolens*) usw. – verwendet haben, ohne daß sich diese immer direkt nachweisen lassen. Dies ist allerdings ein methodisches Problem, so daß daraus keine weiteren Schlüsse gezogen werden können. Verschiedene Obstsorten haben den Speisezettel darüber hinaus bereichert und deuten an, wie abwechslungsreich die Ernährung sein konnte. Als Getränk kam Met oder Honigwein hinzu, wie Ibrāhīm ibn Yaʿqūb berichtete. Allerdings täuscht dieses üppige Bild, wenn man darüber vergißt, daß die frühmittelalterliche Landwirtschaft kaum Überschüsse erwirtschaftete und es unter ungünstigen Umständen rasch zu Knappheit und Mangelernährung kommen konnte.

20. Hauswerk und Handwerk

Für das alltägliche Leben bedarf es neben ausreichenden Nahrungsgrundlagen einer Reihe von Gebrauchsgegenständen, d. h. Geräten, Werkzeugen und Behältnissen, sowie bestimmter Bauten, Fortbewegungsmittel usw. Ihre Herstellung bzw. Errichtung erfordert mehr oder weniger spezielle Kenntnisse und Fertigkeiten. Je stärker diese Spezialisierung ausfällt und je weiter die Arbeitsteilung fortgeschritten ist, desto umfangreicher sind die gegenseitigen Abhängigkeiten und Austauschbeziehungen, desto entwickelter sind die gesellschaftlichen Strukturen. Erkenntnisse über das Handwerk sind daher immer auch Erkenntnisse über die Gesellschaft.

Die Produktion dieser Güter konnte im Hauswerk oder im Handwerk erfolgen. Damit sind in idealtypischer Weise zwei Extreme benannt, zwischen denen es eine Reihe von Übergangs- oder Zwischenformen geben kann. Der grundlegende Unterschied liegt im Ziel dieser Produktion – und nicht primär in der Qualität der Produkte. Im Hauswerk wird für den eigenen Bedarf produziert, d. h., es werden vor allem Gegenstände des alltäglichen Bedarfs hergestellt wie auch das eigene Haus errichtet. Da dies nur nebenher, d. h. neben der landwirtschaftlichen Tätigkeit, möglich war, kennzeichnete Unregelmäßigkeit – zu bestimmten Tages- und Jahreszeiten – das Hauswerk. So wurden besonders im Winter, wenn kaum landwirtschaftliche Tätigkeiten anfielen, Geräte repariert oder erneuert, Textilien hergestellt u. a. m. Der Handwerker dagegen hat diese Produktion zu seinem Lebensunterhalt gemacht und produziert für den fremden Bedarf – entweder im Auftrag (was auch unter Zwang für einen Herren erfolgen kann) oder für einen Markt. Er lebte von der Herstellung dieser Erzeugnisse, d. h. deren Bezahlung.

Mit Hilfe archäologischer Quellen ist handwerkliche Tätigkeit nur über Werkstätten, also Produktionsstätten und Produktionsabfälle, zu greifen. Die Qualität einzelner Produkte wäre nur ein sehr unzuverlässiger und außerdem subjektiver Indikator, was auch für den Umfang der Produktion gelten muß. Direkte Belege für Werkstätten liegen allerdings nicht sehr häufig vor, auch weil sie häufig nicht leicht auszumachen sind – sei es, daß sie abseits der Siedlung lagen, sei es, daß sie sich nur schwer von „normalen" Bauten unterschieden oder daß ebenerdige Bauten soweit erodiert sind, daß über ihre Nutzung nichts mehr ausgesagt werden kann. Darüber hinaus ist es schwierig, gewerbliche und häusliche Produktionsstätten voneinander zu unterscheiden.

Die Ausdifferenzierung handwerklicher Produktion scheint mit der Herausbildung von „Burgstädten" in Verbindung zu stehen. Diese waren herrschaftliche Mittelpunkte und als solche Konsumtionszentren, für deren Bedarf zunehmend Handwerker benötigt wurden. Ein Markt war demnach kein entscheidender Antrieb. Entwicklungsansätze lassen sich daher regional verschieden zu unterschiedlichen Zeitpunkten erkennen: in Mähren seit dem 9. Jahrhundert, in Böhmen um 900, in Großpolen seit der zweiten Hälfte des 10. Jahrhunderts und bei den Elbslawen wohl überwiegend erst im hohen Mittelalter. Zugleich entstand auch außerhalb der Burgen eine zunehmende handwerkliche Differenzierung.

Toponyme bieten weitere Anhaltspunkte zum Umfang handwerklicher Differenzierung. Denn Ortsnamen enthalten nicht selten Bestandteile, die auf bestimmte Tätigkeiten hinweisen: Ackerbau, Viehwirtschaft, Jagd, Lebensmittelverarbeitung, Holzwirtschaft, Bergbau, Handwerk, Dienstleistungen (vgl. Tab. 7). Diese Tätigkeitsbezeichnungen werfen zur Zeit mehr Fragen auf, als sie zu beantworten helfen: In den meisten Fällen besteht keine Klarheit über den Zeitpunkt der Namenbildung und damit auch nicht über deren Hintergründe. So dürften etliche entsprechende Ortsnamen im Elbe-Saale-Raum erst unter deutscher Herrschaft entstanden sein und über die Verhältnisse in slawischer Zeit kaum etwas aussagen. Des weiteren bleibt offen, was damit eigentlich bezeichnet wurde – ganze Siedlungen, „Berufsgruppen" innerhalb derselben, Einzelpersonen oder Verpflichtungen der Bewohnerschaft? Wird hinsichtlich der Tätigkeiten der Alltag der Siedlungen oder nur Außergewöhnliches beleuchtet? Trotz dieser offenen Probleme lassen sich anhand der Toponyme „Dienstsiedlungen" erkennen, die für das hochmittelalterliche Ostmitteleuropa (Přemysliden, Piasten, Arpaden) charakteristisch wurden – sich aber bei den Elbslawen nicht entwickelten. Der Zusammenhang zu großräumigen Herrschaftsbildungen ist jedenfalls offenkundig.

Tab. 7. Zusammenstellung häufiger belegter Tätigkeiten in Toponymen. Angegeben sind die Tätigkeiten und in Klammern die mittelalterliche Form der Quellen. Bei weitem nicht jeder Ortsname mit einem solchen tätigkeitsbezogenen Bestandteil läßt sich als „Dienstsiedlung" interpretieren (zusammengestellt nach Lübke [Nr. 385])

Tätigkeitsbereich	Auswahl häufiger belegter Tätigkeiten	Beispiele für entsprechende Ortsnamen
Ackerbau	Pflüger (*Ratagih*)	*Radtai, Rathaie, Ratagin*
Viehwirtschaft	Viehhirte (*Scotnici*), Ochsenhirte (*Volari*), Schweinehirt (*Svinari*), Pferdehirt (*Konari*)	*Scotenici, Skotniki; Wallern; Swinarsco; Kanar, Konareiow*
Jagd	Jäger (*Lovic*), Hundewärter (*Psare*)	*Louich, Loch, Lowcice; Pszary, Psachowo*
Fischfang	Fischer (*Rybithvi*)	*Rybitwy*
Lebensmittelverarbeitung	Koch (*Kuchari*), Bäcker (*Peccari*), Müller (*Molnar*), Imker (*Byrdniche*)	*Cvlcharuitz, Kuchary; Pekary; Mlynáře; Barthnyky, Wartnizy*
Holzwirtschaft	Holzfäller (*Dreuniche*), Birkenschäler (*Brsiesolub*), Teersieder (*Dehter*)	*Drewnik; Brezolup; Dehtars*
Bergbau	Erzhauer (*Rudnici*)	*Rudenitz, Rudnik*
Handwerk	Eisenschmiede (*Kouale*), Schwertschmied (*Mecher*), Goldschmied (*Zlotnici*), Schildmacher (*Scitar*), Zimmerleute (*Czessel*), Böttcher (*Bednari*), Drechsler (*Strigar*), Töpfer (*Grncear*), Schuster (*Szewce*)	*Koualouicih, Coval; Meczierze; Zlothnyky, Zlatnik; Scitarih; Cessle, Czessel; Bedener; Strharz, Strharye; Grincha, Hirnszer; Sweczke, Schewecz*
Dienstleistungen	Kämmerer (*Comornici*), Truchseß (*Postolici*), Wächter (*Strasnic*), Wäscher (*Pracih*), (Bogen-)Schützen (*Strelec*)	*Chomornicze, Komoran; Podstolice; Straznicz; Pratsche, Pracz; Strelcih; Strelne*

Töpferei und Keramik

Produktion: Die Herstellung von Gefäßkeramik erfolgte zunächst in jedem Haushalt. Der Ton wurde vergleichsweise grob gemagert. Nachdem die Töpfe mit der Hand stückweise aufgebaut, d. h. geformt worden und anschließend angetrocknet waren, wurden sie in nicht besonders hergerichteten Brenngruben bei recht niedrigen Temperaturen (meist 500–600 °C) gebrannt. Dadurch ergaben sich einfache und dennoch einmalige Formen mit einer begrenzten

Haltbarkeits-, also Nutzungsdauer. Ob die Töpferei Frauen- oder Männersache war oder von allen betrieben wurde, entzieht sich archäologischen Erkenntnismöglichkeiten.

Der Übergang zur Formung auf drehbaren Unterlagen mit hölzernen Zwischenscheiben (woher neben den Bodenzeichen auch schmucklose Achsabdrücke rühren) und ein etwas härterer Brand stellten einen Schritt in Richtung spezialisierter handwerklicher Produktion dar, lassen sich aber noch im Durchschnittshaushalt vorstellen. Zwischen Mittelgebirgen und Donau existierte bereits im 8./9. Jahrhundert eine derart fortgeschrittene Töpferei. Nördlich davon deuten Indizien erst auf die Mitte des 10. Jahrhunderts (wenn man einmal von dem Sonderfall der karolingerzeitlichen Feldberger Ware absieht). Diese technologische Entwicklung führte auf lange Sicht zu einer weithin uniformen Gestaltung und schließlich zu einer Art Serienproduktion stets derselben Gefäßformen und -verzierungen, was sich als deutlicher Hinweis auf handwerkliche Spezialisierung verstehen läßt.

Dennoch scheint es auch im hohen Mittelalter nur z. T. eine Werkstattproduktion gegeben zu haben. Werkstatt-Befunde selbst fehlen fast völlig, so daß mit Hypothesen unterschiedlicher Plausibilität gearbeitet wird. „Qualitätvolle" Ware allein stellt allerdings kein hinreichendes Indiz für Werkstattproduktion dar. Die vielen verschiedenen Bodenzeichen deuten auf eine Vielzahl von Produzenten und damit doch eher auf die Herstellung im Haushalt hin. Töferöfen sind kaum bekannt und fanden sich fast nur im südlichen Bereich (Kremitz?, Staré Město, Nitra-Lupka, Löcknitz?). Doch erst der Übergang zu regelrechten Töpferöfen mit zwei Kammern, die höhere Brenntemperaturen und damit einen harten Brand erst ermöglichten, belegt eine handwerkliche Spezialisierung. Offenbar begnügte man sich aber noch lange mit einfachen „Brenngruben", die archäologisch kaum zu identifizieren sind.

Während des gesamten Mittelalters wurde die Keramik in einer wechselnden, meist reduzierenden (sauerstoffarmen) Atmosphäre gebrannt, wodurch sich eine stets graue bis braune Farbe ergab. Oxydierend gebrannte Gefäße sind sehr selten und auf Sonderformen wie die „byzantinische" Keramik (sogenannte „gelbe Ware") aus Staré Město, Mikulčice, Blučina, Velké Bilovice, Nové Zámky und Prušánky beschränkt. Erst im Spätmittelalter wurde die mit der Hand betriebene von der schnellrotierenden Töpferscheibe abgelöst, womit dann auch keine Bodenzeichen mehr vorkommen.

Traditionen: Die früh- und hochmittelalterliche Keramik in Ostmitteleuropa stellt kein „ethnisches" Kennzeichen der dort siedelnden Westslawen dar. Sie geht vielmehr in Form und Verzierung auf kulturelle Traditionen dieses Raumes und der Nachbargebiete zurück. Wahrscheinlich besaßen die slawischen Einwanderer des 6. und 7. Jahrhunderts unverzierte Gefäße. Im Zuge der anschließenden Konsolidierung regionaler Siedlungsstrukturen und der sozialen Verhältnisse erfuhr die Töpferei eine rasche Differenzierung durch Einflüsse der Umgebung. Auf diese Weise begannen regionalspezifische Stilentwicklungen, die nicht auf unterschiedliche Herkunftsräume zurückgehen und die auch keine „Stammesgebiete" widerspiegeln.

Weit verbreitet war im frühen Mittelalter die Kammstrichverzierung; sie fußt auf letztlich spätantiken Traditionen. In denselben Zusammenhang gehört auch die Verzierung des Gefäßrandes, der Mündung. Dazu zählen Kammstrichwellen auf der Randinnenseite (nördlich der Donau) und Kammstiche auf der Randkante (häufiger in Mecklenburg). Das häufigere Vorkommen von Stempelmustern im mecklenburgischen und brandenburgischen Raum dürfte durch Vorbilder im westlich anschließenden sächsischen Siedlungsraum angeregt worden sein. Diese stilistischen Beeinflussungen unterstreichen die Einbindung des ostmitteleuropäischen Raumes in weitreichende kulturelle und politische, wirtschaftliche und soziale Beziehungen.

Doch nicht nur kulturelle Traditionen bestimmten das Aussehen der Gefäße. Auch die Technologie der Keramikproduktion spielte eine Rolle. Von Hand gefertigte Gefäße lassen sich aufgrund der unebenen Oberfläche allenfalls mit einfachen Ritzungen oder kurzen Kammstrichen schmücken, auf einer drehbaren Unterlage können mit einem Mehrfachzinken („Töpferkamm") leicht gerade oder wellenförmig umlaufende Kammstrichmuster angebracht werden, und bei schnellerem Drehen ergeben sich fast von selbst tiefe Riefen bzw. sogenannte Gurtfurchen. Das Drehen der Töpfe auf der Töpferscheibe führt zu eher schlanken Formen mit einer hochliegenden Schulter, handgefertigte Gefäße tendieren zu breiteren Formen.

Die meisten Keramikfunde stammen aus Siedlungen aller Art und sind deshalb meist sehr stark zerscherbt. Ganze Gefäße werden in Gräbern entdeckt, wo sie bei Brandbestattungen als Urnen und bei Körperbestattungen als Beigefäße vorkommen. Aufgrund der regional und zeitlich differenzierten Bestattungssitten kennt man unzerstörte Töpfe vor allem aus Böhmen, Mähren und der Slowakei, d. h. von der südwestlichen Peripherie des slawischen Siedlungsraums, die in stärkerem Maße als die nördlicheren Gebiete südliche Einflüsse aufnahm. Nördlich der Mittelgebirge stammen entsprechende Funde meist erst aus dem 10./11. Jahrhundert, doch enthalten stets bei weitem nicht alle Gräber auch Keramik.

Regionale Gliederung: Innerhalb Ostmitteleuropas lassen sich auch hinsichtlich der Keramik zwei Großräume ausmachen. In Böhmen, Mähren, der südwestlichen Slowakei und in Niederösterreich, aber auch noch im Elbe-Saale-Gebiet kommen zwei charakteristische frühe Formen vor: einerseits nur mit der Hand gefertigte und schmucklose, hohe und schlanke Gefäße des

Prager Typs, andererseits ebenfalls schlanke, aber gedrehte und meist reich mit Kammstrichwellen oder -rahmen versehene Exemplare des sogenannten Donautyps. Diese Keramik des mittleren Donauraums verdankt ihre Ausprägung spätantik-byzantinischen Traditionen, die durch die Nachbarschaft des oströmischen Kulturraums in Südosteuropa und die Awaren in Pannonien vermittelt wurden (Abb. 48). Diese kulturelle Verflechtung macht es unmöglich, anhand der Keramik ethnische Zuweisungen von Siedlungsgebieten, Grabfunden o. ä. vorzunehmen.

Im donaunahen Raum (Niederösterreich, Mähren) finden sich – ebenso wie in allerdings erheblich größerer Zahl beispielsweise in Bulgarien – mitunter „byzantinische" Sonderformen wie Krüge und Amphoren (Abb. 49). Diese nehmen sich inmitten der übrigen, gerade beschriebenen Keramik ungewöhnlich und „fremd" aus. Dennoch ist im mährischen Sady bei Uherské Hradiště ein Töpferofen zur Produktion dieser Typen belegt, wobei es sich um die begrenzte Herstellung für eine bestimmte (soziale, ethnische, professionelle?) Gruppe gehandelt haben wird. Eine genauere Zuordnung ist bisher nicht gelungen.

Für den nördlichen Bereich zwischen Elbe und Weichsel sind zunächst ebenfalls unverzierte Töpfe charakteristisch. Sie unterschieden sich von ihren südlichen Parallelen durch ihre im Schnitt etwas bauchigere Form allenfalls tendenziell, sind aber etwas jünger. Die Abgrenzung dieser Sukow-Dziedzice-Keramik vom Typ Prag-Korčak trennt daher vor allem regionale und zeitliche Varianten desselben Phänomens und deutet nicht auf unterschiedliche kulturelle Traditionen slawischer Einwanderer hin. Sehr rasch traten die (regional unterschiedlich) seit dem 8./9. Jahrhundert dominierenden kammstrichverzierten Formen hinzu, die sich wiederum in regionale Varianten aufgliedern lassen (Abb. 50). Dazu gehört die Feldberger Keramik in Mecklenburg und Pommern. Diese unterscheidet sich primär technologisch (abgedrehte Schulter) und deshalb sekundär auch in der Verzierung (umlaufende Kammstrich- und Kammstichornamente) von der sonst verbreiteten Menkendorfer Ware (kurze Kammstriche). Die Verzierung beschränkt sich hier auf das durch eine ausladende Wandung oder durch eine doppelkonische Form betonte Gefäßoberteil. Südlich der Mittelgebirge wurde meist auch die Zone unterhalb des Gefäßumbruchs mit Ornamenten versehen. Der Übergang zur Ware mit vollständig abgedrehtem Oberteil fand wie im Süden in der zweiten Hälfte des 10. Jahrhunderts bzw. der Zeit um 1000 statt. Er bedeutete im Vergleich jedoch einen weitaus tiefgreifenderen, da nachholenden technologischen Fortschritt.

Fremde Keramikformen lassen sich nördlich der Mittelgebirge bislang nur vereinzelt feststellen. Seltene Funde der rheinischen Badorfer und Tatinger

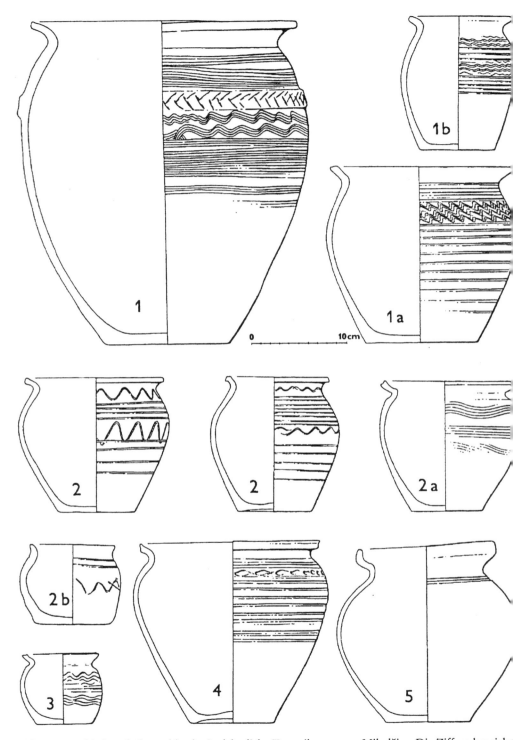

Abb. 48. Verschiedene früh- und hochmittelalterliche Keramiktypen aus Mikulčice. Die Ziffern bezeichn
die jeweiligen Formen (nach Slawische Keramik [Nr. 451] Bd. 2, 136 Abb. 3)

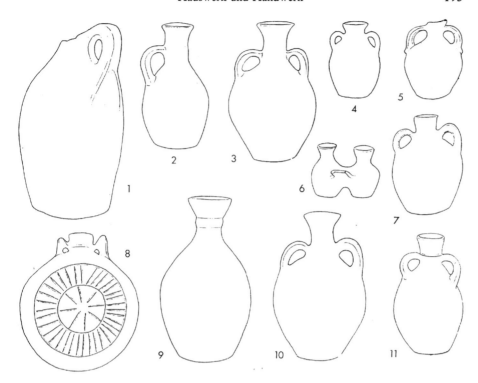

Abb. 49. In „byzantinischer" Tradition stehende Keramik des 9. Jahrhunderts (?) aus Staré Město (1–6; 8), Blučina (7), Mikulčice (9; 11) und Rousínov (10). Die Vorbilder für diese Formen – Krüge, Amphoren, Flasche, Feldflasche – dürften im byzantinisch beeinflußten Südosteuropa zu suchen sein. – M. 1:4 (nach Dostál [Nr. 518] 84 Abb. 17)

Waren finden sich in den frühmittelalterlichen Seehandelsplätzen an der Ostseeküste und gelten als Gebrauchsgeschirr westlicher Kaufleute. Keramik-„Importe" aus dem wikingischen Norden und aus den westlichen Nachbargebieten sind nicht bekannt, dürften sich aber unter der unverzierten Ware verbergen und nur aufgrund ihrer Verwechselbarkeit mit den slawischen Gefäßen noch nicht identifiziert worden sein. Umgekehrt gelangten seit dem 9. Jahrhundert zahlreiche ostseeslawische Gefäße nach Skandinavien (Abb. 51) und dienten als Urnen wikingischer Brandgräber (Birka). Seit dem 10. Jahrhundert erlangte die jungslawische Gurtfurchenware auch im Norden größere Beliebtheit. Man bezeichnet die dort hergestellten Gefäße mit dem neutralen Terminus „Ostseeware", lassen sich doch slawische und skandinavische Produktion nicht mehr voneinander unterscheiden.

Zeitliche Gliederung: Unterschiedliche und differenzierte regionale Ent-

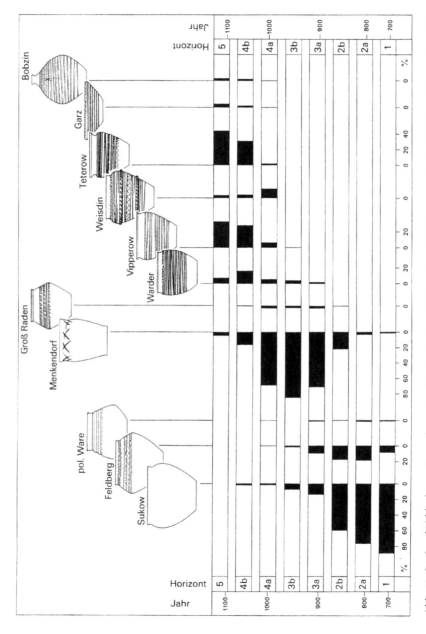

Abb. 50. Starigard/Oldenburg. Keramikstratigraphie der Grabungsflächen 7 und 8, Prozentanteile der häufigeren Typen. Deutlich wird die allmähliche Stilentwicklung, die keine abrupten Neuerungen kennt. Die verschiedenen Keramiktypen, wie sie für Mecklenburg und Holstein definiert wurden, sind schematisiert wiedergegeben (nach Starigard/Oldenburg [Nr. 311a] 130 Abb. 15)

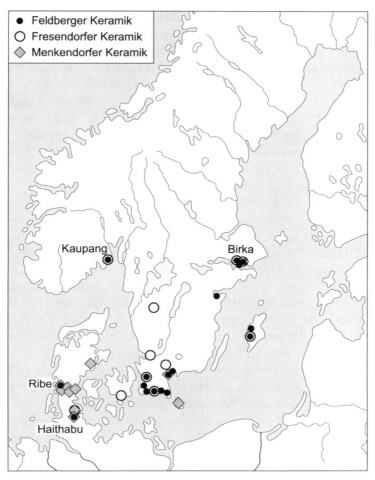

Abb. 51. Funde frühmittelalterlicher slawischer Keramik in Skandinavien. Kartiert sind Fund-orte des Feldberger, Fresendorfer und Menkendorfer Typs, deren Hauptverbreitungsgebiet sich in Mecklenburg und Pommern befindet (nicht kartiert). Im hohen Mittelalter ist Keramik slawischer Tradition nicht nur im gesamten Ostseeraum verbreitet, sondern wird auch in Skandinavien selbst hergestellt (sogenannte „Ostseeware") (verändert und ergänzt nach Brather [Nr. 434] 162 Abb. 119)

wicklungen haben zu einer Vielzahl von Einteilungen geführt, die nicht ohne weiteres parallelisiert werden können. Hinzu kommen unterschiedliche (ty-pologische oder technologische) Gliederungskriterien, die eine Übersicht über die verschiedenen Gliederungen der früh- und hochmittelalterlichen Keramik in Ostmitteleuropa erschweren. Andererseits haben die Kommunikations-

Beziehungen innerhalb des westslawischen Kulturraums für eine in den Grundzügen gleichlaufende Stilentwicklung gesorgt.

Typologisch ausgerichtete Schemata orientieren sich an der sehr variantenreichen Verzierung der Gefäße, denn deren einfache Form ist dazu kaum geeignet. Unterschieden werden dabei im wesentlichen drei Varianten: 1. gänzlich unverzierte Töpfe; 2. kammstrichverzierte, d. h. mit einem kammartigen Gerät in Wellenform, aber auch waagerecht, schräg oder senkrecht verzierte Gefäße, die auch eine Stempelzier tragen können; 3. eine mit tiefen Riefen oder Gurtfurchen versehene Ware. In technologischer Hinsicht lassen sich 1. handgeformte, 2. teilweise und 3. schließlich überwiegend (auf der Töpferscheibe) nachgedrehte Exemplare voneinander unterscheiden.

Beide idealtypische Unterscheidungen bedeuten aber nicht zwangsläufig eine chronologische Reihe oder Entwicklungsabfolge. So waren unverzierte Gefäße längst nicht nur auf die Einwanderungszeit beschränkt, sondern blieben über Jahrhunderte neben verzierten Töpfen in Gebrauch. Darüber hinaus lassen sich zahlreiche Übergangsformen zwischen diesen definierten Typen begrifflich kaum fassen. Die Typologie stößt an ihre methodischen Grenzen, wenn zu den als unverziert definierten Prager und Sukower Gefäßen auch „schwach verzierte" Formen gerechnet werden, oder wenn die Rede vom „unverzierten Feldberger Typ" ist, der sonst vor allem durch seine reiche Ornamentik von der übrigen Kammstrichware abgegrenzt wird.

Um dennoch den allmählichen Veränderungen der Keramik gerecht zu werden, wenden sich moderne Untersuchungen von dieser Art Typologie ab und konzentrieren sich statt dessen auf statistische Analysen von Einzelmerkmalen und deren Kombinationen (Starigard/Oldenburg). Auf diese Weise treten die Kontinuität der Entwicklung und im Laufe der Zeit zunehmende Regionalisierungen deutlich hervor. Das Bild der Keramikentwicklung wird dadurch unschärfer und diffuser, bleibt dafür aber näher an der Realität.

Traditionell werden unter typologischem Aspekt bis zu vier „Stufen" der Keramikentwicklung unterschieden: im Süden „Vorburgwallzeit" (Einwanderungsphase) sowie ältere (7.–8. Jahrhundert), mittlere (9.–10. Jahrhundert) und jüngere „Burgwallzeit" (11.–12. Jahrhundert). Im Norden scheint die weitgehend parallele Unterteilung in früh-, mittel- und spätslawische Zeit zunächst nur dreiphasig zu sein. Doch innerhalb des frühslawischen Horizonts werden neben der unverzierten Ware noch die teilweise nachgedrehten und verzierten Gefäße der Feldberger Keramik geführt und insofern ebenfalls vier „Phasen" unterschieden. In chronologischer Hinsicht kann jedoch nur von einer Zweiteilung ausgegangen werden. Die älteren Typen wurden – vielleicht von einer kurzen Zeitspanne während der „Einwanderungszeit" abgesehen – weitgehend gleichzeitig hergestellt und gebraucht, wenn auch ein starker

Rückgang der unverzierten zugunsten der kammstrichverzierten Keramik zu konstatieren ist. Ein grundlegender, auch im Material gut faßbarer Wandel trat erst in der zweiten Hälfte des 10. Jahrhunderts ein. Die technologische Neuerung, Gefäße vollständig auf einer Töpferscheibe nachzudrehen, führte auch zur kompletten und raschen Ablösung der Kammstrichverzierung durch tiefe Riefen, die sogenannten Gurtfurchen. Die Zeit um 1000 stellt somit einen wichtigen Einschnitt zwischen einer „alt-" und einer „jungslawischen" Periode dar.

Formenkunde: Die bei weitem überwiegende Gefäßform stellen Töpfe dar, die sich zudem in den Proportionen sehr ähneln und als universal benutzte Gefäße anzusehen sind. Ihre Größe schwankt zwischen ungefähr 15 cm und 30 cm Höhe und einem etwas geringeren Durchmesser. Daneben kommen becher- und napfartige Kleinformen und auch überdimensionierte Exemplare vor. Letztere gelten als Vorratsgefäße und wurden häufig mit aufgelegten plastischen Leisten versehen, die der Stabilisierung des Gefäßes dienten. Daneben gibt es Sonderformen wie den mit einem Deckel versehenen Bobziner Typ oder pokalartige Formen mit einem deutlich abgesetzten Fuß. Gelegentlich, und dies ist als Verarbeitung „fremder" Vorbilder anzusehen, finden sich Töpfe mit ein oder zwei Henkeln (Starigard/Oldenburg, Dorf Mecklenburg, Teterow, Schwaan, Stove; Mikulčice, Louny, Dolní Hradiště, Náměšť, Dolní Věstonice) oder quergestellten Ösen (Neubrandenburg-Hanfwerder, Kobrow, Burg Stargard, Neu Nieköhr) – jedoch offenbar nur an der westlichen und südlichen Peripherie des slawischen Siedlungsraums.

Häufig besitzen „jungslawische" Töpfe auf dem Gefäßboden (auf der Unterseite) ein sogenanntes Bodenzeichen, sofern sie nicht gänzlich von Hand geformt sind. „Altslawische" Gefäße weisen dagegen, sofern sie nachgedreht sind, nur einfache (negative oder positive) Achsabdrücke an der Unterseite auf. Die jungslawischen Bodenzeichen sind sehr variabel gestaltet: es gibt sowohl geometrische (Kreuz, Rad, Radkreuz, Ring, Kombinationen dieser Zeichen usw.) als auch symbolische (mitunter figürliche) Zeichen. Die Abdrücke auf dem Gefäßboden rühren von sogenannten Zwischenscheiben her, auf denen der Gefäßrohling auf der Töpferscheibe geformt, anschließend abgehoben und zum Trocknen aufgestellt wurde. Über den Bedeutungshintergrund der Bodenzeichen lassen sich nur Vermutungen anstellen, doch sind magischreligiöse Motive nicht zu verkennen. In handwerklicher Hinsicht dürfte es sich um Erzeugermarken handeln, mit denen einzelne Töpfer ihre Produkte kennzeichneten, doch sind bei weitem nicht alle Gefäße derart markiert.

Als Flaschen (gelegentlich auch als vasenförmige Gefäße) werden besonders engmündige Töpfe bezeichnet, die sich vor allem in Böhmen und dem Karpatenbecken vom 9. bis 11. Jahrhundert finden. Sie stellen jedoch nur

Tab. 8. Typologisch-technologische Systematik der Keramik im „Südgebiet". Die einzelnen Namen bezeichnen jeweilige Regionalformen in tendenziell chronologischer Abfolge, aber keine Zeitstufen. Prag-Korčak-, Donautyp und ähnliche Typen werden auch als frühslawische Formen bezeichnet; analog gelten die übrigen Formen als mittel- bzw. spätslawische Typen. Weiß – gewülstet; hell gerastert – teilweise nachgedreht, dunkel gerastert – vollständig nachgedrehtes Gefäßoberteil

Main-Regnitz-Gebiet	Elbe-Saale-Gebiet	Böhmen	Mähren	Slowakei	Niederösterreich
Warenart 1, (5), 6	spätslawische Typen, *Leipziger Gruppe* / Typ Groitzsch	Libočany B	Mikulčice 4, Typ IV	= j ü n g e r e B u r g w a l l k e r a m i k	
Warenart 1, (5), 6	*Leipziger Gruppe* / Rüssener Phase, Typ Rötha; *Ützer Gruppe*	Zabrušany, Libočany A, Litoměřice	March (Morava), Blučina, Mikulčice 3, Typ III	= m i t t l e r e B u r g w a l l k e r a m i k	[Zalavár-Keszthely] [Graphittonkeramik]
Warenart 1, (5), 6	*Leipziger Gruppe* (= graue Ware) / Rüssener Phase; *Ützer Gruppe* (= braune Ware)	Donau (Dunaj)	Mikulčice 2, Typ II	Devinská-Nová-Ves	Donau
			= ä l t e r e B u r g w a l l k e r a m i k		
Warenart 1, (5), 6	Prag[-Korčak]	Prag[-Korčak]	Prag[-Korčak], Typ I	Prag[-Korčak]	Prag[-Korčak]
			= v o r b u r g w a l l z e i t l i c h e K e r a m i k		

Tab. 9. Typologisch-technologische Systematik der Keramik im „Nordgebiet" (ergänzt und verändert nach Brather [Nr. 434] 8 Tab. 2). Die einzelnen Namen bezeichnen jeweilige Regionalformen in tendenziell chronologischer Abfolge, aber keine Zeitstufen. Weiß – gewülstet; hell gerastert – teilweise nachgedreht, dunkel gerastert – vollständig nachgedrehtes Gefäßoberteil

traditionelle Zuweisung	Holstein	Mecklenburg	Brandenburg	Großpolen	Hinterpommern
spätslawische Typen	Gurtfurchenware, Typ D, Typ Warder	Vipperow, Teterow, Weisdin, Bobzin, Garz, Variante Drense	Stil III	Stufe D	Typ E, G, J, L, M, R
mittelslawische Typen	Rippenschulterware	Fresendorf, Woldegk	Tornow		Wolin, Typ F
	Kammstrichware, Typ C	Menkendorf, Groß Raden	Stil II	Stufe C	Szczecin, Typ D
frühslawische Typen	Prachtkeramik, Wulstrandtöpfe, Typ B	Feldberg		Stufe B	Gołancz, Kędrzyno, Bardy, Typ C
	unverzierte Ware, schwach verzierte Ware, Typ A	Sukow	Stil I, Prag[-Korčak]	Stufe A u. A/B, Szeligi	Dziedzice, Typ A-B

einen verschwindend geringen Anteil an der gesamten Gefäßkeramik dar und
dürften zur Aufbewahrung von Flüssigkeiten gedient haben. Häufiger sind
Schüsseln oder Schalen, die von Töpfen durch die nach oben offene Form
und das Fehlen eines einziehenden Randes unterschieden werden. Sie kommen in verschiedenen Regionalformen vor und gehören vor allem in hochmittelalterliche Zeit.

Flache runde Scheiben aus gebranntem Ton dienten wahrscheinlich zur
Zubereitung und Einnahme von Mahlzeiten (vielleicht auch als Deckel?). Diese „Teller" gehören fast ausschließlich in das frühe Mittelalter und wurden in
jungslawischer Zeit durch hölzerne Formen ersetzt. Dies spricht deutlich gegen eine gelegentlich vorgenommene, aber unzutreffende Interpretation als
„Backteller". Sogenannte Tonwannen, die einem flachen rechteckigen Kasten
von bis zu einem Meter Länge und etwa 15 cm Seitenhöhe gleichen, benutzte
man als Back- und Teigwannen sowie zum Getreiderösten. Spezielle Gefäße
wurden in Mecklenburg auch für die Teersiederei hergestellt, doch konnten
dafür auch die „normalen" Formen Verwendung finden.

Mittelalterliche Keramik: Mit dem 13. Jahrhundert änderten sich Her-
stellungsweise und Aussehen der Keramik grundlegend. Im Verlauf von etwa
hundert bis hundertfünfzig Jahren traten an die Stelle der traditionellen „slawischen" Keramik jene spätmittelalterlichen Formen und Warenarten, die in
weiten Teilen Mitteleuropas und seinen Nachbarregionen verbreitet waren.
Einen wesentlichen Hintergrund für diese deutlichen Änderungen in Technologie, Form und Verzierung der Gefäßkeramik stellte die Ostsiedlung dar. Die
bäuerlichen und bürgerlichen Zuwanderer aus dem Westen brachten ihre her-
kömmliche Ware und entsprechende technische Kenntnisse in die neuen Siedlungsgebiete mit. Zugleich boten sich vielfältige Anknüpfungspunkte an die
„einheimische" Ware, so daß eine Reihe von „Übergangsvarianten" in Form
und Machart existierten. Dieser Wechsel innerhalb der Gefäßkeramik läßt
Rückschlüsse auf slawische oder deutsche Bevölkerungsteile anhand der Keramik in die Irre gehen. Denn Slawen *und* Deutsche, die sich als solche insgesamt gar nicht empfanden, sondern sich regional orientierten und auf ihren
sozialen Status bedacht waren, produzierten und benutzten Gefäße *beider*
Traditionen.

In mehrfacher Hinsicht bedeutete diese „neue" Keramik eine Verbesse-
rung. Zunächst wurden die Gefäße – anders als bisher – komplett auf der
schnell rotierenden Töpferscheibe hochgezogen, wodurch dünnwandigere
und gleichmäßige Formen entstanden. Der grundsätzlich härtere Brand
machte – zusammen mit weiteren Neuerungen wie der Glasur – die irdenen
Gefäße weniger durchlässig für Flüssigkeiten. Steinzeug mit einem versinter-
ten Scherben, produziert seit der Zeit um 1300, ließ überhaupt kein Wasser

mehr durch. Außerdem gab es – verglichen mit dem bisherigen, durch Töpfe dominierten Spektrum – seit dem 15./16. Jahrhundert eine beachtliche Formenvielfalt: Kannen mit Ausguß (Schneppe) und Krüge mit Henkeln, Grapen und Pfannen mit „Füßen", Schüsseln und Teller, Aquamanilen und Feldflaschen, Deckelgefäße und Feuerstülpen. Das ostmitteleuropäische Gebiet war damit seit dem 13. Jahrhundert an die europaweite Stil- und Formentwicklung angekoppelt. Der erhöhte Herstellungsaufwand, die benötigten Fertigkeiten für die Produktion und der gestiegene Bedarf an Keramik erforderten nun durchweg Töpfereien, d. h. eine handwerklich organisierte Herstellung. Besondere Waren, insbesondere Trinkgefäße aus Steinzeug, wurden über nicht unbeträchtliche Entfernungen verhandelt – so Siegburger Kannen und Krüge aus dem Rheinland, Waldenburger Steinzeug aus Sachsen, ebenso niedersächsische Steinzeugformen (Duingen) usw.

Zugleich bedeutete die Umstellung der Gefäßkeramik auch eine Veränderung der Koch- und Eßgewohnheiten. Die Vielfalt der Formen zeigt, daß – selbst wenn man eine breitere Palette von Behältnissen aus organischen Materialien (Leder, Bast) voraussetzt – neben universell einsetzbaren Töpfen (Kugeltopf) nun sehr unterschiedlich gestaltete und aussehende Gefäße in Gebrauch waren, die jeweils nur einem speziellen, beschränkten Zweck dienten: Ausschank von Getränken, Kochen, Braten, Bevorratung, Eß- und Trinkgeschirr. Auf diese Weise nahm auch der Umfang der je Haushalt notwendigen Gefäßpalette erheblich zu.

Textilherstellung

Die Herstellung von Textilien bedurfte weder im frühen noch im hohen Mittelalter eines spezialisierten Handwerks. Die so zahlreich in allen Siedlungen gefundenen Spinnwirtel belegen, daß in jedem Haushalt Garn gesponnen wurde. Sie dienten als Schwunggewicht am unteren Ende der hölzernen Spindel, die in eine Drehbewegung versetzt wurde. Dadurch wurden die mit der rechten Hand – aus dem Spinnrocken in der Linken – gezupften Fasern zu einem Faden verdreht. Wenn die Spindel eine bestimmte Fadenlänge gedreht hatte und den Boden erreichte, wurde der Faden aufgewickelt und weitergesponnen.

Diese Wirtel sind fast ausschließlich aus Ton gefertigt, wobei im westslawischen Raum doppelkonische Formen mit mehr als drei Viertel aller Wirtel dominieren. Daneben kommen vor allem scheibenförmige Exemplare vor, während im jütischen Raum beispielsweise konische Spinnwirtel verbreitet waren. Höchstens ein Zehntel besteht (statt aus Ton) aus anderen Materialien, wobei vor allem skandinavischer Sandstein[30] oder rosafarbener Ovručer Schiefer aus dem Kiever Raum[31] zu nennen sind. Funktional besaßen diese eingeführten Wirtel keinen Vorteil, vielmehr scheint das Material selbst gewisse Attraktivität besessen zu haben. Interessanterweise finden sich Spinnwirtel fast nie in Gräbern.

Die Stoffe bestanden aus Wolle oder Leinen, wie es auch die wenigen erhaltenen Reste belegen. Scheren mögen deshalb sowohl mit der Schafschur als auch mit der Anfertigung fertiger Kleidung in Verbindung zu bringen sein, wenngleich sie insgesamt als Universalgeräte gelten müssen. Auf die Flachsverarbeitung weisen die seltenen Flachsbrechen[32] hin. Durch das Ausschlagen oder „Schwingen" der Flachsstengel wurden anhaftende Holzteilchen entfernt, bevor der Flachs gehechelt und anschließend zu Garn gesponnen wurde.

Webstühle sind kaum bekannt. Anders als in Westeuropa finden sich keine indirekten Belege in Form reihenartig liegender Webgewichte innerhalb von Grubenhäusern (Ausnahme Starigard/Oldenburg), die an die Kettenfäden geknüpft waren und diese spannten. Dabei könnte es sich zunächst um ein Überlieferungsproblem handeln. Wenn die senkrechten Webstühle ebenerdig (nicht in Grubenhäusern) aufgebaut waren, sind sie – ebenso wie die ebenerdigen Blockhäuser – im archäologischen Befund nur schwer zu identifizieren. Lesefunde von Webgewichten sind chronologisch nicht einzuordnen, so daß die Gewichte für das frühe Mittelalter nur scheinbar fehlen könnten. Auch sind ungebrannte Webgewichte vorstellbar, die sich dann überhaupt nicht erhalten haben, oder eine anderweitige Vorrichtung zum Spannen der Kettfäden. Die eine oder andere längliche Grube innerhalb von Hausbefunden könnte auf den Standort eines Webstuhls hinweisen. Einige Webgewichte stammen aus den Seehandelsplätzen Groß Strömkendorf, Menzlin und Wollin, d. h. nicht unmittelbar aus slawischem Milieu. Das häufige Fehlen von Webgewichten belegt jedoch nicht – gewissermaßen *e silentio* – die Verwendung des Horizontalwebstuhls, für den spärliche Reste erst aus dem hohen (Danzig, Oppeln, Brandenburg/Havel) bzw. späten Mittelalter vorliegen. Dennoch wird weithin vom Gebrauch des Horizontal- oder Trittwebstuhls, der sich in Europa generell seit dem Hochmittelalter (seit dem 11. Jahrhundert) durchsetzte und komplizierte Gewebe ermöglichte, bei den westlichen

---

30 Kartierung: Gabriel [Nr. 497] 256 Abb. 60.
31 Kartierung: Gabriel [Nr. 497] 202 Abb. 38.
32 Hölzerne Exemplare aus dem hochmittelalterlichen Danzig und Gnesen, aber auch aus Ujście.

Slawen ausgegangen. Die Kettfäden waren hier waagerecht gespannt, und das Weben konnte im Sitzen erfolgen.

Unabhängig von der Konstruktion des Webstuhls im einzelnen mußten die Kettfäden so gespannt sein, daß sie ein „natürliches Fach" bildeten. Sie waren abwechselnd – beim Gewichtswebstuhl vor bzw. hinter einem waagerechten Stab zwischen den Webstuhl-Pfosten – geführt. Die hinteren Kettfäden waren am Schlingenstab befestigt; wurde dieser nach vorn gezogen, entstand das „künstliche Fach". Durch das Fach wurde der Schußfaden gezogen und dann (mit einem Webschwert) gegen das bereits entstandene Gewebe geschlagen. Die gewebten Stoffe besitzen meist einfache Bindungen, soweit sich dies anhand der nicht sehr zahlreichen Funde von Textilien sowie der recht häufigen zufälligen (unbeabsichtigten) Textilabdrücke auf Keramik beurteilen läßt. Dazu zählen vor allem die Leinen- bzw. Tuchbindung mit einem Ketten- und einem Schußfaden (1/1), in der die meisten der bekanntgewordenen Stoffe gewebt sind. Es kommen aber auch der vierbindige (beidseitige) Diagonalköper (2/2) und der dreibindige Ketten- (2/1) oder Schußköper (1/2) vor. Selten tritt auch die Ripsbindung auf. Verbreitung und Anteil dieser Bindungsarten unterschieden sich zeitlich und regional, doch mögen die zur Zeit erkennbaren Unterschiede eher durch die Fragmentierung des Quellenmaterials als durch die einstige Realität bestimmt sein.

Tab. 10. Bindungsarten verschiedener Textilfunde des 9. Jahrhunderts aus Mähren. Die Textilreste stammen aus Gräbern an mährischen Zentralorten, womit der hohe Anteil an Importtextilien zusammenhängt. Dennoch dominieren wie überall Wollstoffe und die einfache Tuchbindung. Allerdings besitzt Wolle auch bessere Erhaltungschancen (nach Kostelníková [Nr. 412] 48)

Fundort	n	Wolle (soweit bestimmbar)			Leinen, Seide		unbestimmt
		Tuchbindung 1/1	Köper 1/2, 2/1	Köper 2/2	Import	sonstige Bindungen	
Mikulčice	92	68,5 %	10,8 %		10,8 %	3,3 %	6,6 %
Staré Město	40	37,5 %	2,5 %	10,0 %	30,0 %	10,0 %	10,0 %
Břeclav-Pohansko	25	68,0 %			20,0 %	4,0 %	8,0 %
Dolní Věstonice	31	83,8 %		6,5 %		3,2 %	6,5 %
Mähren insgesamt	235	66,4 %	5,1 %	3,8 %	11,5 %	4,7 %	8,5 %

Die Garndrehung folgt überwiegend der Form „Z", doch ist nebenher auch die entgegengesetzte Drehung „S" belegt. Beim Weben wurden häufig Kett- und Schußfäden unterschiedlicher Drehung kombiniert (ZS bzw. SZ). Meist blieben die Stoffe naturbelassen, mitunter waren sie auch in vor allem

Tab. 11. Wollene Textilien des hohen Mittelalters aus Oppeln, ausgewählte Charakteristika der knapp 300 Fragmente in Prozentanteilen. Wollstoffe machen etwa 93 Prozent der Oppelner Textilfunde aus, da sich Leinen kaum erhielt. Fünf Prozent der erhaltenen Reste bestanden aus Seide. Vergleichsweise gering erscheint der Anteil der in einfacher Tuchbindung hergestellten Stoffe. Feine und gewalkte Gewebe sind erwartungsgemäß selten. Deutliche Veränderungen zeichnen sich wegen der Kürze des belegten Zeitraums nicht ab (nach Maik [Nr. 575] 96–98)

Schicht ungefähre Datierung	E_3 Ende 10. Jh.	$E_2–E_1$ erste Hälfte 11. Jh.	D-C zweite Hälfte 11. Jh.	B erste Hälfte 12. Jh.	$A_3–A_2$ zweite Hälfte 12. Jh.
Bindungen					
1/1 Tuchbindung	10,2	22,7	10,4	11,0	6,4
Rips	-	-	-	0,9	-
2/2	30,6	27,3	50,0	54,1	67,8
2/2 Fischgratköper	4,2	9,1	-	0,9	-
2/1	53,0	40,9	39,6	32,2	25,8
2/1 Diamantköper	2,0	-	-	-	-
Gewebedichte					
sehr grob	46,9	45,0	56,3	40,8	60,7
grob	20,4	50,0	37,5	44,6	28,5
fein	26,5	5,0	6,2	13,6	7,2
sehr fein	6,2	-	-	1,0	3,6
Veredlung					
ungewalkt	89,8	95,7	79,2	83,4	81,3
gewalkt	10,2	4,3	20,8	18,6	18,7

bräunlichen, gelblichen oder rötlichen Tönen gefärbt, die man mit Hilfe pflanzlicher oder mineralischer Farbstoffe erzielte. Möglicherweise verwandte man auch Färberwaid (*Isatis tinctoria*), um Stoffe intensiv blau zu färben. Dazu müssen dessen Blätter zuerst vergoren werden, bevor sie dann an der Luft die charakteristische blaue Farbe (Indigo) annehmen. Gestreifte Stoffe – schräg oder quer – scheinen vor allem hochmittelalterlich zu sein. Diese Musterung ist ein Indiz dafür, daß nicht die fertigen Stoffe, sondern das Garn gefärbt wurde. Zu diesen großflächigen gewebten Stoffen trat die Brettchenweberei, mit der schmale Zierbänder, Borten usw. hergestellt werden konnten.

Die Anfertigung der Kleidung selbst war ebenso wie die Herstellung der Stoffe Sache eines jeden Haushalts. Darauf verweisen die zahlreichen Nadeln und Scheren, die sich häufig in Siedlungen und in jedem „Haushalt" finden. Dabei handelt es sich aber um universell verwendbares „Werkzeug", das nicht ausschließlich mit dem Schneidern von Kleidungsstücken in Verbindung gebracht werden kann, sondern auch für die Schuhherstellung und für landwirtschaftliche Tätigkeiten gebraucht wurde.

Leder und Pelze

Neben den Textilien war Leder ein zweites wichtiges Material für die Bekleidung. Aus Schaf-, Ziegen- und Rindsleder fertigte man vor allem Schuhe. Dieser Bedarf konnte durch Eigenproduktion gedeckt werden und bedurfte keiner handwerklichen Spezialisierung, ebensowenig die Lederherstellung selbst durch das Gerben der Tierhäute. Die frischen, eingeweichten Häute mußten mechanisch von anhaftenden Fett- und Fleischresten sowie den Haaren befreit werden. Daran schloß sich das eigentliche Gerben in einer Alaunbrühe (ein Doppelsulfat) an, und schließlich mußte das Leder durch Glätten, Falzen usw. geschmeidig gemacht werden. Leder diente außerdem als Rohstoff für vielseitig verwendbare Riemen und Gürtel, für Taschen und Messerscheiden. Dafür liegen jedoch meist nur indirekte Anhaltspunkte in Form von Beschlägen oder Schnallen vor, doch kam die überwiegende Zahl der Gürtel ohne metallene Bestandteile aus – sie wurden verknotet.

Auch die Nutzung von Pelzen ergibt sich nur indirekt. Die Knochen von Pelztieren im Siedlungsabfall zeigen, selbst wenn diese Tiere mitunter auch gegessen worden sein werden, daß man sich deren Felle zunutze machte. Hätte der Verzehr im Vordergrund gestanden, wären andere Arten erlegt worden. Im Knochenmaterial der Siedlungen dürften die Pelztiere weit unterrepräsentiert sein, denn man zog die Bälge wohl häufig schon auf der Jagd ab, wenn man es nur auf das Fell der Tiere abgesehen hatte. Felle und Pelze dienten

nicht nur der Eigenversorgung, sondern wurden in größeren Mengen als
Ware verkauft. Besonders im Orient waren (ost-)europäische Pelze begehrt,
für die mit Silber bezahlt wurde.

Holzbearbeitung

Da Holz sehr vergänglich ist, blieb nur unter günstigen Lagerungsbedin-
gungen im Boden ein größerer Teil der einstmals vorhandenen Gegenstände
erhalten. Aus diesen Befunden im feuchten Milieu und aus ethnologischen
wie volkskundlichen Parallelen läßt sich erschließen, daß ein großer Teil der
Gebrauchsgeräte und Hilfsmittel aus Holz gefertigt war – die Archäologie
also nur einen bruchstückhaften Einblick zu bieten vermag. Viele der entdeckten Gerätschaften lassen sich keiner eindeutigen Zweckbestimmung zu-
ordnen, weil sie recht universal einsetzbar gewesen sein müssen.
      Zahlreiche Gefäße wurden aus Holz geschnitzt. Teller (Groß Raden), Scha-
len (Behren-Lübchin, Breslau), „Tröge" und „Tabletts" (Berlin-Spandau, Stari-
gard/Oldenburg, Schönfeld, Groß Strömkendorf) sind belegt. Hinzu kommen geflochtene Körbe aus Weidenruten (Behren-Lübchin, Mikulčice) und
Fischreusen (Groß Raden, Feldberg) sowie geböttcherte Gefäße (Behren-
Lübchin). Daubeneimer kamen im Frühmittelalter allerdings nur in Burgen
oder zugehörigen Gräbern vor[33] (Groß Raden, Mikulčice, Tornow, Behren-
Lübchin, Ostrów Lednicki). In den Gräbern dürften sie zum herausgehobenen Trinkgeschirr gehört haben, wie Parallelen im westeuropäischen und
skandinavischen Raum andeuten. Sonst scheint es sich auch um Gebrauchsgut
zu handeln. Kaum erhalten sind Gefäße aus Rinde oder Bast.
      Neben Gefäßen bestand auch eine ganze Reihe von Geräten aus Holz. Für
die Arbeit auf dem Feld benötigte man Spaten – mit oder ohne (Teterow)
eisernen Beschlag am Blatt – und Schaufeln, Haken (Dabergotz) und Eggen
(Groß Raden). Der Weiterverarbeitung landwirtschaftlicher Produkte konnten Hirsestampfen (Dorf Mecklenburg, Groß Raden, Oppeln) und Ölpressen
(Groß Raden) dienen. Für andere Tätigkeiten und Zwecke waren Schlegel
und Hämmer, Haken usw. nötig. Für die Essenszubereitung stellte man Kel-
len, Quirle, Löffel usw. her. Die Anfertigung all dieser Gefäße und Geräte
dürfte in nahezu jedem Haushalt möglich gewesen sein, ebenso die Produktion hölzerner Messergriffe u. ä.

---

[33] Kartierung: Dostál [Nr. 566] Karte 1.

Eine gewisse Spezialisierung bedeutete das Drechseln. Direkte Belege, d. h. Abfälle („Drechselköpfe"), liegen für die Zeit seit dem 10. Jahrhundert vor (Alt Lübeck, Brandenburg/Havel, Groß Raden, Wiesenau, Wildberg). Hergestellt wurden vor allem Gefäße (Brandenburg/Havel), die in der Form mitunter tönernen Vorbildern entsprechen (Behren-Lübchin). Des weiteren bedurften bestimmte Wagenteile oder auch manches vermutliche Möbelteil der Drechselbank, die mit recht wenig Aufwand leicht zusammenzubauen war.

Zimmermannsarbeiten beim Haus-, Befestigungs- und Brückenbau erforderten zwar einiges an Geschick und Kenntnis, konnten aber von den meisten Männern ausgeführt werden. Ein spezielles Zimmermannshandwerk war deshalb nicht erforderlich, auch der Bau von Schiffen und Booten konnte von „jedermann" bewerkstelligt werden. Darauf verweist u. a. die skandinavische Überlieferung im Hinblick auf die Wikingerfahrten. Der Bau von Wagen für den leichteren Transport, im besonderen die Anfertigung von Speichenrädern (Behren-Lübchin), dürfte ebenfalls erst allmählich zur Aufgabe von Spezialisten geworden sein.

Geweih- und Knochenverarbeitung

Knochen und Geweih stellen ein vielfältig verwendbares und leicht zu verarbeitendes Rohmaterial dar, aus dem eine Vielzahl von Gegenständen hergestellt werden kann.[34] Dazu zählen vor allem einfache alltägliche Gegenstände wie Pfrieme (Ahlen), Messergriffe und -hülsen, Nadeln und Knebel. Diese konnten ebenso wie die sogenannten Schlittknochen, die aus den Mittelfußknochen (*Metatarsus*) von Rind oder Pferd bestanden und als Kufen unter Lasten oder auch den Schuhen dienten, von jedermann angefertigt werden. Funde dieser Geräte und Herstellungsnachweise finden sich daher in vielen Siedlungen.

Etwas mehr Geschick brauchte es für die Herstellung von Griffeln oder auch Spielsteinen, die wiederum nur recht selten vorkommen. Spielsteine für Brettspiele finden sich im frühen und hohen Mittelalter gelegentlich im Ostseeraum (Groß Strömkendorf, Menzlin, Wollin, Berlin-Spandau), im großmährischen Milieu (Mikulčice) und in Böhmen (Libice). Die skandinavischen Exemplare sind halbkugelig geformt, die binnenländischen Stücke scheiben-

---

34 Kartierung der „Produktionsstätten" bei Kaván [Nr. 408] 295, Abb. 5, doch ohne Unterscheidung zwischen Knochen- und Geweihverarbeitung und ohne Ausgliederung der Kammherstellung.

förmig. Spielsteine scheinen damit an ein gehobenes soziales Milieu gebunden zu sein. Seit dem 13. Jahrhundert finden sich auch Schachfiguren (Sandomierz, Wrocław). Griffel setzen, sofern sie als solche – zum Schreiben und Löschen des Geschriebenen – wirklich benutzt wurden, Schriftlichkeit voraus. Sie treten deshalb im Zusammenhang mit der Christianisierung auf – in Mähren bereits im 9. Jahrhundert (Staré Město), in Großpolen im 10. Jahrhundert (Gnesen), bei den Elbslawen wohl erst im 10./11. Jahrhundert. Des weiteren wurden einfache Flöten aus Knochen (Plau) oder auch kunstvoll verzierte Geweihbehälter unklarer Funktion (sog. „Salzbehälter"), wie sie auch für die Awaren bekannt sind, gefertigt (Mikulčice, Břeclav-Pohansko, Pobedim II, Fergitz, Brno-Lišeň „Staré Zámky", Breslau, Kalisz, Parchim, Vipperow).[35]

Aus Geweih entstanden auch die sogenannten Dreilagenkämme (Abb. 52).[36] Sie bestehen aus zwei verzierten Deckplatten, zwischen die eine mittlere Lage mit den Zinken eingefügt wurde. Alle Einzelteile wurden mit bronzenen oder eisernen Nieten zusammengefügt. Sägespuren an den Deckplatten zeigen, daß die Zinken erst nach dem endgültigen Zusammenfügen eingesägt wurden. Es dominieren die einreihigen, d. h. nur mit einer Zinkenreihe versehenen Formen. Erst im hohen Mittelalter kamen bei den Slawen auch zweireihige Kämme auf; sie sind jedoch nicht sehr häufig. Selten finden sich Futterale, die über die Zinkenreihe gesteckt wurden und sie damit vor Beschädigung schützten. Ein am Futteral befestiger Ring dürfte auf die Befestigung am Gürtel hindeuten. Vermutlich wurden die meisten Kämme in leinenen oder ledernen Futteralen aufbewahrt, die sich aber nicht erhalten haben. Diese Kämme sind zu den Toilettenartikeln zu rechnen und erfüllten gewissermaßen eine hygienische Funktion.

Die Kammproduktion[37] war zunächst auf die Seehandelsplätze beschränkt. Nur hier finden sich bereits im 8. und 9. Jahrhundert Abfälle und Halbfertigprodukte: ausgeschlachtete Geweihstangen, unfertige Deckplatten oder zurechtgeschnittene Zinkenplättchen (Menzlin, Groß Strömkendorf, Ralswiek, Wollin, Rostock-Dierkow). Unspezifische Abfälle wie Geweihspitzen sind kein hinreichender Beleg für die Kammherstellung. Art und Weise der Verzierungen verweisen auf einen skandinavischen Ausgangspunkt. Von dort gelangten die frühwikingerzeitlichen Kämme mit einer Griffleistenverzierung

---

35 Kartierung: D. Becker in Ausgr. u. Funde 25, 1980, 162 Abb. 1; N. Profantová in: Awarenforschungen [Nr. 4] 777 Karte 8.

36 Kartierung: Herrmann [Nr. 467] 139 Abb. 153; 141 Abb. 154–155; Ambrosiani [Nr. 394] 22 Abb. 7 (Auswahl).

37 Kartierung: Ambrosiani [Nr. 394] 39 Abb. 13.

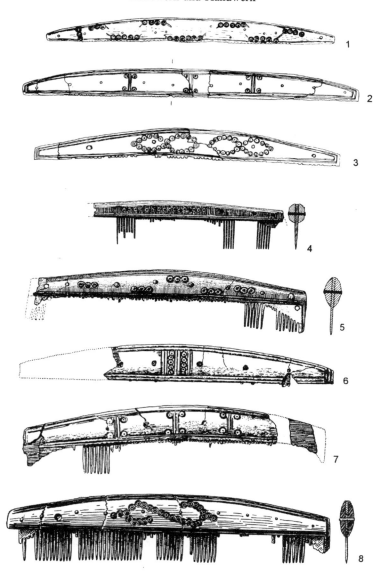

Abb. 52. Einreihige Dreilagenkämme mit randparalleler Griffleistenverzierung, die auf skandinavische Vorbilder zurückgeht, von verschiedenen nordwestslawischen Fundorten. 1 Neuendorf auf Hiddensee; 2–3 Scharstorf; 4 Groß Raden; 5 Menzlin; 6–7 Feldberg; 8 Santok. – M. 1:3 (nach Brather [Nr. 493] 63 Abb. 13)

aus randparallelen Linien (Typ A nach Ambrosiani) auch in den südlichen Ostseeraum. Die aufwendige Herstellung und die notwendigen Kenntnisse lassen vermuten, daß die Herstellung von Kämmen eine Sache von Spezialisten war. Ob diese sich ausschließlich damit beschäftigten oder saisonal anderen Tätigkeiten nachgingen, kann nicht entschieden werden. Die These, es habe sich wie bei den Bronzegießern um (skandinavische) Wanderhandwerker gehandelt, hat einiges für sich. Auf diese Weise ließen sich die weite Verbreitung ähnlicher Formen und zugleich die Beschränkung auf die *emporia* erklären.

Auch an jüngeren Küstenorten läßt sich die Kammproduktion feststellen (Danzig, Kolberg). Weitere Nachweise finden sich wohl seit dem 10./11. Jahrhundert in jenen Siedlungen, aus denen eine ganze Anzahl von Belegen „handwerklicher" Produktion vorliegen (Usedom, Neubrandenburg-Fischerinsel, Berlin-Kaulsdorf). Diese nun offensichtlich „einheimischen" Formen besitzen keine randparallelen Linien mehr (Typ B nach Ambrosiani), aber eine Vielzahl anderer Ornamente. Aus Burgwällen liegen – mit einer Ausnahme (Starigard/Oldenburg) – bislang keine Hinweise auf Kammproduktion vor. Möglicherweise gehört auch eine kleine Säge aus Groß Raden in diesen Zusammenhang, doch mag sie auch ganz anderen Zwecken gedient haben. In Mikulčice wurde zwar Geweih verarbeitet, den vorliegenden Resten zufolge aber nicht zur Herstellung von Kämmen.

Eisengewinnung und -verarbeitung

Eisen besaß besondere Bedeutung, war es doch ein dringend benötigter Rohstoff für die Geräteherstellung und damit Voraussetzung für andere Tätigkeiten. Daraus ergab sich ein sorgfältiger Umgang mit diesem begehrten Metall, wie drei Beobachtungen nahelegen. Erstens liegen relativ wenige frühmittelalterliche Funde an größeren Geräten vor. Offensichtlich wurde Eisenschrott zur erneuten Geräteproduktion wiederverwendet, so daß nur kleine, sich nicht mehr lohnende Stücke übrigblieben. Zweitens hortete man Eisen im mährischen und kleinpolnischen Raum in sogenannten Gerätedepots. In diesen Horten finden sich landwirtschaftliche Geräte, aber auch Waffen(teile) und Bestandteile von Reiterausrüstungen. Drittens lassen nicht gebrauchsfähige axt- und schüsselförmige Gegenstände erkennen, daß Eisen in Barrenform gebietsweise sogar als Äquivalent dienen konnte.

Man verarbeitete Raseneisenerz, das in größeren Mengen in den Niederungen vorhanden war und lediglich aufgesammelt zu werden brauchte. Dieses Erz weist einen recht hohen Eisengehalt auf und besitzt zugleich einen niedrigen Schmelzpunkt. Bergmännischer Abbau läßt sich nicht nachweisen, ist aber auch nicht völlig auszuschließen, sind doch entsprechende Spuren entweder längst durch spätere Gewinnung beseitigt oder aber praktisch nicht zu datieren.

Das Ausschmelzen des Eisens, d. h. die eigentliche Eisengewinnung, ist kaum belegt. Befunde von Schmelzöfen liegen aus dem böhmischen und mährischen Raum vor (Želechovice, Žerotín, Staré Město VI, Pobedim II, Olomučany, Josefov), doch erscheint ihre Anzahl sehr gering, insbesondere im Vergleich mit den zahllosen Befunden der ersten nachchristlichen Jahrhunderte. Wahrscheinlich lagen diese Produktionsstätten abseits der Siedlungen, wie die vorliegenden Fundorte andeuten, so daß sie u. a. deshalb nicht leicht zu entdecken sind. Allerdings befanden sich auch die Schmelzöfen der römischen Kaiserzeit abseits von Siedlungen und sind dennoch – aufgrund ihrer nicht seltenen Anordnung in großen sog. „Batterien" – in großer Zahl bekannt. Soweit sich anhand der wenigen Befunde erkennen läßt, handelte es sich bei den Schmelzöfen um niedrige Schachtöfen, die sowohl freistehend als auch in einen Hang gebaut werden konnten. Indirekte Hinweise dürften zumindest einige der gelegentlichen Funde von Luftdüsen darstellen. In Repten in der Niederlausitz wurde ein wohl jungslawischer Werkplatz mit Schlackehalde und Ausheizherden untersucht, wenn auch nur wenige datierende Keramikfunde und ein unmittelbar benachbarter kaiserzeitlicher Verhüttungsplatz vorliegen. Die Verhüttung scheint anders als in der römischen Kaiserzeit erfolgt zu sein, denn es liegen keine Schlackenklötze aus den Öfen vor, so daß die Schlacke offensichtlich während des Verhüttungsprozesses abgestochen wurde. Vielleicht waren auch die Öfen anders (oberirdisch) konstruiert und entziehen sich deshalb dem direkten archäologischen Nachweis. Produkt der Eisengewinnung war ein schlackereiches Eisen, aber kein Gußeisen. Die dazu erforderlichen Temperaturen waren mit den Schachtöfen nicht zu erreichen.

Der Eisengewinnung folgte dessen Aufarbeitung durch Erhitzen und Ausschmieden. Belege für diese Prozesse der Eisenverarbeitung sind die seit mittelslawischer Zeit in zahlreichen Siedlungen entdeckten Schlacken. Denn bei diesen handelt es sich um Schmiedeschlacken, nicht um Verhüttungsschlacken, die lediglich die Weiterverarbeitung des bereits gewonnenen Eisens belegen. Zentren der Eisenverarbeitung, die etwa bestimmte Regionen versorgt hätten, lassen sich in keiner Weise erkennen. Offensichtlich produzierte man in jeder Siedlung die benötigten Geräte selbst, mußte aber das Roheisen wohl häufig von anderswo, mitunter von weiter beziehen – wenn das Fehlen von Verhüttungsnachweisen auf diese Weise richtig interpretiert ist. In größeren Siedlungen vor allem des hohen Mittelalters mag es einen Spezialisten gegeben haben, doch war dieser „Dorfhandwerker" im Rahmen einer allgemei-

nen Arbeitsteilung nur nebenher tätig und beileibe noch kein „Berufs-
handwerker", der allein von der Schmiede leben konnte. Im hohen Mittelalter
dürfte es aber an wichtigen burgstädtischen Zentren Waffenschmiede gegeben
haben, denn für die hohen Anforderungen dieser Produktion – insbesondere
das Verschweißen weicherer und gehärteter Eisenteile – waren Spezialisten
notwendig.

Anders als sonst im frühmittelalterlichen Mitteleuropa gibt es im slawischen Raum keine speziellen Schmiedegräber.[38] Auch deshalb liegen nur sehr
selten Funde von Schmiedegerät vor (Abb. 53). Schmiedezangen, Ambosse
und weitere Schmiedegeräte finden sich selten in Siedlungen und entstammen
dann meist einem besonderen sozialen Milieu – Seehandelsplätzen (Menzlin,
Ralswiek) oder herausgehobenen zentralen Plätzen (Starigard/Oldenburg,
Groß Raden, Mikulčice, Vršatecké Podhradie, Staré Město-U Víta). Dies gilt
ebenso für Befunde von Schmiedewerkstätten (Mikulčice, Groß Raden, Menzlin). Deshalb steht damit kein Einblick in die „typische", d. h. durchschnittliche Produktion zur Verfügung.

Bunt- und Edelmetallverarbeitung

Die Verarbeitung von Bunt- und Edelmetallen war durchweg miteinander
kombiniert. Beides diente ausschließlich der Herstellung einer breiten Palette
von Schmuck. Die Rohstoffe mußten „importiert" werden. Für den Silberschmuck verwendete man arabisches und europäisches Münzsilber. Bislang ist
es nicht gelungen, durch naturwissenschaftliche Analysen die genaue Herkunft des Silbers anhand der Bestandteile und eines Vergleichs mit dem
Münzsilber nachzuweisen. Ursache dafür ist wahrscheinlich das vielfache, erneute Ein- und Umschmelzen. Dadurch entstand eine Mischlegierung, deren
ursprüngliche Zusammensetzung im einzelnen nicht mehr zu ermitteln ist.

Zu den häufigsten Belegen zählen kleine Gußtiegel[39], die nicht selten entdeckt wurden (Abb. 54). Die entsprechenden Fundorte erweisen sich als herausgehobene Plätze und werden meist als „frühstädtisch" eingestuft. Dazu gehören Burgwälle einerseits (Starigard/Oldenburg, Alt Lübeck, Brandenburg/
Havel, Berlin-Spandau, Dorf Mecklenburg, Mikulčice, Staré Město, Gnesen)
und Seehandelsplätze andererseits (Rostock-Dierkow, Menzlin, Ralswiek,

---

[38]   Kartierung: Henning [Nr. 406] 75 Abb. 11.
[39]   Kartierung: Schmidt [Nr. 424] 119 Abb. 8.

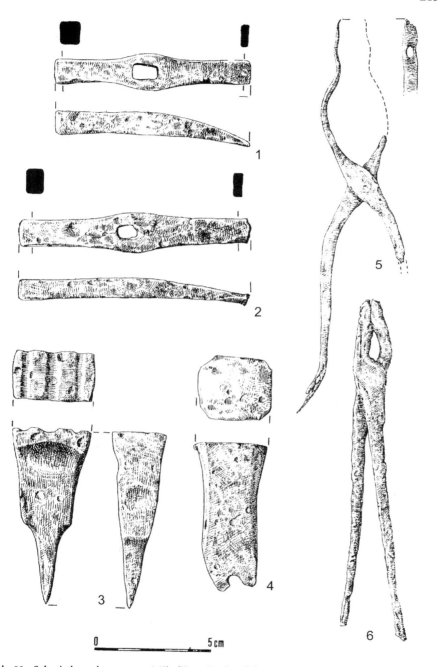

Abb. 53. Schmiedewerkzeug aus Mikulčice. Es handelt sich um recht kleine Werkzeuge.
1–2 Hammer; 3–4 Amboß; 5–6 Zange (nach Klanica [Nr. 411] 32 Abb. 6; 34 Abb. 7,2.4)

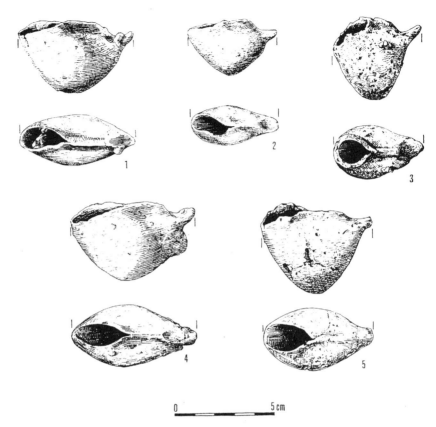

Abb. 54. Gußtiegel für den Buntmetallguß aus Mikulčice. Die Form ist fast geschlossen, um die Wärme gut zu halten, und läßt nur eine kleine Ausgußöffnung frei. – M. 1:2 (nach Klanica [Nr. 411] 76 Abb. 23,1–5)

Wollin, Groß Strömkendorf). Dabei handelt es sich um Befunde unterschiedlicher Qualität und Zeitstellung, was den Vergleich erschwert. Selten liegen regelrechte Werkstattbefunde vor – Rohmaterial und Halbprodukte, kleiner Amboß, kleine Hämmer, Gußspuren (Mikulčice) – was auf dem geringen Werkzeug- und Platzaufwand für diese Tätigkeit beruht. Die häufige Konzentration qualitätvoller Schmuckherstellung an politischen Zentren belegt allerdings noch nicht eine Produktion allein für den herrschaftlichen Bedarf. Denn Schmuck (wenn auch unterschiedlicher Qualität) „gehörte" in jedes Körpergrab, sei es an frühstädtischen, sei es an ländlichen Siedlungen. Allerdings läßt sich eine gewisse Bindung der Handwerker an diese Zentren nicht bestreiten.

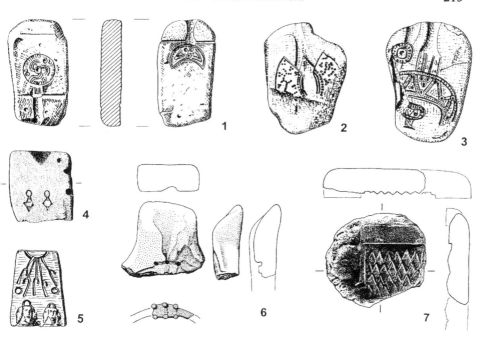

Abb. 55. Gußformen zur Schmuckherstellung. 1 Płock (10. Jahrhundert); 2–3 Barczewo (11. Jahrhundert); 4 Trollenhagen (8./9. Jahrhundert); 5 Stettin (12./13. Jahrhundert); 6–7 Starigard/Oldenburg (9. Jahrhundert). – 1–5 M. 1:4, 6–7 M. 3:4 (nach Schmidt [Nr. 424] 111 Abb. 4,a.c.d; 112 Abb. 5,g.i.o; Starigard/Oldenburg [Nr. 311a] 194 Abb. 9,1.3a)

Gußformen[40] zeigen an, welche Gegenstände beabsichtigt waren (Abb. 55). Es liegen unterschiedlichste Schmuck- und auch Barrenformen vor, wobei es sich um Unikate handelt, zu denen auffälligerweise stets die zweite Formhälfte fehlt. Einfache Ringformen usw. kommen auch im Binnenland vor, doch die Herstellung qualitätvollen und aufwendigen Schmucks beschränkte sich im 9. Jahrhundert noch auf Mähren (Staré Město, Mikulčice) und den Ostseeküstenbereich, wo ganz andere Formen vorherrschen. Seit dem 10. Jahrhundert sind auch die frühen polnischen Zentren vetreten (Posen, Gnesen, Kruszwica, Płock, Krakau, Oppeln), bei den Elbslawen hebt sich erst das hohe Mittelalter heraus (Berlin-Spandau, Drense, Usedom, Burg Stargard, Usadel).

---

40 Kartierung: Schmidt [Nr. 424] 108 Abb. 1.

Allerdings dienten die vorliegenden Gußformen aus Stein wahrscheinlich nicht direkt der Herstellung der Schmuckstücke selbst. Das Material der Formen hätte die hohen Schmelztemperaturen für Bronze (etwa 900 °C), Silber (961 °C) und Gold (1063 °C) nicht ausgehalten, mußten doch die Formen zum Guß auf bis zu 900 °C vorgewärmt werden. Analysen der Schmelzreste zeigen, daß in diesen Formen Blei und Zinn gegossen wurden, wobei der Schmelzpunkt bei nur 327 °C bzw. 232 °C lag. Da der getragene und in den Gräbern enthaltene Schmuck fast immer aus Bronze oder Silber und nicht aus Weißmetall besteht, dienten diese Formen wohl der Herstellung von Modeln. Von diesen Modeln wurden anschließend Abformungen in Ton hergestellt, mit deren Hilfe dann die tatsächlichen Schmuckstücke entstanden. Meist dürfte es sich um den Guß in der „verlorenen", d. h. nur einmal zu gebrauchenden Form gehandelt haben, da sie zerschlagen werden mußte, um an das fertige Stück zu gelangen. Zahlreiche derartige Formabfälle stammen beispielsweise aus dem dänischen Ribe.

Die angesichts des weitverbreiteten Schmucks geringe Zahl an Gußformen verweist ebenso wie die Schmuckstücke selbst darauf, daß ein großer Teil auf andere Weise hergestellt wurde. Ein Grund dafür waren die physikalischen Eigenschaften der Metalle bzw. Legierungen. Gold, Silber sowie Bronze (und auch Kupfer) sind aufgrund ihres sehr hohen Schmelzpunktes nur mit einigem Aufwand in Formen zu gießen. Gleichzeitig sind diese Metalle aber recht weich und können deshalb mechanisch in die gewünschte Form gebracht werden. So finden sich zahlreiche Treibarbeiten wie die aus Silber- oder Bronze-Blech getriebenen Hohlschläfenringe. Massive Schläfenringe wurden in der sogenannten Kern-Mantel-Technik (Silber auf Bronze) hergestellt. Viele Ohrringe bestehen aus dünnen Drähten oder besitzen feine Granulationen. Goldene und silberne Stücke besitzen häufig aufgelötete feine Drähte (Filigran) oder Kügelchen (Granulation); bei Goldarbeiten diente eine Gold-Kupfer-Legierung als Lötmittel, die einen niedrigeren Schmelzpunkt als reines Gold besitzt. *Grosso modo* wurde bronzener Schmuck eher gegossen, Silberschmuck eher individuell in Treibarbeit angefertigt. Auf diese Weise konnte der Aufwand bei der Herstellung neben dem reinen Metallwert ein zusätzlicher Wertmaßstab bzw. ein Mehr an Prestige sein. Ob die Bunt- und Edelmetallhandwerker, die diesen Schmuck produzierten, Wanderhandwerker ähnlich den skandinavischen Schmuckproduzenten der Wikingerzeit waren oder nicht, kann archäologisch nicht entschieden werden. Ihre starke Bindung an die burgstädtischen Herrschaftszentren macht dies allerdings eher unwahrscheinlich.

Glasverarbeitung

Glas mußte im frühen Mittelalter als Rohstoff importiert werden. Die technischen Voraussetzungen fehlten, um die Glasmasse aus den mineralischen Rohstoffen selbst herstellen zu können. Die erforderlichen hohen Temperaturen von 1400–1600 °C konnte man noch nicht erzeugen. Zunächst verbreitete sich die Glas*verarbeitung*, bevor seit dem 12. Jahrhundert Glas auch selbst hergestellt werden konnte.

Schmelzgefäße, Glasschlacke und Glasabfall (Fäden und Tropfen mit Zangenspuren), mitunter auch Schmelzöfen belegen die Glasverarbeitung. Die frühesten Nachweise stammen wiederum aus den Seehandelsplätzen (Groß Strömkendorf, Wollin), die das Rohglas vor allem in Form von (spätantiken?) Mosaiksteinen aus dem westlichen Mitteleuropa (Rheinland) oder mittelbar aus dem Mittelmeerraum bezogen. Die Verarbeitung beschränkte sich auf einfache und einfarbige Perlen, indem die Glasmasse um einen (hölzernen) Stab gelegt wurde, sowie auf ähnlich hergestellte kleine Glasringe.

Aus derselben Zeit, dem 9. Jahrhundert, stammen Glasfunde, die in den mährischen Zentren zutage kamen. Darunter sind fränkische Trinkgläser (Trichterbecher) und Reste von farblosem Fensterglas, das den dortigen Kirchen (Chorbereich) zugeordnet wird. Vorliegende Produktionsnachweise (Mikulčice, Staré Město) beschränken sich auch dort auf die Perlen- und Ringherstellung. In Polen ist die Glasproduktion an einigen Plätzen nachgewiesen (Oppeln, Breslau, Kruszwica, Międzyrzecz [Wielkopolski], Posen, Gnesen), die zu den piastischen Zentralorten der Zeit um 1000 und des 11. Jahrhunderts gehören. Der Befund von Danzig gehört eigentlich zu den Seehandelsplätzen, wenn er auch nicht vor dem späten 10. Jahrhundert anzusetzen ist. Damit scheint die örtliche Herstellung von Glas auch in Polen eng an überregionale Herrschaftszentren gebunden gewesen – und kaum vor dem hohen Mittelalter betrieben worden zu sein. Darunter ist dann – neben der Schmuckherstellung – seit dem 12. Jahrhundert wohl auch die Keramikglasur (Gefäße und Fliesen) und die Fensterglasherstellung für die Breslauer und andere Kathedralen vertreten. Die benötigten Handwerker dürften für diese speziellen Aufgaben ins Land geholt worden sein.

Bei den Slawen zwischen Elbe und Oder sind Glasfunde relativ selten. Verbreitet sind Glasperlen, die häufig in thüringischen Gräbern des 10. bis 12. Jahrhunderts, aber auch nicht selten in Siedlungen vorkommen. Glasverarbeitung ist erst für das 11. Jahrhundert nachgewiesen (Brandenburg/Havel, Alt Lübeck, Berlin-Spandau) – und auch diese besaß nur lokale Bedeutung, so daß für die meisten Perlen ein „Import", d. h. Zufuhr von außen anzunehmen ist. Die weit verbreiteten Perlentypen machen es schwierig, die genaue Her-

kunft der Perlen zu bestimmen. Wahrscheinlich stammen sie aus dem frän-
kisch-deutschen Bereich, aus Böhmen, Mähren und Großpolen; ein Teil wird
auch über die Ostsee zu den Nordwestslawen gelangt sein.

Hohlglas, d. h. Glasgefäße, war bei den Westslawen, von exzeptionellen
Stücken wie in Mähren abgesehen, wohl nicht in Gebrauch. Dabei handelte es
sich stets um „Importe", denn auch Hohlgläser konnte man nicht selbst herstellen. Sie befriedigten lediglich den Bedarf einer kleinen Elite und könnten
in den Rahmen fürstlichen Gabentauschs gehören. Gelegentliche Funde von
Bruchstücken mögen mitunter eher als Rohstoff zum Einschmelzen (etwa zur
Perlenherstellung) denn als Beleg für Glasgefäße anzusprechen sein. Erst mit
dem 13. Jahrhundert, als zugleich andere Handwerkszweige expandierten,
kam diese Produktion (die Glasbläserei) auch im östlichen Mitteleuropa in
Gang.

Bernsteinverarbeitung

Aus baltischem Bernstein wurden nach jetziger Kenntnis an den *emporia*, den
Seehandelsplätzen, Perlen hergestellt (Groß Strömkendorf, Rostock-Dierkow,
Menzlin, Kolberg-Budzistowo, Wollin). Mitunter wird eine Verbindung mit
der Kammproduktion oder auch der Drechslerei vermutet. Zeugnisse der
Bernsteinperlen-Produktion sind einerseits unterschiedlich große Stücke von
Rohbernstein, die erst noch verarbeitet werden sollten, und andererseits
Halbfabrikate, nicht fertiggestellte Stücke. Die äußere Form erreichte man
entweder durch Abdrehen (bei runden Formen) oder durch Schleifen (bei
polyedrischen Stücken); anschließend wurde die Oberfläche poliert. Die flä-
chig geschliffenen Stücke ähneln in der Form den gleichzeitigen Karneol- und
Bergkristallperlen. Wie diese scheinen auch Bergkristall bzw. Bergkristallperlen besondere Wertschätzung genossen zu haben, denn sie kommen ebenfalls in einigen Silberschatzfunden vor (Potsdam-Hermannswerder). Außerdem finden sie sich in Gräbern und Siedlungen. Außer Perlen wurden auch
andere Schmuckstücke aus Bernstein gefertigt – beispielsweise Anhänger in
Kreuzform, Vögel u. a.

Pechgewinnung

Pech oder Teer ist ein Rohstoff, der für verschiedene Zwecke benötigt wurde.
Es diente z. B. als Dichtungsmittel nicht nur im Schiffbau, sondern auch für
die Böttcherei und die Lederverarbeitung – zum Abdichten der Planken, der

Dauben bzw. der Nähte, daneben benutzte man es wohl auch zu medizinischen Zwecken. Die Gewinnung des Pechs aus harzreichem Nadelholz war im Meilerbrandverfahren recht anspruchslos. Teererzeugungsgruben als Überreste von Grubenmeilern belegen diese Form der Teerproduktion, bei der das zu verschwelende Holz direkt erhitzt wird, indem es selbst verbrennt (autothermer Prozeß). Belege lassen sich seit dem 9. Jahrhundert anführen. Die Größe der Gruben – von ein bis zwei Metern Durchmesser und ebensolcher Tiefe – ermöglichte die Erzeugung großer Mengen an Teer.

Ein anderes Verfahren stellte das sogenannte „Doppeltopfverfahren" dar, das auf der indirekten Erhitzung des Holzes beruht und wohl schon seit dem 8. Jahrhundert bekannt war. Das „Reaktionsholz" wird dabei in ein Gefäß gegeben und durch außen darum herum aufgeschichtetes Brennholz erhitzt. Die dabei entstehenden Teerdämpfe entweichen durch Löcher im Boden des Reaktionsgefäßes in ein darunter befindliches Auffanggefäß, wo sie kondensieren (exotherme Reaktion). Dieses Verfahren läßt sich an den speziellen Gefäßen mit durchlochtem Boden erkennen. Die frühere Annahme, das Doppeltopfverfahren sei in Gruben mit trichterförmigem oberen und zylindrischem unteren Teil betrieben worden, muß als unwahrscheinlich gelten: Denn nie werden durchlochte Gefäßböden in Verbindung mit diesen Gruben gefunden. Mutmaßlich handelte es sich beim Doppeltopfverfahren um einen Produktionsprozeß an der Erdoberfläche, so daß die entsprechenden Standorte nur sehr schwer aufzufinden sind. Das Auffanggefäß setzte dem Umfang der Teererzeugung enge Grenzen, so daß sie nur für den Eigenbedarf geeignet erscheint.

Nachweise der Pechgewinnung finden sich sowohl in agrarisch geprägten Siedlungen als auch an Burg-Siedlungs-Komplexen. Offensichtlich benötigte und produzierte man überall Holzteer. Meist liegen nur Befunde einer oder weniger Teererzeugungsgruben und Gefäßreste vor, die sich innerhalb bzw. am Rand von Siedlungen befinden. Konzentrationen von Teererzeugungsgruben abseits von Siedlungen sind bislang aus der Slowakei, Böhmen, dem östlichen Polen und aus dem Havelland bekanntgeworden (Koš, Bojnice, Svijany, Łopiennik Dolny?, Dallgow-Döberitz?).[41] Ob es sich dabei um „gewerbliche" Teersiederei handelt, ist ungewiß – auch eine länger andauernde individuelle Produktion hinterläßt derartige „konzentrierte" Befunde. Dennoch scheinen sich diese Befunde von der verbreiteten gelegentlichen Teererzeugung abzuheben und insofern eine Entwicklung hin zur handwerklichen

---

41 Kartierung: Biermann [Nr. 66] 168 Karte 2; 170 Karte 3; 172 Karte 4.

Produktion anzuzeigen. Deren erste Ansätze lassen sich im slowakisch(-mäh-risch)en Raum und dann in Böhmen fassen, während sie für den nördlicheren Bereich erst aus dem hohen Mittelalter vorliegen.

Salzgewinnung

Salz war im Mittelalter wichtig für die Ernährung und zur Konservierung. Schriftliche und archäologische Quellen liefern jedoch nur sehr bruchstück-hafte Hinweise. Gewonnen wurde das Salz durch das Sieden von Sole. Nur wenige der vermutlich genutzten Salzquellen sind bekannt. Die Ausbeutung von Salzquellen im slawischen Gau *Neletici* ergibt sich aus einem Diplom Ottos I.[42] Solebecken des 10. Jahrhunderts wurden in Halle/Saale (Domplatz) ausgegraben. Über die dortige Salzproduktion berichtete in den 960er Jahren auch Ibrāhīm ibn Yaʿqūb. Das wichtige kleinpolnische Salzsiederzentrum um Wieliczka südöstlich von Krakau wurde im 11. Jahrhundert erstmals erwähnt. Im hohen Mittelalter erlangte Kolberg durch Salzgewinnung und -handel wirtschaftliche Bedeutung. Über die Organisation der Salzgewinnung und den „Vertrieb" des Fertigprodukts läßt sich allerdings nur spekulieren, denn schriftliche Überlieferungen liegen nicht vor. Die Mährer bezogen Salz aus Bulgarien (d. h. Siebenbürgen), wie das Bemühen König Arnulfs zeigt, sie eben davon abzuschneiden.[43]

Mühlsteinproduktion

Mühlsteine stellten ein für das Mahlen von Getreide und damit die Ernährung sehr wichtiges Produkt dar (Abb. 56). Ihre Gewinnung war an geeignete Gesteinsvorkommen gebunden. Im Flachland wurden häufig Findlinge als Rohmaterial verwendet. Produktionsorte, d. h. Abfall und mißratene Bruch-stücke wurden bislang an den nördlichen Ausläufern der Mittelgebirge ent-deckt – im heutigen Sachsen (Sornzig bei Oschatz, Sörnzig bei Rochlitz, Stünzhain, Sornßig und Binnewitz b. Bautzen), Thüringen (Crawinkel) sowie in Schlesien (Zobten/Ślęża). Seit mittelslawischer Zeit wurde dort nicht nur das Rohgestein gebrochen, sondern wurden auch fertige Mühlsteine produ-ziert. Nachdem das Achsloch fertiggestellt war, erfolgte die endgültige Zu-

---

[42] MGH DO I Nr. 232.
[43] Annales Fuldenses ad a. 892.

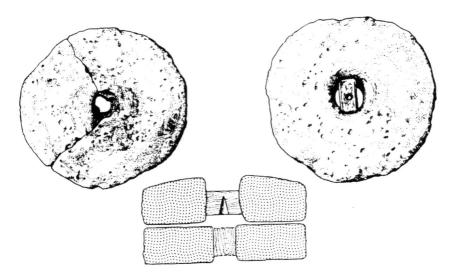

Abb. 56. Drehmühle aus Magdeburg-Salbke, mittelalterlich? Abgebildet sind die Mahlflächen des Läufer- und des Bodensteins. Im oberen Mühlstein, dem Läufer, steckt noch die hölzerne Bille. Dieses Teil stützte den Läufer auf der Achse ab. Wenn zwischen Bille und Achse ein kleines Stück Stoff geklemmt wird, läßt sich der Abstand der beiden Mühlsteine verändern und damit regulieren, wie fein das Mehl gemahlen wird. – M. ca. 1:10 (nach Beranová [Nr. 365] 211 Abb. 70)

richtung. Die Abhängigkeit der Mühlsteinproduktion von der Herrschaft deuten jeweils nahegelegene Burgwälle an.

Von den Werkstätten aus wurden die Mühlsteine über Dutzende von Kilometern transportiert. Auf diese Weise gelangten größere Gebiete, die sich nicht selbst versorgen konnten, zu geeigneten Mühlsteinen. So fanden sich in der Niederlausitz nicht wenige Mühlsteine bzw. -fragmente aus der Rochlitzer Umgebung, die mithin über fast 150 km transportiert worden waren. Dieses Monopol dürfte in entgegengesetzter Richtung zur Versorung mit anderen begehrten Dingen geführt haben. Die im skandinavischen Ostseeraum häufig vorkommenden Mühlsteine aus Mayener, d. h. rheinischer Basaltlava, erreichten nur den Nordwesten des westslawischen Raumes, wenn man von den bislang vorliegenden Materialanalysen ausgeht. Danach finden sich Mühlstein-Bruchstücke aus rheinischer Basaltlava, abgesehen von den karolingerzeitlichen Seehandelsplätzen, in früh- und hochmittelalterlichen Zusammenhängen hauptsächlich in Ostholstein und dem westlichen Mecklenburg.[44]

---

44   Kartierung: Brather [Nr. 493] 70 Abb. 18.

21. Austausch und Handel

Die friedliche Distribution von Gütern kann grundsätzlich auf zwei verschiedene Arten erfolgen. Erstens können bestimmte Produkte als „Gaben" auf der Grundlage von Gegenseitigkeit ausgetauscht werden. Dieser mitunter „ritualisierte" Gabentausch bezweckt primär nicht die Befriedigung materieller Bedürfnisse. Sein Ziel ist vor allem die Aufrechterhaltung und Bekräftigung sozialer Beziehungen, innerhalb von Gesellschaften und zwischen Nachbarn. Neben dieser ausgewogenen (paritätischen) Form ist es auch möglich, daß eine Seite (z. B. der Häuptling) die Güter zunächst akkumuliert und anschließend (in einem großen Fest) verteilt. Außerdem kann die Akkumulation in Form von Abgaben erzwungen werden und sich daran eine spätere Redistribution (wiederum als Fest oder als Belohnung für Vertraute) anschließen.

Von diesen Tauschformen ist zweitens der Handel zu unterscheiden. Ihm liegt nicht die Herstellung bzw. Bekräftigung sozialer Beziehungen zugrunde, sondern die Nachfrage nach erwünschten Waren, deren Bezug nicht durch Verpflichtungen geregelt ist. Der Bezug dieser Waren kann ebenso sozialem Prestige dienen wie der Gabentausch; entscheidend ist das Motiv des Austauschs.

Drei Motive bzw. Anlässe kommen für den Austausch in Betracht: 1. bestimmte Rohstoffe sind nicht allgemein verfügbar und werden deshalb gegen andere Produkte getauscht; 2. Spezialisierung und Arbeitsteilung bestimmter Gruppen, die über den eigenen Bedarf hinaus produzieren; 3. Aufbau bzw. Erhaltung sozialer Bindungen, die Begleiterscheinung, aber auch Hauptmotiv sein können. Keine Gesellschaft ist so autark, daß sie ohne Austausch auskäme.

Der Fernhandel mit „Luxuswaren" läßt sich mit seinen Anfängen in das 8. Jahrhundert zurückverfolgen. Die Anfänge der Seehandelsplätze liegen dendrochronologischen Analysen zufolge im mittleren 8. Jahrhundert bzw. in dessen zweiter Hälfte, und auch die fränkischen Quellen verweisen auf dieselbe Zeit. Regionale Austauschbeziehungen sind aus methodischen Gründen – die in Frage kommenden Güter sind stilistisch und mit Hilfe von Materialanalysen kaum einem Herkunftsort zuzuweisen – nur schwer zu fassen und daher auch in ihrer zeitlichen Entwicklung nicht genau zu beurteilen.

Nicht immer wurden Güter auf friedlichem Wege erworben. Neben Austausch und Handel verschafften auch Raubüberfälle, Plünderungszüge und Kriegsbeuten begehrte Produkte. Darüber hinaus konnten auch Tribute erpreßt werden, wie es z. B. die Wikinger im nordwestlichen Europa in Form der Danegelder praktizierten. Für das hohe Mittelalter wird häufiger von slawischen Seeräubern auf der Ostsee berichtet (Viten Ottos von Bamberg, Saxo Grammaticus). Allein anhand des archäologischen Materials ist es daher schwierig zu beurteilen, welche Formen des Austauschs zu seiner Verbreitung geführt haben. Denn auch die Fundzusammenhänge geben kaum Auskunft. Die Untersuchung von Handel aufgrund archäologischer Quellen ist generell vor allem eine Analyse von Verbreitungen der mutmaßlichen Handelsgüter.

Gewichtsgeldwirtschaft auf Silberbasis

Die auffälligsten Funde, die mit dem früh- und hochmittelalterlichen Handel in Verbindung gebracht werden, sind Silbermünzen und (mitunter zerhackter) Silberschmuck. Silber war vom 9. bis in das 12. Jahrhundert ein im Ostseeraum allgemein akzeptiertes Zahlungsmittel, wie die große Zahl an Schatz- und Einzelfunden in Skandinavien, Ostmittel- und Osteuropa beweist. Die „wahllose" Vermischung von Münzen und Schmuckstücken sowie das Zerschneiden in oft sehr kleine Fragmente zeigen, daß das Gewicht des Silbers, die reine Materialmenge das eigentliche Äquivalent darstellte. Im folgenden seien der Charakter der archäologischen Funde, die Phasen der Silberzufuhr ins östliche Mitteleuropa und der Beginn eigener Münzprägungen in diesem Raum erörtert. Daß hier dem Silber sehr viel Platz eingeräumt wird, beruht auf seiner vergleichsweise hohen und eindeutigen Aussagekraft. Gemessen am Volumen des Austauschs, dürften die anschließend zu erörternden Güter einen erheblich größeren Umfang besessen haben. Sie lassen sich allerdings archäologisch nur sehr schwer fassen und müssen vor allem aus schriftlichen Nachrichten erschlossen werden. Diese Verschiebung des Schwergewichts ist durch die Quellen bedingt.

Hunderttausende von Silbermünzen des frühen und hohen Mittelalters sind im nord- und osteuropäischen Raum gefunden worden (Abb. 57). Es sind vor allem islamische Prägungen aus dem Vorderen Orient sowie deutsche und englische Pfennige, seltener weitere europäische Münzen. Arabische Silber-Prägungen, die Dirham, bieten die meisten Informationen und lassen sich auf den ersten Blick leicht datieren, weil ihre ausführliche Münzlegende neben einer Koransure fast immer Prägeort, Prägeherrn und Prägejahr enthält. Sie stammen vor allem aus dem 9. und 10. Jahrhundert und stellen damit die ältesten „Münzimporte" im östlichen und nördlichen Europa dar. Die europäischen Münzen sind viel schwieriger einzuordnen, weil sie höchstens den Herrschernamen angeben, oft jedoch nicht einmal diesen. Mitunter ist auch nicht klar, welcher König Otto oder Heinrich jeweils gemeint ist. Die sogenannten Otto-Adelheid-Pfennige, deren Bezeichnung auf König Otto III.

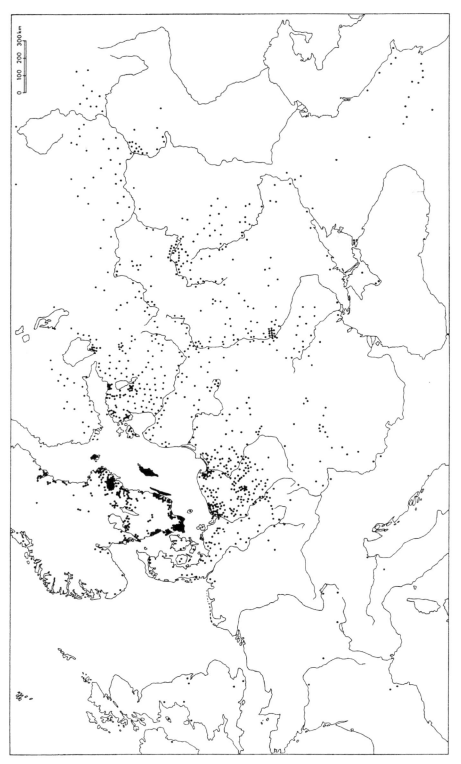

Abb. 57. Funde arabischer Münzen in Europa. Die meisten Funde wurden im Ostseeraum und Osteuropa gemacht, wo es sich aufgrund der Gewichtsgeldwirtschaft meist um Schatzfunde handelt. Aus West- und Südeuropa liegen nur einzelne Münzen vor (nach Cs. Bálint aus Ber. RGK 69, 1988 [1989] 570 Abb. 2)

(983–1002) und seine Großmutter Adelheid († 999), die Frau Ottos I., zurückgeht, wurden über einen langen Zeitraum zwischen etwa 990 und 1040 geprägt. Für die englischen Münzen der Zeit um die Jahrtausendwende ist inzwischen eine Eingrenzung der meisten Typen auf eine Spanne von ca. sechs Jahren gelungen. Insgesamt gehören die Funde europäischer Münzen hauptsächlich in das späte 10. und in das 11. Jahrhundert.

Funde: Der überwiegende Teil der Silbermünzen stammt aus sogenannten Schatzfunden[45], die auch als Horte oder Depots bezeichnet werden (Abb. 58). Wenn „Schatz" auch ein wissenschaftlich mißlicher Begriff ist, so bieten die Alternativen auch nicht mehr terminologische Klarheit. Meist sind die genauen Fundumstände nicht bekannt, weil die Mehrzahl der Funde vor der Mitte des 20. Jahrhunderts durch Laien entdeckt wurde, wobei der Materialwert zum (heimlichen) Verkauf verleitete und deshalb bei weitem nicht alle Funde bekannt sind. Soweit jedoch Beobachtungen vorliegen, läßt sich eine sorgfältige Verbergung des Silbers erkennen – man versteckte diesen Besitz im frühen und hohen Mittelalter innerhalb der Siedlung. Schatzfunde sind bewußt vergrabene Werte – und dies kann auch eine einzelne Münze sein –, doch lassen sie sich von sogenannten Verlustfunden nur schwer abgrenzen. Mehrere, zusammen gefundene Münzen können verlorengegangen, aber auch verborgen worden sein – eine Unterscheidung ist auch bei sorgfältiger Beobachtung der Fundumstände oft unmöglich.

Die meisten Schätze finden sich abseits der Umschlagplätze in agrarischem Milieu. Sie wurden – nachdem sie gegen landwirtschaftliche Güter eingetauscht worden waren – dort vergraben, wo man mit dem Silberüberschuß unmittelbar nichts anfangen konnte, sondern ihn gewissermaßen als „Sparbüchse" thesaurierte. Nicht nur Kaufleute, sondern viele bäuerliche Produzenten hatten offensichtlich Anteil am „Handel", wofür die weite Verbreitung auch der Waagen und Gewichte spricht (Abb. 59). Auf diese Weise kamen auch reiche Silberbeigaben in slawischen, skandinavischen und baltischen Gräbern zustande, deren Gegenwert in Form von Pelzen, Sklaven und agrarischen Erzeugnissen relativ leicht zu beschaffen war. Für „Händler" und „Kaufleute", welcher Herkunft auch immer, machte eine Thesaurierung keinen Sinn. Sie waren daran interessiert, mit dem Silber „Geschäfte" zu machen, indem sie es reinvestierten. Fehlende Verwendungs-, d. h. fehlende Investitionsmöglichkeiten sorgten deshalb meist für den endgültigen Verbleib des Silbers im Boden. Dies war eben im bäuerlichen Milieu der Fall, das lediglich

---

45 Kartierung: Herrmann [Nr. 467] 102–104 Abb. 119–121; Brather [Nr. 459] 91 Abb. 4; 99 Abb. 7; 104 Abb. 11.

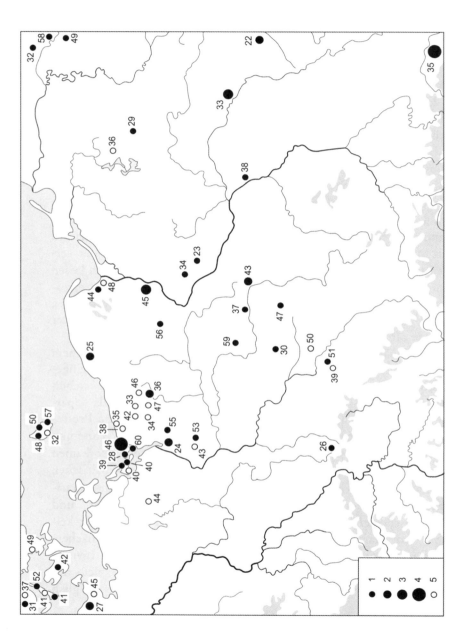

Abb. 58. Verbreitung von Silberschatzfunden mit arabischen Dirham, deren Schlußmünze zwischen 900 und 970 geprägt wurde. 1 Schatzfunde mit bis zu 100 Münzen, 2 mit bis zu 500 Münzen, 3 mit bis zu 1000 Münzen, 4 mit mehr als 1000 Münzen; 5 Einzelfunde. Von den Einzel- bzw. Grabfunden dürfte eine nicht geringe Anzahl hinsichtlich des Prägejahrs zwar korrekt, hinsichtlich der Niederlegung aber viel zu früh angesetzt sein und das Bild daher verzerren. Andererseits sind einige Funde z. B. aus Böhmen nicht berücksichtigt, weil sie sich nicht ausreichend genau

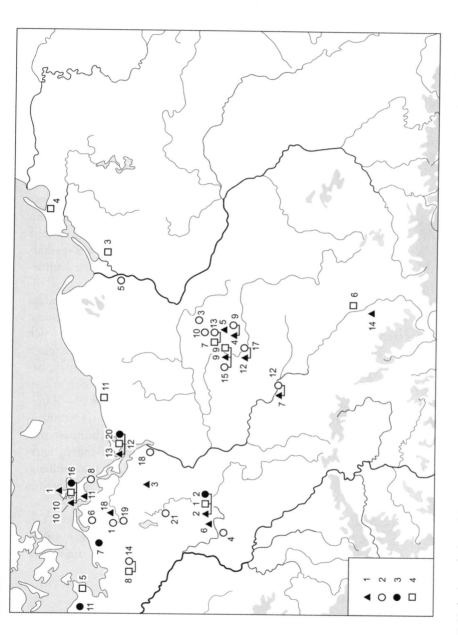

Abb. 59. Verbreitung früh- und hochmittelalterlicher Waagen und Gewichte in Ostmitteleuropa. 1 Klappwaagen des ‚Typs 3' nach H. Steuer; 2 Kugelzonen-Gewichte des ‚Typs B1–alt' nach H. Steuer; 3 weitere Kugelzonen-Gewichte des ‚Typs B1' nach H. Steuer; 4 Kubooktaeder-Gewichte des ‚Typs A' nach H. Steuer. Alle drei Formen kommen z. T. weit über die hier betrachtete Zeitspanne hinaus vor; die Kartierung ist deshalb verzerrt. Andererseits wären für die Zeit nach der Jahrtausendwende für ein vollständiges Bild weitere Typen von Waagen und Gewich-ten zu ergänzen (nach Brather [Nr. 460] 187 Abb. 7)

in geringem Umfang und eher indirekt am überregionalen Austausch partizipierte. Münzen, Waagen und Gewichte deuten deshalb nicht, auch nicht in Gräbern, zwingend auf kaufmännisches Milieu hin. Daher hat auch die These, der plötzliche und gewaltsame Tod des Schatzbesitzers hätte in der Regel die Hebung dieser Werte verhindert, wenig Wahrscheinlichkeit für sich. Dann hätten viele hundert, wenn nicht gar Tausende getötet worden sein müssen, was gewiß zum Abbruch der Fernbeziehungen geführt hätte – dagegen sprechen jedoch die vielen Münzfunde.

Gelegentlich wird vermutet, daß auch Jenseitsvorstellungen zur Schatzvergrabung Anlaß gegeben hätten. Skandinavische Sagas und auch die altrussische Nestorchronik (*Povest' vremennych let*) enthalten wenige entsprechende Hinweise; sie stammen aber erst aus dem hohen Mittelalter und berichten also aus der Rückschau. Wenn auch religiöse Vorstellungen mitunter zur Schatzverbergung geführt haben, ist dies ein zweitrangiges Interpretationsproblem. Das zu thesaurierende Silber mußte verfügbar, Schätze mußten also bereits gebildet worden sein. „Ideologische" Faktoren vermögen nicht die Regelhaftigkeit der Schatzfunde in derart großen Gebieten (über verschiedene Kulturräume hinweg) zu erklären.

Stellen Schatzfunde also erhebliche thesaurierte und damit dem Umlauf entzogene Werte dar, sind einzeln entdeckte Münzen von nicht geringerem wirtschaftsgeschichtlichen Interesse. Beide Fundgattungen ergänzen sich – theoretisch – in ihrer Aussagekraft gegenseitig. Das Vorkommen einzelner Münzen in Siedlungsschichten, wo sie auch der Datierung dienen können, belegt den Münzumlauf. Bei ausreichender Beobachtungsdichte läßt sich erkennen, in welchem Raum – und in Ansätzen auch in welcher Intensität – Silbermünzen bzw. deren Bruchstücke als Zahlungsmittel dienten. In Ostmitteleuropa finden sie sich regelmäßig erst seit dem späten 10. Jahrhundert und stehen mit dem auch aus vielen anderen Hinweisen zu erschließenden, wirtschaftlichen Aufschwung um die Jahrtausendwende in Zusammmenhang. Dieser Aufschwung wiederum gehört in den Rahmen eines europaweiten Entwicklungsschubs.

Weitere Erkenntnisse liefern zusammenklappbare Feinwaagen und Gewichte[46] (Abb. 60). Sie belegen, daß das Silber tatsächlich abgewogen wurde und als Gewichtsäquivalent diente. Ihr Vorkommen ist daher ein unzweifel-

---

46 Kartierung: Steuer [Nr. 485] 50 Abb. 18 (Kugelzonen-Gewichte Typ B2); 238 f. Abb. 170 (Kubooktaeder-Gewichte Typ A); 172 f. Abb. 116 (Klappwaagen Typ 7); 225–228 Abb. 163–184 (Klappwaagen Typ 8); 236 f. Abb. 170 (Klappwaagen Typ 2, 3); 244 Abb. 173 (Klappwaagen Typ 4, 7, 8).

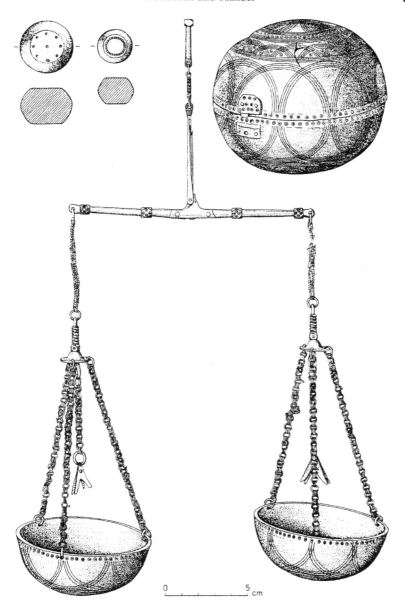

Abb. 60. Zusammenklappbare Feinwaage im verpackten und im gebrauchsfähigen Zustand sowie zwei Kugelzonen-Gewichte. Die Funde stammen aus Bergen auf Rügen und gehören dem hohen Mittelalter an (nach Die Slawen in Deutschland [Nr. 48] 133 Abb. 52)

hafter Hinweis auf Handel, wenngleich damit nicht alles Silber zweifelsfrei
auf Handelsaktivitäten zurückgeführt werden kann – und nicht jeder Waa-
genbesitzer ein Händler war. Das Abwiegen von Silber war auch im islamischen Machtbereich üblich, so daß die Anregung zu dieser Form der Gewichtsgeldwirtschaft vermutlich aus dem Vorderen Orient stammt. Direkte
Belege wie z. B. vergleichbare Waagenfunde fehlen dort bislang allerdings,
weil sie im arabischen Raum nicht als Grabbeigaben vorkommen und darüber
hinaus als wirtschaftsgeschichtliche Zeugnisse nicht gebührend berücksichtigt
wurden. Die ersten Feinwaagen und Gewichte, mit denen Silbermengen auch
in Hundertstel-Bruchteilen eines Gramms abgewogen werden konnten, finden sich in Ost- und Nordeuropa erst seit dem späten 9. Jahrhundert. Dies
dürfte andeuten – auch wenn die Anfangsdatierungen aufgrund des Dirham-
mangels des mittleren 9. Jahrhunderts nicht ausreichend abgesichert ist –, daß
erst seit dem 10. Jahrhundert Silber als Gewichtsäquivalent eine größere Rolle
spielte. Zu dieser Zeit lassen sich dann auch vermehrt Zerteilungen von Münzen und Schmuck beobachten, die diesen Zeitansatz bestätigen. Nur zusammen bieten Schätze, Einzelfunde sowie Waagen und Gewichte eine verläßliche Grundlage, um die Geschichte der Gewichtsgeldwirtschaft zu rekonstruieren.

Phasen der Silberzufuhr: Seit wann gelangten nun islamische Münzen nach
Europa, wo bislang annähernd 250 000 entdeckt wurden? Dies ist zugleich
die Frage nach dem Beginn der Wikingerzeit. Einzelne arabo-sāsānidische
und arabische Prägungen schon des späten 7. sowie des frühen und mittleren
8. Jahrhunderts liegen aus dem Ostseeraum vor. Als Einzelfunde bilden sie
aber keinen zweifelsfreien Beleg für einen so frühen Dirhamimport, denn aus
den Prägejahren ergibt sich keine verläßliche Datierung der Thesaurierung.
Vielmehr zeigt der Vergleich mit den frühesten sicheren Schatzfunden, daß
nicht nur die persischen, sondern auch die frühen arabischen Prägungen erst
zusammen mit Münzen der 780er und späterer Jahre nach Osteuropa gelangten. Dies überrascht nicht, blieben im Nahen Osten doch sāsānidische Drach-
men noch mehrere Jahrhunderte (!) nach der arabischen Eroberung im Umlauf.

Die Anknüpfung der Fernverbindungen zwischen (Ost-)Europa und der
arabischen Welt entlang der großen russischen Ströme geht auf Skandinavier
zurück. Der entscheidende Anstoß, weshalb Wikinger (bzw. Waräger) nach
Rußland vordrangen, wird in dem dort gegen Ende des 8. Jahrhunderts erstmals auftauchenden arabischen Silber vermutet. Die dendrochronologisch gut
datierten Schichten in Staraja Ladoga zeigen, daß auch einzelne arabische
Dirham nicht vor dem Ende des 8. Jahrhunderts dorthin gelangten. Im Gegensatz zu den britischen Inseln und dem Frankenreich, wo durch rasche

Überfälle enorme Beute in prosperierenden Städten, reichen Klöstern und Kirchen zu machen war, bot der europäische Osten zunächst nichts vergleichbares. Hier konnte Silber in größerem Umfang nur durch Austausch gegen andere Güter erworben werden. Dieses Silber „lockte" warägische Gruppen über Ladoga tief in russisches Gebiet hinein, bis sie nach etwa einer Generation den „Weg zu den Griechen", d. h. nach Konstantinopel gefunden hatten. Die größere Zahl an Schätzen, die Schlußmünzen der Jahre zwischen 800 und 810 enthalten, zeigt, daß erst im 9. Jahrhundert diese Fernverbindungen einen nennenswerten Umfang erreichten.

Münzschätze mit Schlußmünzen des mittleren 9. Jahrhunderts sind selten. Sie enthalten meist nur wenige frische, aber viele etliche Jahrzehnte alte Dirham. Daraus auf ein „Zwischentief" des Handels zu schließen, stellt jedoch eine Fehlinterpretation dar. Statt dessen beruht dieses Fundbild auf dem geringen Umfang der arabischen Münzprägung unter den Nachfolgern des Kalifen Hārūn ar-Rašīd. Deshalb konnten Dirham dieses Zeitraums gar nicht nach Europa gelangen. Damit ergeben sich auch methodische Schwierigkeiten, die einzelnen Schatzfunde exakt zu datieren, können sie doch nur aus „überalterten" Münzen bestehen.

Seit etwa 870/880 traten erstmals zusammenklappbare Feinwaagen sowie dazugehörige genormte Gewichte (kubooktaedrische Bronzewürfel und eiserne Kugelzonen) in Nord- und Osteuropa auf. Die Anregung dazu stammt zweifellos aus dem arabischen Machtbereich (Nahost oder Transoxanien?), auch wenn direkte Parallelen bislang fehlen. Auffällig erscheint der Abstand zum Beginn des Dirhamzustroms ein dreiviertel Jahrhundert zuvor. Dafür waren wohl nicht Entwicklungsfortschritte des Nordens, sondern wirtschaftliche Erfordernisse im Nahen Osten ausschlaggebend. Dort mußten trotz staatlich kontrollierter Münzprägung Dirham gewogen und damit wie andere Waren auch gekauft werden, weil sich aufgrund des Umlaufs sehr verschiedener Prägungen Gewicht und Feingehalt unterschieden. Die zur selben Zeit einsetzende „al-pondo"-Prägung der Dirham und das Ende ihrer Gewichtsnormierung mögen einen Schub bewirkt haben. Außerdem wurde im Nahen Osten Hacksilber für die Begleichung kleiner Summen verwendet; dieses ist damit keine spezifisch mittel- und nordeuropäische Erfindung. Erst das Aufkommen dieser Waagen und Gewichte in Europa deutet an, daß das arabische Silber neben seiner Bedeutung als Hortungsmittel nun zunehmend auch zum Zahlungsmittel auf den Handelsplätzen und darüber hinaus wurde. Frühe Horte des 9. Jahrhunderts kommen vor allem in Ost- und Nordeuropa vor; im westslawischen Raum liegen sie nur vereinzelt aus dem unmittelbaren Ostseeküstenbereich sowie aus dem pruzzischen Gebiet östlich der Weichselmündung vor; auch in Dänemark fehlen sie weitgehend.

In den Jahrzehnten um 900 kamen die Dirham immer weniger aus dem ᶜabbāsidischen Orient nach Europa, sondern bald ausschließlich aus dem sāmānidischen Mittelasien jenseits des antiken Oxus (Amu-Darja). Diese Umorientierung, die von politischen Entwicklungen im islamisch-asiatischen Raum verursacht wurde, läßt sich überaus deutlich an der Zusammensetzung des Schatzfundes von Klukowicze in Podlasien ablesen. Dieser gehört seiner Schlußmünze zufolge in das erste Jahrzehnt des 10. Jahrhunderts und enthält schon zu fast 90 % mittelasiatische Dirham. Insgesamt erreichte der Dirhamzustrom Mitte des 10. Jahrhunderts seinen Höhepunkt. Die meisten aller bislang gefundenen Dirham sind sāmānidische Prägungen des 10. Jahrhunderts, doch liegen (wohl auch aufgrund der Fundmenge) zusammenhängende und übergreifende Bearbeitungen bislang nicht vor. Dieser Fundstoff entzieht sich damit noch einer verläßlichen Beurteilung.

Im Verlauf des 10. Jahrhunderts wurde Silber – auf der Basis der Dirham – allmählich zum allgemeinen Wertmesser und Äquivalent des Austauschs. Dies belegen die nun zahlreicher werdenden, häufig serienmäßig hergestellten Waagen und Gewichtssätze ebenso wie die große Menge fragmentierten Schmucksilbers in den Schätzen (Abb. 61). Allerdings läßt sich hieraus noch kein entwickelter Lokalmarkt erschließen, der nur sehr kleine Summen zur Bezahlung benötigt hätte. Wir kennen nämlich die Zerschneidungen vor allem aus den großen Schatzfunden, die mit dem überregionalen Austausch zusammenhängen. Allerdings bleiben kleine Münzfragmente bei Siedlungsrabungen, die zudem nur in geringer Zahl vorliegen, wohl häufig unentdeckt, wenn nicht Proben gesiebt oder geschlämmt werden. So liegen aus Birka zahlreiche kleine Münzfragmente aus den Siedlungsschichten vor, während sie trotz sorgfältige Suche aus Haithabu praktisch unbekannt sind. Darüber hinaus ist häufig nicht zu entscheiden, ob nicht ein Teil der Münz-Fragmentierungen (wenn auch nicht des zerschnittenen Schmucksilbers) bereits im islamischen Machtbereich erfolgt sein könnte. Schätze finden sich im 10. Jahrhundert auch im westslawischen Binnenland, seit der Mitte des Jahrhunderts vor allem in Großpolen; sie enthalten jetzt fast immer auch erhebliche Gewichtsanteile in Form von Schmuck.

In der zweiten Hälfte des 10. Jahrhunderts ging der Zustrom sāmānidischer Dirham rapide zurück; er fand im frühen 11. Jahrhundert sein Ende. Die eigentliche Ursache dafür dürfte der Kollaps des Sāmānidenreichs gewesen sein. In Mittelasien prägten zwar auch die nachfolgenden Dynastien Dirham, doch sank der Silbergehalt dramatisch. Statt der ursprünglich etwa 98 % betrug er um 1000 nur noch 75 %, um in der Mitte des 11. Jahrhunderts teilweise nur noch 5 % zu erreichen. Das waren keine Silbermünzen mehr, sondern nur noch versilberte Kupferlinge. Insgesamt ist davon auszugehen, daß

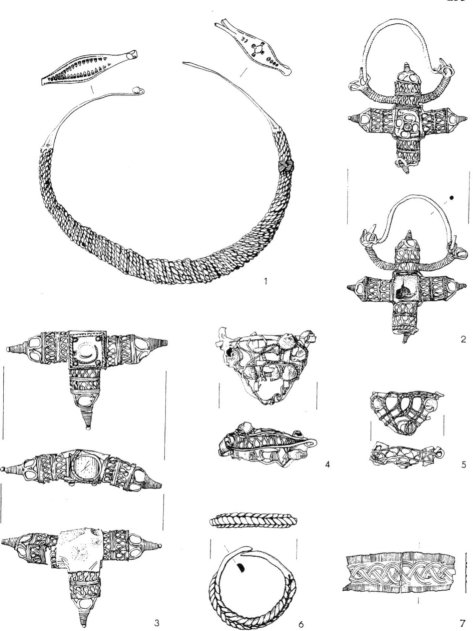

Abb. 61. Schmuckbestandteile des Schatzfundes von Niederlandin (I), niedergelegt in der zweiten Hälfte des 11. Jahrhunderts – geflochtener Hals- und Fingerring, filigranverzierte Ohrringe. – 1 M. 2:5; 2–7 M. 4:5 (nach Corpus [Nr. 70] 3–59/56)

die politischen Entwicklungen in Rußland (Festigung der Kiever Rus') und im mittelasiatischen Raum (türkische Herrscher) den Handel zwischen Orient und Ostseeraum als nicht mehr profitabel erscheinen ließen. Dies führte zur Erosion der Verbindungen und zum Abbruch des Dirhamzustroms.

Das dadurch entstehende Silberdefizit konnte nicht sofort ausgeglichen werden. Einzelne Denare, d. h. westeuropäische Münzen, tauchten seit dem dritten Viertel des 10. Jahrhunderts in Münzschätzen des Baltikums auf, seit dem letzten Viertel des Jahrhunderts auch in Rußland. Dort liefen sie in größerem Umfang aber erst nach 1000 um. In dieser Übergangsphase konnten europäische Münzen bei weitem nicht die bis dahin in Form der Dirham „importierten" Silbermengen ersetzen. Erst nach der Jahrtausendwende dominierten in den nun sehr gemischten Schätzen deutsche und angelsächsische Prägungen[47]. Der Silbermangel hatte zu einer Westorientierung des Nordens und Ostens Europas geführt. In dieser „Übergangszeit" stieg der Anteil des Hacksilbers im südlichen Skandinavien und im nördlichen Ostmitteleuropa stark an. Dies läßt sich z. T. als „Wertangleichung" an die nur etwa ein Drittel eines Dirham wiegenden Denare auffassen. Zugleich fanden Dirham nur noch nach Rußland, aber nicht mehr in den Ostseeraum. Dort zirkulierten bis in die Mitte des 11. Jahrhunderts nur noch „überalterte" arabische Münzen. Der Ostseeraum war also bereits weitgehend vom Dirhamzustrom abgekoppelt, bevor der Niedergang der Silberzufuhr aus dem Orient einsetzte.

Deutsche und angelsächsische Münzen dominieren in der ersten Hälfte des 11. Jahrhunderts in den Schatzfunden. Englische Prägungen finden sich vor allem in Skandinavien. Sie bilden wohl vor allem den Niederschlag der an die Wikinger gezahlten Danegelder, um diese von ihren gefürchteten Plünderungen abzuhalten. Von Skandinavien gelangten eine ganze Reihe englischer Münzen bis ins Baltikum, erreichten den südlichen Ostseeraum aber relativ selten.[48] Im westslawischen Raum, d. h. vor allem in Pommern und Polen, dominieren die sogenannten Sachsenpfennige mit mehr als der Hälfte aller deutschen Münzen.[49] Die sogenannten Otto-Adelheid-Pfennige kommen zu Tausenden vor, lassen sich aber nur schwer genauer datieren. Deshalb sind Beginn und Verlauf ihres Zustroms nicht genau zu fassen – ein oft postulierter Höhepunkt im letzten Jahrzehnt des 10. Jahrhunderts beruht auf der gewiß einseitigen Fixierung auf das frühestmögliche Datum. Zu den in den west-

---

47   Kartierung: Herrmann [Nr. 467] 111 Abb. 127–128 (Hedeby- und sächsische Prägungen); Jankuhn [Nr. 325] 181 Abb. 80; Wiechmann [Nr. 490] 215 Karte 6, für Schleswig-Holstein.
48   Kartierung: Warnke [Nr. 489] Abb. 17; 28.
49   Kartierung: Warnke [Nr. 489] Abb. 22; 31.

slawischen Funden am häufigsten vertretenen Münzstätten gehören Köln, Mainz, Regensburg, Worms, Speyer und Straßburg. Auffallend oft sind in der zweiten Hälfte des 10. Jahrhunderts mit bis zu 30 % bayrische Prägungen (v. a. Regensburger Pfennige) vertreten.[50] Böhmische Denare machen – außer in den „einheimischen" Funden in Böhmen – einen beachtlichen Anteil auch in (groß-)polnischen Münzhorten des 11. Jahrhunderts aus.[51]

Gegenüber den bislang nahezu 100 000 im westslawischen Raum und fast 90 000 in Skandinavien gefundenen deutschen Münzen erscheinen die Funde innerhalb des Reichs marginal. Daraus ist mitunter abgeleitet worden, diese Denare seien als „Fernhandelswährung" fast ausschließlich für den Handel mit Westslawen und Skandinavien geprägt worden. Ähnliche Schlüsse wurden auch für die Dirham gezogen, die aus ihren Herkunftsräumen im nahen Osten und in Mittelasien ebenfalls nur vergleichsweise selten vorliegen. Der Grund für diese Fundarmut liegt aber in den wirtschaftlichen Verhältnissen. Die hohe Zahl der Schatzfunde in Nord- und Osteuropa im frühen und beginnenden hohen Mittelalter beruht auf der dortigen wirtschaftlichen Unterentwicklung. Dieser im Vergleich geringen Entwicklung fehlte es an „Investitionsmöglichkeiten", so daß die Thesaurierung zur hauptsächlichen „Verwendung" und die Münzen zu „totem Kapital" wurden. Im deutschen Reich wie im islamischen Machtbereich gab es bereits eine intensivere Münzgeldwirtschaft. Dadurch wurde das Münzsilber im Umlauf gehalten und gelangte deshalb nicht in den Boden. Allerdings lassen sich auch dort gewisse Formen der Hortung wie z. B. in den Kirchen- und Klösterschätzen nicht übersehen. Eine überwiegend nur für den Fernhandel mit unterentwickelten Randgebieten vorgenommene Münzprägung ist eine mehr als unwahrscheinliche Vorstellung.

Seit dem 11. Jahrhundert kamen auch andere Typen von Waagen und Gewichten vor. Die überaus feinen Waagen und sehr kleinen Gewichte wurden durch Modelle ersetzt, deren größere Robustheit erst Wiegungen von um 50 g und mehr erlaubte. Auch in der Hochzeit des Hacksilbers wurden also vor allem größere Silbermengen gewogen und noch immer kein intensiver Nahhandel auf Silberbasis betrieben, wie man aus der Kleinteiligkeit des Hacksilbers zunächst schließen könnte. Die detaillierte Analyse der Schmuckformen legt es nahe anzunehmen, daß es regionale Gewichtsstandards gab. So zeigen beispielsweise die geflochtenen Halsringe je nach Fundregion deutliche Gewichtsunterschiede.[52]

---

[50] Kartierung: Warnke [Nr. 489] Abb. 20; 29.
[51] Kartierung: Warnke [Nr. 489] Abb. 21; 30.
[52] Vgl. Hårdh [Nr. 465] 74 Abb. 17.

Preisrelationen sind nur schwer zu ermitteln, weil – ungeachtet der wenigen Quellen – sie zeitlich und räumlich stark schwankten. Alle Hochrechnungen sind daher mit erheblichen Unsicherheiten behaftet. Als Richtwert läßt sich angeben, daß etwa 1½ Mark Silber, das sind bis 300 g (oder etwa ein Pfund), für ein Pferd bezahlt werden mußte. Ein Sklave kostete ebensoviel, eine Sklavin 200 g (1 Mark), ein Schwert 125 g und ebenso viel ein Ochse; mit 100 g bzw. ½ Mark war etwas weniger für eine Kuh zu entrichten. Diese Silbermengen wurden abgewogen und nicht nach Münzen gezählt. Für alltägliche „Geschäfte" bot sich angesichts der geringen benötigten Silbermengen und deren Verfügbarkeit meist weiterhin der Tausch (Ware gegen Ware) an.

Eigene Münzprägung: In Böhmen begann noch in der ersten Hälfte des 10. Jahrhunderts die Prägung eigener Münzen, die sich am bayerischen Vorbild orientierte. Dabei ließen nicht nur die Přemysliden, sondern beispielsweise auch die konkurrierenden Slavnikiden Denare schlagen. Rasch wurden fremde Münzen verdrängt, wie sich an der Zusammensetzung der Schatzfunde ablesen läßt. Im böhmischen Becken vollzog sich offenbar ein rascher Übergang zur Münzwirtschaft. Um die Jahrtausendwende setzten dann in Polen ebenso wie im südlichen Skandinavien die ersten eigenen Münzprägungen ein. In beiden Regionen orientierte man sich an englischen Münzbildern und nicht an den häufigeren deutschen Münzen. Letztere boten sich wegen der zahllosen Münzherren und Prägungen – im Gegensatz zu den einheitlichen und überschaubaren englischen Münzen – auch kaum an. In der ersten Hälfte des 12. Jahrhunderts prägten auch die Abodriten- und Hevellerherrscher erste eigene Münzen. In der Rus' orientierte man sich, nicht unerwartet, an byzantinischen Vorbildern.

Die ersten eigenen Prägungen stehen aber nicht am Beginn einer eigenständigen Münzwirtschaft. Vielmehr belegen sie die wirtschaftliche Rückständigkeit dieser Gebiete, verglichen etwa mit dem ostfränkischen Reich. Die jeweiligen Herrscher, Piasten in Polen und Přemysliden in Böhmen, aber auch Abodriten- und Heveller-Fürsten des hohen Mittelalters, ließen eigene Münzen zunächst aus Prestigegründen prägen. Sie demonstrierten damit ihren Wunsch nach Ranggleichheit mit den Herrschern der benachbarten Reiche. Diese Emissionen besaßen nur einen geringen Umfang und gingen wegen des fehlenden wirtschaftlichen Hintergrundes rasch wieder ein. Erst die Entstehung notwendiger wirtschaftlicher Voraussetzungen und Erfordernisse führte zum allmählichen Übergang zur Münzgeldwirtschaft im hohen Mittelalter. Diese widerspiegelt sich dann – neben der kontinuierlichen und umfänglicheren eigenen Prägung – in den vielen Einzelfunden an Münzen und dem gleichzeitigen starken Rückgang der Horte. Für die Überlieferung von Münzen und Schmuckformen wirkten sich dieser wirtschaftliche Aufschwung und die aufhörende Thesaurierung negativ aus, denn die archäologische Quellenbasis reduzierte sich dadurch ganz erheblich.

Im mährischen Raum kam es im 9. Jahrhundert trotz einer großräumigen, wenn auch auf die Dauer nicht stabilen Herrschaft nicht zu eigenen Prägungen. Bekannt sind einige Funde karolingischer und byzantinischer Münzen, doch scheint es weder eine Münzgeld- noch eine Gewichtsgeldwirtschaft auf Silberbasis gegeben zu haben. Andere Äquivalentformen müssen diese Rolle ausgefüllt haben. Auch in Thüringen fehlen Silberhorte, weil dieses Gebiet zum ostfränkisch-deutschen Reich gehörte und an der dort praktizierten Münzgeldwirtschaft teilhatte.

Weitere Äquivalentformen

Silber – ob in Form eingeführter Münzen oder in Form von Schmuck und Barren – bildete im frühen Mittelalter nicht das einzige Äquivalent für den Austausch (Abb. 62). Daneben existierten eine Reihe weiterer Geldformen, vor allem im nicht direkt am Seehandel partizipierenden Binnenland.[53] Diese Äquivalente sind allerdings weniger gut untersucht. Sie waren wohl nur regional begrenzt „gültig“, d. h. anerkannt. Das slawische Wort für „zahlen“ beispielsweise geht etymologisch auf „Tuch“ zurück, so daß ein sogenanntes „Tuchgeld“ erschlossen werden kann. Neben diesem philologischen Schluß lassen sich dafür auch entsprechende zeitgenössische Schilderungen anführen. Ibrāhīm ibn Yaᶜqūb berichtet für Prag um 970 von entsprechenden Zahlungsmodalitäten, und Helmold von Bosau (I,38) beschreibt gleiches für Rügen im 12. Jahrhundert.

Aus Mähren und Kleinpolen liegt eine ganze Reihe von Hortfunden vor allem des 9. und frühen 10. Jahrhunderts vor, die eiserne Geräte enthalten; dabei handelt es sich um die Ausläufer einer vor allem südosteuropäischen Tradition. Offensichtlich besaß Eisen dort einen solchen Wert, daß es – ähnlich wie Silber – in den Siedlungen thesauriert wurde, wenn man unter analytischem Gesichtspunkt einmal vom konkreten Anlaß der Vergrabung der Geräte absieht. Deshalb geht eine Interpretation als Opfer- oder Weihegaben, z. B. für gute Ernten oder siegreiche Heerzüge, in die Irre. Für den Äquivalentcharakter des Eisens sprechen insbesondere die barrenförmigen Äxte, die als Geräte selbst kaum dienen konnten. Diese Axtbarren des 9. und frühen 10.

---

53 Kartierung: Herrmann [Nr. 467] 105 Abb. 122.

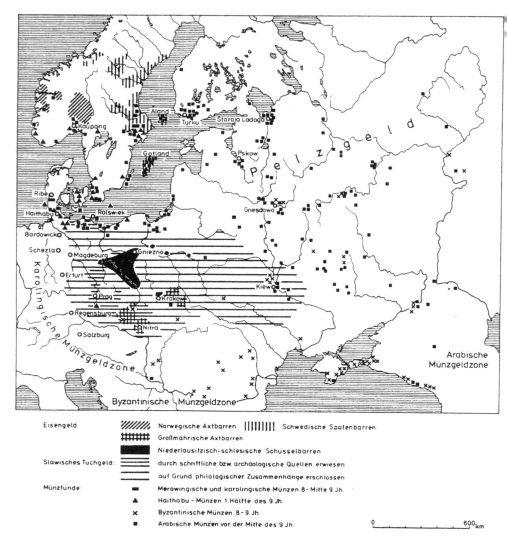

Abb. 62. Ungefähre Verbreitung einiger Äquivalentformen im frühmittelalterlichen Ost- und Nord-europa. Die häufigsten Funde stellen Silbermünzen dar. Sie gehen auf die Gewichtsgeldwirtschaft im Ostseeraum zurück, während die benachbarten Reiche (Fränkisches Reich, Byzanz, arabische Reiche) eine Münzgeldwirtschaft kannten. Durch archäologische Funde sind eiserne Axtbarren in Mähren und dem benachbarten Kleinpolen (sowie in Norwegen) belegt, außerdem Schüsselbarren in Schlesien und Großpolen (sowie Spatenbarren in Schweden). Philologische Anhaltspunkte lassen ein Tuchgeld im ge-samten west- und ostslawischen Bereich annehmen; Pelze als Äquivalent werden für Osteuropa vermu-tet (nach Joachim Herrmann, Wege zur Geschichte. Ausgewählte Beiträge [Berlin 1986] 261 Abb. 17)

Jahrhunderts[54] wurden mitunter zu großen „Paketen" gebündelt; in Krakau fanden sich in der Kanonikergasse (Kraków-Okół) an einer Stelle 4212 solcher Barren mit einem Gesamtgewicht von 3630 kg. Die mährischen und kleinpolnischen Barrenformen unterschieden sich nicht unwesentlich in Größe und Gewicht, dürften aber dennoch in wechselseitiger Beziehung gestanden haben. Auch im frühmittelalterlichen Norwegen (im Hinterland von Kaupang und in Westnorwegen) galten eiserne Axtbarren als Zahlungsmittel, doch läßt sich ein Zusammenhang zwischen beiden Regionen nicht erkennen. Im frühwikingerzeitlichen Schweden (um Birka und Uppsala) gab es darüber hinaus spatenförmige Eisenbarren.[55] Axt- und Spatenbarren sind aufgrund ihrer Form und Eigenschaften als „Gerätegeld" zu bezeichnen, denn sie konnten gehortet, geteilt und gemessen werden, und sie besaßen einen realen wie einen symbolischen Wert.

In Schlesien und der Lausitz, in Mähren und der Slowakei, in Einzelfunden auch darüber hinaus finden sich häufiger flache, muldenförmige „Eisenschüsseln" von etwa 15–20 cm Durchmesser (Abb. 63). Sie besitzen eine nur wenige Zentimeter tiefe Kalottenform. Daß diese sogenannten „niederschlesischen Schüsselbarren"[56] ebenfalls als Tauschmittel dienten, ist nicht unumstritten. Da sie aber auch in den mährischen und böhmischen Eisenhorten vorkommen (Prachov, Břeclav-Pohansko II, Krumvíř, Kúty-Čepangát I, Gajary, Ivanovice), die als Wertanhäufung gelten können, dürfte diese Interpretation einige Wahrscheinlichkeit beanspruchen können.

Manche Hacksilberschätze enthalten auch Halbedelsteinperlen. Diese werden daher ebenfalls als mögliche Äquivalente betrachtet. Sie stammen wahrscheinlich aus dem Kaukasus (und kaum aus dem nördlichen Indien) und gelangten deshalb zusammen mit arabischem Münzsilber nach Ost- und Nordeuropa, das zu großen Teilen über den Kauskasus nach Europa kam. Dort kommen Karneolperlen, häufiger als in den Schatzfunden, vor allem in reicheren Frauengräbern vor (Abb. 64). Sie genossen deshalb offensichtlich eine besondere Wertschätzung und damit soziales Prestige. Offen bleibt, in welchem Verhältnis ihr Wert zu dem des Silbers stand, mit dem sie zusammen Verbreitung fanden.

---

54 Kartierung: Dostál [Nr. 566] Karte 1; 1a; Zaitz [Nr. 491] 165 Abb. 15; Europas Mitte [Nr. 13] 201 Abb. 146.
55 Kartierung: Jankuhn [Nr. 325] 51 Abb. 23.
56 Kartierung: Herrmann [Nr. 301] 109 Abb. 49; zu ergänzen sind die böhmischen und mährischen Funde.

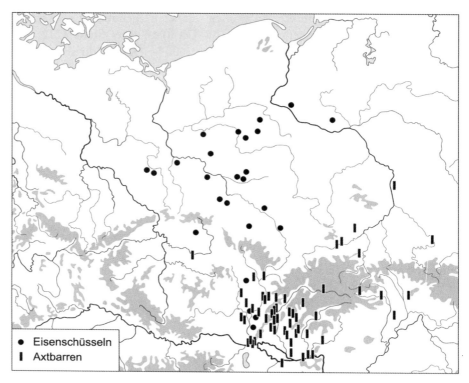

Abb. 63. Verbreitung der sogenannten „Niederlausitzer" Eisenschüsseln des 9. bis 11. Jahrhunderts und der eisernen Axtbarren des 9. Jahrhunderts. Beide Gegenstandsformen sind
häufig in Horten enthalten und dienten vermutlich als eine Art Gewichtsäquivalent. Sie blieben dabei auf eine bestimmte Region beschränkt – auf den großpolnisch-schlesischen bzw.
den „großmährischen" Raum (ergänzt nach Herrmann [Nr. 301] 109 Abb. 49; Bartošková
[Nr. 458]; Leciejewicz [Nr. 28] 134 Abb. 59; Europas Mitte [Nr. 13] 201 Abb. 146)

„Handelsgüter" und „Fremdgüter"

Jene Dinge, die zwischen dem ostmitteleuropäischen Raum und den Nachbargebieten auf unterschiedlichste Weise ausgetauscht wurden, sind – sieht
man vom Münzsilber ab – archäologisch nur zu einem sehr kleinen Teil nachzuweisen. Dies liegt zum einen an der Vergänglichkeit organischer Materialien, die sich im Boden nicht erhalten haben, bzw. daran, daß bestimmte
„Güter" gar nicht in den Boden gelangten und sich deshalb nicht als archäologische Funde niederschlugen. Zum anderen müssen sich „Handelsgüter"
deutlich als „fremd" zu erkennen geben, d. h. sich vom „einheimischen"
Fundgut klar unterscheiden. Der häufig verwendete Begriff „Importe" ist ein

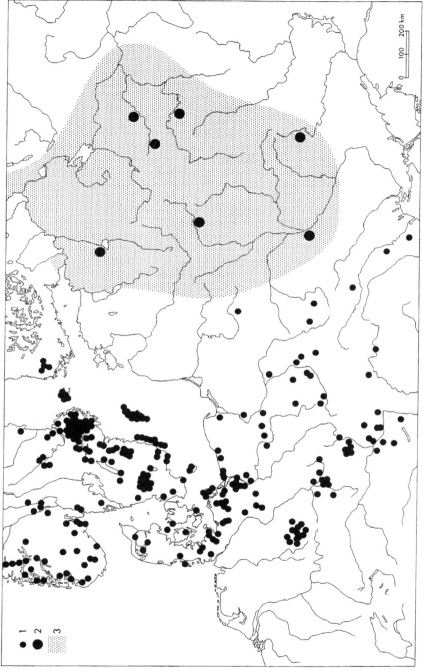

Abb. 64. Verbreitung geschliffener Karneolperlen in Mittel-, Ost- und Nordeuropa. 1 Fundorte; 2 Ausbreitungszentren mit vermuteter Perlen-bearbeitung; 3 Gebiet großer Funddichte im 9. bis 12. Jahrhundert (nach Gabriel [Nr. 497] 196 Abb. 36)

Mißgriff, weil er zu sehr modernen Vorstellungen des Warenverkehrs verhaftet ist. Dies gilt kaum weniger für den „Handel", denn erst eine sorgfältig abwägende Analyse vermag die Hintergründe des Austausches von „Fremdgütern" aufzuhellen: Austausch, Gabentausch, Tribut, Plünderung.

Genaueren Aufschluß geben schriftliche Quellen des Westens und des islamischen Raumes. Sie nennen vor allem Sklaven, die als Kriegsgefangene (und damit für ihre Häscher jeweils Fremde), nicht als Arbeitssklaven auf den europäischen und arabischen Sklavenmärkten (Magdeburg, Prag, Regensburg, Verdun, Lyon, Venedig, Córdoba) verkauft wurden. Einige Funde eiserner Fesseln mögen, auch wenn ihre Unterscheidung von Tierfesseln nicht leicht fällt, darauf hinweisen.[57] Daneben waren es vor allem tierische Produkte, die die Slawen gegen Silber tauschten. Pelze von Zobel, Hermelin, Marder, Fuchs, Biber und Eichhörnchen „exportierten" hauptsächlich die Ostslawen, bei denen Pelze z. T. sogar Äquivalentcharakter besaßen. Des weiteren gehörten Felle und Häute, Honig und Wachs (für Kerzen) zu den wichtigsten Ausfuhrgütern der Slawen, aber nicht minder auch von Skandinaviern und Finnen. Pferde und Leder werden vor allem für die Wolgabulgaren, aber auch für die Elbslawen erwähnt. Archäologische Belege fehlen aus methodischen Gründen völlig.

Im Austausch für ihre Produkte erhielten die Slawen hauptsächlich das begehrte Silber, daneben aber eine Reihe weiterer wertvoller Güter. Dies waren aus dem Osten u. a. kostbare Stoffe wie Seide und Brokat, für die auch archäologische Nachweise aus Wollin bzw. Danzig vorliegen. Dazu zählten weiterhin Perlen aus Glas, Halbedelsteinen wie Karneol[58] oder aus Bergkristall, des weiteren Gewürze und Silbergefäße oder auch byzantinische Keramik. Fränkische Schwerter waren ebenfalls sehr begehrt und gelangten ins östliche Mitteleuropa, über Skandinavien und Osteuropa auch bis in den Orient. All dies sind offensichtlich Erzeugnisse, die man dem Luxus zurechnen muß. Sie erfüllten daher, von Produkt zu Produkt gewiß in unterschiedlichem Maße, die Bedürfnisse einer sozialen Oberschicht. Da die Eliten aber miteinander in Kontakt standen, mögen nicht wenige dieser „Fremdgüter" wie z. B. Schwerter durch Gabentausch nach Ostmitteleuropa gelangt sein.

Beziehungen unterschiedlichster Art lassen sich archäologisch nicht nur zum ostfränkisch-deutschen Reich im Westen und den Arabern im Südosten belegen. Aus dem skandinavischen Norden stammten neben Silber in Schmuck-

---

57 Henning [Nr. 498].
58 Kartierung: Gabriel [Nr. 497] 196 Abb. 36.

form vor allem Speckstein[59], daneben auch Wetzstein-Rohmaterial[60] und Sandsteinspinnwirtel[61], die allerdings sämtlich weitgehend auf den Küstenstreifen beschränkt blieben. Aus dem ostslawischen Raum bzw. dem Bereich der Kiever Rus' erreichten Spinnwirtel aus „rosarotem" Ovručer Schiefer[62] (Abb. 65) und Kiever Toneier (*Pisanki*)[63] die Westslawen. Auch diese beiden Produkte dürften kaum Handelsgut gewesen, sondern durch „Gabentausch" vermittelt worden sein.

Der Güteraustausch innerhalb des westslawischen Raums ist im Gegensatz zu den recht leicht identifizierbaren Fernhandelsgütern archäologisch nur schwer zu fassen. Darin liegt ein grundsätzliches methodisches Problem. Innerhalb eines jeden Kulturraumes, als den man den westslawischen Bereich bei aller Heterogenität aufgrund unterschiedlicher Voraussetzungen, Beziehungen und Entwicklungen rechnen darf, fallen innerhalb des Sachguts die Ähnlichkeiten viel stärker als die Unterschiede ins Auge. Austauschbeziehungen innerhalb eines Kulturraums entziehen sich deshalb weitgehend der Beobachtung, sofern sich deren Ermittlung auf stilistische und formenkundliche Merkmale stützt. Zwischen Beeinflussung und Austausch ist deshalb kaum zu unterscheiden.

Betrifft dieses methodische Problem bereits den Austausch zwischen Regionen, so bleibt der Nachweis von Nahhandel besonders problematisch. Dennoch gibt es wenige indirekte Nachweismöglichkeiten. Identische (stempelgleiche) Bodenzeichen von Keramikgefäßen können – unabhängig von ihrem eigentlichen Zweck – dazu dienen, das „Absatzgebiet" eines Töpfers zu erfassen. Damit ist aber noch nicht ein für einen Markt produzierendes Töpferhandwerk nachgewiesen. Pflanzliche Reste und Tierknochen können auf die Zufuhr von außen hinweisen, wenn sich in der unmittelbaren Umgebung keine geeigneten Anbauflächen befunden haben oder der lokale Viehbestand die Schlachtung bestimmter Altersgruppen nicht überlebt haben könnte.

Mit Hilfe mineralogischer Analysen ist auch der überregionale Bezug von Mühlsteinen zu belegen. Am nördlichen Rand der Mittelgebirge Sachsens und Schlesiens wurden wohl seit dem 9. Jahrhundert geeignete Gesteinsvorkommen ausgebeutet, die Rohlinge zurechtgeschlagen und in das nördlichere Flachland „verhandelt". Dort sind sie z. B. häufiger in der Lausitz festgestellt

---

59 Kartierung: Gabriel [Nr. 497] 243 f. Abb. 53 f.
60 Kartierung: Gabriel [Nr. 497] 249 Abb. 57.
61 Kartierung: Gabriel [Nr. 497] 256 Abb. 60; 258 f. Abb. 61 f.
62 Kartierung: Gabriel [Nr. 497] 202 Abb. 38.
63 Kartierung: Gabriel [Nr. 497] 204 Abb. 39.

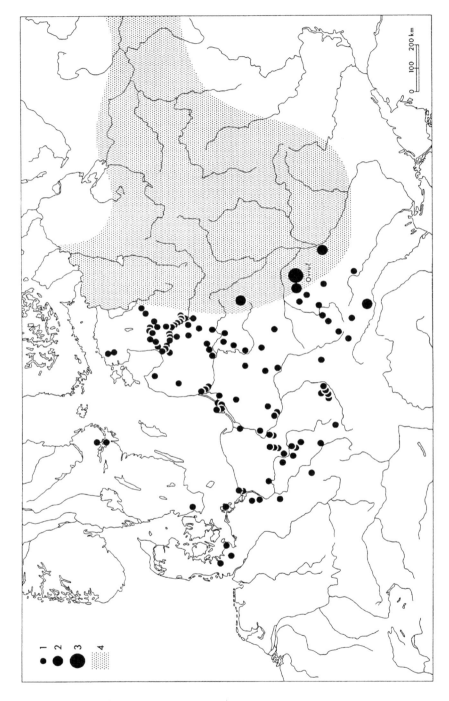

Abb. 65. Verbreitung von Spinnwirteln aus Ovručer Schiefer. 1 Fundorte; 2 Wirtelherstellung aus importiertem Rohmaterial; 3 Materialvorkommen, Steinbrüche und Wirtelherstellung; 4 Gebiet großer Funddichte im 11. und 12. Jahrhundert (nach Gabriel [Nr. 497] 202 Abb. 38)

worden. Dagegen fehlen Mühlsteine aus Mayener Basaltlava, die in den gesamten Ostseeraum gelangten, im westslawischen Raum fast völlig – mit Ausnahme der exzeptionellen Seehandelsplätze.

Orte des Austauschs

Für die Karolingerzeit sind eine Reihe von „Fernhandelsplätzen" bekannt (Abb. 66). Dazu zählen zunächst die sogenannten Seehandelsplätze, die seit der Mitte des 8. Jahrhunderts an der südlichen Ostseeküste entstanden und – individuell unterschiedlich – bis in die zweite Hälfte des 10. Jahrhunderts bestanden. Die umgeschlagenen Güter, die Struktur der *emporia* sowie die überall auftretenden wikingischen Gräber (von Frauen und Männern) weisen darauf hin, daß Skandinavier im Ostseehandel die wichtigste Rolle spielten. Aufschlußreich ist aber eine Beobachtung aus Haithabu, wonach slawische Keramik im Siedlungsgelände nur einen Bruchteil ausmacht, unter den Funden aus dem Hafen aber dominiert: Wickelten Slawen und Skandinavier ihre „Geschäfte" vor allem auf den Landungsbrücken ab oder wurde die „slawische" Keramik lediglich gleich hier im Wasser entsorgt? Diese *ports of trade* meiden die Nähe zur Herrschaft, soweit sich das aus dem archäologischen Befund (Fehlen von Burgwällen in der unmittelbaren Umgebung) schließen läßt. Sie befinden sich damit, wie Beobachtungen auch andernorts zeigen, in einem peripheren Raum mit nicht genau definierter herrschaftlicher Zuordnung, um den „freien" Güteraustausch zu ermöglichen.

Entlang von Elbe, Saale, Böhmerwald und Donau lagen jene Orte, an denen der Austausch zwischen Karolingerreich und Slawen abgewickelt wurde. Diese Orte sind einerseits im Diedenhofener Capitulare von 805[64] und andererseits in der einem Protokoll gleichenden Raffelstetter Zollordnung von etwa 903/905[65] genannt. Beide Quellen enthalten Regelungen bzw. deren Ausgestaltung über die Art und Weise des fränkisch-slawischen Austauschs. Königliche Beauftragte wachten über die Einhaltung der Vorschriften dieses administrativ gesteuerten und begrenzten Fernhandels mit den Slawen jenseits der Reichsgrenze. Da diese Orte administrative Funktionen für bestimmte Regionen ausübten, markierten sie keine Grenz*linie*, sondern einen breiten Grenzraum, die östliche Peripherie des Frankenreichs.

---

64 MGH LL Sect. II, Capit. I, Nr 44.
65 MGH LL Sect. II, Capit. II, Nr. 253.

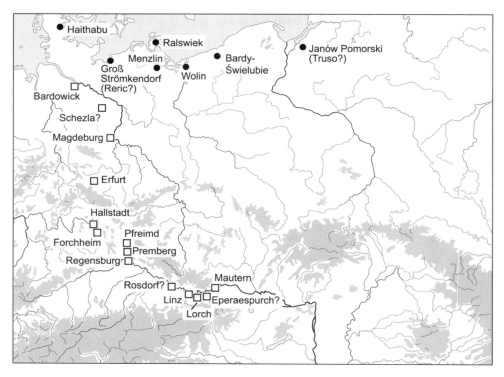

Abb. 66. Seehandelsplätze (●) und Grenzhandelsorte (□) des 9. Jahrhunderts. Die administrativ festge-
setzten Plätze für den Handel mit den Slawen sind aus dem Diedenhofener Capitulare von 805 und der
Raffelstetter Zollordnung von 903/905 bekannt. Sämtliche Seehandelsplätze lassen sich, da sie im 10.
Jahrhundert aufgegeben wurden, nur mit Hilfe der Archäologie lokalisieren, wenn auch *Reric* und *Truso*
namentlich überliefert sind

Diese beiden Typen von Fernhandelsplätzen, an denen sich Kaufleute aus
vielerlei Ländern (Skandinavier, Franken, Sachsen, Friesen, Juden, Araber)
trafen, finden sich nur entlang der Grenze des westslawischen Siedlungsraumes. Sie dienten allein dem Fernhandel, d. h. dem Bezug von Gütern aus
weit entfernten Gegenden. Dies war vor allem Silber, während weitere
„Fremdgüter" nicht so leicht zu bestimmen sind. Einige „Importe" (Schwerter, Kiever Toneier, Spinnwirtel aus Ovručer Schiefer) dürften über den
Gabentausch zwischen Eliten nach Ostmitteleuropa gelangt sein, andere sind
– wie die Reste rheinischer Keramikgefäße Badorfer oder Tatinger Art – wohl
als Gebrauchsgut fremder Händler zu interpretieren, haben mit „Handel"
also nur mittelbar zu tun. Deshalb bedarf es sorgfältiger methodischer Abwägung, bevor aus archäologischen „Fremdgütern" auf (weitreichende) Han-
delsverbindungen geschlossen wird.

Über die Situation im westslawischen Raum selbst ist bislang näheres kaum bekannt. In der zweiten Hälfte des 10. Jahrhunderts war dem Reisebericht Ibrāhīm ibn Yaʿqūbs zufolge Prag ein wichtiger Handelsplatz, doch dürften auch andere Zentren in Böhmen, Mähren, Großpolen oder bei den Elbslawen zumindest Zielpunkte des Fernhandels gewesen sein. Inwieweit dieser Handel politisch gesteuert war, läßt sich schwer abschätzen. Wahrscheinlich zogen die Herrschaftsmittelpunkte den Fernhandel an und nicht umgekehrt. Handels-orte und Märkte spielten im frühmittelalterlichen Ostmitteleuropa eine nur periphere Rolle. Die Subsistenz der Gesellschaften wurde weit überwiegend außerhalb von Marktbeziehungen geregelt, so daß die Produktion auch nicht über Märkte beeinflußt wurde. Erst im hohen Mittelalter, im Zusammenhang mit großräumigeren Herrschaftsbildungen, gewannen Märkte auch hier an Bedeutung. Sie waren nicht nur Umschlagsplätze für den Güteraustausch, sondern auch soziale Treffpunkte, dienten dem Nachrichtenaustausch oder als Gerichtsort.

Die in den 1980er Jahren bei Parchim im westlichen Mecklenburg ausge-grabene jungslawische Siedlung ist bislang nicht klar einzuordnen, denn sie fügt sich nicht in die erwähnte Modellvorstellung. Befestigung, wahrscheinli-cher Kultbau zumindest in der älteren von zwei Phasen und zahlreiche Waa-gen und Gewichte weisen ihn als „Marktort" des 11. Jahrhunderts (Jahrring-daten) aus. Der Struktur nach – abseits eines Burgwalls – wäre dieser Platz als *emporium* im Grenzland einzustufen, seiner Lage nach – fast inmitten slawi-schen Siedlungsgebiets – aber eher als binnenländischer Umschlagsplatz. Ein ähnlicher Platz scheint in Kastorf im östlichen Mecklenburg entdeckt worden zu sein, der ebenfalls zahlreiche Waagen und Gewichte lieferte und in dieselbe Zeit gehört. Hier bedarf es weiterer Untersuchungen, um die Stellung dieser Orte besser beurteilen zu können. Waren diese beiden Fälle lediglich Ausnah-men, oder deuten sich hier Ansätze einer besonderen Entwicklung an, die trotz des Fehlens einer großräumigen Herrschaft in Richtung Markt verlief? Gibt es noch mehr solcher Plätze, die eine Revision bisheriger Vorstellungen erforderten?

Transportmittel und Verkehrswege

Im Ostseeraum spielte der Seeverkehr eine entscheidende Rolle. Das Meer verband die Anrainer mehr, als daß es sie trennte – allerdings nur im Sommer. Im Winterhalbjahr verhinderten Eisgang, Stürme und Unwetter sowie die früh hereinbrechende Dunkelheit den Seeverkehr weitgehend, zumindest über weite Strecken. Über die Ostsee gelangten die Dirham – wohl in Etap-

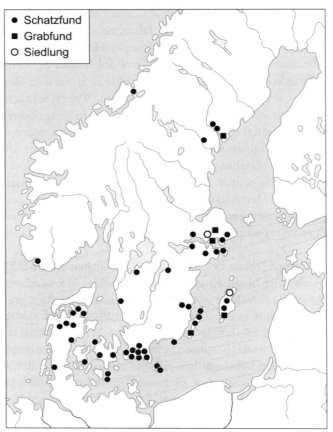

Abb. 67. Funde slawischen filigranen Silberschmucks in Skandinavien. Das nahezu ausschließ-
liche Vorkommen in Schatzfunden zeigt, daß diese Stücke hauptsächlich als Gewichtsäquivalent im Rahmen der Gewichtsgeldwirtschaft in den Norden gelangten (nach Duczko [Nr.
496] 78 Abb. 1)

pen mit möglichen Zwischenstationen auf den Ålandinseln, Gotland und
Bornholm – nach Skandinavien und zu den Westslawen. Andere Routen waren geographisch und historisch gar nicht möglich. Der Seeweg widerspiegelt
sich indirekt auch im Verbreitungsgebiet skandinavischer und westslawischer
Schatzfunde, die im 9. Jahrhundert nur im unmittelbaren Küstenbereich vergraben wurden. Anhand der feinteiligen Zerstückelung des Hacksilbers läßt
sich dann der intensive Austausch des 10. und 11. Jahrhunderts erkennen, finden sich doch slawische Schmuckformen in skandinavischen Horten (Abb. 67)
und umgekehrt. Auch die westeuropäischen Münzen „strömten" seit dem
späten 10. Jahrhundert über die Ostsee nach Skandinavien. Ebenso verhielt es

Abb. 68. Befund und Rekonstruktion des Schiffs 2 von Ralswiek. Bei diesem Wrack handelt es sich vermutlich um ein Kriegsschiff, das mit acht bis zehn Ruderpaaren und dem Segel rasch fortbewegt werden konnte (nach Die Slawen in Deutschland [Nr. 48] 149 Abb. 60)

sich mit jenen (vor allem landwirtschaftlichen) Gütern, für die mit Münz- oder Schmucksilber bezahlt wurde.

Boote bzw. Schiffe waren demzufolge wichtige Verkehrsmittel (Ralswiek, Skuldelev, Stettin, Danzig-Orunia, Charbrowo/Lębork). Es lassen sich vor allem für das hohe Mittelalter schmale, lange „Kriegsschiffe" von kürzeren und breiteren „Lastschiffen" unterscheiden. Erstere besaßen niedrigere Bordwände und möglichst viele Ruderpaare, um schnell und wendig zu sein (Abb. 68). Lastschiffe waren dagegen breit und mit hohen Seiten versehen, um eine möglichst große Tragfähigkeit zu erreichen. Bei diesen für den Ostseeraum

typischen Booten handelte es sich um Kielschiffe, die in Klinkerbauweise aufgebaut wurden. Dabei wurde zuerst die Außenhaut aus Planken zusammengefügt, die man durch radiale Spaltung von Baumstämmen gewann. Erst nach
Fertigstellung wesentlicher Teile der Bordwände wurden Spanten zur Verstei-
fung eingesetzt. Dieses Vorgehen wird als Schalenbauweise (im Gegensatz zur
später üblichen Skelettbauweise) bezeichnet.

In Skandinavien scheinen die Planken mit Eisennieten zusammengefügt
worden zu sein, die Slawen verwendeten südlich der Ostsee eher Holznägel[66].
Dies belegen die zahlreichen Funde von Holzdübeln in Stettin und Wollin,
die auf Reparatur und Bau von Schiffen am Ort hinweisen. Unterschiede im
Schiffbau zeigen sich wohl auch hinsichtlich der Mastbefestigung und des Ru-
ders; die Grundkonstruktion kennzeichnet jedoch den gesamten Ostseeraum.
Nicht selten in der Mitte des Kiels vorhandene Mastschuhe belegen, daß diese
Boote auch mit einem Segel versehen sein konnten. Im friesischen Raum entwickelte man als Vorläufer der späteren Koggen Schiffe mit flachem Boden
und abgeknickten Wänden, die sich besonders für den Verkehr im flachen
Wattenmeer eigneten. Mit ihnen gelangten friesische Händler auch in die Ostsee. Spezielle Bootsbauer gab es nicht; jedermann war bei einiger Erfahrung
in der Lage, ein solches geklinkertes Schiff zusammenzubauen.

Tab. 12. Schiffsfunde im westslawischen Ostseeküstenbereich. Bei den drei zuletzt aufgeführten Booten von Gdańsk-Orunia (I, III) und Ralswiek (2) handelt es sich wahrscheinlich um
Kriegsschiffe. Angaben in m bzw. t (nach Herrmann [Nr. 467] 117 Tab. I; Ellmers [Nr. 511]
265; Filipowiak [Nr. 512] 91 Abb. 17; vgl. die Kartierung bei Crumlin-Pedersen [Nr. 510] 555
Abb. 18)

Fundort	Länge	Breite	Höhe	Tiefgang	Tonnage	Bewegung	Datierung
Szczecin	8,1	2,2	0,70	0,45	1,5		9. Jh.
Ralswiek 4 (1980)	ca. 12,5	ca. 3,3	ca. 1,00	ca. 0,50	ca. 5,0	Segel?	9. Jh.
Ralswiek 1	14,0	3,4	1,40	1,00	9,0	Segel?	9./10. Jh.
Gdańsk-Orunia II	11,0	2,3	0,90	0,60	3,5		9./11. Jh.
Czarnowsko I	13,8	3,4	0,85	0,50	5,0	Segel	11. Jh.
Mechelinki	9,3	2,5	0,80	0,55	2,4	ohne Segel	11./12. Jh.
Charbrowo I/Lębork	13,2	3,3	1,00		6,0	Segel	11./12. Jh.
Kamień Pomorski	12,7	2,9	1,10	0,60			12. Jh.
Ralswiek 2	9,5	2,5	1,00		-	8–10 Ruderpaare, Segel	9./10. Jh.
Gdańsk-Orunia I	12,8	2,4	0,70	0,35	-		9./11. Jh.
Gdańsk-Orunia III	13,3	2,5	0,73	0,35	-		9./11. Jh.

---

66 Kartierung: Crumlin-Pedersen [Nr. 510] 560 Abb. 22.

Die Schiffahrt konnte nur in Küstennähe erfolgen; man verlor sonst leicht die Orientierung. Die Überquerung der Ostsee erfolgte daher nur an wenigen Stellen, dort, wo die Entfernung am kürzesten war. Pro Tag konnte man im Schnitt 40–60 km zurücklegen – eine Entfernung, die dem Abstand einiger Seehandelsplätze untereinander zu entsprechen scheint. Da man die Boote wegen ihres geringen Tiefgangs aber auch problemlos auf das flache Ufer ziehen konnte, waren zum Landen keine besonderen Vorkehrungen nötig. Dennoch besitzen viele Seehandelsplätze Stege oder Molen (so neben Haithabu und Birka auch Ralswiek), um das Be- und Entladen der Schiffe zu erleichtern. Kaianlagen wurden mit den hochbordigen friesischen Vorformen der Koggen zwingend notwendig.

In der Orosiuschronik König Alfreds d. Gr. von England findet sich die Reisebeschreibung Wulfstans, der per Schiff von Haithabu entlang der slawischen Ostseeküste bis zum pruzzischen Truso östlich der Weichselmündung unterwegs war.[67] Die Aufzählung der links und rechts des Seeweges liegenden Länder beschreibt zwar den Verlauf der Passage, läßt aber letztlich völlig offen, wie die genaue Route verlief und wo man Station machte. Adam von Bremen (II,22) erwähnt beiläufig die Reisezeiten von Haithabu nach Wollin und von dort weiter nach Novgorod ebenso wie die Dauer der Fahrt von Dänemark bzw. Birka nach Novgorod. Mehr als Anhaltspunkte dafür, mit welcher Reisedauer im allgemeinen gerechnet wurde, sind aus diesen Angaben nicht zu gewinnen.

Als Behältnisse für den Transport von Flüssigkeiten, Fischen usw. dienten häufig Fässer, wie sie vor allem aus Haithabu bekanntgeworden sind. Daneben kommen im Ostseeraum abnehmbare, trogförmige Wagenkästen von etwa 2 m Länge vor, die in skandinavischen Frauengräbern (auch in Ralswiek und Starigard/Oldenburg) sekundär als Särge verwendet wurden.[68] Sie konnten samt Inhalt leicht vom Wagen auf ein Schiff und umgekehrt umgeladen werden. Fässer und Wagenkästen lassen sich als Vorformen moderner Container verstehen. Beide Behältnisformen scheinen weitgehend auf den skandinavisch beeinflußten Ostseeraum beschränkt gewesen zu sein.

Für den Verkehr auf Binnengewässern gab es kleinere Boote. Dazu zählen auch Einbäume, wie sie u. a. aus Mikulčice mit zwei Exemplaren belegt sind. Aus Mitteleuropa liegen zwar zahlreiche Einbaumfunde vor, sie sind jedoch meist schlecht oder überhaupt nicht datiert. Die einfache und praktische Form verhindert überzeugende „typologische" Gliederungen. Es steht zu

---

67 Kartierung des vermutlichen Reisewegs bei Crumlin-Pedersen [Nr. 510] 550 Abb. 16.
68 Kartierung: Starigard/Oldenburg [Nr. 311a] 217 Abb. 25.

hoffen, daß dendrochronologische Analysen hier demnächst weiterhelfen werden – obwohl Überraschungen nicht zu erwarten sind. Denn die Einbäume blieben seit dem Neolithikum in ihrer Form weitgehend unverändert in Gebrauch. Für das Mittelalter sind sie zweifelsfrei belegt, das Zahlenverhältnis zu den „geklinkerten" Booten ist aber schwer abzuschätzen. Ein den für den Seeverkehr über die Ostsee benutzten Schiffen ähnliches Boot für die Flußschiffahrt wurde in Ląd entdeckt; seine Länge dürfte zwischen 9 und 10 m betragen haben.

Tab. 13. Entfernungen und Reisedauer zwischen früh- und hochmittelalterlichen Seehandelsplätzen im Ostseeraum. Zahlen in Klammern bezeichnen errechnete Werte, unterstrichen ist die Angabe für ein Kriegsschiff (nach Herrmann [Nr. 467] 123 Tab. II)

Jahr	Strecke		Entfernung	Reisedauer (d)		Quelle
	von	nach	(km)	Tag und Nacht	nur tagsüber	
852	Haithabu	Birka	1074	(10)	20	Vita Anskarii c. 26
880	Haithabu	Truso	759	7	(14)	Alfreds Orosiuschronik
880	Kaupang	Haithabu	685		(10–12)	Alfreds Orosiuschronik
1075	Wollin	Novgorod	1574	14	(28)	Adam von Bremen II/22
1075	Dänemark	Novgorod	2037	(15)	30	Adam von Bremen IV/11
1075	Birka	Novgorod	1018	(9) <u>5</u>	(19)	Adam von Bremen IV/20, Schol.
	Gotland	Haithabu	666	(6)	(12)	(berechnet)
	Wollin	Haithabu	444	(4)	(8)	(berechnet)

Die binnenländischen Verbindungen orientierten sich an den großen Flüssen,[69] denn das Wasser war der am einfachsten zu nutzende und rationellste Verkehrsweg. Diese Feststellung ist allerdings aus schriftlichen Quellen und allgemeinen Überlegungen abgeleitet, archäologische Belege sind nur von indirekter Aussagekraft. Die Schatzfunde geben allenfalls mittelbar Aufschluß über den Verlauf der Fernrouten. Für jeden einzelnen Fund bieten sich meist mehrere Routen gleicher Wahrscheinlichkeit an, zwischen denen nicht verläßlich entschieden werden kann. Bestimmte Abschnitte werden überhaupt nicht durch Schätze markiert, obwohl der Verlauf aus schriftlichen Quellen eindeutig bekannt ist. Auch die Prägestätten der Münzen helfen kaum weiter, denn zwischen direktem Zustrom und intensiver Zirkulation (Kalifat) anderenorts kann nicht entschieden werden. Nordafrikanische Dirham gelangten z. B.

---

69 Kartierung: Warnke [Nr. 489] Abb. 9.

durch den innerislamischen Umlauf über den Nahen Osten und nicht durch
direkte Beziehungen nach Nordeuropa. Die Quellenlage ist deshalb für die
islamischen Münzen nur vermeintlich besser als für die westeuropäischen
Prägungen mit ihren weit weniger aussagekräftigen Münzlegenden.

Der detaillierte Verlauf der Landwege läßt sich also nicht ermitteln. Es gab
auch keine feststehenden „Trassen", die sich im archäologischen Befund
abzeichnen könnten. Zu fassen sind Verkehrs-„Leitlinien" zwischen Orten
überregionaler Bedeutung, entlang derer sich die Fernverbindungen aufbau-
ten. Aus arabischen wie byzantinischen und fränkischen Schriftquellen kennt
man die wichtigsten Ost-West-Verbindungen, beispielsweise von Mainz bzw.
Regensburg über Prag und Krakau nach Kiev oder von Magdeburg über Posen wiederum nach Kiev – beide seit dem 10. Jahrhundert. Ebenso ist der
„Weg von den Warägern zu den Griechen" bekannt, der seit dem 9. Jahrhundert von Konstantinopel über das Schwarze Meer, den Dnepr aufwärts über
Kiev nach Gnëzdovo/Smolensk, von dort entlang der Lovat' nach Novgorod
und Staraja Ladoga und via Neva zur Ostsee führte. Für die Verbindungen
nach Mittelasien spielte darüber hinaus der Wolgalauf eine zentrale Rolle.

Wenn also auch die hauptsächlichen „Leitlinien" feststehen, so bleiben viele Einzelheiten offen. Dazu gehört u. a. die Frage, zu welchen Zeitperioden
bestimmte Verbindungen bevorzugt benutzt und andere vernachlässigt wurden. Von derartigen „Konjunkturen" konnten wirtschaftliche Entwicklungs-
chancen abhängen, und diese wiederum stellten eine wesentliche Voraussetzung stabiler großräumiger Herrschaftsbildungen bzw. dauerhafter politischer
Strukturen dar. Bislang gelingt es aufgrund methodischer Schwierigkeiten
nicht, die wechselseitige Abhängigkeit wirtschaftlicher und politischer Entwicklungen im einzelnen zu erklären. Verbesserte Datierungsmöglichkeiten
mögen hier in naher Zukunft zu Veränderungen führen.

VI. Gesellschaft

Neben den unter den Stichworten Siedlung und Wirtschaft (Kap. IV und V) abgehandelten materiellen Lebensgrundlagen bestimmte und bestimmt die Gesellschaft entscheidend die Lebenswirklichkeit der Menschen. Damit sind in einem weiten Rahmen soziale Organisation und Struktur der Bevölkerung gemeint. Im Unterschied zu den einstigen Lebensbedingungen, die sich anhand von Siedlungs- und Wirtschaftsformen recht plastisch erschließen lassen, besitzt die Archäologie zu sozialen bzw. gesellschaftlichen Verhältnissen im engeren Sinne einen viel beschränkteren Zugang. Denn die Gesellschaftsstruktur beruht vor allem auf sozialen Beziehungen, die sich jedoch allenfalls mittelbar im archäologischen Befund niederschlagen. „Weltbilder" und Sinnkonstruktionen, Mentalitäten und Habitus der westlichen Slawen des frühen Mittelalters sind nur schwer oder in überaus vagen Umrissen zu ermitteln. Eher lassen sich strukturelle Rahmenbedingungen und Grundlinien erschließen, wogegen die konkreten Züge unscharf bleiben.

So muß eine Vielzahl von Indizien herangezogen werden, um zu einer ungefähren und dennoch tragfähigen Vorstellung sozialer Beziehungen und Verhältnisse zu gelangen. Dazu zählen hauptsächlich die Grabfunde. Anhand der Ausstattung der Toten im Grab lassen sich zunächst in groben Zügen Kleidung und Schmuck beider Geschlechter sowie die Bewaffnung und Reiterausrüstung der Männer erschließen. Diese Ausstattung widerspiegelt jedoch die Vorstellungen der bestattenden Gemeinschaft und nicht unmittelbar die Realität der sozialen Lebenswelt. Dennoch wird im Grab auch soziales Prestige reflektiert, so daß in Verbindung mit erkennbaren Differenzierungen im Siedlungswesen und in den wirtschaftlichen Verbindungen Rückschlüsse auf die Sozialstruktur möglich werden. Grabbeigaben im eigentlichen Sinne – d. h. vor allem Speisebeigaben – sowie der Grabritus – Brand- oder Körperbestattung, Flachgräber oder Grabhügel – ermöglichen Einblicke in die Welt der Religion. Hinzu kommen weitere Befunde wie „Kultplätze" und „Tempel", die selbst und in Verbindung mit Opferfunden zusätzlichen Aufschluß über diesen Bereich vorchristlicher („heidnischer") Vorstellungen geben. Schließlich ist auch der regional unterschiedlich erfolgende Übergang zum Christentum zu berücksichtigen. Für die Rekonstruktion der früh- und hochmittelalterlichen Gesellschaft(en) müssen in viel stärkerem Maße als hinsicht-

lich von Siedlung und Wirtschaft schriftliche Quellen und Forschungsergebnisse der Historiographie im engeren Sinne einbezogen werden, weil dieser
Bereich nur mittelbar mit Hilfe archäologischer Quellen beleuchtet werden
kann.

22. Bestattung und Grab

Bestattungsform und Grabbau

Die frühen Slawen verbrannten ihre Toten. Daher kennzeichnen Brandbestattungen in der Frühzeit den gesamten slawischen Siedlungsraum – ausnahms-
los (Abb. 69). Offensichtlich liegen dieser Sitte Vorstellungen zugrunde, die in
einem weiten geographischen Raum Ostmitteleuropas geteilt wurden und die
auf gemeinsame kulturelle Traditionen innerhalb dieses Bereichs hindeuten.
Genauere Betrachtung, auf welche Weise die Scheiterhaufenreste anschließend
bestattet wurden, bringt dann jedoch schnell regionale Unterschiede ans
Licht. Die Suche nach spätantiken „Ursprüngen" der verschiedenen Bestattungsformen bei den Slawen hat trotz aller Bemühungen zu keinem greifbaren Ergebnis geführt. Das Fehlen erkennbarer Traditionslinien zeigt, wie tiefgreifend die kulturellen Neuformierungen zu Beginn des Mittelalters waren.

Die ältesten bekannten Grabfunde sind Urnengräber. Sie kommen in Mähren, im mittleren Böhmen und entlang der mittleren Elbe vor.[1] Die archäologischen Hinweise – leider existieren nur wenige chronologisch auswertbare
Beigaben – deuten auf eine Datierung in die zweite Hälfte des 6. und in das
gesamte 7. Jahrhundert hin. Es handelt sich durchweg um Flachgräber, die in
die vorhandene Geländeoberfläche eingetieft wurden. Sie gehören zu kleinen
Grabgruppen, die meist nicht mehr als ein Dutzend Bestattungen umfassen.
Ihre frühe Zeitstellung hat dazu geführt, sie als Anhaltspunkte der slawischen
Einwanderung aufzufassen. Interessanterweise treten sie nur an der südwestlichen Peripherie des slawischen Siedlungsgebiets auf. Dies dürfte nicht mit
unterschiedlichen Zuwanderergruppen in Verbindung zu bringen sein, sondern die regional begrenzte Aufnahme äußerer Einflüsse widerspiegeln. Urnengräber sind daher eine Bestattungsform, die als regional beschränkte Variante nicht direkt mit der ersten Generation slawischer Einwanderer verbunden werden kann.

---

[1]   Kartierung: Herrmann [Nr. 174] Abb. 12; Zeman [Nr. 188] 116 Karte 1; Zoll-Adamikowa
      [Nr. 548] Bd. II, Abb. 56; dies. [Nr. 552] 66 Abb. 1.

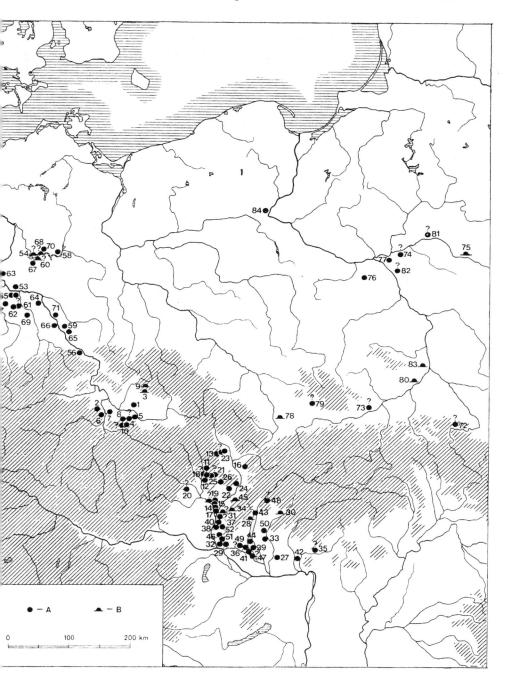

Abb. 69. Verbreitung früher slawischer Brandbestattungen in Flachgräbern (A) und unter Grabhügeln (B) in Mitteleuropa. Aus dem Flachland liegen fast keine zeitgleichen Grabfunde vor, obwohl es zahlreiche Hinweise auf Siedlungen gibt. Vgl. Abb. 7 (nach Zeman [Nr. 106] 116 Karte 1)

Abb. 70. Rekonstruktion der Hügelgräber von Gahrow. Bei aller Verschiedenheit der Grabhügel
selbst war die Urnenbestattung auf dem Hügel charakteristisch. Die Annahme, die Gräber hätten
im Wald gelegen, ist hypothetisch (nach Die Slawen in Deutschland [Nr. 48] 31 Abb. 10)

In der Folgezeit wurden diese Flachgräber von kleinen Grabhügeln[2] mit
nur wenigen Metern Durchmesser und etwa einem Meter Höhe abgelöst
(Abb. 70). Durch die Aufschüttung des Hügels entstand ein meist etwa huf-
eisenförmiger flacher Graben, aus dem das Erdreich entnommen wurde. Diese Hügel finden sich – mit Ausnahme des mittleren Elbegebiets – in demselben Raum, kommen aber darüber hinaus in ganz Böhmen, der Lausitz sowie
zwischen Weichsel und Bug vor. Grabhügelgruppen umfassen meist mehrere
Dutzend bis weit über hundert einzelne Hügel, die jeweils ein Grab aufweisen. Mitunter setzte man vielleicht die Urnen mit dem Leichenbrand auf der
Hügelkuppe bei. Die auf diese Weise der Umwelt ausgesetzten Gräber sind
im Lauf der Zeit oft der Zerstörung anheimgefallen, so daß die Archäologie
häufig nicht mehr die genaue Grabform ermitteln kann. Möglicherweise gab
es auch Bestattungen ohne Urne – in einem Beutel aus Stoff (Brandgruben-
grab) oder als sogenannte Leichenbrandschüttung. Häufig findet sich der Leichenbrand verstreut *unter* oder *in* der Hügelschüttung, doch läßt sich dies
wegen der zugleich stattfindenden Erosion des Grabhügels mitunter nicht

---

2   Kartierung: Zoll-Adamikowa [Nr. 548] Bd. II, Abb. 57–58; dies. [Nr. 552] 69 Abb. 3;
     Sasse [Nr. 612] Karte 1.

von einer Urnenbestattung *auf* dem Hügel unterscheiden. In der Regel handelt es sich jedoch um Brandschüttungs- bzw. Brandgrubengräber.

Auch bleibt häufig unklar, ob die auf bzw. in einem Hügel gefundenen Überreste von Keramik oder Schmuck einer Bestattung selbst oder aber dem Totenritual zuzurechnen sind. Insgesamt sind die Grabhügel aber ausgesprochen beigabenarm bzw. -los. Gelegentlich wurden im gesamten Bereich hölzerne Einfassungen der Grabhügel beobachtet: runde, mit Pfosten errichtete bei den Ostslawen und rechteckige, aus waagerechten Balken im Westen.[3] Dabei könnte es sich um Reste eines „Totenhauses" oder auch eines symbolischen Scheiterhaufens handeln. Tatsächliche Verbrennungsstätten, sogenannte Ustrinen, sind bis auf Ausnahmen (Kornatka, Alt Käbelich, Menzlin, Neuenkirchen) nicht nachgewiesen und müssen außerhalb der Grabhügel gelegen haben. Doch auch dort sind sie bislang fast nie entdeckt worden. Chronologisch dürften die Grabhügel, bei möglichen regionalen Unterschieden, überwiegend dem 8. bis 10. Jahrhundert zuzurechnen sein. Urnenbestattungen *auf* dem Hügel stellen eine mitteleuropäische Eigenentwicklung dar, die seitdem in kultureller Hinsicht West- und Ostslawen recht klar voneinander unterschied. Östlich des Bug ist diese Form der Brandbestattung bislang (fast) nicht beobachtet worden, wenngleich zwei arabische Berichte Entsprechendes zu überliefern scheinen.

Im gesamten Flachland zwischen unterer Elbe und unterer Weichsel sind bislang (fast) keine Grabfunde bekanntgeworden.[4] Nur vereinzelt können Grabfunde in diese Zeit datiert werden (Golchen, Pasewalk, Putzar, Redentin). Angesichts der mehr als reichlichen Siedlungsfunde kann daraus nur gefolgert werden, daß sich die Bestattungen dem Zugriff der Archäologie entziehen. Die Toten müssen auf eine Weise beigesetzt worden sein, die sich nur schwer nachweisen läßt. Zu denken ist dabei an oberflächliche Brandschüttungen oder Urnenbestattungen, die leicht übersehen und zerstört werden. So wurden im vorpommerschen Alt Käbelich große flache Grabgruben von bis zu 3 x 4 m Ausdehnung entdeckt, die ins 10./11. Jahrhundert gehören. Möglicherweise waren sie mit einer Holzkonstruktion nicht nur eingefaßt, sondern auch abgedeckt („Totenhaus"), wie die regelmäßig-rechteckige Form und die erhebliche Eintiefung in den Boden andeuten könnten.[5] Direkte Belege liegen allerdings nicht vor, doch mögen einige hochmittelalterliche Über-

---

3   Kartierung: Zoll-Adamikowa [Nr. 548] Bd. II, Abb. 38; dies. [Nr. 552] 72 Abb. 6.
4   Vgl. die Kartierung bei Zoll-Adamikowa [Nr. 548] Bd. II, Abb. 56–57; dies. [Nr. 550] Karte 3; dies. [Nr. 552] 66 Abb. 1; 69 Abb. 3.
5   Kartierung: Schmidt [Nr. 537] 85 Abb. 2.

lieferungen auf diese Weise zu interpretieren sein. Auch die für den Mittelgebirgsraum und das Elbe-Gebiet erwähnten, oberflächennahen Hügelgräber
könnten hier existiert haben, durch eine intensive Landwirtschaft aber inzwischen (d. h. in der Neuzeit) beseitigt worden sein. Dafür spricht, daß frühmittelalterliche Grabhügel nur aus agrarwirtschaftlich kaum erschlossenen
Gebieten vorliegen (wie z. B. den Randgebieten Böhmens).[6]

Der Übergang zur Körperbestattung reflektiert wiederum neue Einflüsse von
außen, die regional und zeitlich sehr verschieden waren. Zuerst kam es in der
Slowakei wohl unter dem Einfluß der Awaren schon im 8. Jahrhundert dazu,
daß Slawen ihre Toten nicht mehr verbrannten (Abb. 71). Damit dürfte auch
die anfänglich sehr große Tiefe der Gräber von bis zu zwei Metern zusammenhängen, wie sie im Karpatenbecken des 8. Jahrhunderts häufig war. In
Mähren führte im 9. Jahrhundert die Einführung des Christentums endgültig
zu West-Ost-orientierten Körpergräbern in Friedhöfen mit jeweils bis zu
über 1000 Bestattungen, die zeitweise allerdings auch noch mit kleinen Hügeln überdeckt wurden.[7] Bei diesen seltenen überhügelten Körpergräbern erfolgte die Bestattung unter der Hügelschüttung auf der vorherigen Geländeoberfläche oder aber in einer, mitunter über zwei Meter tiefen Grabgrube
(Staré Město). Auch in Böhmen (zweite Hälfte des 9. Jahrhunderts) und
Großpolen (zweite Hälfte des 10. Jahrhunderts) ist der Zusammenhang mit
der Christianisierung durch die Oberschicht nicht zu übersehen.[8] Denn zugleich mit den dortigen Reichsbildungen und der damit verbundenen Übernahme des neuen Glaubens zumindest durch eine Elite vollzog sich der rasche Wechsel der Bestattungsform. Die Kirche legte zudem besonderen Wert
auf die Bestattung auf dem Kirchhof (Helmold von Bosau I,83; Cosmas von
Prag II,4).
Der Bau dieser Körpergräber erscheint recht differenziert. Abgesehen von
unterschiedlicher Tiefe und Größe der Grube kommen Holzverkleidungen
aus Brettern früher und stärker im ländlichen Milieu vor, während Särge eine
tendenziell jüngere Erscheinung (Ende des 10. Jahrhunderts) in eher zentral-
örtlicher Umgebung darstellen. Die nicht seltenen Steineinfassungen[9] – wie
sie aufgrund antiker Traditionen ebenso im jüngermerowingerzeitlichen West-

---

6   Vgl. die Kartierung bei Sasse [Nr. 612] Karte 1; Zoll-Adamikowa [Nr. 548] Bd. II, Abb.
     59.
7   Kartierung: Dostál [Nr. 518] 11 Abb. 1.
8   Kartierung: Sasse [Nr. 612] Karte 1; Zoll-Adamikowa [Nr. 548] Bd. II, Abb. 59; dies. [Nr.
     550] Karte 4; dies. [Nr. 675] 86 f. Karte.
9   Kartierung: Zoll-Adamikowa [Nr. 548] Bd. II, Abb. 43 (Hügelgräber).

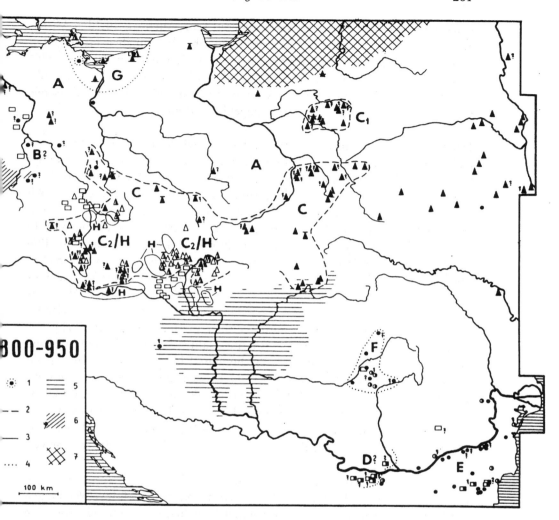

Ab. 71. Regionale Differenzierung der Bestattungssitten in Ostmittel- und Südosteuropa während des 9. und 10. Jahrhunderts. Dreiecke bezeichnen Grabhügel(felder) – ausgefüllt Brandgräber (▲), wobei ein kleiner Querstrich die Lage des Leichenbrands in Bezug zum Hügel angibt, hohle Signaturen (△) bedeuten Körpergräber. Kreise stehen für Flachgräberfelder mit ausschließlich (●) bzw. überwiegend (○) Brandgräbern. Rechtecke charakterisieren Flachgräberfelder mit überwiegend (▣) bzw. ausschließlich (□) Körpergräbern.

1 skandinavisch geprägte Brandgräber mit Schiffssetzungen (Menzlin); 2 Abgrenzung des Bereichs der Grabhügel (,Zone C'); 3 Abgrenzung des Bereichs mit Körpergräbern (,Zone H'); 4 Abgrenzung des Bereichs mit skandinavisch beeinflußten Bestattungen (,Zone G') und anderer Bereiche; 5 Bereich altmagyarischer Bestattungen; 6 Reihengräber Thüringen; 7 baltischer Kulturraum. ,Zone A' bezeichnet jene Räume mit archäologisch nicht faßbaren Bestattungsformen, ,Zone B' Gebiete mit nur wenigen bekannten Gräbern des frühen Mittelalters. Mit ,D', ,E' und ,F' sind periphere Sonderformen im hier nicht weiter interessierenden unteren Donau- und Karpatenraum bezeichnet (nach Rapports du IIIᵉ Congrès [Nr. 64] Bd. 1, 947 Abb. 3)

europa vorkommen – beabsichtigten vielleicht eine apotropäische Wirkung. Das Fehlen von Grabüberschneidungen und die schriftliche Überlieferung (Wolfger monachus Prieflingensis II,50; Ebo II,12) bezeugen sichtbare Grabmarkierungen.

Bei den Ostseeslawen läßt sich im 10./11. Jahrhundert der Übergang zur Körpergrabsitte verfolgen.[10] Dies trifft zunächst für die formell christianisierten Räume wie z. B. Thüringen zu, wo die slawische Bevölkerung seit dem 10. Jahrhundert in „Reihengräberfeldern" bestattete (Espenfeld), ohne daß damit grundsätzlich die direkte Übernahme des christlichen Glaubens verbunden gewesen zu sein scheint. Auch die strikt nichtchristlich orientierten und sich verbissen dagegen wehrenden Lutizen und Pomoranen übernahmen auf Dauer die Körperbestattung. Christianisierung und Körperbestattung hingen also nicht zwingend, sondern allenfalls mittelbar zusammen; vielmehr scheint am Übergang zum Hochmittelalter die Körperbestattung allgemeine Attraktivität gewonnen zu haben. Damit dürften allerdings, so eine verbreitete Annahme, dennoch grundlegende Veränderungen eschatologischer Vorstellungen bei den Slawen verbunden gewesen sein. Während es sich weithin um Flachgräber handelt, so wurden in Hinterpommern – zwischen Oder und Weichsel – die Toten noch immer in Hügeln beigesetzt. Dies scheint ein Konservatismus peripherer Gebiete gewesen zu sein, wie auch das Beispiel der Insel Rügen unterstreicht (Insel Pulitz bei Stedar, Nadelitz).[11] Im angrenzenden ostslawischen Raum – jenseits des Bug – blieb man grundsätzlich dabei, Grabhügel aufzuschütten, unter denen die Toten nun unverbrannt beigesetzt wurden.[12] H. Zoll-Adamikowa erklärt diese Unterschiede mit dem Einfluß der römisch-katholischen bzw. orthodoxen Kirche. Erstere habe mit der Missionierung zugleich die „heidnische" Sitte der Grabhügel bekämpft, wogegen die orthodoxe Priesterschaft diese Grabform bis weit ins 12. Jahrhundert hinein tolerierte.

„Birituelle" Gräberfelder, auf denen die Toten sowohl verbrannt als auch unverbrannt beigesetzt wurden, kennzeichnen diesen Übergang. Sie sind allerdings recht selten, was wohl auf einen relativ raschen Übergang zur Körperbestattung schließen läßt. Dies gilt auch für die Elbslawen, bei denen „heidnische Reaktionen" die Übernahme des Christentums über eine dünne Elite hinaus über fast zwei Jahrhunderte hinauszögerten. In Mähren lassen sich für das 9. Jahrhundert birituelle Hügelgräberfelder feststellen, wobei un-

---

10 Kartierung: Zoll-Adamikowa [Nr. 675] 86 f. Karte.
11 Kartierung: Łosiński [Nr. 530] 480 Abb. 4; Zoll-Adamikowa [Nr. 675] 86 f. Karte.
12 Kartierung: Zoll-Adamikowa [Nr. 552] 74 Abb. 7.

ter einem Grabhügel entweder Brand- oder Körperbestattungen vorkommen, fast nie jedoch beide Bestattungsformen zugleich. Gelegentliche Ausnahmen bilden Nachbestattungen in älteren Grabhügeln. In Böhmen und in Polen scheint die durch das Herzog- bzw. Königtum geförderte Kirche im 10./11. Jahrhundert zu einer raschen Durchsetzung der Körperbestattung geführt zu haben, wenn auch die exakte Datierung der Grabfunde nicht einfach ist. Für Ostmecklenburg und Vorpommern sind wie z.B. in Alt Käbelich einige birituelle Gräberfelder des 10./11. Jahrhunderts bekannt, die anscheinend eine altersspezifische Differenzierung aufweisen. Während Erwachsene verbrannt beigesetzt wurden, galt für Kleinkinder die Körperbestattung als Regel. Ob damit allerdings der generelle Übergang zur Körperbestattung erfaßt ist, bleibt ungewiß. Denn die guten Erhaltungsbedingungen für Skelettmaterial können hier zufällig einen Befund überliefert haben, der eine weit verbreitete Bestattungsform darstellte, die sich jedoch „zufällig" kaum erhielt. Ebenso offen ist bislang, ob diese Gräberfelder eine im ostseeslawischen Raum verbreitete, aber archäologisch nicht ausreichend nachgewiesene Bestattungsform repräsentieren – oder aber von den skandinavisch beeinflußten Küstenplätzen angeregt wurden und auf die Küstenzone beschränkt blieben.

Gewissermaßen „Sonderfälle" stellen die Nekropolen an den Seehandelsplätzen und ähnlichen küstennahen Plätzen des 9. und 10. Jahrhunderts entlang der südlichen Ostseeküste dar (Groß Strömkendorf, Ralswiek, Menzlin, Wollin, Skronie, Świelubie; Starigard/Oldenburg?, Pöppendorf?, Koszalin?, Kępsko?, Stężyca?).[13] Sie finden sich immer in direkter Nachbarschaft dieser Handelsorte. Leichenverbrennung und Grabhügel haben diese Friedhöfe mit den binnenslawischen Bestattungsplätzen gemein. Sie unterscheiden sich jedoch von letzteren in einigen gravierenden Punkten: 1. Brand- *und* Körperbestattungen; 2. meist Brandbestattungen *in*, nicht auf dem Grabhügel; 3. gelegentlich bestattungslose Hügel (Kenotaphe); 4. Nieten von Wagenkästen (Ralswiek, Starigard/Oldenburg)[14] und Booten (Groß Strömkendorf), in denen der Tote bestattet wurde, sowie steinerne Schiffssetzungen (Menzlin); 5. recht häufig Beigaben. Diese Charakteristika treffen jeweils nur für einen Teil dieser Küstengräberfelder zu, die eine in sich recht heterogene kleine Gruppe bilden. Bestattungsform und Beigaben zeigen deutlich skandinavische Vorbilder, wie ein vergleichender Blick auf die großen Hügelgräberfelder von Haithabu oder Birka, aber auch auf das ostslawisch-warägische Gebiet um

---

13 Kartierung: Zoll-Adamikowa [Nr. 553] 13.
14 Kartierung: Starigard/Oldenburg [Nr. 311a] 217 Abb. 25.

Gnëzdovo bei Smolensk, mit jeweils einigen tausend Grabhügeln zeigt. Allerdings läßt sich im Einzelfall nicht entscheiden, ob es sich um die Bestattung eines Skandinaviers bzw. einer Skandinavierin oder eines Slawen bzw. einer Slawin handelt, insbesondere nicht bei den vielen beigabenlosen Bestattungen. Dazu sind die Brandbestattungen einander zu ähnlich, zumal mit kulturellen Ausgleichsprozessen zwischen den „multiethnischen" Bewohnern dieser *emporia* gerechnet werden muß. Hier zeigt sich, daß es auch so etwas wie eine „zeittypische" Bestattungsform im östlichen und nördlichen, paganen Europa während des frühen Mittelalters gab.

Neben diesen vom ostmitteleuropäischen „Normalfall" etwas abweichenden Grabformen finden sich selten sogenannte „Sonderbestattungen". Dabei handelt es sich um einzelne Gräber, in denen der oder die Tote auf besondere Weise niedergelegt wurde. Mitunter wurde das eine oder andere Grab innerhalb einer Nekropole zusätzlich mit einem oder mehreren großen Steinen beschwert, was aufgrund volkskundlicher bzw. ethnologischer Parallelen gern mit der allgemein verbreiteten Furcht vor „Wiedergängern", d. h. aus dem Reich der Toten Zurückkehrenden (bis hin zu „Vampiren"!) erklärt wird (Alt Käbelich, Drense, Sanzkow, Cedynia). Vielleicht zählen hierzu auch Bestattungen in Bauchlage, als Hocker mit angezogenen Beinen oder einzelne Gräber inmitten von Siedlungen (in Siedlungsgruben)[15], die gelegentlich beobachtet werden (Prenzlau, Nitra, Mužla-Čenkov, Cífer-Pác). Ähnliche Beobachtungen hat die Archäologie auch für andere Regionen und andere Zeiten gemacht. Ob hier „Außenseiter" oder für gefährlich gehaltene Individuen „entsorgt" bzw. „bestraft" wurden, muß Spekulation bleiben. Vielleicht war es auch nur die einfache Vorstellung von einer Weiterexistenz nach dem Tode, wie sie an den Gefäßbeigaben abzulesen ist. Dieses Weiterleben ließ eine Rückkehr von Verstorbenen (des „lebenden Leichnams", wie das die Forschung genannt hat) als denkbar erscheinen, was unter bestimmten Umständen durch besondere Vorkehrungen verhindert werden mußte. Es stimmt bedenklich, wenn zur Erklärung dieser vom „Normalfall" abweichenden Bestattungen unbesehen auf Material zurückgegriffen wird, das eine nationalromantisch gefärbte Volkskunde im 19. Jahrhundert gesammelt hat; denn neuzeitliches „Brauchtum" und moderne Vorstellungen (wie die südosteuropäischen Vampirgeschichten) können schwerlich in das frühe Mittelalter zurückprojiziert werden.

Eine weitere Besonderheit stellen Bestattungen mehrerer Individuen in einem Grab dar. Fast immer kann aber nicht entschieden werden, ob diese

---

15 Kartierung: Hanuliak [Nr. 523] 126 Abb. 1, für die Slowakei.

Individuen gleichzeitig – oder aber in gewissen Abständen nacheinander an derselben Stelle bestattet wurden. Letzteres wird für die nordwestslawischen „Totenhäuser" vermutet, die dann als eine Art „Familiengrabstätte" betrachtet werden könnten. Bei Brandbestattungen kann die Vermischung mehrerer Leichenbrände aber verschiedene Ursachen haben: 1. sukzessive Bestattungen in einer Grablege – wie in diesem Fall angenommen, 2. gleichzeitige Bestattung mehrerer Individuen (Witwentötung?, Unfall, Krankheit), oder 3. sekundäres, unbeabsichtigtes (?) Resultat der aufeinanderfolgenden Verbrennung mehrerer Toter auf demselben Scheiterhaufenplatz, wenn die übriggebliebenen Reste nicht allzu sorgfältig, sondern eher symbolisch aufgelesen wurden. Verläßlichere Aussagen sind deshalb nur bei Körpergräbern möglich. Nur die Erhaltung des gesamten Skeletts ermöglicht genauere Angaben zur Todesursache, die Eintiefung der Grabgrube gewährt Aufschluß über die ein- oder mehrmalige Öffnung des Grabes usw. Von diesen mutmaßlichen oder tatsächlichen Mehrfachbestattungen müssen aus methodischen Gründen „Nachbestattungen" getrennt werden. Dies sind in späterer Zeit in ältere Grabhügel sekundär eingetiefte Gräber, die mit der Primärbestattung nicht direkt zusammenhängen (Jerusalem bei Příbram). Im mecklenburgischen Dummertevitz wurde sogar ein neolithisches Megalithgrab erneut als Bestattungsplatz genutzt. Gewiß liegen hier Reminiszenzen an (vermeintliche) Vorfahren o. ä. vor, doch persönliche oder familiäre Beziehungen sind damit nicht unmittelbar belegt, ebenso wenig bei direkt benachbarten Bestattungen. Enge Beziehungen dürften allerdings dann naheliegen, wenn wie in Sanzkow eine jüngere Bestattung direkt über einem älteren Grab angelegt wurde.

Belege für das Bestattungsritual selbst sind äußerst rar. Soweit sie, selten genug, in schriftlichen Quellen überliefert sind, werden eher bemerkenswerte Ausnahmen als der „Normalfall" beschrieben; Cosmas von Prag (III,1) schildert einen solchen Totenzug. Auch aus archäologischer Sicht läßt sich wenig beitragen. Tierknochen und Speisereste könnten, sofern sie nicht als Beigabe im Grab deponiert wurden, durchaus auf „Totenfeiern" hindeuten, doch sind die Befunde mehrdeutig. Denn bei den Brandbestattungen kann nicht entschieden werden, ob die in der Schüttung gefundenen Tierknochen der Bestattung oder dem Totenritual, soweit beides überhaupt getrennt werden kann, zugerechnet werden müssen. Es könnte sein, daß verbrannte Tierknochen Speisebeigaben für den Toten darstellten, die zusammen mit der Leiche auf dem Scheiterhaufen verbrannt wurden. Diese methodischen Probleme der Archäologie dürfen allerdings nicht darüber hinwegtäuschen, daß fraglos auch im frühmittelalterlichen Osteuropa die Trauer um die Toten ritualisierten Formen folgte.

Ausstattung im Grab

Alle im Grab gefundenen Gegenstände werden in der Archäologie als „Beigaben" bezeichnet. Für weiterführende Aussagen ist hierbei zu differenzieren. Sämtliche Kleidungsbestandteile und viele Schmuckstücke können nicht als eigentliche Beigaben gelten, denn sie gelangten mit der Kleidung des bzw. der Toten in das Grab, wurden also nicht zusätzlich mitgegeben. In Frauengräbern sind diese Gegenstände weit häufiger als in Männer- und auch Kindergräbern vertreten, aber nicht, weil Frauen im Grab reicher ausgestattet wurden, sondern weil ihre Kleidung mehr metallene Accessoires besaß. Auch Messer gehörten als universales Gebrauchsgerät zum Zubehör vieler Frauen und Männer, können also ebenfalls nicht als Beigabe gelten. Die Waffen- und Reiterausrüstungen hervorgehobener Männer lassen sich einerseits noch zur (anlaßgebundenen) Kleidung rechnen, andererseits aber als zusätzliche Ausstattung begreifen. Das Vorhandensein dieser Gegenstände im Grab belegt also zunächst lediglich die Grablegung in der Kleidung.

„Echte" Beigaben sind daher nicht so häufig, wie es zunächst den Anschein hat. Hierzu zählen vor allem Gefäße, die wahrscheinlich inzwischen vergangene Trank- und Speisebeigaben enthielten. Meist sind es gewöhnliche Töpfe, aber auch schalen-[16] und flaschenförmige Gefäße[17] kommen vor. Gefäße wurden meist am Fußende deponiert. Was sie enthielten, ist kaum naturwissenschaftlich untersucht worden; mitunter gehörten Tierknochen dazu. Recht selten sind hölzerne Dauben-Eimer[18] bzw. deren noch erhaltene metallene Beschläge und Henkel, die in reicheren Männergräbern vorkommen und wohl zum Trinkgeschirr zu zählen sind; darüber hinaus ist vielleicht auch an rituelle Reinigung mit Wasser zu denken. Grabausstattungen lassen sich, sieht man von wenigen frühen Urnengräbern ab, nur für die seit dem 8./9. Jahrhundert einsetzenden Körperbestattungen analysieren. Brandgräber enthalten allenfalls wenige Gefäßscherben, die dem Grab oder dem Totenritual nicht eindeutig zugeordnet werden können. Schmuck und Kleidung sind nach der Verbrennung nicht mehr oder kaum noch auszumachen.

Weitere Details der Ausstattung im Grab sind für Auwertungen unter anderen Blickwinkeln relevant, nämlich für die Welt der einstmals Lebenden: 1. dient die Analyse der Beigaben im weiteren Sinne dazu, Formenvielfalt und Trageweise von Kleidung, Schmuck und Waffen zu rekonstruieren; 2. läßt

---

16 Vaňá [Nr. 455].
17 Vaňá [Nr. 454].
18 Kartierung: Dostál [Nr. 566] Karte 1, 1a.

sich anhand des allmählichen Verschwindens „echter" Beigaben indirekt die zunehmende Christianisierung beobachten. Dies kann Eliten oder auch ganze Gesellschaften betreffen; 3. gestatten Unterschiede zwischen „reichen" und „armen" Gräbern – hinsichtlich der Beigaben, des Aufwandes beim Grabbau und der Lage des Grabes – Rückschlüsse auf die sozialen Strukturen der bestattenden Gemeinschaften. Diese drei Aspekte werden in den entsprechenden Abschnitten weiter unten besprochen. Hier sei noch darauf aufmerksam gemacht, daß sich im Grab nicht das jeweilige Individuum mit seinen persönlichen Vorstellungen zeigt, sondern die Gemeinschaft der Hinterbliebenen, die die Bestattung nach ihren Vorstellungen ausrichtet und für die Festigung ihrer Identität benutzt.

23. Bevölkerung

Anthropologische Untersuchungen der „sterblichen Überreste", die bei Ausgrabungen von Gräberfeldern und Friedhöfen zutage kommen, ermöglichen wesentliche Aufschlüsse über die Lebenswirklichkeit. Je besser die Knochen – mehr ist nicht übriggeblieben – erhalten sind, desto mehr Aussagen lassen sich gewinnen. Brandbestattungen sind nur eingeschränkt heranzuziehen, denn die kleinteiligen Bruchstücke verhindern viele Auswertungsmöglichkeiten. Die meisten Informationen bieten komplett ausgegrabene Körpergräberfelder. Wenn diese zugleich die Begräbnisstätte einer ganzen Population waren, d. h. *alle* Individuen einer Siedlung hier bestattet und nicht z. B. Kleinkinder separat beerdigt wurden, dann können Zusammensetzung nach Alter und Geschlecht, Lebenserwartungen der Bevölkerung usw. recht verläßlich beurteilt werden.

Die Berechnung der Lebenserwartung sieht sich auch bei optimalen Ausgrabungsbedingungen nicht geringen methodischen Problemen gegenüber. Das Sterbealter der Individuen wird anhand biologischer Merkmale wie Verwachsungen von Schädelnähten und Epiphysenfugen an den Gelenkenden sowie dem Zahndurchbruch usw. bestimmt. Auf diese Weise lassen sich sieben Altersstufen abgrenzen: neonatus (Neugeborenes), infans I (0–6 Jahre), infans II (7–12 Jahre), juvenil (13–18/20 Jahre), adult (20–40 Jahre), matur (40–60 Jahre), senil (über 60 Jahre). Während bei Kindern und Jugendlichen nur jeweils wenige Lebensjahre zusammengefaßt werden, erreichen die Spannen bei den Erwachsenen fast zwei Jahrzehnte. Auch zusätzlich herangezogene Merkmale können in bestimmten Fällen – gute Knochenerhaltung und hoher Untersuchungsaufwand – präzisere Angaben liefern. Individuell verschiedene Lebensläufe und -bedingungen, die auch unterschiedlich rasche

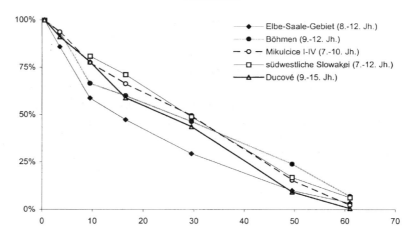

Abb. 72. Überlebensordnung ausgewählter Populationen im früh- und hochmittelalterlichen Ostmitteleuropa. Dargestellt sind die in einer bestimmten Altersgruppe jeweils noch Lebenden, d. h. von der Gesamtzahl der Bestatteten werden die bereits in jüngeren Jahren Gestorbenen subtrahiert. Berücksichtigt sind die Nekropole von Ducové und mehrere Kirchfriedhöfe aus Mikulčice sowie zusammengefaßt jeweils mehrere Gräberfelder aus Böhmen, der südwestlichen Slowakei und dem Elbe-Saale-Raum. Der Vergleich verschiedener Populationen miteinander wird durch die nur innerhalb mehr oder weniger großer Spannen mögliche Altersbestimmung im Detail deutlich erschwert, so daß nur innerhalb von 10-Jahres-Spannen Unterschiede bemerkbar sind. Darüber hinaus ist für jeden Einzelfall zu prüfen, in wieweit eine Nekropole für die einstmals lebende Bevölkerung repräsentativ ist, d. h. alle Toten hier bestattet wurden (verändert nach Bach [Nr. 554] 19 Tab. 4)

biologische Alterungsprozesse zur Folge haben können, werden damit auf einen Durchschnittswert nivelliert. Das kalendarische Alter der Gestorbenen ist deshalb nur näherungsweise zu bestimmen, scheinbar „exaktere" Berechnungen bleiben Fiktion.

Die hohe Säuglingssterblichkeit, die vor allem auf mangelnde hygienische Bedingungen und Ernährung zurückzuführen ist, muß aus der Sterbetafel „herausgerechnet" werden, um die Lebenserwartungen der Menschen abschätzen zu können (Abb. 72). Unter Einbeziehung der Säuglingssterblichkeit, die sich auch bei einer „vollständigen" Bestattungsgemeinschaft kaum genau bestimmen läßt, weil sich die dünnen Knochen kleiner Kinder nur schwer erhalten und nur bei sorgfältiger Ausgrabung entdeckt werden, käme man auf ein mittleres Sterbealter von nur zwanzig bis dreißig Jahren. Doch wenn ein Individuum das erste Lebensjahr hinter sich gebracht hatte, konnte es mit einer mittleren Lebenserwartung von vierzig bis fünfzig Jahren rechnen. Bis zum Erreichen des Erwachsenenalters starben allerdings zwischen einem Drittel und der Hälfte aller Kinder – ein Anteil, der in Europa bis zum

18. Jahrhundert nahezu unverändert blieb. Andererseits waren Männer, aber auch Frauen mit über sechzig Jahren keine Seltenheit. Regionale und zeitliche Unterschiede in der Lebenserwartung sind kaum zu bestimmen, weil die Toleranzgrenzen der Altersbestimmung diese Unterschiede verdecken. Differenzen könnten, wie K. Simon vermutete, wenige Jahre betragen haben, doch sind Bestimmungen von mehr als zehn Jahren Genauigkeit bei den Erwachsenen, zumindest im überregionalen Vergleich, kaum möglich. Des weiteren bereiten statistisch (zu) kleine Zahlen – sowohl hinsichtlich der Zahl der Bestatteten pro Gräberfeld als auch hinsichtlich der untersuchten Gräberfelder – und differierende Ansätze (aufgrund unterschiedlicher Bearbeiter und unterschiedlichen Referenzmaterials) Probleme beim Vergleich. Ebensowenig können schichtenspezifische Unterschiede wirklich nachgewiesen werden, wenn sie auch aus allgemeinen Erwägungen – Ernährung, Lebensweise usw. – durchaus wahrscheinlich sein mögen.

Grundsätzlich finden sich, bei allen regionalen und vielleicht auch sozialen Unterschieden, stets etwas mehr Männer- als Frauengräber je Nekropole. Dies widerspiegelt den natürlichen Überschuß an Knaben- gegenüber Mädchengeburten (etwa 106:100). Im Alter zwischen 20 und 40 Jahren starben aufgrund der Geburten und der damit verbundenen Gefahren mehr Frauen als Männer. Ein vollständig belegtes Gräberfeld weist daher mehr Knaben- als Mädchengräber auf, mehr Bestattungen junger Frauen als junger Männer, mehr alte Männer als alte Frauen – vorausgesetzt, Epidemien oder kriegerische Auseinandersetzungen verzerren nicht das Bild. Diese „Verzerrungen" beeinträchtigen zwar Aussagen zur Bevölkerungsstruktur, sind aber für die Geschichte von Kriegen und Krankheiten aufschlußreich.

Sind dies alles keine Besonderheiten, die nur für das frühmittelalterliche Ostmitteleuropa zutreffen, so gilt dies in gleicher Weise für die feststellbaren Krankheitsbelastungen. Wenn auch nicht allzu viele Untersuchungen vorliegen, so lassen sich doch die üblichen pathologischen Befunde erkennen: traumatische Schädelverletzungen und (verheilte) Knochenbrüche aufgrund von Unfällen und bewaffneten Auseinandersetzungen, eine viel geringer als heute ausfallende, altersabhängige Karies, degenerative Gelenk- und Wirbelsäulenerkrankungen, Entzündungen usw. Anhand von Wachstumslinien, den sogenannten Harrisschen Linien, lassen sich Mängel in der Ernährung erschließen. Zahnanomalien belegen die genetische Variabilität. Epigenetische Merkmale gestatten Aussagen zu Verwandtschaftsbeziehungen.

Berechnungen der Körperhöhen aufgrund der Skelettmaße ergeben eine Differenz von durchschnittlich mehr als 10 cm zwischen Frauen und Männern, mithin einen recht deutlichen Geschlechtsdimorphismus. Diese Differenz zwischen den Geschlechtern ist typisch für frühgeschichtliche Populationen. Männer erreichten eine Körperhöhe von knapp 1,7 m; Frauen wurden durchschnittlich 1,5 bis 1,6 m groß. Dies sind geringere Werte, als sie heutige Durchschnittseuropäer erreichen, aber doch weit entfernt vom verbreiteten Topos der früher so viel kleineren Menschen.

Bevölkerungszahlen sind für das frühe und hohe Mittelalter kaum zu ermitteln. Zu wenige Nekropolen sind bislang ausgegraben und analysiert worden, als daß sie als repräsentative Stichproben für größere Räume dienen könnten. Ebenso unmöglich sind Hochrechnungen aufgrund der bekannten Siedlungsplätze. Hier spielt nicht nur das ungelöste Problem genauerer Datierung eine wichtige Rolle, sondern auch der meist unbekannte Umfang und Charakter der einzelnen (überwiegend nicht ausgegrabenen) Siedlungen. Als ebenso fragwürdig erweist sich der Versuch, aus den potentiellen Wirtschaftsflächen auf die Größe der Population zu schließen, die damit ernährt werden konnte; zu unsicher sind die Annahmen sowohl über den Umfang der genutzten Ackerflächen als auch die möglichen bzw. tatsächlichen Erträge.

Festzuhalten bleibt, daß das östliche Mitteleuropa bis ins hohe Mittelalter hinein vergleichsweise dünn besiedelt war. Grobe Schätzungen schwanken für die Zeit um 1000 zwischen etwa 2 und 4 Einwohner je km², ohne daß die bei der Berechnung berücksichtigten Gebiete klar umrissen wären. Dies ist eine wenig aussagekräftige Zahl, denn die Besiedlung war nicht gleichmäßig erfolgt, sondern bevorzugte bestimmte Räume und sparte zugleich weite Flächen aus. Dennoch – im Vergleich mit dem ostfränkisch-deutschen Reich scheint dies eine recht geringe Dichte zu sein, wo für dieselbe Zeit mit etwas weniger als 10 Einwohnern je km² gerechnet wird. Für Frankreich, das antike Gallien, rechnet man aufgrund des Fortbestehens antiker Städte sogar mit einer etwa anderthalb mal so hohen Zahl, für Italien gar mit einer doppelt so hohen Bevölkerungsdichte wie im Reich. Vage Schätzungen der Bevölkerungszahl in Europa belaufen sich auf unter 40 Millionen um die Jahrtausendwende, für Ostmitteleuropa (den westslawischen Raum) auf deutlich unter 2 Millionen. Der Umfang der Ostsiedlung, d. h. der bäuerlichen Zuwanderung wird auf 200 000 im 12. und ebensoviel im 13. Jahrhundert geschätzt, auch dies eine vage Annahme. Im 19. Jahrhundert rechnete die agrarhistorische Forschung noch mit einer Million Siedlern. Dies zeigt, wie unsicher die Datenbasis sowohl der Archäologie als auch der Historiographie ist; selbst über Größenordnungen läßt sich noch immer streiten.

Fest steht auch, daß es vom 7./8. bis zum 12. Jahrhundert ein Bevölkerungswachstum gab. Wie stark dieses Wachstum allerdings ausfiel und ob es Konjunkturen und Rückgänge gab, ist wegen unzureichender Quellen nicht zu sagen. Wie stark schlechte und mangelhafte Ernährung, hygienische Verhältnisse, Stillzeiten und Schwangerschaftsverhütung, kulturelle Normierun-

gen, Krankheiten, Lebensstandard und weitere Faktoren die Bevölkerungsentwicklung beeinflußten, muß bislang weitgehend Spekulation bleiben. Schätzungen belaufen sich auf eine durchschnittliche Zunahme von 2–3 ‰ pro Jahr
bzw. auf ungefähr eine Verdopplung im Verlauf des frühen Mittelalters. Erst
seit dem späten Mittelalter, vor allem seit der frühen Neuzeit liegen statistische
Daten vor, die genauere Rückschlüsse zulassen.

24. Kleidung und Schmuck

„Tracht" als dauerhaftes, nahezu unveränderliches Kennzeichen bäuerlich-
ländlicher Gesellschaften wird heute als romantisches Konstrukt des 18./19.
Jahrhunderts angesehen. Die „Kleidung" der Menschen wird vielmehr vor allem sozial bestimmt – durch Faktoren wie Alter, Geschlecht, soziale Stellung,
Beruf, Religion, Region oder auch die ethnische Zugehörigkeit. Kleidung ist
wegen ihrer sozialen Bedeutung in ganz unterschiedlicher Weise normiert
und mit Zeichen versehen. Sie trägt dazu bei, soziale Identitäten zu stiften
und zu bekräftigen. Sie ist außerdem an unterschiedliche Anlässe und verschiedene Situationen gebunden.

Kleidung stellt Individuen nach außen hin dar und präsentiert so deren vor
allem sozialen Status innerhalb einer Gesellschaft. Da Gesellschaften sich
ständig und dynamisch verändern, bleibt auch die Kleidung nicht unverändert. Dauerhafte, bäuerliche „Tracht" und sich wandelnde, städtische „Mode"
sind daher nur vermeintliche Gegensätze, die man im 19. Jahrhundert in in-
dustrialisierten Gesellschaften zu beobachten glaubte. Zur (weiblichen) Kleidung gehört der Schmuck, der deshalb in Gräbern auch keine Grab*bei*gabe
im eigentlichen Sinne darstellt. Deshalb findet sich Schmuck auch in offensichtlich christlichen Bestattungen. Etwas anders verhält es sich mit den Waffen und Sporen der Männer. Sie wurden zwar ebenfalls anlaßgebunden getragen, lassen sich aber auch als Insignien einer besonderen Rolle der Männer
ansehen. Waffen und Reiterausrüstungen werden im folgenden aus eher prag-
matischen Gründen in einem eigenen Abschnitt behandelt.

Kleidung und Schmuck, in etwas geringerem Umfang auch Waffen und
Reiterausrüstungen sind hauptsächlich in Gräbern überliefert, Silber auch in
Schatzfunden. Alle diese Funde sind nicht gleichmäßig über Ostmitteleuropa
verteilt. Ihre Häufigkeit hängt von der regional und zeitlich sehr unterschiedlichen Bestattungsweise und Silberthesaurierung ab. Das demzufolge lücken-
hafte Bild ist nur schwer durch Interpolationen zu verdichten. Zu unterschiedlich waren die Entwicklungen, als daß das Fehlen von Belegen bestimmter
Formen in einigen Gebieten zu bestimmten Zeiten allein durch fehlende

Überlieferung erklärt werden könnte. Ostmitteleuropa war kein homogener Kulturraum. Die folgende systematische Übersicht vermag die verfügbaren Belege zeitlich und regional differenziert darzustellen, aber dennoch kein zusammenhängendes Gesamtbild zu zeichnen.

Kleidung

Über die Kleidungsstücke oder „Gewänder" der westlichen Slawen berichten nur wenige Schriftquellen. Ibrāhīm ibn Ya^cqūb erzählte in den 960er Jahren von weiten Gewändern mit engen Manschetten bei den Slawen. Die Archäologie vermag lediglich indirekte Hinweise zu liefern, sind doch die meisten Stoffe im Boden vergangen. Bei figürlichen Darstellungen wie Statuetten (Schwedt, Oppeln, Gatschow) und Ritzungen bzw. Gravierungen auf der Rückseite von Riemenzungen (Mikulčice) besteht keine letzte Klarheit, ob sie tatsächlich *slawische Durchschnitts*kleidung zeigen. Angesichts des exzeptionellen Charakters dieser Stücke sind auch skandinavische bzw. donauländische Einflüsse denkbar – und wenn es sich bei den Dargestellten um Priester handelt, so darf von einer besonderen, der Bedeutung der zu vollziehenden Rituale angemessenen Kleidung ausgegangen werden. Handschriftenillustrationen (z. B. die Heidelberger Bilderhandschrift des Sachsenspiegels Cod. pal. germ. 164, Bll. 24^r, 24^v, 25^r), die allerdings erst aus dem späten Mittelalter stammen, vermitteln ebenfalls nur ein vages, typisierendes und klischeehaftes Bild. Diesen verschiedenen Quellen zufolge dürften Männer leinenes Hemd und Hose sowie darüber einen Kittel getragen haben. Die Frauenkleidung bestand ebenfalls aus einem Hemd sowie einem Unterkleid (?) und dem eigentlichen Kleid. Kittel bzw. Kleid konnten durch einen Gürtel zusammengehalten werden, wie neben den noch zu besprechenden archäologischen Funden auch figürliche Darstellungen mit Faltenwurf nahelegen.

Hinzukamen je nach Klima und Jahreszeit wohl Pelze, wie sich aus den Knochenfunden und schriftlicher Überlieferung ergibt. Weitere Belege stammen aus ganz unterschiedlichen Regionen und stellen nur sehr vereinzelte Zeugnisse dar; ein Gesamtbild ist daher noch kaum zu zeichnen. Spitze Mützen wurden im Orient als „bulgarisch" angesehen. Ob die Kopfbedeckungen der kleinen Statuetten Mützen oder Helme darstellen, läßt sich meist nicht entscheiden. Die erwähnte spätmittelalterliche Handschrift des Sachsenspiegels stellt Slawen des Elberaumes mit (schräg) gestreiften Strümpfen oder aber Beinriemen dar. Schuhe bestanden aus Leder und liegen in zahlreichen Variationen dann vor, wenn Feuchtbodenverhältnisse ihre Erhaltung ermöglichten (Groß Raden, Dorf Mecklenburg, Brandenburg/Havel, Danzig, Oppeln, Gnesen). Aus Ralswiek stammen sogar ein Paar Kinderschuhe und ein Paar Handschuhe des 9. Jahrhunderts.

An Stoffen für die Kleidung wurden sowohl Leinen als auch Wollstoffe hergestellt. Bekannt sind aber fast nur letztere, da sie die Lagerung im Boden etwas besser überstehen als Flachs. Über Farben und Muster läßt sich angesichts der wenigen erhaltenen Reste kaum verläßlich urteilen. Gröbere Stoffe waren weit verbreitet. Mit feineren Stoffen konnten auch soziale Abgrenzung und Prestige demonstriert werden, wofür ein in Oppeln gefundener Rest von Seide oder Goldbrokatbänder aus Starigard/Oldenburg als Beleg dienen mögen. Auch in reichen mährischen Gräbern des 9. Jahrhunderts wurden mitunter Reste von Seide angetroffen. Leinen diente nicht nur als Stoff, sondern regional auch als „Tuchgeld". Kleine Tücher bildeten ein allgemeines Äquivalent für den Austausch, ein Zahlungsmittel, wie es z. B. für Prag im 10. Jahrhundert (Ibrāhīm ibn Yaʿqūb) und Rügen im 12. Jahrhundert (Helmold von Bosau I,38) überliefert ist. Ob es sich dabei um spezielle Tuche handelte, was Webtechnik, Qualität und Farbe angeht, wissen wir nicht.

Auf Mähren, die Slowakei und Böhmen blieben die sog. *Gombíky* des 9. und frühen 10. (?) Jahrhunderts begrenzt.[19] Dies sind kugelige Zierknöpfe, die aus goldenen, silbernen oder auch bronzenen Halbkugeln gefertigt wurden (Abb. 73). Sie weisen gepreßte oder getriebene reiche Pflanzenmuster sowie Filigranverzierungen auf, die auf byzantinisch-orientalische Vorbilder zurückzuführen sind, und kommen meist paarweise vor. Mitunter wurden sie auch an Halsketten oder anderem Kopfschmuck getragen, doch dienten sie in der Regel im Brustbereich als Schmuck der Kleidung; als Verschlußknöpfe im modernen Sinne wurden sie aber wohl kaum verwendet. Sie waren offensichtlich an ein höheres soziales Milieu gebunden und überwiegend in Frauen-, aber auch in Männergräbern vorhanden. Am häufigsten finden sie sich in Bestattungen halbwüchsiger Mädchen.

Reich verzierte, mitunter geradezu prunkvolle Gürtelteile stammen vor allem aus mährischen, slowakischen und böhmischen Gräbern des 9. und 10. Jahrhunderts (Mikulčice, Břeclav-Pohansko, Staré Město, Pobedim, Modrá, Rajhrad, Dolní Věstonice, Dolní Dunajovice, Hradec b. Opava, Tyniec Mały).[20] Riemenzungen[21] und Riemendurchzüge bzw. -schlaufen[22] verweisen auf awarisch-byzantinische und fränkische Einflüsse. Dies gilt insbesondere

---

19 Kartierung: Dostál [Nr. 566] Karte 6; Preidel [Nr. 38] Bd. I, 90 Abb. 13. Vgl. den Katalog bei Pavlovičová [Nr. 576].
20 Kartierung: Heindel [Nr. 568] Beilage 10; Wachowski [Nr. 102] 46 Abb. 29.
21 Kartierung: Heindel [Nr. 568] Beilage 8.
22 Kartierung: Heindel [Nr. 568] Beilage 9.

Abb. 73. Silberne und goldene „Zierknöpfe" (*gombíky*) des 9. Jahrhunderts aus dem Gräber-feld von Břeclav-Pohansko. Sie dürften, anders als ihr Name suggeriert, meist als Ketten-bestandteile gedient haben (nach Pavlovičová [Nr. 576] 144 Taf. IV)

für die Gürtelteile des sog. „Horizonts von Blatnica-Mikulčice" der ersten Hälfte (?) des 9. Jahrhunderts. Die Abgrenzung dieses „Horizontes" beruht auf dem bereits im 19. Jahrhundert entdeckten, exzeptionellen Grabfund von

Blatnica, dessen Geschlossenheit jedoch nicht gesichert ist. Möglicherweise sind hier die Ausstattungen mehrerer Gräber vermischt worden, was die nicht auszuräumenden Widersprüche zwischen den Datierungsansätzen einzelner Stücke erklären würde. Ovale[23], aber auch D-förmige und eckige Schnallen mit geripptem oder gekerbtem Bügel mit Beschlag gehören ebenso wie die oben erwähnten Riementeile zu den weitgehend auf Böhmen und Mähren beschränkten, westlich beeinflußten Formen.

Dieses Verbreitungsbild ist jedoch vor allem ein Effekt der Bestattungssitte. Nur in Körpergräbern werden Gürtelteile – wie auch Schmuck – aufgefunden. Die erwähnten frühmittelalterlichen Funde liegen deshalb – und nicht primär aufgrund der unmittelbaren Nachbarschaft zum Donauraum und zum Frankenreich – nur aus dem Süden des westslawischen Siedlungsraumes vor. Nur dort wurden die Toten bereits im 9. Jahrhundert überwiegend unverbrannt bestattet. Im hohen Mittelalter gelangten nur noch bescheidene, einfache Gürtel in die Gräber. Im Süden mag die durchgreifende Christianisierung reiche Beigaben seit der Zeit um 1000 verhindert haben, doch stellten Gürtel als Bestandteil der Kleidung an sich keine Beigaben im eigentlichen Sinne dar. Die meisten der insgesamt nicht sehr zahlreichen jungslawischen Funde sind Siedlungsfunde; sie zeigen also, daß diese metallenen Gürtelteile nicht unbedingt zur Ausstattung des Toten gehörten.

Zu den aus jungslawischer Zeit, also dem 11. und 12. Jahrhundert stammenden und als „typisch" slawisch angesehenen Gürtelteilen gehören die sog. „Gürtelhaken".[24] Es sind lanzettförmige Bleche mit Haken an einem und Öse am anderen Ende, die meist aus Bronze bestehen und als Siedlungsfunde vor allem zwischen Elbe und Oder vorliegen. Wohl nicht alle dieser Haken stellten tatsächlich *Gürtel*haken dar – für Formen mit tordiertem (verdrehtem) Mittelteil ist gar eine Verwendung als Angelhaken vorgeschlagen worden. Unklar bleibt, ob diese Haken vielleicht auch anderes *am* Gürtel befestigten. Innerhalb des Horizonts Blatnica-Mikulčice kommen bronzene oder eiserne Arretierhaken vor, stets in Kombination mit dornlosen Schnallen mit Beschlag. Diese Haken des 9. Jahrhunderts kommen daher als „Prototypen" der hochmittelalterlichen Formen in Betracht. Bronzene Gürtelhaken scheinen sich weitgehend auf den Raum westlich der Oder zu konzentrieren, doch dürfte dies vor allem auf die Fundumstände zurückgehen. Allein deshalb scheinen sich die Verbreitungsgebiete von Gürtelhaken und spitzovalen Schließblechen,

---

23 Kartierung: Heindel [Nr. 568] Beilage 4.
24 Kartierung: Gabriel [Nr. 497] 208 Abb. 41; Kóčka-Krenz [Nr. 573] Karte 60; Heindel [Nr. 568] Beilage 7.

die nur aus Schatzfunden bekannt sind, nahezu auszuschließen. Diese Schließbleche dienten entgegen einer früheren Annahme nicht als Gürtelhaken,
wozu sie viel zu fragil sind, sondern als Verschlüsse für Halsketten.

Neben den Haken finden sich zwischen unterer Elbe und unterer Weichsel
auch kleine runde Schnallen[25], die aber wohl – im Unterschied zu den frühmittelalterlichen böhmischen und mährischen Parallelen – als Gewandschnal-
len (im Brust- und Schulterbereich) dienten. Sie verschlossen wohl den Hals-
ausschnitt eines Schlüpfkleids und wurden aus dem Westen übernommen. Sie
gehörten der Zeit ab Mitte des 11. Jahrhunderts an, bestanden meist aus
Bronze und hatten dabei häufiger einen eisernen Dorn. In Polen wurden im
10./11. und 12. Jahrhundert selten ostslawische bzw. südosteuropäische lyra-
förmige Schnallen getragen. Die Bezeichnung spielt auf die Formähnlichkeit
mit einer Lyra an, einem Saiteninstrument. Profilierte Gürtelschnallen sind
erst eine Erscheinung des 12. Jahrhunderts und des anschließenden Spätmit-
telalters.

Die vorliegenden Grabfunde zeigen, daß Männer, Frauen und Kinder mit
einem Gürtel ausgestattet sein konnten. Allerdings enthielten nicht mehr als
5 bis 10 % der Gräber Gürtelteile. Nur in Mähren und der Slowakei war der
Anteil im 9. Jahrhundert höher, doch stellt dies eine besondere Situation in
der Nachbarschaft von Franken- und Awarenreich dar. Davon abgesehen,
waren Gürtel bei den westlichen Slawen kein derartiges Prestige- und Rang-
abzeichen, wie dies für Byzanz und den merowingerzeitlichen Westen gilt
(*cingulum militiae*). Daraus ist aber nicht zu schließen, in Ostmitteleuropa
wären kaum Gürtel getragen worden. Die meisten Gürtel waren vielmehr nur
einfach gebunden (verknotet) und besaßen daher keine metallenen Bestandteile, die sich im Grab erhalten hätten. Dies läßt sich z. B. aufgrund von Messer-
beigaben indirekt erschließen, wurden Messer doch am Gürtel getragen. Einfach gebundene Gürtel aus Stoff stellen überhaupt kein „Armutszeugnis" dar,
sondern waren europaweit verbreitet. Selbst im königlichen Milieu der Ottonen konnten Gürtel bloß gebunden sein, besaßen allerdings aufwendige Riemenzungen. Im skandinavischen Norden existierten Gürtel mit „Gleitver-
schluß", wobei das Gürtelende durch einen Ring gezogen wurde. Entsprechende Funde von Gürtelringen und passenden Riemenzungen stammen aus
Starigard/Oldenburg. Diese Gürtel zeigen eindrücklich, daß der Archäologie
durch die unterschiedliche Erhaltung organischer und metallener Gegenstände hinsichtlich der Kleidung nur ein Ausschnitt zur Verfügung steht.

Die am Gürtel getragenen Messer können weder als Waffen noch als Sta-

---

25 Kartierung: Heindel [Nr. 568] Beilage 3.

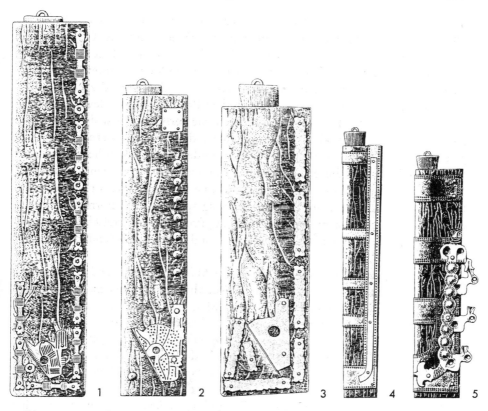

Abb. 74. Messerscheidenbeschläge von westslawischen Fundorten. 1 Berlin-Spandau; 2 Usadel; 3 Lancken-Granitz; 4 Psary; 5 Brześć Kujawski. Vgl. Abb. 85. – M. 1:2 (nach Gabriel [Nr. 497] 166 Abb. 26,11–15)

tussymbole (etwa von „Freien" [I. Borkovský, V. Hrubý]) angesehen werden. Sie stellten vielmehr Universalgeräte dar, die überwiegend Männer, häufig aber auch Frauen besaßen. Etwa 10–20 % der Gräber können im Durchschnitt ein Messer enthalten. Diese Messer steckten am Gürtel in Messerscheiden, deren Beschläge in größerer Zahl vorliegen (Abb. 74). Diese Messerscheidenbeschläge entstammen dem 11. und 12. Jahrhundert und blieben weitgehend auf den noch eigenständigen slawischen Siedlungsraum zwischen unterer Elbe und unterer Weichsel beschränkt[26] (Abb. 75). Aus stilistischer

---

[26]   Kartierung: Gabriel [Nr. 497] 162 Abb. 24; Steuer [Nr. 577] 237 Abb. 4.

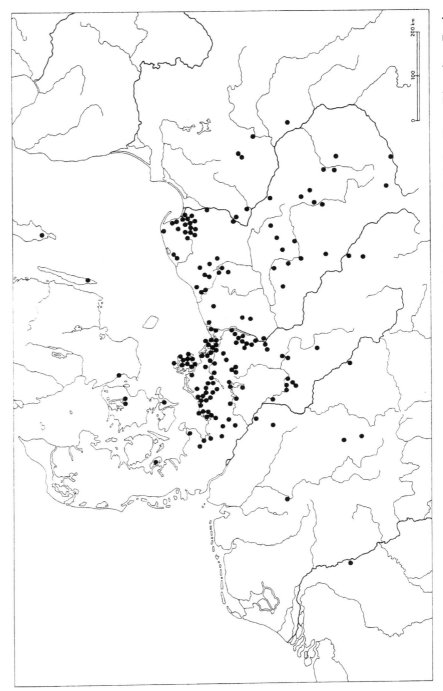

Abb. 75. Verbreitung der bronzenen Messerscheidenbeschläge während des 11./12. Jahrhunderts im westslawischen Raum. Die meisten Funde stammen aus dem südlichen Ostseeraum (nach Gabriel [Nr. 497] 162 Abb. 24)

Sicht kann eine Ableitung von westlichen Vorbildern vermutet werden. So gehen die Dreiecksbeschläge auf einen „Tiertyp", d. h. Tierdarstellung mit rückwärtsgewandtem Kopf zurück, wie sich anhand der sonst unmotivierten Durchlochung der dreieckigen Beschläge zeigen läßt. Mit den Scheidenbeschlägen wird so eine mitteleuropäische „Mode" des hohen Mittelalters faßbar.

Zur Unterscheidung zwischen west- und ostmitteleuropäischer Machart eignet sich die Verzierungstechnik. Die Ornamente wurden bei den westlichen Stücken meist gefeilt, gebohrt und graviert, während die östlichen Exemplare ihre Muster vor allem durch Ziselierung von der Rückseite her erhielten. Auf überraschend komplizierte Weise befestigte man – unabhängig von der Machart – die Dreiecksbeschläge an rechteckigen Scheiden, indem man dafür extra einen schrägen Schlitz in das Leder schnitt (Usadel an der Lieps). Dadurch wurde das Messer wie bei einer spitz zulaufenden Scheide am „Durchrutschen" gehindert. Daneben gibt es auch rechteckige Scheidenbeschläge (Cewlino, Psary, Brześć Kujawski). Mit diesen rechteckigen Scheiden muß es eine besondere Bewandtnis haben, denn diese waren in praktischer Hinsicht gegenüber den spitz zulaufenden und damit der Schneidenform angepaßten, einfachen Formen (Groß Raden, Wollin) gewiß nicht von Vorteil. Es dürfte sich daher um prestigeträchtige Objekte gehandelt haben.

Schmuck

I. Läßt man den eigentlich zur Kleidung selbst gehörenden Gürtel„schmuck" beiseite, dann ist Schmuck im früh- und hochmittelalterlichen Ostmitteleuropa „reine Frauensache". Männer wurden zwar mitunter mit Waffen, aber – von einigen wenigen Fingerringen abgesehen – „schmucklos" bestattet. Mehr als die Hälfte der (Frauen-)Gräber enthält in der Regel keinen Schmuck, selbst in den „reich" ausgestatteten frühmittelalterlichen Nekropolen burgstädtischer Siedlungskomplexe. Diese Ausstattung der Mädchen- und Frauengräber hat verschiedene Ursachen – vom persönlichen Prestige über den Rang des Mannes bis hin zum Alter.

Wiederum ist die Verbreitung des Fundstoffs stark überlieferungsbedingt. Dabei spielen aber nicht nur Grabsitten eine Rolle, sondern mittelbar auch das Metall, aus dem die einzelnen Schmuckstücke gefertigt wurden. Silberschmuck findet sich sehr häufig in den Schatzfunden des 10. und 11. Jahrhunderts, die zwischen Elbe und Weichsel zahlreich vergraben wurden, häufig allerdings infolge des Gebrauchs als „Hacksilber" nur noch in mehr oder weniger stark fragmentierter Form. Bronzener Schmuck kommt dagegen nur in

Gräbern oder auch in Siedlungen vor. Neben der Sitte der Körperbestattung
bewirkte also auch die Thesaurierung von Silber eine regionale und zeitliche
Fragmentierung der Verbreitungsbilder einzelner Formen. Beziehungen und
Entwicklungen sind daher nur schwer zu fassen. Frühe, byzantinisch-orientalisch beeinflußte Formen beschränken sich auf den südlichen Bereich von der
Slowakei bis Thüringen, späte Formen kommen vor allem bei den Elbslawen
und in Polen vor. Wohl auch deshalb gibt es bisher keine zusammenfassende
Bearbeitung des westslawischen Schmucks insgesamt, doch dürfte auch die
viele Tausend betragende Anzahl nur in Teamarbeit zu bewältigen sein.

Die Datierung einzelner Formen erweist sich als schwierig. Ursache dafür
ist vor allem die disparate Quellenlage. Die Schmuckformen der zweiten
Hälfte des 10. bis 12. Jahrhunderts werden vor allem anhand der Schlußmünzen in den Schatzfunden datiert. Dabei lautet die (meist unausgesproche-
ne) Annahme, die Münzen bildeten den jüngsten Bestandteil dieser Depots
und könnten deshalb verläßliche, bei arabischen Dirham sogar fast „jahrgenaue" Datierungsanhaltspunkte liefern. Auf diese Weise erscheinen Schmuck-
sachen nie jünger als die Münzen, ihre Laufzeit wird mithin tendenziell zu
kurz angesetzt. Andererseits lassen sich frühe Formen des 9. Jahrhunderts
nicht mit Hilfe der Schatzfunde erfassen, da diese zu jener Zeit seltener sind
und kaum Schmuck neben den Münzen enthalten. Auswertbare Grabfunde
der Karolingerzeit sind auf die Slowakei, Mähren und Böhmen beschränkt.
Großräumige Parallelisierungen können sich daher allenfalls auf diesen Raum
erstrecken und durch Verknüpfung mit dem awarisch-ungarischen Mittel-
donaugebiet und dem fränkischen Kulturraum zu absolutchronologischen
Ansätzen zu gelangen suchen. Hinderlich für eine chronologische Auswertung wirken sich darüber hinaus die beschränkte Zahl an Typenkombinatio-
nen und die recht kurze Zeitspanne aus.

Die Formen des Schmucks, insbesondere von Schläfen- und Ohrringen,
knüpften mittelbar an byzantinische Traditionen an. Ganz ähnliche Formen
finden sich im südosteuropäischen Raum – sowohl entlang der Donau als
auch in Dalmatien, d. h. Bulgarien, Ungarn, Slowenien, Bosnien, Serbien, Ru-
mänien. Dies sind die Siedlungsgebiete der Südslawen, die sich in großen Teilen des ehemaligen Reichsgebiets niedergelassen hatten und stark von Byzanz
geprägt wurden. Anregungen aus diesem Raum wurden im 9. Jahrhundert zunächst in die südwestliche Slowakei und nach Mähren vermittelt. Trotz eigener Schmuckherstellung in Mikulčice und Staré Město blieb der Schmuck zur
Karolingerzeit stark „byzantinisch-mediterran" geprägt. Von Mähren aus
übernahm man auch in Böhmen, später in Polen und bei den Elbslawen diese
Schmuckformen, wenn diese auch eigenständig weiterentwickelt wurden.
Wahrscheinlich blieb die Metallschmuckherstellung zunächst an politische

Zentren in Mähren, Böhmen und Großpolen gebunden; sie setzte materielle Ressourcen voraus.

II. Nun zu den einzelnen Formen selbst. Schläfenringe mit S-förmigem Ende[27] gelten (nicht ganz zu Recht) als geradezu typischer slawischer Frauenschmuck. Sie bestehen aus einem Ring, der an einem Ende sehr häufig, aber nicht immer S-förmig umgebogen ist. Die Bezeichnung erklärt die Trageweise am Kopf (Abb. 76). Man nähte mehrere dieser Ringe reihenförmig entweder an einem Band oder auch einer Haube auf, sie mögen aber auch als „Lockenringe" in den Haaren befestigt gewesen sein. Dies ergibt sich eindeutig aus der Lage im Grab, denn stets sind die Schläfenringe um den Kopf herum angeordnet. Dabei trugen offensichtlich Frauen aller sozialen Milieus Schläfenringe. Deutliche Qualitätsunterschiede in Aufwand und Material verweisen aber auf soziale Abstufungen. Mädchen konnten schon ab einem Alter von 6 bis 7 Jahren Schläfenringe erhalten, wie Beobachtungen aus Espenfeld in Thüringen zeigen. Damit scheinen sie ab diesem Alter gewissermaßen allmählich die „Erwachsenenkleidung" getragen zu haben, wenn auch der Anteil der mit Schläfenringen versehenen Frauen nur langsam von etwa einem Viertel im Alter von 6 bis 12 Jahren über die knappe Hälfte im Erwachsenenalter auf mehr als zwei Drittel jenseits der 40 zunimmt.

Drei Viertel aller Schläfenringe bestehen aus Bronze. Sie finden sich vor allem in Gräbern, gelegentlich auch in Siedlungen oder Burgwällen sowie – falls aus Silber – auch in Schatzfunden. Ihr Vorkommen erstreckt sich auf den gesamten westslawischen Raum, wobei sich verschiedene Regionalvarianten erkennen lassen. So sind die Hohlschläfenringe, die aus einer kreisförmig gebogenen Blechhülse bestehen, auf den Raum zwischen Elbe und Weichsel beschränkt. Sie werden deshalb auch als „pommerscher Typ" bezeichnet (Abb. 77). Dabei kommen sowohl verzierte wie unverzierte Exemplare vor. In Thüringen verbreitete man die schleifen- oder S-förmigen Enden der Ringe durch Aushämmern zu mitunter geradezu röhrenförmigen Ausläufern, die sogar mehrere Schleifen bilden konnten. Ebenfalls nur aus Thüringen sind Ringe sowohl mit einem S-förmigen als auch mit einem weiteren umgebogenen Ende bekannt. Rillen an den schleifenförmigen Enden besitzen Schläfenringe, die vor allem zwischen Oder und Weichsel gefunden wurden. Aus Masowien stammen östliche Schläfenringe, die nicht nur aus einem Ring bestehen, sondern bei denen sich der Ring in einem Halbkreis überlappt. Über-

---

27 Kartierung: Kóčka-Krenz [Nr. 573] Karten 1–12; Die Slawen in Deutschland [Nr. 48] 302 Abb. 147; Müller-Wille [Nr. 531] 21–22 Abb. 16–17; für den ostslawischen Raum Sedov [Nr. 43] 34 Abb. 13.

Abb. 76. Rekonstruktion der Trageweise von Frauenschmuck bei den Westslawen. Links Kombination von Schmuckbestandteilen aus dem Schatzfund von Zawada Lanckorońska mit filigranen „Ohrringen", silbernen Warzenperlen und Halbmondanhänger; rechts Befund von Tomice mit Perlenkette und „Schläfenringen" (nach Śląsk i Czechy [wie Nr. 265] 62 Abb. 8; Leciejewicz [Nr. 28] 290 Abb. 290)

all scheinen kleine Schläfenringe zu den frühen, große Ringe zu den späten Varianten zu gehören. Diese Tendenz zur Vergrößerung vom frühen zum hohen Mittelalter führte dazu, daß die kleinen, unter 2 cm Durchmesser großen Ringe zunehmend von bis zu 5 cm, zuletzt auch über 8 cm messenden Exemplaren abgelöst wurden. Ausnahmen bestätigen allerdings eine derart schematische Regel.

Wenn auch *Schläfen*ringe als „typisch slawisch" gelten, so trifft dies allenfalls für die Trageweise zu. Ringe mit S-förmigem Ende sind z. B. auch aus dem merowingerzeitlichen westlichen Mitteleuropa bekannt, wo sie aber als Ohrringe getragen wurden. Auch dort entstammen sie letztlich spätantiken

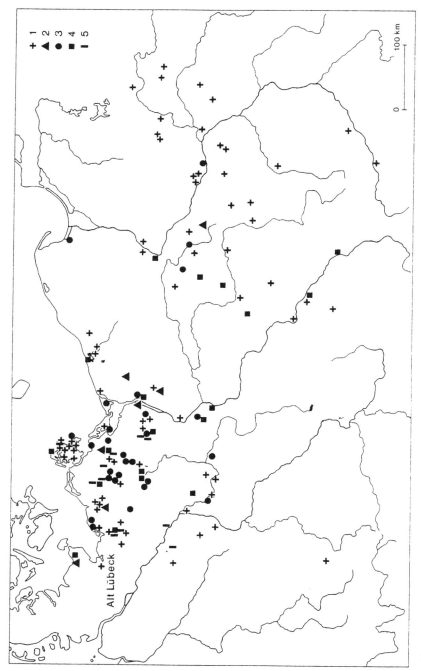

Abb. 77. Verbreitung der Hohlschläfenringe, die aus einem dünnen Blech röhrenförmig zusammengebogen sind („Typ III und IIIa'). 1 Grab; 2 Hort; 3 Siedlung; 4 Burgwall; 5 Einzelfund. Bronzene Exemplare stammen meist aus Gräbern, silberne Stücke meist aus Hortfunden (nach Müller-Wille [Nr. 531] 21 Abb. 16)

Traditionen. Schläfenringe kommen weiterhin im nordwestlichen Schwarz-
meerraum des frühen Mittelalters vor. Die slawischen Schläfenringe gehen auf
Anregungen des 9. und 10. Jahrhunderts aus dem Karpatenbecken zurück. Sie
stellen damit letztlich wohl die (mittelbare) Rezeption byzantinisch-mediter-
raner Vorbilder dar, auch wenn diese nicht bekannt sind. In Böhmen tauchten
Schläfenringe etwa in der Zeit um 900 auf; sonst lassen sie sich seit der zweiten Hälfte des 10. Jahrhunderts fassen. Dies dürfte jedoch kein allgemein zu-
treffendes Bild, sondern vor allem durch die Sitte der Körperbestattung bestimmt sein. Insgesamt traten häufig die einfacheren Schläfenringe an die Stelle der aufwendigeren Ohrringe des 9. Jahrhunderts. Anders ausgedrückt: Die
Schläfenringe des 10. und 11. Jahrhunderts stellten einfachere Varianten als
die Formen des 9. Jahrhunderts dar. Die Unterscheidung zwischen Schläfen-
und Ohrringen ist deshalb eine künstliche Trennung seitens der archäologischen Forschung.

III. Von den „Ohrringen"[28] bestehen mehr als 95 % aus Silber. Sie liegen
für den Bereich zwischen Elbe und Weichsel fast ausschließlich aus Schatzfunden vor. Im Süden – von der Slowakei bis nach Thüringen – gehören sie
regelhaft zu Grabausstattungen. Dadurch sind sie schon für das gesamte 9.
Jahrhundert belegt (Abb. 78). Tatsächlich handelt es sich nicht um *Ohr*ringe,
denn auch diese Schmuckformen wurden wohl an Bändern um den Kopf
oder im Haar und nicht im Ohr getragen. Dabei waren sie, wie – im Vergleich
zu den Schläfenringen – höhere Qualität und selteneres Vorkommen, aber
auch die vorliegenden Grabausstattungen andeuten, auf sozial herausgehobene Frauen beschränkt. Wiederum sind die Anregungen byzantinisch. Die Anfertigung dürfte (zunächst?) vor allem an bedeutenderen Zentralorten erfolgt
sein.

Die meisten Ohrringe sind Einzelanfertigungen, da allenfalls Teile gegossen
wurden. Zahlreiche Details, insbesondere die Filigranverzierungen, mußten
einzeln angebracht werden. Daraus ergibt sich eine Fülle von Varianten, die
nur schwer in Typen erfaßt werden kann. In Mähren und der Slowakei gelten
einfachere Varianten als „donauländische Formen", aufwendig filigranverzierte Formen als „byzantinisch-orientalisch". Damit sind aber vor allem technische und weniger kulturelle Unterschiede bezeichnet. Zu den filigranver-
zierten Typen gehören „Säulchenohrringe" mit einem senkrecht am unteren
Bügel angebrachten Stab, „Trommelohrringe" mit mehr oder weniger zahlreichen Kugeln am unteren Bügel (hierher gehört auch der sog. Typ Tempel-

---

28 Kartierung: Kóčka-Krenz [Nr. 573] Karten 13–33; Dostál [Nr. 566] Karte 2–5; Wiech-
    mann [Nr. 490] 618 Karte 74.

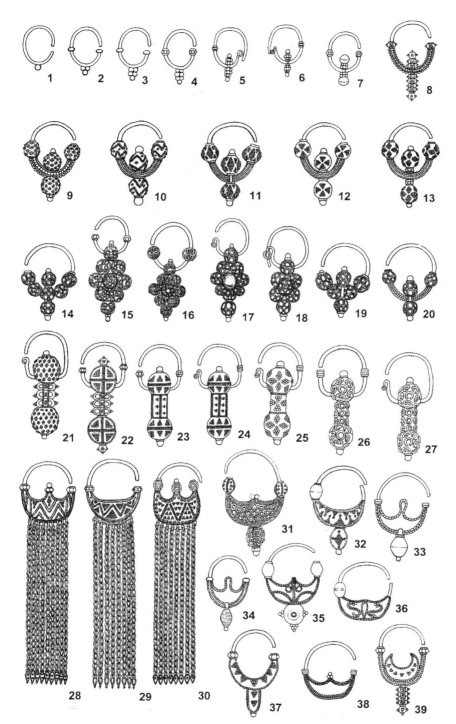

Abb. 78. Verschiedene Typen „byzantinisch-orientalischer" Ohrringe des 9. Jahrhunderts aus Mähren mit aufwendiger Granulation, sämtlich aus Silber. 1–8 Trauben-Ohrringe; 9–13 Trommel-Ohrringe; 14–20 Körbchen-Ohrringe; 21–27 Säulchen-Ohrringe; 28–39 Mondsichel-Ohrringe. – M. 2:3 (nach Dostál [Nr. 518] 36 Abb. 8,1–4.11–13.16; 38 Abb. 9,1–5.21–27; 41 Abb. 10,8–26)

hof bzw. Świątky), „Körbchenohrringe" aus einem dünnen Drahtgeflecht, „Mondsichelohrringe" mit einem lunula- (mondsichel-)artig ausgeformten unteren Bügel, „Traubenohrringe" aus kleinen Kugeln. Einfachere Formen sind Ohrringe mit einfachen Kugeln, mit kleinen Blechen unterschiedlicher Gestalt an dünnen Ketten, mit verschieden ausgeformten plattigen Körpern am unteren Bügel, in Kapselform usw.

Die aufwendigen, „byzantinisch-orientalisch" geprägten Ohrringe finden sich vor allem in den reichen südwestslowakischen, mährischen und böhmischen Frauengräbern des 9. und 10. Jahrhunderts – und d. h. vor allem in den burgstädtischen Zentren und Herrenhöfen (Mikulčice, Staré Město, Břeclav-Pohansko). Dort treten sie auch in Gold auf. „Verwandte" Formen des 10./ 11. Jahrhunderts kommen hauptsächlich in großpolnischen Schatzfunden vor. Damit stehen sie wahrscheinlich – abgesehen von einem zeitlichen Schwerpunkt im frühen Mittelalter – in einem mittelbaren Zusammenhang zu großräumigeren Herrschaftsbildungen und deren wirtschaftlichem Hintergrund. Einfache donauländische Stücke sind weit gestreut – sowohl in regionaler als auch in zeitlicher Hinsicht.

Zwischen den einfachen Ohrringtypen und den Schläfenringen gibt es eher fließende, allmähliche Übergänge als grundsätzliche Unterschiede. Beide erfüllten ja dieselbe Schmuckfunktion. Angesichts unterschiedlicher zeitlicher Schwerpunkte läßt sich daher eine Entwicklung konstatieren, in deren Verlauf die komplizierten „byzantinischen" Formen seltener und die einfacheren Varianten häufiger wurden. Allerdings wäre es zu einfach und verkürzt, wollte man von einer vollständigen Ablösung der Ohrringe durch die Schläfenringe sprechen. Beziehungsgeschichtlich scheint dies ein Nachlassen byzantinisch-pannonisch-mährischen Einflusses und die zunehmende Verselbständigung der Schmuckherstellung zu bedeuten.

IV. Auch Perlen, d. h. Perlenketten gehören zu den häufigen und verbreiteten Funden. Metallene Perlen bestehen fast immer aus Silber[29] und finden sich in Schatzfunden (auch im südlichen Skandinavien – auf Gotland und in Schonen) des 10./11. Jahrhunderts (Dorow, Borucin, Bobrowniki, Lisówek, Obra Nowa, Psary, Sejkowice, Wiktorowo), kommen aber bis ins 12./13. Jahrhundert vor. Recht selten gehören sie zu Grabausstattungen in Mähren, Böhmen und Thüringen. Am häufigsten sind Warzenperlen sowie oval-polygonale („spulenförmige") und doppelkonische Formen, von denen inzwischen mehrere hundert, teils etliche Gramm schwere Exemplare vorliegen.

---

[29] Kartierung: Kóčka-Krenz [Nr. 573] Karten 41–49; Wiechmann [Nr. 490] 615 Karte 71.

Glasperlen erweisen sich vor allem für den mährischen, böhmischen und thüringischen Raum als charakteristisch, kommen aber auch zwischen Elbe und Weichsel vor. Sie gehören in mittel- und jungslawische Zeit, doch sind einzelne Formen oder Farben kaum chronologisch einzugrenzen. Meistens sind es kugelige und zylindrische, aber auch melonenförmige sowie Mehrfachperlen. Es finden sich neben „glasklaren" Perlen zahlreiche Farbvarianten, verschiedenfarbige bzw. sog. Millefioriperlen, die in ihrer Buntheit an „tausend Blumen" erinnern. Letztere sind gewiß „Importe", während einfarbige Exemplare durchaus im slawischen Raum hergestellt wurden. Mutmaßlich gelangten Perlen sowohl aus dem Rheinland als auch aus dem südöstlichen Donauraum zu den Westslawen. Alle Perlenformen waren aber so weit verbreitet, daß genauerer Aufschluß kaum zu erhalten ist.

Geschliffene und häufig facettierte Perlen aus Halbedelstein, vor allem aus Karneol[30], stellen „Importe" aus dem Osten dar. Sie kommen nicht selten auch in Schatzfunden vor und könnten deshalb ebenso wie das Silber eine Art Äquivalent gewesen sein. Wahrscheinlich gelangten Karneolperlen, deren Ursprungsgebiet im Kaukasus liegt, zusammen mit dem Silber nach Europa – sowohl über die Rus' in den Ostseeraum als auch auf dem Landwege nach Westen. In Gräbern Mährens, Böhmens und Thüringens, aber auch des skandinavischen Ostseeraums zeigt sich eine Affinität zu reicher ausgestatteten Personen. Denn häufig sind Halbedelsteinperlen zu aufwendig arrangierten Ketten zusammengestellt. Seltener sind geschliffene oder facettierte Perlen aus Bergkristall oder Bernstein.

Perlen kommen nur selten einzeln in Gräbern vor – und dann auch in Männergräbern. Oft sind sie zu Ketten zusammengestellt, die mitunter weit über 100 Perlen umfassen können. Dabei wurden verschiedene Typen und Rohstoffe miteinander kombiniert. Zu Ketten konnten auch ovale Schließbleche[31] gehören, wie der Grabfund von Psary belegt und wie sie in Schatzfunden des 10./11. Jahrhunderts vorkommen. Des weiteren lassen sich Zusammenstellungen mit verschiedenen Anhängern feststellen. Ketten wurden nicht nur Frauen, sondern wie die Schläfen- und Ohrringe auch schon kleinen Mädchen mit ins Grab gegeben.

Zu den erwähnten Anhängern sind ganz unterschiedliche Formen zu rechnen. Kaptorgen und (Pektoral-)Kreuze seien, da sie offensichtlich mit der Glaubenswelt zu tun haben, weiter unten an entsprechender Stelle bespro-

---

30 Kartierung: Gabriel [Nr. 497] 196 Abb. 36; Bach/Dušek [Nr. 517] Abb. 43.
31 Kartierung: Kóčka-Krenz [Nr. 573] Karte 50; Wiechmann [Nr. 490] 608 Karte 64; Herrmann [Nr. 467] 45 Abb. 43.

chen. In Verbindung mit Ketten werden häufig lunula- (mondsichel-) und auch brakteatenförmige Anhänger gefunden.[32] Sie bestehen meist aus Silber und stammen sowohl aus mährisch-böhmischen Gräbern als auch aus polnischen Schatzfunden; darüber hinaus kommen sie auch bei den Ungarn vor. Zur Aufhängung besitzen sie ein kleines Röhrchen, durch das der Kettenfaden gezogen werden konnte. Darüber hinaus gibt es weitere Anhänger in Form eines Fischs, einer Axt o. ä.,[33] doch läßt deren Seltenheit genauere Interpretationen – Amulett oder christliches Symbol? – nicht zu. Glöckchen mögen apotropäische Wirkung besessen haben oder auch Kinderspielzeug gewesen sein; vielleicht gehörten sie aber auch zu den Musikinstrumenten, zu denen einfache Flöten aus Knochen oder auch ein lautenähnliches Instrument aus Oppeln zu rechnen sind. Ketten aus silbernen Metallgliedern[34] kommen überwiegend in Schatz-, aber auch in Grabfunden zwischen Elbe und Weichsel vor. Sie scheinen – als Würdezeichen? – von Männern getragen worden zu sein und kommen sonst häufiger in skandinavischem Milieu vor.[35]

V. Als Ringschmuck können Hals-, Arm- und Fingerringe zusammengefaßt werden. Fingerringe verschiedener bandartiger Form[36] bestehen fast immer aus Bronze und finden sich meist in Gräbern des 8. bis 12. Jahrhunderts. Geflochtene Fingerringe sind meist aus Silber und kommen als Grab-, aber auch als Schatzfunde vor. Sehr aufwendige, filigranverzierte Exemplare mit halbkugeligem oder scheibenförmigem Aufsatz stammen aus mährischen Gräbern des 9. und 10. Jahrhunderts. Schließlich müssen auch kleine Glasringe[37] als Fingerringe gelten, wie Grabfunde belegen; sie können mitunter aber auch wie Schläfen- und Ohrringe zum Kopfschmuck gehört haben. Fingerringe sind vor allem Frauenschmuck, wurden aber auch, wenngleich seltener, von Männern getragen. Meist schmückten sie die rechte Hand und kommen im gesamten westslawischen Raum (und natürlich darüber hinaus) vor.

Aus zwei oder drei Drähten („Zainen") meist runden Querschnitts geflochtene Halsringe[38] besitzen blechförmige, ausgeschmiedete Schließgarnituren ovaler oder rhombischer Form mit Haken an einem und tropfenförmigem Loch am anderen Ende. Da sie aus Silber bestehen, kommen sie häufig in Schatzfunden der Zeit zwischen der Mitte des 10. und dem Anfang des 12.

---

32   Kartierung: Kóčka-Krenz [Nr. 573] Karten 36–37.
33   Kartierung: Kóčka-Krenz [Nr. 573] Karte 39.
34   Kartierung: Kóčka-Krenz [Nr. 573] Karte 52.
35   Kartierung: Wiechmann [Nr. 490] 609–611 Karten 65–67.
36   Kartierung: Kóčka-Krenz [Nr. 573] Karten 54–59.
37   Kartierung: Bach/Dušek [Nr. 517] Abb. 42.
38   Kartierung: Wiechmann [Nr. 490] 594 Karte 50.

Jahrhunderts vor. Sie sind daher hauptsächlich aus dem elbslawischen und polnischen Raum bekannt. Vor allem anhand der Form des Verschlusses lassen sie sich von skandinavischen Halsringtypen[39] unterscheiden. Das regional recht einheitliche Gewicht der Formen deutet darauf hin, daß Halsringe im gesamten Ostseeraum – bei Skandinaviern, Balten und Slawen – nicht nur Schmuck darstellten, sondern auch als Gewichtsäquivalent dienten.

Auch Armringe[40] sind geflochten. Sie bestehen in etwa gleicher Zahl aus Silber oder Bronze. Demzufolge kommen sie in Schatzfunden und in Gräbern vor. Ihre einfache Form mit spitz zulaufenden Enden erschwert es, im Einzelfall zwischen genuin slawischen oder skandinavischen Stücken zu unterscheiden. Andere Formen mit verschlungenen Enden sowie massive und auch bandförmige Varianten dürften skandinavischen Ursprungs sein, wie die Verbreitungskarten nahelegen,[41] und erst infolge des überregionalen Austauschs als Gewichtsäquivalent in die Schatzfunde zwischen Elbe und Weichsel gelangt sein.

Hals- und Armringe werden durch die Schatzfunde vor allem in das 10. und 11. Jahrhundert datiert, treten jedoch sowohl früher als auch später auf. Beider Vorkommen ist vor allem auf den Ostseeraum bezogen. Solche Ringe scheinen in Böhmen und Mähren zu fehlen – möglicherweise infolge der Beigabenlosigkeit seit dem 11. Jahrhundert, ist doch Thüringen noch im Hochmittelalter mit beigabenführenden Gräbern vertreten. Falls die geflochtenen silbernen Ringe jedoch bereits überwiegend als Äquivalent und nicht mehr primär als Schmuckgegenstände aufgefaßt worden sein sollten, würde ihre Seltenheit in Gräbern plausibel werden.

Fast sämtlicher Schmuck bei den Slawen besteht entweder aus Bronze oder aus Silber. Goldener Schmuck ist ausgesprochen selten und auf herausgehobene Orte (Staré Město, Mikulčice, Alt Lübeck) beschränkt. Im frischen Zustand glänzte Bronzeschmuck kaum weniger, ermöglichte aber bei weitem nicht vergleichbar filigrane Formen. Diese aufwendigen Verzierungen besaßen nur goldene und silberne Exemplare, weil sich nur diese beiden Metalle aufgrund ihrer physikalischen Eigeschaften dazu eignen. Mitunter wurden weniger edle Metalle durch Silber- oder Goldauflagen aufgewertet. Bei den wenigen Stücken aus Zinn oder Blei ist häufig nicht zu entscheiden, ob es sich um tatsächlich getragenen Schmuck (Schläfen- und Fingerringe) oder aber um

---

[39] Kartierung: Hårdh [Nr. 465] 83 Abb. 19.
[40] Kartierung: Kóčka-Krenz [Nr. 573] Karte 53.
[41] Kartierung: Wiechmann [Nr. 490] 595–604 Karte 51–60.

Model handelt, aus deren Abformungen erst die fertigen Schmuckstücke entstanden.

Einen speziellen Sonderfall stellen die sog. „slawischen Bügelfibeln"[42] dar. Sie spielen für den hier interessierenden Raum keine Rolle, seien aber wegen der mit ihnen verbundenen Hypothesen dennoch angesprochen. Diese Bügelfibeln mit Masken- und mit Tierkopffuß kommen – im hier zu besprechenden Zusammenhang – im Karpatenbecken und nördlich der unteren Donau während des 6. und 7. Jahrhunderts vor. Wahrscheinlich stehen sie mit der slawischen Expansion auf dem Balkan in Verbindung, wenngleich allzu enge „ethnische" Zuweisungen gewiß problematisch sind. Zweifellos handelt es sich dabei um Stücke, die aus dem nördlichen Randbereich des byzantinischen Imperiums mit seinen z. T. germanischen Bevölkerungsgruppen angeregt wurden (wie vergleichbare Funde in Griechenland und sogar der westlichen Türkei nahelegen). Dorthin zog es seit dem mittleren 6. Jahrhundert zunächst slawische Plünderergruppen und später auch Siedler. Im westslawischen Raum lassen sich mit Ausnahme des von Joachim Werner angeführten Exemplars von Určice keine Bügelfibeln nennen; eine beachtliche Anzahl findet sich aber im östlich der Weichsel gelegenen pruzzischen Siedlungsgebiet. Damit deuten sich weitreichende Kommunikationsverbindungen an. Der Fund zweier Fibeln in Szeligi gehört in andere, allerdings ungeklärte Zusammenhänge; die beiden aus der Pflugschicht stammenden Fragmente lassen sich mit der slawischen Besiedlung nicht unmittelbar verbinden.

25. Waffen, Reiterausrüstungen und Kriegführung

Sieht man einmal von Funden unbekannter bzw. ungeklärter Herkunft (sog. Einzelfunde) ab, dann bezieht die Archäologie ihre Kenntnis der früh- und hochmittelalterlichen Bewaffnung aus zwei Fundgruppen. Das sind zum einen die Beigaben in Körpergräbern, so daß diese Überlieferung in starkem Maße von der Bestattungssitte abhängt und damit das Bild der Bewaffnung verzerrt. Zum anderen liegt eine Reihe von Gewässerfunden vor, d. h. zufälligen Bergungen von Schwertern, aber auch von Lanzen- und Pfeilspitzen aus Flüssen.

---

[42] Kartierung: Fiedler [Nr. 519] 99 Abb. 18 (unterer Donauraum); ders. [Nr. 195] 203 Abb.
      5 (Karpatenbecken); Werner [Nr. 580] 156 Abb. 4, 163 Abb. 5; Vagalinski [Nr. 579] 262
      Abb. 1 u. ö.; Sedov [Nr. 43] 85–87 Abb. 28–30; 98 Abb. 33; Curta [Nr. 167] 553 Abb. 41,
      559 Abb. 44, 567 Abb. 49, 571 Abb. 52, 573 Abb. 53, 575 Abb. 54 (Südosteuropa).

Insbesondere für den nördlichen Bereich, in dem bis ins 10./11. Jahrhundert die Toten noch verbrannt wurden, beruht die Kenntnis vor allem der Schwerter auf diesen Flußfunden. In der Slowakei, Mähren und Böhmen sind fast alle hochmittelalterlichen Waffenfunde ebenfalls Einzel- bzw. Gewässerfunde.

Bislang steht eine schlüssige Erklärung der Flußfunde noch aus, die im übrigen auch in Westeuropa recht häufig sind. Es erscheint einerseits reichlich unwahrscheinlich, daß bei – fränkischen und/oder slawischen – Heerzügen so viele wertvolle Waffen einfach verloren wurden. Auch dürften Flußübergänge nicht derart heftig umkämpft gewesen sein, daß man der Waffen im Kampfgetümmel verlustig ging, konnte man doch leicht an eine andere Stelle ausweichen. Andererseits gibt es – abgesehen von vergleichbaren Befunden anderer Zeiträume – keine weiteren aussagekräftigen Hinweise, die rituelle Handlungen wie Votivgaben wahrscheinlich machten. Daß aber nur bestimmte Waffen wie Schwerter und Lanzenspitzen vertreten sind, läßt nichtsdestotrotz an eine intentionelle Niederlegung denken. Da die Flußfunde aber nur zufällig zutage kommen – bei Ausbaggerungen oder Bauten zur Uferbefestigung –, bieten sie kein repräsentatives Verbreitungsbild.

In den Gräbern finden sich Waffen wie auch andere Beigaben nur in jener Phase, in der zwar schon die Körperbestattung üblich war, aber die Christianisierung noch nicht zur vollständigen Beigabenlosigkeit geführt hatte, d. h. die Bestattung in voller Kleidung bzw. Ausrüstung verbreitet war. Anhand dieser Grabfunde ergibt sich, daß im Mittel weniger als 10 % aller Männergräber überhaupt Waffen enthalten. Dies gilt auch für die reichen mährischen Bestattungen des 9. Jahrhunderts. Erst im 11. Jahrhundert existierten in Polen höhere Anteile, wofür Lutomiersk als Beispiel stehen mag, doch scheint es sich dabei auch aus anderen Gründen um einen Sonderfall zu handeln. Die dortigen Waffengräber werden vom Ausgräber mit ostslawisch-warägischen Kriegern verbunden, die sämtlich einheimische Frauen geheiratet hätten, eine gewiß zu stark vereinfachte Vorstellung.

Angriffswaffen

Lanzen und Speere unterscheiden sich in ihrem Gebrauch – Speere werden geworfen und Lanzen gestoßen. Diese Unterscheidung widerspiegelt sich jedoch nicht in der Form. Erhalten sind lediglich die Lanzen- (bzw. Speer-) Spitzen und nur sehr selten auch ein Lanzenschuh für das untere Ende (Staré Město). Die Länge des Schaftes dürfte nach Beobachtungen in Gräbern, also der Länge der Grabgruben und der Lage der Lanzenspitze nach zwischen 150 cm und 200 cm gelegen haben. Lanzen bzw. Speere dienten wahrschein-

lich sowohl als Jagd- wie auch als Kriegswaffe. Etwa ein Drittel der waffenführenden Gräber enthielt Lanzenspitzen, so daß Lanzen zu den häufigeren
Waffen gehört haben.

Fast alle Lanzenspitzen[43] sind Tüllenspitzen, die auf den Schaft geschoben
wurden. Deren langlebige, sich wenig verändernde Blattformen lassen eine
genauere zeitliche Einordnung kaum zu. Auch liegen weit mehr Einzel- als
Grabfunde vor und erschweren damit eine Kombinationsstatistik. Einzig die
auf fränkische Vorbilder der Karolingerzeit zurückgehenden sog. Flügellanzen (Blatnica, Dobrá Voda, Dolné Krškany, Mul'a) bilden eine besondere
Gruppe, die allerdings auch bis ins 11. Jahrhundert hinein in Gebrauch blieb
und deshalb keine genauen Datierungsanhaltspunkte liefert. Besonders häufig
kommen Flügellanzen im Karpatenbecken und an der übrigen Peripherie des
Karolingerreichs vor. Zwischen Reiter- und Fußkriegerlanzen kam es erst im
späten Mittelalter zu deutlichen Differenzierungen.

Eine ganz besondere Lanze stellt die sog. Heilige Lanze dar, in deren
durchbrochenes Blatt ein Nagel vom Kreuz Christi eingelassen ist (Kunst-
historisches Museum Wien). Sie war ein Geschenk Rudolfs von Burgund an
König Heinrich I. und wurde im 10. Jahrhundert zu einer Art Reichsinsignie
– und zunehmend als Symbol des hl. Mauritius angesehen. Bis zu Konrad II.
galt sie sogar als vornehmste Reichsinsignie. Einer späteren Überlieferung zufolge soll Kaiser Otto III. jeweils eine Kopie dieser Heiligen Lanze im Jahre
1000 dem polnischen Herzog Bolesław Chrobry (heute im Krakauer Wawel)
übergeben und 1000/1001 dem ungarischen König Stephan d. Hl. (verloren)
übersandt haben. Bolesław erhielt die Kopie, die einen Splitter des Vorbilds
enthielt und damit zugleich auch Reliquie war, bei Ottos III. Besuch in Gnesen – im Gabentausch gegen eine Armreliquie des hl. Adalbert (Wojciech),
wenngleich sich Otto den ganzen Leichnam des ihm persönlich bekannten
Adalbert erwartet haben dürfte. Diese Lanze, wohl auf dem Widmungsbild
des Aachener Evangeliars Ottos III. (in den Händen Bolesławs und König
Stephans?) symbolisiert, bildete ein Majestätsattribut (*vexillum triumphale*)
und kein gewöhnliches Krieger- oder Lehenszeichen; insofern läßt sie sich im
strengen Sinn nicht zu den Waffen rechnen.

Pfeil und Bogen waren im hohen Mittelalter vor allem eine Waffe der Fußkrieger. Zur Karolingerzeit konnten damit Fußkrieger *und* Berittene ausgerüstet werden. Von den hölzernen Bögen haben sich nur in Ausnahmefällen
Reste erhalten. Danach handelte es sich um eher einfache Bögen (Starigard/

---

43 Kartierung: Nadolski [Nr. 592] Karte 3; Die Slawen in Deutschland [Nr. 48] 295 Abb.
    142.

Oldenburg, Krakau) und nicht um die wirkungsvolleren steppennomadischen Reflexbögen. Reflexbögen finden sich lediglich an der Peripherie des awarischen und später ungarischen Einflußgebiets, wie entsprechende Reste der Knochenplättchen in slowakischen Gräbern belegen. Einfache Bögen bedurften auch keiner Schutzhüllen, wie sie für die empfindlichen Reflexbögen anhand ihrer Beschläge erschlossen werden können. Die Bogensehne wurde wohl aus tierischem Material (Sehnen) gefertigt. Die Armbrust, deren Verwendung auch indirekt durch die schwereren Bolzen (die sich allerdings mitunter nicht leicht von den vierkantigen Pfeilspitzen trennen lassen) erschlossen werden kann, kam wohl erst mit dem späten Mittelalter auf.

Die Verbreitung des Bogens läßt sich aber indirekt an den zahlreich vorhandenen Pfeilspitzen ablesen. Die verschiedenen Pfeilspitzenformen[44] können ihrer Herkunft nach großräumig unterschieden werden. Tüllenpfeilspitzen, die man auf den Pfeilschaft steckte, sind eine mitteleuropäische Entwicklung. Schaftdornpfeilspitzen, die mit ihrem spitzen Dorn im Pfeilschaft befestigt wurden, stammen aus dem frühmittelalterlichen Skandinavien. Die Form der eigentlichen Spitze zeigt deutliche Veränderungen vom frühen zum hohen Mittelalter. Die blattförmigen Spitzen wurden zunehmend von vierkantigen Varianten verdrängt. Dies dürfte zugleich auf eine zunehmende Panzerung (Ringbrünnen) hindeuten, die man mit Hilfe dieser schmalen Pfeilspitzen dennoch zu durchdringen suchte. Äußerst selten findet sich einmal das Pfeilende mit der Sehnenkerbe, das auch aus Bronze gefertigt sein konnte (Starigard/Oldenburg).

Ebenso sporadisch lassen sich Köcher (Vel'ký Grob, Bánov, Nesvady, Zemplín) identifizieren, die sich im Grab durch ihre Beschlagreste zu erkennen geben und wohl deshalb, aber auch aufgrund ihrer Datierung in das 8./9. bzw. 10. Jahrhundert und ihres südöstlichen Vorkommens in pannonische, d. h. awarische und ungarische Zusammenhänge gehören. Von dort stammen auch Schaftdornpfeilspitzen mit rhombischem Blatt, die sich dadurch von den erwähnten skandinavischen Typen mit Schaftdorn unterscheiden. Diese Form kommt häufiger in der Slowakei und Mähren vor, nördlich davon nur sporadisch.[45]

Äxte[46] werden im allgemeinen zu den Waffen gerechnet, obwohl insbesondere einfache Formen wie die nahezu europaweit verbreiteten Schmaläxte sowohl als Waffe als auch als Werkzeug gedient haben werden, ohne daß eine

---

44 Kartierung: Nadolski [Nr. 592] Karte 4; Kempke [Nr. 587] Karte 1–7.
45 Kartierung: Kempke [Nr. 587] Karte 5.
46 Kartierung: Dostál [Nr. 566] Karte 1, 1a; Nadolski [Nr. 592] Karte 2; Die Slawen in Deutschland [Nr. 48] 295 Abb. 142.

genaue Unterscheidung im Einzelfall möglich wäre. Von den frühmittelalterlichen Waffengräbern Mährens und der Slowakei enthält nahezu jedes zweite
eine Axt, die damit zu den häufigsten Waffen gehört. Sie dürfte eine Waffe
vor allem von Fußkriegern gewesen sein, denn in der Mehrzahl ist sie nicht
mit Teilen von Reiterausrüstungen kombiniert. Sie kommt vor allem auf ländlichen Gräberfeldern und kaum in den herausgehobenen Nekropolen vor. In
slowakischen und mährischen waffenführenden Gräbern des 9. und auch des
10. Jahrhunderts sind Bartäxte sehr zahlreich vertreten, denen die viel selteneren Breitäxte zur Seite gestellt werden können. Beide Varianten besitzen gegenüber dem Mittelteil verbreiterte, d. h. vor allem nach unten ausgezogene
Schneiden, unterscheiden sich aber in der Art und Weise, wie die Schneide
abgesetzt ist. Zusammen machen diese beiden Formen mehr als drei Viertel
aller Äxte aus.

Sehr selten finden sich sog. „Streitäxte" oder auch „Hammeräxte" mit halb-
kreisförmigen Schaftlappen und verlängertem Nackenteil. Sie gehen auf step-
pennomadische Einflüsse aus Pannonien zurück und sind daher nur noch in
der Slowakei (Vel'ký Grob, Trnovec nad Váhom) in „altungarischem" Milieu,
in Mähren und Böhmen (Stará Kouřim) bis zum 9. Jahrhundert vertreten.
Äxte waren insgesamt nur in Ausnahmefällen verziert (Zemianske Podhradie,
Behren-Lübchin, Stará Kouřim, Lutomiersk, Brandenburg/Havel, Teterow)
und stellen dann eher Prunkstücke als tatsächlich gebrauchte Waffen dar. Tendenziell scheinen Schaftlochlappen, die einem besseren Halt am Schaft bewirken und ein Lockern beim Aufprall verhindern sollten, ein jüngeres typologi-
sches Element zu sein, d. h. vor allem im 10. und 11. Jahrhundert vorzukommen. Dies legen Parallelen aus dem Baltikum und der Rus' nahe. Insgesamt
gesehen waren Äxte eine vor allem im frühen Mittelalter verbreitete Waffe, die
im 11. und 12. Jahrhundert seltener verwandt wurde. Eiserne Barren in Axt-
form dienten in Mähren und Kleinpolen zeitweise (9. und frühes 10. Jahrhundert) wahrscheinlich als Äquivalent und weisen vielleicht indirekt auf eine besondere Wertschätzung dieser Waffenform hin. Neben ihrer Äquivalentfunk-
tion konnten diese Barren aber auch als Halbfabrikat weiterverarbeitet werden.

Schwerter[47] zählten als zweischneidige Hiebwaffen zu den sehr wertvollen
und darum prestigeträchtigen Waffen (Abb. 79). Sie waren deshalb auch
schon früh Gegenstand der Forschung, so daß eine Reihe von Typologien

---

[47] Kartierung: Preidel [Nr. 38] Bd. I, 38 Abb. 2, 39 Abb. 3, 41 Abb. 4; Klanica [Nr. 588];
Nadolski [Nr. 592] Karte 1; Herrmann [Nr. 467] 144 f. Abb. 157–158 (summarisch); Die
Slawen in Deutschland [Nr. 48] 295 Abb. 142; Wachowski [Nr. 102] 6 Abb. 1; 8 Abb. 2.

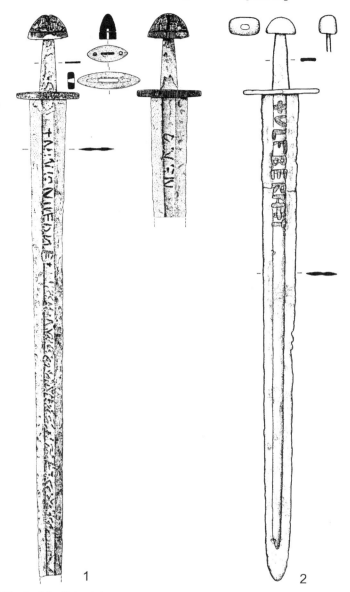

Abb. 79. Frühmittelalterliche Schwerter aus Ostmitteleuropa. 1 Demmin (8./9. Jahrhundert);
2 Alt Galow (10. Jahrhundert) mit ULFBERHT-Inschrift auf der Klinge. – M. 1:6 (nach Corpus [Nr. 70] 2–47/28; Veröff. Brandenburg. Landesmus. Ur- u. Frühgesch. 28, 1994, 225
Abb. 2)

und Bearbeitungen vorliegt. Noch immer bildet jedoch Jan Petersens vor
mehr als achtzig Jahren entstandene und weithin verwendete Gliederung eine
tragfähige Grundlage, wenn sie auch mehrfach verfeinert worden ist.[48] Diese
Gliederung nimmt auf die überaus variable Form des Schwertknaufs bzw.
-griffs („Gefäß") Bezug. Zu den häufigsten Formen gehören die Typen X (9.
bis 11. Jahrhundert) und Y (12./13. Jahrhundert). Da aber Knauf und Klinge
unabhängig voneinander gefertigt und dann erst zusammengefügt wurden,
wie unterschiedlichste Kombinationen nahelegen, ist mit Petersens für den
skandinavischen Norden entwickelten Schema nur *ein* wichtiger Schwert-
bestandteil erfaßt, besonders dann, wenn es um Fragen der Herkunft geht.

Für das frühe Mittelalter ist für die meisten Schwerter ein „Import" aus
dem fränkischen Westen anzunehmen, der für den südlichen Ostseeraum mitunter auch über Skandinavien gelaufen sein mag. Dabei wird es sich weniger
um einen Handel mit Waffen gehandelt haben, wie er aber dennoch aus
schriftlichen Quellen zu erschließen ist. Das Diedenhofener Capitulare von
805 (MGH LL Sect. II, Capit. I, Nr. 44) und spätere Regelungen wie das
Bonner Capitulare von 811 (MGH LL Sect. II, Capit. I, Nr. 74) verbieten beispielsweise Kaufleuten die Mitnahme von Waffen und Panzern bei Strafe der
Beschlagnahme aller mitgeführten Waren und zeigen damit indirekt, daß dieses Vorgehen im Gegenteil nicht ganz ungewöhnlich war. Die meisten frühen
Schwerter dürften allerdings im Rahmen „fürstlichen" Gabentauschs über-
reicht worden sein. Der Austausch von (Gast-)Geschenken stellte, auch im
Rahmen der christlichen Missionierung, einen verbreiteten Verhaltenskodex
dar. Die Empfänger waren Elitenangehörige, was die in Gräbern häufige
Kombination mit Reitersporen unterstreicht.

Formenkundlich lassen sich Veränderungen erst im späten Mittelalter fassen, als stärkere Panzerungen auch eine entsprechende Weiterentwicklung der
Schwerter verlangten. Damaszierungen, die im Frankenreich zur Merowingerzeit beliebt waren, kommen in späterer Zeit kaum noch vor und verschwinden
im 10. Jahrhundert fast völlig. So lassen sich auch nur an wenigen im westslawischen Bereich gefundenen Klingen (Kolín, Počaply, Mikulčice, Marcelová, Červeník, Žabokreky, Levice?) Damaszierungen beobachten, die den Stahl
hart und zugleich elastisch machten. Statt dessen galten offenbar Inschriften
(Ulfberht[49], Ingelred u. ä.) in derselben Technik als Qualitätsmerkmal, bezeichneten aber ursprünglich lediglich den Waffenschmied bzw. dessen „Werk-
statt". Neben den Klingen finden sich derartige „Markenzeichen" auch auf

---

[48]   U. a. Geibig [Nr. 584].
[49]   Kartierung: Geibig [Nr. 584] 121 Abb. 33.

Parierstangen (Hiltiprecht). Sie wurden jedoch rasch und weiträumig imitiert, wie häufige Schreibfehler der Namen und das Vorkommen dieser Klingen über mehrere Jahrhunderte belegen. Reich verzierte Knäufe sind ebenfalls weitgehend auf das frühe Mittelalter beschränkt. Diese „Vereinfachung" beschreibt eine Entwicklung zu weniger prunkvollen, aber wirkungsvolleren Schwertern im hohen Mittelalter, auch wenn die reichen Grabfunde des 9./10. Jahrhunderts einerseits und die bescheideneren Zufallsfunde des 11./12. Jahrhunderts andererseits das Bild etwas überzeichnen. Säbel des 10. Jahrhunderts liegen nur aus slowakischen Reitergräbern vor (Trnovec nad Váhom, Zemianska Olča, Nesvady, Sered', Zemplín), die den Ungarn zugewiesen werden können.

Schwertscheiden bzw. Scheidenbeschläge wie Mundbleche oder Ortbänder (im heute sächsischen Nimschütz ein skandinavisches bzw. warägisch-ostslawisches Exemplar, ebenso in Nünchritz; Wollin) sind nur sehr selten entdeckt worden. Die meisten Scheiden bestanden wohl aus Holz und Leder, ohne metallene Bestandteile und Verzierungen zu besitzen. Teile von Schwertgarnituren, d. h. Reste des Schwertgurtes wie Schnalle, Riemenzunge, -beschläge und -verteiler, finden sich vor allem in slowakischen, mährischen und böhmischen Gräbern des 9. Jahrhunderts.[50] Auch sie gehören wohl – angesichts ihres „karolingischen", d. h. fränkischen bzw. awarisch beeinflußten Zierstils und der übrigen „reichen" Grabausstattung – in den Rahmen des Gabentauschs zwischen Eliten.

Neben diesen Waffen dürfte es weitere Formen wie hölzerne Keulen oder Schleudern gegeben haben, die sich aber – da aus organischem Material hergestellt – im Boden nicht erhalten haben. Sie können jedoch aus schriftlichen und bildlichen Quellen erschlossen werden. Streitkolben tauchten erst im späten Mittelalter auf, nachdem sie zuvor schon in Südosteuropa bekannt waren. Messer waren vor allem Universalgeräte und dürfen deshalb nicht *per se* als Waffen interpretiert werden. Sie sind häufig in Männer- *und* Frauengräbern vertreten und wurden am Gürtel getragen. Meist besaßen sie eine einfache Form – gerade Klinge mir gestrecktem Rücken und vorn leicht gebogener Schneide. Das Heft (der Griff) aus Holz oder Bein, mitunter verziert, steckte auf einer geraden Angel.

Schutzwaffen

Defensivausrüstungen oder Schutzwaffen gehören, anders als die Angriffswaffen, zu den ausgesprochen seltenen archäologischen Funden – im gesam-

---

50 Kartierung: Wachowski [Nr. 102] 10 Abb. 3.

ten Mitteleuropa. Doch steht damit offenbar nur ein kleiner Ausschnitt zur
Verfügung. Ikonographische Zeugnisse wie der außergewöhnliche Teppich
von Bayeux, aber auch Handschriften und Fresken zeigen jedoch häufig gepanzerte und behelmte sowie mit Schilden versehene Krieger. Der Mangel an
Funden erweist sich daher – auch wenn diese Bilder zeitgenössische Idealvor-
stellungen präsentieren – vor allem als Überlieferungslücke und nicht sofort
als Beleg dafür, daß nur eine sehr kleine Spitzengruppe damit ausgerüstet war.
Historische Zeugnisse wie der Bericht Ibrāhīm ibn Yaʿqūbs beschreiben
Trupps in voller Ausrüstung mit Schutz- und Angriffswaffen.

Eiserne Schildbuckel liegen mit nur wenigen bislang entdeckten Exemplaren vor, die sämtlich von der Peripherie des slawischen Siedlungsraums stammen (Ralswiek, Starigard/Oldenburg, Giekau, Alt Lübeck, Arkona [2], Berlin-Spandau, Vlastislav [Böhmen], Nejdek-Pohansko [Mähren], Żuków b.
Błonie, Nitra)[51]. Es dürfte sich daher um von außen eingeführte, d. h. wohl
im Gabentausch erworbene Stücke handeln. Von diesen besonderen Schilden
abgesehen, waren entweder hölzerne Schildbuckel, von denen wohl Exemplare aus Groß Raden und Kruszwica vorliegen, oder buckellose Schilde in Gebrauch. Des weiteren fehlen auch Schildfesseln – die Griffe zum Halten des
Schilds. Vollständige Schilde konnten bisher nicht ausgegraben werden, lassen
sich aber durch ikonographische Darstellungen wie z. B. Münzbilder rekonstruieren. Danach handelte es sich um runde oder ovale Schilde, die aus Holz
gefertigt oder auch geflochten waren. Möglicherweise gab es auch Schilde aus
Leder, das wahrscheinlich auf Holz aufgezogen war. Schilde mögen aber auch
selten gewesen oder nicht in die Gräber gelangt sein. Im Spätmittelalter wurde europaweit eine rechteckige oder Tropfenform üblich.

Als exzeptionell sind Helme[52] einzustufen. Sie liegen in nur sehr wenigen
Exemplaren vor, die wohl seit dem späten 10. Jahrhundert, vor allem aber im
hohen Mittelalter in Gebrauch waren. Die Fundumstände sind fast stets
unklar. Auch die Helme entstammen nicht einer einheimischen Produktion,
sondern stellen über den Kontakt zwischen Elitenangehörigen bezogene Erzeugnisse fremder Waffenschmiede dar. Trotz der wenigen Exemplare lassen
sich – unter Heranziehung west- und osteuropäischer Parallelen – zwei Grund-
formen unterscheiden.

Dazu gehört erstens ein „westlicher" Typ mit spitzkonischer Form und
Nasenschutz (Orchowskie Jezioro b. Bydgoszcz, Ostrów Lednicki, Vlastis-

---

[51] Kempke [Nr. 587] 40.
[52] Kartierung: Nadolski [Nr. 592] Karte 6.

lav). Diese Helme wurden aus zwei Hälften zusammengefügt, die eine von der Stirn zum Hinterkopf verlaufende Kante bilden. Der zweite „östliche" Typ besitzt einen röhrenförmigen Aufsatz (für einen Federbusch o. ä.?) auf dem aus vier Eisenplatten bestehenden Körper (Ducové, Giecz, Gorzuchy, Olszówka). Die Eisenplatten sind mit vergoldetem Kupferblech überzogen und auf den Flächen Rosetten aufgesetzt. Diese verzierten Exemplare folgen zweifellos russischen Vorbildern und besitzen Parallelen im Raum um Kiev, doch ist ihr Herstellungsort bislang nicht geklärt. Die Bezeichnung „groß-polnischer Typ" kann daher nicht mehr als ein Behelf ohne Erklärungskraft sein.

Alle diese Funde von Helmen stammen von herausgehobenen Fundorten im Kerngebiet der Piastenherrschaft bzw. von dem slowakischen „Herren-hof" Ducové. Dies unterstreicht das elitäre Milieu, aus dem die Helmträger kamen. Auch im westlichen Mitteleuropa gibt es nur sehr wenige Helmfunde. Angesichts der zahlreichen ikonographischen Zeugnisse (vor allem Hand-schriften-Illustrationen), auf denen viele behelmte Krieger zu sehen sind, können die archäologischen Funde nicht mehr als einen Ausschnitt repräsen-tieren. Eine seltene Darstellung ist die nur wenige Zentimeter große Figur ei-nes behelmten und mit Schild bewaffneten Panzerreiters; sie wurde im Hack-silberschatz von Lisówek (Leißower Mühle) gefunden, in der ersten Hälfte des 11. Jahrhunderts vergraben, und dürfte ursprünglich wohl zu einem Ohr-ring (ähnlich der Pferdedarstellung von Kouřim) gehört haben. Im Unter-schied zu anderen Waffen und Ausrüstungen gelangten Helme offenbar nicht ins Grab. Deshalb gab es wahrscheinlich mehr Helmträger, die aber dennoch einer Elite zuzurechnen sind.

Nicht viel anders verhielt es sich mit den Panzern, die wie die Helme seit dem 10. Jahrhundert vorkamen. Brustpanzer gehörten ebenfalls zur Ausstat-tung einer dünnen Oberschicht herausgehobener Krieger. Eiserne Ringbrün-nen bzw. „Kettenhemden" sind bislang nur aus Starigard/Oldenburg und Ploštín (undatiert) sowie durch das König Wenzel zugeschriebene Panzer-hemd überliefert. Nicht alle in Gräbern gefundenen Kettenpanzerreste müs-sen zu Brustpanzern gehört haben, denn es scheint auch einen ähnlich gear-beiteten Beinschutz gegeben zu haben. Darauf deuten jedenfalls entsprechen-de Befunde im Unterschenkelbereich mancher Gräber hin (Vel'ký Grob). „Einfachere" Ausführungen stellten Lederpanzer dar, die jedoch auch nicht von einer allzu breiten Schicht getragen wurden. Aus Arkona stammen Reste eines solchen festen Brustpanzers.

Reiterausrüstungen

Zu den Reiterausrüstungen gehören neben den vom Reiter selbst getragenen
Sporen auch Steigbügel, Sattel und Zaumzeug (Trense und Riemen), die am
Pferd befestigt waren. Nur selten finden sich alle Bestandteile einer Reiter-
ausstattung zusammen, da es im slawischen Milieu z. B. keine Pferdebestattungen (wie bei den Awaren) gab. In den meisten Fällen kann die Ausrüstung
nur aus verschiedenen, nicht zusammengehörigen Funden rekonstruiert werden. Unter den Waffengräbern entfallen auf „Reiterkrieger" nur etwa ein
Viertel bis ein Drittel. Darin manifestiert sich der besondere, herausgehobene
Charakter der Reiter. Denn Pferde waren teuer, auch im Unterhalt. Tendenziell erscheinen Reiter „schwerer" bewaffnet als Fußkrieger, doch verstärkt
sich diese Unterscheidung erst im hohen Mittelalter. Diese schwerere Bewaffnung bestand vor allem aus dem Schwert, ein weiteres Indiz dafür, daß Reiter
wohl von einer Elite gestellt wurden.

Sporen[53] kamen, trotz verschiedener Versuche einer Datierung schon in
das 5./6. Jahrhundert (J. Żak), im östlichen Mitteleuropa wohl erst seit der
zweiten Hälfte des 8. Jahrhunderts in Gebrauch. Die Anregungen dazu
stammten offenkundig aus dem karolingischen Westen, und nur ein solcher
Zeitansatz vermag diese Beziehungen zu erklären. Von dort bezogen Eliten
zunächst westliche Ösen- bzw. Schlaufen- und Nietplattensporen (Abb. 80).
Im 9. Jahrhundert dürften diese Formen aber auch in Mähren selbst hergestellt worden sein, vielleicht von fremden Handwerkern. Dabei kann man
zwischen Plattensporen mit einer quer zum Bügel verlaufenden Nietenreihe
und Plattensporen mit zwei bügelparallelen Nietenreihen unterscheiden. An
diesen Platten wurde der Sporenriemen festgenietet, der den Sporn am Knö-
chel fixierte.

Seit der zweiten Hälfte des 8. Jahrhunderts ging man im westslawischen
Raum jedoch auch zur Produktion eigener Formen über, die aus den fränkischen Ösen- oder Schlaufensporen entwickelt wurden. Bei diesen Typen wurde der Riemen mit Hilfe einer Öse bzw. Schlaufe befestigt; dabei hängte man
den wahrscheinlich mit einem Ring versehenen Riemen in die möglichst eng
an den Bügel gedrückte Schlaufe ein. Diese eisernen slawischen Hakensporen
(mit nach *innen* umgeschlagenen Enden) lassen sich trotz ähnlicher Form von
ihren Vorbildern dadurch unterscheiden, daß bei ihnen der Stachel nicht ein-

---

53 Kartierung: Gabriel [Nr. 497] 111 Abb. 2; Bialeková [Nr. 581] 146 Abb. 19 (Nietplatten-
    sporen Typ III in der Tschechoslowakei); 153 Abb. 26 (Sporen des 9. Jh. in der Slowakei);
    Żak/Maćkowiak-Kotkowska [Nr. 605] 100 Abb. 5.

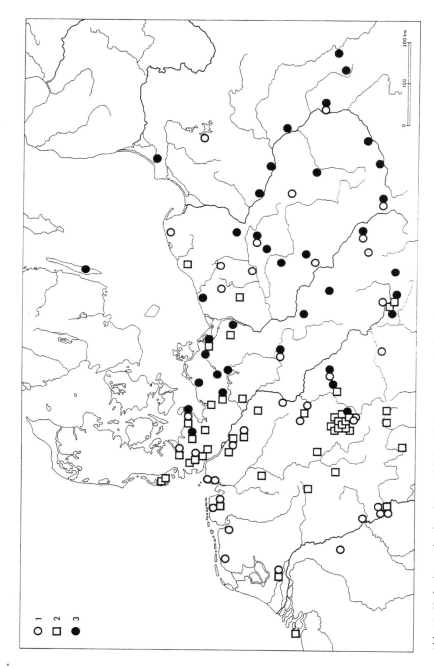

Abb. 80. Verbreitung der karolingerzeitlichen Reitersporen zwischen Rhein und Weichsel. 1 Osen- bzw. Schlaufensporen fränkischer Machart; 2 Nietsporen; 3 Hakensporen slawischer Art. Deutlich sind die unterschiedlichen Verbreitungsschwerpunkte zu erkennen (nach Gabriel [Nr. 497] 111 Abb. 2)

gesetzt und vernietet ist. Vielmehr wurden die Hakensporen mit einigem Geschick aus einem Stück geschmiedet, was sich allerdings bei stark korrodierten Funden erst im Röntgenbild zu erkennen gibt (Abb. 81).

Einige der qualitätvollen Exemplare, besonders aus dem mährischen Raum, sind mitunter reich verziert. Es kommen Silbertauschierungen und auch Vergoldungen vor (Mikulčice, Staré Město, Teterow, Břeclav-Pohansko, Ducové). Während im fränkischen Bereich bis ins 8. Jahrhundert häufig nur jeweils ein Sporn in Gräbern auftritt, sind in Mähren und Böhmen regelhaft Sporenpaare beigegeben worden. Interessanterweise kommen Gräber mit Sporen, aber ohne weitere (Waffen-)Beigaben vor. Vermutlich stellten daher diese Sporen Statussymbole dar. Kaum bekannt ist das Aussehen der zugehörigen Sporenriemen. Nur selten sind entsprechende Schnallen und Riemenzungen beobachtet worden (Staré Město, Kolín, Mikulčice, Břeclav-Pohansko). Die karolingerzeitlichen Garnituren waren dreiteilig und bestanden aus Schnalle, Riemenzunge und -durchzug bzw. -schlaufe. Sie sind mitunter nicht leicht von ähnlichen Schnallen und Beschlägen zu unterscheiden, die aber zum Schuh oder zu Beinriemen gehörten. Lediglich von den Bestandteilen des Schwertgurtes sind sie leicht zu trennen, sowohl aufgrund ihrer Lage im Grab als auch aufgrund ihrer geringeren Größe.

Mit der Zeit kam es nicht nur zur Verlängerung der Sporenbügel und der Stachel, sondern auch zur Veränderung der Form selbst. Die Bügel wurden im hohen Mittelalter allmählich stärker gebogen und der Stachel abgewinkelt. Ursache dafür war nach allgemeiner Überzeugung eine veränderte Haltung im Sattel, die einen festeren Sitz ermöglichen sollte. Verantwortlich dafür wiederum war das Bemühen, mit größerer Wucht und schwereren Waffen die zusehends verstärkten Panzerungen zu durchbrechen. Radsporen als neue Form mit einem gezahnten Rädchen am Stachel benutzte man erst seit dem späten Mittelalter; sie bleiben deshalb hier außer Betracht.

Steigbügel[54] liegen in nicht wenigen Exemplaren vor (Abb. 82). Die frühen Exemplare des 9. Jahrhunderts dürften häufig fremder Herkunft sein (Pritzerbe, Ralswiek, Vrbka, Skalica, Zbečno, Jur, Chotěbuz-Podobora, Uherské Hradiště, Waren/Müritz, Kolín, Prachov, Mogiła). Ursprünglich stammen Steigbügel aus dem reiternomadischen Osten, von wo sie nach Europa gelangten. Seit der (späteren) Karolingerzeit gehörten sie auch im Westen zur Ausstattung von Reiterkriegern. Anstelle der östlichen runden bzw. gerunde-

---

[54] Kartierung: Die Slawen in Deutschland [Nr. 48] 295 Abb. 142; Wachowski [Nr. 102] 33 Abb. 17; Měchurová [Nr. 591] 62 Abb. 1.

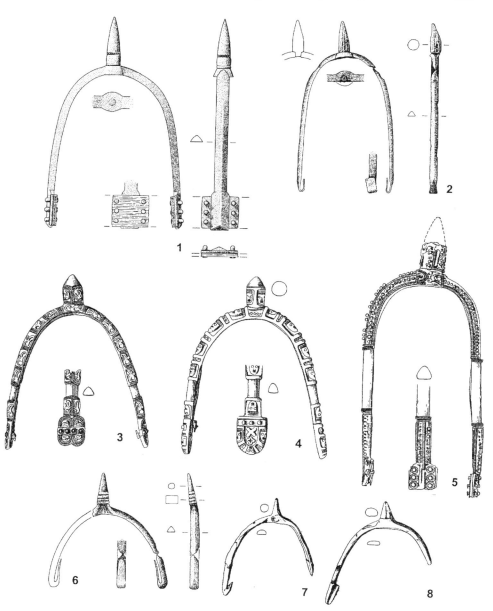

Abb. 81. Karolingerzeitliche Sporen aus Ostmitteleuropa. 1 Scharstorf (Nietplattensporn);
2 Starigard/Oldenburg (Schlaufensporn); 3–4 Mikulčice (Nietplattensporn); 5 Staré Město „Na
valách" (Nietplattensporn); 6 Starigard/Oldenburg (Hakensporn); 7–8 Mikulčice (Hakensporn).
– M. 1:3 (nach Starigard/Oldenburg [Nr. 311a] 184 Abb. 2,1; 186 Abb. 3,4.6; Kavánova [Nr.
586] Taf. II,1.2; IV,1.2; IX,2)

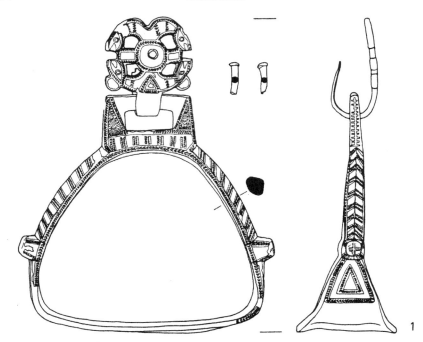

Abb. 82. Steigbügel von Pritzerbe. Der in die Öse eingehängte Beschlag mit vier Tierköpfen
war am Ende des Riemens befestigt, an dem der Steigbügel hing. – M. 1:2 (nach Corpus [Nr.
70] 3–79/58)

ten Form von Bügel und Steg (Trittfläche), die damit noch deutlich an ältere
Steigschleifen aus Leder erinnert (und recht häufig in der Slowakei vertreten
ist), sind im mitteleuropäischen Raum halbkreis- bzw. parabelförmige und
dreieckige bzw. V-förmige Bügel mit geradem Steg üblich. Steigbügel sind
zwar in geringerer Zahl als Sporen im Fundmaterial vertreten, doch scheinen
sie regelhaft zur Ausstattung von Reitern gehört zu haben. Dabei bestehen
deutliche Qualitätsunterschiede – es kommen Tauschierungen und Vergoldungen vor. Manche Stücke stammen aus dem skandinavischen (Ralswiek mit
deutlich abgesetztem Steg) oder baltischen Raum (Pritzerbe mit Tierkopf-
verzierung am Riemenende). Die zugehörigen Riemen besaßen einfache runde oder eckige Schnallen, die als Einzelfunde nicht ohne weiteres direkt zuzuordnen sind.

Sättel scheinen im Fundmaterial unterrepräsentiert zu sein, wenn man die
seltenen Funde mit der Zahl der Sporen und Steigbügel vergleicht. Sie haben
sich nur schwer erhalten können, da sie aus Holz und Lederbezug bestanden.
Sattelteile können deshalb mitunter nur schwer identifizierbare Überreste

sein. Die wenigen Funde (Neubrandenburg-Hanfwerder, Gützkow, Luto-miersk) zeigen eine Konstruktion aus zwei hölzernen, durch flache Längs-hölzer miteinander verbundenen Bögen. Diese Belege stammen erst aus dem hohen Mittelalter, als die Bewaffnung der Reiter zunehmend schwerer wurde – eine sich aber erst im späten Mittelalter voll durchsetzende Entwicklung. Darauf verweisen nicht nur schwerere Sättel, sondern auch Steigbügel und veränderte Sporen, aber auch die Bewaffnung selbst mit aufwendigeren Sporen, schwererer Panzerung, veränderten Schwertern und schlanken Pfeilspitzen.

Zur Ausrüstung des Reitpferdes gehörten vor allem eiserne, selten bronzene Trensen, die in größerer Zahl aus Siedlungen stammen. Es sind meist zweiteilige sog. Ringtrensen, mitunter wurden auch Knebeltrensen benutzt, wobei auch westliche Formen bestimmter Knebeltypen vorliegen (Groß Raden, Pastin). Von den Zügeln erhielten sich nur einzelne Riemenbeschläge[55] (Blatnica, Pobedim), deren Zuordnung allerdings nicht leicht fällt. Hufeisen waren zwar seit dem 8./9. Jahrhundert bekannt, scheinen den Funden nach aber erst im Spätmittelalter regelmäßig verwendet worden zu sein. Für Reitpferde waren sie trotz des feuchten, die Hufe angreifenden Klimas wohl nicht erforderlich.

Eimer aus hölzernen Dauben und metallenen Beschlägen haben entgegen manchen Vermutungen wohl nichts mit einer speziellen Ausrüstung von Reiter und Pferd zu tun. Diese Eimer kommen zwar häufig in Waffengräbern vor, meist jedoch nicht zusammen mit Reiterausrüstungen. Es scheint sich bei den Eimern um eine besondere Art der Gefäßbeigabe zu handeln, denn sie wurden fast nie zugleich mit Keramikgefäßen in ein Grab gelegt. Aufgrund merowinger- und wikingerzeitlicher Parallelen läßt sich schließen, daß Eimer zum exquisiten Trinkgeschirr gehörten. Ihr Vorkommen ist deshalb primär an Bestattungen einer Elite gebunden, zu der auch Berittene gehörten.

Die Reiterausrüstungen belegen, daß es bei den Westslawen seit der Karolingerzeit Reiterkrieger gab. Anstöße dazu dürften von den ehemals nomadisierenden Awaren in Pannonien, von den fränkischen Heeren Karls des Großen und seiner Nachfolger sowie von den Sachsen ausgegangen sein. Schließlich bewirkten die von den Ungarn zu Pferde unternommenen Kriegs- und Plünderungszüge der ersten Hälfte des 10. Jahrhunderts einen Schub, in dessen Folge auch größere Reiterformationen, vor allem seit dem 11. Jahrhundert, aufgestellt wurden. Neben einheimischen Kriegern dürften sich darunter

---

55 Kartierung: Nadolski [Nr. 592] Karte 8.

auch Söldner – auch aus dem skandinavischen oder ostslawisch-warägischen
Bereich – befunden haben, doch sind entsprechende archäologische Hinweise
bislang spärlich (Lutomiersk?). Für die Abodriten wird berichtet, daß „Fürst"
Mstislav Kaiser Otto II. auf dessen Italienzug 982 mit 1000 Reitern begleitete.
Der polnische Herrscher Mieszko soll zur gleichen Zeit 3000 Gepanzerte besessen haben, deren jeder 100 andere Krieger aufwiegen konnte, wie Ibrāhīm
ibn Yaᶜqūb vom Hörensagen zu erzählen wußte. Mieszkos Nachfolger Bolesław Chrobry konnte dem sogenannten *Gallus anonymus* (I,8) zufolge über
etliche tausend Reiter gebieten: 1300 Gepanzerte und 4000 mit Schild Bewaffnete aus Posen, 1500 Gepanzerte und 5000 mit Schild Bewaffnete aus Gnesen,
800 Gepanzerte und 2000 mit Schild Bewaffnete aus Włoclawek, 300 Gepanzerte und 2000 mit Schild Bewaffnete aus Giecz – insgesamt also 3900 bzw.
13000 Mann. Diese Zahlen sind so unglaublich hoch und schematisch gerun-
det, daß sie nicht als reale Angaben angesehen werden können, sondern als
indirekter Hinweis auf überragende politische und militärische Macht zu bewerten sind, wie sie auch die Überschrift des genannten Kapitels behauptet.
Die Angaben bedeuten letztlich nicht mehr als „eine große Zahl" von Kriegern.

Entwicklung der Bewaffnung

Umfang und Entwicklung der Bewaffnung lassen sich insgesamt nur schwer
abschätzen. Ursache dafür ist die disparate Quellenlage. Für die Slowakei,
Mähren und Böhmen stammen die meisten Waffenfunde aus Körpergräbern
des 9. und 10. Jahrhunderts. Aus dem Raum zwischen Elbe und Weichsel liegen vor allem Gewässerfunde vor; Körpergräber kommen hier meist erst im
hohen Mittelalter vor. Was aufgrund dieser Funde im Vergleich zunächst als
zeitliche Veränderung erscheint, mag eigentlich nur eine regionale Differenzierung sein. Dennoch läßt sich wohl feststellen, daß die Ausrüstung mit Axt
sowie Pfeil und Bogen vom frühen zum hohen Mittelalter zurückging, während umgekehrt Lanzen häufiger getragen wurden. Schwerter waren stets relativ selten. Schutzwaffen sind zu selten entdeckt worden, als daß sich Entwicklungen abzeichnen würden.
    Auch die Kombination verschiedener Waffen ist schwierig zu beurteilen.
Nur Gräberfunde geben darüber Aufschluß, denn nur sie stellen geschlossene
Funde dar. Überregionale Vergleiche werden aber dadurch erschwert, daß
sich die – wenigen vollständig ausgegrabenen – Gräberfelder schon in der
Zahl der waffenführenden Gräber stark unterscheiden. Deren Anteil liegt
kaum über 5–10 %. Die meisten Waffengräber enthalten lediglich eine Waffe:

entweder eine Lanze oder eine Axt, entweder Pfeil (und Bogen) oder Schwert. Waffenkombinationen sind demzufolge selten und auf eine kleine Gruppe beschränkt. Berücksichtigt man Reiterausrüstungen bzw. deren Teile als zusätzliches Kriterium, ergibt sich folgendes Bild: Reiter besaßen meist (mindestens zwei Drittel) ebenfalls nur eine Waffe, doch ging dieser Anteil im Gegensatz zu den Fußkriegern wahrscheinlich zurück. Damit scheint sich abzuzeichnen, daß im hohen Mittelalter nur noch Berittene mehrere Waffen besaßen, also „schwerer" bewaffnet waren als die Fußkrieger.[56]

Tab. 14. Waffenbeigaben in ausgewählten Nekropolen. Für die einzelnen Regionen sind v. a. folgende Gräberfelder berücksichtigt: Mähren – Mikulčice (Kirche II) und Staré Město „Na valách"; Slowakei – Vel'ký Grob und Skalica; Böhmen – Stará Kouřím; Polen – Końskie und Lutomiersk. Der Anteil der „Waffengräber" an der Gesamtzahl der Männerbestattungen beträgt in Mähren und Böhmen etwas über 2 %, in der Slowakei zwischen 7 und 8 %, in Polen bei 14 bis 24 %. Diese deutlichen Unterschiede widerspiegeln keine zeitlichen Veränderungen, sondern beruhen zunächst auf der verschiedenen Zusammensetzung der bestattenden Gemeinschaften. Insgesamt enthalten die meisten „Waffengräber" nur eine Waffe; relativ selten sind Gräber mit mehreren Waffen und mit Teilen einer Reiterausrüstung (Sporen, Steigbügel, Trense) (nach Preidel [Nr. 38] Bd. II, 68–74)

	Mähren und südwestliche Slowakei (9.–10. Jahrhundert)			Böhmen (9.–10 Jahrhundert)		Polen (11. Jahrhundert)	
	Hügelgräber		Körpergräber					
	mit	ohne	mit	ohne	mit	ohne	mit	ohne
	Reiterausrüstung		Reiterausrüstung		Reiterausrüstung		Reiterausrüstung	
Gräber mit mehreren Waffen								
insgesamt	4	10	12	11	5	2	8	2
Schwert	2	-	6	3	4	2	4	2
Axt	4	10	11	9	5	1	6	2
Lanze	4	3	8	7	2	1	10	-
Bogen	1	7	3	5	-	-	1	-
Gräber mit einer Waffe								
insgesamt	20	33	34	59 + 2	5	17	14 + 1	76 + 2
Schwert	-	1	5	4	1	4	2	6
Axt	16	16	23	31 + 1	3	8	4 + 1	24 + 2
Lanze	2	2	4	14 + 1	1	2	8	36
Bogen	2	14	2	10	-	3	-	10

---

56   Preidel [Nr. 38] Bd. II, 68–78.

Krieg und Kriegführung

Bewaffnete Auseinandersetzungen waren wie in vergleichbaren frühmittelalterlichen Gesellschaften fast alltäglich. Das belegen neben den schriftlichen
Überlieferungen die archäologischen Waffenfunde (in Gräbern und Gewäs-
sern) sowie an Skeletten hin und wieder zu beobachtende Verletzungen durch
scharfe Waffen wie Schwerter und Äxte. Diese Sachquellen können aber über
die Art und Weise, den Verlauf der Konfliktaustragung fast nichts aussagen.
Deshalb seien schließlich noch einige mittelalterliche Beschreibungen angeführt, um das Bild zu ergänzen. Im Unterschied zum „Krieg" ist „Frieden"
vor allem negativ definiert – als Abwesenheit von Krieg. Denn diese gewissermaßen „ereignislose" Zeit fand kaum das Interesse der Chronisten, die sich
den außergewöhnlichen und deshalb erzählenswerten Dingen widmeten.

An den meisten kriegerischen Auseinandersetzungen waren nach heutigen
Maßstäben jeweils kleinere Trupps von einigen Dutzend Männern beteiligt.
Diese „Einheiten" waren beweglich, relativ leicht zu versorgen und überstie-
gen nicht die Möglichkeiten einer beschränkten Herrschaft. Das Vermögen,
ein größeres Heer zusammenziehen zu können, setzte eine umfänglichere
Herrschaftsbildung voraus. Über die entsprechenden Vorbereitungen des
Abodritenfürsten Heinrich für einen Zug gegen die Ranen um 1123 erfahren
wir, daß der auch als *rex* (König) titulierte Heinrich „Boten in alle Slawen-
lande [schickte – S. B.], um Hilfstruppen zusammenzuziehen, und sie kamen
sämtlich einhellig und demütig zusammen ... Da sah man die Slawenscharen
aus allen Ländern ausgebreitet auf [dem Eis – S. B.] der Meeresfläche, geordnet nach Abteilungen und Heerhaufen des königlichen Befehls gewärtig ...
Wie nun alle gesichert und geordnet in den verschiedenen Kampfgruppen
standen, traten die Führer allein vor, den König und die [ihnen – S. B.] fremden Heeresteile zu begrüßen" (Helmold von Bosau I,38).

Die Einnahme von Burgen, in die sich das gegnerische Heer zur Zuflucht
zurückgezogen hatte, verfolgte zwei Ziele: einerseits des Gegners habhaft zu
werden und andererseits diesen demonstrativ, „vor aller Augen" zu unterwer-
fen. Über die Belagerung der oben (Kap. IV,16) bereits erwähnten slawischen
Burg durch ein dänisches Heer 1171 berichtete Saxo Grammaticus (XIV):
„Um den Angriff abzuhalten, ließ der Herr der Burg, Otimar, bei dem An-
rücken des Heeres die Brücke sofort bis auf den Spiegel des Sees abtragen, so
daß nur die Stümpfe der Pfähle blieben, soweit sie unter dem Wasser standen.
Durch diese gewannen die Unsrigen [die Dänen – S. B.] aber das Grundwerk
zu einer andern Brücke, und indem sie die Zäune des benachbarten Dorfes
dazu nahmen, bahnten sie sich allmählich einen Weg durch den See ... Als die
Bewohner der Stadt voll Besorgnis den Fortschritt des Brückenbaues sahen,

trugen sie von allen Seiten Pfähle zusammen und errichteten einen hölzernen Turm, um von diesem, wie von einer Burg geschützt, den Feind abzuwehren, und im Schutze dieses Bollwerks begannen sie, die Unsrigen ... durch eiligst aufgestellte Schleuderer anzugreifen. Die Dänen dagegen fingen an, den Kampf mit Pfeilen zu eröffnen ... Auf diese [Brücke – S. B.] hatte sich aber schon eine so große Masse von Bewaffneten zusammengedrängt, daß nicht einmal Raum blieb, um weiter zu fördern, was für den Bau nötig war ... Und fast hatte die Brücke schon die Insel erreicht, als die Feinde, teils auf ihre Kunst, teils auf ihre Kraft vertrauend, mit einer ganz neuen Kampfesart den Kampf noch steigerten. Sie streckten nämlich Sicheln, die an Lanzenschäften befestigt waren, von dem Turme her nach den Schilden der Unseren aus und entrissen diese, indem sie scharf anzogen, den Kämpfern. Manchmal, wenn diese Stand zu halten suchten, rissen sie dieselben mit einem heftigen Ruck von der Brücke und zwangen sie, ins Wasser zu springen ... Nachdem sie [die Dänen – S. B.] den Bau der Brücke vollendet haben, erkämpfen sie nicht nur den Zugang zu dem festen Boden der Insel, sondern auch die Spitze des Turmes, indem sie denselben mit Leitern und Treppen angreifen, zurückschlagen, wer ihnen in den Weg kommt, und töten, wer ihnen Widerstand leistet ... Nachdem die Stadt genommen war, wurden die Männer getötet, die Weiber gefangen fortgeführt.“[57] Die geschützte Lage innerhalb eines Gewässers konnte sich in ihr Gegenteil verkehren, wenn die Eroberung im Winter versucht wurde. Dann wurde die Eisdecke auf dem zugefrorenen See oder Fluß zum Vorteil für die Belagerer, wie es im Winter 928/929 bei der Einnahme der Brandenburg über das Eis der zugefrorenen Havel der Fall war (Widukind von Corvey I,35).

Grausamkeiten gehörten unmittelbar zum Krieg. Die Sieger verlangten umso mehr nach Rache, je stärker der Gegner verteufelt worden war und je mehr sie verloren hatten. Bei der Schlacht an der Raxa von 955 standen sich Heere König Ottos I. und der Slawen unter Führung des Abodritenfürsten Stoignĕv gegenüber. Die Slawen wurden nach mehreren Tagen geschlagen und Stoignĕv dabei getötet. „Das Morden währte bis tief in die Nacht. Am nächsten Morgen wurde das Haupt des Stoignĕv auf freiem Feld aufgestellt; ringsum wurden 700 Gefangene enthauptet. Dem Ratgeber Stoignĕvs wurden die

---

57 Zitiert nach Georg Christian Friedrich Lisch, Der Burgwall von Teterow und die Stiftung des Klosters Dargun. Jahrb. Verein Meklenburg. Gesch. u. Alterthumskunde 26, 1861, 181–195, hier 190–193, unter Weglassung der Sperrungen und lateinischen Zitate des Textes (Orthographie modernisiert).

Augen ausgestochen, die Zunge herausgerissen, und dann ließ man ihn hilflos zwischen den Leichen liegen" (Widukind von Corvey III,55).

Bewaffnete Konflikte führten darüber hinaus zu erheblichen Zerstörungen, wie sich aus verschiedenen Schilderungen ergibt. Fränkische Kriegszüge in die Gebiete östlich von Saale und Elbe verheerten die Siedlungen, z. B. als Ludwig der Deutsche 851 die Sorben „schwer bedrängte und nach Vernichtung der Feldfrüchte und Wegnahme aller Hoffnung auf Ernte mehr durch Hunger als durch das Schwert" unterwarf (*Annales Fuldenses* ad a. 851). Bis ins hohe Mittelalter änderte sich daran nichts: „Das ganze Abodritenland und die zum Herrschaftsgebiet der Abodriten gehörenden Nachbarländer waren durch die dauernden Kriege, besonders aber durch den letzten, völlig zur Einöde gemacht ... Soweit noch letzte Reste der Slawen sich erhalten hatten, wurden sie durch Mangel an Getreide und die Verwüstung der Äcker so von Hungersnot heimgesucht, daß sie scharenweise zu den Pommern oder den Dänen flüchten mußten, die sie erbarmungslos an Polen, Sorben und Böhmen verkauften" (Helmold von Bosau II,101).

26. Sozialstruktur

Die Beziehungen und Verhältnisse innerhalb von Gesellschaften, zwischen verschiedenen Gruppen und Schichten charakterisieren die jeweilige Sozialstruktur. Die Rekonstruktion der früh- und hochmittelalterlichen Sozialstruktur bei den Westslawen muß mit einer – nicht sehr umfangreichen – Reihe von Indizien auskommen. Dazu gehören einerseits kurze schriftliche, namentliche Nennungen slawischer „Fürsten" und anderer „Großer" in fränkischen Quellen seit dem 8. Jahrhundert sowie gelegentliche Erwähnungen sozialer „Institutionen" und Verhältnisse in Annalen, Chroniken oder Urkunden. Damit können einige Anhaltspunkte hinsichtlich realer Verhältnisse und Machtverteilungen gewonnen werden. Andererseits vermögen auch archäologische Beobachtungen manche Aussage beizutragen. Hierzu zählen vor allem Gräber, die jedoch eher Rang und soziales Prestige als die „politische Verfassung", d. h. rechtliche Zustände widerspiegeln. Durch Vergleich liefern sie strukturelle Einblicke – in die Vorstellungen der „bestattenden Gemeinschaften", denen die Sorge um die „richtige" Ausstattung ihrer Toten im Grab oblag. Darüber hinaus können Befunde zu Siedlungsstrukturen und wirtschaftlichen Verhältnissen als mittelbare Indizien dienen, wenn sich Differenzierungen im Hausbau oder im Zugang zu bestimmten „Fremdgütern" oder hinsichtlich der Konzentration von Handwerk(ern) erkennen lassen.

Gruppen und „Institutionen"

Noch aus der Romantik, wesentlich angeregt durch Herder, stammt die Vorstellung einer Art „altslawischen Urdemokratie". Auch die „alten Germanen" zu Zeiten Arminius' dachte man sich im 19. Jahrhundert quasi genossenschaftlich und demokratisch organisiert – entsprechend den liberalen Vorstellungen des sich emanzipierenden Bürgertums. Lange Zeit vermochte sich die Forschung nicht recht von diesen Auffassungen zu lösen. Inzwischen ist klar geworden, daß es nie eine gemeinsame „Verfassung" aller Slawen oder Germanen gab. Wenn auch manche Grundzüge strukturell vergleichbar sind, so werden doch recht unterschiedliche Entwicklungen deutlich, die nicht auf eine gemeinsame („urslawische") Basis zurückgeführt werden können.

Mustert man die schriftlichen Quellen des frühen und hohen Mittelalters, so lassen sich bei den westlichen Slawen grob drei soziale „Schichten" ausmachen. Diese drei Gruppen waren weder rechtlich definiert noch scharf voneinander abgegrenzt; sie widerspiegeln in kategorisierender Vereinfachung vielmehr die dynamischen Verhältnisse einer Ranggesellschaft, denen „Personenverbände" zugrundelagen. An der Spitze standen „Fürsten", die häufig namentlich genannt und im Lateinischen als *reges, reguli, duces* o. ä. bezeichnet wurden. Im Slawischen hießen sie *knez* bzw. *knjaz*. Sie besaßen wohl jeweils größere Herrschaftsräume, ohne daß diese genauer abgrenzbar wären – hierzu reichen weder die Angaben des Bayerischen Geographen des 9. Jahrhunderts noch das archäologisch ermittelte Siedlungsbild aus. Die meisten der oft als „ethnisch" interpretierten Bezeichnungen sind von Landschaftsnamen abgeleitet (*-jane, -ici*) und deshalb (auch) als geographische Begriffe zu verstehen.

Die „Fürsten" waren militärische „Anführer" und hatten rechtliche, politische und religiöse Befugnisse inne. Für die Wilzen des späten 8. Jahrhunderts bleibt unklar, ob Dragowit, der sich 789 zusammen mit seinem Sohn und *primores ac reguli* (*Annales regni Francorum* ad a. 789) Karl dem Großen unterwarf, so etwas wie ein wilzischer „Oberkönig" war oder unter seinesgleichen vor allem an Alter und Würde hervorragte (*et nobilitate generis et auctoritate senectutis longe praeminebat*). „Samtherrscher" kannten dann die Abodriten, und bei Přemysliden und Piasten wird die Ausbildung einer dynastischen Spitze sehr deutlich. Diese Machtkonzentration setzte aber eine Entwicklung voraus, so daß sie nicht für die Frühzeit einfach postuliert werden kann. Tatsächlich als Könige anerkannt wurden zuerst Bolesław Chrobry in Polen (1000/1025) und Vratislav II. (I.) in Böhmen (1085); auch der letzte Heveller-Fürst, Pribislaw-Heinrich, führte den Königstitel, ebenso die pommerschen und rügenschen Fürsten des 12. Jahrhunderts. *Król* bzw. *korol'* als

Vokabel der slawischen Sprachen für einen König leitet sich von Karl dem Großen her, der schon seine Zeitgenossen tief beeindruckte. In ähnlicher Weise geht im Deutschen „Kaiser" auf den spätantiken Cäsarentitel zurück. Solche Entwicklungen hin zur Erblichkeit konnten nur erfolgreich sein, wenn stabile politische Strukturen vorhanden waren.

Die „Fürsten" waren auf die Unterstützung einer Elite angewiesen. Deren Angehörige finden sich in den Quellen als *primores, nobiles, praestantiores, meliores, principes, proceres* tituliert. Wie stark diese Eliten in sich differenziert waren, d. h. soziale Abstufungen kannten, ist aufgrund der schmalen Quellenbasis nicht verläßlich zu beurteilen. Daß es aber Differenzierungen gab, macht die Überlieferung schon für das 9. Jahrhundert deutlich, indem verschiedene Gruppen genannt werden. Anführer oder „Häuptlinge" verfügten über kleinere „Gefolgschaften", mit denen überfallartige Beutezüge oder Kriegszüge unternommen wurden. Die Diebesbande unterschied sich vom Heer im frühen Mittelalter in ganz Europa nur durch die Größe.[58] Auch die Heere, von denen häufiger die Rede ist, dürften allenfalls wenige hundert Mann umfaßt haben; erst mit den Reichsbildungen in Mähren, Böhmen und Großpolen konnten größere Aufgebote aufgestellt werden. Wenn in den fränkischen Quellen des 9. Jahrhunderts für Wilzen und Abodriten von Beratungen und Entscheidungen des *populus* die Rede ist (*Annales regni Francorum* ad a. 789, 823, 826), war damit diese elitäre Schicht gemeint – und nicht das „ganze" Volk. Dies gilt wohl ebenso für das *placitum* der Lutizen in Rethra, wie es Thietmar von Merseburg (VI,25 für 1005; VII,64 für 1017) beschreibt. Thietmar (VI,23–25) erläutert darüber hinaus, daß die Lutizen keinen *dominus* besäßen – was im 19. Jahrhundert als gleichsam „republikanische Verfassung" und ursprüngliche demokratische Ordnung mißverstanden worden ist.

Das „ganze Volk" hatte an diesen Versammlungen keinen Anteil. Im Unterschied zur mobilen Elite konnten allenfalls Teile der ortsgebundenen Bevölkerung beteiligt sein. Dies bot für die Rügenslawen (Saxo Grammaticus XIV) und den pomoranischen Raum (Ebo III,4–5; Herbord III,15) im 11. bzw. 12. Jahrhundert den Ansatzpunkt für „*Volks*versammlungen", die außer-

---

58 Satzungen des westsächsischen Königs Ine (688–726), erhalten in einem Anhang zum Gesetzbuch König Alfreds des Großen (871–900): „Diebe' nennen wir [Personen] bis zu 7 Mann, von 7 bis 35 eine ‚Bande', darüber hinaus ist [es] ein ‚Heer'". – Die Gesetze der Angelsachsen 1. Text und Übersetzung, hrsg. Felix Liebermann (Halle 1903) 88–123, hier 95 (§ 13,1); Monumenta Germaniae Historica, Legum sectio I. Leges nationum Germanicarum 5,2. Lex Baiwariorum, hrsg. Ernst von Schwind (Hannover 1926) 180–491, hier 331: „Si quis liberum hostili manu cinxerit, quod heriraita dicunt, id est cum XLII clyppeis" (IV,23).

lich dem ostslawischen *veče* ähneln. Das *veče* stellte seit dem 11. Jahrhundert eine Art Organ städtischer Interessenvertretung im Bereich der Kiever Rus' dar. Die strukturelle Ähnlichkeit dürfte auf vergleichbare wirtschaftliche und soziale Verhältnisse in den „Frühstädten" (Wollin, Stettin) zurückzuführen sein, doch mangels Überlieferung bleiben ältere Verhältnisse im pommerschen Raum für die Zeit vor der Mission Ottos von Bamberg im dunkeln. Für das piastische Polen gibt es nur einen nicht ganz klaren Hinweis auf eine entsprechende Versammlung kurz vor 1100 in Breslau (*Gallus anonymus* II,4). Falls in Polen eine solche „Einrichtung" häufiger war, ist sie durch die politische Entwicklung rasch beseitigt worden. Für Böhmen, Mähren und die Slowakei fehlen Indizien für vergleichbare Versammlungen völlig. Damit läßt sich zweierlei konstatieren: 1. ist die Annahme „ursprünglicher" slawischer „Volksversammlungen" eine romantische Fiktion, und 2. unterscheiden sich die politischen Entscheidungsstrukturen aufgrund verschiedenartiger historischer Entwicklungen erheblich. Schematische Konstruktionen der Gesellschaftsstruktur verdecken deshalb lediglich die historischen Besonderheiten.

Dies trifft in gleicher Weise für die sogenannten Dienstsiedlungen zu. Für den Herrschaftsbereich von Přemysliden, Piasten und Arpaden ist diese besondere Form der Abhängigkeit für das hohe Mittelalter nachgewiesen. Sie ist damit eine Folgeerscheinung großräumiger politischer Zentralisation und nicht deren Voraussetzung. Deshalb erscheint es überaus problematisch, die seit dem 13. Jahrhundert für den elb- und ostseeslawischen Raum bekannten Kietze und Wieken aufgrund dieser vermeintlichen Parallelen in slawische Zeit zurückverfolgen zu wollen. Festzustellen ist lediglich deren Existenz unter deutscher Herrschaft; ältere Vorformen oder Anfänge sind zwischen Elbe und Oder nicht zu fassen.

Als ähnlich mißlich und irreführend hat sich die Rekonstruktion früher „Sippen" herausgestellt. Die dafür vor allem im 19. Jahrhundert herangezogene *zadruga*[59] der Südslawen und die russische Dorfgemeinschaft *mir* haben sich längst als historische Entwicklungen erst der Mongolen- bzw. Türkenzeit herausgestellt, die mit vermeintlich „ursprünglichen" oder auch hochmittelalterlichen Zuständen nicht in Verbindung gebracht werden können. Name und Funktion des *župan* (Supan) sind von den Awaren übernommen worden, bei denen der Anführer eines „Stammes" so hieß. Die älteste Erwähnung eines *župan* für die westlichen Slawen findet sich in der Gründungsurkunde des Klosters Kremsmünster von 777. Damals scheinen bei den Donauslawen

---

[59] Der Begriff *zadruga* ist wahrscheinlich eine Schöpfung von Vuk Stefanović Karadžić (1787–1864) im frühen 19. Jahrhundert.

Župane gentile Anführer kleinerer Siedlungsverbände gewesen zu sein, die bei Konstantin Porphyrogenetos (*De administrando imperio* 29,68) im 10. Jahrhundert auch als „Älteste" bezeichnet sind. Im hohen und späten Mittelalter blieb – zwischen Untersteiermark, Elbe-Saale-Gebiet und Schlesien – der Begriff eines *župan* erhalten, doch änderten sich dessen Kompetenzen unter deutscher Herrschaft. Von dieser abhängig, konnten sie Dorfvorsteher oder auch höhere landesherrliche Beamte sein, doch war ihre Rolle gegenüber den *Županen* auf dem Balkan, die mächtige regionale Oberhäupter bleiben konnten, deutlich eingeschränkt. Für den Raum um Meißen an der Elbe sind für das 12. bis 16. Jahrhundert *Witsassen* überliefert, die den *Županen* in manchen Zügen vergleichbar erscheinen. Es bleibt aber unklar, ob auch die Funktion der *Witsassen* auf das frühe Mittelalter zurückgeht oder nicht doch eher eine hochmittelalterlich-deutsche „Institution" darstellt, die mit einem slawischen Begriff belegt wurde. Ähnlich schwer fällt die Beurteilung jener Abgaben, die von der sorbischen Bevölkerung im 10./11. Jahrhundert an ihre ostfränkischen Grundherren zu leisten waren – ihre Zurückführung auf ältere, slawische Abhängigkeitsverhältnisse bleibt bloßes Postulat.

Die „breite" Bevölkerung wird in den Schriftquellen kaum sichtbar. Erwähnenswert waren nur „Fürsten" und militärische Anführer, denn deren Handeln konnte für die Zeitgenossen und Nachbarn relevant und interessant werden. Die Masse der Bevölkerung findet nur summarisch Erwähnung; gewiß vorhandene Differenzierung wurde nicht beschrieben. Hier führen nur archäologische Analysen der Siedlungen und Gräber weiter (Kap. IV,15–17; VI,22). Danach lassen sich keine einschneidenden Besitz- und Rangunterschiede unterhalb der „Oberschicht" ausmachen.

Neben „Fürsten", einer schmalen Elite und der „breiten" Bevölkerung sind noch Unfreie als soziale Gruppe anzuführen. Diese waren meist im Zuge von Kriegszügen gemachte Gefangene, die als Sklaven nach Süden verkauft wurden (z. B. Helmold von Bosau II,101.109), aber in den westslawischen Gesellschaften keine Rolle spielten. Dennoch gab es wirtschaftliche Abhängigkeiten innerhalb der „freien" Bevölkerung, die sich aber dem detaillierten, zumal archäologischen Nachweis entziehen; für Mecklenburg läßt sich im 12./13. Jahrhundert mit dem *poddas* eine Art Schuldknechtschaft erkennen, deren Ursprünge allerdings unklar bleiben. Insgesamt erscheinen die frühmittelalterlichen Gesellschaften Ostmitteleuropas in sozialer Hinsicht sehr flexibel und nicht starr gegliedert gewesen zu sein. Es gab keine nach außen abgeschlossenen Gruppen oder Schichten, sondern in dynamischer Weise Möglichkeiten des Auf- und Abstiegs. Damit lassen sich diese Gesellschaften als Ranggesellschaften beschreiben, in denen sozialer Rang und Prestige stets aufs neue erworben werden mußten. Stärkere Hierarchisierungen entwickelten sich mit

den Reichsbildungen seit dem 9. bzw. 10. Jahrhundert; sie sind daher für die
Frühzeit nicht vorauszusetzen.

Rang und Sachkultur

Mittelbar lassen sich soziale Rangabstufungen auch im archäologischen Befund erkennen. Vor allem die Grabfunde können hierzu herangezogen werden, die allerdings erst mit dem Übergang zur Körperbestattung aussagekräf-
tig werden. Zu beachten bleibt, daß jede Bestattung nicht die individuellen
Züge des bzw. der Toten trägt, sondern die Vorstellungen der bestattenden
Gemeinschaft, der Hinterbliebenen reflektiert – also die Vorstellungen der
Lebenden. Beigabenausstattung, Grabbau und Lage des Grabes sind die drei
entscheidenden Kriterien, die Aufschluß über den sozialen Rang von Individuen und Familienverbänden geben können. Jedoch beeinflußten mehrere
Faktoren, nicht nur die soziale Stellung des Toten bzw. seiner Familie, die
Form der Bestattung. So spielte auch das Lebensalter eine wichtige Rolle,
denn vor allem bei Männern war der soziale Status von der Alterszugehörig-
keit abhängig. Eine aufwendigere Ausstattung erhielten deshalb Männer und
Frauen mittleren Alters, während Kinder zunächst noch kaum und Ältere
schon nicht mehr aufwendige Beigaben aufweisen. Angesichts der relativen
Beigabenarmut im früh- und hochmittelalterlichen Ostmitteleuropa lassen
sich jedoch nur Tendenzen erkennen.

Überregionale Vergleiche erweisen sich als recht schwierig, weil sich einerseits die Bestattungssitten zeitlich und räumlich stark unterschieden und andererseits auch historischen Entwicklungen unterlagen. Der Anteil der beigabenlosen Gräber liegt immer weit über 50 %, nicht selten sogar weit darüber und
beträgt zuweilen über 90 %. Ausnahmen bilden lediglich Gräberfelder an
burgstädtischen Zentren wie z. B. in Mähren oder Böhmen (Abb. 83). Demzufolge hebt sich im Grab nur eine kleinere Gruppe „bessergestellter" Personen
ab. In Frauengräbern sind dann vor allem Ringschmuck (Schläfen- bzw. Ohrringe, Fingerringe) und Perlen sowie Gürtelteile vertreten. Bei den Männern
ragen vor allem Waffen (Schwert, Pfeil- und Lanzenspitzen, Äxte) und Reiterausrüstungen (Sporen und Steigbügel) hervor, die nur in etwa jedem zehnten
Grab auftreten. Frauengräber erscheinen nur deshalb „reicher" ausgestattet als
die der Männer, weil die Frauenkleidung mehr metallene Bestandteile aufwies.
Innerhalb dieser „reicheren" Gräber lassen sich deutliche Abstufungen erkennen. In Mähren und Böhmen beispielsweise gehören die kugeligen Zierknöpfe
(Gombíky) zur Spitzenausstattung beider Geschlechter. Vergoldete silberne
Ohrringe byzantinischen Typs, Metall- und wohl auch Halbedelsteinperlen

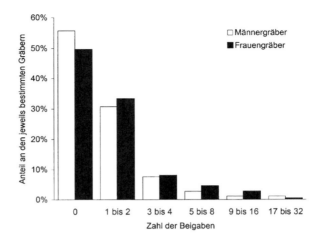

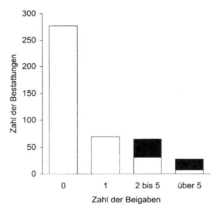

Abb. 83. Oben: Früh- und hochmittelalterliche Körperbestattungen in Böhmen, Häufigkeit von Beigaben je Grab. Nur ungefähr die Hälfte aller Gräber enthält überhaupt Beigaben, meist jedoch auch nur ein oder zwei Gegenstände. Je mehr Beigaben eine Bestattung umfaßt, desto seltener sind ebenso „reich" ausgestattete Gräber (nach Sasse [Nr. 612] 358 Abb. 4). – Unten: Espenfeld bei Arnstadt in Thüringen, Häufigkeit von Beigaben je Grab. Auf diesem hochmittelalterlichen Friedhof besaßen nur etwa 40 % der Bestattungen Beigaben. Gräber mit einer Beigabe enthielten meist ein Messer; zwei und mehr Gegenstände im Grab sind meist Frauenschmuck. Besondere („wertvolle") Gegenstände wie silberne Schläfenringe und Halbedelsteinperlen bei Frauen sowie Sporen bei Männern sind hier durch einen schwarzen Balken dargestellt (nach Bach/Dušek [Nr. 517] 45)

sowie tauschierte oder vergoldete Sporen, die auch ohne Waffen beigegeben wurden, müssen als „Statussymbole" einer Führungsschicht gelten. In Regionen mit weniger ausgeprägter Herrschaftsbildung fällt diese Differenzierung erheblich geringer aus. Die burgstädtischen Zentren unterscheiden sich von den ländlich geprägten Siedlungen dadurch, daß ihre Nekropolen zugleich mehr „reich" *und* mehr „arm" ausgestattete Gräber enthalten.

Weitere Merkmale der Differenzierung sind die Grabtiefen, die sich allerdings nur innerhalb eines Gräberfeldes und nicht überregional zum Vergleich heranziehen lassen. Auch der Ausbau der Grabgrube zeigt Unterschiede. Verkleidungen aus Brettern sind eine tendenziell ältere und im ländlichen Milieu angesiedelte Variante reicherer Gräber, denen Sargbestattungen als jüngere (ab Ende des 10. Jahrhunderts) und vor allem in Burgwällen vorkommende Form an die Seite zu stellen sind. Unregelmäßig eingetiefte Bestattungen sind meist auch beigabenlos und oft zu den ärmeren Varianten zu zählen. Doch die Übernahme des Christentums durch die Führungsschicht, die dessen herrschaftsstabilisierende Möglichkeiten (ideologische Bindekraft, Schriftlichkeit und Administration) beim Aufbau großräumigerer Herrschaften erkannt hatte, beeinträchtigt diese Interpretation. Das mit der Christianisierung verbundene allmähliche Aufhören der Beigabensitte erschwert die Identifizierung von Elitenangehörigen. Die gesellschaftliche Spitze gibt sich – trotz nicht selten fehlender oder nur weniger Beigaben – durch aufwendige Grabbauten wie gezimmerte hölzerne Grabkammern oder dadurch zu erkennen, daß sie sich durch eine Grablegung *in* einer Kirche (in Altarnähe) von ihrer Umgebung separiert.

Neben den Gräbern sind auch die Siedlungen im Hinblick auf die Sozialstruktur analysiert worden. Dabei ist deutlich geworden, daß innerhalb ländlicher Siedlungen keine auffälligen Unterschiede der Hausgrößen erkennbar sind. Trotz des Fehlens von Wirtschaftsbauten, die für eine sozial- und wirtschaftsgeschichtliche Auswertung sehr willkommen wären, gilt dies als Beleg für eine wenig differenzierte Bevölkerung. Der entscheidende Unterschied besteht zwischen ländlichen Siedlungen und burgstädtischen Zentralorten. Die dortigen Konzentrationen von Handwerksnachweisen und Fernhandelsgütern deuten auf einen „elitären" Hintergrund und verschiedene Abhängigkeiten zwischen Herrschaft und Handwerk am Ort. Darüber hinaus ist an die Dienstsiedlungen zu erinnern, die ebenfalls auf den herrschaftlichen Zentralort hin orientiert waren.

Schließlich sind möglicherweise auch manche Kleinfunde von sozialgeschichtlicher Aussagekraft. Dazu gehören einige Funde eiserner Fesseln, die als Gefangenenfesseln interpretiert werden. Wenn sie sich auch nicht immer zweifelsfrei von ähnlich gebauten Tierfesseln unterscheiden lassen, ist dies vielleicht dennoch ein Relikt des Sklavenhandels, dessen Existenz durch Schriftzeugnisse belegt ist. Wenn überhaupt, dürften Gefangene häufig mit Stricken gefesselt worden sein. Auch Schloß und Schlüssel werden gern als Indizien sozialer Differenzierung angesehen. Denn mit ihnen wurden Dinge weggeschlossen und verwahrt, die damit anderen unzugänglich sein sollten. Schlüssel sind hier seit dem 9. Jahrhundert in größerer Zahl bekannt und dürften vor allem zu kleinen Kästchen oder Truhen gehört haben.

27. Religion und Mythologie

Die religiösen und mythologischen Vorstellungen der frühmittelalterlichen Slawen lassen sich nicht leicht erschließen. Das Fehlen eigener Schriftlichkeit hat dazu geführt, daß nur Berichte von Außenstehenden vorliegen. Diese bieten damit jedoch immer ihre Sicht, die der Fremden, die zugleich eine christliche Betrachtung war. Deshalb liegen die Weltbilder und Kultpraktiken der Slawen nur in einer christlichen Interpretation vor. Sie besteht vor allem aus Missionsberichten und Heiligenviten und bietet damit nur ein (mitunter bewußt) verzerrtes Bild, das nicht selten auf Topoi zur Kennzeichnung des heidnischen Glaubens zurückgreift. Daher stammt auch die Gegenüberstellung von positiv verstandener (christlicher) Religion und negativ gemeintem (heidnischen) Kult. Im Folgenden sei neutral von vorchristlicher Religion die Rede (ohne eine Verwechslung mit der christlichen Zeitrechnung provozieren zu wollen). Über etwaige „ursprüngliche" slawische Vorstellungen verraten die Quellen nichts, auch, weil sie recht spät einsetzen.

Einen weiteren Zugang bietet die slawische Sprachwissenschaft. Doch ist bei philologischen Rückschlüssen auf historische Zusammenhänge Vorsicht geboten. Sprachliche „Verwandtschaft" muß nicht auf historische Zusammenhänge verweisen, und umgekehrt können sehr ähnliche Vorstellungen mit verschiedenen Wörtern bezeichnet worden sein. Die Suche nach „urslawischen" Vorstellungen erweist sich letztlich als Sackgasse, da die Quellen einen Zugang nicht ermöglichen. Außerdem bleibt fraglich, ob es – ähnlich wie bei Kelten oder Germanen – bei einer derart großen räumlichen Erstreckung und einer regionalen Differenzierung überhaupt einheitliche Vorstellungen gab. Gewisse Grundzüge mögen größere Verbreitung besessen haben, doch besitzen Rekonstruktionen indoeuropäischer Gemeinsamkeiten eher den Charakter wissenschaftlicher Spekulation. Entsprechende Versuche beruhen auf der romantischen und irrigen Vorstellung eines „Urvolkes". So werden heute auch die iranischen Einflüsse auf die slawische Glaubenswelt eher als marginal eingestuft.

Aus ostmitteleuropäischen „Volksbräuchen" der Neuzeit läßt sich kein Aufschluß über frühmittelalterliche Verhältnisse gewinnen. Im 19. Jahrhundert glaubte man, die anscheinend „uralten Sitten und Bräuche" bis zu ihren „reinen" Ursprüngen im Altertum zurückschreiben zu können. Insbesondere Herder spielte für die slawischen Völker hierbei eine herausragende Rolle. Mittlerweile ist offensichtlich geworden, daß dies auf einem romantischen Irrtum beruht. Die Gesellschaften Europas haben sich in Mittelalter und Neuzeit derart tiefgreifend gewandelt, daß Traditionslinien nicht über solche Zeiträume verfolgt werden können, auch wenn „Sitten und Bräuche" stets den Ruf des Uralten genießen.

Auch der Archäologie bereitet es erhebliche methodische Probleme, religiöse Gebäude, Praktiken und Objekte im Befund auszumachen. Große Gebäude, die nicht „normalen" Wohnzwecken, sondern erkennbar gemeinschaftlichen Zwecken dienten, können „Tempel" (Groß Raden), aber auch Versammlungsräume (Starigard/Oldenburg, Stará Kouřim, Levý Hradec) gewesen sein oder herrschaftlichen Zwecken gedient haben. Mitunter bleibt auch unklar, ob es sich bei den Befunden tatsächlich um (überdachte) Gebäude oder lediglich Einhegungen handelte (Groß Raden). Kleinplastiken von Tieren – wie Pferden (Brandenburg/Havel, Oppeln, Wollin, Mikulčice, Danzig), Schafen/Ziegen sowie Schweinen (sämtlich Mikulčice) und Menschen (Oppeln, Schwedt, Gatschow, Drohiczyn, Mikulčice) können einen religiösen Hintergrund besessen haben, aber mitunter auch Kinderspielzeug gewesen sein. Anthropomorph gestaltete Bohlen (Groß Raden, Ralswiek, Altfriesack) mögen „Götzen" dargestellt oder auch apotropäisch, unheilabwehrend gewirkt haben. Romantisch-nationale Strömungen des 18./19. Jahrhunderts haben zu zahlreichen Fälschungen nicht nur von Handschriften, sondern insbesondere von Götterfiguren angestiftet (u. a. die „Prillwitzer Idole" um 1768 als vermeintliche Götterfiguren aus Rethra und der sogenannte „Bock" von Lednica 1864/72), um die meist ein langer Streit entbrannte. Bei manchen dieser z. T. wieder verschollenen Figuren ist auch heute eine endgültige Entscheidung und Bewertung noch nicht gelungen. Derartige Fälschungen waren jedoch kein spezifisch ostmitteleuropäisches Phänomen, sondern europaweit verbreitete Produkte romantischer Geister, die antike und mittelalterliche, indianische und zeitgenössische Vorbilder phantasievoll kombinierten.

Die Vielfalt der möglicherweise zum Thema Religion aussagefähigen Quellen hat dazu geführt, daß sich nicht wenige Wissenschaftler – Archäologen, Historiker, Philologen, Volkskundler, Religionshistoriker – dilettierend auf das Feld der Nachbarwissenschaften begeben haben. Deshalb ist es mitunter schwer, gesichertes Wissen von Hypothesen zu scheiden, deren Plausibilität erst noch erwiesen werden muß. Außerdem verleitet die sehr dünne Quellenbasis leicht zu weitreichenden, kaum zu falsifizierenden Ansichten. Die Konjunkturen religionsgeschichtlicher Publikationen zur Frühgeschichte reflektieren denn auch eher Strömungen der Zeitgeschichte als methodische Durchbrüche.

Vorchristliche bzw. pagane religiöse Vorstellungen

Anthropomorphe Götter lassen sich bei den Slawen insgesamt erst seit dem 10. Jahrhundert eindeutig fassen. Der Kontakt zu den benachbarten Kulturen scheint hierfür förderlich gewesen zu sein. Es entstanden vermutlich die „Götzen" als Abbilder der menschenähnlich gedachten Götter. Verehrt wurden wie in anderen vergleichbaren Gesellschaften die natürlichen Elementarkräfte, d. h. Wasser (Quellen), Feuer, Bäume (Eichen – Herbord II,2) und dergleichen, deren Wohlwollen große Bedeutung für das Überleben der Gesellschaften besaß. Sie geboten über Wind und Wetter, Ernte und Krankheit, Nachwuchs und Existenz. Der häufig erwähnte ostslawische Viehgott *Volosъ*, der mit diesen Elementarkräften in Verbindung zu bringen wäre, scheint allerdings erst aus der Vermengung mit dem christlichen St.-Blasius-Kult hervorgegangen zu sein. Ob ältere religiöse Vorstellungen animistischen Charakter besaßen oder die Bestattungssitten eschatologische Auffassungen belegen, läßt sich aus archäologischer Sicht nicht entscheiden.

Im Osten galt der Donnergott **Perunъ* als Hauptgott, im Westen der Sonnengott **Svarogъ/Svarožicъ*. Auch hierbei scheinen Übertragungen aus den Nachbarräumen eine Rolle gespielt und die unterschiedliche Akzentuierung mit herbeigeführt zu haben (Thor und Axtsymbol?). **Perunъ* und **Svarogъ* dürften beide etymologisch etwa „strahlender Spender" bedeuten und auf die segnende Wirkung Bezug nehmen. Wieviele Götter es insgesamt gab, läßt sich nicht verläßlich sagen. Denn zahlreiche angebliche Götternamen scheinen auf ein Mißverständnis christlicher Beobachter zurückzugehen. Sie stellen vielmehr oft Epitheta bzw. Attribute eines Gottes dar; beispielsweise bezeichnet der ostslawische *Dažbog* den „spendenden Gott", und daraus läßt sich eine religiöse Grußformel „Gott gebe dir (Glück)" ableiten, die sich noch im russischen *spasibo* (danke) wiederfindet. Ob sich diese Beinamen auf *einen* Gott bezogen (und insofern auf monotheistische Vorstellungen zurückgehen) oder dennoch auf ein Pantheon verweisen, entzieht sich der Beurteilung. Es lassen sich auch keine Göttergenealogien erschließen.

Zwischen unterer Elbe und unterer Oder, dem äußersten Nordwesten des slawischen Siedlungsraumes, vollzog sich eine gesonderte Entwicklung. Nur hier entstanden „Tempel", in denen das göttliche „Idol" aufgestellt, Kultzube-

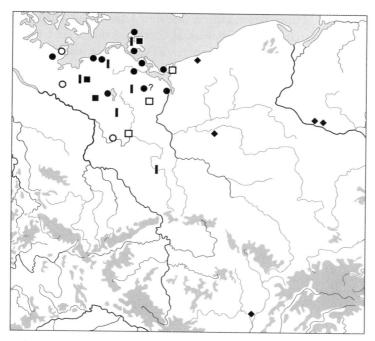

Abb. 84. Verbreitung von „Tempelbauten", großer hölzerner Götterfiguren und sog. „Perun'-Heiligtümer" in Ostmitteleuropa. „Tempel" ● aufgrund schriftlicher Quellen belegt bzw. ○ unsicher; ■ aufgrund archäologischer Quellen wahrscheinlich bzw. □ unsicher; ❘ Funde großer hölzerner „Götterfiguren"; ◆ „Perun'-Heiligtum". Die Interpretation der archäologischen Funde und Befunde ist oft problematisch, so daß hier nur die relativ gesicherten Orte kartiert sind (zusammengestellt nach Die Slawen in Deutschland [Nr. 48] 316 Abb. 154; Słupecki [Nr. 642] Abb. 105)

hör (u. a. Waffen) aufbewahrt und Orakel durchgeführt wurden (Abb. 84). Wohl nicht in, sondern neben dem eigentlichen Stettiner Tempelbau „häuften sie nach Vätersitte nach dem Gesetz der Zehntung die gewonnenen Reichtümer und Waffen ihrer Feinde auf und was von Schiffsbeute oder auch im Landkampf erworben war. Auch stellten sie dort die goldenen oder silbernen Becher auf, aus denen die Edlen und Machthaber zu weissagen, zu schmausen und zu zechen pflegten, damit sie an dem Tage der Festlichkeiten wie aus einem Heiligtum herausgetragen werden" (Herbord II,32)[60]. Diese Tempel dienten (im Unterschied zu christlichen Kirchen oder islamischen Moscheen) nicht als „Gebetshäuser". Denn nur die Priesterschaft hatte wohl Zutritt zum

---

[60] Zitiert nach Herrmann [Nr. 22²] 222.

„Allerheiligsten". Diese Besonderheit der slawischen Welt wird ebenso wie die überlieferte Verehrung des Pferdes in Stettin, Arkona und Rethra (Herbord II,32–33, III,6; Saxo Grammaticus XIV,39; Thietmar von Merseburg VI,23–24) und die vielköpfigen Götter häufig auf „keltische" Traditionen zurückgeführt, doch sind Ort und Zeitpunkt einer möglichen Vermittlung völlig offen. Denn zwischen keltischem und slawischem Kulturraum klafft eine kaum zu überbrückende räumliche und zeitliche Lücke. Aushilfsweise werden dann die Sudeten und Karpaten angeführt, aber gerade dort finden sich keine derartigen Befunde. Hier spielen noch inzwischen überholte Vorstellungen zur slawischen Einwanderung und deren Frühdatierung eine Rolle, deren Erklärungskraft somit gering bleibt.

Archäologisch sind „Tempel" bislang erst ab dem 10. Jahrhundert zu belegen, dendrochronologische Anhaltspunkte weisen sogar eher in dessen zweite Hälfte. Entsprechende Befunde, mitunter nicht unstrittig, stammen aus Groß Raden (Abb. 85), Parchim, Ralswiek und Wollin, Starigard/Oldenburg, Berlin-Spandau, Usadel und Feldberg (?). Soweit erkennbar, wurden diese Tempel nicht in derselben Art wie die Wohnbauten errichtet, sondern statt dessen besondere Bauformen bevorzugt. Für eine nördliche Beeinflussung könnte die Stabbohlenkonstruktion der Kultbauten von Groß Raden und Parchim sprechen, wobei beide mit und ohne Dach rekonstruiert werden können. Der Befund ist aufgrund der Zerstörung des Baus nicht eindeutig. Vielleicht zeigte auch der von Saxo Grammaticus (XIV,39) beschriebene Tempel von Arkona skandinavische Züge, doch sind von diesem leider keine Reste erhalten, weil die entscheidenden Partien des Geländes längst in die Ostsee gespült wurden. „Inmitten der Burg ist ein ebener Platz, auf dem sich ein aus Holz erbauter Tempel erhob, von feiner Arbeit, ehrwürdig nicht nur durch die Pracht der Ausstattung, sondern auch durch die Weihe des in ihm aufgestellten Götzenbildes. Der äußere Umgang des Tempels erstrahlte durch seine sorgfältig gearbeiteten Skulpturen; er war mit rohen und unbeholfenen Bildwerken verschiedener Art geschmückt. Für den Eintretenden war ein einziger Eingang offen. Das Heiligtum selbst war von zwei Einhegungen umschlossen. Die äußere, aus Wänden zusammengefügt, war mit einem purpurnen Dach bedeckt; die innere, auf vier Pfosten gestützt, erglänzte statt der Wände durch Vorhänge; dieser Teil hatte außer dem Dach und dem wenigen Tafelwerk mit dem äußeren nichts gemein".[61] Herbords Schilderung Stettins zufolge (II,32; vgl. Ebo III,1) standen neben dem „Tempel" mehrere Versammlungsgebäude.

---

61 Zitiert nach Herrmann [Nr. 627] 179.

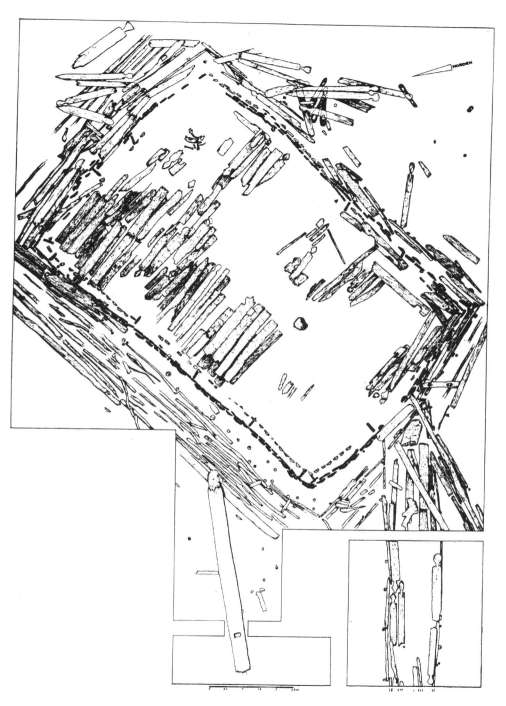

Abb. 85. Der „Tempel" von Groß Raden im Ausgrabungsbefund. Zu erkennen sind der Grundriß der Anlage und zahlreiche umgestürzte „Kopfbohlen", die den Innenraum umgaben. Der Zugang ins Innere erfolgte von Südwesten. Ob der Bau tatsächlich überdacht war, wie es die Rekonstruktion annimmt, ist umstritten. – M. 1:125 (nach Schuldt [Nr. 639] 36 Abb. 32)

Weitere Tempel sind für Gützkow (Herbord III,7), Wolgast (Herbord III,6) und Rethra (Thietmar von Merseburg VI,17) bekannt.

Die Elbslawen entwickelten offensichlich unter dem Eindruck der Konfrontation mit dem Christentum neue Vorstellungen.[62] Die Götter erlangten als Gegengewicht zu den christlichen Schutzheiligen eine neue Bedeutung, und sie wurden – als „Stammesgötter" (Thietmar von Merseburg VI,25) – zu Garanten eigenständiger Existenz der heidnischen Gesellschaften. Ältere Vorstellungen und Entwicklungsansätze bildeten wichtige Anknüpfungspunkte, doch erst die politische Situation des 10. Jahrhunderts forcierte diese Entwicklung, die auch die entscheidenden Grundlagen für die wichtige Rolle des Lutizenbundes in der ersten Hälfte des 11. Jahrhunderts schuf.

Eine Reihe von Namen dieser Stammesgötter ist überliefert, doch handelt es sich auch hierbei oft um Epitheta, sofern sie sich nicht wie der bei Oldenburg angebetete *Prove* (Helmold von Bosau I,84) oder der Garzer *Porovitъ* einer etymologischen Analyse entziehen. Der *Jarovitъ* Usedoms und Havelbergs ist dem Wortsinn nach der „mächtige" oder „strenge" Gott, der in Plön verehrte *Podaga* ebenfalls der „Mächtige", der im Umfeld Magdeburgs erwähnte *Pripegala* der „Schützende", der in der Knytlingasaga auftauchende *Pizamar* der „Unermeßliche", der *Svętovitъ* Arkonas der „helle" oder „strahlende Gott" (ähnlich in Personennamen wie Svjatopolk), ebenso der *Svarogъ/Svarožicъ* der Lutizen. Der in Garz angebetete *Rujevitъ* geht auf den „Stammesnamen" der Rügenslawen zurück, der bei Lutizen und Abodriten vorkommende *Radegost* war eigentlich eine Örtlichkeitsbezeichnung (Thietmar von Merseburg VI,23) und kein Gottesname (wie Adam von Bremen II,21, irrtümlich annahm[63]), und bei dem in Brandenburg/Havel und Stettin ansässigen *Triglov* handelt es sich etymologisch wohl ursprünglich um das Appellativ einer dreiköpfigen Götterfigur, das (sekundär) zum göttlichen Beinamen avancierte. Neben einem keltischen Einfluß für die verbreitete göttliche Mehrköpfigkeit wird auch ein Reflex auf die christliche Dreifaltigkeit angenommen, ohne daß eine begründete Entscheidung bislang möglich wäre. Sollten die aufgeführten Epitheta den Blick nicht gänzlich verstellen, ist wohl kein reicher Polytheismus der frühmittelalterlichen Slawen zu erkennen, sondern von einer allmählichen Ausdifferenzierung der Götterwelt auszuge-

---

[62] Vgl. Brun von Querfurt; Thietmar von Merseburg II,23–24; Adam von Bremen II,21; Wolfger monachus Prieflingensis II,11.12.16; Ebo III,1; Herbord II,32, III,6; Helmold von Bosau I,52; Olaf Thordarson (Knytlingasaga) 121–122; Saxo Grammaticus XIV,39.

[63] Auf diesen Irrtum Adams geht der gebräuchliche Name „Rethra" für das zentrale Heiligtum der Lutizen zurück, das korrekt Radegost oder Riedegost heißt.

hen.[64] Allerdings sind weitere „Lokalgötter" zwar erwähnt, aber von den Chronisten namentlich nicht genannt worden.

Nicht wenige anthropomorphe Holzfiguren sind bei archäologischen Ausgrabungen zutage gekommen (Abb. 86), hauptsächlich wiederum bei den Elbslawen (Neubrandenburg-Fischerinsel, Altfriesack, Groß Raden, Behren-Lübchin, Ralswiek, Raddusch). Verbreitung der Tempel und der Holzfiguren fallen zusammen und belegen einen tieferen Zusammenhang; wahrscheinlich standen die „Götterbildnisse" innerhalb der Kultbauten, wenn auch die Fundumstände der Figuren selbst dies nicht belegen. Saxo Grammaticus beschrieb für das Innere des Tempels von Arkona ein „gewaltiges Götterbild, den menschlichen Körper an Größe weit übertreffend, wunderlich anzusehen durch seine vier Köpfe und ebensoviel Hälse ... In der Rechten hielt [die Figur – S. B.] ein Trinkhorn, aus verschiedenen Metallen gebildet, das der Priester jährlich neu zu füllen gewohnt war, um aus der Beschaffenheit der Flüssigkeit die Ernte des kommenden Jahres zu weissagen ... Nicht weit davon hingen Zaum und Sattel und ... ein Schwert von ungeheurer Größe, dessen Scheide und Griff, abgesehen von dem sehr schönen Treibwerk, das silberne Äußere auszeichnete" (XIV,39).[65] In Rethra bestand die Götterfigur Adam von Bremen zufolge (II,21) aus Gold, ihr Lager aus Purpur. Allerdings weisen diese Berichte märchenhafte Züge auf. Die große Zahl der anthropomorphen Bretterfiguren in Groß Raden und ähnlich anmutende Überlieferungen „geschnitzter Bilder" von Göttern, Tieren und Menschen für Rethra und Stettin (Thietmar von Merseburg VI,17; Herbord II,32) weisen darauf hin, daß es sich bei ihnen um Votivbilder und nicht um die im „Tempel" befindliche Götterfigur selbst handelt. Auch diese „Idole" sind nach jetzigem Kenntnisstand nicht vor dem 10. Jahrhundert aufgekommen; dies gilt ebenfalls für den ostslawischen Raum.

In denselben Zeitraum gehören auch kleine bronzene „Götterfiguren", die im slawischen und skandinavischen Raum entdeckt wurden (Schwedt, Lindby, Novgorod, Gatschow, Oppeln), ohne daß klar ist, wo diese Figuren produziert wurden (Abb. 87). Die Figuren tragen, ebenso wie die Holzfiguren mit spitzem Kopf, eine Mütze (aber keinen Helm) auf dem Kopf. Ihr kräftiger Schnauz- und Kinnbart verleiht ihnen Kraft und Würde, was durch eine über den Bart streichende Hand unterstrichen wird. Sie stemmen ihre Arme in die Seite – eine weder aus antikem noch aus christlichem Zusammenhang

---

64 Auch das ostslawische Pantheon des späten 10. Jahrhunderts ist ein Konstrukt der Chronisten.
65 Übersetzung nach Herrmann [Nr. 627] 179.

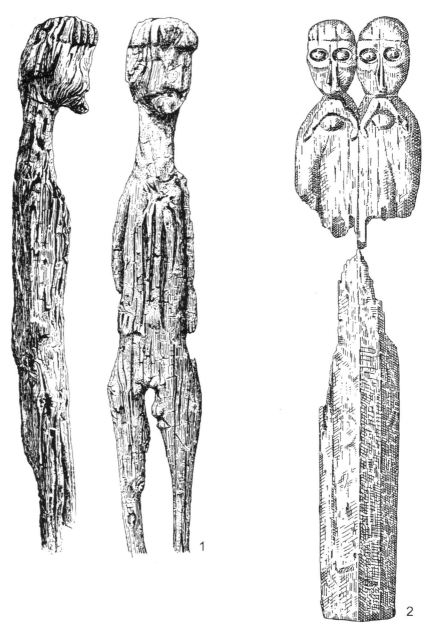

Abb. 86. Hölzerne „Kultfiguren". 1 Altfriesack, etwa 1,6 m hoch; 2 Neubrandenburg-Fischerinsel, etwa 1,8 m hoch. – M. 1:11 (nach Zeitschr. Arch. 5, 1971, 123 Abb. 12; Corpus [Nr. 70]
3–74/4)

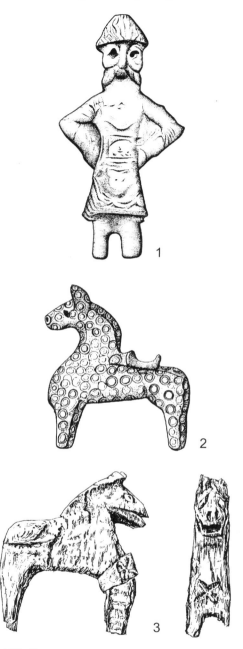

Abb. 87. Menschen- und Tierfiguren. 1 Bronzene Figur eines bärtigen Mannes mit Mütze und in die Seite gestemmten Armen von Schwedt (Höhe ca. 5,5 cm); 2 bronzene Pferdefigur mit Kreisverzierung und Sattel aus Wollin (11. Jahrhundert); 3 hölzerne Pferdefigur von Oppeln (10. Jahrhundert). – M. 6:5 (nach Vaňá [Nr. 645] 206 Abb. 48; 144 f. Abb. 33 f.)

bekannte Pose. Es scheint sich, wie auch Ebo (Vita Ottonis III,1) angibt, bei diesen Bronzefiguren wie auch bei einem kleinen „Brettidol" aus Starigard/ Oldenburg oder der vierköpfigen Figur aus Wollin um eine Art „Taschengötter" zum „privaten" Gebrauch, quasi als Amulett, gehandelt zu haben. In ähnlicher Weise sind auch die „Götterbildbeschläge"[66] zu verstehen (Abb. 88), die auf Messerscheiden angebracht waren (Starigard/Oldenburg, Brześć Kujawski). Die auf ihnen dargestellten Pferde sind, ebenso wie gleiche Figuren an formverwandten Zusatzbeschlägen (Schwedt) und Sporen (Lutomiersk) oder Ohrringen (Stará Kouřim, Lisówek), göttliche Attribute; sie nehmen damit nicht nur auf den aus dem nordwestslawischen Raum bezeugten Pferdekult Bezug (Arkona, Rethra), sondern auch auf verbreitete Vorstellungen von „göttlichen" Pferden.[67]

Aus Vorpommern stammen insgesamt vier hochmittelalterliche Bildsteine. Sie sind im späten Mittelalter sämtlich in Kirchenwände eingemauert worden, um – so eine verbreitete, aber unbelegte Annahme – die Wirkungslosigkeit dieser heidnischen „Götzen" und die Macht des christlichen Glaubens zu demonstrieren. Allerdings bleibt bis heute der ursprüngliche Bedeutungshintergrund der Darstellungen weitgehend unklar; so ist es fraglich, ob sie beispielsweise als „fürstliche" Grabsteine anzusehen sein könnten. Die Steine zeigen bärtige, mit einem Kittel bekleidete, würdevolle Figuren in Frontalansicht – in der Altenkirchener Dorfkirche mit einem Füllhorn („Jaromir-" oder „Svantevitstein"), in der Bergener St.-Marien-Kirche ist der Stein (der „Mönch") bereits sehr verwaschen, und Details sind deshalb nicht mehr erkennbar. Die beiden Steine („Gerovitstein") in der Wolgaster Petrikirche sind (nachträglich?) „christianisiert", indem über dem Kopf der Figuren, die in der rechten Hand jeweils eine Lanze (?) halten, ein großes Kreuz angebracht wurde. Auch in technischer Hinsicht unterscheiden sich die Wolgaster Steine von den beiden aus Rügen, denn sie sind nicht als Relief, sondern nur in Linien ausgeführt.

Auch eine Priesterschaft, die wohl der Oberschicht zugehörte, läßt sich nur für die nordwestlichen Slawen erkennen. Offensichtlich bedingten sich Tempel und Priester gegenseitig, gingen vielleicht auch auf gemeinsame Anregungen zurück. Die „Aufgaben" und „Funktionen" der Priester scheinen sehr verschieden gewesen zu sein, doch die Quellen erwähnen nur besondere Begebenheiten: Verwaltung des „Tempelschatzes" (Arkona [Saxo Grammaticus XIV,39]), Rechtsfindung in bestimmten Streitfällen, Prophezeiungen für be-

---

66 Kartierung: Gabriel [Nr. 497] 193 Abb. 35.
67 Für den osteuropäischen Raum belegen Pferdeamulette ebenfalls eine Verehrung dieses Tieres (Kartierung: Herrmann [Nr. 467] 32 Abb. 30).

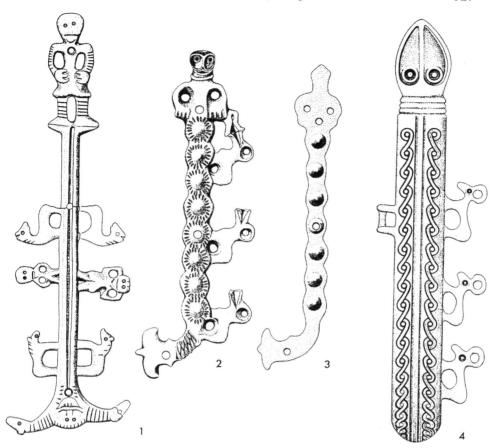

Abb. 88. Gebrauchsgegenstände mit Darstellungen religiösen Hintergrunds. 1–3 „Götterbildbeschläge" als Sonderform der Messerscheidenbeschläge. 1 Starigard/Oldenburg; 2 Brześć
Kujawski; 3 Schwedt. – 4 Sporenbügel mit Pferdedarstellungen von Lutomiersk. – M. 1:1
(nach Gabriel [Nr. 497] 186 Abb. 33,1–4)

stimmte politische Vorhaben (Heerzüge) durch Opfer und Pferdeorakel (Stettin, Arkona [Helmold I,36], Rethra [Thietmar VI,24]), „diplomatische" Kontakte nach außen. Hier scheinen deutlich politische Aufgaben durch.

Die Art und Weise eines Orakels läßt sich Saxo Grammaticus' Bericht über
Arkona entnehmen: „War nämlich beschlossen, so pflegte man mit Hilfe der
Tempeldiener eine dreifache Reihe von Lanzen vor dem Tempel anzuordnen,
in jeder wurden je zwei mit den Spitzen in die Erde gesteckt und gegeneinan-
der verschränkt. Die Reihen waren durch gleiche Entfernung voneinander getrennt. Während das geschah, wurde nach einem feierlichen Gebet das Roß
vom Priester aus der Vorhalle gezäumt herausgeführt. Falls es die vorgesetzte

Reihe eher mit dem rechten als mit dem linken Fuß überschritt, wurde das als
günstiges Vorzeichen des zu führenden Krieges angenommen; wenn es aber
auch nur einmal den linken dem rechten vorsetzte, so wurde die Absicht über
das anzugreifende Gelände geändert, und nicht eher wurde ein Schiffsunter-
nehmen als sicher vorbestimmt, als bis hintereinander drei Spuren des besseren Auftritts gesehen waren" (Saxo Grammaticus XIV).[68]

Interessanterweise wurden Götter wahrscheinlich (fast) ausschließlich männ-
lich gedacht, denn alle Namen – seien es wirkliche Götternamen oder Epitheta – waren maskulin. Bis auf die etymologisch unklare, bei Helmold von
Bosau erwähnte *Živa* als Lebensspender(in) der Polaben um Ratzeburg (und
auch der Lutizen?) sind keine Namen von Göttinnen überliefert. Es läßt sich
kaum entscheiden, ob dies auf eine unvollständige, bruchstückhafte Überlieferung oder aber eine rein männliche Götterwelt hindeutet.

Orte der Götterverehrung waren, abgesehen von den elbslawischen Tempeln, bestimmte Plätze in der „freien Natur". Dies waren nicht unbedingt
„heilige Haine" (Thietmar von Merseburg VI,37) im wörtlichen Sinne, als die
sie in der Literatur häufig apostrophiert werden. Sie mußten nicht umfaßt
und eingefriedet oder auf andere Weise besonders hergerichtet sein. Es handelte sich zunächst um eben jene Orte, an denen die jeweiligen Bewohner ihren oder einen speziellen Gott verehrten – Quellen, ein großer Baum oder
Stein, ein Hügel usw. Der Terminus *svętъ borъ* ist wohl als *borъ svętajego
Boga* (Wald des strahlenden Gottes) aufzufassen und stellt mithin eine Meto-
nymie dar. Vermutlich waren dies freigeschlagene Plätze, auf denen Opfer
und Fest als identitätstiftende Rituale vollzogen wurden. Eine spezielle Form
dieser Plätze waren vielleicht kreisförmige, „blütenartige" Anlagen mit kleinen Feuern, wie sie bei Novgorod für *Perunъ mit 35 m Durchmesser archäologisch nachgewiesen schien[69] – doch wird dieser Befund inzwischen als
Überrest von Grabhügeln angesehen. Eine ähnliche, aber ovale und wesentlich kleinere Struktur wurde mit etwa 10–12 m Durchmesser im pommerschen Trzebiatów ausgegraben. Der nur 2–3 m große Befund von Břeclav-
Pohansko aus dem 10. Jahrhundert besteht aus acht Pfostenlöchern und
einem Palisadenzaun (?) an einer Seite; dies als „Kultstätte" und damit als
heidnische Reaktion nach dem Zusammenbruch des christlichen Mähren zu
werten, ist gewiß nur *eine* Möglichkeit der Interpretation. Andere „ringför-
mige" Strukturen wie in Brodowin bei Chorin und Saaringen/Weseram als
„Kultplätze" zu deuten, bleibt ohne archäologische Untersuchung spekulativ.

---

68 Zitiert nach: Die Slawen in Deutschland [Nr. 48] 318.
69 Weitere Befunde liegen aus Bogit (Galizien) und Chodosoviči vor.

Soweit Schilderungen der religiösen Feste und Opfer vorliegen, beschreiben sie die für den christlichen Beobachter abschreckenden Aspekte (Helmold von Bosau II,12). Menschenopfer, wie sie z. B. die Tötung zweier böhmischer Mönche anfangs des 11. Jahrhunderts (Adam von Bremen III,20 schol. [Zusatz] 71) oder des Bischofs Johann von Mecklenburg in Rethra im Jahre 1066 (Adam von Bremen III,51) darstellte, fanden nur unter außergewöhnlichen politischen Umständen statt (vgl. auch Helmold von Bosau I,52.108; Thietmar von Merseburg VI,22.24). Daraus läßt sich ihr Ausnahmecharakter ableiten, was auch die überaus seltenen Funde menschlicher Knochen an diesen Plätzen unterstreichen (Arkona, Ralswiek). Meist dankte man der göttlichen Gnade wohl mit Ernte- und Tieropfern, die weitere Fruchtbarkeit und gute Ernten erwirken sollten (Saxo Grammaticus XIV,39, für Arkona; Herbord II,14, für Pyritz): „Einmal jährlich nach Einbringung der Ernte beging die ganze Inselmenge ohne Unterschied vor dem Tempel des Gottes nach Darbringung von Viehopfern eine festliche Schmauserei im Namen der Religion". Beispiele für Schlachtopfer sind rituelle Deponierungen von Pferdeschädeln und -extremitäten, wie sie in Starigard/Oldenburg ausgegraben wurden. Dabei handelt es sich um ganze Beine im anatomischen Zusammenhang, aber auch um Niederlegungen „gesammelter" Fußknochen, mitunter mit Steinanhäufungen. Inwieweit diese Knochen die Überreste ganzer Tierfelle darstellen, läßt sich archäologisch nicht verläßlich beurteilen.

Feste waren zugleich hervorragende Gelegenheiten, der versammelten Gemeinschaft zur Bekräftigung ihrer Identität zu verhelfen, die gesellschaftliche Ordnung aufrechtzuerhalten. Orte wie Arkona oder Rethra boten dafür ideale Voraussetzungen, waren sie doch Kultzentren für jeweils größere Räume, ohne daß es sich dabei aber immer um „Stämme", d. h. ethnisch-politische Gruppierungen gehandelt haben dürfte. Mit der Stärkung dieser Gemeinschaften verband sich zugleich eine Bekräftigung der politischen Verhältnisse und damit eine Stützung „fürstlicher" Macht. Die Auseinandersetzungen zwischen christlichen „Fürsten" und „heidnischer Reaktion" bei den Elbslawen zeigen, daß Glaubensfragen zugleich Machtfragen waren.

Magie und Mythologie

Welche Rolle Magie, Wahrsagerei und Zauberei im einzelnen spielten, kann kaum abgeschätzt, jedoch aufgrund von Analogieschlüssen in Umrissen vermutet werden. Dabei sollte man sich aber auf strukturelle Vergleiche beschränken und nicht einzelne, von Volkskundlern des 19. Jahrhunderts festgehaltene „Sitten und Bräuche" in das frühe Mittelalter zurückverlängern. Das

Bedürfnis der Romantik nach uralten, reinen Traditionen und Ursprüngen hat dazu geführt, daß nur die diesen Ansprüchen (vermeintlich) genügenden Überlieferungen aufgezeichnet, umgeschrieben und „rekonstruiert", mitunter auch neu erfunden wurden. Märchen, Sagen und Traditionen reflektieren deshalb vor allem frühneuzeitliche und moderne Vorstellungen, hinter denen sich mittelalterliche „historische Kerne" kaum ausmachen lassen, selbst wenn es sie gegeben haben mag.

Die häufigen und variantenreichen Bodenzeichen auf jenen (jungslawischen) Gefäßen, die auf einer Töpferscheibe nachgedreht wurden, werden – unabhängig von ihrer möglichen Rolle als Erzeugermarken – im allgemeinen auf magische, unheilabwehrende Motive zurückgeführt. Apotropäische Wirkung traute man – neben den erwähnten Statuetten und Beschlägen – wohl auch mondsichelförmigen Anhängern (Lunula-Anhänger), Amulettkapseln mit magischen Substanzen (Kaptorgen) und kleinen Glöckchen oder Rasseln (häufig in Kindergräbern) zu. Offensichtlich schützten diese Amulette vor allem Frauen und Kinder. Figürliche Ritzungen auf Keramikgefäßen (Schulzendorf [Adorant?], Groß Strömkendorf [?], Wessentin [Pferd mit Reiter], Rerik [Pferd], Gallin [Wagen], Sternberger Burg [Bogenschütze], Repten [Bogenschütze und Pferde]), aber auch Darstellungen auf Riemenzungen (Mikulčice, aber slawisch?) gehören vermutlich ebenfalls in diesen Zusammenhang.

Vermutlich bevölkerten Dämonen wie in allen bäuerlichen Gesellschaften die Umwelt. Gute und böse Geister scheinen – bei aller überwiegend regional geprägten Entwicklung – nicht grundsätzlich unterschieden worden zu sein; wichtig war vielmehr die jeweilige Wirkung der dämonischen Kraft (*běsъ*). Die ostslawische *Mokošъ* könnte eine Art Fruchtbarkeitsdämonin gewesen sein. Weitere Einzelheiten entziehen sich unserer Kenntnis. Jeder Vergleich mit christlichen Vorstellungen von Teufeln und Engeln geht fehl; er verdeckt mehr, als daß er der Analyse dient. Möglicherweise werden mit den Geistern auch Vorstellungen vom Weiterleben der Seelen nach dem Tode und also eine Art Ahnenverehrung greifbar, mithin weitverbreitete (universale) und keine spezifischen Auffassungen.

Die Mitgabe von meist einem Gefäß in Körpergräbern weist auf Speisebeigaben und damit auf bestimmte Vorstellungen der Weiterexistenz in einer anderen Welt hin. Dies gilt ebenso für „symbolische" Beigaben wie die Kiever Toneier (*pisanki*)[70], die als Fruchtbarkeitssymbole interpretiert werden, oder die Niederlegung eines Obolus (Fährgeld für die Überfahrt ins Jenseits, Wegzehrung, Ablöse vom Leben?). Beide Symbole entstammen nicht zwangsläufig

---

70 Kartierung: Gabriel [Nr. 497] 204 Abb. 39.

(direkt oder indirekt) christlichen Vorstellungen, sondern können auch auf ähnliche pagane Überzeugungen zurückgeführt werden; dabei ist bei identischer Symbolik ein sich verändernder geistiger Hintergrund wahrscheinlich. Witwenverbrennungen zu dem Zweck, daß der Verstorbene seine (Lieblings-) Frau auch im „Jenseits" um sich habe, gehen fast immer auf einen Topos zurück. Ibn Faḍlān schildert für 922 eine derartige Zeremonie bei den Rus' (d. h. wohl Skandinaviern) an der Wolga für einen „Häuptling"; und al-Masʿūdī († 956) erwähnt folgende Begebenheit bei den as-Sraba, deren Identifizierung problematisch bleibt: „Die Frauen des Verstorbenen zerschneiden sich ihre Hände und Gesichter mit Messern, und wenn eine von ihnen behauptet, daß sie ihn liebe, hängt sie einen Strick auf, steigt zu ihm vermittels eines Schemels empor und umwickelt mit dem Strick fest den Hals; darauf wird der Schemel unter ihr weggezogen, und sie bleibt zappelnd hängen, bis sie stirbt. Darauf verbrennt man sie, und sie ist mit dem Gatten vereint"[71]. Auch dies betrifft offensichtlich nur besonders herausgehobene Männer. Alle anderen Berichte kennen die Witwenverbrennung nur vom Hörensagen und benutzen sie zur abschreckenden, „verteufelnden" Beschreibung „heidnischer" Zustände. So behauptete Thietmar von Merseburg (VIII,3), daß vor der Christianisierung Polens in den 960er Jahren „jede Witwe ihrem Gatten nach dessen Brandbestattung folgen und sich enthaupten lassen" mußte; unmittelbar daran schließt Thietmar Klagen über das sündhafte Leben in Polen an. Welche Veränderungen der Vorstellungswelt sich mit dem Übergang von der Brand- zur Körperbestattung vollzogen, bleibt uns heute gänzlich verschlossen. Daß sich Veränderungen ergeben haben müssen, steht dagegen außer Frage.

Trepanationen, d. h. bewußt und sorgfältig vorgenommene Schädelöffnungen (Lancken-Granitz, Alt Bukow, Sanzkow, Sixdorf, Mikulčice, Usadel), lassen nicht nur medizinische Fertigkeiten erkennen, sondern weisen auch auf – im einzelnen nicht faßbare – magische Vorstellungen hin. Das vollständige Durchstoßen der Schädeldecke sollte wahrscheinlich der Schmerzlinderung bzw. Heilung dienen, indem bestimmten Kräften (?) ein freier Weg aus oder in den Kopf gebahnt wurde. In medizinischer Hinsicht muß dies als eine Art indirekter Behandlung gelten. Neben diesen „echten" Trepanationen kommen auch symbolische Trepanationen vor (Sanzkow), bei denen der Schädelknochen nur angeschabt, aber nicht vollständig durchtrennt wurde. Insgesamt sind diese Schädelöffnungen sehr selten und auch deshalb in ihrem Stellenwert nur schwer einzuschätzen.

---

[71] Zitiert nach Herrmann [Nr. 22²] 218.

Die slawischen Mythen enthalten, soweit sie überliefert sind, keine Erzählungen über Leben und Kampf von Göttern. Ebenso fehlen Migrationstheorien, die von einer „Urheimat" und der „Inbesitznahme" des Landes berichteten; erst gelehrte Quellenkombinationen des späten Mittelalters beschäftigten sich damit. Bekannt sind lediglich die legendenhaften Ursprünge frühmittelalterlicher Dynastien wie die der Piasten und der Přemysliden, d. h. dynastische Sagen. Als literarische Gattung sind „Sagen", dies muß hier angemerkt werden, eine romantische Erfindung der Gebrüder Grimm. Historische Aussagekraft besitzen solche Erzählungen für die Zeit *ihrer* Entstehung, nicht aber für jene Zeit, über die sie (angeblich) berichten. Beide bedeutenden westslawischen Dynastien gehen Überlieferungen des frühen 12. Jahrhunderts zufolge angeblich auf jeweils einen Bauern oder „Pflüger" (*Piast* bzw. *Přemysl*) zurück, dem die Herrschaft dank göttlicher Fügung zufiel. *Piast* bzw. dessen Sohn *Siemowit* stürzte etwa Ende des 9. Jahrhunderts (so die hypothetische zeitliche Zurückrechnung bei Annahme eines „historischen Kerns" der Überlieferung) in Gnesen mit Hilfe des Volkes den bösen Herrscher *Popiel* und wurde so zum Ahnen eines neuen Herrschergeschlechts (so der *Gallus Anonymus* I,1–3), dessen erster historischer Vertreter Fürst Mieszko (etwa 960–992) war.

Přemysl, dem sagenhaften Gründer Prags, erging es ähnlich. Er heiratete die weise *Libussa*[72], eine der drei Töchter des *Krok* und damit Enkelin des *Čech*, und brachte Ordnung und Wohlstand nach Böhmen (so Cosmas von Prag I,2–13). Als pflügender Bauer ist *Přemysl* auf einem Fresko des mittleren 12. Jahrhunderts in der Rotunde von Znojmo in Südmähren dargestellt. Die genealogische Reihe der Přemysliden (*Přemysl – Nezamizl – Mnata – Voyn – Vnizlau – Crezomizl – Neclan – Gostivit*) erinnert sehr an die sieben mythischen Könige Roms und verweist damit wohl auf entsprechende Anleihen; erst der Přemyslide Bořivoj († etwa 888/889) ist als historische Person zu fassen. Diese Genealogien, erstellt in Anlehnung an ebenso legendenhafte westeuropäische Genealogien (Merowinger, Karolinger) und damit Konstruktionen im nachhinein, stehen im direkten Zusammenhang mit erfolgreichen Herrschaftsbildungen. Sie dienten deren Legitimation und sind nur deshalb überliefert, weil die jeweilige Herrschaftsbildung dauerhaft gelang. Es handelt sich bei diesen mythologischen Erzählungen, wie auch beim ostslawischen „Igorlied", um hochmittelalterliche Heldengeschichten. Dabei wurden my-

---

[72] Im 19. Jahrhundert wurde Bedřich Smetanas (1824–1884) Oper Libussa (1871/1872) zur tschechischen Nationaloper, die 1881 und 1883 jeweils bei der Eröffnung des Prager Nationaltheaters gespielt wurde.

thische und magische Elemente, Wandersagen und gelehrte Reminiszenzen miteinander verquickt. Die gelehrte Redaktion verknüpfte mehrere Erzählungen nicht allzu „organisch". Das etwaige Vorhandensein eines „historischen Kerns" dieser Erzählungen und dessen Kern sind seit langem umstritten; die Suche danach stellt wohl eine falsch gestellte Frage dar.

Von den Mährern ist eine eigenständige Sagenbildung nicht überliefert. Lediglich mit dem altmährischen Fürsten Svatopluk wurden einige Wandersagen verknüpft, die historische Tradition jedoch in eine böhmische verwandelt. Mögliche dynastische Traditionen der zahlreichen westslawischen *duces* haben sich nicht einmal in Spuren erhalten. Historisch-dynastische Sagen können – mit einigen methodischen Bedenken – vielleicht für Pommern erschlossen werden. Das sich auf diese Sagen stützende Wir-Bewußtsein wurde wesentlich von den Angehörigen der Oberschicht getragen. Nicht zu fassen sind in den Quellen dagegen ethnische Bewußtseinsbildungen.

Einer gelehrten polnischen Konstruktion des 14. Jahrhunderts verdanken auch die drei Brüder *Lech*, *Čech* und *Rus*, die Polen, Böhmen und Rußland unter sich aufteilten, ihre Existenz. Ihr Vater *Pan* (mit der westslawischen Bezeichnung für den Herrn [pan] gleichgesetzt) hätte dem Land Pannonien seinen Namen gegeben. Diese Genealogie stellt – ebenso wie eine weitere Variante der Großpolnischen Chronik mit dem *Heros eponymus* Slavus – den Versuch dar, eine Genealogie aller Slawen zu schaffen. Sie hatten ihre größte Zeit daher nicht im Mittelalter, sondern im Rahmen romantisch-nationaler Bewegungen des 19. Jahrhunderts. *Čech* bzw. *Bohemus* blickte, so bereits Cosmas im frühen 12. Jahrhundert, einst vom Berge Říp (Georgsberg) auf das in Besitz zu nehmende Land (Böhmen) – genau so, wie einst Moses vom Berge Nebo das gelobte Land schaute (5. Mose 34,1–4). Als Kulturheros nahm er für sein Volk das unbewohnte Land in Besitz. Die hochmittelalterliche Apostrophierung Přemysls und Piasts als „Pflüger", ebenfalls ein verbreitetes Motiv, geriet im späten Mittelalter zur Geringschätzung. Bäuerliche Herkunft der Dynastien war zum Makel geworden. Insgesamt erscheinen diese Mythologien nicht als spezifisch slawisch, sondern allenfalls als europäisch. Diese Erzählungen lassen sich eher als historische Traditionen denn als Mythen bezeichnen; sie überliefern nicht tatsächliche Entwicklungen, sondern das Bild, das man sich zu bestimmten Zeiten davon machte.

Christianisierung

Die Übernahme des christlichen Glaubens durch die Slawen hatte vor allem drei wesentliche Auswirkungen. Erstens erwies sich das Christentum als kräftiges „ideologisches Bindemittel", das wesentlich zum Erfolg großräumiger Herrschaftsbildungen beitrug. Zweitens wurde mit dem neuen Glauben zugleich die Schrift übernommen – in Mähren zeitweise die kyrillische, bevor sich seit dem späten 9. Jahrhundert aufgrund der ostfränkischen Mission bei den Westslawen überall das lateinische Alphabet durchsetzte. Das Schreiben war nicht nur für liturgische und andere kirchliche Zwecke notwendig, sondern bildete eine Grundlage auch für die weltliche Administration. Und schließlich bewirkte die Eingliederung der westslawischen Kirche in die römisch-katholische Kirchenorganisation zugleich die Einbeziehung in den westeuropäischen Kulturraum – und damit die Abgrenzung vom griechisch-orthodoxen Osten und der ostslawischen Kiever Rus'.

Die ersten Ansätze zur Christianisierung der westlichen Slawen lagen im frühen 9. Jahrhundert. Der in Nitra residierende Pribina ließ dort 828/830 durch den Salzburger Erzbischof Adalram eine erste Kirche weihen und wurde kurz darauf Christ. In der Martinskirche von Traismauer, einem erzbischöflich-salzburgischen Hof, wurde er getauft. Fürst Mojmír setzte angesichts der Auseinandersetzungen mit den Franken nicht mehr auf die bayerisch-fränkische Mission, sondern wandte sich an Byzanz. Die Mönche Konstantin (Kyrill) und Method brachten in den 860er Jahren das Slawische als Liturgiesprache und die Glagolica, die spätere kyrillische Schrift, nach Mähren, und kurzzeitig bestand dort eine eigene, nicht an das Reich angelehnte Kirchenorganisation. Deren Scheitern folgte die endgültige Westorientierung durch die Christianisierung Böhmens seit dem letzten Viertel des 9. Jahrhunderts, die ihre institutionelle Bestätigung mit der Gründung der Diözesen Prag (973) und Olmütz fand. In den 960er Jahren (966?) ließ sich Mieszko (in Ostrów Lednicki oder im Regensburger Kloster St. Emmeram?) taufen; dem folgte 968 (?) die Einrichtung des Bistums Posen und zur Jahrtausendwende die Gründung des Erzbistums Gnesen und damit einer eigenständigen Kirchenprovinz mit den Suffraganen in Kolberg, Breslau und Krakau, zu denen wenig später auch das zunächst ausgeklammerte Posen gehörte. Zu Landespatronen stiegen der heiliggesprochene böhmische König Wenzel († 929/935) und der von Pruzzen erschlagene Bischof Adalbert († 997) auf, dessen Martyrium auf der großen Bronzetür des Doms von Gnesen dargestellt ist.

Das Siedlungsgebiet der Elbslawen wurde, nachdem einzelne „Fürsten" wie der Abodrite Slavomir 821 bereits getauft worden waren, seit dem zweiten Viertel des 10. Jahrhunderts in die weltliche und geistliche Administration des Reichs einbezogen. Bistumsgründungen erfolgten 948 in Starigard/Oldenburg, Brandenburg/Havel und Havelberg (oder 968?), 968 in Meißen, Merseburg und Zeitz. Bis auf Oldenburg, das dem Erzbischof von Hamburg-Bremen zugeordnet wurde, faßte man alle diese Missionsbistümer im 968 ein-

gerichteten Erzbistum Magdeburg zusammen. Die Verbindung von ostfränkisch-deutscher Herrschaft und Kirchenorganisation führte dazu, daß gegen
Ende des Jahrhunderts in mehreren „heidnischen" Aufständen zwischen unterer Elbe und unterer Oder beide zugleich beseitigt wurden. Nicht nur die
breite Bevölkerung, sondern wesentliche Eliten wandten sich gegen die Kirche. Nur Teile einer dünnen Oberschicht, zu denen der Abodrite Heinrich
und der Heveller Pribislav-Heinrich gehörten, bekannten sich um 1100 (wieder?) zum christlichen Glauben. Der Wendenkreuzzug von 1147, zu dem
auch Bernhard von Clairvaux aufgerufen hatte, verfehlte sein missionspoliti-
sches Ziel; er führte lediglich zur Errichtung kleinerer Adelsherrschaften in
der Prignitz und dem späteren Land Ruppin.

Erfassen diese nüchternen Daten die formelle Übernahme eines neuen
Glaubens, so sagen sie doch fast nichts über die davon erfaßten sozialen
Gruppen oder die Praktizierung der Liturgie aus. Hier vermag die Archäologie weiterführende Erkenntnisse zu liefern. Dazu zählen nicht nur Nachweise
von Kirchenbauten und Baptisterien, sondern auch Belege von nach christlichem Ritus (Orientierung, Kirchfriedhof) angelegten Gräbern bzw. Friedhöfen sowie verschiedene Kleinfunde mit einem christlichen Hintergrund wie
Pektoralkreuze (Enkolpien) und Reliquienbehälter. Daran lassen sich grundlegende Tendenzen ablesen, wenn auch im Einzelfall durchaus erhebliche Unsicherheiten bestehen. Hinsichtlich der Datierungen bestehen Spielräume von
jeweils kaum unter 50 Jahren, so daß die Christianisierung zeitlich nicht exakt
zu fassen ist.

Die bisher ergrabenen Kirchengrundrisse[73] können problemlos mit den Daten
der Christianisierung parallelisiert werden. Die ältesten bekannten Kirchenbauten finden sich in Mähren und der südwestlichen Slowakei, wo sie durchweg elitäre „Eigenkirchen" nach westeuropäischem Vorbild (?) darzustellen
scheinen (Abb. 89). Ihre genaue Datierung läßt sich nicht aus der Bauform
erschließen, sondern ergibt sich indirekt aus der Chronologie der zugehörigen Nekropolen, d. h. der auf die jeweilige Kirche bezogenen ältesten Gräber.
Danach dürften einige der Kirchen von Mikulčice sowie die Bauten in Staré
Město-Na Valách, Modrá, Ducové und Nitra aus den 830er und 840er Jahren
stammen. Die Kirche von Uherské Hradiště-Sady ist möglicherweise noch
etwas früher anzusetzen. Über die Herleitung der Architektur, die allein an-

---

[73] Eine zusammenfassende Übersicht fehlt bislang. Vgl. Großmähren [Nr. 205] Abb. 90–91;
Merhautová-Livorová [Nr. 661]; dies. [Nr. 662]; Müller-Wille [Nr. 531]; Leciejewicz [Nr.
28].

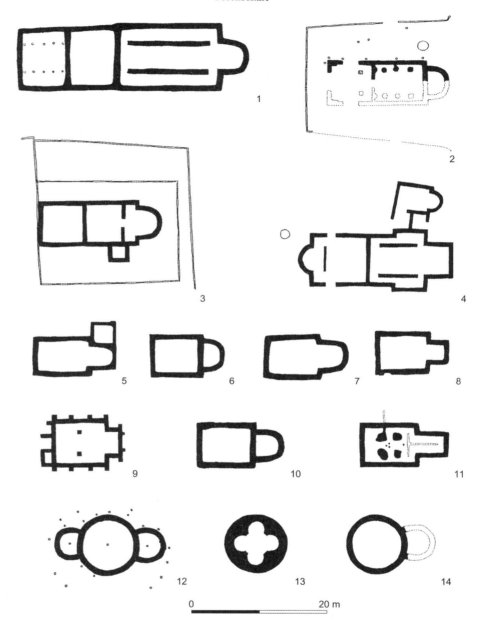

0   20 m

Abb. 89. Grundrisse mährischer und südwestslowakischer Kirchenbauten des 9. Jahrhunderts. Es lassen sich rechteckige Saalkirchen und Rundkapellen unterscheiden. 1 Mikulčice, Kirche III; 2 Staré Město „Na Špitálkách" (Südhälfte hypothetisch ergänzt); 3 Břeclav-Pohansko; 4 Uherské Hradiště „Sady"; 5 Mikulčice, Kirche I-II; 6 Mikulčice, Kirche IV; 7 Mikulčice, Kirche V; 8 Mikulčice, Kirche VIII; 9 Mikulčice, Kirche X; 10 Staré Město „Na valách"; 11 Modrá; 12 Mikulčice, Kirche VI; 13 Mikulčice, Kirche IX; 14 Staré Město (nach Großmähren [Nr. 205] Abb. 90-91)

hand von Grundrissen nur schwer gelingt, ist viel gestritten worden, doch scheinen im allgemeinen – auch angesichts des historischen Umfelds – westliche Vorbilder am wahrscheinlichsten. Dies gilt sowohl für die sog. Rotunden (Mikulčice, Staré Město, Ducové) als auch für die Saalkirchen (Mikulčice, Modrá, Břeclav-Pohansko) und für die „Basilika", die größte Kirche von Mikulčice.

Mehr als die Fundamente sind von den meisten dieser frühen Kirchen nicht erhalten. Gelegentlich sind sogar diese durch „Steinraub" beseitigt und nur noch anhand der entleerten Fundamentgräben zu rekonstruieren. Selten sind bemalte Putzreste (Mikulčice [Kirche VI], Uherské Hradiště-Sady, Břeclav-Pohansko) ausgegraben worden, die als Reste von Fresken im Kircheninneren interpretiert werden. In Uherské Hradiště-Sady wurden Ziegelreste entdeckt, die zu einem entsprechenden Dach ergänzt werden können, doch das zugehörige Gebäude läßt sich nicht sicher ermitteln. Daß es sich bei der Kirche von Staré Město-Špitalký um eine (byzantinische) Kreuzkuppelkirche handelte, ist unwahrscheinlich. Plausibler erscheint die Rekonstruktion seitlicher Emporen. Hintergrund dieser Interpretation ist der Streit darüber, ob Staré Město doch der Bischofssitz des hl. Method (als Erzbischof von Mähren seit 880) war und Uherské Hradiště-Sady vielleicht dessen Kloster (und nicht eher ein „Herrenhof" wie andere vergleichbare Anlagen) gewesen sein könnte (Abb. 90). Erfolglos ist bislang auch die Suche nach dem Grab Methods († 885) in Staré Město geblieben, das aber nicht nur hier vermutet wird (V. Hrubý), sondern auch in Pannonien oder Serbien (M. Eggers; I. Boba).

Ende des 9. Jahrhunderts wurden in Böhmen die ersten Kirchen gebaut. Die Befunde aus Levý Hradec, Budeč und der Prager Burg sind allerdings nicht so gut zu datieren, daß eine Identifizierung mit den ersten Bauten gelänge. Möglicherweise wurden nach der demonstrativen Übernahme des neuen Glaubens zuerst bescheidene, provisorische Bauten errichtet, bevor man an repräsentative Kirchen mit massivem steinernen Fundament oder sogar ganz aus Stein dachte. Solche wenig aufwendigen Bauten sind im archäologischen Befund nur schwer zweifelsfrei zu identifizieren. In Libice dürften die Fundamente der Kirche in die erste Hälfte des 10. Jahrhunderts gehören. In der Folgezeit verdichtete sich das Netz der Kirchen rasch und stetig.

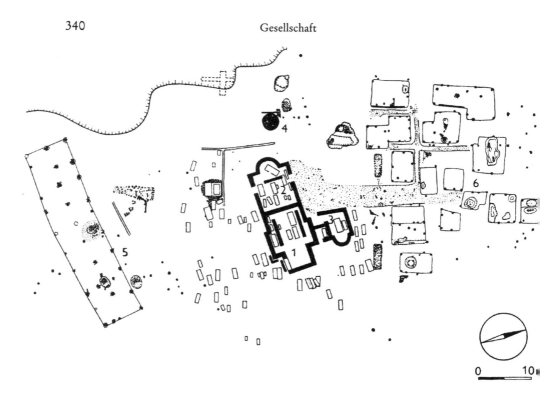

Abb. 90. Staré Město „Sady". Hofkomplex um einen Kirchenbau, der entweder als Kloster (Methods?) oder als „Herrenhof" angesehen wird. 1–3 Kirchenbauten; 4 Baptisterium; 5 Großbau; 6 Siedlung (nach Großmähren [Nr. 206] 71 Abb. 25)

In Großpolen errichtete man im letzten Drittel des 10. Jahrhunderts unter Mieszko I. erste Kirchen, wobei eine exakte Datierung wiederum kaum gelingt. Unter den Kathedralen von Posen und Gnesen wurden Vorgänger der Zeit um 1000 entdeckt. Ebenso alt sind die frühesten Kirchen in Krakau und Płock, wohl etwas jünger diejenigen von Breslau, Kalisz und Ostrów Lednicki. In die Zeit der frühen Piasten gehören sogenannte Palastbauten in Ostrów Lednicki, Giecz, Przemyśl und Wiślica (Abb. 91). Sie bestehen aus einem langrechteckigen, meist mehrräumigen Gebäude zu Zwecken herrschaftlicher Repräsentation und besitzen an einer Schmalseite jeweils einen meist runden Kapellenanbau (?). In Ostrów Lednicki wurde dazu ein ursprüngliches Baptisterium umgebaut, das als möglicher Taufort Mieszkos in Erwägung gezogen wird.

Bei den Elbslawen haben sich kaum Spuren früher Kirchen erhalten. Sie wurden, abgesehen von den ersten Bauten in Merseburg, Zeitz und Meißen,

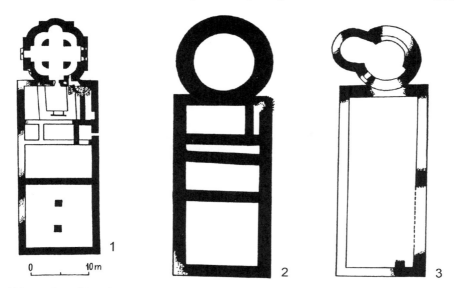

Abb. 91. Grundrisse frühpiastischer Palastbauten. Sie bestehen sämtlich aus einem langrecht-eckigen „Palas" und einer Kapelle an einer der Schmalseiten. 1 Ostrów Lednicki; 2 Giecz; 3 Przemyśl (nach Leciejewicz [Nr. 28] 174 Abb. 88)

die unter den heutigen Mauern liegen, durch die „heidnische Reaktion" des späten 10. Jahrhunderts zwischen mittlerer Elbe und Ostsee beseitigt. In Ber-lin-Spandau und in Starigard/Oldenburg ist jeweils ein Holzgebäude mit be-nachbartem Gräberfeld untersucht worden, das sich als Kirche ansehen läßt. Die Reste der ersten Brandenburger Bischofskirche des mittleren 10. Jahrhun-derts könnten sich unter dem heutigen Dom oder auch der St.-Petri-Kapelle verbergen, wo bislang keine archäologischen Beobachtungen gemacht werden konnten. In Alt Lübeck ließen sich zwei Phasen einer kleinen Kirche der Zeit um 1100 (?) unterscheiden, von denen die ältere aus Holz bestand und die jüngere ein Steinfundament besaß. Interessanterweise ist für Brandenburg/ Havel und Starigard/Oldenburg die Koexistenz von paganem Tempel und christlicher Kirche in der ersten Hälfte des 12. Jahrhunderts bekannt; dies zeigt, wie wenig das Christentum über eine schmale Elite hinaus Anerken-nung gefunden hatte.

Alle frühen Kirchenbauten[74] – auch die Bischofskirchen in Brandenburg/ Havel, Posen, Prag, Gnesen, Krakau und Breslau – befinden sich innerhalb

---

[74] Kartierung: Leciejewicz [Nr. 28] 195 Abb. 103.

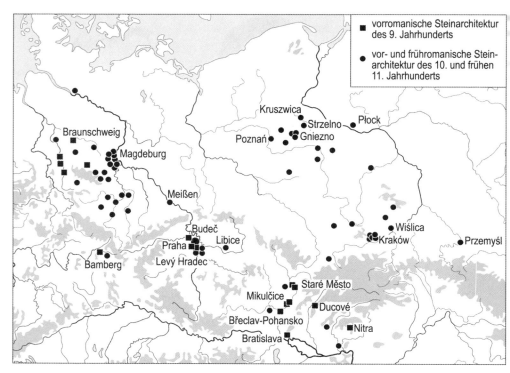

Abb. 92. Frühe Steinbauten des 9. bis frühen 11. Jahrhunderts im östlichen Mitteleuropa. Bei der über-
wiegenden Mehrzahl der noch erhaltenen bzw. im Grundriß rekonstruierbaren Gebäude handelt es sich
um Kirchen; daneben gibt es einige Befunde von Profanbauten. Klar erkennbar wird die Bindung an
frühe Herrschaftsmittelpunkte (nach Herrmann [Nr. 22²] 177 Abb. 63)

von Befestigungen und unterstreichen damit den engen Zusammenhang zwischen Burg und Kirche (Abb. 92). Das Christentum fand zuerst nur bei einer
schmalen Oberschicht Eingang, bevor es allmählich darüber hinaus verbreitet
wurde. Die Christianisierung war in gentilen Gesellschaften nur als kollekti-
ver Akt denkbar. Opposition gegen den christlichen Glauben bedeutete immer auch Widerstand gegen die christliche Herrschaft. Die meisten bislang
identifizierten Kirchenbauten bei den Westslawen besaßen Steinfundamente
bzw. bestanden komplett aus Stein. Die für diese zuvor unbekannte Architektur notwendigen Bauhandwerker mußten von außerhalb herbeigeholt werden, woraus sich die erkennbaren stilistischen Beziehungen ergeben. Vollständig aus Holz errichtete Kirchen lassen sich bislang archäologisch nur in Stari-
gard/Oldenburg, Alt Lübeck und Berlin-Spandau nachweisen, mögen aber
durchaus häufiger und Vorgänger repräsentativerer Steinbauten gewesen sein.

Neben den Kirchenbauten sind die Veränderungen von Grabritus und Grabausstattung aufschlußreich. Während in vorchristlicher (bzw. zur Vermeidung
von Verwechslungen hier besser „heidnischer") Zeit die Toten mit verschiedenen Gefäßbeigaben für das Jenseits bzw. den Weg dorthin ausgerüstet wurden, suchte dies die Kirche zu unterbinden und als Aberglauben zu verwer-
fen. Denn die dahinterstehenden Vorstellungen von einem Leben nach dem
Tode waren mit der Auffassung von Jüngstem Gericht, Hölle und Paradies
nicht zu vereinbaren. Es bot sich statt dessen an, sich durch ein christliches
Leben und durch Stiftungen an die Kirche Totengedenken und jenseitige Er-
lösung zu ermöglichen. Auf diese Weise wurden soziales Prestige und Rang
immer weniger durch reiche Grabausstattungen und immer mehr durch aufwendige Stiftungen demonstriert. Mit anderen Worten: die Beigabenhäufig-
keit reflektiert primär soziale Konkurrenz (besonders in instabilen Situationen) und erst in zweiter Linie Glaubensvorstellungen.

Der Übergang von der Verbrennung der Toten, die bei den Slawen im frühen Mittelalter zunächst weit verbreitet war, zur Körperbestattung gilt als
wichtiger Hinweis auf einen zunehmenden Einfluß des Christentums. Nicht
völlig gesichert ist dabei, ob es sich um einen direkten oder nur indirekten
Einfluß handelte. Die frühesten Körpergräber der Slowakei dürften noch auf
awarische Vorbilder zurückgehen, während seit dem mittleren 9. Jahrhundert
– beginnend in Mähren – das Christentum die recht rasche Aufgabe der
Totenverbrennung bewirkte. Dieser allgemeine Trend überdeckt die regional
unterschiedlich einsetzende Christianisierung, und selbst die streng „heidnischen" Elbslawen blieben seit dem 10. Jahrhundert bei der Praktizierung der
Körperbestattung, auch nach den erfolgreichen Aufständen gegen die christliche Herrschaft. In peripheren Gebieten, abseits der christlich gewordenen
Zentren und der Nachbarschaft zum Reich, wurden die Toten mitunter bis in
das 12./13. Jahrhundert hinein verbrannt.

Zugleich mit der Einführung der Körperbestattung erfolgte die Übernahme der Graborientierung. Von Beginn der Körpergrabsitte an und überall dominiert die West-Ost-Ausrichtung, d. h. die Lage mit dem Kopf im Westen.
Nord-Süd-ausgerichtete Gräber, die im „heidnischen" Westeuropa häufig waren, bilden bei den westlichen Slawen überaus seltene Ausnahmen. Die ideale
W-O-Linie wurde häufig nicht eingehalten, ohne daß sich dafür ein jahres-
zeitlich unterschiedlicher Sonnenstand als Hauptursache festlegen (und damit
auch die häufigsten Sterbemonate erschließen) ließe(n), wie hin und wieder
spekulativ vermutet bzw. behauptet wird. Wahrscheinlich hielt man eine ungefähre Ostung im allgemeinen für ausreichend. Die Gräber sind mehr oder
weniger in Reihen angeordnet und waren oberirdisch kenntlich (Wolfger
monachus Prieflingensis II,50; Ebo II,12).

Abb. 93. Staré Město „Na Valách". Lage der Gräber mit Gold- und Silberschmuck bei der Kirche, d. h. überwiegend der „reich" ausgestatteten Frauengräber. Diese Gräber befinden sich in der Nähe der Kirche, aber nicht im Kircheninnern (nach Schulze-Dörrlamm [Nr. 538] 587 Abb. 30)

Ein starkes, wenn auch ebenfalls nur mittelbares Indiz für eine Hinwendung zum christlichen Glauben stellt die allmähliche Reduzierung der Beigaben im Grab dar, die schließlich zu deren vollständigem Verzicht führte. Allerdings war auch zuvor die Mehrzahl der Gräber beigabenlos, d. h. nur recht wenige Bestattungen waren „reicher" ausgestattet. Diese Reduzierung gilt nur für die „eigentlichen" Beigaben, d. h. nicht für die Mitgabe von Schmuck und Kleidungsbestandteilen, gehört doch beides zur Bekleidung. Reicher Gold- und Silberschmuck, aber auch Waffen und Sporen sind beispielsweise aus den christlichen mährischen Nekropolen des 9. Jahrhunderts bekannt. Sie erfüllten soziale Prestigebedürfnisse, ob sie nun zum persönlichen Besitz des Toten gehörten oder nicht. Interessant ist besonders das Aufhören der Gefäßbeigabe. Keramikgefäße und hölzerne Daubeneimer dienten wahrscheinlich als Behälter für Speisen und Getränke, die für Christen entbehrlich wurden. In Mähren läßt sich die zunehmende Seltenheit der Gefäßbeigabe bereits seit der zweiten Hälfte des 9. Jahrhunderts beobachten, in Böhmen seit dem späten 10. Jahrhundert. Zwischen Elbe und Weichsel vollzog sich diese Entwicklung erst im hohen Mittelalter – in Polen seit dem 11., bei den Elbslawen seit dem 12. Jahrhundert. Westlich der Saale, d. h. auf Reichsgebiet lassen sich überhaupt keine Keramikbeigaben feststellen.

Während Christianisierung und Aufhören der Gefäßbeigabe wahrscheinlich zusammenhängen, dürfte dies für den Obolus bzw. „Charonspfennig" nicht zutreffen. Gefäßbeigaben und die Mitgabe einer Münze im Mund oder in der Hand des Toten schließen sich gegenseitig aus. Die Mitgabe eines Obolus[75] fällt also zeitlich mit der Übernahme des christlichen Glaubens zusammen. Die antike Bedeutung – „Fährgeld" für die Fahrt ins Jenseits – ist im Zusammenhang mit christlichen Vorstellungen jedoch auszuschließen. Statt dessen muß mit anderen symbolischen Bedeutungen, d. h. einem Bedeutungswandel gerechnet werden. Die Münzbeigabe mag zunächst an die Stelle bisheriger, nun nicht mehr geläufiger Beigaben (Keramik) getreten sein. Insofern könnte die Münzbeigabe indirekt die Christianisierung (und den Übergang zur Münzgeldwirtschaft) belegen, also vor allem von sozialer Aussagekraft sein.

---

75 Kartierung: Kolníková [Nr. 631] 215 Karte 2.

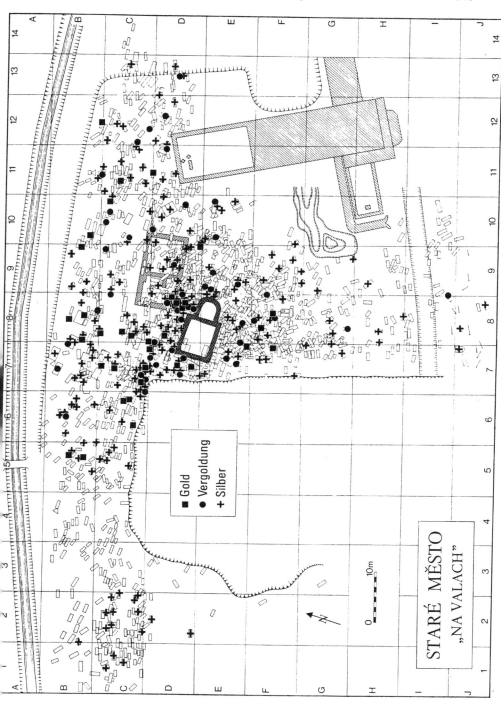

STARÉ MĚSTO „NA VALACH"

Gold
Vergoldung
Silber

0   10m

Das deutlichste Anzeichen einer christlichen Bevölkerung stellen Nekropolen unmittelbar an bzw. neben einer Kirche dar, auch hier in reihenförmiger Anordnung (Abb. 93). Hierzu zählen die südwestslowakischen und mährischen adligen „Eigenkirchen" mit ihren zugehörigen, in den 830er Jahren einsetzenden Friedhöfen (Mikulčice, Staré Město-Špitálky, Ducové, Uherské Hradiště-Sady, Modrá, Břeclav-Pohansko, Nitra, Bratislava?) ebenso wie die böhmischen Kirchen seit der Zeit um 900 in Burgwällen (Libice, Prag, Budeč, Levý Hradec) und nach der Jahrtausendwende auch in den dörflichen Siedlungen. An diesen Plätzen dienten überaus reiche Grabausstattungen immer weniger der Darstellung von Macht und Privilegien des Toten. Statt dessen wurde die Lage des Grabes zum entscheidenden Maßstab. Von den mährischen und böhmischen „Fürsten" wurde eine Grablege *in* der Kirche selbst bevorzugt, wie sie auch die Gräber der frühen Piasten aufweisen (Ostrów Lednicki, Gnesen, Posen, Płock, Tyniec). Die Nähe zum Altar, zu den Reliquien der Heiligen entwickelte sich zum entscheidenden Maßstab, der religiöses Bekenntnis, politische Macht und sozialen Status miteinander verquickte. Eine zuvor übliche „reiche" Ausstattung wurde damit entbehrlich, so daß Gräber der höchsten „Würdenträger" beigabenlos und damit nach archäologischen Maßstäben fälschlich als unauffällig erscheinen. Statt dessen hatten sich nur die Kriterien für soziales Prestige und dessen Präsentation verschoben und war die Lage des Grabes entscheidend geworden.

Neben diesen archäologischen Befunden können auch einzelne Fundstücke mehr oder weniger „explizit" christlichen Charakters interessante Einblicke liefern. An erster Stelle sind metallene Anhänger in Kreuzform[76] und Pektoralkreuze (Enkolpien) zu nennen, die sich an westlichen Vorbildern und nicht an der Ostkirche orientierten (Abb. 94). Sie liegen aus dem gesamten westslawischen Raum vor, kommen allerdings eher sporadisch vor. Die Datierungen erstrecken sich vom 9. (Mähren) über das späte 10. Jahrhundert (Böhmen) bis ins hohe Mittelalter (Polen, Elbslawen). Sie könnten z. T. eine Art von Taufgeschenk gewesen sein, stammen aber häufig nicht aus (beobachteten) Grabfunden. Gelegentlich besitzen diese Kreuze einen Hohlraum zur Aufnahme einer Reliquie oder für besondere Substanzen.

---

[76] Kartierung: Kóčka-Krenz [Nr. 573] Karte 40; darüber hinaus Mikulčice, Uherské Hradiště, Dřevíč b. Louny, Kralovice b. Říčany, Opočnice b. Poděbrady [6], Praha [3], Václavice b. Benešov, Veltruby b. Kolín, Vyšehrad, Dolný Věstonice und weitere mährische und böhmische Grabfunde.

Abb. 94. Frühmittelalterliche Reliquienkreuze aus Mähren und Böhmen. Vorder- und Rückseite waren mit einem Scharnier miteinander verbunden, so daß der im Innern befindliche
Hohlraum zugänglich war. 1 Vyšehrad; 2 Václavice bei Benešov; 3 Prager Burg; 4–6 Opočnice
bei Poděbrady. – M. 1:2 (nach Nechvátal [Nr. 663] , 217 Abb. 1)

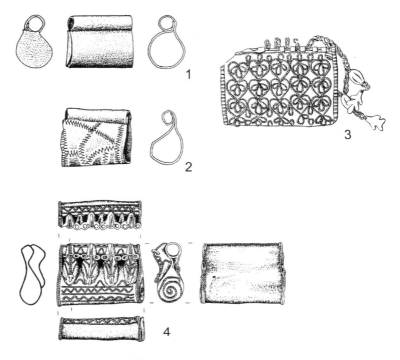

Abb. 95. Kaptorgen. 1–2 kapselförmige Kaptorgen aus Oldenburg (10./11. Jahrhundert); 3 filigranverzierte Kaptorge aus Stará Kouřim (10. Jahrhundert?); 4 filigranverzierte kapselförmige Kaptorge aus Marlow mit vier Pferdeköpfen (11. Jahrhundert?) . – M. 1:1,4 (nach Gabriel [Nr. 497] 182 Abb. 31,1.2; Šolle [wie Abb. 20] 153 Abb. 40,b/8; Corpus [Nr. 70] 2–38/82)

Darin gleichen sie den sog. „Kaptorgen"[77], kleinen verzierten Metallbehältern aus Bronze oder meist Silber (Abb. 95). Diese Behältnisse besitzen christliche, orientalisch-byzantinische sowie auch islamische Verzierungsmotive und wurden wohl aus dem „Orient" über den Donauraum nach Ostmitteleuropa vermittelt. Sie treten in Mähren seit dem 9. Jahrhundert auf, kommen ab dem zweiten Drittel des 10. Jahrhunderts häufiger in Böhmen und dann auch in Polen und dem elbslawischen Raum vor. Dieses Fundbild ist wiederum überlieferungsbedingt – frühe Grabfunde aufgrund der Körperbestattung im Süden, Schatzfunde des 10./11. Jahrhunderts im Norden. Ihr Hohlraum

---

77   Kartierung: Kóčka-Krenz [Nr. 573] Karten 34–35; Gabriel [Nr. 497] 183 Abb. 32; Herrmann [Nr. 467] 44 Abb. 42; darüber hinaus Dolný Věstonice, Mikulčice, Břeclav-Pohansko, Stará Kouřim, Libice, Brandýsik und weitere mährische und böhmische Grabfunde.

diente wahrscheinlich der Aufbewahrung von Reliquien und Hostien – wie vergleichbare Gegenstände in der Ostkirche oder auch im Islam. Vielleicht enthielten sie auch aromatische Substanzen, wie orientalische Vorbilder vermuten lassen. Bei den Kaptorgen lassen sich zwei Hauptformen unterscheiden: einerseits kleinere, aus zwei parallelen Röhren bestehende Kapseln, andererseits größere trapezförmige Büchsen mit reich dekorierter Schauseite und abnehmbarem Deckel, die vor allem in Osteuropa verbreitet waren (Abb. 96). Es kommen auch Behälter in Buchform vor. Man trug diese Kaptorgen wohl an einer Schnur um den Hals oder am Gürtel.

Die Kaptorgen können allerdings nicht generell als Beleg für die Übernahme des christlichen Glaubens gewertet werden. Denn sie kommen (wie z. B. bei den Elbslawen) bereits in heidnischer Zeit vor, und sie besitzen direkte Vorbilder in anderen Religionen wie dem Islam. Sie mögen deshalb bereits in „heidnischem" Zusammenhang religiöse Funktionen besessen haben. Dennoch wird eine weitgehende räumliche und zeitliche Koinzidenz mit der Christianisierung deutlich. Die Mitgabe von Kaptorgen in „reich" ausgestatteten Gräbern weist sie einer sozialen Elite zu, die sich als erste und aus politischen Motiven ganz bewußt dem Christentum zuwandte.

Exzeptionelle Stücke stellen Reliquienkästchen von etwa 30 cm Länge dar, die kleinen Truhen ähneln. Derartige Schreine, zu denen auch das skandinavische, im zweiten Weltkrieg zerstörte Exemplar aus dem Domschatz von Kammin gehörte, kommen nur sehr selten ans Tageslicht. Die seltenen einst vorhandenen Kästchen haben sich aufgrund ihrer organischen Bestandteile zudem kaum erhalten. Knöcherne Beschlagplatten, die auf dem hölzernen und mit Beschlägen versehenen Kasten befestigt waren, liegen aus Starigard/Oldenburg (Abb. 97), Ostrów Lednicki und Kammin vor. Möglicherweise gehörten auch einzelne Plattenstücke aus Pasewalk zu einem vergleichbaren Kästchen, wie sie weitgehend vollständig aus Essen-Werden (St. Liudger) oder von der Wüstung Zimmern bei Gemmingen-Stebbach (Badisches Landesmuseum Karlsruhe) bekannt sind. Sie dürften zum kirchlichen Inventar gehört haben. Liturgische Geräte wie Kelche und Patenen des hohen Mittelalters haben sich mitunter in Kirchenschätzen erhalten (Krakau, Tyniec), doch findet sich ein Kelch bereits im Koliner „Fürstengrab" aus dem mittleren 9. Jahrhundert, allerdings wohl in profanem Gebrauch als Trinkgefäß.

Mittelbar in christliche Zusammenhänge gehören auch die bereits erwähnten sog. „Kiever Toneier" (pisanki). Dies sind hühnereigroße tönerne Hohlkörper, oft mit einer Klapper im Innern. Außen waren sie ein- bis dreifarbig glasiert, wobei umlaufende, wellenförmige Spiralen erzeugt wurden. Die Technologie der Glasur stammte aus Byzanz, die Herstellung dieser Eier erfolgte aber in Kiev und dessen Umgebung vom späten 10. bis zum mittleren

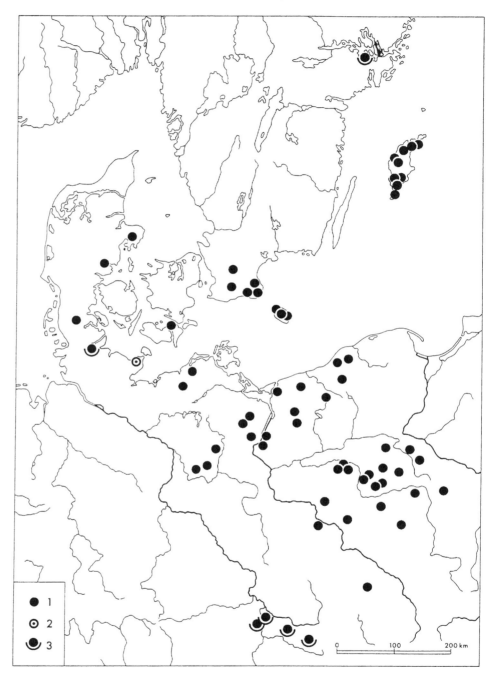

Abb. 96. Verbreitung kapselförmiger Kaptorgen. 1 Silberkaptorgen in Hortfunden; 2 Bronzekap-
torgen in Siedlungsschichten; 3 Silberkaptorgen in Gräbern. Zu ergänzen sind die silbernen Kaptorgen in mährischen Gräbern des 9. Jahrhunderts (außerhalb des Kartenausschnitts). Die Verbreitung
zeigt deutlich, wie sehr die Fundüberlieferung von den Fundumständen abhängt (nach Gabriel [Nr.
497] 183 Abb. 32)

Abb. 97. Rekonstruktion des älteren Reliquienkastens von Starigard/Oldenburg (9. Jahrhundert). Die gesamte Oberfläche war mit Beinschnitzereien bedeckt. – M. 1:1,4 (nach Starigard/Oldenburg [Nr. 311a] 286 Abb. 5)

12. Jahrhundert. Erwogen wird auch eine mögliche Herstellung in Kruszwica, doch dürfte dies allenfalls kurzfristig der Fall gewesen sein. Zu den westlichen Slawen gelangten die Pisanki als prestigeträchtige Gegenstände (Abb. 98), doch ob damit auch der Symbolgehalt übernommen wurde, ist schwer zu beurteilen. Denkbar ist – auch aufgrund der häufigen Kombination mit echten Eiern im Grab – ein weiter Horizont von Fruchtbarkeitsvorstellungen, so daß nicht unbedingt der christliche Glaube an die Wiederauferstehung (Ostern) damit verbunden gewesen sein muß – sofern diesen Toneiern überhaupt eine tiefere Bedeutung beigemessen wurde. Auf technologisch gleiche Weise wurden auch die sog. „Warzenklappern" hergestellt, die außen unter der Glasur etliche Knubben besaßen.

Weitere, allerdings seltene Funde könnten christlich inspiriert gewesen sein, ohne daß sich dies im Einzelfall entscheiden ließe. Dazu gehören beispielsweise Anhänger in Fischform (Neubrandenburg-Fischerinsel, Fergitz). Aus Mikulčice in Mähren liegen einige reichverzierte, vergoldete Riemenzungen vor, die auf der – beim Tragen nicht sichtbaren – Rückseite eine eingravierte menschliche Figur zeigen. Der jeweils frontal dargestellte Mann trägt einen weiten Kittel und hat beide Hände erhoben. Einmal hält er einen Hammer und ein Füllhorn (?) hoch, das andere Mal schmückt ein gleicharmiges Kreuz seine Brust. In beiden Fällen ist um den Kopf entweder eine üppige Haarpracht oder ein Nimbus dargestellt. Der Gedanke, daß es sich einerseits um einen „heidnischen", andererseits um einen christlichen Priester handeln könnte, ist nicht von der Hand zu weisen. Auch stilistisch sind diese Darstellungen eng verwandt, doch der eigentliche geistige Hintergrund und die Bedeutung für den jeweiligen Besitzer bleiben unklar. Eine weitere Riemenzunge aus Mikulčice ist in Form eines Buches gestaltet und verweist wohl ebenso mittelbar auf christliche Vorstellungen.

Schließlich können Schreibgriffel indirekt auf christliche Einflüsse verweisen, gelangten doch Schrift und Schriftlichkeit erst mit den christlichen Missionaren nach Ostmitteleuropa. Aus dieser mittelbaren Verknüpfung läßt sich aber nicht umgekehrt aus jedem Griffel ein christliches Bekenntnis folgern. Doch auffälligerweise begleiten die Griffelfunde den Verlauf der Christianisierung. Karolingerzeitliche Exemplare stammen aus Uherské Hradiště-Sady, Staré Město, Mikulčice und aus Seehandelsplätzen (Ralswiek), Stücke des späten 10./11. Jahrhunderts aus Gnesen und Posen. Von diesen „echten" Schreibgriffeln mit einem spitzen Ende zum Schreiben und einem spatelförmig verbreiterten Ende zum „Löschen" der Wachstafel sind die sogenannten „Ringgriffel" zu unterscheiden. Bei dieser Form handelt es sich nicht selten eher um Nadeln mit einem Ring am Ende (Ralswiek, Menzlin, Usedom, Sanzkow, Przemyśl).

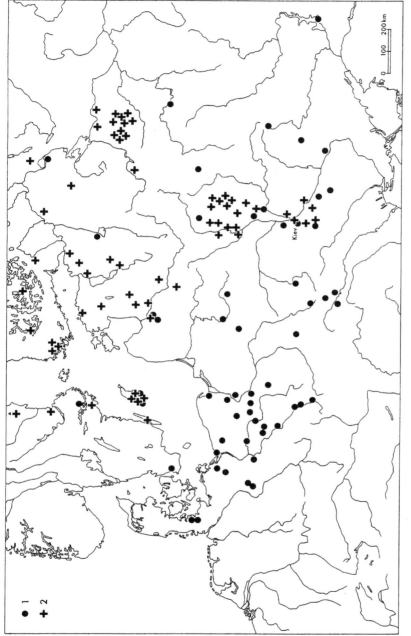

Abb. 98. Verbreitung christlichen Symbolguts altrussischer Herkunft. 1 glasierte „Kiever" Toneier (pisanki); 2 Anhängerkreuze mit erweiterten, jeweils in drei Rundeln abschließenden Armen. Zu erkennen sind zwei großräumige Schwerpunkte (nach Gabriel und Sedov aus Ber. RGK 69, 1988 [1989] 775 Abb. 17)

Die umfassende und durchgreifende Christianisierung setzte etwa gleichzeitig mit der Ostsiedlung im 12. Jahrhundert ein. Zahlreiche Klostergründungen wurden durch die jeweiligen Landesherren initiiert, wenngleich schon früher Domkapitel eingerichtet und Klöster gestiftet worden waren (Benediktiner: um 970 St. Georg in Prag, 993 Břevnov, 999 Ostrov, um 1032 Sázava, 1158/64 Teplitz/Teplice, 1101 Trebitsch/Třebíč; vor 1000 [?] Meseritz/Międzyrzecz, um 1130 Tremessen/Trzemeszno, ca. 1065? Mogilno, 1075/76 Lubin, ca. 1058/79 Tyniec). Seit der Mitte des 12. Jahrhunderts kamen zunächst Prämonstratenser (1129 Magdeburg, 1144 Jerichow, vor 1150 Brandenburg, 1148/50 Havelberg; 1121 Kościelna Wieś, 1120/28 Breslau; um 1150 Leitomischl/Litomyšl, um 1142 Strahov, 1151 Ungarisch Hradisch/Uherské Hradiště, 1149 Seelau, 1144/5 Doxan/Doksany) und Zisterzienser (1149 Brzeźnica/Jędrzejów, um 1140 Łekno, 1155 Ląd, 1177 Sulejów, um 1185 Koprzywnica, 1179 Wąchock, 1186 Oliwa, 1173 Kolbatz/Kołbacz; 1140 Altenzelle, 1170 Zinna, 1180 Lehnin, 1199 Eldena, 1172/99 Dargun; 1142/3 Zettlitz/Sedlec b. Kuttenberg/Kutná Horá, 1144/5 Plaß/Plasy, 1144/5 Nepomuk) ins östliche Mitteleuropa. Letztere – die „weißen Mönche" – spielten für den Landesausbau und damit auch den Herrschaftsausbau eine wichtige Rolle. Sie erfreuten sich deshalb bei Askaniern ebenso wie bei den Přemysliden, die sich beide z. T. sogar in Zisterzienserklöstern bestatten ließen (Lehnin, Chorin, *Porta Coeli*), besonderer Beliebtheit und Förderung.

Diese Gründungswelle erreichte im 13. Jahrhundert ihren Höhepunkt, als neben weiteren Zisterzen (1218/22 Mogiła, 1227 Leubus/Lubiąż, 1230/34 Paradies/Paradyz b. Meseritz/Międzyrzecz, 1237/42 Obra, 1292 Grüssau/Krzeszów; 1258/73 Chorin; 1233 *Porta Coeli* b. Tischnowitz/Tišnov, 1251 Saar/Žd'ár nad Sázavou, 1259 Hohenfurth/Vyšší Brod, 1263 Goldenkron/Zlatá Koruna, 1292 [?] Königsaal/Zbraslav), einigen Klöstern der Johanniter (vor 1156 Zagość, 1184 Posen) und Templer (ca. 1150 Opatów, um 1250? Łuków) zahlreiche Niederlassungen der „Bettelorden" – also der Franziskaner und Dominikaner – in den Städten entstanden. Die Bistumsorganisation, d. h. die Einrichtung und Abgrenzung der Diözesen, war in den Grundzügen bereits in der zweiten Hälfte des 10. und eingangs des 11. Jahrhunderts erfolgt, wenn es auch, gerade in der Anfangszeit, noch zu einigen Änderungen kam. Für Polen spielte außerdem der Deutsche Orden eine besondere Rolle, der 1226 von Konrad von Masowien zur Bekehrung der pruzzischen Heiden gerufen worden war und ein eigenes Herrschaftsgebiet in Ostpreußen errichtete. Mit der von Westen her erfolgenden durchgreifenden Christianisierung im hohen Mittelalter war Ostmitteleuropa fest und dauerhaft Teil des „christlichen Abendlandes", d. h. des west- und mitteleuropäischen Kulturraumes, geworden.

Schlußbetrachtung

Der weitgespannte Rahmen der vorangegangenen Betrachtungen – von der Elbe bis zum Bug und von der Ostsee bis zur Donau – und die vergleichende, auf Analogien angewiesene Betrachtung, ohne die archäologische Quellen nicht sachgerecht ausgewertet werden können, suggerieren fälschlicherweise ein weitgehend einheitliches, homogenes Bild der historischen Entwicklung von Siedlung, Wirtschaft und Gesellschaft. Darüber hinaus liegen trotz zahlreicher Grabungen für viele Fragestellungen oft nur punktuelle Untersuchungen vor, die ein „schärfer" gezeichnetes Bild noch nicht erlauben. Deshalb sind vor allem regionale Unterschiede verschiedenster Art, aber auch manche zeitlichen Differenzierungen erst in Ansätzen zu erkennen, wenn man sich nicht – lediglich auf einzelne Funde und Befunde gestützt – in einer antiquarischen Altertümerkunde verlieren will. Die einzige Ausnahme bildet die Keramik mit ihren zahllosen Regionalvarianten. Aus historischen und methodologischen Erwägungen heraus muß jedoch mit einem erheblich differenzierten, fast „bunten" Bild gerechnet werden. Es gab weder *die* typische slawische Siedlung noch *die* slawische Landwirtschaft oder *die* slawische Gesellschaft, sondern je nach Region und historischer Situation sehr verschiedene Siedlungsformen, Wirtschaftsweisen und Gesellschaftsstrukturen. Trotz des knappen Platzes einer die Gemeinsamkeiten betonenden Übersicht sollen deshalb einige regional und zeitlich unterschiedliche Entwicklungen kurz angesprochen werden.

1. Spätestens seit dem 9. Jahrhundert existierten zwei „Hauslandschaften" im östlichen Mitteleuropa – im Mittelgebirgsraum überwiegend eingetiefte Grubenhäuser, im nordmitteleuropäischen Flachland überwiegend ebenerdige Blockbauten. Abweichende Konstruktionen wie Pfosten- oder Stabbauten blieben auf bestimmte Regionen – z. B. die Niederlausitz oder den Ostseeküstenbereich – und herausgehobene Plätze beschränkt, wo entsprechende Anregungen auf fruchtbaren Boden fielen. Unterschiede in den Grundrissen ländlicher Siedlungen lassen sich mangels ausreichender Grabungen nicht herausarbeiten, ebenso die Häufigkeit und Verbreitung sogenannter „Herrenhöfe".

Grundriß und Wallkonstruktion der Burgwälle zeigen klarere regionale Unterschiede. Diese beruhen einerseits auf den naturräumlichen Gegebenheiten. Die Topographie bestimmte häufig die mögliche Lage und Ausdehnung, nur im Mittelgebirgsraum stand plattiges Gestein als Baumaterial für Trockenmauern zur Verfügung, und nur im Flachland gab es Geschiebe für Steinschüttungen an den Wallflanken. Während Rostkonstruktionen praktisch im gesamten Siedlungsraum vorkommen, scheinen einige Varianten regional beschränkt geblieben zu sein – Asthakenkonstruktionen auf Großpolen, Plankenwände vor allem auf den Ostseeküstenbereich. Andererseits gab es regional übergreifend zeittypische Bauformen – große, je nach Geländesituation unregelmäßig geformte Großburgen im 8./9. Jahrhundert, kreisrunde Ringwälle seit der zweiten Hälfte des 9. Jahrhunderts.

„Frühstädtische" Entwicklungen zeigen markante Differenzen: karolingerzeitliche Seehandelsplätze als Stützpunkte des Fernhandels an der gesamten südlichen Ostseeküste, Agglomerationen von Adelshöfen in Mähren und der südwestlichen Slowakei im 9. Jahrhundert, burgstädtische Siedlungskomplexe in Böhmen, Polen und bei den Elbslawen seit dem 10. Jahrhundert. Die Entstehung von Rechtsstädten vollzog sich dann wieder recht einheitlich im 13. Jahrhundert, wobei sowohl an bestehende Strukturen angeknüpft als auch Städte gänzlich neu gegründet wurden. Damit waren die prägenden Strukturen des spätmittelalterlich-frühneuzeitlichen Städtenetzes entstanden.

2. Regionale Differenzierungen der landwirtschaftlichen Produktion zu ermitteln, erfordert aufwendige botanische und zoologische Untersuchungen der Pflanzenreste und Knochen. Daher liegen noch nicht genügend Analysen vor, die einen detaillierten Einblick ermöglichen würden. Großräumig zeichnet sich – aufgrund der Bodenqualität und des Klimas – eine Bevorzugung des Roggens im nördlichen und des Weizens im südlichen Bereich ab. Vor allem im frühen Mittelalter nahm der Anteil des Roggens und der Hirse überall stark zu. Im böhmisch-mährischen Raum wurden schon im 9. Jahrhundert in stärkerem Maße eiserne Pflugschare und Vorschneidemesser beim Pflügen eingesetzt, was auf Anregungen und Traditionen aus dem Donauraum zurückgeht. In der Viehzucht zeichnen sich überregionale Tendenzen ab: Rückgang der anfänglich dominierenden Rinderhaltung zugunsten der Schweinehaltung bis zur Jahrtausendwende, dann erneutes Vorherrschen der Rinder. An dritter Stelle folgten, ebenfalls mit einem Maximum im 9./10. Jahrhundert, Schaf und Ziege. In bestimmten Feucht- und Waldregionen wie im Havel-Spree-Gebiet oder in Masuren beschaffte man sich durch die Jagd einen erstaunlich hohen Anteil an fleischlicher Nahrung, ohne daß die Gründe dafür – reiches Jagdangebot und ungünstige Bedingungen für die Tierhaltung? – genauer benannt werden könnten.

Die zunehmende Spezialisierung handwerklicher Produktion war an Orte mit regionaler Bedeutung gebunden. Kammproduktion, Bronzeguß und

Bernsteinverarbeitung blieben im 8./9. Jahrhundert an die Seehandelsplätze und die mährischen Siedlungsagglomerationen gebunden. Erst mit dem Aufkommen bedeutenderer Burgstädte lassen sich im weiteren Binnenland – von Böhmen über Polen bis hin zu den Elbslawen – seit dem 10. Jahrhundert spezialisierte Werkstätten fassen. Sie produzierten nicht nur für den Bedarf einer Elite, sondern – z. B. hinsichtlich der Eisengewinnung und -verarbeitung oder der Mahlsteinherstellung – auch aus wirtschaftlichen Erfordernissen breiter Schichten. Der Fernhandel lieferte begehrte Luxusartikel und Silber. Gerade am Münzsilber läßt sich deutlich beobachten, wie im 9. Jahrhundert erst ein schmaler Bereich südlich der Ostseeküste am Ostseehandel profitierte. Mit dem 10. und 11. Jahrhundert wurde allmählich auch das Binnenland – von Polen über Böhmen bis hin zu den Elbslawen – in diesen überregionalen Austausch einbezogen und (Hack-)Silber zum allgemeinen Gewichtsäquivalent. Seit der Jahrtausendwende zeigten sich überall erste Ansätze einer eigenen Münzprägung, die im 12. Jahrhundert zu einer festen Institution wurde und zur Intensivierung des Marktverkehrs führte.

3. Auch bei den Bestattungen fallen deutliche regionale Besonderheiten auf. Urnenbestattungen kennzeichnen die südwestliche Peripherie Ostmitteleuropas vor allem im 7. Jahrhundert. Sonst sind Brandbestattungen auf bzw. in Hügeln charakteristisch, wobei weitere Differenzierungen wegen der schlechten Auffindbarkeit dieser Gräber noch kaum erkannt wurden. Der Übergang zur Körperbestattung ist ebenso mit äußeren, zumeist christlichen Anregungen verbunden wie das Aufhören der „echten" Beigaben. Diese Entwicklung ist in Mähren und der südwestlichen Slowakei bereits im 9., in Böhmen und Polen im 10. und bei den Elbslawen seit dem 11. Jahrhundert zu beobachten. Periphere Regionen – von Randgebieten Mährens und Böhmens bis hin nach Hinterpommern oder Rügen – blieben noch lange bei der Anlage von Brandbestattungen und Grabhügeln.

Die starken zeitlichen und regionalen Unterschiede der Bestattungen und ihre aus methodischen Gründen schwierige Datierung erschweren den überregionalen Vergleich von Kleidung und Bewaffnung ungemein. So läßt sich nur allgemein ein stärkerer orientalisch-byzantinischer Einfluß in Mähren und der südwestlichen Slowakei als in den nördlicheren Regionen konstatieren. Waffen und Reiterausrüstungen häufen sich nicht unerwartet an den politisch wichtigen Plätzen – mit unterschiedlichem zeitlichen Schwerpunkt je nach regionaler Entwicklung. Für das hohe Mittelalter zeichnet sich wohl allgemein eine Tendenz zu schwererer Bewaffnung ab, die sich allerdings kaum noch in den Gräbern findet.

4. Soziale Strukturen sind bislang erst in Umrissen zu beschreiben. Während viele ländliche Siedlungen einen „egalitären" Eindruck machen, weisen

burgstädtische Siedlungskomplexe eine deutliche, sowohl aus der schriftlichen Überlieferung als auch aus den Grabfunden zu erschließende soziale Abstufung auf. Symbolisch befestigte „Herrenhöfe" lassen sich als eine Art Übergangsform verstehen, sind aber strukturell den Befestigungen im Sinne politischer Zentralorte zuzuordnen. „Fürsten" und eine dem Umfang nach schwer abzuschätzende Elite standen meist seit dem 9./10. Jahrhundert an der Spitze der Gesellschaften. Zuvor waren die Gesellschaften kleinräumiger strukturiert. Für „Volksversammlungen" lassen sich lediglich einige Hinweise aus dem hochmittelalterlichen Odermündungsraum (Pommern) anführen. Hochmittelalterliche Dienstsiedlungen in Abhängigkeit von Burgstädten sind mit überregionalen Reichsbildungen in Böhmen und Polen verknüpft, während sie deshalb bei den Elbslawen fehlen. Die Rekonstruktion der vorchristlichen Religion fällt schwer, da alle schriftlichen Nachrichten aus der christlichen Perspektive berichten. Eine Sonderentwicklung kennzeichnete den Raum zwischen unterer Elbe und unterer Oder, wo in bewußtem politischen Gegensatz zum Christentum der Nachbarn heidnische Vorstellungen einen Aufschwung erlebten. Nur hier kam es zum Bau von Tempeln und zur Absonderung einer Priesterschaft. Mythologische Erzählungen wiederum sind nur als dynastische Sagen bei erfolgreichen Herrschaftsbildungen überliefert.

Die Archäologie tendiert dazu, ein in wesentlichen Zügen statisches Bild der einstigen Verhältnisse zu zeichnen. Entscheidend dafür sind der Charakter archäologischer Quellen und die zu ihrer Auswertung eingesetzten Methoden, die vor allem strukturelle Erkenntnisse liefern. Das noch erhaltene, aus verschiedensten Gründen selektierte Sachgut widerspiegelt keineswegs historische Prozesse und Entwicklungen, sondern stets deren Ergebnisse. Die Auswertung der Funde und Befunde rekonstruiert deshalb gewordene Zustände, die sich nur im diachronen Vergleich als Zwischenstufen einer längeren Entwicklung zu erkennen geben. Um das oben skizzierte Bild des frühen und hohen Mittelalters etwas weniger statisch erscheinen zu lassen, seien hier noch einige Entwicklungslinien und Beziehungsgeflechte kurz beschrieben. Denn daß in diesem Zeitabschnitt wesentliche wirtschaftliche und soziale Grundlagen z. B. für die Reichsbildungen des hohen Mittelalters gelegt wurden, steht außer Frage. Dazu bedurfte es tiefgreifender Veränderungen, die sich mittelbar auch im archäologischen Befund abzeichnen – wenn auch die Datierungen häufig noch recht unscharf ausfallen. Dabei lassen sich, das sei noch einmal wiederholt, zwar die Ergebnisse dieser Veränderungen deutlich erkennen, die Art und Weise der Durchsetzung aber allenfalls erahnen.

1. Manche der langfristigen *Entwicklungszusammenhänge* lassen sich besser erkennen, wenn über die systematische Erörterung von Teilbereichen und

Einzelproblemen hinaus, wie sie in den vorangegangenen drei Kapiteln unternommen worden ist, eine übergreifende Betrachtung versucht wird. Denn die Entwicklung und Ausprägung von Siedlungsformen, wirtschaftlichen Verhältnissen und sozialen Strukturen verlief keineswegs unabhängig voneinander, obwohl sich diese Aspekte analytisch trennen lassen. Diese Bereiche waren miteinander verflochten und beeinflußten sich wechselseitig, denn nur zusammen machten sie die einstige Lebenswirklichkeit aus. Soziale Strukturen setzen eine bestimmte wirtschaftliche Basis voraus, beide beeinflussen wiederum die Siedlungsformen, der Zugang zu ökonomischen Ressourcen hängt von der Stellung in der gesellschaftlichen Hierarchie ab usw.

Politische Zentralorte waren immer auch wirtschaftliche Mittelpunkte. An den Burgsiedlungskomplexen konzentrierten sich Handwerk und Fernhandel, die vor allem der Versorgung einer Oberschicht dienten. Diese Agglomerationen besitzen deshalb herausgehobene, „elitäre" Gebäude und (christliche) Nekropolen einerseits sowie Werkstätten und Handelsnachweise andererseits. Die wechselseitige Abhängigkeit von politischer Macht und wirtschaftlicher Stärke führte bei Přemysliden und Piasten zur Entstehung sogenannter Dienstsiedlungen. Die Bedeutung des Fernhandels für Reichsbildungen läßt sich daran erkennen, daß Prag im 10. Jahrhundert als wichtiger mitteleuropäischer „Warenumschlagplatz" galt oder in Großpolen gerade seit jener Zeit zahlreiche Silberschätze vergraben wurden, als dieser Raum unter den Piasten politisch geeint wurde. Demgegenüber erlangten die Elbslawen erst mit der Zeit um die Jahrtausendwende intensiveren Zugang zum Ostseehandel, als auch dort wieder Ansätze übergreifender Herrschaftsbildung zu beobachten waren, wenn diese auch letztlich (aus primär politischen und nicht wirtschaftlichen Gründen) scheiterten.

Kultisch-religiöse Funktionen waren zunächst nicht derart eng mit politischer Herrschaft verknüpft. Erst als die slawischen „Fürsten" die Bedeutung des christlichen Glaubens als ideologisches „Bindemittel" ihrer Herrschaft erkannten und diesen neuen Glauben bewußt einsetzten, entstand eine enge Verbindung beider Aspekte. Deshalb finden sich im Mähren des 9. Jahrhunderts adlige Eigenkirchen mit reich ausgestatteten Nekropolen. Auch bei den Tschechen (unter den Přemysliden), den Polanen (unter den Piasten), den Abodriten, Hevellern usw. wurden die Kirchen samt zugehöriger Friedhöfe innerhalb der Burgwälle, also in unmittelbarer Nähe der Herrschaft errichtet. Nur bei den heidnischen, antichristlichen Lutizen gab es (noch) „Kultburgen" – bei gleichzeitigem Fehlen einer stabilen politischen Spitze, doch war dies eine eher retardierende Entwicklung unter besonderen Umständen.

Periphere Gebiete zeigen häufig abweichende Tendenzen. So entstanden in Thüringen überhaupt keine Burgwälle, weil die dort auf Reichsgebiet siedelnden Slawen keine eigene politische Herrschaft besaßen und entsprechende Zeichen deshalb nicht notwendig waren. Andere randlich gelegene Regionen lassen deutlich „Verzögerungen" erkennen, wenn etwa noch erheblich länger als sonst, z. T. bis ins 12./13. Jahrhundert an der Brandbestattung oder der Errichtung von Grabhügeln festgehalten wurde. Ein Phänomen der Peripherie sind letztlich auch die sogenannten Seehandelsplätze entlang der südlichen Ostseeküste, die eine deutliche räumliche Distanz zu Burgwällen als politischen Zentren aufweisen. Damit weichen sie klar von der oben erwähnten Entwicklung ab, die sich regional verschieden seit dem 9. bzw. 10. Jahrhundert durchsetzte. Umstrukturierungen der Organisation von Fernhandel ließen sie als nicht mehr zeitgemäß erscheinen.

Mit dem 12. und 13. Jahrhundert vollzogen sich im östlichen Mitteleuropa einschneidende Veränderungen, die allerdings nur Teil eines europaweiten Entwicklungsschubs waren. Ostsiedlung und Landesausbau durch die jeweiligen Landesherren, Gründung von Rechtsstädten, wirtschaftlicher Aufschwung und kräftiges Bevölkerungswachstum, Verfestigung bzw. Stabilisierung der politischen Strukturen und umfassender Ausbau der Kirchenorganisation mögen als Stichworte genügen. Trotz aller Neuerungen wurde dabei in vielen Bereichen an Vorhandenes, an ältere politische, soziale und wirtschaftliche Strukturen angeknüpft. Diese vorhandenen Strukturen prägten deshalb die weitere Entwicklung nachhaltig. Für das späte Mittelalter verschiebt sich aufgrund dieser Veränderungen das Schwergewicht zugunsten der Schriftquellen, jedenfalls in einigen wesentlichen Bereichen. Damit ist die Mittelalterarchäologie nur noch eine von mehreren Wissenschaftsdisziplinen, die sich der Erforschung dieses, hier nicht mehr betrachteten Zeitabschnitts – mit je spezifischen Quellen und Fragestellungen – widmen.

2. Das slawische Ostmitteleuropa bildete nichts weniger als einen nach außen abgeschlossenen Raum. Zu allen Nachbarn bestanden verschiedenste *Beziehungen* und Austauschformen. Beide Seiten profitierten dabei von äußeren Einflüssen und Anregungen, die wechselseitig wirkten. Weder waren die westlichen Slawen diesen Beeinflussungen nur passiv ausgesetzt noch ist die historische Entwicklung Ostmitteleuropas allein dadurch geprägt worden, wie mitunter behauptet worden ist. Aufgrund dieser gegenseitigen Kontakte und Beziehungen waren die westlichen Slawen fest und recht intensiv in europaweite Strukturen eingebunden.

An erster Stelle sind die Beziehungen zum Karolinger- und zum ostfränkisch-deutschen Reich im Westen und Südwesten zu nennen. Seit dem späten 8. Jahrhundert bestanden engere politische Bindungen, die sich in Herrscherbegegnungen, politischen bzw. militärischen Bündnissen und Herrschereinsetzungen (vor allem bei den Elbslawen) sowie in der Christianisie-

rung manifestierten. Dahinter stand das Bemühen des Reichs, die Lage im
östlichen „Vorfeld" durch aktive Einflußnahme „in den Griff" zu bekommen.
Die Archäologie vermag Indizien für den Umfang und die Intensität dieser
Beziehungen beizutragen: Waffen (Schwerter und Schwertgurtgarnituren,
Sporen und Steigbügel, Zaumzeug) und Kleidungsbestandteile (Scheiben-
fibeln, Besatz) sowie weitere Kleinfunde (Gefäße, Spielsteine) dürften häufig
mit elitärem Gabentausch in Verbindung zu bringen sein, Pektoralkreuze und
Reliquienbehälter mit Missionsbemühungen usw. Weitere Hinweise sind eher
indirekter Natur. So können bestimmte zeittypische Bauformen – Häuser in
Pfostenbauweise, Großbauten, Trocken- und Sodenmauerwerk bei Befestigungen – oder auch der durchgreifende Übergang zur Körperbestattung mit
gegenseitigen Kontakten und einer daraus resultierenden „Rezeption" in Verbindung gebracht werden. Bei den frühen Kirchenbauten des 9. Jahrhunderts
ist sowohl mit westlichem als auch mit byzantinischem Einfluß zu rechnen,
ohne daß bislang endgültige Klarheit gewonnen werden konnte.

Beziehungen zum skandinavischen Raum beruhten auf Seeverbindungen
über die Ostsee hinweg. Deren Intensität lassen die Münz- und Schatzfunde
erahnen, die sowohl in Skandinavien als auch im west- wie ostslawischen
Raum so zahlreich gefunden wurden. Arabische Münzen gelangten zu Hunderttausenden über die großen osteuropäischen Ströme in den Ostseeraum.
Das Hacksilber des 10. und 11. Jahrhunderts zeigt die Beziehungen über die
Ostsee hinweg an. Schmuckformen, die südlich der Ostsee am häufigsten vorkommen und deshalb wohl dort produziert wurden, finden sich auch in
Skandinavien – und umgekehrt. Dieser intensive Austausch macht es mitunter
unmöglich, die Herkunft bestimmter Schmuckstücke (wie Hals- und Armringe) oder Barrenformen genauer zu bestimmen. Ähnlich verhält es sich mit
der Keramik. Die sogenannte „Ostseeware" steht in unverkennbarer Tradition zur „jungslawischen" Keramik. Sie wurde im 11. und 12. Jahrhundert zur
typischen, die einheimischen unverzierten Gefäße ablösenden Keramikform
Südskandinaviens, wo man sie in großer Zahl auch produzierte. Doch schon
ältere slawische Gefäße des 8./9. Jahrhunderts finden sich in südskandinavi-
schen Küstenplätzen. Der Beginn dieser Beziehungen zwischen nördlichem
und südlichem Ostseeraum scheint im 8. Jahrhundert gelegen zu haben, wie
einige spätvendel- bzw. frühwikingerzeitliche Schmuckstücke und die Anfangsdatierungen der Seehandelsplätze südlich der Ostsee nahelegen.

Auch nach Osten, wo sich im 10. Jahrhundert die Kiever Rus' zu einem
christlichen Großreich entwickelte, gab es Kontakte. Schon angesprochen ist
die Silberzufuhr aus dem arabisch-islamischen Nahen Osten bzw. Mittelasien,
die allerdings über den Ostseeraum und kaum direkt abgewickelt wurde. Im
Fundmaterial lassen sich vor allem zwei Handelsgüter ausmachen, die aus

dem Kiever Raum zu den westlichen Slawen gelangten. Dazu gehören zum einen die glasierten „Kiever Toneier", die mit Fruchtbarkeitsglauben und christlichem Osterfest zusammenhängen, und zum anderen Spinnwirtel aus rosarotem Ovručer Schiefer. Weniger deutlich sind die Beziehungen zu den Warägern, die möglicherweise auch in piastischen Gefolgschaften vertreten waren, wofür das Gräberfeld von Lutomiersk oder auch die Eroberung Kievs 1018 durch Bolesław Chrobry als Indizien angeführt werden.

Noch weiter nach Osten bzw. Südosten weisen Karneol- und Bergkristallperlen, die wohl wiederum über viele Zwischenstationen aus dem Kaukasus nach Mitteleuropa gelangten. Orientalischer Provenienz sind auch einige seltene Blechgefäße, wie sie aus Starigard/Oldenburg vorliegen, sowie zumindest ein Teil der Kaptorgen. Über den Donauraum gelangten zahlreiche byzantinische Anregungen ins frühmittelalterliche Ostmitteleuropa, nicht verwunderlich angesichts der damals noch immer dominierenden Rolle von Byzanz in Südosteuropa. Schmuckformen wie Ohr- und Schläfenringe, Gürtelbeschläge und Riemenverteiler sind im mährisch-slowakischen Raum auch als direkte Importe vertreten, bevor sie zu eigenständigen Formen weiterentwickelt und schließlich auch nördlich der Mittelgebirge weniger aufwendig produziert wurden. Die ostkirchliche Mission der zweiten Hälfte des 9. Jahrhunderts, angeführt durch die Brüder Kyrill und Method, und die Einführung der „kyrillischen" Schrift (zunächst als „Glagolica") blieben Episode.

Schließlich lassen sich auch „reiternomadische" Einflüsse erkennen, die auf die in Pannonien siedelnden Awaren des 7. und 8. Jahrhunderts und die Ungarn des 9./10. Jahrhunderts zurückzuführen sind. Auf awarisch-slawische Kontakte gehen einige Gürtelteile in mährischen und slowakischen Gräbern des 8./9. Jahrhunderts ebenso zurück wie die Anregung zur Körperbestattung in mitunter sehr tiefen Grabgruben. Die sogenannten „awarisch-slawischen" Gräberfelder stellen allerdings eine Fehlinterpretation dar, die auf der mißlichen „ethnischen Deutung" beruht. Tatsächlich dürfte es sich um Nekropolen im awarischen Machtbereich handeln, wobei innerhalb des Khaganats durchaus Slawen in größerer Zahl siedelten. Die prägende politische Herrschaft beruhte aber auf einer awarischen Identität, d. h. der Zuordnung zum Khagan. Mit dem Verlust des Khagans durch die Awarenkriege Karls d. Gr. ging das politische Bindemittel dieses Reichs verloren; die Awaren verschwanden von der historischen Bühne. Auf die Ungarn, die seit dem 10. Jahrhundert große Teile der heutigen Slowakei ihrem Reich einverleibten, gehen bestimmte Waffenformen wie Streitäxte und Reflexbögen, Pfeilköcher- und Bogenhüllenbeschläge sowie Säbel zurück, wie sie auch aus Gräbern nördlich der Donau bekanntgeworden sind. Die Sonderstellung der Slowakei und Südmährens (im Vergleich zu den übrigen westslawischen Gebieten) seit dem frühen Mittelalter geht darauf zurück, daß diese Regionen dem awarischen und später dem ungarischen Machtbereich zugehörten und deshalb auch kulturell auf den mittleren Donauraum ausgerichtet waren.

Das hier skizzierte Bild der westslawischen Frühgeschichte ist bei weitem nicht vollständig. Viele Fragen können noch immer nicht beantwortet werden, weil die archäologischen Quellen noch nicht in ausreichendem Maße zur Verfügung stehen. Dies liegt zum Teil an der ständigen Erweiterung unserer Kenntnisse, wodurch zahlreiche Probleme gelöst, aber mehr noch neu aufgeworfen werden. Daraus ergeben sich neue Untersuchungen und neue Fragestellungen. Aber die meisten offenen Fragen resultieren aus dem begrenzten Umfang bisheriger Analysen. Siedlungen, Burgwälle und Gräberfelder sind nur selten vollständig ausgegraben worden – lassen also nur begrenzten Einblick zu. Hinderlich wirkt sich auch der oft mangelhafte Publikationsstand aus. Nicht wenige Ausgrabungen sind mit enormem Aufwand unternommen, doch die Ergebnisse über Jahrzehnte nicht umfassend publiziert worden. Dennoch sind eine ganze Anzahl von Grabungen in z. T. mehrbändigen, aussagekräftigen und grundlegenden Veröffentlichungen vorgelegt worden.

Darüber hinaus sind die Möglichkeiten der Datierung allein aufgrund des archäologischen Materials nicht ausreichend, so daß insbesondere die Dendrochronologie verstärkt heranzuziehen ist. Und schließlich fehlt es an überregionalen Vergleichen, die Gemeinsamkeiten und Unterschiede zu erkennen geben können. Die Frage, woher bestimmte Einflüsse oder Vorbilder stammen, erschöpft sich häufig in der Konstatierung von „Importen" und „Einflüssen", woraus dann oft unmittelbar auf Abhängigkeiten geschlossen wird. Entscheidend sind aber die dahinterstehenden gegenseitigen Beziehungen, über die die verschiedensten Regionen Ostmitteleuropas miteinander und mit den Nachbarräumen verbunden waren. Diese intensive Einbindung läßt die Suche nach so manchem Ursprung oder dem Primat letztlich als müßig erscheinen.

Es gehört zu den wichtigen Aufgaben der Archäologie des frühen und hohen Mittelalters im östlichen Mitteleuropa, diese deutlichen Defizite wenn schon nicht zu beseitigen, so doch wenigstens zu verringern – durch Aufarbeitung unpublizierten Materials, übergreifende und zusammenfassende Materialbearbeitungen, neue großflächige Grabungen wichtiger Plätze und Gewinnung eines dichten Netzes dendrochronologischer Datierungen, kritische Überprüfung bisheriger Fragestellungen und Forschungskonzepte (Lösung von der nationalstaatlichen und ethnischen „Perspektive"), stärkere Einbeziehung der Nachbarräume in die kultur- und sozialgeschichtlichen Analysen. Darüber hinaus bedarf es naturwissenschaftlicher Untersuchungen bestimmter Fundgattungen, um beispielsweise Herkunftsfragen nachzugehen. Bei Sandsteinspinnwirteln, Wetzsteinen und Mühlsteinen sowie Schmuck-silber steckt die Analyse der Rohstoffherkunft und damit die Aufhellung der Beziehungsgeschichte noch in den Anfängen.

Diese Situation einer „slawischen Archäologie" ist letztlich nicht spezifisch ostmitteleuropäisch. Die prähistorische Forschung insgesamt sieht sich ver-gleichbaren Problemen und Defiziten gegenüber, die aus der Geschichte und der öffentlichen Rolle des Faches resultieren. Deshalb unterscheiden sich auch Aufgaben und Perspektiven nicht grundsätzlich. Von besonderer Bedeu-tung ist überall der Ausbau des Methodenrepertoires und die stärkere Beach-tung quellengerechter Fragestellungen.

Zitierte Quellen

Im folgenden werden nur jene Schriftquellen aufgeführt, die im Text zitiert werden. Diese Auflistung ist daher nichts weniger als ein auch nur annähernd repräsentativer Querschnitt. Vgl. dazu die im Literaturverzeichnis unter 1. (Handbücher, Nachschlagewerke und allgemeine Darstellungen) und 4. (Historischer Rahmen) angeführte Literatur.

Adam von Bremen: Magistri Adam Bremensis gesta Hammaburgensis ecclesiae pontificum, hrsg. Bernhard Schmeidler. Monumenta Germ. Hist. Scriptores rer. Germ. in usum scholarum 2 (Hannover, Leipzig 1917). – Mit Übersetzung in: Quellen des 9. und 11. Jahrhunderts zur Geschichte der hamburgischen Kirche und des Reiches, hrsg. Werner Trillmich/ Rudolf Buchner. Ausgewählte Quellen dt. Gesch. Mittelalter. Freiherr-v.-Stein-Gedächtnisausg. A 11 (Darmstadt 1961) 160–499.

Annales Augustani. In: Monumenta Germ. Hist. Scriptores 3, hrsg. Georg Heinrich Pertz (Hannover 1839) 123–136.

Annales Fuldenses sive annales regni Francorum orientalis ab Einhardo, Ruodolfo, Meginhardo Fuldensibus, Seligenstadi, Fuldae, Mogentiaci conscripti cum continuationibus Ratisbonensis et Altahensibus. Accedunt annales Fuldenses antiquissime, hrsg. Friedrich Kurze. Monumenta Germ. Hist. Scriptores rerum Germ. in usum scholarum 7 (Hannover 1891). – Mit Übersetzung in: Quellen zur karolingischen Reichsgeschichte 3, hrsg. Reinhold Rau. Ausgewählte Quellen dt. Gesch. Mittelalter. Freiherr-v.-Stein-Gedächtnisausg. A 7 (Darmstadt 1960) 19–177.

Annales Hildesheimenses, hrsg. Georg Waitz. Monumenta Germ. Hist. Scriptores rer. Germ. in usum scholarum 8 (Hannover 1878).

Annales regni Francorum inde ab a. 741 usque ad a. 829, qui dicuntur Anales Laurissenses maiores et Einhardi, hrsg. Friedrich Kurze. Monumenta Germ. Hist. Scriptores rer. Germ. in usum scholarum 6 (Hannover 1895). – Mit Übersetzung in: Quellen zur karolingischen Reichsgeschichte 1, bearb. Reinhold Rau. Ausgewählte Quellen dt. Gesch. Mittelalter. Freiherr-v.-Stein-Gedächtnisausg. A 5 (Darmstadt 1955) 1–155.

Bayerischer Geograph: Bohuslav Horák/Dušan Trávníček, Descriptio civitatum ad septentrionalam plagam Danubii (tzv. Bavorský geograf). Rozpravy Československé Akad. věd 66,2 (Praha 1956); … in: Rostislav Nový, Die Anfänge des böhmischen Staates 1. Mitteleuropa im 9. Jahrhundert. Acta Univ. Carolinae Phil. et hist., Monogr. 26 (Praha 1969) 131–149.

Brun von Querfurt: Brunonis Querfurtensis epistola ad Henricum Regem. In: Monumenta Pol. Hist. NS 4,3, hrsg. Jadwiga Karwasińska (Warszawa 1973) 97–106.

Conversio Bagoariorum et Carantanorum: Herwig Wolfram, Conversio Bagoariorum et Carantanorum. Das Weißbuch der Salzburger Kirche über die erfolgreiche Mission in Karantanien und Pannonien (Wien 1979).

Cosmas von Prag: Die Chronik der Böhmen des Cosmas von Prag [Cosmae Pragensis Chronica Boemorum], hrsg. Berthold Bretholz. Monumenta Germ. Hist. Scriptores rer. Germ. NS 2 (Berlin 1923). – Übersetzung: Des Dekans Cosmas Chronik von Böhmen, hrsg. Georg Grandaur/Wilhelm Wattenbach. Geschichtsschreiber dt. Vorzeit 65 (²Leipzig 1895).

Dalimil-Chronik: Staročeská kronika tak řečeného Dalimila, hrsg. Jiří Daňhelka. Texty a studie k dejinám českého jazyka a literatury 4–5 (Praha 1988).

Eb(b)o: Ebonis Vita Sancti Ottonis episcopi Babenbergensis, hrsg. Jan Wikarjak/Kazimierz Liman. Monumenta Pol. Hist. NS 7,2 (Warszawa 1969).

Einhard: Einhardi Vita Karoli Magni, hrsg. Oswald Holder-Egger. Monumenta Germ. Hist. Scriptores rer. Germ. in usum scholarum 25 (Hannover 1911). – Mit Übersetzung in: Quellen zur karolingischen Reichsgeschichte 1, bearb. Reinhold Rau. Ausgewählte Quellen dt. Gesch. Mittelalter. Freiherr-v.-Stein-Gedächtnisausg. A 5 (Darmstadt 1955) 157–211.

Fredegar: Chronicarum qui dicuntur Fredegarii scholastici libri IV cum continuationibus. In: Fredegarii et aliorum chronica. Vitae sanctorum, hrsg. Bruno Krusch. Monumenta Germ. Hist. Scriptores rer. Merov. 2 (Hannover 1888) 1–193. – Mit Übersetzung in: Quellen zur Geschichte des 7. und 8. Jahrhunderts, hrsg. Herwig Wolfram/Andreas Kusternig/Herbert Haupt. Ausgewählte Quellen dt. Gesch. Mittelalter. Freiherr-v.-Stein-Gedächtnisausg. A 4a (Darmstadt 1982) 44–325.

Gallus Anonymus: Galli Anonymi cronicae et gesta ducum sive principum Polonorum, hrsg. Karol Maleczyński. Monumenta Pol. Hist. NS 2 (Kraków 1952). – Übersetzung: Polens Anfänge. Chronik und Taten der Herzöge und Fürsten von Polen. Gallus anonymus, hrsg. Josef Bujnoch. Slaw. Geschichtsschreiber 10 (Graz, Wien, Köln 1978).

Helmold von Bosau: Helmoldi presbyteri Bozoviensis Cronica Slavorum, hrsg. Bernhard Schmeidler. Monumenta Germ. Hist. Scriptores rer. Germ. in usum scholarum 32a (²Hannover 1909). – Mit Übersetzung: Helmold von Bosau, Slawenchronik, hrsg. Heinz Stoob. Ausgewählte Quellen dt. Gesch. Mittelalter. Freiherr-v.-Stein-Gedächtnisausg. A 19 (Darmstadt 1963).

Herbord: Herbordi Dialogus de vita Sancti Ottonis episcopi Babenbergensis, hrsg. Rudolf Köpke. Monumenta Germ. Hist. Scriptores rer. Germ. in usum scholarum 33 (Hannover 1868); ..., hrsg. Jan Wikarjak. Monumenta Pol. Hist. NS 7,3 (Warszawa 1974). – Übersetzung: Herbord's Leben des Bischofs Otto von Bamberg, hrsg. Hans Prutz. Geschichtsschreiber dt. Vorzeit 6 (Berlin 1869).

[Aḥmad] Ibn Faḍlān [ibn al-ᶜAbbās ibn Rāšid ibn Ḥammād]: Ahmed Zeki Velidi Togan, Ibn Faḍlān's Reisenbericht. Abhandl. Kunde Morgenland 24,3 (Leipzig 1939); Andrej P. Kovalevskij, Kniga Achmeda Ibn-Fadlana o ego putešestvii na Volgu v 921–922 gg. Stat'i, perevody i kommentarii (Char'kov 1956).

Ibrāhīm ibn Yaᶜqūb [ibn Aḥmad aṭ-Ṭurṭūšī]: Relacja Ibrahima Ibn Jakuba z podróży do krajów słowiańskich w prekazie Al-Bekriego [Relatio Ibrahim ibn Jakub de itinere slavico,

quae traditur apud al-Bekri], hrsg. Tadeusz Kowalski. Monumenta Pol. Hist. NS 1 (Kraków 1946). – Übersetzung in: Arabische Berichte von Gesandten an germanische Fürstenhöfe aus dem 9. und 10. Jahrhundert, hrsg. Georg Jacob. Quellen dt. Volkskunde 1 (Berlin, Leipzig 1927) 12–18.
Der Bericht I.s ist nicht selbständig überliefert, sondern nur in Auszügen hauptsächlich bei:
– ᶜAbd Allāh ibn ᶜAbd al-ᶜAzīz ibn Muḥammad ibn Ayyūb Abu ᶜUbaid al-Bakrī, Description de l'Afrique septentrionale [Kitab al-Masālik wa-l-Mamālik], ed. et trad. Mac Guckin de Slane (Alger 1911–1913); Geografia de España [Kitab al-Masālik wa-l-Mamālik]. Introducción, traducción, notas e índices, ed. Eliseo Vidal Beltran. Textos medievales 53 (Zaragoza 1982).
– Zakarᶜya Ibn-Muhammad al-Qazwīnī, Kitab ᶜAǧā'ib al-maḫlūqāt wa-ġarā'ib al mawǧūdāt; Kitab Āṯār al-bilād wa-aḫbār al-ᶜibād: Zakarija Ben Muhammed Ben Mahmud el-Cazwini's Kosmographie, hrsg. Ferdinand Wüstenfeld (Göttingen 1848, 1849; Neudr. Vaduz 1967). – Übersetzung: Zakarᶜya Ibn-Muhammad al-Qazwīnī, Die Wunder des Himmels und der Erde, hrsg. Alma Giese. Bibl. arab. Klassiker 11 (Stuttgart 1986); vgl.: Artikel aus Qazwīnīs Athār al-bilād. Ein arabischer Berichterstatter aus dem 10. Jahrhundert über Fulda, Schleswig, Soest, Paderborn und andere Städte des Abendlandes, hrsg. Georg Jacob (Berlin ³1896).

Igorlied (Slovo o polku Igoreve syna Svjatoslava vnuka Ol'gova): Slovo o polku Ihorevim. Pam'jatka feodal'noï ukraïny-rusy. Vstup, tekst, komentar, hrsg. Volodymyr Peretc (Kyïv 1926). – Übersetzung: Die Mär von der Heerfahrt Igors. Der ältesten russischen heldendichtung deutsch nachgedichtet Arthur Luther (München 1924).

Jordanes: Iordanis Romana et Getica, hrsg. Theodor Mommsen. Monumenta Germ. Hist. Auctores ant. 5,1 (Berlin 1881). – Übersetzung: Jordanis Gotengeschichte. Nebst Auszügen aus seiner römischen Geschichte, übers. Wilhelm Martens. Geschichtsschreiber dt. Vorzeit 5 (Leipzig 1913).

Konstantin (VII.) Porphyrogenetos: Constantine Porphyrogenitus, De administrando imperio. Greek text and English translation, ed. Gyula Moravcsik/Romilly James Heals Jenkins (Budapest 1949). – Übersetzung: Die Byzantiner und ihre Nachbarn. Die De administrando imperio genannte Lehrschrift des Kaisers Konstantinos Porphyrogenetos für seinen Sohn Romanos, hrsg. Klaus Belke/Peter Soustal. Byzantin. Geschichtsschreiber 19 (Wien 1995).

Kyrill-[Konstantins-]Vita: Constantinus et Methodius Thessalonicenses. Fontes, hrsg. František Grivećs/France Tomšić. Radovi Staroslavenskog Instituta 4 (Zagreb 1960) 95–143; Magnae Moraviae Fontes Historici 2. Textus biographici, hagiographici et liturgici, hrsg. Lubomír E. Havlík (Brno 1967) 57–115.

al-Masᶜūdī: Abu al-Hasan ᶜAlī ibn al-Ḥusain al-Masᶜūdī, Les prairies d'or [Murūǧ aḏ-dahab wa-maᶜādin al-ǧawhar] 1–9, texte et trad. Charles A. Barbier de Meynard/Pavet de Courteille (Paris 1861–1877); dass., rev. et corr. Charles Pellat. Trad. française 1–5 (Paris 1965–1974), texte arabe 1–7 (Beyrouth 1965–1979).

Method-Vita: Das Leben des hl. Method, des Erzbischofs von Sirmium, hrsg. Otto Kronsteiner. Die slawischen Sprachen 18 (Salzburg 1989); Constantinus et Methodius Thessalonicenses. Fontes, hrsg. Franc Grivec/France Tomšić. Radovi Staroslavenskog Instituta 4 (Zagreb 1960) 147–167.

Olaf Thordarson [Ólaf Þórðarson]: Ex historia regum Danorum dicta Knytlingasaga, hrsg.
    Finnur Jónsson. In: Monumenta Germ. Hist. Scriptores 29 (Hannover 1892) 271–322. –
    Übersetzung: Die Geschichten von den Orkaden, Dänemark und der Jomsburg, hrsg.
    Walter Baetke. Sammlung Thule [2,]19 (Jena 1924) 221–392; Knytlinga saga. The history of
    the kings of Denmark, ed. Hermann Pálsson (Odense 1986).

Orosius, Paulus [Historiae adversus paganos]: The old English Orosius, hrsg. Janet Bately.
    Early English Text Society, suppl. ser. 6 (London 1980); King Alfred's Orosius. Old-
    English Text and Latin, hrsg. Henry Sweet. Early English Text Society 79,1 (London
    1883).

Plinius: C. Plini Secundi Naturalis historiae libri XXXVII, hrsg. Carl Mayhoff (Leipzig
    1906). – Mit Übersetzung: Gaius Plinius Secundus, Naturkunde 1–35, hrsg. Roderich Kö-
    nig (Zürich 1973–1978).

Povest' vremennych let po Lavrent'evskoj letopisi 1377 g. I-II, hrsg. Dmitrij S. Lichačёv.
    Literaturnye pamjatniki (Moskva, Leningrad 1950). – Übersetzung: Die altrussische Ne-
    storchronik, hrsg. Reinhold Trautmann. Slavisch-baltische Quellen u. Forsch. 6 (Leipzig
    1931).

Prokopios von Kaisareia, De bello Gothico: In: Procopii Caesariensis opera omnia 1–2. De
    bellis, hrsg. Jakob Haury (Leipzig 1905–1906). – Mit Übersetzung: Prokop Werke 2. Go-
    tenkriege, hrsg. Otto Veh (München 1966).

Ptolemaios: Claudii Ptolemaei Geographia I-III, hrsg. Karl Müller; IV-V, hrsg. Theodor Fi-
    scher (Paris 1883, 1901); Otto Cuntz, Die Geographie des Ptolemaeus. Galliae, Germania,
    Raetia, Noricum, Pannoniae, Illyricum, Italia. Handschriften, Text und Untersuchung
    (Berlin 1923).

Rimbert, Vita Anskarii: Vita Anskarii auctore Rimberto, hrsg. Georg Waitz. Monumenta
    Germ. Hist. Scriptores rerum Germ. in usum scholarum 55 (Hannover 1884). – Mit Über-
    setzung: Rimberti Vita Anskarii. In: Quellen des 9. und 11. Jahrhunderts zur Geschichte
    der hamburgischen Kirche und des Reiches, hrsg. Werner Trillmich/Rudolf Buchner. Aus-
    gewählte Quellen dt. Gesch. Mittelalter. Freiherr-v.-Stein-Gedächtsnisausg. A 11 (Darm-
    stadt 1961) 1–133.

Saxo Grammaticus: Saxonis Gesta Danorum, hrsg. Jørgen Olrik/Hans Raeder (København
    1931–1937). – Mit Übersetzung: Saxo [Grammaticus], The history of the Danes. Books
    I-IX, ed. Hilda Ellis Davidson/Peter Fisher (Cambridge 1979); Saxo Grammaticus, Dano-
    rum regum herorumque historia. Books X-XVI. The text of the first edition with trans-
    lation and commentary 1–3, ed. Eric Christiansen. Brit. Arch. Reports, Internat. Ser. 84,
    118,1–2 (Oxford 1980–1981).

Tacitus, Germania: P. Cornelius Tacitus, Germania, hrsg. Allan A. Lund (Heidelberg 1988). –
    Mit Übersetzung: Tacitus, Germania, hrsg. Gerhard Perl. Griech. u. lat. Quellen Früh-
    gesch. Mitteleuropa bis zur Mitte des 1. Jh. 2 (Berlin 1990).

Theophylaktos Simokates: Theophylacti Simocattae Historiae, hrsg. Carl de Boor (Leipzig
    1887). – Übersetzung: Theophylaktos Simokates, Geschichte, hrsg. Peter Schreiner. Bibl.
    griech. Lit. 20 (Stuttgart 1985).

Thietmar von Merseburg: Thietmari Merseburgensis episcopi Chronicon, hrsg. Robert Holtz-
mann. Monumenta Germ. Hist. Scriptores rer. Germ. in usum scholarum NS 9 (Berlin
1935). – Mit Übersetzung: Thietmar von Merseburg, Chronik, hrsg. Werner Trillmich.
Ausgewählte Quellen dt. Gesch. Mittelalter. Freiherr-v.-Stein-Gedächtnisausg. A 9
(Darmstadt 1957).

Widukind von Corvey: Widukindi Res gestae Saxonicae, hrsg. Hans-Eberhard Lohmann/Paul
Hirsch. Monumenta Germ. Hist. Scriptores rer. Germ. in usum scholarum 60 (Hannover
^{5}1935). – Mit Übersetzung: Die Sachsengeschichte des Widukind von Korvei. In: Quellen
zur Geschichte der sächsischen Kaiserzeit, hrsg. Albert Bauer/Reinhold Rau. Ausgewählte
Quellen dt. Gesch. Mittelalter. Freiherr-v.-Stein-Gedächtnisausg. A 8 (Darmstadt 1971)
1–231.

Wolfger monachus Prieflingensis [Prüfeningen]: Sancti Ottonis episcopi Babenbergensis vita
Prieflingensis, hrsg. Jan Wikarjak/Kazimierz Liman. Monumenta Pol. Hist. NS 7,1 (War-
szawa 1966); Die Prüfeninger Vita Bischof Ottos I. von Bamberg nach der Fassung des
Großen Österreichischen Legendars, hrsg. Jürgen Petersohn. Monumenta Germ. Hist.
Scriptores rer. Germ. in usum scholarum 71 (Hannover 1999). – Übersetzung: Das Leben
des Bischos Otto von Bamberg von einem Prüfeninger Mönch, hrsg. Adolf Hofmeister.
Geschichtsschreiber dt. Vorzeit 96 (Leipzig 1928).

Wulfstan: Two voyagers at the court of king Alfred. The ventures of Ohthere and Wulfstan
together with the description of Northern Europe from the old English Orosius, ed. Niels
Lund/Christine E. Fell (York 1984).

Literatur

Aufgenommen sind – von wenigen wichtigen Ausnahmen abgesehen – nur übergreifende und themenorientierte Titel sowie bevorzugt Monographien, über die der Zugang zu weiterer und spezieller Literatur (zu einzelnen Orten, Ausgrabungen oder Problemen) leicht möglich ist. Zudem sind überwiegend neuere Arbeiten berücksichtigt. Titel sind jeweils nur einmal aufgeführt, auch wenn sie für mehrere Themen wichtig sind; entsprechende Verweise finden sich im Text (im Form einer Numerierung in eckigen Klammern, z. B. Herrmann [Nr. 174]). Titel und Zitate von rein forschungsgeschichtlichem bzw. speziellem Interesse sind in den Fußnoten zu Kapitel I enthalten.

Die Gliederung dieses Literaturverzeichnisses folgt im wesentlichen der des darstellenden Textteils. Abweichungen sind durch den jeweiligen Gegenstand, die damit verbundenen methodischen Probleme und die Zahl der bislang vorliegenden Arbeiten bestimmt. Deshalb werden manche Abschnitte wie z. B. einzelne „Produktionszweige" zusammengefaßt, andere Themen wie die Keramik dagegen extra ausgewiesen.

Spezielle Bibliographien zur Archäologie der Westslawen bzw. des frühen und hohen Mittelalters in Ostmitteleuropa gibt es nicht. An allgemeinen archäologischen Bibliographien ist lediglich zu verweisen auf: *Polish Archaeological Abstracts*. Neuere Literatur wird in den jeweiligen Berichten der *Internationalen Kongresse für Slawische Archäologie* [Nr. 64] zusammengefaßt und ist darüber hinaus vor allem in folgenden Zeitschriften zu finden: *Slavia antiqua, Archaeoslavica, Przegląd archeologiczny, Archeologia polski; Památky archeologiczne, Slovenská archeológia, Archeologické rozhledy, Archaeologia historica; Offa, Germania, Prähistorische Zeitschrift, Zeitschrift für Archäologie des Mittelalters*. Außerdem existiert eine Fülle regionaler archäologischer Zeitschriften, die von Institutionen der Denkmalpflege, Universitätsinstituten und Museen herausgegeben werden.

Abkürzungen und Zitierweise erfolgen weitgehend nach den Richtlinien der Römisch-Germanischen Kommission des Deutschen Archäologischen Instituts (Ber. RGK 73, 1992 [1993] 477–540).

1. Überblicke

Handbücher, Nachschlagewerke und allgemeine Darstellungen

1.   The ancient Hungarians, hsrg. István Fodor. Ausstellungskat. (Budapest 1996).

2.   Atlas östliches Mitteleuropa, hrsg. Theodor Kraus/Emil Meynen/Hans Mortensen/Herbert Schlenger (Bielefeld, Berlin, Hannover 1959).

3.   Avenarius, Alexander, Byzantská kultúra v slovanskom prostredí v VI-XII storočí. K problému recepcie a transformácie (Bratislava 1992); dt. Ausgabe: Die byzantinische Kultur und die Slawen. Zum Problem der Rezeption und Transformation (6. bis 12. Jahrhundert). Veröff. Inst. österreich. Geschichtsforsch. 35 (München 2000).

4.   Awarenforschungen 1–2, hrsg. Falko Daim. Arch. Austriaca, Monogr. 1–2 = Stud. Arch. Awaren 4 (Wien 1992).

5.   Bálint, Csanád, Die Archäologie der Steppe. Steppenvölker zwischen Volga und Donau vom 6. bis zum 10. Jahrhundert (Wien, Köln 1989).

6.   From the Baltic to the Black Sea. Studies in medieval archaeology, hrsg. David Austin/Leslie Alcock. One world archaelogy 18 (London 1990).

7.   Brankačk, Jan, Studien zur Wirtschaft und Sozialstruktur der Westslawen zwischen Elbe-Saale und Oder aus der Zeit vom 9. bis zum 12. Jahrhundert (Bautzen 1964).

8.   Čilinská, Zlata, Slovania a avarský kaganát (Bratislava 1992).

9.   Conze, Werner, Ostmitteleuropa. Von der Spätantike bis zum 18. Jahrhundert, hrsg. Klaus Zernack (München 1992, ²1993).

10. Eisner, Jan, Rukovět' slovanské archeologie (Praha 1966).

11. Ethnische und kulturelle Verhältnisse an der mittleren Donau vom 6. bis zum 11. Jahrhundert. Symp. Nitra 1994, hrsg. Darina Bialeková/Jozef Zábojník (Nitra 1996).

12. Europa Slavica – Europa Orientalis. Festschr. Herbert Ludat, hrsg. Klaus-Dieter Grothusen/Klaus Zernack. Gießener Abhandl. Agrar- u. Wirtschaftsforsch. europ. Osten 100 (Berlin 1980).

13. Europas Mitte um 1000. Beiträge zur Geschichte, Kunst und Archäologie 1–2, hrsg. Alfred Wieczorek/Hans-Martin Hinz. Ausstellungskat. Budapest, Krakau, Berlin, Mannheim, Prag, Bratislava (Stuttgart 2000).

14. Felgenhauer-Schmiedt, Sabine, Die Sachkultur des Mittelalters im Lichte der archäologischen Funde. Europ. Hochschulschr. 38/42 (Frankfurt/M. u. a. ²1995).

15. Gąssowska, Eligia, Bizancjum a ziemie północno-zachodniosłowiańskie we wczesnym średniowieczu. Studium archeologiczne (Wrocław u. a. 1979).

16. Giesler, Jochen, Untersuchungen zur Bijelo-Brdo-Kultur. Ein Beitrag zur Archäologie des 10. und 11. Jahrhunderts im Karpatenbecken. Prähist. Zeitschr. 56, 1981, 3–167.

16a. Giesler, Jochen, Der Ostalpenraum vom 8. bis 11. Jahrhundert. Studien zu archäologischen und schriftlichen Zeugnissen 2. Historische Interpretation. Frühgesch. u. provinzialröm. Arch., Materialien u. Forsch. 1 (Rahden 1997).

17. Goehrke, Carsten, Frühzeit des Ostslaventums. Erträge der Forschung 277 (Darmstadt 1992).

18. Gojda, Martin, The ancient Slavs. Settlement and society. The Rhind lectures 1989–90 (Edinburgh 1991).

19. Hensel, Witold, La naissance de la Pologne (Wrocław, Warszawa, Kraków 1966).

20. Hensel, Witold, Słowiańszczyzna wczesnośredniowieczna. Zarys kultury materialnej (Warszawa ²1956, ³1965, ⁴1987); dt. Ausgabe: Die Slawen im frühen Mittelalter. Ihre materielle Kultur (Berlin 1965).

21. Herrmann, Joachim, Siedlung, Wirtschaft und gesellschaftliche Verhältnisse der slawischen Stämme zwischen Oder/Neiße und Elbe. Studien auf der Grundlage archäologischen Materials. Dt. Akad. Wiss., Schr. Sektion Vor- u. Frühgesch. 23 (Berlin 1968).

22. Herrmann, Joachim, Zwischen Hradschin und Vineta. Frühe Kulturen der Westslawen (Leipzig, Jena, Berlin 1971, ²1976, ³1981).

23. Hilczer-Kurnatowska, Zofia, Słowiańszczyzna południowa (Wroław 1977).

24. Interaktionen der mitteleuropäischen Slawen und anderer Ethnika im 6.–10. Jahrhundert. Symp. Nové Vozokany 1983, hrsg. Bohuslav Chropovský/Peter Šalkovský (Nitra 1984).

25. Kazanski, Michel, Les Slaves. Les origines (Iᵉʳ au VIIᵉ siècle après J. C.) (Paris 1999).

26. Kraje słowiańskie w wiekach średnich. Profanum i sacrum (Festschr. Zofia Hilczer-Kurnatowska), hrsg. Hanna Kóčka-Krenz/Władysław Łosiński (Poznań 1998).

27. Kulturen im Norden. Die Welt der Germanen, Kelten und Slawen 400–1100 n. Chr., hrsg. David M. Wilson (München 1980); engl. Ausgabe: The northern world. The history and heritage of northern Europe AD 400–1100, ed. David M. Wilson (London 1980).

28. Leciejewicz, Lech, Słowanie zachodni. Z dziejów tworzenia się średniowiecznej Europy (Wrocław u. a. 1989); ital. Ausgabe: Gli slavi occidentali. Le origine delle società e delle culture feudali. Medioevo-traduzioni 2 (Spoleto 1991).

29. Lexikon des Mittelalters 1–9 (Zürich bzw. München 1977–1999).

30. Lübke, Christian, Regesten zur Geschichte der Slaven an Elbe und Oder (vom Jahr 900 an) 1–5. Gießener Abhandl. Agrar- u. Wirtschaftsforsch. europ. Osten 131, 133, 134, 152, 157 (Berlin 1984, 1985, 1986, 1987, 1988).

31. Lübke, Christian, Slaven zwischen Elbe/Saale und Oder: Wenden – Polaben – Elbslaven? Beobachtungen zur Namenwahl. Jahrb. Gesch. Mittel- u. Ostdtld. 41, 1993, 17–43.

32. Namenforschung. Ein internationales Handbuch zur Onomastik 1–2, hrsg. Ernst Eichler/Gerold Hilty/Heinrich Löffler/Hugo Steger/Ladislav Zgusta. Handbb. Sprach- u. Kommunikationswiss. 1 (Berlin, New York 1995–1996).

33. Niederle, Lubor, Rukověť slovanských starožitností, hrsg. Jan Eisner (Praha 1953); frz. Originalausgabe: Manuel de l'antiquité slave 1. L'histoire; 2. La civilisation (Paris 1923, 1926).

34. Origins of Central Europe, ed. Przemysław Urbańczyk (Warsaw 1997).

35. Pohl, Walter, Die Awaren. Ein Steppenvolk in Mitteleuropa 567–822 n. Chr. (München 1988).

36. Pohl, Walter, Die Germanen. Enzyklopädie dt. Gesch. 57 (München 2000).

37. Popoli delle steppe. Unni, Avari, Ungari 1–2. Settimane di studio del centro italiano di studi sull'alto medioevo 35/1–2 (Spoleto 1988).

38. Preidel, Helmut, Slawische Altertumskunde des östlichen Mitteleuropas im 9. und 10. Jahrhundert I-III. Stifter-Verein, Veröff. Wiss. Abt. 6, 9, 13 (Gräfelfing 1961, 1964, 1966).

39. Preidel, Helmut, Das Großmährische Reich im Spiegel der Bodenfunde. Stifter-Verein, Veröff. Wiss. Abt. 15 (Gräfelfing 1968).

40. Reallexikon der Germanischen Altertumskunde 1–[17], begr. Johannes Hoops. 2., völlig neu bearb. Aufl. (Berlin, New York 1973–[2001]).

41. Roesdahl, Else, The Vikings (London 1991, ²1998); dän. Ausgabe: Vikingernes verden (København 1987).

42. Sedov, Valentin V., Vostočnye Slavjane v VI-XIII vv. Archeologija SSSR (Moskva 1982).

43. Sedov, Valentin V., Slavjane v rannem srednevekov'e (Moskva 1995).

44. 799. Kunst und Kultur der Karolingerzeit. Karl der Große und Papst Leo III. in Paderborn 1–2. Ausstellungskat.; 3. Beiträge zum Katalog der Ausstellung, hrsg. Christoph Stiegemann/Matthias Wemhoff (Mainz 1999).

45. Slavjanite i sredizemnomorskijat svjat VI-XI vek/Les Slaves et le monde méditerranéen VIᵉ-XIᵉ siècles. Symp. Sofia 1970 (Sofia 1973).

46. Slavjanskaja archeologija 1990. Ètnogenez, rasselenie i duchovnaja kul'tura slavjan, hrsg. Valentin V. Sedov. Materialy po archeologii Rossii 1 (Moskva 1993).

47. Gli Slavi occidentali e meridionali nell'alto medioevo 1–2. Settimane di studio del centro italiano di studi sull'alto medioevo 30/1–2 (Spoleto 1983).

48. Die Slawen in Deutschland. Geschichte und Kultur der slawischen Stämme westlich von Oder und Neiße vom 6. bis 12. Jahrhundert. Ein Handbuch. Neubearbeitung, hrsg. Joachim Herrmann (Berlin 1985).

49. Słowiańszczyzna w Europie średniowiecznej 1–2 [Festschr. Lech Leciejewicz], hrsg. Zofia Kurnatowska (Wrocław 1996).

50. Słownik starożytności Słowiańskich. Encyklopedyczny zarys kultury Słowian od czasów najdawniejszych 1–8 (Wrocław, Warszawa, Kraków 1961–1996).

51. Sowjetsystem und demokratische Gesellschaft. Eine vergleichende Enzyklopädie 1–6, hrsg. Claus D. Kernig (Freiburg, Basel, Wien 1966–1976).

52. Štefaničová, Tatiana, Osudy starých slovanov (Nitra 1989).

53. Struktur und Wandel im Früh- und Hochmittelalter. Eine Bestandsaufnahme aktueller Forschungen zur Germania Slavica, hrsg. Christian Lübke. Forsch. Gesch. u. Kultur östl. Mitteleuropa 5 (Stuttgart 1998).

54. Strzelczyk, Jerzy, Słowianie i Germanie (Poznań 1976).

55. Studia nad etnogenezą Słowian i kulturą Europy wczesnośredniowiecznej 1–2 [Festschr. Witold Hensel], hrsg. Gerard Labuda/Stanisław Tabaczyński (Wrocław u. a. 1987, 1988).

56. Vaňá, Zdeněk, Einführung in die Frühgeschichte der Slawen (Neumünster 1970).

57. Vaňá, Zdeněk, Svět dávných Slovanů (Praha 1983); dt. Ausgabe: Die Welt der alten Slawen (Praha 1983); engl. Ausgabe: The world of the ancient Slaves (London 1983).

58. Die Völker Südosteuropas im 6. bis 8. Jahrhundert, hrsg. Bernhard Hänsel. Südosteuropa-Jahrb. 17 (München, Berlin 1987).

59. Wasilewski, Tadeusz, Bizancjum i Słowianie w IX wieku. Studia z dziejów stosunków politycznych i kulturalnych (Warszawa 1972).

60. Welt der Slawen. Geschichte, Gesellschaft, Kultur, hrsg. Joachim Herrmann (Leipzig, Jena, Berlin 1986).

61. Wikinger und Slawen. Zur Frühgeschichte der Ostseevölker, hrsg. Joachim Herrmann (Berlin 1982); russ. Ausgabe: Slavjane i skandinavy, hrsg. Elena A. Mel'nikova/Joachim Herrmann (Moskva 1986).

62. Wolfram, Herwig, Das Reich und die Germanen. Zwischen Antike und Mittelalter. Siedler Deutsche Geschichte (Berlin 1990, ²1994).

63. Zernack, Klaus, Osteuropa. Eine Einführung in seine Geschichte (München 1977).

64. I (Pierwszy) Międzynarodowy kongres archeologii słowiańskiej Warszawa 1965, Bd. 1–7 (Wrocław u. a. 1968–1972). – Berichte über den II. Internationalen Kongreß für slawische Archäologie Berlin 1970, Bd. 1–3 (Berlin 1970, 1973). – Rapports du IIIᵉ Congrès International d'archéologie Slave Bratislava 1975, Bd. 1–2 (Bratislava 1979). – IV [Četvărti] Meždunaroden kongres po slavjanska archeologija Sofija 1980. Doklady i saobstenija, hrsg. Dimităr S. Angelov, Bd. 1–2 (Sofija 1992). – Trudy V [Pjatogo] Meždunarodnogo Kongressa Slavjanskoj Archeologii Kiev 1985, Bd. 1–4 (Moskva 1987, Kiev 1988). – Trudy VI [Šestogo] Meždunarodnogo Kongressa Slavjanskoj Archeologii Novgorod 1996, hrsg. Valentin V. Sedov, Bd. 1. Problemy slavjanskoj archeologii; 2. Slavjanskij srednevekovoj gorod; 3. Ėtnogenez i ėtnokul'turnye kontakty slavjan (Moskva 1997); 4. Obščestvo, ėkonomika, kul'tura i iskusstvo slavjan (Moskva 1998); 5. Istorija i kul'tura drevnich i srednevekovych slavjan (Moskva 1999). – Die Résumés der geplanten Vorträge der sowjetischen Delegation für den ausgefallenen Kongreß von 1990 in: VI. [Šestyj] Meždunarodnyj Kongress Slavjanskoj Archeologii Prilep 1990. Tezisy dokladov, podgotovlennych sovetskimi issledovateljami, hrsg. Valentin V. Sedov (Moskva 1990).

Corpora und regionale Übersichten, Kulturräume

65. Baiern und Slawen in Oberösterreich. Probleme der Landnahme und Besiedlung, hrsg. Kurt Holter. Schriftenreihe Oberösterreich. Musealverein, Ges. f. Landeskunde 10 (Linz 1980).

66. Biermann, Felix, Slawische Besiedlung zwischen Elbe, Neiße und Lubsza. Archäologische Studien zum Siedlungswesen und zur Sachkultur des frühen und hohen Mittelalters. Schr. Arch. german. u. slaw. Frühgesch. 5 = Universitätsforsch. prähist. Arch. 65 (Bonn 2000).

67. Brachmann, Hansjürgen, Slawische Stämme an Elbe und Saale. Zu ihrer Geschichte und Kultur im 6. bis 10. Jh. – auf Grund archäologischer Quellen. Akad. Wiss. DDR, Schr. Ur- u. Frühgesch. 32 (Berlin 1978).

68. Bubeník, Josef, Slovanské osídlení středního Poohří 1–2 (Praha 1988).

69. Chudziak, Wojciech, Zasiedlenie strefy chełmińsko-dobrzyńskiej we wczesnym średniowieczu (VII-XI wiek) (Toruń 1996).

70. Corpus archäologischer Quellen zur Frühgeschichte auf dem Gebiet der DDR (7. bis 12. Jahrhundert) 1–4, hrsg. Joachim Herrmann/Peter Donat (Berlin 1973, 1979, 1979, 1985).

71. Dušek, Sigrid, Geschichte und Kultur der Slawen in Thüringen. Erläuterungen zur Ausstellung (Weimar 1983).

72. Eggers, Hans Jürgen, Funde der wendisch-wikingischen Zeit in Pommern 1–2 (Kiel 1978, 1985).

73. Friesinger, Herwig, Studien zur Archäologie der Slawen in Niederösterreich 1–2. Mitt. prähist. Komm. Österreich. Akad. Wiss. 15/16, 17/18 (Wien 1971–1977).

74. Fusek, Gabriel, Slovensko vo včasnoslovanskom období. Arch. slovaca Monogr. stud. 3 (Nitra 1994).

75. Gierlach, Bogusław, Studia nad archeologią średniowiecznego Mazowsza. Prace Mazowieckiego ośrodka badań naukowych 28 (Warszawa 1975).

76. Gläser, Manfred, Die Slawen in Ostholstein. Studien zu Siedlung, Wirtschaft und Gesellschaft der Wagrier, phil. Diss. (Hamburg 1983).

77. Grebe, Klaus, Archäologisch-kulturelle Gruppen und die Stufengliederung der frühslawischen Zeit im Havelgebiet 1. Veröff. Brandenburg. Landesmus. f. Ur- u. Frühgesch. 28, 1994, 149–180.

78. Grenz, Rudolf, Die slawischen Funde aus dem hannoverschen Wendland. Göttinger Schr. Vor- u. Frühgesch. 2 (Neumünster 1961).

79. Hensel, Witold, Studia i materiały do osadnictwa Wielkopolski wczesnohistorycznej 1–3. Studia nad osadnictwem Wielkopolski wczesnohistorycznej 2–4 (Poznań 1950, 1953, 1959); Hensel, Witold/Hilczer-Kurnatowska, Zofia, Studia i materiały do osadnictwa Wielkopolski wczesnohistorycznej 4–6. Studia nad osadnictwem Wielkopolski wczesnohistorycznej 5–7 (Poznań 1972, 1980, 1987); Hensel, Witold/Hilczer-Kurnatowska, Zofia/Łosińska, Alina, Studia i materiały do osadnictwa Wielkopolski wczesnohistorycznej 7–8 (Toruń 1995).

80. Herrmann, Joachim, Die Nordwestslawen und ihr Anteil an der Geschichte des deutschen Volkes. Sitzungsber. Akad. Wiss. DDR 5/1972 (Berlin 1973).

81. Hilczerówna, Zofia, Grundzüge der Kultur der slawischen Stämme in Südgroßpolen und Niederschlesien vom 6. bis 10. Jh. Zeitschr. Arch. 1, 1967, 278–297.

82. Justová, Jarmila, Dolnorakouské Podunají v raném středověku. Slovanská archeologie k jeho osídlení v 6.–11. století (Praha 1990).

83. Kouřil, Pavel, Slovanské osídlení českého Slezka (Brno, Český Těšín 1994).

84. Lachowicz, Franciszek/Olczak, Jerzy/Siuchniński, Kazimierz, Osadnictwo wczesnośredniowieczne na probrzeżu i pojezierzu wschodniopomorskim. Wybrane obszary próbne, Katalog (Poznań 1977).

85. Lodowski, Jerzy, Dolny Śląsk na początku średniowiecza (VI-X w.). Podstawy osadnicze i gospodarcze (Wrocław u. a. 1980).

86. Losert, Hans, Die slawische Besiedlung Nordostbayerns aus archäologischer Sicht. In: Vorträge des 11. Niederbayerischen Archäologentages Deggendorf 1992 (Buch am Erlbach 1993) 207–270.

87. Łosiński, Władysław, Osadnictwo plemienne Pomorza (VI-X wiek) (Wrocław u. a. 1982).

88. Měřínský, Zdeněk, Morava v 10. století ve světle archeologických nálezů. Památky arch. 77, 1986, 18–80.

89. Modrzewska, Halina, Osadnictwo obcoetniczne i innoplemienne w Polsce wcześniejszego średniowiecza. Prace Inst. Hist. Uniw. Warszawa 12 (Warszawa 1984).

90. Olczak, Jerzy, Formy osadnictwa na pojezierzu zachodniopomorskim we wczesnym średniowieczu (na podstawie źródeł archeologicznych) (Toruń 1991).

91. Olczak, Jerzy/Siuchniński, Kazimierz, Źródła archeologiczne do studiów nad wczesnośredniowiecznym osadnictwem grodowym na terenie województwa koszalińskiego 1–3. Seria arch. 1–3 (Poznań 1966, 1968, 1969; Łosiński, Władysław/Olczak, Jerzy/Siuchniński, Kazimierz, Źródła archeologiczne do studiów nad wczesnośredniowiecznym osadnictwem grodowym na terenie województwa koszalińskiego 4. Seria arch. 4 (Poznań 1971).

92. Olczak, Jerzy/Siuchniński, Kazimierz, Źródła archeologiczne do studiów nad wczesno-średniowiecznym osadnictwem grodowym na terenie województwa słupskiego. Seria arch. 25, 29 (Poznań 1985, 1989).

93. Od plemienia do państwa. Śląsk na tle wczesnośredniowiecznej Słowiańszczyzny zachodniej, hrsg. Lech Leciejewicz. Śląskie sympozja historyczne 1 (Wrocław, Warszawa 1991).

94. Poleski, Jacek, Podstawy i metody datowania okresu wczesnośredniowiecznego w Małopolsce. Prace arch. 52 (Kraków 1992).

95. Pramene k dejinám osídlenia Slovenska z konca 5. až z 13. storočia I-II (Nitra 1989, 1992).

96. Sós, Ágnes C., Die slavische Bevölkerung Westungarns im 9. Jahrhundert. Münchner Beiträge Vor- u. Frühgesch. 22 (München 1973).

97. Stan i potrzeby badań nad wczesnym średniowieczem w Polsce, hrsg. Zofia Kurnatowska. Prace kom. arch. 11 (Poznań, Wrocław, Warszawa 1990).

98. Szöke, Béla Miklós/Éry, Kinga/Müller, Róbert/Vándor, László, Die Karolingerzeit im unteren Zalatal. Gräberfelder und Siedlungsreste von Garabonc I-II und Zalaszabar-Dezsösziget. Antaeus 21 (Budapest 1992).

99. Točík, Anton, Materiály k dejinám južného Slovenska v 7.–14. storočí. Štud. zvesti Arch. Ústav SAV 28, 1992, 5–250.

100. Turek, Rudolf, Die frühmittelalterlichen Stämmegebiete in Böhmen (Praha 1957).

101. Vogel, Volker, Slawische Funde in Wagrien. Offa-Bücher 29 (Neumünster 1972).

102. Wachowski, Krzysztof, Kultura karolińska a słowiańszczyzna zachodnia. Stud. arch. Wrocław 23 (Wrocław 1992).

103. Wachowski, Krzysztof, Śląsk w dobie przedpiastowskiej. Studium archeologiczne (Wrocław 1997).

104. Wczesnośredniowieczne grodziska ziemi chełmińskiej. Katalog źródeł (Toruń 1994).

105. Żaki, Andrzej, Archeologia Małopolski wczesnośredniowiecznej (Wrocław u. a. 1974).

106. Zeman, Jiří, Nejstarší slovanské osídlení čech. Památky arch. 67, 1976, 115–235.

2. Geschichte der „slawischen Altertumskunde"

107. Abramowicz, Andrzej, Wiek archeologii. Problemy polskiej archeologii dziewiętnasto-wiecznej (Warsawa 1967).

108. Abramowicz, Andrzej, Historia archeologii polskiej XIX i XX wiek (Warszawa, Łódź 1991).

109. Brather, Sebastian, Wilhelm Unverzagt und das Bild der Slawen. In: Eine hervorragend nationale Wissenschaft. Deutsche Prähistoriker zwischen 1900 und 1995, hrsg. Heiko Steuer. Reallexikon der Germanischen Altertumskunde, Ergänzungsbd. 29 (Berlin, New York 2001) 475–504.

110. Burleigh, Michael, Germany turns eastwards. A study of Ostforschung in the Third Reich (Cambridge 1988).

111. Cultural identity and archaeology. The construction of European communities, ed. Paul Graves-Brown/Siân Jones/Clive Gamble (London, New York 1996).

378 Literatur

112. Drews, Peter, Herder und die Slaven. Materialien zur Wirkungsgeschichte bis zur Mitte des 19. Jahrhunderts. Slavist. Beitr. 267 (München 1990).

113. Fritze, Wolfgang H., Slawische Altertumswissenschaft in der Nachfolge Lubor Niederles. Jahrb. Gesch. Mittel- u. Ostdeutschlands. Ergänzungsbd. zu 11, 1967, 1–26.

114. Graus, František, Deutsche und slavische Verfassungsgeschichte. Hist. Zeitschr. 197, 1963, 265–317.

115. Graus, František, Lebendige Vergangenheit. Überlieferung im Mittelalter und in den Vorstellungen vom Mittelalter (Köln 1975).

116. Gummel, Hans, Forschungsgeschichte in Deutschland. Die Urgeschichtsforschung und ihre historische Entwicklung in den Kulturstaaten der Erde 1 (Berlin 1938).

117. Hensel, Witold, De l'histoire des recherches archéologiques sur les Slaves du haut moyen âge. Les aspects sociologiques de l'art mineur slave du haut moyen âge (Warsaw 1980).

118. Hensel, Witold, I. Archeologia słowiańska w latach 1965–1995. Próba bilansu i nowe perspektywy. Slavia ant. 37, 1996, 7–20.

119. Herrmann, Joachim, Probleme und Aufgaben der Internationalen Union für Slawische Archäologie nach dem vierten Kongreß. Ausgr. u. Funde 26, 1981, 263–268.

120. Hroch, Miroslav, Die Vorkämpfer der nationalen Bewegung bei den kleinen Völkern Europas. Eine vergleichende Analyse zur gesellschaftlichen Schichtung der patriotischen Gruppen. Phil. et hist. monogr. 24 (Praha 1968); erweitert: Social preconditions of national revival in Europe. A comparative analysis of the social composition of patriotic groups among the smaller European nations (Cambridge 1985).

121. Kilger, Christoph, The Slavs yesterday and today. Different perspectives on Slavic ethnicity in German archaeology. Current Swedish arch. 6, 1998, 99–114.

122. Klejn, Leo S., Kossinna im Abstand von vierzig Jahren. Jahresschr. mitteldt. Vorgesch. 58, 1974, 7–55.

123. Kłoczowski, Jerzy, East central Europe in the historiography of the countries of the region (Lublin 1995).

124. Kohn, Hans, Die Slawen und der Westen. Die Geschichte des Panslawismus (Wien, München 1956).

125. Labuda, Gerard, The Slavs in ninteenth century German historiography. Polish Western affairs 10, 1969, 177–234.

126. Lech, Jacek, Between captivity and freedom. Polish archaeology in the 20th century. Arch. Polona 35/36, 1997/1998, 25–222.

127. Meyer, Henry Cord, Drang nach Osten. Fortunes of a slogan concept in German-Slavic relations 1849–1990 (Bern u. a. 1996).

128. Mühle, Eduard, ,Ostforschung'. Beobachtungen zu Aufstieg und Niedergang eines geschichtswissenschaftlichen Paradigmas. Zeitschr. Ostmitteleuropa-Forsch. 46, 1997, 317–350.

129. Myl'nikov, Aleksandr S., Kartina slavjanskogo mira. Vzgljad iz vostočnoj Evropy. Ètnogenetičeskie legendy, dogadki, protogipotezy XVI–načala XVIII veka. Slavica petropolitana 1 (St. Peterburg 1996).

130. Nationalism and archaeology in Europe, ed. Margarita Díaz-Andreu/Timothy Champion (London 1996).

131. Oberkrome, Willi, Volksgeschichte. Methodische Innovation und völkische Ideologisierung in der deutschen Geschichtswissenschaft 1918–1945. Krit. Stud. Geschichtswiss. 101 (Göttingen 1993).

132. Orton, Lawrence, D., The Prague Slav Congress of 1848. East European Monogr. 46 (New York 1978).

133. Sklenář, Karel, Archaeology in Central Europe. The first 500 years (Leicester 1983).

134. Towards a history of archaeology, hrsg. Glyn Daniel (London 1981).

135. Trigger, Bruce G., A history of archaeological thought (Cambridge 1989).

136. Wippermann, Wolfgang, Der Ordensstaat als Ideologie. Das Bild des Deutschen Ordens in der deutschen Geschichtsschreibung und Publizistik. Einzelveröff. Hist. Komm. Berlin 24 (Berlin 1979).

137. Wippermann, Wolfgang, Der „Deutsche Drang nach Osten". Ideologie und Wirklichkeit eines politischen Schlagwortes. Impulse der Forschung 35 (Darmstadt 1981).

138. Zagiba, Franz, Slawische Altertumskunde. Eine altösterreichische Wissenschaft. In: Acta Congressus Historiae Slavicae Salisburgensis 1963 (Wiesbaden 1968) 201–218.

139. Żak, Jan, Słowianie i Germanie w prahistorii polskiej i niemieckiej. In: Stosunki polsko-niemieckie w historiografii I. Studia z dziejów historiografii polskiej i niemieckiej (Poznań 1974) 21–149.

140. Zeil, Wilhelm, Slavistik in Deutschland. Forschungen und Informationen über die Sprachen, Literaturen und Volkskulturen slawischer Völker bis 1945. Bausteine slav. Philologie u. Kulturgesch. A. Slavist. Forsch. NF 9 (69) (Köln, Weimar, Wien 1994).

3. Methoden und Aussagemöglichkeiten der Archäologie

141. Archäologie als Geschichtswissenschaft. Studien und Untersuchungen [Festschr. Karl-Heinz Otto], hrsg. Joachim Herrmann. Akad. Wiss. DDR, Schr. Ur- u. Frühgesch. 30 (Berlin 1977).

142. Bernbeck, Reinhard, Theorien in der Archäologie (Tübingen, Basel 1997).

143. de Bouard, Michel, Manuel d'archéologie médiévale. De la fouille à l'histoire (Paris 1975).

144. Brather, Sebastian, ‚Germanische', ‚slawische' und ‚deutsche' Sachkultur des Mittelalters. Probleme ethnischer Interpretation. Ethnogr.-arch. Zeitschr. 37, 1996, 177–216.

145. Brather, Sebastian, Ethnische Identitäten als Konstrukte der frühgeschichtlichen Archäologie. Germania 78, 2000, 139–177.

146. Dulinicz, Marek, Datowanie absolutne i względne wybranych stanowisk wczesnośredniowiecznych słowiańszczyzny zachodniej. Światowit 39, 1994, 14–31.

147. Fehring, Günter P., Einführung in die Archäologie des Mittelalters (Darmstadt 1987, ²1992) = Die Archäologie des Mittelalters. Eine Einführung (Darmstadt ³2000); engl. Ausgabe: The archaeology of medieval Germany. An introduction (London 1991).

148. Gersbach, Egon, Ausgrabung heute. Methoden und Techniken der Feldgrabung (Darmstadt 1989, ²1991, ³1998).

149. Geschichtswissenschaft und Archäologie. Untersuchungen zur Siedlungs-, Wirtschafts- und Kirchengeschichte, hrsg. Herbert Jankuhn/Reinhard Wenskus. Vorträge u. Forsch. 22 (Sigmaringen 1979).

150. Henning, Joachim, Germanen – Slawen – Deutsche. Neue Untersuchungen zum früh-geschichtlichen Siedlungswesen östlich der Elbe. Prähist. Zeitschr. 66, 1991, 119–133.

151. Herrmann, Joachim, Archäologische Kulturen und sozialökonomische Gebiete (Überle-gungen zur historischen Potenz archäologischer Forschung). Ethnogr.-arch. Zeitschr. 6, 1965, 97–128.

152. Herrmann, Joachim, Archäologie, Dendrochronologie und militärisch-politische Ereig-nisgeschichte. Zur Forschung in Groß Raden und anderen slawischen Burganlagen. Ausgr. u. Funde 28, 1983, 253–263.

153. Herrmann, Joachim, Die Einheit von schriftlichen und archäologischen Quellen und die Erforschung der frühen Geschichtsepochen. Zeitschr. Geschichtswiss. 33, 1985, 129–148.

154. Herrmann, Joachim/Heußner, Karl-Uwe, Dendrochronologie, Archäologie und Frühge-schichte vom 6. bis 12. Jahrhundert in den Gebieten zwischen Saale, Elbe und Oder. Ausgr. u. Funde 36, 1991, 255–290.

155. Jankuhn, Herbert, Einführung in die Siedlungsarchäologie (Berlin, New York 1977); poln. Ausgabe: Wprowadzenie do archeologii osadnictwa. Bibl. muzealnictwa i ochrony zabytków B 74 (Warszawa 1983).

156. Jones, Siân, The archaeology of ethnicity. Constructing identities in the past and present (London, New York 1997).

157. Kossinna, Gustaf, Die Herkunft der Germanen. Zur Methode der Siedlungsarchäologie. Mannus-Bibl. 6 (Würzburg 1911).

158. Lüning, Jens, Zum Kulturbegriff im Neolithikum. Prähist. Zeitschr. 47, 1972, 145–173.

159. Mittelalterarchäologie in Zentraleuropa. Zum Wandel der Aufgaben und Zielsetzungen, hrsg. Günter P. Fehring/Walter Sage. Zeitschr. Arch. Mittelalter, Beih. 9 (Köln, Bonn 1995).

160. Mühlmann, Wilhelm Emil, Geschichte der Anthropologie (²Frankfurt/M., Bonn 1968).

160a. Probleme der mitteleuropäischen Dendrochronologie und naturwissenschaftliche Beiträ-ge zur Talaue der March, hrsg. Lumír Poláček/Jitka Dvorská. Internationale Tagungen in Mikulčice 5 (Brno 1999).

161. Steuer, Heiko, Entstehung und Entwicklung der Archäologie des Mittelalters und der Neuzeit in Mitteleuropa – auf dem Weg zu einer eigenständigen Mittelalterkunde. Zeitschr. Arch. Mittelalter 25/26, 1997/1998, 19–38.

162. Tabaczyński, Stanisław, Archeologia średniowieczna. Problemy, źródła, metody, cele badawcze (Wrocław u. a. 1987).

163. Wotzka, Hans-Peter, Zum traditionellen Kulturbegriff in der prähistorischen Archäolo-gie. Paideuma 39, 1993, 25–44.

4. Historischer Rahmen

Einwanderung und Herkunft

Siehe auch Nr. 17; 21; 48; 55; 56; 60; 74; 77; 106; 434.

164. Baran, Vladimir Danilovič, Entstehung und Ausbreitung der frühslawischen Kulturen. In: Starigard/Oldenburg [Nr. 311a] 29–51.

165. Biermann, Felix/Dalitz, Stefan/Heußner, Karl-Uwe, Der Brunnen von Schmerzke, Stadt Brandenburg a. d. Havel, und die absolute Chronologie der frühslawischen Besiedlung im nordostdeutschen Raum. Prähist. Zeitschr. 74, 1999, 219–243.

166. Brather, Sebastian, Einwanderergruppen oder Regionalentwicklung? Die frühen Slawen zwischen Elbe und Oder. Das Altertum 45, 1999, 331–346.

167. Curta, Florin, Making an early medieval *ethnie*. The case of the early Slaves (sixth to seventh century A. D.), phil. Diss. (Kalamazoo 1998).

168. Curta, Florin, Hiding behind a piece of tapestry. Jordanes and the Slavic Venethi. Jahrbb. Gesch. Osteuropa 47, 1999, 321–340.

169. Dulinicz, Marek, Die früheste slawische Besiedlung in Ostholstein. Offa 48, 1991, 299–329.

170. Frey, Katrin, Späte Germanen und frühe Slawen auf dem Teltow und im Berliner Raum. Ethnograph.-arch. Zeitschr. 40, 1999, 351–415.

171. Godłowski, Kazimierz, Die Frage der slawischen Einwanderung ins östliche Mitteleuropa. Zeitschr. Ostforsch. 28, 1979, 416–447.

172. Goffart, Walter, The narrators of barbarian history (A. D. 550–800). Jordanes, Gregory of Tours, Bede, and Paul the Deacon (Princeton 1988).

173. Goffart, Walter, The theme of „*the* barbarian invasions" in late antique and modern historiography. In: Das Reich und die Barbaren, hrsg. Evangelos K. Chrysos/Andreas Schwarcz. Veröff. Inst. österreich. Geschichtsforsch. 29 (Wien, Köln 1989) 87–107.

174. Herrmann, Joachim, Wanderungen und Landnahme im westslawischen Gebiet. In: Gli Slavi [Nr. 47] Bd. I, 75–101.

175. Herrmann, Joachim, Germanen und Slawen in Mitteleuropa. Zur Neugestaltung der ethnischen Verhältnisse zu Beginn des Mittelalters. Sitzungsber. Akad. Wiss. DDR 1984, 3/G (Berlin 1984).

176. Klanica, Zdeněk, Počátky slovanského osídlení našich zemí (Praha 1986).

177. Leube, Achim, Germanische Völkerwanderung und ihr archäologischer Fundniederschlag. Das 5. und 6. Jh. östlich der Elbe. Ein Forschungsbericht (I). Ethnogr.-arch. Zeitschr. 36, 1995, 3–85.

178. Leube, Achim, Germanische Völkerwanderungen und ihr archäologischer Fundniederschlag. Slawisch-germanische Kontakte im nördlichen Elbe-Oder-Gebiet. Ein Forschungsbericht (II). Ethnogr.-arch. Zeitschr. 36, 1995, 259–298.

179. Metcalf, David Michael, Viking age numismatics 1. Late Roman and Byzantine gold in the northern lands. The numismatic chronicle 155, 1995, 413–441.

180. Parczewski, Michał, Die Anfänge der frühslawischen Kultur in Polen. Veröff. österreich. Arbeitsgem. Ur- u. Frühgesch. 17 (Wien 1993); poln. Ausgabe: Najstarsza faza kultury wczesnosłowiańskiej w Polsce. Rozprawy habilitacyjne 141 (Kraków 1988); Początki kultury wczesnosłowiańskiej w Polsce. Krytyka datowanie źródeł archeologicznych. Prace komisji arch. 27 (Wrocław u. a. 1988).

181. Pleterski, Andrej, Etnogeneza Slovanov. Obris trenutnega stanja arheoloških raziskav (Ljubljana 1990).

182. Preidel, Helmut, Die Anfänge der slawischen Besiedlung Böhmens und Mährens I-II. Stifter-Verein, Veröff. Wiss. Abt. 1, 2 (Gräfelfing 1954, 1957).

183. Reisinger, Jutta/Sowa, Günter, Das Ethnikon Sclavi in den lateinischen Quellen bis zum Jahr 900. Glossar frühmittelalterl. Gesch. östl. Europa, Beih. 6 (Stuttgart 1990).

184. Rusanova, Irina P., Slavjanskie drevnosti VI-VII vv. Kul'tura pražskogo tipa (Moskva 1976).

185. Schramm, Gottfried, Venedi, Antes, Sclaveni, Sclavi. Frühe Sammelbezeichnungen für slawische Stämme und ihr geschichtlicher Hintergrund. Jahrbb. Gesch. Osteuropa 43, 1995, 161–200.

186. Udolph, Jürgen, Studien zu slavischen Gewässernamen und Gewässerbezeichnungen. Ein Beitrag zur Urheimat der Slaven. Beitr. Namenforsch., Beih. NF 17 (Heidelberg 1979).

187. Weiß, Günter, Das Ethnikon Sklabenoi, Sklaboi in den griechischen Quellen bis 1025. Glossar frühmittelalterl. Gesch. östl. Europa, Beih. 5 (Wiesbaden 1988).

188. Zeman, Jiří, K problematice časně slovanské kultury ve střední Evropě. Památky arch. 70, 1979, 113–130.

Politische Strukturen und Reichsbildungen

Siehe auch Nr. 9; 11; 19; 28; 47; 48; 60; 63.

189. Brüske, Wolfgang, Untersuchungen zur Geschichte des Lutizenbundes. Deutsch-wendische Beziehungen des 10.–12. Jahrhunderts. Mitteldt. Forsch. 3 (Münster, Köln 1955).

190. Dralle, Lothar, Slaven an Havel und Spree. Studien zur Geschichte des hevellisch-wilzischen Fürstentums (6. bis 10. Jh.). Gießener Abhandl. Agrar- u. Wirtschaftsforsch. europ. Osten 108 (Berlin 1981).

191. Duby, Georges, Krieger und Bauern. Die Entwicklung der mittelalterlichen Wirtschaft und Gesellschaft bis um 1200 (Frankfurt/M. 1984).

192. Eggers, Martin, Das „Großmährische Reich" – Realität oder Fiktion? Eine Neu-interpretation des mittelalterlichen Donauraumes im 9. Jahrhundert. Monogr. Gesch. Mittelalter 40 (Stuttgart 1995).

193. Ernst, Raimund, Die Nordwestslawen und das fränkische Reich. Beobachtungen zur Geschichte ihrer Nachbarschaft und zur Elbe als nordöstlicher Reichsgrenze bis in die Zeit Karls des Großen. Gießener Abhandl. Agrar- u. Wirtschaftsforsch. europ. Osten 74 (Berlin 1976).

194. Fiala, Zdeněk, Přemyslovské Čechy. Český stát a společnost v letech 995–1310 (Praha 1965, ²1975).

195. Fiedler, Uwe, Die Slawen im Bulgarenreich und im Awarenkhaganat. Versuch eines Ver-gleichs. In: Ethnische und kulturelle Verhältnisse [Nr. 11] 195–214.

196. Fried, Johannes, Otto III. und Bolesław Chrobry. Das Widmungsbild des Aachener Evangeliars, der „Akt von Gnesen" und das frühe polnische und ungarische Königtum. Eine Bildanalyse und ihre historischen Folgen. Frankfurter hist. Abhandl. 30 (Stuttgart 1989).

197. Fried, Johannes, Der Weg in die Geschichte. Die Ursprünge Deutschlands bis 1024 (Frankfurt/Main, Berlin 1994).

198. Friedmann, Bernhard, Untersuchungen zur Geschichte des abodritischen Fürstentums bis zum Ende des 10. Jahrhunderts. Gießener Abhandl. Agrar- u. Wirtschaftsforsch. europ. Osten 137 (Berlin 1986).

199. Fritze, Wolfgang H., Frühzeit zwischen Ostsee und Donau. Ausgewählte Beiträge zum geschichtlichen Werden im östlichen Mitteleuropa vom 6. bis zum 13. Jahrhundert, hrsg. Ludolf Kuchenbuch/Winfried Schich. Germania Slavica 3 = Berliner hist. Stud. 6 (Berlin 1982).

200. Fritze, Wolfgang H., Der slawische Aufstand von 983 – eine Schicksalswende in der Geschichte Mitteleuropas. In: Festschrift der Landesgeschichtlichen Vereinigung für die Mark Brandenburg zu ihrem hundertjährigen Bestehen 1884–1984, hrsg. Eckart Henning/Werner Vogel (Berlin 1984) 9–55.

201. Fritze, Wolfgang H., Untersuchungen zur frühslawischen und frühfränkischen Geschichte bis ins 7. Jahrhundert, hrsg. Dietrich Kurze/Winfried Schich/Reinhard Schneider. Europ. Hochschulschr. 3/581 (Frankfurt/M. 1994).

202. Galuška, Luděk, Great Moravia. The Moravian Museum Discovery ser. 4 (Brno 1991).

203. Gieysztor, Alexander, Politische Heilige im hochmittelalterlichen Polen und Böhmen. In: Politik und Heiligenverehrung im Hochmittelalter, hrsg. Jürgen Petersohn. Vorträge u. Forsch. 42 (Sigmaringen 1994) 324–341.

204. Graus, František, Die Nationenbildung der Westslawen im Mittelalter. Nationes 3 (Sigmaringen 1980).

205. Großmähren. Ein versunkenes Slavenreich im Lichte neuer Ausgrabungen. Ausstellungskat. (Berlin 1967).

206. Großmähren und die Anfänge der tschechoslowakischen Staatlichkeit, hrsg. Josef Poulík/Bohuslav Chropovsky (Praha 1986).

207. Grundfragen der geschichtlichen Beziehungen zwischen Deutschen, Polaben und Polen, hrsg. Wolfgang H. Fritze/Klaus Zernack (Berlin 1976).

208. Das Havelland im Mittelalter. Untersuchungen zur Strukturgeschichte einer ostelbischen Landschaft in slawischer und deutscher Zeit, hrsg. Wolfgang Ribbe. Germania Slavica 5 = Berliner hist. Stud. 13 (Berlin 1987).

209. Havlík, Lubomír E., Morava v 9.–10. století. K problematice politického postavení, sociální a vládní struktury a organizace (Praha 1978).

210. Herrmann, Erwin, Slawisch-germanische Beziehungen im südostdeutschen Raum von der Spätantike bis zum Ungarnsturm. Ein Quellenbuch mit Erläuterungen. Veröff. Collegium Carolinum 17 (München 1965).

211. Jacob, Georg, Arabische Berichte von Gesandten an germanische Fürstenhöfe aus dem 9. und 10. Jahrhundert. Quellen zur deutschen Volkskunde 1 (Berlin 1927).

212. Kahl, Dietrich, Slawen und Deutsche in der brandenburgischen Geschichte des 12. Jahrhunderts. Die letzten Jahrzehnte des Landes Stodor 1–2. Mitteldt. Forsch. 30 (Köln, Graz 1964).

213. Labuda, Gerard, Studia nad początkami państwa polskiego 1–2. Ser. hist. 139–140 (Poznań 1987, 1988).

214. Lokalne ośrodki władzy państwowej w XI-XII wieku w Europie Środkowo-Wschodniej, hrsg, Sławomir Moździoch. Spotkania Bytomskie 1 (Wrocław 1993).

215. Łowmiański, Henryk, Początki Polski 1–6 (Warszawa 1963–1985).

216. Lübke, Christian, Fremde im östlichen Europa. Von Gesellschaften ohne Staat zu verstaatlichten Gesellschaften (9.–11. Jahrhundert). Ostmitteleuropa in Vergangenheit und Gegenwart 23 (Köln, Weimar, Wien 2001).

217. Ludat, Herbert, An Elbe und Oder um das Jahr 1000. Skizzen zur Politik des Ottonenreiches und der slavischen Mächte in Mitteleuropa (Köln, Wien 1971).

218. Ludat, Herbert, Slaven und Deutsche im Mittelalter. Ausgewählte Aufsätze zu Fragen ihrer politischen, sozialen und kulturellen Beziehungen. Mitteldt. Forsch. 86 (Köln, Wien 1982).

219. Lutovský, Michal/Profantová, Naď'a, Sámova říše (Praha 1995).

220. Modzelewski, Karol, Organizacja gospodarcza państwa piastowskiego, X-XIII wiek (Wrocław u. a. 1975).

221. Moździoch, Sławomir, Organizacja gospodarcza państwa wczesnpiastowskiego na Śląsku (Wrocław, Warsawa, Kraków 1990).

222. Mühle, Eduard, Altmähren oder Moravia? Zeitschr. Ostmitteleuropaforsch. 46, 1997, 205–223.

223. Myśliński, Kazimierz, Polska wobec słowian połabskich do końca wieku XII (Lublin 1993).

224. Polska pierwszych Piastów. Państwo, społeczeństwo, kultura, hrsg. Tadeusz Manteuffel (Warszawa 1968).

225. Poulík, Josef, Mikulčice. Sídlo a pevnost knížat velkomoravských (Praha 1975).

226. Prinz, Friedrich, Böhmen im mittelalterlichen Europa. Frühzeit, Hochmittelalter, Kolonisationsepoche (München 1984).

227. Schrage, Gertraud Eva, Slaven und Deutsche in der Niederlausitz. Germania Slavica 6 = Berliner hist. Stud. 15 (Berlin 1990).

228. Siedlung und Verfassung der Slawen zwischen Elbe, Saale und Oder, hrsg. Herbert Ludat (Gießen 1960).

229. Siedlung und Verfassung Böhmens in der Frühzeit, hrsg. František Graus/Herbert Ludat (Wiesbaden 1967).

230. Sláma, Jiři, Středni Čechy v raném středoveku III. Archeologie o počátcích přemyslovského státu. Praehistorica 14 (Praha 1988).

231. Słowiańszczyzna połabska między Niemcami a Polską, hrsg. Jerzy Strzelczyk. Uniw. Poznań, Ser. hist. 95 (Poznań 1981).

232. Steinhübel, Ján, Počiatky slovenskej štátnosti (Bratislava 1991).

233. Třeštík, Dušan, Počátky Přemyslovců (Praha 1981).

234. Wenskus, Reinhart, Stammesbildung und Verfassung. Das Werden der frühmittelalterlichen gentes (Köln, Graz 1961).

235. Wolfram, Herwig, Salzburg, Bayern, Österreich. Die Conversio Bagoariorum et Carantanorum und die Quellen ihrer Zeit. Mitt. Inst. Österreich. Geschichtsforsch., Ergänzungsbd. 31 (Wien, München 1995).

236. Zientara, Benedykt, Świt narodów europejskich. Powstawanie świadomości narodowej na obszarze Europy pokarolińskiej (Warszawa 1985); dt. Ausgabe: Frühzeit der europäischen Nationen. Die Entstehung von Nationalbewußtsein im nachkarolingischen Europa. Klio in Polen 1 (Osnabrück 1997).

237. Żródła arabskie do dziejów słowianszczyzny 1–2, hrsg. Tadeusz Lewicki (Wrocław, Kraków 1956, 1977); 3, hrsg. Anna Kmietowicz/Franciszek Kmietowicz/Tadeusz Lewicki (Wrocław u. a. 1985).

Ostsiedlung

Siehe auch Nr. 336–357.

238. Boockmann, Hartmut, Der Deutsche Orden. Zwölf Kapitel aus seiner Geschichte (München ³1989).

239. Brather, Sebastian, Brandenburgische Zisterzienserklöster und hochmittelalterlicher Landesausbau. In: Zisterzienser – Norm, Kultur, Reform – 900 Jahre Zisterzienser, hrsg. Ulrich Knefelkamp. Schr. Interdisziplinäres Zentrum f. Ethik Europa-Univ. Viadrina Frankfurt/Oder (Berlin, Heidelberg, New York 2001) 153–177.

240. Die deutsche Ostsiedlung des Mittelalters als Problem der europäischen Geschichte, hrsg. Walter Schlesinger. Vorträge u. Forsch. 18 (Sigmaringen 1975).

241. Erlen, Peter, Europäischer Landesausbau und mittelalterliche deutsche Ostsiedlung. Ein struktureller Vergleich zwischen Südwestfrankreich, den Niederlanden und dem Ordensland Preußen. Hist. u. landeskundl. Ostmitteleuropa-Stud. 9 (Marburg 1992).

242. Fritze, Wolfgang H., Die Begegnung von deutschem und slawischem Ethnikum im Bereich der hochmittelalterlichen Ostsiedlung. Siedlungsforschung. Archäologie, Geschichte, Geographie 2, 1984, 187–219.

243. Gringmuth-Dallmer, Eike, Siedlungshistorische Voraussetzungen, Verlauf und Ergebnisse des hochmittelalterlichen Landesausbaus im östlichen Deutschland. In: Grundherrschaft und bäuerliche Gesellschaft im Hochmittelalter, hrsg. Werner Rösener. Veröff. Max-Planck-Inst. Gesch. 115 (Göttingen 1995) 320–358.

244. Higounet, Charles, Die deutsche Ostsiedlung im Mittelalter (Berlin 1986); frz. Ausgabe: Les Allmands en Europe centrale et orientale au moyen âge (Paris 1989).

245. Krenzlin, Anneliese, Siedlungsformen der Mark Brandenburg/Die Siedlungsformen der Provinz Brandenburg. Historischer Atlas von Brandeburg NF Lfg. 2 (Berlin 1982/1983).

246. Kultura średniowiecznego Śląska i Czech. „Rewolucja" XIII wieku, hrsg. Krzysztof Wachowski. Kultura średniowiecznego Śląska i Czech 3 (Wrocław 1998).

247. Lotter, Friedrich, Die Konzeption des Wendenkreuzzuges. Vorträge u. Forsch., Sonderbd. 23 (Sigmaringen 1977).

248. Menzel, Josef Joachim, Die schlesischen Lokationsurkunden des 13. Jahrhunderts. Studien zum Urkundenwesen, zur Siedlungs-, Rechts- und Wirtschaftsgeschichte einer ostdeutschen Landschaft im Mittelalter. Quellen u. Darstellungen zur schlesischen Gesch. 19 (Sigmaringen 1977).

249. Piskorski, Jan M., Kolonizacja wiejska Pomorza zachodniego w XIII i w początkach XIV wieku na tle procesów osadniczych w średniowiecznej Europie. Prace komisji Historycznej 41 (Poznań 1990).

250. Piskorski, Jan M., Die deutsche Ostsiedlung des Mittelalters in der Entwicklung des östlichen Mitteleuropa. Zum Stand der Forschung aus polnischer Sicht. Jahrb. Gesch. Mittel- u. Ostdeutschlands 40, 1991, 27–84.

251. Slawen und Deutsche im südlichen Ostseeraum vom 11. bis 16. Jahrhundert. Archäologische, historische und sprachwissenschaftliche Beispiele aus Schleswig-Holstein, Mecklenburg und Pommern, hrsg. Michael Müller-Wille/Dietrich Meier/Henning Unverhau. Landesforschung 2 (Neumünster 1995).

252. Urkunden und erzählende Quellen zur deutschen Ostsiedlung im Mittelalter, hrsg. Herbert Helbig. Ausgewählte Quellen dt. Gesch. Mittelalter. Freiherr-v.-Stein-Gedächtnisausg. 26,a-b (Darmstadt 1968, 1970).

253. Wippermann, Wolfgang, Die Ostsiedlung in der deutschen Historiographie und Publizistik. Probleme, Methoden und Grundlinien der Entwicklung bis zum Ersten Weltkrieg. In: Germania Slavica 1, hrsg. Wolfgang H. Fritze. Berliner hist. Stud. 1 (Berlin 1980) 41–70.

5. Siedlung

Naturräumliche Voraussetzungen und Kulturlandschaft

254. L'ambiente vegetale nell'alto medioevo. Settimane di studio del centro italiano di studi sull'alto medioevo 37/1–2 (Spoleto 1990).

255. Ellenberg, Heinz, Vegetation Mitteleuropas mit den Alpen in ökologischer, dynamischer und historischer Sicht (Stuttgart ^{5}1996).

256. Gringmuth-Dallmer, Eike, Die Entwicklung der frühgeschichtlichen Kulturlandschaft auf dem Territorium der DDR unter besonderer Berücksichtigung der Siedlungsgebiete. Akad. Wiss. DDR, Schr. Ur- u. Frühgesch. 35 (Berlin 1983).

257. Jäger, Helmut, Entwicklungsprobleme europäischer Kulturlandschaften. Eine Einführung (Darmstadt 1987).

258. Jäger, Helmut, Einführung in die Umweltgeschichte (Darmstadt 1994).

259. Küster, Hansjörg, Geschichte der Landschaft in Mitteleuropa. Von der Eiszeit bis zur Gegenwart (München 1995).

260. Küster, Hansjörg, Geschichte des Waldes. Von der Urzeit bis zur Gegenwart (München 1998).

261. Lamb, Hubert H., Klima und Kulturgeschichte. Der Einfluß des Wetters auf den Gang der Geschichte (Reinbek 1989).

262. Lange, Elsbeth/Jeschke, Lebrecht/Knapp, Hans Dieter, Die Landschaftsgeschichte der Insel Rügen seit dem Spätglazial. Ralswiek und Rügen. Landschaftsentwicklung und Siedlungsgeschichte der Ostseeinsel 1 = Akad. Wiss. DDR, Schr. Ur- u. Frühgesch. 38 (Berlin 1986).

Haus, Hof und Dorf

Siehe auch Nr. 21; 28; 48; 60; 65–106.

263. Barnycz-Gupieniec, Romana, Drewniane budownictwo mieszkalne w Gdańsku w X-XIII wieku. Gdańsk wczesnośredniowieczny 8 (Gdańsk 1974).

264. Barnycz-Gupieniec, Romana, Mieszkalne budownictwo drewniane w strefie nadbałtyckiej we wczesnym średniowieczu (Łódź 1984).

265. Boroń, Piotr, Problem dużych budinków halowych na terenie słowiańszczyzny zachodniej w IX-X wieku. In: Śląsk i Czechy a kultura wielkomorawska, hrsg. Krzysztof Wachowski (Wrocław 1997) 31–49.

266. Coblenz, Werner, Slawische Siedlungsreste in Nimschütz, Kr. Bautzen (mit einem Exkurs über vergleichbare Befunde von Pannewitz). Arb.- u. Forschungsber. sächs. Bodendenkmalpflege 29, 1985, 227–312.

267. Donat, Peter, Haus, Hof und Dorf in Mitteleuropa vom 7.–12. Jahrhundert. Archäologische Beiträge zur Entwicklung und Struktur der bäuerlichen Siedlung. Akad. Wiss. DDR, Schr. Ur- u. Frühgesch. 33 (Berlin 1980).

268. Donat, Peter, Břeclav-Pohansko und die Erforschung des frühmittelalterlichen Grubenhauses in Mähren. Sborník prací Fil. Fak. Univ. Brno, Řada arch.-klasická (E) 40, 1995 (1996) 75–89.

269. Das Dorf der Eisenzeit und des frühen Mittelalters. Siedlungsform, wirtschaftliche Funktion, soziale Struktur, hrsg. Herbert Jankuhn/Rudolf Schützeichel/Fred Schwind. Abhandl. Akad. Wiss. Göttingen, phil.-hist. Kl. Dritte Folge 101 (Göttingen 1977).

270. Dostál, Bořivoj, Stavební kulturá 6.–9. století na území ČSSR. Arch. hist. 12, 1987, 9–32.

271. Drevnjaja Rus'. Gorod, zamok, selo, hrsg. Boris A. Kolčin. Archeologija SSSR (Moskva 1985).

272. Genetische Siedlungsforschung in Europa und seinen Nachbarräumen 1–2, hrsg. Klaus Fehn/Klaus Brandt/Dietrich Denecke/Franz Irsigler (Bonn 1988).

273. Gringmuth-Dallmer, Eike, Bevölkerungsexplosion um die Jahrtausendwende? Zur Umgestaltung der slawischen Siedlungslandschaft in Nordostdeutschland. In: Archäologische Forschungen in urgeschichtlichen Siedlungslandschaften. Festschr. Georg Kossack, hrsg. Hansjörg Küster/Amei Lang/Peter Schauer. Regensburger Beitr. prähist. Arch. 5 (Regensburg 1998) 577–601.

274. Haus und Hof in ur- und frühgeschichtlicher Zeit. Gedenkschrift Herbert Jankuhn, hrsg. Heinrich Beck/Heiko Steuer. Abhandl. Akad. Wiss. Göttingen, phil.-hist. Kl. Dritte Folge 218 (Göttingen 1997).

275. Kobyliński, Zbigniew, Struktury osadnicze na ziemiach polskich u schyłku starożytności i w początkach wczesnego średniowiecza (Wrocław u. a. 1988).

276. Krenzlin, Anneliese, Beiträge zur Kulturlandschaftsgenese in Mitteleuropa. Gesammelte Aufsätze aus vier Jahrzehnten, hrsg. Hans-Joachim Nitz/Heinz Quirin. Erdkundl. Wissen 63 (Wiesbaden 1983).

277. Mittelalterliche Wüstungen in Niederösterreich, hrsg. Helmuth Feigl. Stud. u. Forsch. Niederösterreich. Inst. Landeskunde 6 (Wien 1983).

278. Nekuda, Vladimír, Mstěnice. Zaniklá středověka ves u Hrotovic 1. Hrádek – tvrz – dvůr – předsunutá opevnění (Brno 1985); Nekuda, Rostislav/Nekuda, Vladimír, Mstěnice. Zaniklá středověka ves u Hrotovic 2. Dům a dvůr ve středověké vesnici (Brno 1997).

279. Pleinerová, Ivana, Březno. Experiments with building old Slavic houses and living in them. Památky arch. 77, 1986, 104–176.

280. Podwińska, Zofia, Zmiany form osadnictwa wiejskiego na ziemiach polskich we wczesnym średniowieczu. Źreb, wieś, opole (Wrocław 1971).

281. Rappoport, Pavel A., Drevnerusskoe žilišče. Archeologija SSSR. Svod archeologičeskich istočnikov E1–32 (Leningrad 1975).

282. Ruttkay, Matej, Výskum stredovekých dedinských sídlisk na Slovensku (stav a perspektívy). Arch. historica 24, 1999, 7–40.

283. Šalkovský, Peter, Zur Problematik zweier Zonen frühslawischer Hausbaukultur. In: Studien zur Archäologie des Ostseeraumes. Von der Eisenzeit zum Mittelalter. Festschr. Michael Müller-Wille, hrsg. Anke Wesse (Neumünster 1998) 205–212.

284. Schmid, Wolfgang P., Sprachwissenschaftliche Bemerkungen zu den Wörtern für Bauer und Dorf im Slavischen. In: Das Dorf der Eisenzeit [Nr. 269] 41–61.

285. Schuldt, Ewald, Der Holzbau bei den nordwestslawischen Stämmen vom 8. bis 12. Jahrhundert. Beiträge Ur- u. Frühgesch. Bez. Rostock, Schwerin u. Neubrandenburg 21 (Berlin 1988).

286. Steuer, Heiko, Standortverschiebungen früher Siedlungen – von der vorrömischen Eisenzeit bis zum frühen Mittelalter. In: Person und Gesellschaft im Mittelalter. Festschr. Karl Schmid, hrsg. Gerd Althoff/Dieter Geuenich/Otto Gerhard Oexle/Joachim Wollasch (Sigmaringen 1988) 25–58.

286a. Zimmermann, Wolf Haio, Pfosten, Ständer und Schwelle und der Übergang vom Pfosten- zum Ständerbau. Eine Studie zu Innovation und Beharrung im Hausbau. Zu Konstruktion und Haltbarkeit prähistorischer bis neuzeitlicher Holzbauten von den Nord- und Ostseeländern bis zu den Alpen. Probleme Küstenforsch. 25, 1998, 9–241.

Burgwälle und Befestigungen

Siehe auch Nr. 21; 48; 60; 70; 72; 79; 104.

287. Billig, Gerhard, Die Burgwardorganisation im obersächsisch-meißnischen Raum. Archäologisch-archivalisch vergleichende Untersuchungen. Veröff. Landesmus. Vorgesch. Dresden 20 (Berlin 1989).

288. Bollnow, Hermann, Studien zur Geschichte der pommerschen Burgen und Städte im 12. und 13. Jahrhundert. Veröff. Hist. Komm. Pommern V/7 (Köln, Graz 1964).

289. Brachmann, Hansjürgen, Der frühmittelalterliche Befestigungsbau in Mitteleuropa. Untersuchungen zu seiner Entwicklung und Funktion im germanisch-deutschen Bereich. DAI, Arbeitsbereich Ur- u. Frühgesch., Schr. Ur- u. Frühgesch. 45 (Berlin 1993).

290. Brachmann, Hansjürgen, Westslawische Burgherrschaft im Übergang von der Stammes- zur Staatszeit. Berliner Jahrbb. osteurop. Gesch. 1, 1996, 55–73.

291. Brather, Sebastian, Karolingerzeitlicher Befestigungsbau im wilzisch-abodritischen Raum. Die sogenannten Feldberger Höhenburgen. In: Frühmittelalterlicher Burgenbau [Nr. 295] 115–126.

292. Centrum i zaplecze we wczesnośredniowiecznej Europie środkowej, hrsg. Sławomir Moździoch. Spotkania Bytomskie 3 (Wrocław 1999).

293. Dąbrowska, Elżbieta, Wielkie grody dorzecza górnej Wisły (Wrocław 1973).

294. Frühmittelalterliche Machtzentren in Mitteleuropa. Mehrjährige Grabungen und ihre Auswertung, hrsg. Čeněk Staňa/Lumír Poláček. Internationale Tagungen in Mikulčice 3 (Brno 1996).

295. Frühmittelalterlicher Burgenbau in Mittel- und Osteuropa. Tagung Nitra 1996, hrsg. Joachim Henning/Alexander T. Ruttkay (Bonn 1998).

296. Grimm, Paul, Die vor- und frühgeschichtlichen Burgwälle der Bezirke Halle und Magdeburg. Handb. vor- u. frühgesch. Wall- u. Wehranlagen 1 = Dt. Akad. Wiss. Berlin, Schr. Sektion Vor- u. Frühgesch. 6 (Berlin 1958).

297. Gringmuth-Dallmer, Eike, Zur Funktion jungslawischer Inselsiedlungen westlich der Oder. In: Rapports du III⁰ Congrès [Nr. 64] Bd. 1, 347–352.

298. Hejna, Antonin, Zu den Anfängen der Fürsten- und Herrensitze im westslawischen Raum. Vznik a počátky Slovanů 7, 1972, 49–76.

299. Henning, Joachim, Archäologische Forschungen an Ringwällen in Niederungslage. Die Niederlausitz als Burgenlandschaft des östlichen Mitteleuropas im frühen Mittelalter. In: Frühmittelalterlicher Burgenbau [Nr. 295] 9–29.

300. Herrmann, Joachim, Die vor- und frühgeschichtlichen Burgwälle Groß-Berlins und des Bezirkes Potsdam. Handb. vor- u. frühgesch. Wall- u. Wehranlagen 2 = Dt. Akad. Wiss., Schr. Sektion Vor- u. Frühgesch. 9 (Berlin 1960).

301. Herrmann, Joachim, Tornow und Vorberg. Ein Beitrag zur Frühgeschichte der Lausitz. Dt. Akad. Wiss. Berlin, Schr. Sektion Vor- u. Frühgesch. 21 (Berlin 1966).

301a.Herrmann, Joachim, Die germanischen und slawischen Siedlungen und das mittelalterliche Dorf von Tornow, Kr. Calau. Akad. Wiss. DDR, Schr. Ur- u. Frühgesch. 26 (Berlin 1973).

302. Herrmann, Joachim, Gemeinsamkeiten und Unterschiede im Burgenbau der slawischen Stämme westlich der Oder. Zeitschr. Arch. 1, 1967, 206–258.

303. Herrmann, Joachim, Spuren wechselseitiger Beeinflussung von slawischem und fränkisch-deutschem Befestigungsbau. In: Struktur und Wandel [Nr. 53] 111–125.

304. Jäschke, Kurt-Ulrich, Burgenbau und Landesverteidigung um 900. Überlegungen zu Beispielen aus Deutschland, Frankreich und England. Vorträge u. Forsch. Sonderbd. 16 (Sigmaringen 1975).

305. Kempke, Torsten, Slawische Burgen des 7.–10. Jahrhunderts. In: Burgen in Mitteleuropa. Ein Handbuch I. Bauformen und Entwicklung, hrsg. Horst Wolfgang Böhme u. a. (Stuttgart 1999) 45–53; ders., Slawische Burgen des 11.–12. Jahrhunderts. Ebd., 77–83.

306. Mapa grodzisk w Polsce, hrsg. Włodzimierz Antoniewicz/Zofia Wartołowska (Wrocław, Warszawa, Kraków 1964).

307. Richter, Václav, Die Anfänge der großmährischen Architektur. In: Magna Moravia. Sborník k 1100. výročí příchodu byzantské mise na Moravu. Spisy Univ. J. E. Purkyně Brno, fil. fak. 102 (Praha 1965) 121–360.

308. Sláma, Jiří, Středni Čechy v raném středoveku II. Hradiště, příspěvky k jejich dějinám a významu. Praehistorica 11 (Praha 1986).

309. Šolle, Miloš, Tor und Turm bei den Westslawen in frühgeschichtlicher Zeit. In: Siedlung, Burg und Stadt. Studien zu ihren Anfängen [Festschr. Paul Grimm], hrsg. Karl-Heinz Otto/Joachim Herrmann. Dt. Akad. Wiss., Schr. Sektion Vor- u. Frühgesch. 25 (Berlin 1969) 219–231.

310. Šolle, Miloš, Staroslovanské hradisko. Charakteristika, funkce, výrós a význam (Praha 1984).

311. Staňa, Čeněk, Mährische Burgwälle im 9. Jahrhundert. In: Die Bayern und ihre Nachbarn 2, hrsg. Herwig Friesinger/Falko Daim. Österreich. Akad. Wiss., phil.-hist. Kl., Denkschr. 180 = Veröff. Komm. Frühmittelalterforsch. 9 (Wien 1985) 157–200.

311a. Starigard/Oldenburg. Ein slawischer Herrschersitz des frühen Mittelalters in Osthol-
      stein, hrsg. Michael Müller-Wille (Neumünster 1991).

312. Streich, Gerhard, Burg und Kirche während des deutschen Mittelalters. Untersuchungen
     zur Sakraltopographie von Pfalzen, Burgen und Herrensitzen 1–2. Vorträge u. Forsch.
     Sonderbd. 29 (Sigmaringen 1984).

313. Struve, Karl Wilhelm, Die Burgen in Schleswig-Holstein 1. Die slawischen Burgen.
     Offa-Bücher 35 (Neumünster 1981).

314. v. Uslar, Rafael, Studien zu frühgeschichtlichen Befestigungen zwischen Nordsee und
     Alpen. Bonner Jahrb. Beiheft 11 (Köln, Graz 1964).

315. Váňa, Zdeněk, K vývoji časně středověkých hradišť ve střední Evropě. Arch. rozhledy
     18, 1966, 567–580.

Siedlungen „frühstädtischen" Charakters

316. Archäologische und naturwissenschaftliche Untersuchungen an ländlichen und früh-
     städtischen Siedlungen im deutschen Küstengebiet vom 5. Jh. v. Chr. bis zum 11. Jh.
     n. Chr. 2, hrsg. Herbert Jankuhn/Kurt Schietzel/Hans Reichstein (Weinheim 1984).

317. Burg – Burgstadt – Stadt. Zur Genese mittelalterlicher nichtagrarischer Zentren in Ost-
     mitteleuropa, hrsg. Hansjürgen Brachmann. Forsch. zur Gesch. u. Kultur östl. Mittel-
     europa [2] (Berlin 1995).

318. Callmer, Johan, Urbanization in Scandinavia and the Baltic region ca. AD 700–1100.
     Trading places, centres, and early urban sites. In: Developments around the Baltic Sea in
     the Viking age. The twelfth Viking congress, hrsg. Björn Ambrosiani/Helen Clarke.
     Birka Stud. 3 (Stockholm 1994) 50–90.

319. Clarke, Helen B./Ambrosiani, Björn, Towns in the Viking age (Leicester 1991).

320. The comparative history of urban origins in Non-Roman Europe. Ireland, Wales, Den-
     mark, Germany, Poland and Russia from the ninth to the thirteenth century 1–2, ed.
     Helen B. Clark/Anngret Simms. Brit. Arch. Reports, Internat. Ser. 225 (Oxford 1985).

321. Hensel, Witold, Anfänge der Städte bei den Ost- und Westslawen. Schriftenreihe Inst.
     Sorb. Volksforsch. 30 (Bautzen 1967).

322. Herrmann, Joachim, Zur Struktur von Handel und Handelsplätzen im südwestlichen
     Ostseegebiet vom 8.–10. Jahrhundert. Ber. RGK 69, 1988 (1989) 720–739.

323. Herrmann, Joachim, Frühe Seehandelsplätze am „äußersten Ende des westlichen Oze-
     ans". Geschichtliche Grundlagen, siedlungstopographische Strukturen und ethnische
     Herkunft der Bewohner. Acta Praehist. et Arch. 26/27, 1994/95, 57–72.

324. Herrmann, Joachim, Ralswiek auf Rügen. Die slawisch-wikingischen Siedlungen und
     deren Hinterland 1. Die Hauptsiedlung; 2. Kultplatz, Boot 4, Hof, Propstei, Mühlen-
     berg, Schloßberg und Rugard. Beitr. Ur- u. Frühgesch. Mecklenburg-Vorpommern 32,
     33 (Lübstorf 1997, 1998).

325. Jankuhn, Herbert, Haithabu. Ein Handelsplatz der Wikingerzeit (Neumünster [8]1986).

326. Leciejewicz, Lech, Miasta słowian północnopołabskich (Wrocław, Warszawa, Kraków
     1968).

327. Łosiński, Władysław, Bardy-Świelubie – ein Siedlungskomplex im unteren Parsęta-Fluß-
     gebiet. Arch. Polona 16, 1975, 199–219.

328. Łosiński, Władysław, Zur Genese der frühstädtischen Zentren bei den Ostseeslawen. In: Burg – Burgstadt – Stadt [Nr. 317] 68–91.

329. Ludat, Herbert, Vorstufen und Entstehung des Städtewesens in Osteuropa (Köln-Braunsfeld 1955).

330. Miasto zachodniosłowiańskie w XI–XII wieku. Społeczeństwo – kultura, hrsg. Lech Leciejewicz. Prace kom. arch. Wrocław 9 (Wrocław, Warszawa, Kraków 1991).

331. Schich, Winfried, Die pommersche Frühstadt im 11. und frühen 12. Jahrhundert am Beispiel Kolberg (Kołobrzeg). In: Die Frühgeschichte der europäischen Stadt im 11. Jahrhundert, hrsg. Jörg Jarnut/Peter Johanek. Städteforschung A 43 (Köln, Weimar, Wien 1998) 273–304.

332. Schoknecht, Ulrich, Menzlin. Ein frühgeschichtlicher Handelsplatz an der Peene. Beiträge Ur- u. Frühgesch. Bez. Rostock, Schwerin u. Neubrandenburg 10 (Berlin 1977).

333. Středověká archeologie a studium počátků měst, hrsg. Miloslav Richter (Praha 1977).

334. Vor- und Frühformen der europäischen Stadt 1–2, hrsg. Herbert Jankuhn/Walter Schlesinger/Heiko Steuer. Abhandl. Akad. Wiss. Göttingen, phil.-hist. Kl. Dritte Folge 83, 84 (Göttingen 1973, 1974).

335. Wietrzichowski, Frank, Untersuchungen zu den Anfängen des frühmittelalterlichen Seehandels im südlichen Ostseeraum unter besonderer Berücksichtigung der Grabungsergebnisse von Groß Strömkendorf. Wismarer Stud. Arch. u. Gesch. 3 (Wismar 1993).

Hoch- und spätmittelalterliche Städte

336. Archaelogia urbium 1. Konrad Jażdżewski/Janina Kamińska/Romana Gupieńcowa, Le Gdańsk des Xe-XIIIe siècles (Warszawa 1966); 2. Lech Leciejewicz/Marian Rulewicz/Stefan Wesołowski/Taduesz Wieczorowski, La ville de Szczecin des IXe-XIIIe siècles (Wrocław u. a. 1982).

337. Archäologische Stadtkernforschung in Sachsen. Ergebnisse, Probleme, Perspektiven, hrsg. Heinz-Joachim Vogt. Arb.- u. Forschungsber. sächs. Bodendenkmalpflege, Beih. 19 (Berlin 1990).

338. Blaschke, Nikolaipatrozinium und städtische Frühgeschichte. Zeitschr. Savigny-Stiftung Rechtsgesch., Kanonist. Abt. 84, 1967, 273–337.

339. Civitates principales. Wybrane ośrodki władzy w Polsce wczesnośredniowiecznej. Ausstellungskat. (Gniezno 1998).

340. Dostál, Oldřich/Hrůza, Jiří/Líbal, Dobroslav/Voděra, Svatopluk/Zalčik, Tibor, Československá historická města (Praha 1974).

341. Engel, Evamaria, Die deutsche Stadt des Mittelalters (München 1993).

342. European towns. Their archaeology and early history, ed. Maurice W. Barley (London 1977).

343. Frühgeschichte der europäischen Stadt. Voraussetzungen und Grundlagen, hrsg. Hansjürgen Brachmann/Joachim Herrmann. Akad. Wiss. DDR, Schr. Ur- u. Frühgesch. 44 (Berlin 1991).

344. Goehrke, Carsten, Die Anfänge des mittelalterlichen Städtewesens in eurasischer Perspektive. Saeculum 31, 1980, 194–239.

345. Gutkind, Erwin Anton, Urban development in East-central Europe. Poland, Czechoslo-vakia, and Hungary. Internat. history of city development 7 (New York 1972).

346. Hausbau und Raumstruktur früher Städte in Ostmitteleuropa, hrsg. Hansjürgen Brach-mann/Jan Klápště. Památky arch. Suppl. 6 (Praha 1996).

347. Istorija i kul'tura drevnerusskogo goroda [Festschr. Valentin Lavrent'evič Janin] (Mos-kva 1989).

348. Zur Lebensweise in der Stadt um 1200. Ergebnisse der Mittelalter-Archäologie, hrsg. Heiko Steuer. Zeitschr. Arch. Mittelalter, Beih. 4 (Köln, Bonn 1986).

349. Mühle, Eduard, Die städtischen Handelszentren der nordwestlichen Ruś. Anfänge und frühe Entwicklung altrussischer Städte (bis gegen Ende des 12. Jahrhunderts). Quellen u. Stud. Gesch. östl. Europa 32 (Stuttgart 1991).

350. Piekalski, Jerzy, Od Kolonii do Krakowa. Przemiana topografii wczesnych miast. Monogr. arch. 4 (Wrocław 1999).

351. Piskorski, Jan M., Stadtentstehung im westslawischen Raum. Zur Kolonisations- und Evolutionstheorie am Beispiel der Städte Pommerns. Zeitschr. Ostmitteleuropaforsch. 44, 1995, 317–357.

352. Pitz, Ernst, Europäisches Städtewesen und Bürgertum. Von der Spätantike bis zum ho-hen Mittelalter (Darmstadt 1991).

353. Schich, Winfried, Die Herausbildung der mittelalterlichen Stadt in der Mark Branden-burg. Der Wandel der Topographie, Wirtschaft und Verfassung im 12./13. Jahrhundert. In: Stadtkernforschung, hrsg. Helmut Jäger. Städteforschung A 27 (Köln, Wien 1987) 213–243.

354. Schich, Winfried, Stadtwerdung im Raum zwischen Elbe und Oder im Übergang von der slawischen zur deutschen Periode. Beobachtungen zum Verhältnis von Recht, Wirtschaft und Topographie am Beispiel von Städten in der Mark Brandenburg. In: Germania Slavica 1, hrsg. Wolfgang H. Fritze. Berliner hist. Stud. 1 (Berlin 1980) 191–238.

355. Sporn, Thomas, Die „Stadt zu polnischem Recht" und die deutschrechtliche Gründungs-stadt. Europ. Hochschulschr. 2/197 (Frankfurt/M., Bern, Las Vegas 1978).

356. Velímský, Tomáš, Archäologie und Anfänge der mittelalterlichen Städte in Böhmen. In: Archäologische Stadtkernforschung in Sachsen [Nr. 337] 121–158.

357. Weczerka, Hugo, Neuere Forschungen zur Geschichte des Städtewesens in Ostmittel-europa. Zeitschr. Ostforsch. 37, 1988, 443–478.

6. Wirtschaft

Landwirtschaft

358. Becker, Cornelia, Zur slawisch-frühmittelalterlichen Großwildjagd im Havel-Spree-Ge-biet. In: Adriaan v. Müller/Klara v. Müller-Muči/Vladimír Nekuda, Die Keramik vom Burgwall in Berlin-Spandau. Arch.-hist. Forsch. Spandau 4 = Berliner Beitr. Vor- u. Frühgesch. 8 (Berlin 1993) 100–112.

359. Benecke, Norbert, Frühmittelalterliche Heringsfischerei im südlichen Ostseeraum. Zeitschr. Arch. 16, 1982, 283–290.

360. Benecke, Norbert, Die Entwicklung der Haustierhaltung im südlichen Ostseeraum. Beitr. Archäozoologie 5 = Weimarer Monogr. Ur- u. Frühgesch. 18 (Weimar 1986).

361. Benecke, Norbert, Archäozoologische Studien zur Entwicklung der Haustierhaltung in Mitteleuropa und Südskandinavien von den Anfängen bis zum ausgehenden Mittelalter. Schr. Ur- u. Frühgesch. 46 (Berlin 1994).

362. Bentzien, Ulrich, Haken und Pflug. Eine volkskundliche Untersuchung zur Geschichte der Produktionsinstrumente im Gebiet zwischen unterer Elbe und Oder. Dt. Akad. Wiss., Schr. Inst. dt. Volkskunde 50 (Berlin 1969).

363. Beranová, Magdalena, Der Obst- und Weinbau bei den Slawen im frühen Mittelalter nach den archäologischen Quellen. Vznik a počátky Slovanů 7, 1972, 207–241.

364. Beranová, Magdalena, Zemědělská vyroba v 11.–14. století na území Československá. Stud. Arch. Ústav ČSAV Brno 3/1 (Praha 1975).

365. Beranová, Magdalena, Zemědělství starých Slovanů (Praha 1980).

366. Beranová, Magdalena, Types of Slavic agricultural production in the 6th–12th centuries A. D. Ethnologia slavica (Bratislava) 16, 1984 (1986) 7–48.

367. Dembińska, Maria, Przetwórstwo zbożowe w Polsce średniowiecznej (X-XIV wiek) (Wrocław u. a. 1973).

368. Dembińska, Maria, Food and drink in medieval Poland. Rediscovering a cuisine of the past, ed. William Woys Weaver (Philadelphia 1999); poln. Ausgabe: Konsumpcja żywnościowa w Polsce średniowiecznej (Wrocław, Warszawa, Kraków 1963).

369. Donat, Peter/Lange, Elsbeth, Botanische Quellen und Probleme der Landwirtschaftsentwicklung im ersten Jahrtausend. Zeitschr. Arch. 17, 1983, 223–247.

370. Fries, Janine Claudia, Vor- und frühgeschichtliche Agrartechnik auf den britischen Inseln und dem Kontinent. Eine vergleichende Studie. Internat. Arch. 26 (Espelkamp 1995).

371. Gringmuth-Dallmer, Eike, Ein Hortfund landwirtschaftlicher Geräte von Guhrow, Kr. Cottbus. Zeitschr. Arch. 9, 1975, 281–300.

372. Gringmuth-Dallmer, Eike, Frühgeschichtliche Pflugspuren in Mitteleuropa. Zeitschr. Arch. 17, 1983, 205–221.

373. Gringmuth-Dallmer, Eike, Probleme der landwirtschaftlichen Produktion des 1. Jahrtausends u. Z. in Mitteleuropa. In: Produktivkräfte und Gesellschaftsformation in vorkapitalistischer Zeit, hrsg. Joachim Herrmann/Irmgard Sellnow (Berlin 1982) 573–581.

374. Henning, Joachim, Südosteuropa zwischen Antike und Mittelalter. Archäologische Beiträge zur Landwirtschaft des 1. Jahrtausends u. Z. Akad. Wiss. DDR, Schr. Ur- u. Frühgesch. 42 (Berlin 1987).

375. Henning, Joachim, Wirtschaftsarchäologische Quellen zu ökonomischen Wurzeln und technischer Basis der Grundherrschaft in West- und Mitteleuropa, Habil.-Schr. (Berlin 1993).

376. Herrmann, Joachim, Probleme der Fruchtwechselwirtschaft im Ackerbau des 8. bis 9. Jh. am Beispiel ausgewählter schriftlicher und archäologischer Quellen. Zeitschr. Arch. 15, 1981, 1–9.

377. Herrmann, Joachim, Getreidekultur, Backteller und Brot – Indizien frühslawischer Differenzierung. In: Zbornik posveten na Boško Babić (Prilep 1986) 267–272.

378. Herrmann, Joachim/Lange, Elsbeth, Die Pferde von Arkona. Zur Pferdehaltung und Pferdezucht bei den slawischen Stämmen zwischen Elbe und Oder. In: Beiträge zur Ur- und Frühgeschichte [Festschr. Werner Coblenz] 2. Arbeits- u. Forschungsber. sächs. Bodendenkmalpflege, Beih. 17 (Berlin 1982) 125–133.

379. Jacomet, Stefanie/Kreuz, Angela, Archäobotanik. Einführung in die Aufgaben, Methoden und Ergebnisse vegetations- und agrargeschichtlicher Forschung (Stuttgart 1999).

380. Körber-Grohne, Udelgard, Nutzpflanzen in Deutschland. Kulturgeschichte und Biologie (Stuttgart 1987, ²1988, ³1994, ⁴1997).

381. Krauß, Raiko/Jeute, Gerson H., Traditionelle Getreideverarbeitung in Bulgarien. Ethnoarchäologische Beobachtungen im Vergleich zu Befunden der Slawen im frühen Mittelalter zwischen Elbe und Oder. Ethnogr.-arch. Zeitschr. 39, 1998, 489–528.

382. Küster, Hansjörg/Nefzger, Ulrich/Seidl, Herman/Waechter, Nicolette, Korn. Kulturgeschichte des Getreides (Salzburg, München 1999).

383. Lange, Elsbeth, Botanische Beiträge zur mitteleuropäischen Siedlungsgeschichte. Ergebnisse zur Wirtschaft und Kulturlandschaft in frühgeschichtlicher Zeit. Akad. Wiss. DDR, Schr. Ur- u. Frühgesch. 27 (Berlin 1971).

384. Lange, Elsbeth, Grundlagen und Entwicklungstendenzen der frühgeschichtlichen Agrarproduktion aus botanischer Sicht. Zeitschr. Arch. 10, 1976, 75–120.

385. Lübke, Christian, Arbeit und Wirtschaft im östlichen Mitteleuropa. Die Spezialisierung menschlicher Tätigkeit im Spiegel der hochmittelalterlichen Toponymie in den Herrschaftsgebieten von Piasten, Přemysliden und Arpaden. Glossar frühmittelalterl. Gesch. östl. Europa, Beih. 7 (Stuttgart 1991).

386. Lüning, Jens/Jockenhövel, Albrecht/Bender, Helmut/Capelle, Torsten, Deutsche Agrargeschichte [1]. Vor- und Frühgeschichte (Stuttgart 1997).

387. Müller, Hanns-Hermann, Zur Kenntnis der frühgeschichtlichen Pferde bei den Slawen zwischen Elbe/Saale und Oder. Przegląd arch. 28, 1980 (1981) 91–122.

388. Prummel, Wietske, Starigard/Oldenburg. Hauptburg der Slawen in Wagrien IV. Die Tierknochenfunde unter besonderer Berücksichtigung der Beizjagd. Offa-Bücher 74 (Neumünster 1993).

389. Rösener, Werner, Agrarwirtschaft, Agrarverfassung und ländliche Gesellschaft im Mittelalter. Enzyklopädie deutscher Gesch. 13 (München 1992).

390. Schuldt, Ewald, Eine Egge des 10. Jh. aus der slawischen Siedlung von Groß Raden, Kr. Sternberg. Bodendenkmalpflege in Mecklenburg. Jahrb. 1980 (1981) 203–207.

391. Siedlungen und Landesausbau zur Salierzeit 1–2, hrsg. Horst Wolfgang Böhme. Monogr. RGZM 27 (Sigmaringen 1991).

392. Untersuchungen zur eisenzeitlichen und frühmittelalterlichen Flur in Mitteleuropa und ihrer Nutzung 1–2, hrsg. Heinrich Beck/Dietrich Denecke/Herbert Jankuhn. Abhandl. Akad. Wiss. Göttingen, phil.-hist. Kl. Dritte Folge 115, 116 (Göttingen 1979, 1980).

393. Willerding, Ulrich, Zur Geschichte der Unkräuter Mitteleuropas. Göttinger Schr. Ur- u. Frühgesch. 22 (Göttingen 1986).

Häusliche Produktion und Handwerk

394. Ambrosiani, Kristina, Viking age combs, comb making and comb makers in the light of finds from Birka and Ribe. Stockholm stud. arch. 2 (Stockholm 1981).

395. Baumann, Willfried, Untersuchungen in einer Drehmühlenstein-Werkstatt aus dem 9.–13. Jh. in Sornzig, Kr. Oschatz. In: Beiträge zur Ur- und Frühgeschichte [Festschr. Werner Coblenz] 2. Arbeits- u. Forschungsber. sächs. Bodendenkmalpflege, Beih. 17 (Berlin 1982) 151–172.

396. Beranová, Magdalena, Hradištní nůžky v Československu. Památky arch. 58, 1967, 571–579.

397. Biermann, Felix, Teererzeugungsgruben als Quelle zur mittelalterlichen Technik- und Wirtschaftsgeschichte im westslawischen Siedlungsraum. Ethnogr.-arch. Zeitschr. 39, 1998, 161–187.

398. Chmielowska, Aldona, Grzebienie starożytne i średniowieczne z ziem Polskich. Acta arch. Łódź 20 (Łódź 1971).

399. Cnotliwy, Eugeniusz, Rziemiosło rogowicze na Pomorzu wczesnośredniowiecznym (Wrocław u. a. 1973).

400. Dekówna, Maria, Szkło w Europie wczesnośredniowiecznej (Wrocław 1980).

401. Donat, Peter, Handwerk, Burg und frühstädtische Siedlungen bei nordwestslawischen Stämmen. In: Burg – Burgstadt – Stadt [Nr. 317] 92–107.

402. Das Handwerk in vor- und frühgeschichtlicher Zeit 1–2, hrsg. Herbert Jankuhn/Walter Janssen/Ruth Schmidt-Wiegand/Heinrich Tiefenbach. Abhandl. Akad. Wiss. Göttingen, phil.-hist. Kl. Dritte Folge 122, 123 (Göttingen 1981, 1983).

403. Heindel, Ingo, Zur Definition und Typologie einfacher eiserner Handwerkszeuge aus dem westslawischen Siedlungsgebiet. Zeitschr. Arch. 24, 1990, 243–268.

404. Heindel, Ingo, Äxte des 8. bis 14. Jahrhunderts im westslawischen Siedlungsgebiet zwischen Elbe/Saale und Oder/Neiße. Zeitschr. Arch. 26, 1992, 17–56.

405. Heindel, Ingo, Werkzeuge zur Metallbearbeitung des 7./8. bis 12./13. Jahrhunderts zwischen Elbe/Saale und Bug. Zeitschr. Arch. 27, 1993, 337–380.

406. Henning, Joachim, Schmiedegräber nördlich der Alpen. Germanisches Handwerk zwischen keltischer Tradition und römischem Einfluß. Saalburg-Jahrb. 46, 1991, 65–82.

407. Jodłowski, Antoni, Technika produkcji soli na terenie Europy w pradziejach i we wczesnym średniowieczu (Warszawa 1976).

408. Kaván, Jaroslav, Technologie zpracování parohové a kostěné suroviny. Arch. rozhledy 32, 1980, 280–305.

409. Kavánová, Blanka, Knochen- und Geweihindustrie in Mikulčice. In: Studien zum Burgwall von Mikulčice 1, hrsg. Falko Daim/Lumír Poláček (Brno 1995) 113–378.

410. Klanica, Zdeněk, Velkomoravská řemesla. Materiály z výzkumu AÚ ČSAV v Mikulčicích. Ausstellungskat. Liberec (Liberec 1972).

411. Klanica, Zdeněk, Práce klenotníků na slovanských hradištích. Stud. Arch. Ústav ČSAV Brno 2/6 (Praha 1974).

412. Kostelníková, Marie, Velkomoravský textil v archeologických nálezech na Moravě. Stud. Arch. Ústav ČSAV Brno 1972/4 (Praha 1973).

413. Krumphanzlová, Zdenka, Amber. Ist significance in the early middle ages. Památky arch. 83, 1992, 350–371.

414. Maik, Jerzy, Wyroby włókiennicze na Pomorzu z okresu rzymskiego i ze średnio-wiecza. Acta Arch. Łódź 34 (Wrocław u. a. 1988).

415. Mamzer, Henryk, Studia nad metalurgią we wczesnym średniowieczu (Wrocław 1988).

416. Olczak, Jerzy, Wytwórczość szklarska na terenie Polskie we wczesnym średniowieczu (Studium archeologiczno-technologiczne). Studia i materiały z historii kultury material-nej 35 = Studia z dziejów rzemiosła i przemysłu 8 (Wrocław, Warszawa, Kraków 1968).

417. Piaskowski, Jerzy, Untersuchungen der frühmittelalterlichen Eisen- und Stahltechno-logie der Slawen in den Gebieten zwischen Weichsel und Oder. Arch. Polona 15, 1974, 67–96.

418. Pleiner, Radomír, Základy slovanskeho železářského hutnictví v českých zemich (Praha 1958).

419. Pleiner, Radomír, Die Technologie des Schmiedes in der großmährischen Kultur. Sloven-ská arch. 15, 1967, 77–188.

420. Preidel, Helmut, Handel und Handwerk im frühgeschichtlichen Mitteleuropa. Eine kri-tische Betrachtung. Stifter-Verein, Veröff. Wiss. Abt. 10 (Gräfelfing 1965).

421. Rast-Eicher, Antoinette, Die Entwicklung der Webstühle vom Neolithikum bis zum Mittelalter. Helvetia arch. 23, 1992, 56–70.

422. Rybakov, Boris A., Remeslo drevnej Rusi (Moskva 1948).

423. Samsonowicz, Agnieszka, Wytwórczość skórzana w Polsce wczesnofeudalnej. Stud. i mat. z historii kultury materialnej 54 (Wrocław 1982).

424. Schmidt, Volker, Die Gußtechnik im Schmuckhandwerk bei den Westslawen. Zeitschr. Arch. 28, 1994, 107–121.

425. Schuldt, Ewald, Handwerk und Gewerbe des 8. bis 12. Jahrhunderts in Mecklenburg (Schwerin 1980).

426. Souchopová, Věra, Hutnictví železa v 8.–11. století na západní Moravě. Stud. Arch. Ústav ČSAV Brno 13/1 (Praha 1986).

427. Staňa, Čeněk, Fundliste zu Karte 11 [Eisenbearbeitung während des 9. Jhs. auf dem Kerngebiet des großmährischen Reiches]. In: Großmähren [Nr. 205] 163–166.

428. Stará, Mirjam, Zur Problematik der slawischen Textilfunde aus dem 9.–14. Jh. Vznik a počátky Slovanů 6, 1966, 247–293.

429. Staššiková-Štukovská, Danica, K problematike stredoeurópskych aerofónov 7.–13. sto-ročia. Slovenská arch. 29, 1981, 393–424.

430. Schich, Winfried, Beobachtungen und Überlegungen zur Salzgewinnung in Mecklenburg und Vorpommern in der slawisch-deutschen Übergangsperiode. In: Germania Slavica 2, hrsg. Wolfgang H. Fritze. Berliner hist. Stud. 4 (Berlin 1981) 93–120.

431. Wedepohl, Karl Hans, Mittelalterliches Glas in Mitteleuropa. Zusammensetzung, Her-stellung, Rohstoffe. Nachr. Akad. Wiss. Göttingen, Mathemat.-Physikal. Kl. 1998, 1–55.

Keramik

432. Borkovský, Ivan, Staroslovanská keramika ve střední Evropě. Studie k počátkům slovanské kultury/Die altslawische Keramik in Mitteleuropa. Ein Beitrag zu den Anfängen der slawischen Kultur (Praha 1940).

433. Brachmann, Hansjürgen, Slawische Pokale aus dem Gebiet der Deutschen Demokratischen Republik. Bodendenkmalpflege in Mecklenburg. Jahrb. 1964 (1965) 265–272.

434. Brather, Sebastian, Feldberger Keramik und frühe Slawen. Studien zur nordwestslawischen Keramik der Karolingerzeit. Schr. Arch. german. u. slaw. Frühgesch. 1 = Universitätsforsch. prähist. Arch. 34 (Bonn 1996).

435. Buko, Andrzej, Ceramika wczesnopolska. Wprowadzenie do badań (Wrocław 1990).

436. Chudziak, Wojciech, Periodyzacja rozwoju wczesnośredniowiecznej ceramiki z dorzecza dolnej Drwęcy (VII-XI/XII w.). Podstawy chronologii procesów zasiedlenia (Toruń 1991).

437. Dulinicz, Marek, Problem datowania grodzisk typu Tornow i grupy Tornow-Klenica. Arch. Polski 39, 1994, 31–49.

438. Frühmittelalterliche Graphittonkeramik in Mitteleuropa. Naturwissenschaftliche Keramikuntersuchungen, hrsg. Lumír Poláček. Internationale Tagungen in Mikulčice 4 (Brno 1998).

439. Grebe, Klaus, Zur Problematik der Deutung spätslawischer Bodenzeichen. In: Produktivkräfte und Gesellschaftsformationen in vorkapitalistischer Zeit, hrsg. Joachim Herrmann/Irmgard Sellnow (Berlin 1982) 591–605.

440. Henning, Joachim, Neues zum Tornower Typ. Keramische Formen und Formenspektren des Frühmittelalters im Licht dendrochronologischer Daten zum westslawischen Siedlungsraum. In: Kraje słowiańskie [Nr. 26] 392–408.

441. Hołubowicz, Włodzimierz, Garncarstwo wczesnośredniowieczne Słowian. Stud. arch. 1 (Wrocław 1965).

442. Houben, Harriet, Die materielle Kultur der Lusizi vom 7. bis zum 12. Jahrhundert unter besonderer Berücksichtigung ihrer Beziehungen zu den benachbarten Stämmen, phil. Diss. (Leipzig 1990).

443. Hrubý, Vilém, Keramika antických tvarů v době velkomoravské. Časopis Moravského Musea 50, 1965, 37–62.

444. Kempke, Torsten, Starigard/Oldenburg. Hauptburg der Slawen in Wagrien II. Die Keramik des 8.–12. Jahrhunderts. Offa-Bücher 53 (Neumünster 1984).

445. Klápště, Jan, Die Anfänge der jüngeren mittelalterlichen Keramik in Böhmen als kulturhistorisches Problem. Arch. rozhledy 50, 1998, 138–158.

446. Knorr, Heinz Arno, Die slawische Keramik zwischen Elbe und Oder. Einteilung und Zeitansetzung auf Grund der Münzgefäße. Mit einem kurzen Abriß der frühmittelalterlichen Keramik. Mannus-Bücherei 58 (Leipzig 1937).

447. Losert, Hans, Die früh- bis hochmittelalterliche Keramik in Oberfranken. Beih. Zeitschr. Arch. Mittelalter 8 (Köln, Bonn 1993).

448. Nekuda, Vladimír/Reichertová, Kveta, Středověka keramika v Čechách a na Moravě (Brno 1968).

449. Problemy chronologii ceramiki wczesnośredniowiecznej na Pomorzu zachodnim (Warszawa 1986).

450. Schuldt, Ewald, Die slawische Keramik in Mecklenburg. Dt. Akad. Wiss., Schr. Sektion Vor- u. Frühgesch. 5 (Berlin 1956).

451. Slawische Keramik in Mitteleuropa vom 8. bis zum 11. Jahrhundert (1), hrsg. Čeněk Staňa; (2) Technologie und Beschreibung, hrsg. Lumír Poláček. Internationale Tagungen in Mikulčice 1–2 (Brno 1994, 1995).

452. Timpel, Wolfgang, Mittelalterliche Keramik im westlichen Thüringen, 8.–12. Jh. II. Katalog und Tafeln. Weimarer Monogr. Ur- u. Frühgesch. 24 (Weimar 1990).

453. Timpel, Wolfgang, Die früh- und hochmittelalterliche Keramik im westlichen Thüringen (8.–12. Jh.). Weimarer Monogr. Ur- u. Frühgesch. 33 (Stuttgart 1995).

454. Váňa, Zdeněk, Lahrovité tvary v západoslovanské keramice. Památky arch. 47, 1956, 105–150.

455. Váňa, Zdeněk, Mísy v západoslovanské keramice. Památky arch. 49, 1958, 185–247.

456. Vida, Tivadar, Die awarenzeitliche Keramik 1 (6.–7. Jh.). Varia arch. Hungarica 8 (Berlin, Budapest 1999).

457. Voß, Rolf, Slawische Teersiedekeramik in Mecklenburg. Bodendenkmalpflege in Mecklenburg. Jahrb. 1989 (1990) 127–145.

Gewichtsgeld- und Münzgeldwirtschaft, Äquivalentformen

Siehe auch Nr. 21; 28; 48; 60; 61; 374.

458. Bartošková, Andrea, Slovanské depoty železných předmětů v Československu. Stud. Arch. Ústav ČSAV Brno 13/2 (Praha 1986).

459. Brather, Sebastian, Frühmittelalterliche Dirham-Schatzfunde in Europa. Probleme ihrer wirtschaftsgeschichtlichen Interpretation aus archäologischer Perspektive. Zeitschr. Arch. Mittelalter 23/24, 1995/96 (1997) 73–153.

460. Brather, Sebastian, Frühmittelalterliche Dirham-Schatz- und -Einzelfunde im südlichen Ostseeraum. Die Anfänge der Gewichtsgeldwirtschaft bei den Westslawen. In: Archäologie als Sozialgeschichte. Studien zu Siedlung, Wirtschaft und Gesellschaft im frühgeschichtlichen Mitteleuropa. Festschr. Heiko Steuer, hrsg. Sebastian Brather/Christel Bücker/Michael Hoeper (Rahden 1999) 179–197.

461. Bubeník, Josef, K problematice železné misky tzv. slezského typu. Archeologické rozhledy 24, 1972, 542–567.

462. Callmer, Johan, Sceatta problems in the light of finds from Åhus. Kungl. Humanistiska Vetenskapssamfundet i Lund, Scripta minora 1983/84 (Lund 1984).

463. Curta, Florin, Blacksmiths, warriors, and tournaments of value. Dating and interpreting early medieval hoards of iron implements in eastern Europe. Ephemeris Napocensis 7, 1997, 211–268.

464. Gajewski, Leszek/Górska, Irena/Paderewka, Ludmiła/Pyrgała, Jerzy/Szymański, Wojciech, Skarby wczesnośredniowieczne z obszaru Polski. Atlas (Wrocław u. a. 1982).

465. Hårdh, Birgitta, Silver in the Viking age. A regional-economic study. Acta Archaeologica Lundensia 8°/25 (Stockholm 1996).

466. Hatz, Gert, Handel und Verkehr zwischen dem Deutschen Reich und Schweden in der späten Wikingerzeit. Die deutschen Münzen des 10. und 11. Jahrhunderts in Schweden (Lund 1974).

467. Herrmann, Joachim, Slawen und Wikinger in der Frühgeschichte der Ostseevölker. In: Wikinger und Slawen [Nr. 61] 9–172.

468. Hrubý, Vilém, Raněstředověké poklady šperků na Moravě. Časopis Moravského Musea 45, 1960, 83–106.

469. Jonsson, Kenneth, The new era. The reformation of the late Anglo-Saxon coinage. Commentationes de nummis saeculorum IX-XI in Suecia repertis, N. S. 1 (Stockholm 1987).

470. Kiersnowski, Ryszard, Pieniądz kruszcowy w Polsce wczesnośredniowiecznej (Warszawa 1960).

470a.Kilger, Christoph, Pfennigmärkte und Währungslandschaften. Monetarisierungen im sächsisch-slawischen Grenzland ca. 965–1120. Commentationes de nummis saeculorum IX-XI in Suecia repertis N. S. 15 (Stockholm 2000).

471. Kluge, Bernd, Das angelsächsische Element in den slawischen Münzfunden des 10. bis 12. Jahrhunderts. Aspekte einer Analyse. In: Viking-age coinage in the northern lands. The sixth Oxford symposium on coinage and monetary history I, ed. Michael A. S. Blackburn/ David M. Metcalf. Brit. Arch. Reports, Internat. Ser. 122/I (Oxford 1981) 257–327.

472. Kluge, Bernd, Deutsche Münzgeschichte von der späten Karolingerzeit bis zum Ende der Salier (ca. 900 bis 1125). Monogr. RGZM 29 (Sigmaringen 1991).

473. Kučerovská, Tat'ana, Archeologické nálezy k vývoju peněžní směny ve velkomoravské říši. Num. sborník 18, 1989, 19–54.

474. Metcalf, David Michael, Viking age numismatics 2. Coinage in the northern lands in Merovingian and Carolingian times. The numismatic chronicle 156, 1996, 399–428.

475. Metcalf, David Michael, Viking age numismatics 3. What happened to Islamic dirhams after their arrival in the northern lands? The numismatic chronicle 157, 1997, 295–335.

476. Metcalf, David Michael, Viking age numismatics 4. The currency of German and Anglo-Saxon coins in the northern lands. The numismatic chronicle 158, 1998, 345–371.

477. Metcalf, David Michael, An Atlas of Anglo-Saxon and Norman coin finds, c. 973–1086 (London 1998).

478. Mikołajczyk, Andrzej, Between Elbe and Vistula. The inflow of German coins into the West Slavonic lands in the 10th and 11th century. Acta praehist. et arch. 16/17, 1984/85, 183–201.

479. Noonan, Thomas S., The Islamic world, Russia and the Vikings, 750–900. The numismatic evidence (Oxford 1998).

480. Pleiner, Radomír, Slovanské sekerovite hřivny. Slovenská arch. 9, 1961, 405–450.

481. Polskie skarby wczesnośredniowieczne. Inwentarze 1. Jacek Slaski/Stanisław Tabaczyński, Wczesnośredniowieczne skarby srebrne Wielkopolski (Warszawa, Wrocław 1959); 2. Tereza Kiersnowska/Ryszard Kiersnowski, Wczesnośredniowieczne skarby srebrne z Pomorza (Warszawa, Wrocław 1959); 3. Anatol Gupieniec/Tereza Kiersnowska/Ryszard Kiersnowski, Wczesnośredniowieczne skarby srebrne z Polski Środkowej, Mazowsza i Podlasia (Wrocław, Warszawa, Kraków 1965); 4. Marian Haisig/Ryszard Kiersnowski/ Jerzy Reyman, Wczesnośredniowieczne skarby srebrne z Małopolski, Śląska, Warmii i Mazur (Wrocław, Warszawa, Kraków 1966). Außerhalb der Reihenzählung: Ryszard Kiersnowski, Wczesnośredniowieczne skarby srebrne z Połabia (Wrocław, Warszawa, Kraków 1964).

482. Pošvář, Jaroslav, Měnové poměry v Říši velkomoravské. Štud. zvesti Arch. Ústav SAV 14, 1964, 95–104.

483. Spufford, Peter, Money and its use in medieval Europe (Cambridge u. a. 1988).

484. Steuer, Heiko, Gewichtsgeldwirtschaften im frühgeschichtlichen Europa. Feinwaagen und Gewichte als Quellen zur Währungsgeschichte. In: Untersuchungen zu Handel und Verkehr IV [Nr. 507] 405–527.

485. Steuer, Heiko, Waagen und Gewichte aus dem mittelalterlichen Schleswig. Funde des 11. bis 13. Jahrhunderts aus Europa als Quellen zur Handels- und Währungsgeschichte. Zeitschr. Arch. Mittelalter, Beih. 10 (Köln, Bonn 1997).

486. Suchodolski, Stanisław, Początki mennictwa w Europie środkowej, wschodniej i północnej (Wrocław u. a. 1971).

487. Suchodolski, Stanisław, Die Anfänge der Münzprägung in Skandinavien und Polen. Nordisk Num. Årsskr. 1971, 20–37.

488. Suchodolski, Stanisław, Die Münzen des 10. und 11. Jahrhunderts aus Mainz, Speyer und Worms in Polen. Ein Beitrag zur Datierung, zu den Einströmwegen und zum Umlauf. In: Fernhandel und Geldwirtschaft. Beiträge zum deutschen Münzwesen in sächsischer und salischer Zeit. Ergebnisse des Dannenberg-Koll. 1990, hrsg. Bernd Kluge. Monogr. RGZM 31 = Berliner num. Forsch. NF 1 (Sigmaringen 1993) 301–313.

489. Warnke, Charlotte, Die Anfänge des Fernhandels in Polen 900–1025. Marburger Ostforsch. 22 (Würzburg 1964).

490. Wiechmann, Ralf, Edelmetalldepots der Wikingerzeit in Schleswig-Holstein. Vom „Ringbrecher" zur Münzwirtschaft. Offa-Bücher 77 (Neumünster 1996).

491. Zaitz, Emil, Wczesnośredniowieczne grzywny siekieropodobne z Małopolski. Mat. arch. (Kraków) 25, 1990, 142–178.

„Handelsgüter" und „Importfunde"

Siehe auch Nr. 21; 28; 48; 60; 72; 465; 467; 490.

492. Andersen, Michael, Westslawischer Import in Dänemark etwa 950–1200. Eine Übersicht. Zeitschr. Arch. 18, 1984, 145–161.

493. Brather, Sebastian, Merowinger- und karolingerzeitliches „Fremdgut" bei den Nordwestslawen. Gebrauchsgut und Elitenkultur im südwestlichen Ostseeraum. Prähist. Zeitschr. 71, 1996, 46–84.

494. Callmer, Johan, Slawisch-skandinavische Kontakte am Beispiel der slawischen Keramik in Skandinavien während des 8. und 9. Jahrhunderts. Ber. RGK 69, 1988, 654–674.

495. Capelle, Torsten, Karolingischer Schmuck in der Tschechoslowakei. Slovenská arch. 16, 1968, 229–244.

496. Duczko, Władysław, Slavjanskie juvelirnye izdelija s zern'ju i filigran'ju v Skandinavii épochi Vikingov. In: Trudy V-ogo Meždunarodnogo Kongressa [Nr. 64] Bd. 3,1a, 77–86.

497. Gabriel, Ingo, Hof- und Sakralkultur sowie Gebrauchs- und Handelsgut im Spiegel der Kleinfunde von Starigard/Oldenburg. Ber. RGK 69, 1988 (1989) 103–291.

498. Henning, Joachim, Gefangenenfesseln im slawischen Siedlungsraum und der europäische Sklavenhandel im 6. bis 12. Jahrhundert. Archäologisches zum Bedeutungswandel von „sklābos – sakāliba – sclavus". Germania 70, 1992, 403–426.

499. Hodges, Richard, Dark age economics. The origins of towns and trade A. D. 600–1000 (London 1982, ²1989).

500. Koller, Heinrich, Die Raffelstetter Zollordnung und die mährischen Zentren. In: Burg – Burgstadt – Stadt [Nr. 317] 283–295.

501. Košnar, Lubomír, Ke vztakům mezi vikinským a západoslovanským prostředím. Praehistorica (Praha) 18, 1991, 25–84.

502. Mauss, Marcel, Die Gabe. Form und Funktion des Austauschs in archaischen Gesellschaften (Frankfurt/M. 1968).

503. Mercati e mercanti nell'alto medioevo. L'area euroasiatica e l'area mediterranea. Settimane di studio del centro italiano di studi sull'alto medioevo 40 (Spoleto 1993).

504. Müller-Wille, Michael, Fremdgut und Import östlicher Provenienz in Schleswig-Holstein (9.–12. Jahrhundert). Ber. RGK 69, 1988 (1989) 740–788.

505. Polanyi, Karl, Ökonomie und Gesellschaft (Frankfurt/M. 1979).

506. Steuer, Heiko, Der Handel der Wikingerzeit zwischen Nord- und Westeuropa aufgrund archäologischer Zeugnisse. In: Untersuchungen zu Handel und Verkehr IV [Nr. 507] 113–197.

507. Untersuchungen zu Handel und Verkehr der vor- und frühgeschichtlichen Zeit in Mittel- und Nordeuropa 1. Methodische Grundlagen und Darstellungen zum Handel in vorgeschichtlicher Zeit und in der Antike, hrsg. Klaus Düwel/Herbert Jankuhn/Harald Siems/Dieter Timpe; 2. Claude, Dietrich, Der Handel im westlichen Mittelmeer während des Frühmittelalters; 3. Der Handel des frühen Mittelalters, hrsg. Klaus Düwel/Herbert Jankuhn/Harald Siems/Dieter Timpe; 4. Der Handel der Karolinger- und Wikingerzeit, hrsg. Klaus Düwel/Herbert Jankuhn/Harald Siems/Dieter Timpe; 5. Der Verkehr. Verkehrsmittel, Verkehrswege, Organisation, hrsg. Herbert Jankuhn/Wolfgang Kimmig/Else Ebel; 6. Organisationsformen der Kaufmannsvereinigungen in der Spätantike und im frühen Mittelalter, hrsg. Herbert Jankuhn/Else Ebel; 7. Register, hrsg. Herbert Jankuhn/Henning Seemann. Abhandl. Akad. Wiss. Göttingen, phil.-hist. Kl. Dritte Folge 143, 144, 150, 156, 180, 183, 227 (Göttingen 1985, 1985, 1985, 1987, 1989, 1989, 1997).

508. Wachowski, Krzysztof, Ziemie polskie a Wielkie Morawy. Problemy kontaktów ideologicznych i politycznych i świetle archeologii. Przegląd arch. 30, 1983, 141–185.

509. Żak, Jan, „Importy" skandynawskie na ziemiach zachodnio-słowiańskich od IX do XI wieku 1. Część syntetyczna; 2. Część analityczna; 3. Część katalogowa. Prace kom. arch. 7/2, 7/1, 6/1 (Poznań 1967, 1967, 1963).

Transportmittel und Verkehrswege

Siehe auch Nr. 21; 28; 48; 60; 61; 459; 507.

510. Crumlin-Pedersen, Ole, Schiffe und Schiffahrtswege im Ostseeraum während des 9.–12. Jahrhunderts. Ber. RGK 69, 1988 (1989) 530–563.

511. Ellmers, Detlev, Frühmittelalterliche Handelsschiffahrt in Mittel- und Nordeuropa. Offa-Bücher 28 (Neumünster 1972, ²1984).

512. Filipowiak, Władysław, Shipbuilding at the mouth of the river Odra (Oder). In: Crossroads in ancient shipbuilding. Proceedings of the Sixth International symposium on boat and ship archaeology Roskilde 1991, ed. Christer Westerdahl. Oxbow monogr. 40 (Oxford 1994) 83–96.

513. Herrmann, Joachim, Ein neuer Bootsfund im Seehandelsplatz Ralswiek auf Rügen. Ausgr. u. Funde 26, 1981, 145–158.

514. Hübener, Wolfgang, Die Orte des Diedenhofener Capitulars von 805 in archäologischer Sicht. Jahresschr. mitteldt. Vorgesch. 72, 1989, 251–266.

515. Johanek, Peter, Die Raffelstetter Zollordnung und das Urkundenwesen der Karolingerzeit. In: Baiern, Ungarn und Slawen im Donauraum, hrsg. Willibald Katzinger/Gerhart Marckhgott. Forsch. Gesch. Städte u. Märkte Österreichs 4 (Linz 1991) 211–229.

515a. Schmauder, Michael, Überlegungen zur östlichen Grenze des karolingischen Reiches unter Karl dem Großen. In: Grenze und Differenz im frühen Mittelalter, hrsg. Walter Pohl/Helmut Reimitz. Forsch. Gesch. Mittelalter 1 = Österreich. Akad. Wiss., phil.-hist. Kl. Denkschr. 287 (Wien 2000) 57–97.

516. Ślaski, Kazimierz, Slawische Schiffe des westlichen Ostseeraumes. Offa 35, 1978, 116–127.

7. Gesellschaft

Bestattungen und Gräber

Siehe auch Nr. 21; 67; 70; 79; 675.

517. Bach, Herbert/Dušek, Sigrid, Slawen in Thüringen. Geschichte, Kultur und Anthropologie im 10. bis 12. Jahrhundert. Nach den Ausgrabungen in Espenfeld. Veröff. Mus. Ur- u. Frühgesch. Thüringen 2 (Weimar 1971).

518. Dostál, Bořivoj, Slovanská pohřebiště ze střední doby hradištní na Moravě (Praha 1966).

519. Fiedler, Uwe, Studien zu Gräberfeldern des 6. bis 9. Jahrhunderts an der unteren Donau 1–2. Universitätsforsch. prähist. Arch. 11 (Bonn 1992).

520. Grebe, Klaus, Der Übergang von der Brand- zur Körperbestattung im Hevellergebiet. In: Den Bogen spannen … Festschr. Bernhard Gramsch, hrsg. Erwin Cziesla/Thomas Kersting/Stefan Pratsch. Beitr. Ur- u. Frühgesch. Mitteleuropa 20 (Weißbach 1999) 461–470.

521. Grenz, Rudolf, Archäologische Vampirbefunde aus dem westslawischen Siedlungsgebiet. Zeitschr. Ostforsch. 16, 1967, 255–265.

522. Hanuliak, Milan, Aussagefähigkeiten der archäologischen Quellen aus Flachgräberfeldern des 9.–12. Jahrhunderts. Slovenská arch. 38, 1990, 147–192.

523. Hanuliak, Milan, Ungewöhnliche Bestattungen in Siedlungsgruben des 9. bis 12. Jh. Ethnogr.-arch. Zeitschr. 36, 1995, 125–136.

523a. Hanuliak, Milan, K problematike skeletov ľudských jedincov zo sídliskových objektov. Slovenská Arch. 45, 1997, 157–182.

523b. Hanuliak, Milan, Reálne faktory a ich účasť pri vystrojovaní hrobov v 9. až 12. storočí. Slovenská Arch. 46, 1998, 55–68.

524. Hanuliak, Milan, Vampirismus auf Gräberfeldern von der Wende des Früh- zum Hochmittelalter. Ethnogr.-arch. Zeitschr. 40, 1999, 577–584.

525. Harck, Ole, Spätslawische Grabfunde in Norddeutschland. Offa 33, 1976, 132–146.

526. Kara, Michał, The graves of the armed Scandinavians from the early and middle Viking period in the territory of the first Piast state. In: Medieval Europe 1992. Conference York 1992. Pre-printed papers (York 1992) 167–177.

527. Krumphanzlová, Zdenka, Chronologie pohřebního inventáře vesnických hřbitovů 9.–11. věku v Čechách. Památky arch. 65, 1974, 34–110.

528. Lewicki, Tadeusz, Obrzędy pogrzebowe pogańskich Słowian w opisach podróżników arabskich głównie z IX-X w. Archeologia (Wrocław, Warszawa) 5, 1955, 122–154.

529. Łosiński, Władysław, Groby typu Alt Käbelich w świetle badań przeprowadzonych na cmentarzysku wczesnośredniowiecznym w Świelubiu pod Kołobrzegiem. Przegląd arch. 41, 1993, 17–34.

530. Łosiński, Władysław, Z dziejów obrzędowości pogrzebowej u północnego odłamu Słowian zachodnich w świetle nowszych badań. In: Kraje słowiańskie [Nr. 26] 473–483.

531. Müller-Wille, Michael, Mittelalterliche Grabfunde aus der Kirche des slawischen Burgwalles von Alt Lübeck. Zu dynastischen Grablegen in polnischen und abodritischen Herrschaftsgebieten. Akad. Wiss. u. Lit. Mainz, Abhandl. Geistes- u. Sozialwiss. Kl. 1996/6 (Stuttgart 1996).

532. Plate, Christa, Slawische Gräberfelder im Potsdamer Havelland. Veröff. Mus. Ur- u. Frühgesch. 10, 1976, 221–240.

533. Preidel, Helmut, Die Witwenverbrennung bei den slawischen Völkern. Stifter-Jahrb. 7, 1962, 275–292.

534. Rempel, Heinrich, Reihengräberfriedhöfe des 8. bis 11. Jahrhunderts aus Sachsen-Anhalt, Sachsen und Thüringen. Dt. Akad. Wiss., Schr. Sektion Vor- u. Frühgesch. 20 (Berlin 1966).

535. Röhrer-Ertl, Olav, Slawen, Deutsche. Beiträge zum ethnischen Wandel aus anthropologischer Sicht. Quellen u. Erörterungen 2 (Pressath 1999).

536. Schmidt, Volker, Lieps. Die slawischen Gräberfelder und Kultbauten am Südende des Tollensesees. Beitr. Ur- u. Frühgesch. Mecklenburg-Vorpommern 26 (Lübstorf 1992).

537. Schmidt, Volker, Ein slawisches birituelles Gräberfeld von Alt Käbelich, Lkr. Mecklenburg-Strelitz. Bodendenkmalpflege in Mecklenburg-Vorpommern. Jahrb. 43, 1995 (1996) 83–113.

538. Schulze-Dörrlamm, Mechthild, Bestattungen in den Kirchen Großmährens und Böhmens während des 9. und 10. Jahrhunderts. Jahrb. RGZM 40, 1993 (1995) 557–620.

539. Sláma, Jiří, Mittelböhmen im frühen Mittelalter I. Katalog der Grabfunde. Praehistorica 5 (Prag 1977).

540. Točík, Anton, Altmagyarische Gräberfelder in der Südwestslowakei. Archaeologica Slovaca, Catalogi 3 (Bratislava 1968).

541. Točík, Anton, Flachgräberfelder aus dem IX. und X. Jahrhundert in der Südwestslowakei. Slovenská arch. 19, 1971, 135–276.

542. Točík, Anton, Nachgrossmährische Gräberfelder des 10. und 11. Jahrhunderts in der Südwestslowakei. Štud. zvesti Arch. Ústav SAV 23, 1987, 177–241.

543. Wachowski, Krzysztof, Cmentarzyska doby wczesnopiastowskiej na Śląsku. Prace kom. nauk humanist. 3 (Wrocław u. a. 1975).

544. Warnke, Dieter, Das frühmittelalterliche Hügelgräberfeld in den „Schwarzen Bergen" bei Ralswiek, Kr. Rügen. In: Bodendenkmalpflege und archäologische Forschung, hrsg. Fritz Horst (Berlin 1983) 165–173.

545. Warnke, Dieter, Bestattungsweise und kulturelle Entwicklung im Ostseeraum während des 7. bis 13. Jahrhunderts. Ethnograph.-arch. Zeitschr. 32, 1991, 147–156.

546. Wetzel, Günter, Slawische Hügelgräber bei Gahro, Kr. Finsterwalde. Veröff. Mus. Ur- u. Frühgesch. Potsdam 12, 1979, 129–158.

547. Zoll-Adamikowa, Helena, Wczesnośredniowieczne cmentarzyska szkieletowe Małopolski I. Źródła, II. Analiza. Prace kom. arch. 6, 11 (Wrocław u. a. 1966, 1971).

548. Zoll-Adamikowa, Helena, Wczesnośredniowieczne cmentarzyska ciałopalne słowian na terenie Polski, I. Źródła, II. Analiza, wnioski (Wrocław u. a. 1975, 1979).

549. Zoll-Adamikowa, Helena, Die Überreste der Kremationseinrichtungen auf den frühmittelalterlichen slawischen Gräberfeldern. In: Beiträge zur Ur- und Frühgeschichte [Festschr. Werner Coblenz] 2. Arbeits- u. Forschungsber. sächs. Bodendenkmalpflege, Beih. 17 (Berlin 1982) 87–96.

550. Zoll-Adamikowa, Helena, Przyczny i formy recepcji rytuału szkieletowego u słowian nadbałtyckich we wczesnym średniowieczu. Przegląd arch. 35, 1988, 183–229.

551. Zoll-Adamikowa, Helena, Frühmittelalterliche Bestattungen der Würdenträger in Polen (Mitte des 10. bis Mitte des 12. Jh.). Przegląd arch. 38, 1991, 109–136.

552. Zoll-Adamikowa, Helena, Stan badań nad obrzędowością pogrzebową słowian. Slavia Ant. 38, 1997, 65–80.

553. Zoll-Adamikowa, Helena, Gräberfelder des 8./9.–10./11. Jhs. mit skandinavischen Komponenten im slawischen Ostseeraum. Sprawozdania arch. 49, 1997, 9–19.

Bevölkerung

Siehe auch Nr. 48; 517–553.

554. Bach, Adelheid, Germanen – Slawen – Deutsche. Anthropologische Bearbeitung des frühmittelalterlichen Gräberfeldes von Rohnstedt, Kreis Sondershausen. Weimarer Monogr. Ur- u. Frühgesch. 19 (Weimar 1986).

555. Determinanten der Bevölkerungsentwicklung im Mittelalter, hrsg. Bernd Herrmann/ Rolf Sprandel (Weinheim 1987).

556. Herrmann, Bernd/Grupe, Gisela/Hummel, Susanne/Piepenbrink, Hermann/Schutkowski, Holger, Prähistorische Anthropologie. Leitfaden der Feld- und Labormethoden (Berlin u. a. 1990).

557. Kurnatowski, Stanisław, Demographische Aspekte hinsichtlich slawischer Migrationen im 1. Jahrtausend. In: Rapports du IIIᵉ Congrès [Nr. 64] Bd. 1, 453–475.

558. Simon, Klaus, Zur Anthropologie der spätslawischen Landbevölkerung von Schirmenitz, Kr. Oschatz. Arb.- u. Forschungsber. sächs. Bodendenkmalpflege 24/25, 1982, 173–310.

559. Stloukal, Milan/Vyhnánek, Luboš, Slované z velkomoravských Mikulčic (Praha 1976).

560. Symposium Bevölkerungsbiologie der Europäischen Völker im Mittelalter. Sbornik Národního Muzea Praha B 43, 1987, 65–215.

Kleidung und Schmuck

Siehe auch Nr. 28; 48; 60; 465; 490; 497.

561. Benda, Klement, Mittelalterlicher Schmuck. Slawische Funde aus tschechoslowakischen Sammlungen und der Leningrader Eremitage (Praha 1966).

562. Böth, Gitta, Kleidungsforschung. In: Grundriß der Volkskunde. Einführung in die Forschungsfelder der Europäischen Ethnologie, hrsg. Rolf W. Brednich (Berlin ²1994) 211–228.

563. Bukowski, Zbigniew, Puste kabłącki skroniowe typu pomorskiego (Szczecin 1960).

564. Chmielowska, Aldona, Grzebenie starożytne i średniowieczne z ziem polskich (Łódź 1971).

565. Čilinská, Zlata, Frauenschmuck im 7.–8. Jahrhundert im Karpatenbecken. Slovenská arch. 23, 1975, 63–95.

566. Dostál, Bořivoj, Das Vordringen der grossmährischen materiellen Kultur in die Nachbarländer. In: Magna Moravia. Sborník k 1100. výročí příchodu byzantské mise na Moravu, hrsg. Josef Macůrek. Spisy Univ. J. E. Purkyně Brno, fil. fak. 102 (Praha 1965) 361–416.

567. Eilbracht, Heidemarie, Filigran- und Granulationskunst im wikingischen Norden. Untersuchungen zum Transfer frühmittelalterlicher Gold- und Silberschmiedetechniken zwischen dem Kontinent und Nordeuropa. Zeitschr. Arch. Mittelalter, Beih. 11 (Köln, Bonn 1999).

568. Heindel, Ingo, Riemen- und Gürtelteile im westslawischen Siedlungsgebiet. Beiträge Ur- u. Frühgesch. Bez. Rostock, Schwerin u. Neubrandenburg 23 (Berlin 1990).

569. Hensel, Witold, Zur Diskussion über die Kleidung der Slawen im frühen Mittelalter. In: Beiträge zur Ur- und Frühgeschichte [Festschr. Werner Coblenz] 2. Arbeits- u. Forschungsber. sächs. Bodendenkmalpflege, Beih. 17 (Berlin 1982) 79–86.

570. Katsougiannopoulou, Christina, Studien zu ost- und südosteuropäischen Bügelfibeln, phil. Diss. (Bonn 1999).

571. Knorr, Heinz Arno, Die slawischen Messerscheidenbeschläge. Mannus 30, 1938, 479–545.

572. Knorr, Heinz Arno, Westslawische Gürtelhaken und Kettenschließgarnituren. Ein Beitrag zur Deutung Alt-Lübecker Funde. Offa 27, 1970, 92–104.

573. Kóčka-Krenz, Hanna, Biżuteria północno-zachodnio-słowiańska we wczesnym średniowieczu. Seria arch. 40 (Poznań 1993).

574. Krumphanzlová, Zdenka, Skleněné perly doby hradištní v Čechách. Památky arch. 56, 1965, 161–188.

575. Maik, Jerzy, Tekstylia wczesnośredniowieczne z wykopalisk w Opolu (Warszawa, Łódź 1991).

576. Pavlovičová, Eva, K vypovedacej schopnosti gombíka u naddunajských slovanov v 9. storočí. Slovenská arch. 44, 1996, 95–153.

577. Steuer, Heiko, Mittelalterliche Messerscheidenbeschläge aus Köln. Hammaburg NF 9, 1989 (Festschr. Wolfgang Hübener) 231–246.

578. Szőke, Béla Miklós, Die Beziehungen zwischen dem oberen Donautal und Westungarn in der ersten Hälfte des 9. Jahrhunderts (Frauentrachtzubehör und Schmuck). In: Awarenforschungen [Nr. 4] Bd. 2, 841–968.

579. Vagalinski, Ljudmil F., Zur Frage der ethnischen Herkunft der späten Strahlenfibeln (Finger- oder Bügelfibeln) aus dem Donau-Karpatenbecken (M. 6.–7. Jh.). Zeitschr. Arch. 28, 1994, 261–305.

580. Werner, Joachim, Slawische Bügelfibeln des 7. Jahrhunderts. In: Reinecke-Festschr. (Mainz 1950) 150–172.

Waffen und Reiterausrüstungen

Siehe auch Nr. 21; 28; 48; 60; 61; 311a; 497.

581. Bialeková, Darina, Sporen von slawischen Fundplätzen in Pobedim (Typologie und Datierung). Slovenská arch. 25, 1977, 103–160.

582. Coblenz, Werner, Reitersporen von Burgen des 9. bis 11. Jahrhunderts in Sachsen. Slovenská arch. 37, 1989, 5–20.

583. Gabriel, Ingo, Starigard/Oldenburg. Hauptburg der Slawen in Wagrien I. Stratigraphie und Chronologie (Archäologische Ausgrabungen 1973–1982). Offa-Bücher 52 (Neumünster 1984).

584. Geibig, Alfred, Beiträge zur morphologischen Entwicklung des Schwertes im Mittelalter. Eine Analyse des Fundmaterials vom ausgehenden 8. bis zum 12. Jahrhundert aus Sammlungen der Bundesrepublik Deutschland. Offa-Bücher 71 (Neumünster 1991).

585. Hilczerówna, Zofia, Ostrogi polskie z X-XIII wieku (Poznań 1956).

586. Kavánová, Blanka, Slovanské ostruhy na území Československá. Stud. Arch. Ústav ČSAV Brno 4/3 (Praha 1976).

587. Kempke, Torsten, Starigard/Oldenburg. Hauptburg der Slawen in Wagrien III. Die Waffen des 8.–13. Jahrhunderts. Offa-Bücher 73 (Neumünster 1991).

588. Klanica, Zdeněk, Fundliste zu Karte 13 [Verbreitung der Schwerter des späten 5. bis 10. Jhs. auf dem Gebiet der ČSSR]. In: Großmähren [Nr. 205] 156–163.

589. Kirpičnikov, Anatol N., Drevnerusskoe oružie 1–3. Archeologija SSSR. Svod archeologičeskich istočnikov E1–36,1–2 (Moskva, Leningrad 1966); 3 (Leningrad 1971).

590. Koch, Robert, Stachelsporen des frühen und hohen Mittelalters. Zeitschr. Arch. Mittelalter 10, 1982, 63–83.

591. Měchurová, Zdeňka, Třmeny a jiné součásti sedla z časně středověkého období. Časopis Moravského Muzea 68, 1983, 61–89.

592. Nadolski, Andrzej, Studia nad uzbrojeniem polskim w X, XI i XII wieku. Acta arch. Łódź 3 (Łódź 1954).

593. Oakeshott, R. Ewart, The sword in the age of chivalry (London 1964, ²1981).

594. Paulsen, Harm, Pfeil und Bogen in Haithabu. In: Berichte über die Ausgrabungen in Haithabu 33. Das archäologische Fundmaterial 6 (Neumünster 1999) 93–144.

595. Paulsen, Peter, Zum archäologischen Hintergrund der Wiener „sancta lancea". Frühmittelalterl. Stud. 3, 1969, 289–312.

596. Preidel, Helmut, Die karolingischen Schwerter bei den Westslawen. In: Gandert-Festschr., hrsg. Adriaan v. Müller/Wolfram Nagel. Berliner Beitr. Vor- u. Frühgesch. 2 (Berlin 1959) 128–142.

597. Profantová, Nad'a, K nalezu ostruh konce 7.–9. stol. v Čechách. In: Mediaevalia archaeologica Bohemica. Památky arch. suppl. 2 (Praha 1993) 60–85.

598. Profantová, Nad'a, Blatnicko-mikulčický horizont v Čechách – současný stav a problemý. In: Śląsk i Czechy a kultura wielkomorawska, hrsg. Krzysztof Wachowski (Wrocław 1997) 85–94.

599. Ruttkay, Alexander, Waffen und Reiterausrüstung des 9. bis zur ersten Hälfte des 14. Jahrhunderts in der Slowakei (I)-(II). Slovenská Arch. 23, 1975, 119–226; 24, 1976, 245–395.

600. Ruttkay, Alexander, The organization of troops, warfare and arms in the period of the Great Moravian State. Slovenská Arch. 30, 1982, 165–198.

601. Steuer, Heiko, Historische Phasen der Bewaffnung nach Aussagen der archäologischen Quellen Mittel- und Nordeuropas im ersten Jahrtausend n. Chr. Frühmittelalterl. Stud. 4, 1970, 348–383.

602. Szameit, Erik, Karolingerzeitliche Waffenfunde aus Österreich I. Die Schwerter. Arch. Austriaca 70, 1986, 385–411; II. Die Saxe und Lanzenspitzen. Arch. Austriaca 71, 1987, 155–171.

603. Wachowski, Krzysztof, Merowingische und karolingische Sporen auf dem Kontinent. Zeitschr. Arch. Mittelalter 14/15, 1986/87 (1989) 49–79.

604. Wachowski, Krzysztof, Oddziaływania zachodnie na wytwórczość ostróg haczykowatych u Słowian. Przegląd Arch. 38, 1991, 85–107.

605. Żak, Jan/Maćkowiak-Kotkowska, Lidia, Studia nad uzbrojeniem środkowoeuropejskim VI-X wieku. Zachodniobałtyjskie i słowiańskie ostrogi o zazcepach haczykowato zagiętych do wnętrza. Ser. arch. 31 (Poznań 1988).

Sozialstruktur

Siehe auch Nr. 21; 28; 48; 60; 561–580; 581–605.

606. Buczek, Karol, Książęca ludność służebna w Polsce wczesnofeudalnej (Wrocław, Kraków 1958).

607. Goehrke, Carsten, Die Theorien über Entstehung und Entwicklung des „Mir" (Wiesbaden 1964).

608. Hardt, Matthias, Der Supan. Ein Forschungsbericht. Zeitschr. Ostforschung 39, 1990, 161–171.

609. Krüger, Bruno, Die Kietzsiedlungen im nördlichen Mitteleuropa. Beiträge der Archäologie zu ihrer Altersbestimmung und Wesensdeutung. Dt. Akad. Wiss., Schr. Sektion Vor- u. Frühgesch. 11 (Berlin 1962).

610. Ludat, Herbert, Die ostdeutschen Kietze (Bernburg 1936; Neudr. Hildesheim, Zürich, New York 1984).

611. Piskorski, Jan M., Brandenburskie *Kietze (chyże)* – instytucja pochodzenia słowiańskiego czy „produkt" władzy askańskiej? Przegląd hist. 79, 1988, 301–329.

612. Sasse, Barbara, Die Sozialstruktur Böhmens in der Frühzeit. Historisch-archäologische Untersuchung zum 9.–12. Jahrhundert. Germania Slavica 4 = Berliner hist. Stud. 7 (Berlin 1982).

613. Schütte, Leopold, Wik. Eine Siedlungsbezeichnung in historischen und sprachlichen Bezügen. Städteforsch. A 2 (Köln 1976).

614. Steuer, Heiko, Frühgeschichtliche Sozialstrukturen in Mitteleuropa. Eine Analyse der Auswertungsmethoden des archäologischen Quellenmaterials. Abhandl. Akad. Wiss. Göttingen, phil.-hist. Kl. Dritte Folge 128 (Göttingen 1982).

615. Steuer, Heiko, Schlüsselpaare in frühgeschichtlichen Gräbern. Zur Deutung einer Amulett-Beigabe. In: Stud. Sachsenforsch. 3 (Hildesheim 1982) 185–247.

616. Třeštík, Dušan/Krzemieńska, Barbara, Zur Problematik der Dienstleute im frühmittelalterlichen Böhmen. In: Siedlung und Verfassung Böhmens [Nr. 229] 70–98.

617. Warnke, Dieter, Wieken an der südlichen Ostseeküste. Zur wirtschaftlichen und gesellschaftlichen Rolle der Wieken im mittelalterlichen Feudalstaat. Akad. Wiss. DDR, Schr. Ur- u. Frühgesch. 31 (Berlin 1977).

618. Zernack, Klaus, Die burgstädtischen Volksversammlungen bei den Ost- und Westslaven. Studien zur verfassungsgeschichtlichen Bedeutung des Veče. Osteuropastud. Hochschulen Land Hessen 1/33 (Wiesbaden 1967).

Religion und Mythologie

Siehe auch Nr. 28; 48; 60; 517–553, 573.

619. Banaszkiewicz, Jacek, Podanie o Piaście i Popielu. Studium porównawcze nad wczesnośredniowiecznymi tradycjami dynastycznymi (Warszawa 1986).

620. Capelle, Torsten, Anthropomorphe Holzidole in Mittel- und Nordeuropa. Scripta minora Regiae Societatis Humaniorum Litterarum Lundensis 1995/96,1 (Stockholm 1995).

621. Franz, Leonhard, Falsche Slawengötter. Eine ikonographische Studie. Privatdruck für die Mitglieder der Sächsischen Gesellschaft für Vorgeschichte (Leipzig 1941).

622. Gieysztor, Aleksander, Mitologia Słowian (Warszawa 1982).

623. Gieysztor, Aleksander, Opfer und Kult in der slawischen Überlieferung. Frühmittelalterl. Stud. 18, 1984, 249–265.

624. Graus, František, Kirchliche und heidnische (magische) Komponenten der Stellung der Přemysliden. Přemyslidensage und St. Wenzelsideologie. In: Siedlung und Verfassung Böhmens [Nr. 229] 148–161.

625. Handbuch religionswissenschaftlicher Grundbegriffe 1–[4], hrsg. Hubert Cancik/Günther Kehrer/Hans G. Kippenberg (Stuttgart u. a. 1988–[1998]).

626. Herrmann, Joachim, Geistige und kultisch-religiöse Vorstellungen der Nordwest-Slaven und ihre Widerspiegelung in den archäologischen Quellen. In: Das heidnische und christliche Slaventum. Acta II Congressus internationalis historiae Slavicae Salisburgo-Ratisbonensis (Wiesbaden 1969) 60–74.

627. Herrmann, Joachim, Arkona auf Rügen. Tempelburg und politisches Zentrum der Ranen vom 9.–12. Jh. Zeitschr. Arch. 8, 1974, 177–209.

628. Herrmann, Joachim, Ein Versuch zu Arkona. Tempel und Tempelrekonstruktion nach schriftlicher Überlieferung und nach Ausgrabungsbefunden im nordwestslawischen Gebiet. Ausgr. u. Funde 38, 1993, 136–144.

629. Holtz, Adalbert, Die pommerschen Bildsteine. Balt. Stud. NF 52, 1966, 7–30.

630. Jilek, Heinrich, Die Wenzels- und Ludmila-Legenden des 10. und 11. Jahrhunderts. Neue Forschungsergebnisse. Zeitschr. Ostforsch. 24, 1975, 79–148.

631. Kolníková, Eva, Obolus mŕtvych vo včasnostredovekých hroboch na Slovensku. Slovenská arch. 15, 1967, 189–254.

632. Łowmiański, Henryk, Religia Słowian i jej upadek (w. VI-XII) (Warszawa 1979, ²1986).

633. Lübke, Christian, Religion und ethnisches Bewußtsein bei den Lutizen. Światowit 40, 1995, 70–90.

634. Moszyński, Leszek, Die vorchristliche Religion der Slaven im Lichte der slavischen Sprachwissenschaft. Bausteine slav. Philologie u. Kulturgesch. A, Slavist. Forsch. NF 1 (61) (Köln, Weimar, Wien 1992).

635. Müller-Wille, Michael, Heidnische Opferplätze im frühgeschichtlichen Europa nördlich der Alpen. Die archäologische Überlieferung und ihre Deutung. Ber. Sitzungen Joachim-Jungius-Ges. Wiss. 7,3 (Hamburg 1989).

636. Müller-Wille, Michael, Opferkulte der Germanen und Slawen. Archäologie in Deutschland, Sonderheft 1999 (Stuttgart 1999).

637. Novotný, Boris, Depots von Opfersymbolen als Reflex eines Agrarkultes in Großmähren und im wikingischen Skandinavien. Památky arch. 60, 1969, 197–227.

638. Schmidt, Volker, Lieps. Die slawischen Gräberfelder und Kultbauten am Südende des Tollensesees. Beiträge Ur- u. Frühgesch. Mecklenburg-Vorpommern 26 (Lübstorf 1991).

639. Schuldt, Ewald, Groß Raden. Ein slawischer Tempelort des 9./10. Jh. in Mecklenburg. Akad. Wiss. DDR, Schr. Ur- u. Frühgesch. 39 (Berlin 1985).

640. Schürmann, Thomas, Nachzehrerglauben in Mitteleuropa. Schriftenreihe Komm. ostdt. Volkskunde 51 (Marburg 1990).

641. Słupecki, Leszek Paweł, Die slawischen Tempel und die Frage des sakralen Raumes bei den Westslawen in vorchristlichen Zeiten. Tor 25, 1993, 247–298.

642. Słupecki, Leszek Paweł, Slavonic pagan sanctuaries (Warsaw 1994).

643. Strzelczyk, Jerzy, Mity, podania i wierzenia dawnych Słowian (Poznań 1998).

644. Urbańczyk, Stanisław, Dawni Słowianie. Wiara i kult (Wrocław, Warszawa, Kraków 1991).

645. Vaňa, Zdeněk, Svět slovanských bohů a démonů (Praha 1990); dt. Ausgabe: Mythologie und Götterwelt der slawischen Völker. Die geistigen Impulse Ost-Europas (Stuttgart 1992).

646. Wachowski, Krzysztof, Obol zmarłych na Śląsku i w Małopolsce we wczesnym średniowieczu. Przegląd Arch. 39, 1992, 123–138.

Christliche Einflüsse und Christianisierung

Siehe auch Nr. 28; 48; 60; 520; 531; 538; 550, 573.

647. Adalbertus. Wyniki programu badań interdyscyplinarnych, hrsg. Przemysław Urbań-czyk. Adalbertus 1 (Warsaw 1998).

648. Cyrillo-Methodiana. Zur Frühgeschichte des Christentums bei den Slawen 863–1963, hrsg. Manfred Hellmann/Reinhold Olesch/Bernhard Stasiewski/Franz Zagiba. Slavist. Forsch. 6 (Köln, Graz 1964).

649. Early christianity in Central and East Europe, ed. Przemysław Urbańczyk. Christianity in East Central Europe and its relations with the west and the east 1 (Warsaw 1997).

650. Eggers, Martin, Das Erzbistum des Method. Lage, Wirkung und Nachleben der kyrillo-methodianischen Mission. Slavist. Beitr. 339 (München 1996).

651. Escher, Felix, Slawische Kultplätze und christliche Wallfahrtsorte. Bemerkungen zum Problem der Christianisierung des Raumes zwischen Elbe und Oder. In: Germania Sla-vica 2, hrsg. Wolfgang H. Fritze. Berliner hist. Stud. 4 (Berlin 1981) 121–141.

652. Frühe Kirchen in Sachsen. Ergebnisse archäologischer und baugeschichtlicher Untersu-chungen, hrsg. Judith Oexle (Stuttgart 1994).

653. Galuška, Luděk, Uherské Hradiště-Sady. Křesťanské centrum říše Velkomoravské (Brno 1996).

654. Graus, František, Böhmen zwischen Bayern und Sachsen. Zur böhmischen Kirchenge-schichte des 10. Jahrhunderts. Historica 17, 1969, 5–42.

655. Graus, František, Die Entwicklung der Legenden der sog. Slavenapostel Konstantin und Method in Böhmen. Jahrbb. Gesch. Osteuropa 19, 1971, 161–211.

655a. Gródek-Kciuk, Elżbieta, Enkolpiony znalezione na terenie polski. Próba klassifikacji i datowania materiałów. Przegląd Arch. 36, 1989, 97–134.

656. Der Heilige Method, Salzburg und die Slawenmission, hrsg. Theodor Piffl-Perčević/Al-fred Stirnemann. Pro Oriente 11 (Innsbruck, Wien 1987).

657. Kolník, Títus, Ikonografia, datowanie a kultúrno-historický význam enkolpiónu z Veľky Mače. Slovenská Arch. 42, 1994, 125–153.

658. Krumphanzlová, Zdenka, Počátky křesťanství v Čechách ve světle archeologických pra-menů. Památky arch. 62, 1971, 406–456.

659. Kubica, Ewa, Stan badań archeologicznych nad zabytkami wczesnośredniowiecznej monumentalnej architektury Małopolski, Rusi Haliskiej i Wołynia. Materiały arch. 29, 1996, 63–110.

660. Lübke, Christian, Zwischen Triglav und Christus. Die Anfänge der Christianisierung des Havellandes. Wichmann-Jahrb. Diözesangeschichtsverein Berlin NF 3, 1994/95, 15–35.

661. Merhautová-Livorová, Anežka, Einfache mitteleuropäische Rundkirchen (Ihr Ursprung, Zweck und ihre Bedeutung). Rozpravy Československá Akad. Věd, Řada společenských věd 80/7 (Praha 1970).

662. Merhautová, Anežka, Romanische Kunst in Polen, der Tschechoslowakei, Ungarn, Ru-mänien, Jugoslawien (Wien, München 1974).

663. Nechvátal, Bořivoj, Frühmittelalterliche Reliquienkreuze aus Böhmen. Památky arch. 70, 1979, 213–251.

664. Petersohn, Jürgen, Der südliche Ostseeraum im kirchlich-politischen Kräftespiel des Reichs, Polens und Dänemarks vom 10. bis 13. Jahrhundert. Mission, Kirchenorganisation, Kultpolitik. Ostmitteleuropa in Vergangenheit und Gegenwart 17 (Köln, Wien 1979).

665. Preidel, Helmut, Archäologische Denkmäler und Funde zur Christianisierung des östlichen Mitteleuropas. Die Welt der Slawen 5, 1960, 62–89.

666. U progu chrześcijaństwa w Polsce. Ostrów Lednicki 1–2, hrsg. Klementyna Żurowska. Bibl. Stud. Lednickich 2 (Kraków 1993, 1994).

667. Salzburg und die Slawenmission. Zum 1100. Todestag des hl. Methodius. Internat. Symposion Salzburg 1985, hrsg. Heinz Dopsch (Salzburg 1986).

667a. Staecker, Jörn, Rex regum et dominus dominorum. Die wikingerzeitlichen Kreuz- und Kruzifixanhänger als Ausdruck der Mission in Altdänemark und Schweden. Lund Stud. Medieval Arch. 23 (Stockholm 1999).

668. Strzelczyk, Jerzy, Apostolowie Europy (Warszawa 1997).

669. Svatý Vojtěch. Sborník k milenium, hrsg. Jaroslav V. Polc (Praha 1997).

670. Świechowski, Zygmunt, Romanische Kunst in Polen (Leipzig 1984).

671. Symposium Methodianum. Internat. Tagung Regensburg 1985, hrsg. Klaus Trost/Ekkehard Völkl/Erwin Wedel. Selecta Slavica 13 (Neuried 1988).

672. Vlasto, Alexis P., The entry of the Slavs into christendom. An introduction to the medieval history of the Slavs (Cambridge 1970).

673. Waldmüller, Lothar, Die ersten Begegnungen der Slawen mit dem Christentum und den christlichen Völkern vom VI. bis VIII. Jahrhundert. Die Slawen zwischen Byzanz und Abendland. Enzyklopädie der Byzantinistik 51 (Amsterdam 1976).

674. Zagiba, Franz, Das Geistesleben der Slaven im frühen Mittelalter. Die Anfänge des slavischen Schrifttums auf dem Gebiete des östlichen Mitteleuropa vom 8. bis 10. Jahrhundert. Annales Inst. Slavici 7 (Wien, Köln, Graz 1971).

675. Zoll-Adamikowa, Helena, Die Einführung der Körperbestattung bei den Slawen an der Ostsee. Arch. Korrbl. 24, 1994, 81–93.

676. Żurowska, Klementyna, Studia nad architekturą wczesnopiastowską. Zeszyty Naukowe Uniwersytetu Jagiellońskiego. Prace z historii sztuki 17, 1983, 9–53.

Ortsregister

Zu jedem (Fund-)Ort sind die heutige Verwaltungszugehörigkeit (nach den Gebietsreformen der 1990er Jahre) und der offizielle Name angegeben. Dabei werden die heutigen Staaten folgendermaßen abgekürzt: A – Österreich; B – Belgien; BG – Bulgarien; BY – Belarus' (Weißrußland); CZ – Tschechische Republik; D – Deutschland; DK – Dänemark; E – Spanien; F – Frankreich; FIN – Finnland; GB – Großbritannien; GR – Griechenland; H – Ungarn; I – Italien; IL – Israel; LT – Litauen; MAZ – Mazedonien; N – Norwegen; PL – Polen; RUS – Rußland; S – Schweden; SK – Slowakei; TR – Türkei; UA – Ukraine; YU – Jugoslawien.

Kursiv gesetzt sind überlieferte Ortsnamen, die heute nicht mehr bestehen oder deren Identifizierung bis heute nicht gelungen ist. *Kursive Seitenzahlen* verweisen auf Abbildungen. Die Bemerkung „(A.)" bezeichnet die Nennung in einer Anmerkung.

Unberücksichtigt bleiben hier die in den Abb. 10–11 (S. 73, 76) und in Tab. 7 (S. 188) genannten Ortsnamen.

Aachen, Nordrhein-Westfalen, D *64*, 67

Åhus, Kristianstads län, S 142

Alt Bukow, Kr. Bad Doberan, Mecklenburg-Vorpommern, D 333

Alt Bunzlau s. Stará Boleslav

Altenkirchen, Kr. Rügen, Mecklenburg-Vorpommern, D 328

Altenrömhild, Kr. Hildburghausen, Thüringen, D 119

Altfriesack, Kr. Ostprignitz-Ruppin, Brandenburg, D 319, 325, *326*

Alt Galow, Gem. Schöneberg, Kr. Uckermark, Brandenburg, D *295*

Alt Käbelich, Kr. Mecklenburg-Strelitz, Mecklenburg-Vorpommern, D 259, 263 f.

Alt Lübeck, Hansestadt Lübeck, Schleswig-Holstein, D *43*, 79, 82, 124 f., *131*, 136, 152, 154–156, 207, 212, 217, 289, 298, 341 f.

Altenzelle, Kr. Meißen-Dresden, Sachsen, D 354

Altstadt s. Budzistowo

Altstadt s. Staré Město

Anklam, Mecklenburg-Vorpommern, D 156

Arkona, Kr. Rügen, Mecklenburg-Vorpommern, D 24, 84, 127, *131*, 132, 137, 185, 298 f., 322, 324, 328 f., 331

Athen, GR 24, 147

Atlantis 147

Augsburg, Bayern, D 81

Badorf, Gem. Brühl, Erftkr., Nordrhein-Westfalen, D 145, 191, 246

Bamberg, Bayern, D 67, 78, 106, 223, 313, *342*

Banov, okr. Nové Zámky (Neuhäusel), kr. Nitra (Neutra), SK 293

Barby, Kr. Schönebeck, Sachsen-Anhalt, D 140

Barczewo (Alt Wartenberg), pow. Olsztyn (Allenstein), woj. Warmia i Mazury, PL *215*

Bardowick, Kr. Lüneburg, Niedersachsen, D *64*, *238*, *246*

Bardy (Bartin), gm. Dygowo (Degow), pow. Kołobrzeg (Kolberg), woj. Pomorze Zachodnie, PL 142, 199, *246*

Baruth (Mark), Kr. Teltow-Fläming, Brandenburg, D 90

Bayeux, dép. Calvados, F 298

Behren-Lübchin, Kr. Güstrow, Mecklenburg-Vorpommern, D 24, 128 f., *131*, 133, 135, 137 f., 185, 206 f., 294, 325

Belgrad s. Beograd

Belzig, Kr. Postdam-Mittelmark, Brandenburg, D 140

Beograd (Belgrad), Serbien, YU 70

Bergen, Kr. Rügen, Mecklenburg-Vorpommern, D *229*, 328

Berlin, D 18, 24 f., 27, 90

Berlin-Cölln, D 156

Berlin-Kaulsdorf, D 181 (A.), 210

Berlin-Köpenick, D 24, 83, 124, 133, 136, 154, 180

Berlin-Mahlsdorf, D 103, *115*

Berlin-Marzahn, D 61, 103, *114*

Berlin-Spandau, D 44, 106, 122–124, 133, *134*, 136 f., 140, 152, 156, 180, 206 f., 212, 215, 217, *277*, 298, 322, 342

Beuthen s. Bytom

Bílina (Bilin), okr. Teplice (Teplitz), kr. Ústí nad Labem (Aussig), CZ 24, 72, 130

Binnewitz, Kr. Bautzen, Sachsen, D 220

Birka (Björkö), Adelsö sn., Uppland, S 142 f., 145–147, 193, *195*, 232, 239, 251 f., 263

Biskupin, gm. Gąsawa, woj. Kujawy i Pomorze, PL 61, 135

Blatnica, okr. Martin, kr. Žilina (Sillein), SK 274 f., 292, 305

Blučina, okr. Brno-venkov (Brünn-Land), CZ 189, *193*, 198

Bobrowniki, pow. Lipno, woj. Kujawy i Pomorze, PL 286

Bobzin, Gem. Lübz, Kr. Parchim, Mecklenburg-Vorpommern, D *194*, 197, 199

Bogit, obl. Ternopil', UA 330 (A.)

Böhmisch Budweis s. České Budějovice

Bojnice, okr. Prievidza, kr. Trenčín (Trentschin), SK 219

Bonikowo b. Kościan, woj. Wielkopolska, PL 61

Bonn, Nordrhein-Westfalen, D 296

Borucin, gm. Osięciny, pow. Radziejów (Kujawski), woj. Kujawy i Pomorze, PL 286

Bosau, Kr. Ostholstein, Schleswig-Holstein, D 26, 101, 125, 237, 260, 273, 308, 310, 313, 324, 330 f.

Brandenburg/Havel, D 36, *37*, *78*, 80–83, 104, 123–125, 129, 133, 152, 154–156, 167, 180, 202, 207, 212, 217, 272, 294, 309, 319, 324, 336, 341, 354

Brandýsik, okr. Kladno, kr. Praha (Prag), CZ 348 (A.)

Bratislava (Preßburg), SK 20, 24 f., 27, 29, 36, 71, *342*, 346

Braunschweig, Niedersachsen, D *342*

Břeclav (Lundenburg), kr. Brno (Brünn), CZ 130

Břeclav-Pohansko, kr. Brno (Brünn), CZ 24, 106, 110, *112*, 126 f., 135, 203, 208, 239, 273, *274*, 286, 302, 330, *338 f.*, *342*, 346, 348 (A.)

Bremen, D 81, 324 f., 331, 336

Breslau s. Wrocław

Břevnov, Praha-Břevnov, CZ 354

Březno, okr. Louny (Laun), kr. Ústí nad Labem (Aussig), CZ 110, *114*, 116

Brno (Brünn), CZ 20, 24 f., 27, 87, 155 f.

Brno-Líšeň „Staré Zamký", CZ 135, 208

Brodowin, Kr. Barnim, Brandenburg, D 330

Brohna, Kr. Bautzen, Sachsen, D 136

Brünn s. Brno

Brüx s. Most

Brześć Kujawski, pow. Włocławek (Leslau), woj. Kujawy i Pomorze, PL *277*, 279, 328, *329*

Brzeziny-Rudczyzna, pow. Łódź-wschód, PL 104

Brzeźnica, pow. Jędrzejów, woj. Góry Świętokrzyskie, PL 354

Budapest, H 12, 18, 27

Budeč, okr. Kladno, kr. Praha (Prag), CZ 130, 136, 339, *342*, 346

Budweis s. České Budějovice

Budzistowo (Altstadt), gm. Kołobrzeg (Kolberg), woj. Pomorze Zachodnie, PL 156, 218

Burg Stargard, Kr. Mecklenburg-Strelitz, Mecklenburg-Vorpommern, D 197, 215

Bydgoszcz (Bromberg), woj. Kujawy i Pomorze, PL 298

Bystřec b. Jedovnice, okr. Blansko, kr. Brno (Brünn), CZ 119

Bytom (Beuthen), woj. Śląsk, PL 87

Byzanz s. Istanbul

Calbe (Saale), Kr. Bernburg, Sachsen-Anhalt, D 140

Canburg 122

Cedynia (Zehden), pow. Gryfino (Greifenhagen), woj. Pomorze Zachodnie, PL 264

Červeník, okr. Trnava (Tyrnau), SK 296

České Budějovice (Böhmisch Budweis), CZ 159

Češov na Jičínsku, okr. Jičín, kr. Hradec Králové (Königgrätz), CZ 129

Cewlino (Zewelin), gm. Manowo (Manow), pow. Koszalin (Köslin), woj. Pomorze Zachodnie, PL 279

Charbrowo (Degendorf), pow. Słupsk (Stolp), woj. Pomorze, PL 249 f.

Cheb (Eger), kr. Karlovy Vary (Karlsbad), CZ 155

Chlaba, okr. Komárno (Komorn), kr. Nitra (Neutra), SK 119

Chodosoviči b. Žlobin, obl. Gomel' (Homel'), BY 330 (A.)

Chorin, Kr. Barnim, Brandenburg, D 330, 354

Chotěbuz-Podobora, okr. Karviná, kr. Ostrava (Mährisch Ostrau), CZ 302

Cífer-Pác, okr. Trnava (Tyrnau), SK 264

Clairvaux, Gem. Ville-sous-la-Ferté, dép. Aube, F 337

Compiègne, dép. Oise, F 64

Córdoba, E 242

Corvey, Gem. Höxter, Nordrhein-Westfalen, D 309 f.

Cösitz, Kr. Köthen, Sachsen-Anhalt, D 136

Cotrone s. Crotone

Crawinkel, Ilmkr., Thüringen, D 220

Crotone, prov. Catanzaro, I 81

Czarnowsko (Lebafelde), pow. Lębork (Lauenburg in Pommern), woj. Pomorze, PL 250

Dabergotz, Kr. Ostprignitz-Ruppin, Brandenburg, D 166, 167, 206

Dallgow-Döberitz, Kr. Havelland, Brandenburg, D 219

Danzig s. Gdańsk

Dargun, Kr. Demmin, Mecklenburg-Vorpommern, D 354

Děčín (Tetschen), kr. Liberec (Reichenberg), CZ 72

Delbende, Kr. Herzogtum Lauenburg, Schleswig-Holstein, D 64

Demmin, Mecklenburg-Vorpommern, D 295

Demmin-Vorwerk, Mecklenburg-Vorpommern, D 64, 126, 137

Dessau-Mosigkau, Sachsen-Anhalt, D 61, 100, 101, 110, 111, 116

Deutsch Brod s. Havlíčkův Brod

Devín (Theben), okr. Bratislava-vidiek (Preßburg-Land), SK 68

Devínska Nová Ves (Theben-Neudorf), okr. Bratislava-vidiek (Preßburg-Land), SK 24, 198

Diedenhofen s. Thionville

Dobrá Voda, okr. Trnava (Tyrnau), SK 292

Doksany (Doxan), okr. Litoměřice (Leitmeritz), kr. Ústí nad Labem (Aussig), CZ 354

Dolné Krškany, okr. Nitra (Neutra), SK 292

Dolní Hradiště, okr. Plzeň-sever (Pilsen-Nord), CZ 197

Dolní Dunajovice (Unter Tannowitz), okr. Břeclav (Lundenburg), kr. Brno (Brünn), CZ 273

Dolní Věstonice (Unter Wisternitz), okr. Břeclav (Lundenburg), kr. Brno (Brünn), CZ 25, 197, 203, 273, 346 (A.), 348 (A.)

Dorf Mecklenburg, Kr. Nordwest-Mecklenburg, Mecklenburg-Vorpommern, D 44, 64, 82, 104, 106, 124 f., 128, 133, 136, 139, 174, 197, 212, 272, 331

Dornburg, Kr. Zerbst, Sachsen-Anhalt, D 103

Dorow, Kr. Nordvorpommern, Mecklenburg-Vorpommern, D 286

Doxan s. Doksany

Drense, Kr. Uckermark, Brandenburg, D 124, 199, 215, 264

Dresden, Sachsen, D 25, 156

Dřevíč, okr. Louny (Laun), kr. Ústí nad Labem (Aussig), CZ 346 (A.)

Drohiczyn, pow. Siemiatycze, woj. Podlasie, PL 319

Duben, Kr. Dahme-Spreewald, Brandenburg, D 136

Ducové, okr. Trnava (Tyrnau), SK 24, 110, 126, 268, 299, 302, 337, 339, 342, 346

Duingen, Kr. Hildesheim, Niedersachsen, D 201

Dummertevitz, Gem. Lancken-Granitz, Kr. Rügen, Mecklenburg-Vorpommern, D 265

Dvůr Králové nad Labem (Königinhof/ Elbe), okr. Trutnov (Trautenau), kr. Hradec Králové (Königgrätz), CZ 11

Dziekanowice, gm. Łubowo, pow. Gniezno (Gnesen), woj. Wielkopolska, PL 113

Dziedzice (Deetz), gm. Barlinek (Berlinchen), pow. Myśliborz (Soldin), woj. Pomorze Zachodnie, PL 58, 103, 191, 199

Eberswalde, Kr. Barnim, Brandenburg, D 90

Eger s. Cheb

Elbing s. Elbląg

Elbląg (Elbing), woj. Warmia i Mazury, PL 155

Eldena, Kr. Ostvorpommern, Mecklenburg-Vorpommern, D 354

Emsen b. Buttstädt, Kr. Sömmerda, Thüringen, D 119

Enns, Bez. Linz-Land, Oberösterreich, A 246

Eperaespurch 246

Erfurt, Thüringen, D 238, 246

Esesfelth b. Itzehoe, Kr. Steinburg, Schleswig-Holstein, D 64

Espenfeld, Ilmkr., Thüringen, D 113, 262, 281, 316

Essen-Werden, Nordrhein-Westfalen, D 349

Esztergom (Gran), H 78

Feldberg, Kr. Mecklenburg-Strelitz, Mecklenburg-Vorpommern, D 48, 58, 124, 130, 132, 137, 145, 185, 189, 191, 194 f., 196, 199, 206, 209, 322

Fergitz, Kr. Uckermark, Brandenburg, D 208, 352

Fichtenberg, Kr. Elbe-Elster, Brandenburg, D 136

Forchheim, Bayern, D 70, 246

Frankfurt/Main, Hessen, D 15, 64, 65

Frankfurt/Oder, Brandenburg, D 156, 160

Freesdorf „Borchelt", Kr. Dahme-Spreewald, Brandenburg, D 136

Fresendorf, Gem. Roggentin, Kr. Bad Doberan, Mecklenburg-Vorpommern, D 195, 198

Fridolfing, Kr. Traunstein, Bayern, D 12

Friedland (Meckl.), Kr. Mecklenburg-Strelitz, Mecklenburg-Vorpommern, D 156

Fulda, Hessen, D 310

Gahrow, Kr. Oberspreewald-Lausitz, Brandenburg, D 258

Gajary (Gairing), okr. Bratislava-vidiek (Preßburg-Land), SK 170, 239

Gallin, Kr. Ludwigslust, Mecklenburg-Vorpommern, D 332

Gang, Gem. Eckartsau, Bez. Gänserndorf, Niederösterreich, A 119

Gars-Thunau, Bez. Horn, Niederösterreich, A 120, 136

Garz, Kr. Rügen, Mecklenburg-Vorpommern, D 194, 199, 324

Gatschow, Kr. Nordvorpommern, D 272, 319, 325

Gdańsk (Danzig), woj. Pomorze, PL 23, 25, 36, 77, 103 f., 152, 156, 175, 180, 183, 202 (A.), 210, 217, 242, 272, 319

Gdańsk-Orunia (Ohra), woj. Pomorze, PL 249 f.

Gehren, Kr. Dahme-Spreewald, Brandenburg, D 140

Genthin-Altenplathow, Kr. Burg, Sachsen-Anhalt, D 136

Giecz, gm. Nekla, pow. Września, woj. Wielkopolska, PL 107, 113, 122, 299, 306, 340, 341

Giekau, Kr. Plön, Schleswig-Holstein, D 298

Gilów (Girlachsdorf), gm. Niemcza (Nimptsch), pow. Dzierżoniów (Reichenbach/Eule), woj. Dolný Śląsk, PL 136

Glogau s. Głogów

Głogów (Glogau), woj. Dolný Śląsk, PL 90, 152

Gnesen s. Gniezno

Gnëzdovo, obl. Smolensk, RUS 238, 253, 263 f.

Gniezno (Gnesen), woj. Wielkopolska, PL 23, 36, 74 f., 77, 78 f., 122, 124, 126, 129, 133, 135, 149, 175, 202 (A.), 208, 212, 215, 217, 238, 272 f., 292, 306, 334, 336, 340 f., 342, 346, 352

Gołańcz Pomorska (Glansee), gm. Trzebiatów (Treptow a. d. Rega), pow. Gryfice (Greifenberg), woj. Pomorze Zachodnie, PL 48, 199

Golchen, Kr. Demmin, Mecklenburg-Vorpommern, D 259

Goldberg s. Złotoryja

Goldenkron s. Zlatá Koruna

Göritz b. Rädel, Kr. Potsdam-Mittelmark, Brandenburg, D 119

Görlitz, Sachsen, D 10, 12

Gorzuchy, pow. Kalisz, woj. Wielkopolska, PL 299

Gostyń (Gustau), pow. Głogów (Glogau), woj. Dolný Śląsk, PL 48

Gran s. Esztergom

Greifswald, Mecklenburg-Vorpommern, D 156

Groitzsch, Kr. Leipziger Land, Sachsen, D 198

Groß Görnow, Kr. Parchim, Mecklenburg-Vorpommern, D 130

Groß Lübbenau, Kr. Oberspreewald-Lausitz, Brandenburg, D 137

Groß Raden, Kr. Parchim, Mecklenburg-Vorpommern, D 104, 106, 123, 128, 137, 174, 180, 185, *194*, 198, 206 f., *209*, 210, 212, 272, 279, 298, 305, 319, 322, *323*, 325

Groß Strömkendorf, Kr. Nordwestmecklenburg, Mecklenburg-Vorpommern, D 106, 142 f., 145, 202, 206–208, 214, 217 f., *246*, 263, 332

Grünberg (Schloß) s. Zelená Hora

Grüssau s. Krzeszów

Gubin (Guben), pow. Krosno Odrzańskie (Crossen), woj. Lubusz, PL 136

Gützkow, Kr. Ostvorpommern, Mecklenburg-Vorpommern, D 305, 324

Gwieździn (Förstenau), gm. Przechlewo (Prechlau), pow. Człuchów (Schlochau), woj. Pomorze, PL 137

Haithabu, Kr. Schleswig, Schleswig-Holstein, D 142 f., 145–147, *195*, 232, *238*, 245, *246*, 251 f., 263

Halberstadt, Sachsen-Anhalt, D 83

Haldensleben, Sachsen-Anhalt, D 140

Halle/Saale, Sachsen-Anhalt, D 25, 220

Hallstadt, Kr. Bamberg, Bayern, D *246*

Hamburg, D *64*, *78*, 81, 133

Hard b. Thaya, Bez. Waidhofen/Thaya, Niederösterreich, A 119

Havelberg, Kr. Stendal, Sachsen-Anhalt, D *78*, 81, 324, 336, 354

Havlíčkův Brod (Deutsch Brod), kr. Jihlava (Iglau), CZ 87

Heidelberg, Baden-Württemberg, D 272

Hildesheim, Niedersachsen, D 83

Hirschberg s. Jelenia Góra

Hodonín (Göding), kr. Brno (Brünn), CZ 130

Höhbeck, Kr. Lüchow-Dannenberg, Niedersachsen, D *64*, 133

Hohenfurth s. Vyšší Brod

Hohennauen, Kr. Havelland, Brandenburg, D 132

Hohenseeden, Kr. Burg, Sachsen-Anhalt, D 129

Hollenstedt, Kr. Harburg, Niedersachsen, D *64*

Hradec nad Moravicí (Grätz), okr. Opava (Troppau), kr. Ostrava (Mährisch Ostrau), CZ 273

Hradsko b. Mšeno, okr. Mělník, kr. Praha (Prag), CZ 110, 122, 126, 135

Iglau s. Jihlava

Igołomia, pow. Kraków (Krakau), woj. Małopolska, PL 25

Ingelheim, Kr. Mainz-Bingen, Rheinland-Pfalz, D *64*

Innichen, Südtirol, I 70

Istanbul, TR 55, 62, 231, 253, 336

Ivanovice na Hané (Eiwanowitz i. d. Hanna), okr. Viškov (Wischau), kr. Brno (Brünn), CZ 239

Janów Pomorski (Ellerwald), gm. Elbląg (Elbing), woj. Warmia i Mazury, PL 142, *246*

Jędrzejów, woj. Góry Świętokrzyskie, PL 354

Jelenia Góra (Hirschberg), woj. Dolný Śląsk, PL 87

Jerichow, Kr. Genthin, Sachsen-Anhalt, D 354

Jerusalem, okr. Příbram, kr. Praha (Prag), CZ 265

Jičín (Jitschin), kr. Hradec Králové (Königgrätz), CZ 159

Jihlava (Iglau), CZ 87, 152, 159

Jomsburg 147

Josefov (Josefstadt), okr. Blansko, kr. Brno (Brünn), CZ 211

Jumne 147

Jumneta 147

Julin 147

Jur s. Svätý Jur

Kaisareia (Caesarea Palaestina), IL 51

Kalisz, woj. Wielkopolska, PL 25, 137, 208, 340

Kamień Pomorski (Kammin), woj. Pomorze Zachodnie, PL 79, 166, 250, 349

Kamieniec, pow. Gliwice (Gleiwitz), woj. Śląsk, PL 136

Kammin s. Kamień Pomorski

Karlsruhe, Baden-Württemberg, D 349

Kastorf, Kr. Demmin, Mecklenburg-Vorpommern, D 154, 247

Kaupang, Vestfold, N *195*, *238*, 239, 252

Kędrzyno (Gandelin), gm. Siemyśl (Siemötzel), pow. Kołobrzeg (Kolberg), woj. Pomorze Zachodnie, PL 199

Kępsko (Mühlenkamp), gm. Bobolice (Bublitz), pow. Koszalin (Köslin), woj. Pomorze Zachodnie, PL 263

Keszthely, kom. Veszprém, H 198

Kielce, woj. Góry Świętokrzyskie, PL 20

Kiev (Kyïv), UA 21, 24, 27, 50, 66, 77, 97, 202, *238*, 242, 246, 253, 362

Klatový (Klattau), kr. Plzeň (Pilsen), CZ 159

Klattau s. Klatový

Kliestow, Kr. Märkisch-Oderland, Brandenburg, D 132

Klučov b. Český Brod (Böhmisch Brod), okr. Kolín, kr. Praha (Prag), CZ 124, 135, 137

Klukowicze, gm. Nurzec Stacja, pow. Siemiatycze, woj. Podlasie, PL 232

København, DK 18

Kobrow, Kr. Güstrow, Mecklenburg-Vorpommern, D 197

Kołbacz (Kolbatz), pow. Gryfino (Greifenhagen), woj. Pomorze Zachodnie, PL 354

Kolbatz s. Kołbacz

Kolín, kr. Praha (Prag), CZ 296, 302, 349

Köllmichen, Muldentalkr., Sachsen, D 136

Köln, Nordrhein-Westfalen, D 235

Kołobrzeg (Kolberg), woj. Pomorze Zachodnie, PL 25, 77, *78*, 152, 156, 160, 210, 218, 220, 336

Königinhof/Elbe s. Dvůr Králové nad Labem

Königsaal s. Zbraslav

Końskie, woj. Góry Świętokrzyskie, PL 307

Konstantinopel s. Istanbul

Konůvky, okr. Vyškov (Wischau), kr. Brno (Brünn), CZ 119

Kopenhagen s. København

Köpenick s. Berlin-Köpenick

Kopidlno, okr. Jičín, kr. Hradec Králové (Königgrätz), CZ 12

Koprzywnica, pow. Sandomierz, woj. Góry Świętokrzyskie, PL 354

Korčak, obl. Žitomir, UA 55, 58, 191, 198 f.

Kornatka, pow. Myślenice, woj. Małopolska, PL 259

Koš, okr. Prievidza, kr. Trenčín (Trentschin), SK 219

Kościelna Wieś, pow. Radziejów (Kujawski), woj. Kujawy i Pomorze, PL 354

Koserow, Kr. Ostvorpommern, Mecklenburg-Vorpommern, D 147

Košice (Kaschau), SK 25

Koszalin (Köslin), woj. Pomorze Zachodnie, PL 263

Kouřim (Kaurzim), okr. Kolín, kr. Praha (Prag), CZ 72, 130, 137

Kozarovice, okr. Příbram, kr. Praha (Prag), CZ 129

Krakau s. Kraków

Kraków (Krakau), woj. Małopolska, PL 19 f., 22 f., 25, 27, 36, 74 f., 77, *78*, 87, 152, 156, *158*, 215, 220, *238*, 239, 253, 292 f., 336, 340 f., *342*, 349

Kralovice (Kralowitz), okr. Kladno, kr. Praha (Prag), CZ 346 (A.)

Kremitz, Kr. Elbe-Elster, Brandenburg, D 189

Kremsmünster, Bez. Kirchdorf a. d. Krems, Oberösterreich, A 70, 313

Krigov b. Pavl'any, okr. Spišská Nová Ves, kr. Košice (Kaschau), SK 119

Krummensee, Land Berlin, D 119, 167

Krumvíř, okr. Břeclav (Lundenburg), kr. Brno (Brünn), CZ 239

Kruszwica (Kruschwitz), pow. Inowrocław (Hohensalza), woj. Kujawy i Pomorze, PL 75, 113, 122, 124, 152, 215, 217, 298, *342*, 352

Krzeszów (Grüssau), pow. Kamienna Góra, woj. Dolný Śląsk, PL 354

Kutná Hora (Kuttenberg), kr. Praha (Prag), CZ 87, 354

Kuttenberg s. Kutná Hora

Kúty-Čepangát, okr. Senica, kr. Trnava (Tyrnau), SK 239

Ląd (Lond), gm. Lądek (Landau), pow. Słupca, woj. Wielkopolska, PL 252, 354

Ladoga s. Staraja Ladoga

Lancken-Granitz, Kr. Rügen, Mecklenburg-Vorpommern, D *277*, 333

Landsberg, Saalkr., Sachsen-Anhalt, D 136

Lębork (Lauenburg i. Pommern), woj. Pomorze, PL 249 f.

Lebus, Kr. Märkisch-Oderland, Brandenburg, D 24 f., 77, 79, 129, 152

Łęczyca, woj. Łódź (Lodsch), PL 135

Lednica, pow. Gniezno (Gnesen), woj. Wielkopolska, PL 11, 319

Lehnin, Kr. Potsdam-Mittelmark, Brandenburg, D 354

Leipzig, Sachsen, D 10, 156, 198

Leißower Mühle s. Lisówek

Leitomischl s. Litomyšl

Łekno, gm. Wągrowiec, woj. Wielkopolska, PL 354

Lemberg s. L'vov

Leningrad s. St. Petersburg

Lenzen, Kr. Ludwigslust, Mecklenburg-Vorpommern, D 80

Leubus s. Lubiąż

Leuthen-Wintdorf, Spree-Neiße-Kr., Brandenburg, D 103

Leutschau s. Levoča

Levice, kr. Nitra (Neutra), SK 296

Levoča (Leutschau), okr. Spišská Nová Ves, kr. Košice (Kaschau), SK 159

Levý Hradec b. Žalov, okr. Praha-západ (Prag-West), CZ 24, 69, 72, 106, 107, 124, 129, 136 f., 319, 339, 342, 346

Libice nad Cidlinou (Libitz), okr. Nymburk (Nimburg), kr. Praha (Prag), CZ 24, 69, 74, 111, 124, 129 f., 132, 149, 207, 339, 342, 346, 348 (A.)

Libočany (Libotschan), okr. Louny (Laun), kr. Ústí nad Labem (Aussig), CZ 198

Libušín, okr. Kladno, kr. Praha (Prag), CZ 129 f., 137

Liepen, Kr. Ostvorpommern, Mecklenburg-Vorpommern, D 131, 137, 139

Lindby, Skåne, S 325

Linz, Oberösterreich, A 246

Lisówek (Leißower Mühle), pow. Słubice, woj. Lubusz, PL 286, 299, 328

Litoměřice (Leitmeritz), kr. Ústí nad Labem (Aussig), CZ 198

Litomyšl (Leitomischl), okr. Svitavy (Zwittau), kr. Pardubice (Pardubitz), CZ 354

Löcknitz, Kr. Uecker-Randow, Mecklenburg-Vorpommern, D 189

Łódź (Lodsch), PL 25

London, GB 24

Łopiennik Dolny, pow. Krasnystaw, woj. Lublin, PL 219

Lorch (Lauriacum) s. Enns

Louny (Laun), kr. Ústí nad Labem (Aussig), CZ 197

Lubiąż (Leubus), pow. Wołów (Wohlau), woj. Dolný Śląsk, PL 354

Lübeck, Schleswig-Holstein, D 26, 43, 81, 87, 155 f., 157, 167

Lubin (Lüben), woj. Dolný Śląsk, PL 354

Lublin, PL 20, 25, 90

Lubomia (Lubom), pow. Wodzisław Śląski (Loslau), woj. Śląsk, PL 106, 137

Łuków, woj. Lublin, PL 354

Lund, Malmöhus län, S 84

Lupka s. Nitra-Lupka

Lutomiersk, pow. Pabianice, woj. Łódź, PL 291, 294, 305–307, 328, 329, 362

L'vov (L'viv, Lemberg), UA 19 f.

Lwów s. L'vov

Lyon, dép. Rhône, F 242

Magdeburg, Sachsen-Anhalt, D 24 f., 64, 75, 77, 78, 81, 85, 87, 90 f., 128, 140, 155 f., 238, 242, 246, 253, 324, 337, 342, 354

Magdeburg-Salbke, Sachsen-Anhalt, D 221

Mährisch Neustadt s. Uničov

Mährisch Trübau s. Moravská Třebová

Mainz, Rheinland-Pfalz, D 12, 24, 72, 235, 253

Mangelsdorf, Kr. Stendal, Sachsen-Anhalt, D 129

Marcelová, okr. Komárno (Komorn), kr. Nitra (Neutra), SK 296

Marlow, Kr. Nordvorpommern, Mecklenburg-Vorpommern, D 348

Martinský vrch, okr. Nitra (Neutra), SK 149

Mautern, Bez. Krems, Niederösterreich, A 246

Mayen, Kr. Mayen-Koblenz, Rheinland-Pfalz, D 245

Mechelinki (Mechlinken), pow. Puck (Putzig), woj. Pomorze, PL 250

Mecklenburg s. Dorf Mecklenburg

Meißen, Sachsen, D 78, 80 f., 85 f., 140, 152, 176, 183, 314, 336, 340, 342

Mělník, kr. Praha (Prag), CZ 72, 122

Menkendorf, Kr. Ludwigslust, Mecklenburg-Vorpommern, D 194, 195, 198

Menzlin, Kr. Ostvorpommern, Mecklenburg-Vorpommern, D 142, 145, 202, 207 f., 209, 212, 218, 246, 259, 263, 352

Merseburg, Sachsen-Anhalt, D 81, 312, 322, 324 f., 330 f., 333, 336, 340
Meseritz s. Międzyrzecz
Metz, dép. Moselle, F 71
Międzyrzecz (Wielkopolski) (Meseritz), woj. Lubusz, PL 217, 354
Mies s. Stříbro
Mikorzyn, pow. Kępno, woj. Wielkopolska, PL 11
Mikulčice (Mikultschitz), okr. Hodonín (Göding), kr. Brno (Brünn), CZ 24–26, 39, *69*, 104, 106 f., 123 f., 127, 136 f., 149, *150*, 167, *169*, 180, 185, 189, *192*, *193*, 197, *198*, 203, 206–208, 210, 212–215, 217, 251, *268*, 273–275, 280, 286, 289, 296, 302, *303*, 307, 319, 332 f., 337, *338 f.*, *342*, 346, 348 (A.), 352
Möckern, Kr. Burg, Sachsen-Anhalt, D 140
Modrá, okr. Uherské Hradiště (Ungarisch Hradisch), kr. Zlín, CZ 273, 337, 339, 346
Mogiła b. Kraków (Krakau), woj. Małopolska, PL 302, 354
Mogilno, woj. Kujawy i Pomorze, PL 354
Möllendorf, Kr. Elbe-Elster, Brandenburg, D 136
Moravská Třebová (Mährisch Trübau), okr. Svitavy (Zwittau), kr. Pardubice (Pardubitz), CZ 159
Mosapurc (Moosburg), s. Zalavár
Moskau s. Moskva
Moskva, RUS 24, 27
Most (Brüx), kr. Ústí nad Labem (Aussig), CZ 25
Mstěnice b. Hrotovice, okr. Třebíč (Trebitsch), CZ 119
Mul'a, okr. Veľký Krtíš, kr. Banská Bystrica (Neusohl), SK 292
München, Bayern, D 67
Mužla-Čenkov, okr. Nové Zámky (Neuhäusel), kr. Nitra (Neutra), SK 136, 264

Nadelitz, Gem. Putbus, Kr. Rügen, Mecklenburg-Vorpommern, D 262
Náměšt' nad Oslavou (Namiest), okr. Třebíč (Trebitsch), kr. Jihlava (Iglau), CZ 197
Narvice b. Pohořelice, okr. Břeclav (Lundenburg), kr. Brno (Brünn), CZ 119
Naszacowice, gm. Stary Sącz, pow. Nowy Sącz (Neu Sandez), woj. Małopolska, PL 136
Naumburg, Sachsen-Anhalt, D *78*, 81

Nejdek-Pohansko (Neudeck), okr. Břeclav (Lundenburg), kr. Brno (Brünn), CZ *170*, 298
Nepomuk, okr. Plzeň-jih (Pilsen-Süd), CZ 354
Nesvady, okr. Komárno (Komorn), kr. Nitra (Neutra), SK 293, 297
Neu Nieköhr, Kr. Güstrow, Mecklenburg-Vorpommern, D 123, 197
Neubrandenburg, Mecklenburg-Vorpommern, D 11, 156
Neubrandenburg „Fischerinsel", Mecklenburg-Vorpommern, D 103, 210, 325, *326*, 352
Neubrandenburg „Fritscheshof", Mecklenburg-Vorpommern, D 103, *115*
Neubrandenburg „Hanfwerder", Mecklenburg-Vorpommern, D 197, 305
Neubrandenburg „Ravensburg", Mecklenburg-Vorpommern, D 129
Neuendorf, Gem. Hiddensee, Kr. Rügen, Mecklenburg-Vorpommern, D *209*
Neuenkirchen, Kr. Mecklenburg-Strelitz, Mecklenburg-Vorpommern, D 259
Neusatz s. Novi Sad
Neutra s. Nitra
Neuzelle, Kr. Oder-Spree, Brandenburg, D 136
Niederlandin, Kr. Uckermark, Brandenburg, D *233*
Niemcza (Nimptsch), pow. Dzierżoniów (Reichenbach/Eule), woj. Dolný Śląsk, PL 136
Nimschütz, Kr. Bautzen, Sachsen, D 297
Nitra (Neutra), SK 24 f., 29, 36, 68, *69*, 70, 149, *238*, 264, 298, 336 f., *342*, 346
Nitra-Lupka, SK 149, 189
Nitrianska Blatnica, okr. Nitra (Neutra), SK 110
Nordendorf, Kr. Augsburg, Bayern, D 12
Nové Vozokany, okr. Nitra (Neutra), SK 27
Nové Zámky (Neuhäusel), kr. Nitra (Neutra), SK 189
Novi Sad (Neusatz), Serbien, YU 12
Novgorod, obl. St. Petersburg, RUS 27, 251–253, 325, 330
Nünchritz, Kr. Großenhain, Sachsen, D 297
Nürnberg, Bayern, D 12, 87, 155

Oberflacht, Kr. Tuttlingen, Baden-Württemberg, D 12

Obra, pow. Wolsztyn (Wollstein), woj. Wielkopolska, PL 354

Obra Nowa, pow. Wolsztyn (Wollstein), woj. Wielkopolska, PL 286

Okół s. Kraków (Krakau)

Ołbin (Elbing) s. Wrocław (Breslau)

Oldenburg („Starigard"), Kr. Ostholstein, Schleswig-Holstein, D 26, 44, *64*, *78 f.*, 81, 104, 106, *107*, 124 f., 129, 132 f., *134*, 152, 175, 178, 180, 183, 185, *194*, 196 f., 202, 206, 210, 212, *215*, 251, 263, 273, 276, 292 f., 298 f., *303*, 319, 322, 324 f., 328, *329*, 331, 336, 341 f., *348*, 349, *351*, 362

Oliwa (Oliva) (Gdańsk-Oliwa), woj. Pomorze, PL 354

Olmütz s. Olomouc

Olomouc (Olmütz), CZ 74, *78*, 85, 336

Olomučany, okr. Blansko, kr. Brno (Brünn), CZ 211

Olszówka, pow. Turek, woj. Wielkopolska, PL 299

Opatów, woj. Góry Świętokrzyskie, PL 354

Opava (Troppau), kr. Ostrava (Mährisch Ostrau), CZ 25

Opočnice, okr. Nymburk (Nimburg), kr. Praha (Prag), CZ 346 (A.), *347*

Opole (Oppeln), PL 23, 103, 152, *153*, 156, 174, 202, 204, 206, 215, 217, 272 f., 288, 319, *327*

Oppeln s. Opole

Orchowskie Jezioro b. Orchowo, pow. Słupca, woj. Wielkopolska, PL 298

Orunia (Ohra) s. Gdańsk (Danzig)

Ostro, Westlausitzkr., Sachsen, D 136

Ostrov, okr. Praha-zapad (Prag-West), CZ 354

Ostrów Lednicki, pow. Gniezno (Gnesen), woj. Wielkopolska, PL 23, 75, *79*, 107, 111, 122, 128 f., 206, 298, 336, 340, *341*, 346, 349

Ostrówek s. Opole (Oppeln)

Ovruč, obl. Žitomir, UA 202, 242, *244*, 246, 362

Paderborn, Nordrhein-Westfalen, D *64*

Paradies s. Paradyz

Paradyz (Paradies), pow. Międzyrzecz (Meseritz), woj. Lubusz, PL 354

Parchim, Mecklenburg-Vorpommern, D 103, 106, 154, 208, 247, 322

Parduin s. Brandenburg/Havel

Pasewalk, Kr. Uecker-Randow, Mecklenburg-Vorpommern, D 259, 349

Passau, Bayern, D *78*

Pastin, Kr. Parchim, Mecklenburg-Vorpommern, D 305

Pest s. Budapest

Pfaffenschlag b. Slavonice (Zlabings), okr. Jindřichův Hradec (Neuhaus), kr. České Budějovice (Böhmisch Budweis), CZ *118*, 119

Pfreimd, Kr. Schwandorf, Bayern, D *246*

Phöben, Kr. Potsdam-Mittelmark, Brandenburg, D 129

Pilsen s. Plzeň

Plaß s. Plasy

Plasy (Plaß), okr. Plzeň-sever (Pilsen-Nord), CZ 354

Plau, Kr. Parchim, Mecklenburg-Vorpommern, D 208

Płock, woj. Mazowsze, PL *79*, 107, 113, 152, *215*, 340, *342*, 346

Plön, Schleswig-Holstein, D 128

Ploštín, okr. Liptovský Mikuláš, kr. Žilina (Sillein), SK 299

Plöwen, Kr. Uecker-Randow, Mecklenburg-Vorpommern, D 129

Plzeň (Pilsen), CZ 25, 149

Pobedim, okr. Trenčín (Trentschin), SK 137, 208, 211, 273, 305

Počaply, okr. Příbram, kr. Praha (Prag), CZ 296

Poděbrady (Poděbrad), okr. Nymburk (Nimburg), kr. Praha (Prag), CZ 346, *347*

Podbořany (Podersdam), okr. Chomutov (Komotau), kr. Karlovy Vary (Karlsbad), CZ 63

Polanowice (Niemitzsch), gm. Gubin (Guben), pow. Krosno Odrzańskie (Crossen), woj. Lubusz, PL 136

Popęszyce (Poppschütz), gm. Nowe Miasteczko (Neustädtel), pow. Nowa Sól (Neusalz/Oder), woj. Lubusz, PL 103

Pöppendorf, Hansestadt Lübeck, Schleswig-Holstein, D 263

Porta Coeli b. Tišnov (Tischnowitz), okr. Brno (Brünn), CZ 354

Potsdam, Brandenburg, D 25, 156

Potsdam-Hermannswerder, Brandenburg, D 218

Potsdam-Sacrow, Brandenburg, D 129, 132

Poznań (Posen), woj. Wielkopolska, PL
12, 20, 23, 25, 36, 75 f., *78 f.*, 122, 124,
126, 129, 133, 137, 149, 156, *159*, 215,
217, 253, 306, 336, 340 f., *342*, 346, 352,
354
Prachov, okr. Jičín, kr. Hradec Králové
(Königgrätz), CZ 130, 239, 302
Prachovské skály s. Prachov
Prag s. Praha
Praha (Prag), CZ 2, 12 f., 18, 20, 22–25, 29,
36, *38*, 48, 55, *57*, 58, *69*, 71 f., 74, 77, *78*,
91, 107, 111, 124, 126, 129 f., 136, 149,
151, 154–156, 191, 196, 198 f., 237, *238*,
242, 247, 253, 260, 265, 273, 334, 336,
339, 341, *342*, 346, *347*, 354, 359
Praha-Klárov, CZ 167
Praha-Panenská, CZ 12
Premberg, Kr. Schwandorf, Bayern, D *246*
Prenzlau, Kr. Uckermark, Brandenburg, D
128, 156, 264
Presenchen, Kr. Dahme-Spreewald, Branden-
burg, D 137
Preßburg s. Bratislava
Příbram, kr. Praha (Prag), CZ 265
Prieflingen s. Prüfeningen
Prilep, MAZ 27
Prillwitz, Kr. Mecklenburg-Strelitz, Meck-
lenburg-Vorpommern, D 11, 319
Priort, Kr. Havelland, Brandenburg, D 181
(A.)
Pritzerbe, Kr. Havelland, Brandenburg, D
302, *304*
Prüfeningen (*Prieflingen*) b. Regensburg,
Bayern, D 262, 324 (A.)
Prušánky, okr. Hodonín (Göding), kr. Brno
(Brünn), CZ 189
Prützke, Kr. Potsdam-Mittelmark, Branden-
burg, D 59
Przemyśl, woj. Podkarpacie, PL 113, 340,
341 f., 352
Psary, pow. Ostrów Wielkopolski, woj.
Wielkopolska, PL 277, 279, 286 f.
Pskov, RUS 27, *238*
Putzar, Kr. Ostvorpommern, Mecklenburg-
Vorpommern, D 259
Pyritz s. Pyrzyce
Pyrzyce (Pyritz), woj. Pomorze Zachodnie,
PL 331

Querfurt, Kr. Merseburg-Querfurt, Sachsen-
Anhalt, D 324 (A.)

Raddusch, Kr. Oberspreewald-Lausitz,
Brandenburg, D 136 f., 166, 325
Raffelstetten, Gem. Asten, Bez. Linz-Land,
Oberösterreich, A 245, *246*
Rägelin, Kr. Ostprignitz-Ruppin, Branden-
burg, D 182 (A.)
Rajhrad (Raigern), okr. Brno (Brünn), CZ
273
Ralswiek, Kr. Rügen, Mecklenburg-
Vorpommern, D 24, 103, 106, 142 f., *144*,
145, 208, 212, *238*, *246*, *249*, 250 f., 263,
273, 298, 302, 304, 319, 322, 325, 331, 325
Ratzeburg, Kr. Herzogtum Lauenburg,
Schleswig-Holstein, D 82, 330
Rebešovice (Rebeschowitz), okr. Brno-
venkov (Brünn-Land), CZ 12
Redentin, Kr. Nordwestmecklenburg,
Mecklenburg-Vorpommern, D 259
Regensburg, Bayern, D 64, *69*, 70 f., 75, *78*,
235, *238*, 242, *246*, 253, 336
Repten, Kr. Oberspreewald-Lausitz,
Brandenburg, D 136 f., 166, 211, 332
Reric 35, 142, *246*
Rerik, Kr. Bad Doberan, Mecklenburg-
Vorpommern, D 332
Rethra 35, 83, 127, 312, 319, 322, 324 f.,
328 f., 331
Ribe, DK 142, *195*, 216, *238*
Rila, okr. Sofia, BG 27
Rochlitz, Kr Mittweida, Sachsen, D 221
Rom s. Roma
Roma (Rom), I 70, 334
Röpersdorf, Kr. Uckermark, Brandenburg,
D 166, *168*
Rosdorf 246
Rostock, Mecklenburg-Vorpommern, D 156
Rostock-Dierkow, Mecklenburg-Vorpom-
mern, D 142, 208, 212, 218
Rötha, Kr. Leipziger Land, Sachsen, D 198
Rothemühl, Kr. Uecker-Randow, Mecklen-
burg-Vorpommern, D 129 f.
Rousínov (Rausinov), okr. Vyškov
(Wischau), kr. Brno (Brünn), CZ *193*
Roztoky, okr. Praha-západ (Prag-West), CZ
100, 116
Rubín b. Podbořany (Podersdam), okr.
Louny (Laun), kr. Ústí nad Labem
(Aussig), CZ 63
Rüssen, Kr. Leipziger Land, Sachsen, D 48,
198

Saar s. Žd'ár nad Sázavou

Saaringen, Kr. Havelland, Brandenburg, D 330

Sądowel (Tschistey, Sandewalde), pow. Góra (Guhrau), woj. Dolný Śląsk, PL 104

Sady (Dörfl) s. Uherské Hradiště

Sagan s. Żagań

Salzburg, A 68, 70, *78*, *238*, 336

Sandomierz, woj. Góry Świętokrzyskie, PL 25, 87, 152, 208

St. Petersburg, RUS 21, 24

Santok (Zantoch), pow. Gorzów Wielkopolski (Landsberg/Warthe), woj. Lubusz, PL 104, 135, *209*

Sanzkow, Kr. Demmin, Mecklenburg-Vorpommern, D 113, 264 f., 333, 352

Sázava (Sazau), okr. Kutná Hora (Kuttenberg), kr. Praha (Prag), CZ 354

Scharstorf, Kr. Plön, Schleswig-Holstein, D 26, 133, *209*, *303*

Schezla *238*, *246*

Schönfeld, Kr. Oberspreewald-Lausitz, Brandenburg, D 133, 137, 206

Schraplau, Kr. Merseburg, Sachsen-Anhalt, D 136

Schulzendorf, Kr. Dahme-Spree, Brandenburg, D 332

Schwaan, Kr. Güstrow, Mecklenburg-Vorpommern, D 197

Schwedt, Kr. Uckermark, Brandenburg, D 272, 319, 325, *327*, 328, *329*

Schwerin, Mecklenburg-Vorpommern, D 17, 25, 156

Sedlec (Zettlitz), okr. Kutná Horá (Kuttenberg), kr. Praha (Prag), CZ 354

Seelau s. Želiv

Sejkowice, pow. Gostynin, woj. Mazowsze, PL 286

Semonice, okr. Náchod, kr. Hradec Králové (Königgrätz), CZ *170*, 173 (A.)

Sens, dép. Yonne, F 62

Sereď', okr. Galanta, kr. Trnava (Tyrnau), SK 297

Siegburg, Nordrhein-Westfalen, D 201

Sirmium s. Belgrad

Sixdorf, Kr. Bernburg, Sachsen-Anhalt, D 333

Skalica, okr. Senica, kr. Trnava (Tyrnau), SK 302, 307

Skopje, MAZ 27

Skronie (Krühne), gm. Gościno (Groß Jestin), pow. Kołobrzeg (Kolberg), woj. Pomorze Zachodnie, PL 263

Skuldelev, Sjælland, DK 249

Ślęża (Zobten) b. Sobótka (Zobten am Berge), pow. Wrocław (Breslau), woj. Dolný Śląsk, PL 220

Smolensk, RUS 253, 264

Sofia, BG 24, 27

Soignies (Zinnik), prov. Hainault, B 61

Sornßig, Kr. Bautzen, Sachsen, D 220

Sornzig, Kr. Torgau-Oschatz, Sachsen, D 220

Sörnzig, Kr. Mittweida, Sachsen, D 220

Spandau s. Berlin-Spandau

Speyer, Rheinland-Pfalz, D 235

Spytihněvgrad, okr. Uherské Hradiště (Ungarisch Hradisch), kr. Zlín, CZ 130

Stará Boleslav (Alt Bunzlau) (Brandýs nad Labem-Stará Boleslav), okr. Praha-východ (Prag-Ost), CZ 72, 130, 149

Stará Kouřim (Alt Kaurzim), okr. Kolín, kr. Praha (Prag), CZ 24, *69*, 106, *108*, 111, 124, 129, 132, 137, 149, 294, 307, 319, 328, *348*

Staraja Ladoga, obl. St. Petersburg, RUS 230 f., *238*, 253

Staré Město (Altstadt), okr. Uherské Hradiště (Ungarisch Hradisch), kr. Zlín, CZ 24, *69*, 107, 123 f., 127, 135 f., 149, 183, 189, *193*, 203, 208, 211 f., 215, 217, 260, 273, 280, 286, 289, 291, 302, *303*, 307, 336, *338 f.*, *340*, *342*, *344 f.*, 346

Stargard Gubiński (Stargardt), pow. Krosno Odrzańskie (Crossen), woj. Lubusz, PL 136

Stargard Szczeciński (Stargard in Pommern), woj. Pomorze Zachodnie, PL 156

Starigard/Oldenburg s. Oldenburg

Stedar, Gem. Buschvitz, Kr. Rügen, Mecklenburg-Vorpommern, D 262

Sternberger Burg, Kr. Parchim, Mecklenburg-Vorpommern, D 129, 132, 135, 332

Stettin s. Szczecin

Stężyca (Leopoldsfahrt), pow. Kartuzy (Karthaus), woj. Pomorze, PL 263

Stockholm, S 24

Stove, Kr. Nordwestmecklenburg, Mecklenburg-Vorpommern, D 197

Stradów, gm. Czarnocin, pow. Kazimierz Wielki, woj. Góry Świętokrzyskie, PL 106

Strahov, Praha-Strahov, CZ *151*, 354

Stralsund, Mecklenburg-Vorpommern, D 156

Strasbourg (Straßburg), dép. Bas-Rhin, F 13, 235

Straßburg s. Strasbourg

Stříbro (Mies), okr. Tachov (Tachau), kr. Karlovy Vary (Karlsbad), CZ 87

Striegau s. Strzegom

Strzegom (Striegau), pow. Świdnica (Schweidnitz), woj. Dolný Śląsk, PL 132, 136 f.

Strzelno, pow. Mogilno, woj. Kujawy i Pomorze, PL *342*

Stünzhain, Kr. Altenburg, Thüringen, D 220

Sukow, Kr. Güstrow, Mecklenburg-Vorpommern, D 48, 58, 123, 128, 191, *194*, 196, 199

Sulejów, pow. Piotrków Tribunalski, woj. Łódź, PL 354

Svätý Jur (St. Georgen), okr. Bratislava-vidiek (Preßburg-Land), SK 302

Svídna b. Druck, okr. Kladno, kr. Praha (Prag), CZ 119

Svijany, okr. Liberec (Reichenberg), CZ 219

Świątky (Tempelhof), gm. Nowogródek Pomorski (Neuenburg), pow. Myśliborz (Soldin), woj. Pomorze Zachodnie, PL 284 f.

Świelubie (Zwilipp), gm. Dygowo (Degow), pow. Kołobrzeg (Kolberg), woj. Pomorze Zachodnie, PL 142, 145, *246*, 263

Szamotuły (Samter), woj. Wielkopolska, PL 12

Szczecin (Stettin), woj. Pomorze Zachodnie, PL 13, 23, 25, 36, 103 f., 106, 149, 152, 154, 156, 199, *215*, 249 f., 321 f., 324 f., 329

Szeligi, pow. Płock, woj. Mazowsze, PL 48, 103, 129, 199, 290

Tating, Kr. Nordfriesland, Schleswig-Holstein, D 145, 191, 246

Tempelhof s. Świątky

Teplice (Teplitz), kr. Ústí nad Labem (Aussig), CZ 354

Teplitz s. Teplice

Teterow, Kr. Güstrow, Mecklenburg-Vorpommern, D 24, 128 f., *131*, *194*, 197, 199, 206, 294, 302

Tetín, okr. Beroun (Beraun), kr. Praha (Prag), CZ 136

Thessaloniki, GR 70

Thionville (Diedenhofen), dép. Moselle, F 64, 245, *246*, 296

Thorn s. Toruń

Tilleda, Kyffhäuserkr., Sachsen-Anhalt, D 24

Tischnowitz s. Tišnov

Tismice (Tismitz), okr. Praha-vychod (Prag-Ost), CZ 130

Tišnov (Tischnowitz), okr. Brno (Brünn), CZ 354

Tomice (Thomitz), pow. Dzierzoniów (Reichenbach/Eule), woj. Dolný Śląsk, PL 282

Tornow, Kr. Oberspreewald-Lausitz, Brandenburg, D 24, 48, 58, 103 f., 123, 126, 136 f., 152, 166, 171 (A.), 199, 206

Tortosa, prov. Tarragona, E 82 (A.)

Toruń (Thorn), woj. Kujawy i Pomorze, PL 25, 90

Traismauer, Bez. St. Pölten, Niederösterreich, A 68, 336

Trebitsch s. Třebíč

Třebíč (Trebitsch), kr. Jihlava (Iglau), CZ 354

Tremessen s. Trzemeszno

Treptow a. d. Rega s. Trzebiatów

Tribsees, Kr. Nordvorpommern, Mecklenburg-Vorpommern, D 130

Trnovec nad Váhom, okr. Galanta, kr. Trnava (Tyrnau), SK 294, 297

Trollenhagen, Kr. Demmin, Mecklenburg-Vorpommern, D *215*

Truso 35, 142 f., *246*, 251 f.

Trzebiatów (Treptow a. d. Rega), pow. Gryfice (Greifenberg), woj. Pomorze Zachodnie, PL 330

Trzemeszno (Tremessen), pow. Gniezno (Gnesen), woj. Wielkopolska, PL 354

Turku (Åbo), FIN *238*

Tyniec, gm. Skawina, pow. Kraków (Krakau), woj. Małopolska, PL *79*, 346, 349, 354

Tyniec Mały, pow. Wrocław (Breslau), woj. Dolný Śląsk, PL 273

Uherské Hradiště (Ungarisch Hradisch), kr. Zlín, CZ 191, 302, 337, *338 f.*, 340, 346, 352, 354

Ujście (Pfahlbude), pow. Piła (Schneidemühl), woj. Wielkopolska, PL 103, 175, 202 (A.)

Ungarisch Hradisch s. Uherské Hradiště

Uničov (Mährisch Neustadt), okr. Olomouc (Olmütz), CZ 87

Unseburg, Kr. Aschersleben, Sachsen-Anhalt, D 140

Uppsala, Uppland, S 239

Určice, okr. Prostějov (Proßnitz), kr. Olomouc (Olmütz), CZ 290

Usadel, Kr. Mecklenburg-Strelitz, Mecklenburg-Vorpommern, D 113, 215, *277*, 279, 322, 333

Usedom, Kr. Ostvorpommern, Mecklenburg-Vorpommern, D 78, 210, 215, 324, 352

Ütz, Kr. Stendal, Sachsen-Anhalt, D 198

Václavice, okr. Benešov (Beneschau), kr. Praha (Prag), CZ 346 (A.), *347*

Velké Bílovice (Bilowitz), okr. Břeclav (Lundenburg), kr. Brno (Brünn), CZ 189

Veľký Grob, okr. Galanta, kr. Trnava (Tyrnau), SK 113, 293 f., 299, 307

Veltruby, okr. Kolín, kr. Praha (Prag), CZ 346 (A.)

Venedig s. Venezia

Venezia (Venedig), I 242

Verden, Niedersachsen, D *64*

Verdun, dép. Meuse, F 242

Versailles, dép. Yvellines, F 19

Vilémov, okr. Vyškov (Wischau), kr. Brno (Brünn), CZ 119

Vilnius (Wilna), LT 20

Vineta 35, 147

Vipperow, Kr. Müritz, Mecklenburg-Vorpommern, D 103, 180, *194*, 199, 208

Vlastislav (Watislaw), okr. Litoměřice (Leitmeritz), kr. Ústí nad Labem (Aussig), CZ 24, 137, 298 f.

Vorberg, Kr. Oberspreewald-Lausitz, Brandenburg, D 24, 152

Vorwerk s. Demmin-Vorwerk

Vrbka (Wrbka), okr. Kroměříž (Kremsier), kr. Zlín, CZ 302

Vršatecké Podhradie, okr. Považská Bystrica, kr. Trenčín (Trentschin), SK 212

Vyšehrad, Praha-Vyšehrad, CZ 149, *151*, 346 (A.), *347*

Vyšší Brod (Hohenfurth), okr. Český Krumlov (Krummau), kr. České Budějovice (Böhmisch Budweis), CZ 354

Vznětín b. Hluboká, okr. Blansko, kr. Brno (Brünn), CZ 119

Wąchock, pow. Starachowice, woj. Góry Świętokrzyskie, PL 354

Waldenburg, Kr. Chemnitzer Land, Sachsen, D 201

Walkendorf, Kr. Güstrow, Mecklenburg-Vorpommern, D 123

Walternienburg, Kr. Zerbst, Sachsen-Anhalt, D 140

Wanzleben, Kr. Oschersleben, Sachsen-Anhalt, D 140

Warder, Kr. Bad Segeberg, Schleswig-Holstein, D *194*, 199

Waren/Müritz, Kr. Müritz, Mecklenburg-Vorpommern, D 302

Warschau s. Warszawa

Warszawa (Warschau), PL 12, 20, 24–27, 29, 90, 158 f.

Weimar, Thüringen, D 25

Weisdin, Gem. Blumenholz, Kr. Mecklenburg-Strelitz, Mecklenburg-Vorpommern, D *194*, 199

Weseram, Kr. Havelland, Brandenburg, D 330

Wessentin, Kr. Parchim, Mecklenburg-Vorpommern, D 332

Wieliczka, woj. Małopolska, PL 220

Wien, A 13, 18, 24, 155, 292

Wiesenau, Kr. Oder-Spree, Brandenburg, D 167, 207

Wiktorowo, pow. Środa Wielkopolska, woj. Wielkopolska, PL 286

Wildberg, Kr. Ostprignitz-Ruppin, Brandenburg, D 130, 207

Wilna s. Vilnius

Wiślica, pow. Busko-Zdrój, woj. Góry Świętokrzyskie, PL 340, *342*

Wismar, Mecklenburg-Vorpommern, D 156

Włocławek (Leslau), woj. Kujawy i Pomorze, PL 79, 306

Wogastisburg 35, 63, 122

Woldegk, Kr. Mecklenburg-Strelitz, Mecklenburg-Vorpommern, D 199

Wolgast, Kr. Ostvorpommern, Mecklenburg-Vorpommern, D 324, 328

Wolin (Wollin), pow. Kamień Pomorski, woj. Pomorze Zachodnie, PL 23, 25, 79, 104, 106, 123, 142 f., 145, *146*, 147, 156, 185, 199, 202, 207 f., 214, 217 f., 242, *246*, 250–252, 263, 279, 297, 319, 322, *327*, 328

Wollin s. Wolin

Wolmirstedt, Ohrekr., Sachsen-Anhalt, D *64*

Worms, Rheinland-Pfalz, D 235

Wrocław (Breslau), woj. Dolny Śląsk, PL 10, 24 f., 36, 77, *78*, 85, 90, 104, 149, 155 f., 206, 208, 217, 313, 336, 340 f., 354

Žabokreky, okr. Martin, kr. Žilina (Sillein), SK 296

Záblacany b. Mohelnice, okr. Uherské Hradiště (Ungarisch Hradisch), kr. Zlín, CZ 119

Zabrušany (Sobrusan), okr. Teplice (Teplitz), kr. Ústí nad Labem (Aussig), CZ 69, 129 f., 198

Żagań (Sagan), woj. Lubusz, PL 87

Zagość b. Wiślica, pow. Busko-Zdrój, woj. Góry Świętokrzyskie, PL 354

Zahsow, Kr. Spree-Neiße, Brandenburg, D 136

Žalany, okr. Teplice (Teplitz), kr. Ústí nad Labem (Aussig), CZ 113

Zalavár, kom. Veszprém, H 69, 70, 198

Zantoch s. Santok

Žatec (Saaz), okr. Louny (Laun), kr. Ústí nad Labem (Aussig), CZ 72, 149

Zawada Lanckorońska, pow. Brzesko, woj. Małopolska, PL 282

Zbečno, okr. Rakovník, kr. Praha (Prag), CZ 302

Zbraslav, okr. Praha-západ (Prag-West), CZ 354

Žd'ár nad Sázavou (Saar), kr. Jihlava (Iglau), CZ 354

Zehdenick, Kr. Oberhavel, Brandenburg, D 103, 181 (A.)

Zehren, Kr. Meißen-Dresden, Sachsen, D 136, 140, 183

Zeitz, Kr. Naumburg, Sachsen-Anhalt, D 78, 81, 336, 340

Želechovice, okr. Olomouc (Olmütz), CZ 210

Zelená Hora (Grünberg) b. Nepomuk, okr. Plzeň-jih (Pilsen-Süd), CZ 11

Želenice, okr. Kladno, kr. Praha (Prag), CZ 113

Želiv (Seelau), okr. Pelhřimov (Pilgram), kr. Jihlava (Iglau), CZ 354

Želovce, okr. Vel'ký Krtíš, kr. Banská Bystrica (Neusohl), SK 24

Zemianska Olča, okr. Komárno (Komorn), kr. Nitra (Neutra), SK 297

Zemianske Podhradie, okr. Trenčín (Trentschin), SK 294

Zemplín, okr. Trebišov, kr. Košice (Kaschau), SK 293, 297

Žerotín, okr. Olomouc (Olmütz), CZ 210

Zettlitz s. Sedlec

Zgniłka, pow. Sępólno Krajeńskie, woj. Kujawy i Pomorze, PL 104

Zimmern b. Gemmingen-Stebbach, Kr. Heilbronn, Baden-Württemberg, D 349

Zinna, Kr. Teltow-Fläming, Brandenburg, D 354

Zislow, Kr. Müritz, Mecklenburg-Vorpommern, D 130, 132

Zlatá Koruna (Goldenkron), okr. Český Krumlov (Krummau), kr. České Budějovice (Böhmisch Budweis), CZ 354

Źlinice (Glockenau), pow. Opole (Oppeln), PL 137

Złotoryja (Goldberg), woj. Dolný Śląsk, PL 87

Znojmo (Znaim), kr. Brno (Brünn), CZ 334

Zobor, okr. Nitra (Neutra), SK 149

Zobten s. Ślęża

Żuków, gm. Błonie, pow. Warszawa-zachód (Warschau-West), woj. Mazowsze, PL 298

Zvolen-Priekopa (Altsohl), kr. Banská Bystrica (Neusohl), SK 136

Reallexikon der Germanischen Altertumskunde - Ergänzungsbände

Herausgegeben von Heinrich Beck,
Dieter Geuenich und Heiko Steuer

Eine hervorragend nationale Wissenschaft
Deutsche Prähistoriker zwischen 1900 und 1995
Hrsg. von Heiko Steuer

Band 29. 2001. 24 x 17 cm. VIII, 518 Seiten. 1 Farbtafel, 22 Abbildungen. Leinen.
• ISBN 3-11-017184-8

Germania inferior
Besiedlung, Gesellschaft und Wirtschaft
an der Grenze der römisch-germanischen Welt
Hrsg. von Thomas Grünewald

Band 28. 2001. 24 x 17 cm. IX, 572 Seiten. 89 Abbildungen. Leinen.
• ISBN 3-11-016969-X

Skaldsagas
Text, Vocation, and Desire in the Icelandic Sagas of Poets
Edited by Russell Poole

Band 27. 2001. 24 x 17 cm. VI, 365 pages. Cloth. • ISBN 3-11-016970-3

Alfons Zettler
Offerenteninschriften auf den frühchristlichen Mosaikböden Venetiens und Istriens

Band 26. 2001. 24 x 17 cm. IX, 306 Seiten. 21 Abbildungen. 16 Tafeln. Leinen.
• ISBN 3-11-016261-X

Von Thorsberg nach Schleswig
Sprache und Schriftlichkeit eines Grenzgebietes im Wandel eines Jahrtausends
Internationales Kolloquium im Wikinger Museum Haithabu
vom 29. September – 3. Oktober 1994
Hrsg. von Klaus Düwel / Edith Marold / Christiane Zimmermann

Band 25. 2001. 24 x 17 cm. VIII, 307 Seiten. 39 Abbildungen. Leinen.
• ISBN 3-11-016978-9

WALTER DE GRUYTER GMBH & CO. KG
Genthiner Straße 13 · 10785 Berlin
Telefon +49-(0)30-2 60 05-0
Fax +49-(0)30-2 60 05-251
www.deGruyter.de

W
DE
G

de Gruyter
Berlin · New York

Reallexikon der Germanischen Altertumskunde - Ergänzungsbände

Herausgegeben von Heinrich Beck,
Dieter Geuenich und Heiko Steuer

Studien zur Isländersaga
Festschrift für Rolf Heller
Hrsg. von Heinrich Beck / Else Ebel

Band 24. 2000. 24 x 17 cm. VIII, 327 Seiten. Leinen.
• ISBN 3-11-016859-6

Frank Siegmund
Alemannen und Franken

Band 23. 2000. 24 x 17 cm. IX, 472 Seiten. 182 Abbildungen. Leinen.
• ISBN 3-11-016788-3

Theodisca
Beiträge zur althochdeutschen und altniederdeutschen Sprache und Literatur in der Kultur des frühen Mittelalters
**Eine internationale Fachtagung in Schönbühl bei Penzberg
vom 13. bis zum 16. März 1997**
Hrsg. von Wolfgang Haubrichs / Ernst Hellgardt / Reiner Hildebrandt /
Stephan Müller / Klaus Ridder

Band 22. 2000. 24 x 17 cm. X, 460 Seiten. Zahlr. Abbildungen. Leinen.
• ISBN 3-11-016316-0

Die Aktualität der Saga
Festschrift für Hans Schottmann
Hrsg. von Stig Toftgaard Andersen

Band 21. 1999. 24 x 17 cm. VIII, 266 Seiten. Leinen.
• ISBN 3-11-016564-3

Wolf-Rüdiger Teegen
Studien zu dem kaiserzeitlichen Quellopferfund von Bad Pyrmont

Band 20. 1999. 24 x 17 cm. XVI, 505 Seiten. 26 Abbildungen. 17 Tafeln. Leinen.
• ISBN 3-11-016600-3

WALTER DE GRUYTER GMBH & CO. KG
Genthiner Straße 13 · 10785 Berlin
Telefon +49-(0)30-2 60 05-0
Fax +49-(0)30-2 60 05-251
www.deGruyter.de

de Gruyter
Berlin · New York